News Release

ニュースリリース大全集

山見博康
Hiroyasu Yamami

日本能率協会マネジメントセンター

まえがき

仮説「ニュースリリースは企業の鏡である」

　中東カタール、ドーハの紺碧の空の下で２年間、神戸製鋼所鉄鋼輸出部から国営製鉄所建設操業に従事した私は、1979年７月に「秘書室広報係長を命ず」の辞令を受けて帰国。そこで初めてのニュースリリースを作成して以来、独立してコンサルティングやセミナー等を行なう過程で、多種多様な分野のニュースリリース作品を数多く見てきました。そこでわかったことは次の３点です。
　１．実に"不親切"で、当然「記載すべき項目」の欠落が多く、これを読む記者に多大な迷惑をかけている。
　２．正しい作成法を学ぶ機会がなく悩んでいる若手や伝統に縛られて過去のニュースリリースから脱皮できない経験者も多い。
　３．広報の真の意味を解せず、"少なく記載して問合せに対応"との誤った考えが蔓延している。
　このような不親切なニュースリリースを受け取る記者の立場に立てばどうなのか。その感想は「一度読んでも何が書かれているか骨子がわからず、理解に手間取って嫌になる。そんなニュースリリースはすぐ捨てる」「必要な項目の記載がなく、いちいち問合せが必要。内容もわかり難いが、単純なことの確認に手間がかかって困る」「間違いやすい数字やルビのない読み難い人名・地名があり、間違っていないか、いつも不安だ」「複雑なＭ＆Ａなのに文字ばっかりで、関係性がわからない」などなど不平不満が続出です。
　そこで、私はこう思いました。「これは広報担当の資質だけの問題ではなく、公式文書たるニュースリリースに目を通し承認する管理職や役員、社長もその不親切さに気付かないことこそが問題。またこのような

ニュースリリースでは、プレゼン資料から面談対応までも不親切で、相対的に会社の繁栄はないのではないか？」

　それならばニュースリリース作成力を向上させることにより不親切に気付き、顧客対応を見直すきっかけとなるのではないか。まずはニュースリリース改善という小さな、しかし対外的な公式文書という重要書類作成力向上を図ることを通じて、何か変革を起こせるのではないか。はたまた広報に育てられた者として、何か役立てることはないかと考えました。

　そのため、異なる優秀な本物のニュースリリース見本を集めて分野別に分類してみれば、作成の悩み解消とその改善に効果があるのではないかと思い至り、本書を企画したのです。

　私のねらいは「広報同志の相互研鑽・切磋琢磨⇒ニュースリリース作成力向上⇒作成～承認過程を通じた改善⇒広報の実力向上⇒全体への波及促進⇒ニュースリリースを通した企業価値向上」にありました。

　これを具現化させるために、2016年4月から結果的に650以上の企業、自治体、学校、団体に対して「HP上で公表しているニュースリリースからいくつか見本提供を」と電話・メールで提案したのです。

　当初8割位は了承してくれると想定しましたが、予測は見事に外れ、何と3分の2は辞退されてしまいました。その理由は「自信がない」「恥ずかしい」「人に見せる手本になるようなものはない」などなど。

　つまり「私は不親切です。わかり難くて記者に迷惑をかけています」と白状しているのと同義。だからこそ、これはレベルアップするための拠り所が必要だと確信したのです。

　今回私の趣旨に賛同し、ご協力いただいた総計210の企業、自治体、学校、団体から提供されたニュースリリース約700件の中から各社1本を選び、それに"Yes 2 ＋ But 1"で「山見博康の推奨3ポイント」を付け始めました。ニュースリリースに、あたかも人として対峙し、真剣に対話するように心がけ、1人ひとりと面接する気持ちでした。

　①ビジョンは何か？　語りかけたいこと、訴えたいものは何か？

②特徴・美点「USP」[※1]・差別点「UDP」[※2]は何か？隠れた美点は？
③どこを改善すれば、もっと良くなるか？
の３点を念頭に対話し、各ポイント約80字での表現を試みたのです。

"厳しいことを言うほど親切"を信条とする私のコメントに対し、各社の広報担当は「気がつかなかった点を指摘してくれてありがとう」「ちょうど社内で改善しなければ、と話し合っていたところで、現場説得に弾みがついた」「過去を踏襲してマンネリに陥っていたのに気がつき、ずばり指摘されていい改善のきっかけになった」などと実に意欲的な反響で、さすがに意識が高く向上意欲も強い広報担当だと感銘を受けました。

"広報担当に第一級の人物を充てよ！ すると企業は発展する"と主張し続ける私としては、さもありなんと得心しました。

ニュースリリース作成力向上は、細かな気付きを促し、個人のみならず組織の生産性向上や改善改革を徐々にでも促してくれるものと信じます。

"ニュースリリースは企業（自治体、学校、団体等も含む）の鏡！"広報担当者はこれを常に念頭において、ニュースリリースを通じて自分を磨き、本物の事例を通じて企業のあり方を顧み、１人ひとりの気付き力向上から顧客対応力の向上を図りましょう。

【本書の特長（USP）＆ 差別点（UDP）】

1. 200以上の用途別に分類された推奨ニュースリリースを、事典的に活用可能な600頁を超える書籍は皆無
2. 多種多様な分野における"本物のニュースリリース"を見ることで今までとは異なった観点から学ぶことができる
3. 50以上のメディア幹部から直接要望＆アドバイスを得ることができる

【お読み頂きたい方】

1. ニュースリリースを作成し始める広報部門の新人～さらなる向上を

図りたい経験者
２．広報・広告、メディアに関心のある一般ビジネスパーソン
３．広報・広告、メディアに関心のある学生諸君

【役立つ使い方】

１．本書は言わば"ニュースリリース美術館"。ニュースリリース＝作品(アート)を１人の人物として鑑賞しよう
２．作成希望テーマに沿った異分野作品を複数から学ぼう
３．作成前後で特に取り上げてもらいたいメディアアドバイスからヒントを得よう
４．ニュースリリースを批評し自分のなりの「Yes、But」でコメントをつけてみる⇒「著者コメント」と比較する⇒異なる視点からのコメント力・改善力を磨こう

「人間は、気高くあれ、
　情けぶかくやさしくあれ！
　そのことだけが、
　我らの知っている
　一切のものと
　人間とを区別する」（ゲーテ「神性」『ゲーテ詩集』新潮文庫より）

　それではこれから、世界初の『ニュースリリース大全集』にご案内しましょう。ぜひともお楽しみください。

　　　　　　　　　　　　　　　　　　　2017年3月　　　山見博康

〈注釈〉
※１：USP = Unique Selling Proposition（プロポジション）　独自の売り・美点・特徴（マーケティング用語）
※２：UDP = Unique Different Proposition　差別点、異なるポイント（著者の造語）

目次

まえがき……………………………………………………………………… 3

第1部 ● ニュースリリースの基本実務 ……………………… 13

第1章　ニュースリリースの基本要素 ………………………………… 14
- I　ニュースリリースはどんな場合に必要か ……………………… 14
- II　書くべきことをシンプルにまとめよ ………………………… 14
- III　ニュースリリースの基本形 …………………………………… 16
- IV　5つのキーワード「簡・豊・短・薄・情」＋1 ……………… 17

第2章　社外文書としてのニュースリリース ………………………… 20
- I　伝わる文書の基本要素 ………………………………………… 20
- II　タイトルの付け方 ……………………………………………… 21
- III　リード文の書き方 ……………………………………………… 22
- IV　本文の書き方 …………………………………………………… 22

第3章　メディア側のニュースリリース採用のポイント …………… 25
- I　新聞・通信社に取り上げられる秘訣 ………………………… 25
- II　雑誌に取り上げられる秘訣 …………………………………… 30
- III　テレビに取り上げられる秘訣 ………………………………… 30
- IV　オンラインメディアに取り上げられる秘訣 ………………… 34

第4章　情報発信とフォローの方法 …………………………………… 36
- I　「メディアリスト」の作り方 …………………………………… 36
- II　メディアに取り上げられる方法 ……………………………… 40
- III　記者クラブとその利用法 ……………………………………… 49
- IV　個別取材要請の方法 …………………………………………… 51
- V　記者からの取材申込みを受ける方法 ………………………… 56

第2部 ● 210の実例から学ぶニュースリリース大全集 …… 61

『山見博康の推奨3ポイント』の視点 ……………………………… 62

1 経営

- 経営1　株式会社IZENE …………… 64
- 経営2　愛知製鋼株式会社 ………… 67
- 経営3　アップル・ジャパン ……… 68
- 経営4　出光興産株式会社 ………… 72
- 経営5　沖縄電力株式会社 ………… 74
- 経営6　株式会社神戸製鋼所 ……… 78
- 経営7　情報印刷株式会社 ………… 80
- 経営8　住友化学株式会社 ………… 83
- 経営9　株式会社髙島屋 …………… 86

経営10	帝人株式会社 ………… 89
経営11	テンプスタッフ株式会社 … 92
経営12	東洋紡株式会社 ………… 95
経営13	東レ株式会社 …………… 97
経営14	西日本鉄道株式会社 …… 100
経営15	日本航空株式会社 ……… 103
経営16	株式会社野村総合研究所・106
経営17	阪神電気鉄道株式会社 … 108
経営18	ブリッド株式会社 ……… 111
経営19	株式会社みずほ銀行 …… 113
経営20	三菱商事株式会社 ……… 116
経営21	三菱UFJモルガン・スタンレー証券株式会社 ………… 120
経営22	森ビル株式会社 ………… 122
経営23	株式会社リクルートキャリア… 123

2 総務・人事

総務・人事1	オリンパス株式会社 …………… 126
総務・人事2	株式会社サイバーエージェント ………… 129
総務・人事3	株式会社シーボン ‥ 131
総務・人事4	JFEスチール株式会社 …………… 135
総務・人事5	株式会社滋賀銀行 ‥ 137
総務・人事6	西武鉄道株式会社 ‥ 139
総務・人事7	株式会社総合資格 ‥ 140
総務・人事8	東京海上ホールディングス株式会社 ……… 142
総務・人事9	東邦チタニウム株式会社 …………… 144
総務・人事10	株式会社坂東太郎 ‥ 146
総務・人事11	株式会社マクロミル …………… 147
総務・人事12	明治安田生命保険相互会社 ………… 150
総務・人事13	ランサーズ株式会社 153
総務・人事14	ワタベウェディング株式会社 ………… 156

3 販売

販売1	株式会社IHI …………… 158
販売2	株式会社AOKI ………… 161
販売3	株式会社Aqua sports & spa ………… 163
販売4	旭化成株式会社 ………… 167
販売5	朝日生命保険相互会社 … 169
販売6	アンリツ株式会社 ……… 172
販売7	岩谷産業株式会社 ……… 175
販売8	NTN株式会社 ………… 178
販売9	株式会社カインドウェア・181
販売10	花王株式会社 …………… 183
販売11	キッコーマン株式会社 … 185
販売12	近畿日本鉄道株式会社 … 188
販売13	株式会社クボタ ………… 190
販売14	クリーン・ブラザーズ株式会社 ………… 193
販売15	京成電鉄株式会社 ……… 194
販売16	小林製薬株式会社 ……… 197
販売17	コマツ …………………… 200
販売18	株式会社サタケ ………… 203
販売19	サンスター株式会社 …… 205
販売20	敷島製パン株式会社 …… 209
販売21	株式会社島津製作所 …… 211
販売22	株式会社神宮館 ………… 214
販売23	株式会社鈴木ハーブ研究所 ………… 216
販売24	株式会社スターフライヤー219
販売25	株式会社成城石井 ……… 221
販売26	セーラー万年筆株式会社・225
販売27	セコム株式会社 ………… 227
販売28	センクシア株式会社 …… 230

販売29	株式会社ソキュアス	232
販売30	損害保険ジャパン日本興亜株式会社	234
販売31	ダイキン工業株式会社	237
販売32	大和ハウス工業株式会社	242
販売33	東ソー株式会社	244
販売34	株式会社東和コーポレーション	247
販売35	トリンプ・インターナショナル・ジャパン株式会社	249
販売36	株式会社ドンキホーテホールディングス	253
販売37	日本通運株式会社	255
販売38	ニューインデックス株式会社	258
販売39	株式会社ニューオータニ	259
販売40	株式会社ふくや	262
販売41	富士フイルム株式会社	263
販売42	株式会社ふらここ	266
販売43	フロンティアマーケット株式会社	269
販売44	株式会社ベティスミス	272
販売45	株式会社ベネッセホールディングス	274
販売46	株式会社堀場製作所	278
販売47	株式会社三菱総合研究所	280
販売48	株式会社三菱東京UFJ銀行	283
販売49	株式会社MOGU	285
販売50	ヤマト運輸株式会社	288
販売51	株式会社ランクアップ	291
販売52	株式会社ローソン	295

4 キャンペーン・イベント

キャンペーン1	アサヒグループホールディングス株式会社	296
キャンペーン2	株式会社伊藤園	299
キャンペーン3	株式会社エイチ・アイ・エス	300
キャンペーン4	SGホールディングス株式会社	302
キャンペーン5	株式会社O.G.I.（株式会社リフォーム・ステーション）	306
キャンペーン6	株式会社オーレック	309
キャンペーン7	カルビー株式会社	311
キャンペーン8	株式会社埼玉種畜牧場	313
キャンペーン9	佐藤商事株式会社	315
キャンペーン10	株式会社サンリオ	317
キャンペーン11	JSC株式会社（日本建築構造センター株式会社）	319
キャンペーン12	株式会社スヴェンソン	323
キャンペーン13	ダイキョーニシカワ株式会社	326
キャンペーン14	タリーズコーヒージャパン株式会社	328
キャンペーン15	東海旅客鉄道株式会社	330
キャンペーン16	東京地下鉄株式会社	333
キャンペーン17	株式会社西日本シティ銀行	335
キャンペーン18	株式会社日本エレクトライク	338
キャンペーン19	日本コカ・コーラ株式会社	340
キャンペーン20	にほんしゅほたる（SAKE REVOLUTION合同会社）	344
キャンペーン21	白鶴酒造株式会社	345

キャンペーン22	株式会社パソナグループ ······················ 348
キャンペーン23	ハミューレ株式会社 · 350
キャンペーン24	株式会社晴レの日 ··· 352
キャンペーン25	藤田観光株式会社 ··· 354
キャンペーン26	株式会社ホイッスル三好 ······················ 357
キャンペーン27	株式会社マツモトキヨシホールディングス ··· 358
キャンペーン28	マルハニチロ株式会社 ······················ 362
キャンペーン29	三菱地所株式会社 ··· 364
キャンペーン30	メルセデス・ベンツ日本株式会社 ·············· 368
キャンペーン31	ヤフー株式会社 ······ 372
キャンペーン32	夢の街創造委員会株式会社 ······················ 377
キャンペーン33	株式会社リコー ······ 380
キャンペーン34	YSメンタルヘルス株式会社 ······················ 383

5 技術・商品開発

技術・商品開発1	FSX株式会社（旧：株式会社藤波タオルサービス） ······················ 385
技術・商品開発2	沖電気工業株式会社（OKI） ·············· 388
技術・商品開発3	株式会社カカクコム 391
技術・商品開発4	キリン株式会社 ····· 394
技術・商品開発5	グンゼ株式会社 ····· 395
技術・商品開発6	株式会社正興電機製作所 ······················ 399
技術・商品開発7	株式会社セブン＆アイ・ホールディングス ·· 400
技術・商品開発8	株式会社ツクイ ····· 402
技術・商品開発9	株式会社東芝 ········ 405
技術・商品開発10	戸田建設株式会社·· 408
技術・商品開発11	トヨタ自動車株式会社 ······················ 410
技術・商品開発12	日産自動車株式会社 416
技術・商品開発13	パナソニック株式会社 ······················ 418
技術・商品開発14	株式会社日立製作所 421
技術・商品開発15	株式会社ファイブアローズ ················ 423
技術・商品開発16	富士通株式会社（株式会社富士通研究所）··· 425
技術・商品開発17	株式会社ブリヂストン ······················ 428
技術・商品開発18	株式会社ポーラ・オルビスホールディングス ······················ 431
技術・商品開発19	三菱電機株式会社·· 433
技術・商品開発20	株式会社明治········ 436

6 CSR・環境

CSR・環境1	アマゾンジャパン合同会社 ················ 439
CSR・環境2	株式会社安城自動車学校 ······················ 443
CSR・環境3	全日本空輸株式会社 444
CSR・環境4	大正製薬ホールディングス株式会社 ········· 447
CSR・環境5	大日本住友製薬株式会社 ······················ 449
CSR・環境6	太陽石油株式会社·· 452
CSR・環境7	株式会社タカラトミー ······················ 454
CSR・環境8	株式会社タニタ····· 457
CSR・環境9	株式会社ディー・エヌ・エー（株式会社横浜DeNAベイスターズ）······ 459

CSR・環境10	株式会社デンソー	461
CSR・環境11	東燃ゼネラル石油株式会社	463
CSR・環境12	日本ウエストン株式会社	465
CSR・環境13	日本マイクロソフト株式会社	466
CSR・環境14	日本郵船株式会社	470
CSR・環境15	野村ホールディングス株式会社	471
CSR・環境16	BASFジャパン株式会社	474
CSR・環境17	株式会社三越伊勢丹ホールディングス	476
CSR・環境18	メディカル・ケア・サービス株式会社	481
CSR・環境19	株式会社ヤナセ	483
CSR・環境20	株式会社りそなホールディングス	485

7 自治体（県）

県1	岩手県	486
県2	山形県	489
県3	群馬県	490
県4	静岡県	492
県5	愛知県	493
県6	岐阜県	497
県7	三重県	499
県8	鳥取県	502
県9	愛媛県	504
県10	福岡県	506

8 自治体（市）

市1	北海道札幌市	508
市2	北海道苫小牧市	510
市3	宮城県仙台市	511
市4	静岡県熱海市	514
市5	京都府京都市	516
市6	大阪府堺市	520
市7	兵庫県芦屋市	523
市8	兵庫県神戸市	525
市9	兵庫県姫路市	527
市10	広島県竹原市	529
市11	福岡県古賀市	531
市12	大分県中津市	533
市13	熊本県熊本市	535
市14	宮崎県宮崎市	537
市15	鹿児島県鹿児島市	538

9 学校

学校1	追手門学院	540
学校2	大妻女子大学	544
学校3	学習院大学	546
学校4	関西国際学園	549
学校5	京都大学	550
学校6	近畿大学	552
学校7	大正大学	554
学校8	白鴎大学	557
学校9	法政大学	558
学校10	明治大学	561

10 各種団体

団体1	特定非営利活動法人映像産業振興機構	562
団体2	エフコープ生活協同組合	565
団体3	一般社団法人企業価値協会	567
団体4	一般社団法人グローバル・リーダーシップ・コーチング協会	569
団体5	公益社団法人相模原青年会議所	571
団体6	JAあいち知多（あいち知多農業協同組合）	573
団体7	JA滋賀中央会（滋賀県農業協	

	同組合中央会)・・・・・・574	団体10	パルシステム生活協同組合連合会・・・・・・582
団体8	公益社団法人ジャパン・プロフェッショナル・バスケットボールリーグ・・・・・・577	団体11	一般社団法人マハリシ総合教育研究所・・・・・・583
団体9	公益財団法人日本手工芸作家連合会・・・・・・580	団体12	公益財団法人三菱商事復興支援財団・・・・・・586

第3部 ● ニュースリリースを受け取るメディアからの要望&アドバイス ‥589

I.「メディアからの要望&アドバイス」のポイントまとめ ・・・・・・590
II. メディアからの要望&アドバイス集 ・・・・・・592
①新聞（一般紙）・・・・・・594
②新聞（ブロック紙）・・・・・・599
③新聞（地方紙）・・・・・・599
④新聞（産業経済紙）・・・・・・603
⑤新聞（業界紙・専門紙）・・・・・・604
⑥通信社・・・・・・616
⑦テレビ局（キー局）・・・・・・619
⑧テレビ局（地方局）・・・・・・626
⑨雑誌（ビジネス誌）・・・・・・634
⑩オンラインメディア（他媒体兼業）・・・・・・640
⑪オンラインメディア（専業）・・・・・・647
III.「ニュースリリース作成心得&戒め帳」作成のすすめ ・・・・・・652

本書のまとめ　―あとがきにかえて―・・・・・・657
さくいん（五十音順）・・・・・・664
さくいん（業種別）・・・・・・666

●協力PR会社
　株式会社アネティ
　株式会社オズマピーアール
　キャンドルウィック株式会社
　株式会社ヌーヴェルヴァーグ
　株式会社リアライズ

第1部
ニュースリリースの基本実務

第1章 ● ニュースリリースの基本要素

第2章 ● 社外文書としてのニュースリリース

第3章 ● メディア側のニュースリリース採用のポイント

第4章 ● 情報発信とフォローの方法

第1章
ニュースリリースの基本要素

I ニュースリリースはどんな場合に必要か

　ニュースリリースは、一斉発表時に必要です。つまり、会社として公式に発表するときに必要な公式文書です。一斉発表とは、「公式に」「同じ情報を」「同じ時に」「複数のメディア」に伝達することです。

　それには、いくつかの場面があります。社長など発表者が発表する「レクチャー付き＋資料（ニュースリリース）配布」という方式の発表もあれば、単に、ニュースリリースだけを配信する「資料配布」という方法もあります。

　レクチャー付き発表では、記者クラブ会員社に対して行う方法や全メディアが一堂に会して発表する方法などがあります。何かのときに「公式見解」を求められる場合も必要です。

　また、メディアから取材を受けるときに、ニュースリリースのフォームで「ご取材用資料」を作成して対応する場合にも使用するときがあります。

II 書くべきことをシンプルにまとめよ

　はじめに断っておきますが、ニュースリリースが多く集まるよう

なメディアには、通常、ニュースリリース1つひとつに目を通す余裕はありません。そもそも記者は基本的に、ニュースリリースが好きではありません。それは、ニュースリリースは横並びの情報だからです。したがって、運よく見られたとしても、さっと眺めて興味がなければ、すぐに廃棄されます。これが現実です。そのため、何が重要になるかというと、見出しとリード、そしてビジュアル（写真等）です。郵送されるリリースの中には、中身がすぐにわかるようにセロファンの透明封筒を使っている会社もあります。

　よって、まずはタイトルとリードに注力します。そのリリースを報じたいと思わせるような、引きのある言葉を使うことを意識します。

　これは広告のキャッチコピーを作るときと同じことです。もう半世紀以上も前に出版された『広告コピー入門』（ビクター・O・シュワブ著、西尾忠久監訳、ダビッド社）にそのポイントがまとめてありますが、これは現代においても色あせない考え方ですので紹介しましょう。

　広告コピーの原則、それは①注意を引く、②人々に利点を示す、③その利点を証明する、④人々を説いてこの利点を理解させる、⑤行動させる、というシンプルな法則です。

　注意を引くには、リリースの読み手に「おや？」と思ってもらう言葉が必要です。いきなり、「新製品○○○を発売！」では興ざめですので、その新製品がいまの流行、例えば「働き方改革がすぐに実現する、これまでにない新商品発売」などと関心を引く言葉を入れるようにします。この場合だと「働き方改革」になります。

　記者の関心事を先読みし、その気持ちを刺激する言葉を使う、または記者が気づかないような発見がある驚きの事実が瞬時に読み取れる言葉を使うなどの工夫が必要です。

Ⅲ　ニュースリリースの基本形

　ニュースリリースは、①テンプレート部分、②日付、③宛先、④発信者、⑤タイトル、⑥リード部分、⑦本文、⑧問い合わせ先、⑨会社概要の9つが基本構成です。

①**テンプレート部分**：社名や社名ロゴが入り、決まった形式のレイアウトにする

②**日付**：西暦が一般的。西暦の後に元号を（　）で表記すると親切

③**宛先**：「記者クラブ」か「メディア全般」か「特定分野のメディア」か

④**発信者**：社（団体）名。所在地、代表者名を記載しても良い

⑤**タイトル**：受け手の心を掴むことばで興味を惹く。「サブタイトル」を効果的に使う

⑥**リード部分**：最も訴えたい内容を端的にまとめる

⑦**本文**：伝えたいことを明確にし、背景、経緯、特徴や差別点などを箇条書きに「6W5H」（P18参照）にて記述。ここの部分は、この情報を知ることが記者の先にいる読者にとってどんなメリットがあるかを意識して書く。特に、裏付けデータなどがあれば、数値によってその事実を証明するようにする

⑧**問い合わせ先**：媒体社からのアクセス先を記載。住所・電話（携帯電話）・FAX・メール・担当者名を複数

⑨**会社概要**：代表者名、所在地、設立年、資本金、売上高、従業員数、主要業務等

　その他、形式上のルールは次のとおりです。

・**「1テーマ、1ニュースリリース」が原則**：2つを分けるほうがネタを出せるチャンスが増えると考えるといい

・**用紙の大きさ**：A4判

・**文章の書き方**：横書き。文字の大きさは10.5〜12ポイントが基本

Ⅳ 5つのキーワード「簡・豊・短・薄・情」＋1

（1）簡：簡潔・簡明を心がける。株式会社＝（株）と簡略化
・「ですます調」で、ていねいで明快かつ断定的に。
　次のような表現はできるだけ避ける。
　「…することになりました」
　「…させていただきます。…いただきます」と続くのは饒舌。
　「…と思います」「…と考えます」は意志あいまい。

（2）豊：必要な内容は網羅する
・網羅すべきは網羅すること。
・伝えたい、間違ってもらいたくない数字や表現は、しっかり記述。
・たくさんある要素を要点を絞り少なく収める。
・補足すべきことは資料を添付。

（3）短：1文を短く、1行も短くする
・1文を短く＝「　,　＜　.　」＝カンマよりピリオドを多く。
・1行も短く＝両端余白をとる＝左：綴じ代、右：書き込み用。
・「箇条書き」を有用。■、○等の「印」や①、②等の番号を付ける。
・「段落」を付け「小見出し」を有効に使い、どこに何が書いてあるか一目でわかるようにする。

（4）薄：1～3枚に収める（あとは資料添付に）
・網羅すべき内容のわかりやすい記述を優先する。
・1～3枚が普通。できれば1枚だが無理に少なくする必要はない。枚数は少ないほどいいが、必要なことを落としては本末転倒。
・メディアの種類やテーマ・内容によって枚数は変わる。

（5）情：情熱を持って書く（「伝えたい気持ち」が大切）
・本当に伝えたい人は、記者ではなく、その先にいる読者。「この

ニュースリリースの基本パターン

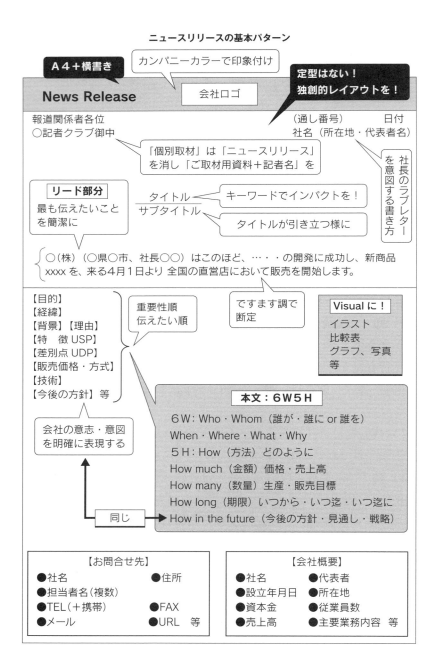

リリースが記事となり読者（顧客）の心を動かす」という思いで作成する。
・企業の意志とテーマの意図を明確に訴える。「今後の見通しor方針」に"決意""熱意"があらわれる。これが組織の意志。必ず入れることを忘れないように。「方針無しリリース」は「意志無し人間」と同じ。

（6）「VV&I= Value ＋ Visual & Impact」を念頭に置く

　これは、記者（読者）にとって有益な価値（Value）とVisual（ビジュアル）を心がけ、グラフや図表、イラスト等でわかりやすく、強い印象（Impact）を与えること。簡潔でも意味の的確な言葉を選ぶなど、簡素ながら独創的なニュースリリースを作成することを意識する。

　常に、相手の立場で「読んでわかる」よりも「見てわかる」ようにするには、次のことに留意する。
・記者に無用な労力・時間を使わせてはならない。
・記者の手間を省く。手間はこちらで引き受ける。
・記者を間違わせない。そのために確認！　確認！　確認！

第2章
社外文書としてのニュースリリース

I 伝わる文書の基本要素

(1) 5W1H

文章を書く際の基本は、「5W1H」つまり「Who（誰が）」「What（何を）」「Why（なぜ）」「Where（どこで）」「When（いつ）」「How（どのように）」です。ニュースリリースでは、これに「1W」と「4H」を加え、「6W5H」を確認しながら書きます。

(2) 5W+1W

「Who（誰が）」は通常は、リリース発信元の「自社」になりますが、リリースの訴求対象が「誰かを」明確にします。よって、「Who（誰が）」と「Whom（誰に、誰を）」はセットで考えます。

(3) 1H+4H

ニュースリリースでは、数字や手段も盛り込み、受け手に発信情報の内容が具体的にわかるようにします。

- **How much**：「価格」や「売上高」目標、「利益」目標など金額に関係すること。
- **How many**：「販売数量」や「生産数量」など数に関すること。
- **How long**：「いつからいつまで」や「いつまでに」など期限の

明示も必要になる場合がある。
・How in the future：「今後の見通し」「今後の方針」「将来ビジョン」に、今回の発表案件に対する、会社の意図や意志を示す。

Ⅱ タイトルの付け方

　記者の目はまずタイトルに行きます。タイトルで興味を惹かなければ、それ以上読んでくれません。とにかく記者に興味を持ってもらう言葉の使い方に工夫が必要です。
①**ニュースネタのキーワードを使え。心を打つ言葉で興味を惹く**
　「最新の」「初めて」「一番」などは新しいもの好きの記者には響く言葉。
②**最も主張したいことをキャッチワードで**
　「高級品だが低価格」「1年間メンテフリーの」「3割引き」など。
③**サブタイトルを有効に、効果的に**
④**数字を入れるとインパクトが強くなる**
　「入場者1万人超える」「世界初の5冠達成」「創業後初めて5兆円売上見込み」
⑤**旬の言葉、流行語、流行りのキーワードを入れると目を引きやすい**
⑥**文章にせずにインパクトのある言葉で止める「体言止め」で**
⑦**字体を変える、枠で囲む、下線を引く、色を付けるなどパソコンを駆使して目立たせる**

　注意することは、タイトルやキャッチフレーズを付けるとき、自画自賛になりがちだということです。誉めすぎが多いのです。世界一、業界初、№1と付けるならば、そのエビデンス（確証事実）は

必ず入れます。エビデンスがあれば、自画自賛もバックデータになります。

タイトルは、リリースしたい内容を端的に表す、読み手がすんなり理解できるように配慮します。事実から離れた誇張は厳禁です。

その前提が、リリースすべき情報を熟知することです。ですが実際には、例えば新商品発売なら表面的な情報だけを見て、概容を捉えただけのリリースがあります。商品なら実際に試してみて、使い手の気持ちにならないと真実は書けません。

商品の機能や仕様がどのような価値（不便が解消されるなど使う人の問題が解決される、より快適になる）を生むのか、商品を知りつくすこと（商品自体はもちろん競合商品との比較、市場でのポジショニングはどうか）は基本中の基本です。ただし、思い入れが過ぎる、「厚化粧なリリース」には注意しましょう。

Ⅲ　リード文の書き方

リード文は、タイトルに次いで最も重要です。そこで、最も大切なスペースに、最も伝えるべきことを、最も適切な言葉で、最も少ない字数で記述することです。「骨子を簡潔に言い切る」という姿勢です。内容が斜め読みでもわかるよう、読み手に理解してもらえる時間に配慮した書き方ということです。

Ⅳ　本文の書き方

（1）どのようにインパクトをつけるか

見出しと全体的なデザインは読み手を惹きつけるうえで重要です。それに加え、本文も簡潔明快で読みやすさを基本にします。そのポイントに次のようなことがあります。

見た目のメリハリ：枠で囲む、下線を引く、字体を変える、色を
　　　　　　　　　　　つける。
　　箇条書きの活用：自然と「文は短く」なり、簡潔かつ断定調にな
　　　　　　　　　　　る。
　　小見出しや改行を工夫：文節ごとにポイントがわかるようにした
　　　　　　　　　　　　　　り、改行や一行空きなどで読む負担を軽
　　　　　　　　　　　　　　くする。

（2）文章への思いの入れ方

　ニュースリリースの作成は、適切な言葉を文章に組み立てていくプロセスです。そのためには、「何を伝えたいのか？」との強い意志に沿って、具体的にわかりやすい表現を工夫することです。
　そして、「記者は素人、読者はもっと素人」を忘れてはなりません。本当に報せたい人は読者であることを肝に銘じ、その読者にわかっていただくために、記者にわかってもらう気持ちで書くと、自ずから熱が入ります。

（3）エビデンス（確証事実）の考え方

　「日本一」「業界ナンバーワン」「専門家も絶賛」などの客観的事実には、それを証明するエビデンスを添えるのが基本です。数値の事実であれば、どの機関がどこで発表したものか、第三者の意見であれば、誰がどの場で述べたことなのかを明示します。出所や出典を示すということです。

（4）表現の工夫
①時期について

　例えば、「4月頃発売予定の商品」の場合、どのような言い方があるでしょうか。

例）3月後半に、3月末に、4月に、4月頃、4月1日から、4月初め、4月初旬、4月中旬等

②価格について

　価格3万円程度で発売する場合、「もっと低い価格もあり得る」感じを与えたければ、「最高3万円の予定」とすれば、読者は2万8千～9千円と感じるものです。「安さ」を強調したければ、「3万円を切る」という表現もあります。

③数量について

　販売数量1万台としても、必ず達成し、かなり上回るぞ！　というニュアンスの場合、「1万台を確約」と記せば明確だし、「1万台を切らない」とすれば強い決意が読み取れますが、何とか確保する気持ちを伝えたい場合は「1万台を目標に」とすれば、その思いが受け手に感覚的に伝わります。

④比較について

　商品の大きさや長さなどを示す際にも、単に数字を記述するだけでは、"見てわかる"にはならないので、容易に比較できるものを考えることです。

　　例）単純な数字比較　or　具体的なわかりやすいものと比較
　　　　高さ：東京タワーよりも高い
　　　　広さ：東京ドームの何倍
　　　　重さ：りんごくらいの

第3章
メディア側のニュースリリース採用のポイント

　ニュースネタは、媒体によって関心の度合は異なるので、媒体の性質を勘案して、その性質に合わせて作成する技術が求められます。

　本書の第3部に各メディア幹部の皆さんにお聞きした要望とアドバイスを掲載していますので、併せてお読みください。

I 新聞・通信社に取り上げられる秘訣

　新聞の使命は、"新しく聞く"というように"ニュース"が基本ですから、最も重要なことは"新事実を早く"という速報性です。

　以下は、有力紙の経済部長やデスクが考える、ニュースリリースとして望ましい要素です。

- ■**タイトル**：ぱっと目に入る。訴えたいことを強調。
- ■**文章**：簡潔。ただし、必須事項は網羅。伝えたいことや狙いを明確に。
- ■**工夫点**：・関連の業界の動き、市場動向、開発経緯、苦労話も。
  - ・重要ポイントが他と比較して一目でわかる。図、表、イラスト、写真。
- ■**留意点**：・針小棒大で空虚な書き方、大げさな修飾語はダメ。
  - ・技術用語・専門用語を減らす。使うなら解説。

どれかの新聞に何とか取り上げてもらいたい場合、まず掲載される可能性の高いマスメディアを狙いましょう。その可能性のある順序は、「業界紙・専門紙」「全国産業経済紙」「全国一般紙4紙」。

（1）業界紙・専門紙への掲載

　どの業界にも必ず5紙以上は業界・専門紙があります。その中でもリーディングペーパーを2～3選び、まず最も望ましい1社に電話して、個別取材をお願いすることが最も確率の高い方法です。何もつてがなくとも、とにかく代表に電話して、名を名乗り、「こういった案件で情報提供したい」と言って、「タイトル」と内容をかいつまんで言うと関係部署につないでくれます。そこで、今度は「特徴や差別点など内容を簡潔に」説明すると、「担当記者名＋電話番号を教えてくれる」、もしくは「記者から連絡がくるのを待つ」ことになります。その後、担当記者と連絡がとれ、再度担当記者に詳しい美点や意義等を話した結果、直接取材してもう少し話が聞きたいとなれば、相当の確率で記事になることでしょう。それは、記者人脈のきっかけを1人掴んだということになるのです。御社だけだと言うと、必ずよく内容を聞いてくれます。その話の進め方は前述のとおりです。

　注意すべきは、特定の記者に個別取材をお願いする場合においては、決して「ニュースリリース」と言わず、また送る資料にも「ニュースリリース」の代わりに「ご取材用資料」と記載し、「御社だけに」「貴媒体だけに」との気持ちで話すと、興味を示して、取材に至る可能性は高くなります。なぜなら、ニュースリリースは公式情報ではありますが、記者からみれば横並び情報に過ぎないからです。

　万が一、当たりをつけた1社に興味がないとしたら、
・自社商品の差別化が十分でないか？

・その説明が悪いのか？
・記者の興味を惹く分野ではないのか？

です。もちろん、反省は必要ですが、あきらめることはなく他のメディアに同様のプロセスで話をすればいいのです。

（２）全国産業経済紙を狙う

次に可能性のあるのは、全国産業経済紙です。これには、日本経済新聞が出している「日経産業新聞（SS）」「日経MJ（MJ）」、独立系で中小企業・ものづくりを標榜している「日刊工業新聞」、それに産経新聞が出している「フジサンケイビジネスアイ」があります。

①日経２紙の場合

全国一般紙では企業関係は「経済部」の担当ですが。日本経済新聞では日銀などのマクロ経済担当で、通常の企業ニュースは「企業報道部」が担当です。同部の記者が書いた原稿内容によって日経「本紙」や「SS」「MJ」に振り分けられます。本紙は　スペースも少なく重要テーマに限られますが、後の２紙には大いにチャンスがあり、むしろ本紙より記事は詳細かつ大きくなる利点もあります。しかも両方に掲載されるケースもあるのです。

そこで企業関係の情報は、「企業報道部」にコンタクトして、情報提供を申し出るのです。社会的な場合でも、企業であれば「企業報道部」に相談するとよいでしょう。あるいは、日経本社に電話し、「こんな内容の情報提供」と用件を伝えると「読者センター」につないでくれます。するとどこが担当部署か教えてくれますので、ニュースリリースや資料を"郵送"することになります。FAXなどは受け付けていないとのこと。

郵送後は、その後どうなったか、興味あるかないかをフォローするために、該当部署に電話コンタクトし、誰が読んでくれてどうな

ったかを聞き続けることになります。これで、担当記者に到達すれば幸いで、個別取材の要請を行うことができます。これには時間がかかるし、トレースできにくい恐れがあります。

　そこで、もう1つの方法を紹介します。該当する記者クラブを見つけたら、その受付に電話して、「日経新聞お願いします」というと、つないでくれたり、そのクラブ内の直通電話を教えてくれることがあります。そこで、直接の担当記者の名前がわかり、情報提供のきっかけができるのです。

　また、日経の記者を知っている知人、PR会社、コンサルタントなどから紹介してもらうと良いでしょう。直通電話を聞き、直接電話し、率直に相談してみることです。代表にかけると郵送といわれますが、実際の記者は、情報提供は、「ウエルカム」だからです。特に、特ダネであればなおさら歓迎ですから…。

　この方法は日経新聞に限らず、どこのメディアにおいてもトライしてみる価値があります。日経の場合、これらの記者はみな日経本誌の記者ですので、ニュースバリュー次第では、日経本紙掲載の可能性があることを忘れてはなりません。

②日刊工業新聞

　"小企業＋ものづくり"を標榜としていますが、全産業を網羅していますので、どしどし情報提供を試みることです。首都圏は東京支局や東東京支局など、全国にも主要都市に支局がありますので、そこに電話コンタクトし、「御社（だけ）に情報提供したい」と言えば、好意的に話を聞いてくれます。率直にお願いすることです。東京の中小企業部はマクロ政策担当ですので個々の企業の記事は書きません。

③フジサンケイビジネスアイ

　産経新聞と同じ編集部ですので、産経本社に電話し、「ビジネスアイ担当デスクをお願いします」と頼めば、つないでくれます。ま

た、資料（ニュースリリース）はそれぞれの部に直接FAXできるようになっていますので、まず資料（ニュースリリース）を送って、後でフォローする方法が最も合理的です。

（3）全国一般紙4紙（読売・朝日・毎日・産経）

　新聞で最も掲載のハードルが高いのが全国一般紙です。もともと紙面が少なく、大企業の重要ニュースでほとんど埋まってしまいます。しかし、社会一般に役立つ社会価値のあるネタであれば、企画モノなどを含め、充分可能性はあるのです。したがって、これは広く役立つのではないか、旬の話題や社会的関心の高い情報や今後の流行・トレンドになりそうなバックデータ付き予測テーマという自信作であれば、臆することなく情報提供を試みましょう。

　どこに連絡するかわからない場合にも、まずは代表に電話して電話交換手に「こんな内容で情報提供したいが…」と言えば「お客様相談室」「読者センター」など総合案内につないでくれるので、詳しく説明すれば、適切に指示してくれるのです。「経済部」「社会部」など関係テーマによって適切な部署につないでくれることもあります。

　それに、記者クラブの受付から、各メディア直通電話と担当記者の名前を聞くことです。

　本社代表に電話して、「○○のような案件はどの記者クラブが担当ですか？」と聞き、「その記者クラブの担当記者に連絡したいのですが…」と言えば、そのクラブの直通電話を教えてくれることも覚えておいてください。

II 雑誌に取り上げられる秘訣

　雑誌媒体の特徴は、"物語性＝ストーリー性"です。新聞よりも速報性には劣るものの、記事内容を深く掘り下げることが可能です。
　したがって、ニュースというよりも、新聞やテレビ等ですでに報道されたテーマであっても、その背景や経緯、それに報道された内容の検証およびその問題点の本質などに関する内容に興味があるのです。そこで、特にこれからのトレンドになりそうな社会的・国際的テーマや開発に至る苦労話など、より斬新なテーマのアイデアや通常では得られない、詳しい資料を提供する姿勢が喜ばれます。

III テレビに取り上げられる秘訣

　テレビに取り上げられるために最も大切なことは、「どんな情報・テーマ」を「誰に」「どのように提供すればよいのか」です。
　以下は、放送作家わぐりたかし氏および、テレビPRに強い鈴木秀逸氏（ランサーズ㈱広報・創生シニアマネージャー）がこれまでの経験から考える方法論です。

（1）テレビマンが求めるテーマとは

　テレビは"映像"が勝負です。どんな面白いネタでも、"画"にならなければ、取り上げられるチャンスはありません。そのキーワードは次の3つです。
①映像性
　とにかく面白い映像になるかどうかです。最も取り上げられやすい魅力的な"画"の内容をニュースリリースにまとめる必要があります。その際、撮れる"映像"を徹底してアピールすることに尽きます。
　例）こんな映像が撮れる！　こんな動きも撮れる！　こんな協力

ができる！　こんなことまでやれる！　ここまでやっても大丈夫！　こんな体験をしてあげられる！　こんなとんでもない動きが撮れる！　など。

②ニュース性
　テレビマンは、今（今日、明日、来週、あるいは放送時に）、それを伝える意味、つまり「ニュース性があるかどうか？」を最も大切にします。そして、ニュースになるキーワードは、特に「日本一」「世界一」「日本初」「世界初」「最小の」「最大の」「唯一の」「いま話題の」「行列の」「季節の」などですが、「小さい」あるいは「狭い」分野、業種、地域でもよくて、つまり、スケールダウンしても上記のキーワードに当てはまればOKというのは、新聞と同じです。

③物語（ストーリー）性
　そのニュースに何か「物語（ストーリー）」があると、さらに飛びついてくれます。「ストーリーのあるニュース（旬）」であることを、簡潔に、端的に、一言で説明できるとベストです。

（2）テレビ向けニュースリリースの書き方のコツ
　テレビには、テレビの特性に応じた工夫が必要です。その要点は以下のとおりです。
　①端的に魅力を伝えるタイトル
　②そのタイトルを如実に示す「画像」＝写真and/or映像が不可欠
　③要望に応じて、色々な「画（え）」になることを強調

　ローカル紙や業界紙などで話題になった記事が雑誌でも取り上げられ、その記事を読んで映像になる切り口を見つけて取材が入るケースが多いし、むしろ新聞がきっかけになって話題になり"ミニブレーク"していればなおさら映像にしやすいのです。

つまり、すでに話題になっている"実績"があるほうが、"旬"のトピックスとしてその価値や信頼度が高いので、あとは「どのように見せる（魅せる）と視聴者がチャンネルを合わせてくれるか？」という企画次第で取り上げられるのです。
　したがって、ニュースリリースは、「定型にとらわれることなく独創的で」「一見して驚かせる」ような書き方に注力します。
　また、「思わず手に取りたくなる"奇抜さ"」が必要です。つまり、リリースを見た人が、「これは映像になる！」という強烈なインパクトを感じさせる書き方にしなければなりません。そのためには、"画像"や"DVD"が最も喜ばれます。もちろん"写真"もOKです。映像がイメージできる書き方にすることが、テレビマンへの親切心なのです。
　ニュースリリースの原則的な書き方から一歩跳躍して、常にダイナミックな観点から、何かムーブメントが起きそうな旬の話題、トレンドになりそうな社会の動きと会社の活動を結び付け独創的な映像を考え出すことです。

（3）「放送作家」「リサーチャー」へのアプローチ
①放送作家
　作家といっても、文字を書くのが仕事ではなく「企画屋」で、テレビ番組作りには欠かせない役割を演じています。
　希望する番組を担当する放送作家に、ニュースリリースを送ることが有力な方法です。さらに、ある有力放送作家に、魅力的なネタを流すと、そのネットワークに乗り、局や番組の枠を超えて、他の放送作家たちに一挙に広がる横展開ができる可能性があります。
②リサーチャー（調査会社）
　リサーチャーは、ディレクターや放送作家の指示あるいは協力に基づいて、さまざまな調査を行う人で、番組には欠かせない存在で

す。リサーチャーへの情報提供は、その会社内の諸企画での話題になり、放送作家と同様に横展開ができる可能性があります。

（4）テレビマンの情報源

　テレビマンは新聞記者と同じく、いつもネタ探しに時間と労力と知恵を費やし、特に自分だけの情報＝特ダネを追い求めて日々を過ごしています。

　テレビマンの情報源とは、どこでしょうか？

　まずは、官庁や自治体の発表資料、企業のニュースリリース、ネット情報などがあります。それ以外に最も重要視している情報源とは、実は新聞や雑誌記事なのです。したがって、「小さくても、できるだけ多くの記事、異なったメディアに異なった切り口で載ること」をわぐりたかしさんは推奨しています。

　また、わぐりさんは、中でも「日経MJ」の最終面の特集記事に注目するように勧めています。その面は、「ブームの予感」や「ブームの裏側」がテレビ様式でまとめられており、その構成やストーリーの進め方がテレビと同じなので、それに沿った書き方をしているニュースリリースは、企画としての採用検討がしやすいということです。つまり、そのまま"画＝映像"になるストーリー作りがしやすいということです。

　そこで、自社商品・サービスが、「日経MJ」や想定番組で特集されるとしたら……とイメージしてみることで「ニュース性」を発見できる可能性が出てきます。そのときのポイントは、「ビジュアルではどうか？」「画＝絵になるかどうか？」です。

　テレビは、映像になった場面が想定できるようにニュースリリースを記述し、それがわかる資料を充実させることです。

Ⅳ　オンラインメディアに取り上げられる秘訣

　オンラインメディアの場合は、直接ニュースリリースを受け付けず、マスメディア等にて報道されたニュースやトピックスの中から選んでいます。したがって、まずはマスメディアに記事として取り上げられ、報道される必要があります。無料ニュースサイトでも、送付されたニュースリリースを選ぶ記者がいるので、電話でコンタクトして、そのような人達と積極的に話すことが大切です。

　インターネットの発展により、マスメディアがオンラインメディアに進出し、各社しのぎを削るようになっています。近年、急激に拡大中のオンラインメディアには、新聞や雑誌系の兼業オンラインメディアと新進の米国系および国内の専業オンラインメディアがあり、それぞれが独自に拡大中です。

（1）面白いことや新しいことに加えて、特に旬の話題を入れる。コンシュマー向けのメディアであれば実利情報も惹き付け、「限定割引」「特別セール」など有益な情報は喜ばれる。
（2）目を引くような写真をできるだけ多く張り付けておく。多くのオンラインメディアは写真のインパクトも大事にしている。
（3）ニュースリリースを記事のようなテイストで作るのも1つの作戦。リリースをほぼコピペして流すオンラインメディアがあるので、記事の拡散には効果的。
（4）単なる商品に関するニュースリリースよりも、物語的な中で起こっていることの紹介の方が興味を惹く。つまり「モノ」より「コト」に興味を持つことが多い。
（5）紙にはできない機能・特徴を活かす。
（6）『HP→SNS→拡散』の循環を戦略的に促進する。

（7）専業オンラインメディアは影響PV（ページビュー）を即刻数字で把握できるので、PVへの影響がテーマの判断基準。兼業オンラインメディアは、報道価値がより大きな判断基準となる。
（8）企業がメディアとなって発信する「Owned Media」も今後発展してくることが予想される。

第4章

情報発信とフォローの方法

I 「メディアリスト」の作り方

(1) メディアリストのフォームとは

　情報発信に必要なものは、発信先の情報、つまり「メディアリスト」です。メディアリストに入れる主な項目を以下に列挙します。「社名」「媒体名」「部署名」「記者（編集者）名」「役職」「電話」「携帯電話」「FAX」「メール（携帯メール）」「住所」「届け方法」に加えて、「略歴」などがわかれば記録しておきます。

(2) メディアリスト情報の入手方法

　日本パブリックリレーションズ協会編集の『広報・マスコミハンドブックPR手帳』などの市販されているものを利用するほかに、直接記者クラブに確認したり、PR会社を活用する方法などがあります。

①記者クラブ

　記者クラブは、記者の親睦団体で（日本特有の制度）、その名簿から確かな情報が得られます。自社の所属する業界や関係する分野から、該当する記者クラブを考えます。例えば、化学関係だと「重工業記者クラブ」、建設関係では「国土交通省」（建設関係）、IT系だと「情報通信記者会」となります。地方にも自治体ごとにありま

す。
　記者クラブには，通常次の書類が揃っています。
「記者クラブ名簿」
「当記者クラブでの発表方法」（作ってないクラブもある）

　訪問しなくともFAXしてくれるクラブと、訪問しないと送ってくれないクラブがありますので、率直に問い合わせてください。
【首都圏記者クラブ】
・訪問して記者と知り合う方法
　首都圏の記者クラブ名簿は、ほとんどの場合、社名のみしか記載されていません。初めてであれば一度クラブに訪問し、名簿等を入手し、発表方法等を学ぶことです。その際に運良く在席している記者と挨拶のために、名刺交換することによって担当記者と知り合えることになります。
・記者クラブに電話して知る方法
　別途記者クラブに電話して、知りたいメディアの名前を告げて「〇〇新聞につないでください」と言えばクラブ内の担当につないでくれるか、そのメディアの直通電話を教えてくれます。
　そこで、個々のメディアに電話し、「こういう会社ですが、ご担当記者はどなたでしょうか？」と尋ねれば、教えてくれます。
【地方記者クラブ】
　地方の場合でも、同じように一度電話して受付の方に挨拶を兼ねて訪問することです。業種や案件の内容によって、経済記者クラブ、市政記者クラブ、県政記者クラブと分かれますが、複数でもいいので関係ありそうなクラブであれば、遠慮なくコンタクトを取りましょう。
　「地元企業（団体）の〇〇ですが、これから発表にてお世話になります。今後ともよろしくお願いします。ところで、現時点の名簿

をいただきたいのですが…」と依頼します。

　それは首都圏記者クラブと異なり、「メディア名＋会社住所＋個人名＋会社電話＋会社FAX」まで記載されているものが多いようです。会員になっているテレビ・ラジオも網羅されています。

　他の都市に本社があり、地方に生産拠点（工場）や営業拠点等がある場合でも同じく、地方拠点からコンタクトして、訪問することです。

　たとえ訪問しなくても、電話で趣旨を言えば、快くFAXしてくれる地方クラブがほとんどです。

　また、拠点が無くてもその地域でのイベントとか、地元のニュースになる場合には、その旨を告げ、「こういった案件で発表（レクチャー付きor資料配布）したいので、発表要領や名簿をFAXしていただきたいのですが…」と依頼します。当日、実際に資料配布する場合、「ニュースリリース」を必要部数持参して配布してもいいですし、遠方からの場合には「ニュースリリース」を発表期日までに郵送すると、配布してくれます。

②メディア社への直接のアプローチ
・代表電話から

　知りたいメディアの代表番号に直接電話して、該当部署（例えば経済部）につないでもらい、業種や案件によって、どの人が担当かを尋ねることによって、そのメディアの担当者の名前と連絡先がわかります。

　「このような案件について、FAXで情報提供したいのですが、該当する記者の方や電話・FAX等を教えてもらえませんか？」と言えば、該当部署につないでくれます。そのときに「御社だけに」という情報であれば、つないでくれやすくなります。

　ただし一般紙は「とりあえずFAXをここに送っておいてくださ

い。記者が興味があれば、連絡するでしょう」と、名前などを教えてくれないことが多いようです。

③PR会社

　費用は発生しますが、PR会社や広報コンサルタントに依頼すれば、その会社が持つネットワークで適切なメディアにつないでくれたりします。案件次第で、何人かの記者との面談アレンジも可能です。

　コンスタントに関係メディアや記者との面識を広げたいのであれば、契約を結ぶこともいいでしょう。もちろん、一定のコンサルティング料の発生を伴いますが、個別人脈を増やすには最も早い手段です。

　ただし、メディアへの配信そのものを、すべてPR会社に任せる場合には、手間がかからない半面、自社にメディアリストは残らず、自社の資産として蓄積できないことを覚悟する必要があります。

　PR会社は、どこに配信したかをまとめた配信先リストは提供してくれますが、それはメディア名と部署名だけで、記者名や連絡先の記載はありません。なぜなら、詳細なメディアリストはPR会社の重要資産ですので、通常、企業側にそのまま開陳することはないのです。それは個々のPR会社が保有する最も大切な知的財産といえます。この営々と築いてきた記者人脈がPR会社の命です。

　同様の理由で、ネット配信会社に頼む場合も同じです。多くのメディアに配信でき、いくつかのメディアで取り上げられたとしても、会社のメディアリストにはならず、親密な関係は築きづらいため、長期的な会社の資産にはなりません。

Ⅱ メディアに取り上げられる方法

（1）メディアに取り上げられる3つの方法
①一斉発表
　報道されることはすべて「発表」ではなく、次の4条件が揃う必要があります。

　公式に／同じ情報を／同じ時に／複数（全て）のメディアに

　一斉発表のため広く公表できますが、報道されるかどうかは記者の判断ですし、出ても比較的小さくなります。もちろん、広く網を張る分、小さくとも多く報道される可能性もあります。したがって、その後のフォローがカギとなります。

②個別取材要請
　これは、特定のメディア（記者）1社（か2社）に個別に取材をお願いし、相談の上で「特ダネ」記事にしてもらう方法です。これは上述の一斉発表後の個別取材要請とは意味が異なりますので、注意してください。

　どんな場合かというと：
- ■特定メディアに確実に記事にしてもらいたい場合
- ■まだ公式に言える段階ではないが（自社の事情、ライバルとの兼ね合い、景気動向の見直し等により）戦略的に早く出したい場合
- ■まだ不十分な内容だが早く出してインパクトを与えたい場合

など、重要案件に対して戦略的に行う広報です。

　個別取材をお願いするケースには、2つのケースがあります。
　1つは、いわゆる"ニュース"。もう1つは、企画のアイデアやネタ提供によって、記者に記事になるヒントやテーマを与え、取材のきっかけにしてもらうことです。それにも、2通りあります。
・既存特集企画へのネタ提供：新聞や雑誌の特集企画のテーマに合

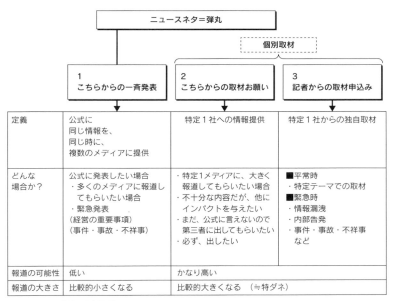

- ●1＋2…発表後、取材要請
- ●1＋3…発表後、取材申込み
- ●2or3＋1…個別取材で出た後に、発表

致したコンテンツを提供できるのであれば、積極的に情報提供を申し出ることです。記者は常にネタを探しているので、いい獲物にはすぐ飛びついてくれます。

・自社業界での旬の話題や社会的に流行のテーマ（IoT、ブロックチェーン、働き方改革など）に関する切り口やテーマのアイデアを、データなどのコンテンツ情報を添えて提供すると、それをヒントに記者が新しい切り口を考え、トレンドニュースやトピック的な特集記事としてまとめたり、大きな扱いの企画記事にする可能性があります。

特ダネ報道の場合は、1社に留まらないことも多々あります。つ

まり、１紙に出た内容が他のメディアの興味を惹けば「後追い取材」があるからです。さらに、公式に表明できるようになれば、今度は「一斉発表」を行うことも可能で、多彩な広報活動を通じて、幅広い成果が得られるのです。

③記者からの取材申込み

これは、記者があるテーマに基づいて企業に取材申込みを行うものです。記事になる確率は高いので喜んで受けることです。

とは言え、記事になったことのない企業にいきなり取材が入る可能性はほとんどありません。そこで、これから広報に力を入れようとするなら、まず業界紙（誌）でもどこかに小さくとも露出されていれば、いろいろチャンスが出てきます。経営者仲間や取引先による記者への紹介がきっかけになるケースもあるので、そのためには顧客や取引先、提携先などに自社の長所・差別点などを地道にPRしておく必要があります。

記者は日々取材テーマ、切り口、取材候補先を探していますので、種はあちこちに蒔いておくことも必要です。

（２）一斉発表の具体的方法

一斉発表は、会社としての「公式発言」であり、テーマや狙いに応じて６つの方法に分かれます。

①記者クラブにて発表＋他メディアへも一斉配信する場合

記者クラブメンバーには全国紙を初め有力なメディアが加入していますが雑誌などは入っていません。記者クラブでの発表は、企業から発表者が出る「レクチャー付き発表」と単に「ニュースリリース」を配布する「資料配布での発表」があります。

まず、該当記者クラブを選び「レクチャー（説明者）付き」か「資料配布」かを決めて、クラブに電話して発表申込みを行います。複数の記者クラブで発表する場合には、その旨を明記しておき

ます。

　「レクチャー付き」の発表は、大企業の場合は案件ごとに判断しますが、中小企業であれば基本的に社長が発表者です。発表申込みの後に主要メディアに個別コンタクトして、当日出席するように要請することが大切です。

　資料配布だけの場合、各メディアのボックス（箱）に指示された数のプレスリリースを配布します（「投げ込み」という）。受付に届ければ、各メディアに配布してくれるクラブもあります。

　クラブメンバー以外の関係全メディア（専門紙や雑誌等）にも同日にニュースリリースを配布配信することができます。

②関係全メディアを一堂に集めて一斉発表する場合

　記者クラブ加盟記者も雑誌等他のメディアも一緒に一度に発表したい場合に行います。小企業でも商品展示やデモが必要な場合などに有効です。事件・事故・不祥事で緊急に記者会見が必要な場合には、自社会議室や現場で行うことになります。

　記者クラブには、発表申込みが必要です。一堂に会する場合には、基本的には社長が記者発表するのが普通ですので、発表案内（ニュースリリース）後に、やはり主要メディアに出席要請することをお勧めします。そうしなければなかなか出席してもらえないからです。参加・不参加にかかわらず、当日配布するニュースリリースを同時配信します。場所は、自社会議室、外部会議室、ホテルあるいはイベント現場などがあります。

③関係全メディアへ資料配布だけで一斉発表する場合

　自社メディアリストに基づき、関係する全メディアにニュースリリースを、主にFAX、メール、郵送で配布配信することです。PR会社やリリース配信会社へのアウトソーシングも利用できます。名もない小企業が、ニュースリリース配信だけですぐ記事やニュースとして報道される可能性は少ないにしても、多くのニュースリリー

ス数を発信しておくことは、"話題豊富な企業"の証、企業の躍動感を感じさせ、長期的な知名度アップ、イメージアップにつながることになります。

　また、SNSやHPなどを通じて常に発信を心がけていると、ネットで取り上げられることもあり、それが重なって何かのきっかけで、記者の考えるテーマ・切り口のヒントになって、「取材申込み」へと導きます。とにかく、発信を心掛けることが、記事につながります。鉄砲も打たなければあたらないのです。

　一斉発表で「ニュースリリース」や「お知らせ」として配信した後、主要メディアには個別に取材要請することをお勧めします。知名度が低い企業の場合は特にこのフォローが不可欠。これで1つでも多くの記事が出る可能性があります。さもなくば記事にならない恐れがあるのです。有力紙だけでも個別にコンタクトし、趣旨を話して個別にお願いするのです。

④「お知らせ」(ニューズレター)としてご参考的に配信する場合

　ニュースリリースと同じような形式ですが、「お知らせ」は、記者が飛びつくようなニュース性は無くとも、企業として報せておく価値のある情報をまとめて、関係全メディアに配布配信しておくものです。つまり、上記③と同じです。

　例えば、すでに同じようなテーマで記事になったものや一斉発表のタイミングを逸して、ニュースにはならないが話題性はあるもの、また時期をずらして付加価値をつけたり、切り口を変えて出せるケースなどは、「お知らせ法」を利用することです。

　「ニュースリリース」と書く代わりに「お知らせ」or「ニューズレター」と書き直して配布配信するのです。記者クラブでも「お知らせ」といえば問題なく受諾され資料配布できます。全メディアに配信も可能です。それにより、正式な一斉発表と同じ効果が期待できるのです。また、ニュースリリースと同様に自社ウェブサイトに

も発信実績としてアップできます。

「お知らせ法」の利点は、どんなテーマでも良く、一方的なダイレクトメールのように、とにかく発信できることで、その内容に興味を持った記者から取材申込みが期待できるのです。記者としても「一斉発表」ではないので、他メディアに気兼ねなく自由に取材して記事にできるのです。

⑤インフルエンサー（ブロガー）への情報提供（発表）

まだ、名もない中小企業でも、有力メディアやオンラインメディア等に取り上げられることにより、学者・タレントなど影響力のある人達のブログに取り上げられる可能性もあり、口コミ効果が期待できます。

PR会社やマーケティング会社の支援により、インフルエンサー（ブロガー）利用の戦略マーケティングの方法も活発化してきましたので、その先端的動向に注目しておきましょう。

⑥共同発表など

異分野・異業種・異系列への参入が容易になった今日、小企業でも大企業と対等に提携するようなケースも出てきて、共同あるいは連名での一斉発表も増加傾向にあります。

そのような場合には、大企業のネームバリューと記者人脈を利用して、共同発表なり、大企業の名前を出してのニュースリリースにして発表することをお勧めします。基本的には単独での発表方法と同じ。主体企業によって社名の順序が変わるだけです。

インターネットを利用して常に発信を心がけることは、長い目でみると取材申込みのきっかけになるし、時には一斉発表と同じ効果をもたらすものです。何かのトピックスをテーマにして行う「記者会見」や「記者懇親会」なども一斉発表と同じです。

どんなネタでも、簡単にニュースリリースとしてまとめておくことは、「お知らせ」としても利用できるし、役員面談の時のお土産

ネタや、ネタ切れで困っている記者への貴重なプレゼントとしても喜ばれます。その場合には「ニュースリリース」ではなく「ご取材用資料」や「ご参考」と記載すると、「一斉発表」でも「お知らせ」でもないこと、つまり「Only you」のネタということを暗に示すのです。

(3) 一斉発表後のフォロー
①発表直後からのフォロー
　一斉発表でニュースリリースを配信すると、興味を持ったメディアから問い合わせが入る可能性があるので、携帯電話番号も忘れずに記載し、特に発表当日は、夜8～9時まで待機しておく必要があります。社長が外出せざるを得ない場合には、携帯で折り返し電話できるようにしておくなど、「Q&A」に沿って対応できるようにしておくことです。

■個別コンタクトによる記事化要請
　個別にコンタクトしてフォローすることが大切です。企業の大小を問わず、一斉配信してもなかなか見てくれるチャンスがなく、日々何十と記者のデスクに山積みになるニュースリリースに埋もれてしまう運命が待ち受けています。

　レクチャー付きで発表した場合、出席した記者には十分説明ができますが、不参加記者や「ニュースリリース」配布だけのメディアには、「ニュースリリース」だけの情報では原稿を書くには不十分の場合が多いのです。そこで、重要なメディアだけでも発表後、個々の記者にコンタクトして、追加情報を提供したり、別途社長との面談をアレンジすることによって、記事化をお願いするのです。

　ニュースリリースは、記者にとっては「横並びラブレター」のように「チラシ」「広告」と同じ延長上にある自画自賛の産物です。真剣に読んでもらおうと思えば、送った後に"他の人よりももっと

いい話がある"と個別取材要請と同じような個別コンタクトが鍵となります。

　発信相手全員に個別にお願いしたいところですが、少なくともぜひ取り上げてほしいメディアには、個々に電話して直接お願いしなければなりません。それは、"片思いのひとに想いを伝える"気持ち。そこに、「情熱費」が要るのです。その手順とは電話で個別にコンタクトし、

　　・ニュースリリースが届いているか？
　　・届いていれば、読んでもらえたか？
　　・読んでもらえていれば、興味の程はどうか？
　　・興味があれば個別取材をお願いできませんか？
　　・読んでなければ再度FAXしましょうか？

と個別に取材をお願いするのです。1人ひとりに！

　これを地道に行うことによって、個々の記者に、まずは自社の「ニュースリリース」の存在に気付いてもらうことです。

　そこで、その内容つまりUSP（特徴）＆UDP（差別点）をアピールするのです。もし、それでも記事にしてもらえないようなら、その内容が相対的に他社と同等か劣ると反省してしかるべきです。つまり、「No！」になってもその情報には大きな意味があるのです。

　記者を客観的な評価機関として、結果を謙虚に受け止める気持ちが次への反省と再挑戦への意欲を強めるはずです。

■発表直後に行うべきこと

　　・ニュースリリースを、速やかにウェブサイトにアップすること
　　・ニュースリリースを、イントラネットや掲示等にて、社内や関係先に告知すること

②報道（記事化）後のフォロー

運良く記事になり報道されたらそれで終り、ではありません。それからが大切なのです。「記事」とは、共通のお客様に適切に報せるための「共創の作品」ですから。そこで、記事が出たら、その内容を吟味することです。

・見出しの大きさおよびそのニュアンス。テレビも同様
・記事・報道の大きさと、新聞は掲載場所、テレビは番組
・どんな語尾になっているか？
・内容…間違い、誤解を与える表現、曲解の個所等

それによって、その後の問い合わせ対応のために「Q&A」の回答を調整しておく必要があるのです。

③記事化したメディアへのフォロー

■記者がわかっている場合

・その記者にコンタクトし、お礼を言う
・次のテーマの時にもよろしくと次につなげる
・連絡先（メール＋直通電話＋携帯電話）を確認する

■記者がわからないメディアの場合

・当該メディアにコンタクトして調べる
　　代表から「読者センター」or「担当部署」につないでもらい、記事を言えば、その記者から電話してもらえるように計らってくれます。
・書いた記者とコンタクトできれば、今回のお礼を伝える
・次のテーマの時にもよろしくお願いしますと次につなげる
・連絡先（メール＋直通電話＋携帯電話）を確認する

このようにして、発表の都度、1人ひとり記者とコンタクトを図り、親密度を深めて「メディアリスト」を充実させ、「広報人脈資

産」を蓄積します。それは、会社のインフラとなり、社内外への「情報発信基地」としての役割を着実に果たしていくことでしょう。

Ⅲ 記者クラブとその利用法

　記者クラブで発表したい場合、事前に記者クラブへ「発表申込み」を行う必要がありますので、その仕組みと申込み方法などを学んでおきましょう。

　記者クラブとは、日本特有の制度で、メディア各社の会員制親睦組織です。記者側は、取材の最前線基地として行政や企業からの発表を受け入れる場であり、企業側としては、メディアとの重要かつ容易な接点となります。

　首都圏では官公庁系と民間系クラブがあり、さらに一般紙と業界紙・専門紙に分かれます。

　地方では、府県庁に「県政記者クラブ」や市役所に「市政記者クラブ」があり、主要な都市の商工会議所には「経済記者クラブ」にて発表可能です。

　企業関係は、「経済記者クラブ」で発表できますが、商工会議所がない都市では、「県政」や「市政」でも企業からの発表にも対応しています。また、企業でも、テーマによっては、「県政」や「市政」での同時発表も可能。また、首都圏の該当記者クラブと地方の地元記者クラブで同時に発表できます。

（1）記者クラブの利点・問題点

①**利点**…公式発表を迅速に一挙にメディアに伝えることができ、個別申込みが不要なので手間とコストが少なくて済みます。担当記者へ接触するチャンスができるので人脈作りに役立ちます。したがって、どしどし発表ネタを作り、積極的に発表していきましょ

う。
②**問題点**…現会員以外のメディアが参加できない等の閉鎖性の問題があります。

　発表申込方法は、記者クラブは自主運営のため、大体２、３ヵ月ごとの輪番制で２、３社ずつ幹事社が決まります。幹事社は発表申込みを受理するかどうかの諾否判断を行っています。
　発表申込みのタイミングはクラブによって異なりますが、首都圏の場合は通常、発表日の48時間前まで、地方の場合には１〜２日前までに所定の方法（電話かFAX）で申込みます。
　資料配布だけの場合には、前日電話だけで受付けるクラブもあります。
　申込み項目は、①発表テーマ、②日時、③場所、④レクチャー（発表者）付きか単に資料（ニュースリリース）配布か等です。レクチャー付きの場合には、事前に個別コンタクトして、参加をお願いすることをお勧めします。熱意を示し記者の心を動かすことです。
　資料配布だけにしても、記事化してもらうためには、"配布したこと"を個別に報せる熱意と配慮が不可欠。その後個別取材へとつなげるために全力をあげるようにしてください。

（２）記者クラブでの発表の留意点
　①ニュースリリースの左肩に「記者クラブ名」を記載する
　②複数クラブで発表する場合、まず、幹事社に伝えること
　■複数クラブ発表はリリースに発表するクラブ名を記載（記者が重複取材を避けるため）
　■一般紙・業界紙のクラブ両方で発表する場合には、（〆切時間の早い）業界紙クラブの時間を早く設定すること

記者とのお付き合いは、記者にとって魅力的な"自社のネタ"を作り続けなければ長続きしません。そのためには、進んで調べ物をし、"記者に手間をかけさせない""手間を引き受ける"ことをいつも心がけること。つまり、記者のデータベースになるのです。"手間を省く"と"手間をかける"ことの選択と集中を図りましょう。これは仕事の要諦です。

Ⅳ　個別取材要請の方法

　取材要請とは、基本的には1社の独自取材ですが、一斉発表後に個別に記者コンタクトを行い、単独取材をアレンジするのも通常行われる一般的な方法です。
　個別取材の機会に、常日頃温めていた旬の話題・テーマを切り出し、記者の関心を引き出して、記事をものにすることもあります。

（1）メディア選定

　ニュースリリースを作成したら、まず、「どこに載せたいか？」を考える必要があります。いいネタがあれば、ネタの価値とターゲットによって適切なメディア（記者）を選びます。

（2）個別取材＝面談

　個別取材要請の場合には、「ニュースリリース」ではなく「ご取材用資料」とし、取材してくれるメディア名・記者名を記載し、取材を受けます。
　面談は、できるだけ上位者が対応します。特に中小企業の場合は基本的にすべて社長の対応がベストです。

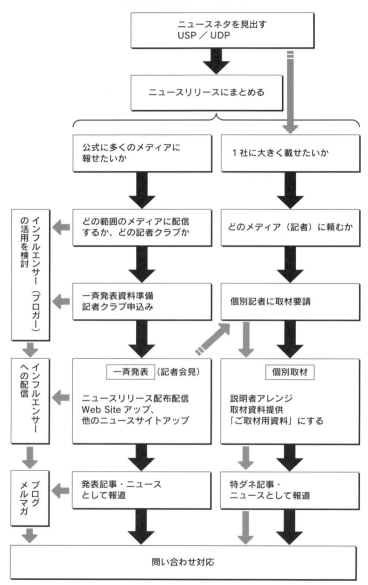

①「ご取材用資料」に基づき説明
②要望と必要に応じて、必要なデータや追加資料を惜しみなく提供
③質問への万全対応に必要な部下を同席させる

　記者の質問を予測し、それに万全に回答できる体制を考え適切な部下を同席させること。それによって記者の満足度は高まり、豊富な情報によって、記事が膨らむ＋増えるのです。部下のモチベーションの高揚も見ることができます。

④「どの部分を強調してほしい」や「ここはこういう表現に」など"要望"はできるが、後は記者の"判断"

　M&Aなど重要な経営案件の場合、わかっている全容を明らかにする方法もありますが、公式発表ではないので、"少し曖昧な部分"や"正確でない個所"を残しておく方が、むしろ"自然"であり、「特ダネ記事」となって他のメディアからの問い合わせへの対応に融通性を持たせることもできます。そして、公式に言える状況になった時に、今度は「一斉発表」するのです。

（3）個別取材＝面談後のフォロー

　一旦、上位者・社長が記者との面談を終えても、まだ十分な情報が揃っていないことも多いので、あとで電話して追加データやその他の資料の提供を試みてください。

　さらに、別の当事者との追加面談をアレンジすることも、より多くの情報提供ができるので、遠慮なく申し入れることです。

　要は、記者が大きな原稿にまとめやすいように、全力で協力することが記事を膨らませることになり、時には、別の切り口で記事にしてくれるきっかけになります。つまり、記事が「膨らみ＋増える」ことになるのです。

（4）報道（記事化）後のフォロー（問い合わせ対応）

　一斉発表記事は、公式発表なので「…と発表した」と出所が明確なのに対して、個別取材記事の内容は、憶測記事や推測記事、あるいは観測記事のような内容になるのが普通です。
　「…を開始する」
　「…の見込みである」
　「…の見通しである」
　「…の方針を固めた」
　「…が明らかになった」
　「…を表明した」

　「特ダネ記事」になるので、比較的大きな記事になり、掲載場所もインパクトのあるニュース性の高い扱いになるはずです。したがって、他のメディアからの問い合わせやおっかけ取材が入る可能性があります。例えば、一般紙に載れば業界紙（誌）・テレビや雑誌など、業界紙であれば一般紙等からです。
　さらに、顧客・株主・投資家・取引先等のいわゆる「ステークホルダー」からもそれぞれの応対窓口に問い合わせが入る可能性があるので、社内幹部へも応対の仕方を徹底しておく必要があります。そこで重要になるのが、「Q&A」なのです。
　■語尾表現がどうなっているか？　「…の方針を固めた」等
　■内容によって、「Q&A」の回答を修正する

　問い合わせに対しては、誠実に応対することによって、追加して記事が出ることになり、願ってもないような相乗効果も得られます。他の記者は、「某紙の記事の件で詳しい話が聞きたいのですが…」「某メディアによると、…との報道があるが、事実ですか？」と問い合わせしてきます。そこで、すかさず、「ぜひ、お話させて

ください。取材お願いします」と個別取材をアレンジするのです。

　M&Aや大企業との提携など、大きな案件の場合には、特に、「取材に応じた」という姿勢を保つことが大切です。なぜなら、個別取材記事は、会社の「公式発表」ではなく、あくまで記者が独自に取材して独自の判断で"勝手に"書いて報道した！　というものですから。

　実際、記者からの「取材申込」によって出るケースも、こちらから「取材をお願いした場合」と、全く同じプロセスとなります（このことは後述します）。一般的に、次の５つの対応方法があります。

　①全面肯定（その記事の内容の通り）
　②大筋肯定（大筋その通りだが、間違いもある）
　③大筋否定（大筋で間違っている）
　④全面否定（根も葉もない。そんなことは全く考えていない）
　⑤（あるいは）現在調査中ですので、判明次第連絡します（と時間を稼ぐ）

　通常の対応は、②もしくは①です。ただし、記者からの「取材申込」によって"やむなく"回答した場合には、③や④があり得ます。当面⑤で対応する方法も無難です。

　特ダネ記事の場合には、インパクトがあればある程、他メディアの取材もあり得るので、誠実な臨機応変の対応によって、二次三次の記事化へと促す努力をしましょう。

　また、個別記者への取材要請は、一斉発表よりも増して、
　・既知の記者との親密度を深化させる
　・未知の記者との恋人化を促進させる
ことになるので、一石三鳥にも五鳥にもなる、高度な戦略的広報の方法です。

　さらに、別の切り口にて、別の記者に、別のタイミングで、別の情報をつけて取材を要請することもできるのです。例えば、「新商

品」の裏には必ず「技術」があり、それを発明開発した「人」がいて、その所属する「会社経営」という視点があり、また「業界」でも話題としても取り上げることが可能なのです。

記者の望みは「自分だけへの情報」であり「独自記事」であることを片時も忘れてはなりません。一方では、会社として公式に発表しておくべき情報もあるのです。

そこで、「一斉発表」と「取材要請」を組み合わせて、最も効果的な全方位的な戦略的広報を実践するのです。そのような観点から戦略的に広報活動を行っていない会社は、大いなる機会損失をしていることにも気付かないものです。ビジネスは市場における戦いです。情報が戦いを制するのです。その情報作戦においてライバルに後れを取ることは、長期的に敗北を意味します。

記事やニュースとなって報道されたら、人脈蓄積の最適なチャンスです。書いてくれた記者へお礼の電話をし、積極的に別途何かのきっかけで再会のチャンスを作ることです。それが、次につながり、次第に増えていく楽しさを自覚することです。なぜなら、その記者の人達は自社の伝道師であり報せる協力者、すなわち営業代理店よりももっと拡大拡散力のある「情報代理店」ですから。

V 記者からの取材申込みを受ける方法

まだ、一度もメディアに出たことのない企業が、いきなり記者から電話で取材申込みを受けることは、常識的にまずないと言ってもいいでしょう。なぜなら、どんなに優良企業でも、素晴らしい製品を持っていても、知らない企業には電話できないからです。しかし、企業価値さえあれば、何かのきっかけで、突然入る場合もありますし、一度二度とメディアに露出していけば、その都度、申込みが入る機会は少しずつ増えていくことになります。

（1）どんな場合に取材申込みが入るか？

①紹介

　初めて入る場合は、PRに長けた取引先や顧客・友人（企業）からの紹介があります。その場合は幸運に感謝し、喜んで受けましょう。それからも、この紹介による取材申込みの機会は有力な露出方法です。PR会社や広報コンサルタントからの紹介というのも大きなきっかけとなります。

　そのためには、日頃から多くの異なった分野や異業種の人達との交流を通じて、自分の考えや商品・サービスの際立って優れた点（＝USPやUDP）などを理解してもらっておく、地道な歩みが必要です。

②他の記事を見て

　広報活動を通じて、メディアへの露出があるとどんなに小さくとも、人々の目に触れるばかりでなく、記者の目に触れることを心に留めておきましょう。記者は、常に次の記事の「切り口」や「テーマ」を探しているので、他の記事というのは最も重要な情報源なのです。しかも"記事に載るような企業"としてノートしておき、何かのきっかけで「確かこのストーリーに合う企業があったな！」と取材の申込みに繋がるのです。あるいは、「こんないい企業があったのか！　この企業のやり方を切り口にして記事にまとめてみよう！」と記者の発想が促され、次の記事へ直結することになるのです。それには、小さくとも多くの、そして異なったメディアに出ることです。

③ネットで検索して

　近年は、ネット検索によって求める情報を探し出すケースが増えています。それは5つに分かれます。

・検索データベース
・総合ポータルサイト、ニュース（検索）サイト他

・ニュースリリース掲載サイト
・企業ウェブサイト
・オンラインメディア

　この動きに備えるため、企業としては、できるだけ多くのニュースリリースを発信し、ニュースサイトやニュースリリース掲載サイトへ常時ニュースリリースを提供します。そして自社ウェブサイトを充実させて、ライバル他社との差別化を図ります。

（2）取材申込みを受けたら

　もし、記者から電話がかかり、取材申込みを受けた時は、どんないきさつであれ、あまたある企業の中から選んでくれた幸運に感謝し、喜んで取材に応じます。そして、次のことを確認します。

① **メディア確認**：既知のメディアであれば問題はありませんが、初めて聞くようなメディアの場合、時に取材そのものには費用はかからないものの、「広告費」や「取材費」がらみもありますので注意しましょう（経営者は、社員等の事件・事故がらみの取材申込みの恐れも頭に入れておくこと）。

② **取材テーマ**：2つのケースに分かれます。
　■「すでに特集企画が決まっていて、その内容を取材したい」
　■「テーマは決まっているが、まだ企画は決まってはいない」
　　を確かめること。この段階で「企画書」的なものがあれば、FAXかメール送付をお願いしてみましょう。取材の内容によって準備するものが変わります。万全の資料準備を心掛けることです。それによって、記事が膨らみ＋増えるものです。

③ **希望取材対象**：2つのケースに分かれます。
　■社長・営業担当役員、商品を開発した本人……など面談希望がある場合
　■テーマに沿って話が聞ける責任ある人……など適任者であれば

いい場合

　面談相手の希望があってもなくてもできるだけ上位者が対応すること。中小企業は常に社長が対応します。社長以上の適任者はいないからです。他に希望に沿って、また、取材テーマに応じて、適切かつ十分に回答できる適任者を同席させることです。必要であれば何人でも構いません。社長と同席して、部下に、会社の責任ある発言をする機会を与えるのです。それによって、社員は着実に向上し、モチベーションを高めることでしょう。しかも、十二分の情報提供によって、記者の構想力が高まり、記事が膨らみ、そして　増えるのです。

④**希望日時・場所設定**：場所はできるだけ会社や工場がいいでしょう。特に現場写真が必要な場合もあります。社長としても、「メディア取材」を社内に知らせておくことは、社内の広報意識を向上させることになるからです。時間は11時位に設定し、取材後ランチを共にすることをお勧めします。その方が長く取材時間をとって会社のこと、自分のこと……を理解してもらえるからです。また、その方が打ち解けて懇意になるからです。もちろん２回目からは夕方の時間で夕食を共にする仲になると、１人の太い人脈が育ったと考えてもいいでしょう。

⑤**取材面談**：記者のテーマを吟味し質問を予測して、同席者と一緒に万全の会合を試みましょう。通常、原稿は見せてもらえませんが、雑誌の企画ものや工場ルポ、インタビュー記事等については、間違いをなくすために、了承が得られる場合もあります。

⑥**記事掲載＆報道とその後のフォロー**：記事が出たら（放映されたら）、早速お礼の電話を入れましょう。記事に対する"感想"や社内外からの"反響"については素直に喜ばれます。記者は常にお客様である読者・視聴者の役に立つ、インパクトある記事を目指していますので、反響の言葉は自信や誇りにもつながり次への取材

意欲を高めます。"記者＝顧客代表"です。記事は「共創の作品」であることを今一度想い起しましょう。機会を見てお礼を兼ねて食事の機会を設けることも一案です。メディアを長い目で自社の親友としてお付き合いを続けることが大切です。このようにして取材申込みは、基本的には何でも受ける姿勢で最大限記者に協力し、より良い記事になるように全力で支援しましょう。

第2部

210の実例から学ぶ
ニュースリリース大全集

ニュースリリース実例210
『山見博康の推奨3ポイント』の視点

1 ● 経営
2 ● 総務・人事
3 ● 販売
4 ● キャンペーン・プロモーション
5 ● 技術・商品開発
6 ● CSR・環境
7 ● 自治体（県）
8 ● 自治体（市）
9 ● 学校
10 ● 各種団体

※各分野内はニュースリリース発表の主体となる企業・自治体・学校・団体を五十音順に掲載しております。
　（共同発表の企業・自治体・学校・団体は上記に付随いたします。）

第2部では、210の企業、自治体（県・市）、学校、各種団体からご提供いただいた、まさに「本物のニュースリリース」を一挙にご覧いただきます。

　210の有志からいただいたニュースリリースには、「Yes 2 ＋But 1」形式で「山見博康の推奨3ポイント」としてコメントを付けました。コメント1つひとつには、下記のような視点で各作品と対峙し、じっくり訴えたいことを聞き、尋ね、真意を解しようと努力し、率直に付けています。皆様のニュースリリース力向上のヒントになれば幸いです。

「山見博康の推奨3ポイント」の視点

	項目	ポイント
1.	人物と見て	・素朴な疑問をぶつけ、真の狙いを、隠れた意志を問い質し、深い想いをおもんばかった。 ・作品を人物と見て1対1で対話。何を語りかけてくれるのか？ ・相手の立場での言動か？　親切で思いやりに満ちているか？ ・お手本となる人物か？　そんな人物であればどこに出しても有用で喜ばれるか？
2.	アート・ビジュアル	・アート作品と見て、その流麗さや、簡素な佇まい等に感銘を受けるか？ ・わかってもらいたい想いに溢れ、感動するか？ ・一見してわかるか？　斜め読みでわかる佳麗さがあるか？ ・イラスト、写真、グラフ、表で一目瞭然のビジュアルにこだわっているか？ ・パソコンを駆使（例：枠、下線、太字、字体変更、傍点、色、影効果、3D）しているか？
3.	タイトル	・一見して最重要ポイントや訴えたい内容がわかるように、それに相応しいキーワードを盛り込んでいるか？（例：数字、日本初、業界一等々のインパクトある言葉） ・タイトルは体言止めで短く、サブタイトルで効果的に補っているか？ ・「日本一」や「業界初」などの自画自賛には「バックデータ」の証があるか？
4.	リード部・主語	・「無用な文字は1字でも省き、より需要情報を簡潔に」の基本精神に即しているか？ ・特にこの部分は最重要なスペースゆえに、右上に社名。地方本社の場合、都市名と代表者名の記載を推奨。 ・主語の書き方：○○（株）or○株式会社（都市名or住所＋代表者氏名）キャッチフレーズは推奨…一言で自社を表現する （1）主語を明確にし、間違いをなくす（コピペ可能） （2）親会社と子会社の関係やM&A・提携等で関係性を明確にする

5.	本文	・基本精神は無用な文字を省き、文章を推敲して、簡潔かつ豊富な用法を。 ・「段落＋小見出し」は必須、「箇条書き」を多用。同じ意味でも文章最短を推敲し、饒舌は毒。1字でも無用な言葉は省き、読ませない配慮をしているか？ ・網羅すべきは網羅。質問予測力を駆使して、聞かれそうなことは網羅が親切。 ・重複は略号や代名詞を活用しているか？（例：自社名2回目からは「当社」） ・読めない漢字や外国文字はルビ。技術用語は解説など、思いやりと徹底親切。
6.	登場人物の写真やプロフィール	・掲載を推奨　①親しみを与える 　　　　　　　②信頼性が高まる 　　　　　　　③発想拡大を促し、別の切り口での取材に繋がる
7.	メッセージ	・社長に限らず、登場人物のメッセージは意志・意図・決意が明確になるので推奨。 ・外部メッセージ：内容に応じて推奨。
8.	今後の方針	・MUST!　方針のないニュースリリースは、意志のない、不明確な人物と同じ。 ・どのように表現するか？　そこに戦略性が入る。その表現で企業の姿勢が露呈する。
9.	連絡先	・連絡可能な全てを記載する。住所、電話＋携帯番号、FAX、メール、担当者名は複数。 ・どこまで記載しているかで親切心と謙虚さが判明する。 ・読み間違いの恐れある名前にはルビが親切。

〈ニュースリリース掲載にあたって〉

①ご提供いただいたニュースリリースのデータは一部著者の加工・編集を加えておりますが、基本的にはお預かりした状態にて掲載しております。ただし書籍化にあたり、位置のずれやページ割付け等の関係で一部補修作業を行なった場合もございます。

②基本的なレイアウトは資料1枚に対して1ページの掲載といたしましたが、一部複数ページのものを1ページにまとめて掲載している場合もございます。

③元々の原稿はカラー・多色刷りで作成されているものも含め、すべてモノクロでの掲載とさせていただいております。著者コメントにはカラーを想起させる表現等も一部用いておりますが、本書の趣旨・コンセプトを活かすことを優先し、そのまま掲載しております。

④ニュースリリースに記載されたすべての内容は作成時点のもので、現在は使われていない場合もございます。

⑤複数資料をご提供いただいている場合は、著者の選定を前提に、1社1事例の掲載としております。

⑥共同発表や提携発表の企業・団体がある場合には、コメント欄の下部に社名を記載しております。

IZENE
Professional Sound Creators

2016年12月22日

報道関係者各位

株式会社IZENE（アイゼン）
代表取締役社長　倉持武志

2017年1月より本格的「サウンドオーガナイズ」稼働開始

日本初　感謝の手紙を世界にひとつだけの曲に。

2016年4月設立、日本でも初めての本格的な「サウンドオーガナイズ」を行う（株）IZENEはこれまで、川口、市ヶ谷、浦安にある音楽に没頭できる6つのスタジオを活用して、子供達への音楽教室を開催する一方、既存の「プロ作曲家達の採用等組織作り、レコーディング効率化」を行って来ましたが、ほぼ体制が整ったのを機に、新年より本格的に活動を開始します。

【IZENEのビジョン】

- 会社に関わる全ての人を豊かに。
- 音楽の力で社会貢献し、音楽業界も発展させる。
- 音楽財団設立社会に還元。

【IZENEとは】
IはIdeaと愛の頭文字、ZENEはハンガリー語で音楽を表わし、禅にも通じる意味を持つ造語。科学合成式Benzene環の意味があり、アイデアで音楽を様々な文化と化学反応を起こす！という意味。

川口スタジオ　　　レコーディングスタジオ　　　新浦安スタジオ

【IZENEの打ち出す「サウンドオーガナイズ」とは】
当社は、次の5つの事業領域において「音」の持つ力を様々な分野で発揮させています。

IZENE
- オトノアジト　学びのアジト次世代音楽教室　http://www.otonoagito.com/
- ODOM　音楽プランニング事業　One day One Music
- INSPION　Inspiration+音=INSPION。プロフェッショナルサウンド制作スタジオ
- Wedding Music　感謝の手紙を世界にひとつだけの曲にしてプレゼント
- 音楽福祉　「人が集うきっかけ作り」を中心に置いた音楽福祉

【サウンド制作スタジオ 「INSPION」】

サウンドクリエイター&自社の演奏家集団で構成される 総合サウンド制作スタジオ本格始動

ゲーム、映画、テレビ、CM、ネット広告、オリジナル曲制作（社歌、スポーツ）、あらゆる全ての音楽と、効果音制作が可能。海外とのネットワークも活かし、グローバル展開を狙う。激化する音楽業界の価格競争には参加せず、クオリティを重視し、音の新しい需要を開拓。クリエイター、音楽家の労働環境改善を進め、いい音楽を生み出せる環境作りから行う。

世界に一つだけのオリジナル曲を作り、ご両親や新婦、参列者に感謝の気持ちを伝えませんか？
（僕の時代にはこんな素晴らしいサービスなかった！）

・新郎新婦にどんな曲にしたいかなどインタビュー。エピソードも

・ピアノソロからオーケストラまで、予算に合わせて自由自在。お二人のエピソードを元に作詞することも可能！料金形態が作業別に細分化されているため、料金やプロとの共同制作を自由にカスタムできます！

・生演奏や思い出写真のスライドショー同期も可能！ 当日はサプライズの生演奏で新郎がピアノの「ド」を押しているだけで演奏に参加できるアレンジも制作可能

・二人の曲がヒットソングになるかも！IZENEプロデュースのもとリアレンジし、有名アーティストが歌って世の中に出るヒットソングになるかも！？
CDには Special Thanks で二人の名前を載せることもできます。

1981年生まれの35歳。
東邦音楽大学音楽療法学科卒業後、KONAMIグループへ入社。数多くのプロジェクトに作曲家として参加し、楽曲のみならず、総合サウンドプロデュースを行った。株式会社IZENEを設立し独立起業。音楽教育事業「オトノアジト」音楽教室、音楽企画、音楽福祉、音楽制作事業をそれぞれ立ち上げ、狼煙を上げた。IZENE設立後も、経営と作曲を両立。国内外への楽曲提供を行う。夢は音楽の力で人と人を結び、思いやりに溢れる社会作りに貢献すること！

くらもちたけし
倉持武志
代表取締役社長・作曲家

【お問合せ先】 （株）IZENE 広報担当：中村 URL: https://www.izene.co.jp
〒102-0074 東京都千代田区九段南4丁目7-24 トゥーラント88ビル202
TEL:03-3234-7115 FAX:03-3234-7116 e-mail: contact@izene.co.jp

CASE 1

山見博康の推奨 3（スリー）ポイント

（株）IZENE

Yes 01 「日本初！サウンドオーガナイズ」が深紅を背景に誇らしく躍動し、見開けば、トランペットで高らかに吹くかのような高雅なるビジョンをはじめ、写真・イラスト・文章を佳麗に描いたアートのよう。

02 5つの領域をイラストと箇条書きで表現したのは一目瞭然の佳作。結婚式ペア曲に関してバッハを登場させ、吹き出しで語らせた感性は独創的で、美妙な本性を持つアーティストの本領発揮。

But 03 【今後の方針】として、立ち上げ初年度における具体的アクションや3年後・5年後などの目標数字を尋ねたくなる。例えば、何人の子供、何組のカップル、何人のアーティストネットワークなどの目標人数を掲げて強い意志を示そう。

CASE 2

山見博康の推奨 3（スリー）ポイント

愛知製鋼（株）

Yes 01 タイトル冒頭に「水素社会実現に向けて」と掲げた高邁なビジョンと諸経営活動の目的の明確な誇示は、経営の確固たる意志に基づくもの。トヨタへの供給開始もその志が源にあるとわかる。

02 特筆すべきは位置付け図。今回の開発鋼がいかに特別で画期的な開発かを簡素ながらも一目瞭然で表している。従来の開発鋼から冷間加工で強度が大幅に上昇したことがビジュアルで明快にわかる。

But 03 「自画自賛したらバックデータ」が過剰表現への鉄則。革新的な鋼の開発で、強度のみならず高い延性も特長とあるので、機密もあるだろうが、何らかの数字的表現で信頼の証を示そう。

News Release

AICHI STEEL

2014年12月16日
愛知製鋼株式会社

水素社会の実現に向け、
高圧水素用ステンレス鋼"AUS316L-H2"の高強度仕様を商品化
～ トヨタ燃料電池車"MIRAI"の高圧水素系部品向けに供給開始 ～

　愛知製鋼株式会社（本社：愛知県東海市、社長：藤岡高広）は、この度、トヨタ自動車が販売する燃料電池車"MIRAI"の高圧水素系部品に高圧水素用ステンレス鋼"AUS316L-H2"の供給を開始した。

　今回供給を開始したのは、昨年11月に発表した"AUS316L-H2"に冷間加工を加えて高強度化を図った鋼材であり、高圧水素系のいくつかの部品に適用されている。

　本鋼種は、JIS規格のSUS316およびSUS316L相当鋼であるとともに、独自の成分設計により、高圧水素ガス環境において高い延性を示すことを特長としており、燃料電池車、水素ステーションにおける高圧水素用部品および機器の安全性、信頼性の向上に貢献できる。

　"AUS316L-H2"は、昨年の発表以降、既に、水素ステーションに係る複数の高圧水素用機器メーカーに採用されており、今回、トヨタ自動車の燃料電池車"MIRAI"に、その高強度仕様も採用されたことで、供給体制を固め、鋼材メーカーとして水素社会の実現に貢献していきたい。

以　上

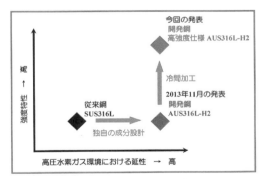

図　"AUS316L-H2"の位置付け

お問合せ先・・・本社／総務部 総務・広報室：052-603-9216　　　愛知製鋼株式会社

CASE 3

News Release （米国報道発表資料抄訳-2014年7月16日）
AppleとIBM、企業のモバイルを一変させるグローバルなパートナーシップを締結

2014年7月15日（カリフォルニア州クパティーノおよびニューヨーク州アーモンク）、Apple®とIBM（NYSE: IBM）は本日、市場をリードする両社の強みをひとつにまとめ、IBMのビッグデータおよび分析機能をiPhone®およびiPad®にもたらす新しいクラスのビジネスアプリケーションを通じて、エンタープライズ分野のモバイルを変革するべく独占的なパートナーシップを締結したことを発表しました。

この画期的なパートナーシップは、業務遂行の方法を再定義し、基幹産業におけるモバイルの課題を解決し、真にモバイルが主導するビジネスの変革を加速することを目的としており、以下の4つが根幹となっています：
- iPhoneおよびiPad専用として一から開発されたネイティブアプリケーションを含む、各業界に特化した100種類以上の新しいクラスの企業向けソリューション
- デバイス管理、セキュリティ、分析、モバイル統合などを含む、iOSに最適化されたIBM独自のクラウドサービス
- 企業のニーズにきめ細かく応える、新しいAppleCare®のサービス＆サポート
- IBMから提供される、デバイスのアクティベーション、配布、管理のための新しいパッケージ型サービス

新たに登場するIBM MobileFirst for iOSソリューションは、AppleとIBMそれぞれの強みを活かし独占的な協力の下に構築されるもので、IBMのビッグデータおよび分析能力と、その背後で活躍する各業界・分野に特化した総勢100,000名以上のIBMのコンサルタントおよびソフトウェア開発者の力が、Appleならではのユーザ体験、ハードウェアとソフトウェアの統合、開発者プラットフォームがひとつに溶け合うことで生まれるものです。この組み合わせから、iPhoneやiPadを使ったビジネス手法ならびに従業員の働き方のあり方を変えるアプリケーションが生まれ、企業は新たなレベルの効率性、効果、顧客満足といったものを従来よりも迅速かつ容易に獲得できることになります。この独占的なIBM MobileFirst for iOS協定の一環として、IBMは同社の業界に特化したソリューションとともに、iPhoneおよびiPadを世界中のビジネス顧客に向けて販売していきます。

「iPhoneとiPadは世界で最も優れたモバイルデバイスで、iOSデバイスを現在ビジネスで利用しているFortune 500企業の98パーセント以上ならびにGlobal 500企業の92パーセント以上で、人々の働き方を変革してきました。私たちはまさに初めてIBMの著名なビッグデータ分析をiOSユーザの皆様にお届けしようとしており、これによりAppleに対して巨大市場への参入の機会が開かれることになります。同時に、これはエンタープライズと呼ばれるものに対してAppleとIBMだけが提供できる革命をもたらす一歩となります」と、AppleのCEO（最高経営責任者）、ティム・クックは述べています。

「モバイル、すなわちデータとクラウドを組み合わせたものは、歴史的な観点からもビジネスや私たちの業界を変革し、人々は仕事・業界・職業といったものを想像し直しています。Appleとの提携は、これらのイノベーションを世界中にいる私たちのクライアントに提供できる勢いを築き、分析、クラウド、ソフトウェア、サービスにおけるIBMのリーダーシップを発揮させるでしょう。私たちが今では当然だと思う方法で私たちの生活を変革し、もはやそれなしで生活するのが想像できないようなイノベーションを生み出したAppleとチームを組むことは、大変喜ばしいことです。私たちの今回の提携は、人々の働き方、業界の動き方、そして企業の演じる役割をも

変革するでしょう」と、IBMの会長および社長兼CEO、ジニー・ロメッティ氏は述べています。

今回のパートナーシップについてAppleとIBMが共有するビジョンは、iPadおよびiPhoneがもつ独自の機能性を、それぞれの企業が持つ知識・データ・分析・ワークフローと共に、ビジネスのプロフェッショナルの手に届けることです。AppleとIBMは特に、企業向けモバイルソリューションに欠かせない要素を提供するために協業することになります。

- ビジネスを変革するモバイルソリューション：両社はIBM MobileFirst for iOSソリューションを構築するために協力します。これは、小売、ヘルスケア、金融、旅行、輸送、通信、保険といった各業界の課題や機会をターゲットにした「ビジネスアプリケーションのために作られた」新しいクラスで、今秋から始まり2015年にかけて提供される予定です。

- モバイルプラットフォーム：IBM MobileFirst Platform for iOSでは、エンドツーエンドの分析・ワークフロー・企業が保有するクラウドストレージから、企業が保有する全デバイスの管理・セキュリティ・統合に至るエンタープライズ機能に必要とされるサービスを提供します。強化されたモバイル管理には、プライベートアプリケーションのカタログ、データおよびトランザクションセキュリティサービス、すべてのIBM MobileFirst for iOSソリューションのための仕事効率化アプリケーションが含まれます。オンプレミスのソフトウェアソリューションに加えて、これらのサービスはすべてBluemix（IBM Cloud Marketplaceで展開されるIBMの開発プラットフォーム）上で利用できます。

- モバイルサービス＆サポート：AppleCare for Enterpriseにより、定評あるAppleのカスタマーサポートグループによる毎日24時間のサポートに加え、IBMが提供するオンサイトサービスが、IT部門とエンドユーザに対して提供されます。

- パッケージ型サービス製品：iPhoneおよびiPadを対象とするデバイスの供給・アクティベーション・管理に関するサービスとして、IBM MobileFirst Supply and Managementがリース契約オプションと共にIBMより提供されます。

6月に開催されたAppleのWorldwide Developer Conferenceにて今秋の提供が発表されたAppleのiOS 8は、App Store℠の登場以来、iOSの最大のリリースとなり、エンドユーザには素晴らしい新機能、デベロッパにはすばらしい新アプリケーションを開発するためのツールが提供されます。エンタープライズ向けとしては、iOS 8はモバイル化された作業環境用の新しいITモデルを採用し、強化されたセキュリティ、管理、仕事効率化機能と併せて、デバイスの構成・管理・制限に関するユーザへの通知方法が改善されています。

【Appleについて】
Appleは世界で最も優れたパーソナルコンピュータであるMacをデザインするとともに、OS X、iLife、iWork、そしてプロフェッショナル向けのソフトウェアを開発しています。AppleはiPodおよびiTunesオンラインストアでデジタル音楽革命をリードしています。Appleは革新的なiPhoneやApp Storeで携帯電話を再定義したほか、iPadでモバイルメディアとコンピューティングデバイスの未来を描いています。

【IBMについて】
IBMが擁する5,000名のモバイル分野のエキスパートは、モバイル分野における企業向けイノベーションの最前線で活躍してきました。IBMはモバイル、ソーシャル、セキュリティの各分野で4,300以上の特許を取得し、これらをIBM MobileFirstソリューションに組み込んで、企業クライアントのモバイル導入を極めて効率的に実施・加速し、より多くの人々が参加できることで新しい市場を開拓するのを支援しています。

IBMは過去10年間にセキュリティ分野で数々の買収を行ってきましたが、この結果、現在は世界中に拠点を置く25のセキュリティ研究所に6,000名以上のセキュリティ分野の研究者および開発者を擁して、エンタープライズ向けソリューションの開発に当たっています。

IBMはまた、データおよび分析に関する40,000件以上のお客様とのビジネスから得られた経験に基づき、ビッグデータと分析のコンサルティングおよびテクノロジーの知見については世界最大規模のポートフォリオを備えています。この分析ポートフォリオは同社の研究・開発、ソリューション、ソフトウェアおよびハードウェアの各部門に及び、分析を専門とするコンサルタントは15,000名以上、分析に関する特許は4,000件、業界向けソリューションを提供するビジネスパートナーは6,000社、ビッグデータを活用して組織改革を実施するクライアントを支援するIBM社内の数学者は400名に上ります。

　AppleとIBMによる新たなソリューションに関する詳細は、www.ibm.com/MobileFirstForiOS または http://www.apple.com/jp/ipad/business/work-with-apple/ibm/ をご覧ください。

　※本資料は、米国発2014年7月15日付けで、米国Appleが発表したニュースリリースを日本語に翻訳したものです。

© 2014 Apple Inc. All rights reserved. Apple, the Apple logo, Mac, Mac OS, Macintosh, iPhone, iPad, AppleCare and App Store are trademarks of Apple. Other company and product names may be trademarks of their respective owners.

iPhone商標は、アイホン株式会社のライセンスに基づき使用されています。

CASE 3

山見博康の推奨 3(スリー) ポイント

アップル・ジャパン

Yes 01 米国Apple発表の抄訳のためビジュアルはないが、箇条書きされた4つの「特長」、段落に分けて記述された「今後の戦略」など、伝達すべき内容が網羅されている。会社概要記載のお手本となる。

02 見習うべきは両社CEOのコメント。「AppleとIBMだけが提供できる革命」「人々の働き方、業界の動き方、企業の演じる役割をも変革」と世界を動かそうとの高雅で断固たる決意が響きわたる。

But 03 抄訳であっても、欄外により理解を促す工夫をすることも可能だろう。もちろん3ページ目最下段に記載の両社のURLへのアクセスによってそれぞれの最新動向や詳細な情報を入手できる配慮はさすが。

CASE 4

山見博康の推奨 3(スリー) ポイント

出光興産(株)

Yes 01 「話しかけ式タイトル」は、発電所建設という固いイメージを和らげ、親しみやすい雰囲気を醸し出すので、戦略的に使用することができる。サブタイトルで和らげる方法もあり。

02 1ページ目の大きな完成予想写真と箇条書きの発電所＆会社概要、2ページ目の周辺設備との位置関係を示す2種類の地図は、詳しい理解者を増やそうとの経営の意志のあらわれ。

But 03 バイナリー発電の理解者を1人でも増やすために、発電設備プロセス図で従来方式との違いを示し、効率性・廉価性・維持性に加え、国内シェアや需要予測等々の詳細情報がほしい。

ほっと安心、もっと活力、きっと満足。出光の約束
出光興産株式会社
〒100-8321 東京都千代田区丸の内三丁目1番1号
TEL:03-3213-3115 FAX:03-3213-3049
http://www.idemitsu.co.jp

2016年3月1日

記者各位

出光興産株式会社

国内最大級の地熱バイナリー発電所の建設を開始しました

　出光興産株式会社（本社：東京都千代田区、社長：月岡 隆）は、100%子会社である出光大分地熱株式会社（社長：竹中 照雄）滝上事業所において、バイナリー発電所の建設を開始しましたので、お知らせいたします。

　出光大分地熱(株)滝上事業所は、1996年の九州電力株式会社（以下九州電力）滝上発電所の操業開始以来、出力25,000キロワットに相当する発電用蒸気を供給してきました。
　その後、2010年6月の九州電力による27,500キロワットへの出力増強にも対応し、19年間にわたり国内トップクラスの高い設備利用率の維持に貢献してまいりました。
　このたび、2017年3月の運転開始を目指し、同敷地内にバイナリー発電所の建設工事に着手いたしました。
　完成後の発電容量は5,050キロワットであり、国内で最大級のバイナリー発電所となります。
　バイナリー発電は、低沸点媒体を用いることで、従来の地熱発電では活用できなかった低温の蒸気・熱水での発電を可能にする発電方式です。
　当社は今後も、地熱をはじめとした国産の再生可能エネルギーによる電力供給を拡大し、エネルギー源の多様化による日本のエネルギーセキュリティと環境調和型社会の実現に貢献してまいります。

【滝上バイナリー発電所の概要】

名称	滝上バイナリー発電所
位置	大分県玖珠郡九重町大字野上3330-152（生産1号基地内）
発電容量	5,050 kW（出力）
年間発電規模	31百万 kWh
事業内容	地熱発電事業（再生可能エネルギー固定価格買取制度活用）
稼働予定	2017年3月

【完成予想図】

出光興産株式会社
〒100-8321 東京都千代田区丸の内三丁目1番1号
TEL:03-3213-3115　FAX:03-3213-3049
http://www.idemitsu.co.jp

ほっと安心、もっと活力、きっと満足。出光の約束

【出光大分地熱株式会社滝上事業所の概要】

名称	出光大分地熱株式会社滝上事業所
位置	大分県玖珠郡九重町大字野上 2862-12
事業内容	九州電力株式会社滝上発電所用蒸気供給事業
※参考 九州電力滝上発電所	所在地　大分県玖珠郡九重町大字野上 2862-12 発電容量　27,500 kW（定格出力）年間発電規模　197 百万 kWh

【位置図】

滝上バイナリー発電所位置図

出典：滝上発電所　修正環境影響調査書　平成6年8月　九州電力株式会社

お問い合わせ先

出光興産株式会社

広報 CSR 室　広報課　TEL：03-3213-3115

http://www.idemitsu.co.jp　関連情報　再生可能エネルギー

Press Release

平成24年11月27日
沖縄電力株式会社

吉の浦火力発電所1号機の営業運転開始について

当社は、電力の安定供給や地球温暖化対策等を目的に、平成19年より中城村において、当社初の液化天然ガス(LNG)を燃料とする吉の浦火力発電所の建設を進めておりましたが、本日1号機が営業運転を開始しましたのでお知らせいたします。

なお、2号機につきましては、平成25年5月の営業運転開始に向け、引き続き地域の皆さま方のご理解とご協力を得ながら鋭意建設作業を進めてまいります。

1. 発電所の概要
    - 発電所の名称 ： 吉の浦火力発電所
    - 所在地 ： 沖縄県中頭郡中城村字泊509番地の2及びその地先
    - 発電方式 ： LNGコンバインドサイクル発電方式
    - 発電機出力 ： 251,000kW × 4機
    - タンク容量 ： 140,000kl × 2基
    - バース・配管橋 ： 約1,350m
    - 運開予定 ： 2号機 平成25年（2013年）5月
      　　　　　　　3・4号機 平成34年度（2022年度）以降

(参考) 全景写真

2. 添付資料
   ①発電所概要
   ②吉の浦火力発電所に関する主な経緯

＜本件に関する問い合せ先＞ 沖縄電力㈱ 総務部 広報グループ TEL:555-555（報道用直通）

添付①

【発電所概要】

発電設備の概念図

① 発電用燃料のLNGは、着桟したLNG船よりLNG受入バースへ入、配管橋を通じてLNGタンクにマイナス162℃の液体で貯蔵します。

② LNGタンクから払い出したLNGを気化器でガス化し、圧縮空気と混合して燃焼させ、膨張するガスを利用してガスタービンを回転させ発電を行います。

③ ガスタービン後流の高温燃焼ガスを用い、排熱回収ボイラにおいて蒸気を発生させ、蒸気タービンを回転させて発電を行います。

④ ガスタービンと蒸気タービン(汽力)を一軸に配置したコンバインドサイクル発電方式を採用しました。

⑤ 蒸気タービンに使用した蒸気は、復水器を通して温水に戻し、再び排熱回収ボイラに送られ循環使用します。

⑥ 復水器で蒸気を冷やすために用いる冷却水(海水)は、前面海域の取水口から取水し、温排水として放水口から前面海域に水中放水します。なお、温排水の一部はLNG気化器で気化熱源として利用します。

⑦ LNGの燃焼に伴い発生するガス中にはばいじんや硫黄酸化物はありません。なお、窒素酸化物については、大気汚染対策として低NOx燃焼器を採用し排煙脱硝装置を設置することにより、窒素酸化物の排出量低減を図っています。

添付②

吉の浦火力発電所に関する主な経緯

2002(H14)年	1月	中城村より発電所建設誘致の要請
	4月	中城村議会より発電所誘致の要請決議
	9月	LNG 火力発電所の建設決定
	10月	環境影響評価（環境アセスメント）手続開始
2006(H18)年	8月	環境影響評価（環境アセスメント）手続完了
	10月	工事計画届出書　第1回届出（LNG タンク本体）
2007(H19)年	2月	準備工事開始
	5月	LNG 設備工事開始
2008(H20)年	4月	工事計画届出書　第2回届出（LNG 受入設備、電気設備）
	7月	取放水設備工事開始（2010年2月完了）
	11月	LNG 受入バース・配管橋工事開始（2011年10月完了）
2009(H21)年	10月	工事計画届出書　第3回届出（LNG 払出設備、1、2号発電設備、共通設備）
	11月	物揚桟橋工事完了
	12月	煙突工事開始（2011年7月完了）
2010(H22)年	1月	主要機器工事開始
	7月	No1 LNG タンク屋根上げ工事完了
	8月	No2 LNG タンク屋根上げ工事完了
2011(H23)年	4月	1号排熱回収ボイラ据付工事開始（2012年1月完了）
	7月	1号ガスタービン本体据付工事開始（同年8月完了）
	8月	1号蒸気タービン据付工事開始（同年10月完了） 2号排熱回収ボイラ据付工事開始（2012年5月完了）
	11月	2号ガスタービン本体据付工事開始（同年11月完了） 2号蒸気タービン本体据付工事開始（2012年2月完了）
2012(H24)年	5月	燃料（LNG）受入、1号機点火
	6月	1号機初併入（負荷試験などの試運転を開始）
	11月	2号機点火、1号機営業運転開始

CASE 5

山見博康の推奨 3（スリー）ポイント

沖縄電力（株）

Yes 01 記念すべき1号機の運転開始を視覚的かつ誠実な態度で理解を促している。著名な場合、「当社（私）は」との切り出しは簡潔でベスト。無用な文字を読ませず、より重要な情報にスペースを活かそう。

02 1ページ目に設備名を含む全貌を示して、2ページ目は詳細な設備概要図を配し、3ページ目で苦節10年の歩みを淡々と説明することで、ようやく辿りついた喜びを噛み締める。主要設備の吹き出し解説の丁寧さに社風を感じる。

But 03 「当社初のLNG燃料発電所」とタイトルに掲げて自賛するのも可。そのため「LNG＝大気・水質汚染なしの安全・クリーンエネルギー」を冷静に説明して賛同を得よう。紺碧の海空がそれを示している！

CASE 6

山見博康の推奨 3（スリー）ポイント

（株）神戸製鋼所

Yes 01 初納入に関して、適切な表現での短いタイトルに沿い、的確なサブタイトルで補うのは王道。さらにこれまでの経緯や実証実験の成果と導入結果などを順序良く詳説し、今後の方針も明確。

02 1ページ目の設置現場写真でまず興味を惹き、2ページ目の写真で時間経過に伴う海藻の繁茂やいろいろな種類の魚が集まってくる状況について、ビジュアルでわかるようにしたのは素人にも親切で喜ばれる。

But 03 6枚の写真とキャプションでもわかるが、横の余白を活用して個々の写真の状況記述をし、多くの情報が提供されれば、記事が膨らむ＆増えることになろう。1ページ目には「小見出し」が有効。

KOBELCO

兵庫県内の海域工事に鉄鋼スラグ製品を初納入
～環境優位性の高い鉄鋼スラグ製品の利用拡大～

2016年7月28日
株式会社神戸製鋼所

当社はこのほど、須磨地区潜堤築造工事（神戸市）において、鉄鋼スラグ製品である鉄鋼スラグ水和固化体[※1]を海域工事で初めて納入しました。これまでの海域実証試験で海藻付着性が良好であったことを漁業者さまから評価頂いた結果であり、県内の海域工事で初めて鉄鋼スラグ製品が適用されました。

近年、全国の沿岸海域で海藻が減少する「磯焼け」と呼ばれる現象が発生して問題となっています。兵庫県が面している瀬戸内海においても、水棲生物の生育環境の変化や漁業生産量の減少が進行しており、昨年10月には瀬戸内海環境保全特別措置法（瀬戸内法）の一部が改正されるなど環境改善や水産資源の回復への取り組みが行われています。鉄鋼スラグは主にセメント原料や道路用路盤材等に利用されていますが、これまでの実証試験により、海洋環境の修復に効果があることが確認されています。

当社はこれまで、兵庫県家島諸島（2009年7月）、神戸空港島沖（2010年5月）、及び沖縄県与那原町（2010年5月）にて鉄鋼スラグ製品を用いた海域実証試験を行ってきました。さらに、兵庫県が設置した研究会（ひょうごエコタウン推進会議 鉄鋼スラグ利用拡大研究会）の協力の下、2014年5月に鉄鋼スラグ製品の使用量を約1,000tに拡大した試験潜堤を淡路市岩屋田之代海岸沖に設置しました。設置3ヵ月後にはホンダワラ科の海藻が繁茂し、ホンベラやスズメダイ等の魚の回遊も観察される等、順調な経過となっています。

当社のこれまでの海域実証試験を漁業者さまから評価頂いた結果、この度2016年3月、鉄鋼スラグ水和固化体が、県内の海域工事に初めて採用されました。今回、採用された須磨地区潜堤築造工事では、約1000tの鉄鋼スラグ水和固化体を潜堤構築材として、須磨海岸沖に設置しています。

当社は、今後も海域環境改善に向けた取り組みを継続するとともに、海域工事に用いられる天然石代替として環境優位性の高い鉄鋼スラグ製品の利用拡大を進めて参ります。

※1 鉄鋼スラグ水和固化体とは、鉄鋼スラグ製品の一種であり、製鋼スラグと主な結合材である高炉スラグ微粉末を混練・固化させた後、所定の大きさに破砕したものです。天然石代替材として適用されており、グリーン購入法の特定調達品目にも指定されています。

淡路島岩屋田之代海岸沖の実証試験（2014年5月設置）

設置現場（淡路島岩屋田之代海岸沖）

設置3ヵ月後

設置1年後

須磨地区潜堤築造工事(2016年3月設置)

潜堤構築材(中詰材:鉄鋼スラグ水和固化体)

設置現場(須磨海岸沖)

プレスリリースの内容は発表時のものです。販売がすでに終了している商品や、組織の変更など、最新の情報と異なる場合がございますので、ご了承ください。　　　　　　　　　以上

【お問合せ先】

㈱神戸製鋼所　秘書広報部　担当者:○○
TEL:03-××××-××××
FAX:03-××××-××××

News Release
報道関係者各位

平成 24 年 9 月 15 日
情報印刷株式会社

情報印刷「2ndファクトリー」新設

ハイデルベルグ社製『UV7色機+ニスコーター+コールドフォイル』を導入

　情報印刷株式会社（本社：神奈川県川崎市、代表取締役社長：山下利治、以下 情報印刷）は、生産性の向上・新規事業への取り組みを目的とし、新工場「2ndファクトリー」を新設致しました。
　それに伴い、ハイデルベルグ社製、菊全判枚葉印刷機「**Speedmaster CX 102**」を導入。9 月 15 日より、本格稼働を開始致しました。

　今回、情報印刷では「Speedmaster CX 102」に『UVニスコーター』、『フォイルスター』を設置。UV印刷ならではの<u>『印刷領域の拡大（厚紙やプラスチック等）』</u>に加え、<u>『疑似エンボス加工』</u>、<u>『コールドフォイル加工』</u>といった、新たな印刷表現が可能となりました。

【想定される主な用途】
　製品パッケージ／高級カタログ・写真集等の冊子／雑誌・週刊誌等の表紙・カバー／
　／ポスター、チラシ、POP等の販促物／クリアファイル等

　情報印刷は昭和 54 年にモノクロ軽印刷から操業を開始以来、カラー印刷、デジタル化、製本ラインの増設によるワンストップサービスの確立等、ニーズに合わせた様々な変化を遂げてきました。
　今回の「2ndファクトリー」新設を機に、**神奈川県の経営革新計画の認証を受け、**<u>「新規市場進出と在来市場への高付加価値製品の提供」</u>をテーマとした、さらなる事業展開を予定しております。

「**Speedmaster CX 102**」仕様

- 標準用紙寸法：菊判全判（939x636mm）
- 用紙厚：0.03～1mm
- UV印刷対応
- 7色機+UVニスコーター
- フォイルスター搭載

<会社概要>
会社名：情報印刷株式会社
代表者：代表取締役社長　山下利治
本社所在地：神奈川県川崎市高津区宇奈根 718-15
設立年月日：昭和 54 年 4 月 3 日
資本金：2,010 万円
URL：http://www.johoprint.co.jp/

<本件に関するお問い合わせ>
担当：山下 大　　鈴木 竜司
TEL：044-850-8861
FAX：044-850-3760
E-mail：joho@johoprint.co.jp

参考資料

■UV印刷

「UV」とは紫外線（Ultra Violet）のこと。従来の油性インキとは異なり、UVを照射することで、瞬時に硬化（乾燥）する「UVインキ」を用いた印刷方法を「UV印刷」と呼びます。

- **●作業の効率化**
  紫外線で瞬時に硬化（乾燥）させるため、インキの乾きを待つ必要がなく、スムーズに次の工程へ移行出来、製造時間の短縮化を図ります。
- **●耐久性**
  従来の印刷に比べて皮膜が厚いため、摩擦や色落ちに強いという特徴があります。
- **●様々な素材に印刷可能**
  紙、ビニール、アルミ蒸着紙、プラスチック等、様々な素材に印刷可能です。
- **●環境にやさしい**
  揮発性インキや裏写り防止用のパウダー等、有害物質を使用せずに印刷が行えます。

■『疑似エンボス』加工

2種類のニス（OPニスとコートニス）を使い、印刷表面に凸凹や光沢・半光沢を付ける手法です。立体感の付加や触感の変化等、様々な表現を行えます。

■『コールドフォイル』加工

従来の「箔押し」と異なり、熱や圧を使わずに、"印刷機上"で行える箔表現のことです。

- **●箔の上に印刷可能**
  箔上にカラー印刷を施せることが、コールドフォイルの最大の特徴です。
  網点処理を行えるため、グラデーションのような多彩な色表現や、細線表現が行えます。
- **●作業の効率化**
  従来の箔押しでは、「印刷⇒箔押し」という2つの工程が必要でしたが、コールドフォイルは印刷過程で箔を付与（インラインフォイル）することができます。
- **●環境にやさしい**
  在来のアルミ蒸着紙は産業廃棄物として処理を行いますが、コールドフォイルは通常の紙と同様に廃棄処理が行えます。

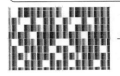 ＋ 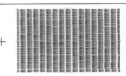 ＋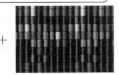

コールドフォイル箔　　　疑似エンボス　　　カラー印刷

CASE 7

山見博康の推奨 3(スリー)ポイント

情報印刷（株）

Yes 01 デザイン会社らしく清楚な仕上がり。太字ゴシックでの力強い設備増強宣言で始まり、新設に至る目的は「下線」で、設備概要は「囲み」で淡々と事実の紹介がなされ、控え目な表現に留めていて読みやすく、頭に入りやすい。

02 一貫して「小見出し＋箇条書き」の鉄則に沿って正確かつ豊かにUSP（美点）を表現し、最後に具体的な色や柄の映りをビジュアルに明示している。信頼性を重視する姿勢に長年培われた社風を感じる。

But 03 タイトルによってストレートなインパクトを盛り込みたい。従来機との性能の違いを表にし、品質の違いもビジュアル化して顧客のために理解を促すのも一案。「さらなる事業展開」を数字表現でより具体的にしたいところ。

CASE 8

山見博康の推奨 3(スリー)ポイント

住友化学（株）

Yes 01 1ページ目の実験成功と将来展望に関する淡々とした記述に、この技術を柱に膨大な市場をターゲットに躍進する戦略的意図・意欲がみなぎる。最終段落で何らかの数字付方針があればさらに昂揚する。

02 2ページ目の図を見ただけで「CO_2事前除去50％→スチーム消費▲50％」がつぶさにわかる！ 3ページ目の2030年への需要展望が需要分野ごとに瞬時に把握できる！ 双方カラフルなのに加えて各色に命じた意味が即時理解を促す。

But 03 1ページ目は、段落をつくることに加え、特徴や用途などは小見出しを付け箇条書きにするとさらに明快！ 1ページ目に既存完成プラントの写真を載せて、一見してどんな設備規模なのかがわかるようにするとベター。

住友化学 News Release

2015年12月1日

CO_2分離膜の実証試験に成功
国内化学メーカーへの設備導入に向けた検討を開始

　住友化学の子会社 CO2 M-Tech は、開発中の CO_2 分離膜の実証試験で良好な結果を得られ、2017年初頭を目途に、国内化学メーカーの工場内に CO_2 分離膜の商業設備を導入する検討を進めていくことで、同社と合意いたしました。

　住友化学が開発中の膜分離法による CO_2 分離技術は、既存の化学吸収法に比べプロセスがシンプルでエネルギー消費を大幅に削減でき、かつ、設備の大きさを2分の1以下に小型化できる点が特徴です。当社は、2013年に合弁会社 CO2 M-Tech を設立し事業化に取り組んできました。2014年5月から当社の愛媛工場で、また2015年9月からは国内化学メーカーの工場内にパイロット設備を導入し、実際のプラント稼働環境下での実証試験を行い、分離膜の CO_2 透過性能や耐久性などを確認してきたものです。

　CO_2 分離技術は、主に水素の製造や天然ガスの精製において、目的のガスから CO_2 を除去するために使われており、今後、水素エネルギーの利用拡大に伴い、需要の拡大が見込まれています。さらに、温室効果ガス削減の有望技術である CCS[※1] においても、コストの過半を占める CO_2 の分離・回収コストを抑える観点から、当社が開発しているような「膜分離法」の実用化が期待されています。

　住友化学は、「環境・エネルギー」分野を次世代事業開発の重点のひとつと位置づけています。今回事業化に向けて大きく進展した CO_2 分離膜では、さまざまな用途に適した膜の開発に取り組んでおり、引き続き、環境問題の解決や効率的なエネルギー利用の促進への貢献を目指してまいります。

※1　Carbon dioxide Capture and Storage の略。CO_2 を回収し、地中に貯留する技術

＜CO2 M-Tech の概要＞

会 社 名	CO2 M-Tech 株式会社
所 在 地	東京都中央区
資 本 金	4.9億円
出資比率	住友化学　97%、ルネッサンス・エナジー・リサーチ　3%
社　　長	宮田 和彦
設立年月	2013年6月

以上

住友化学株式会社
http://www.sumitomo-chem.co.jp

コーポレートコミュニケーション室（広報）
〒104-8260　東京都中央区新川2-27-1　東京住友ツインビル（東館）
TEL:03-5543-5102　FAX:03-5543-5901

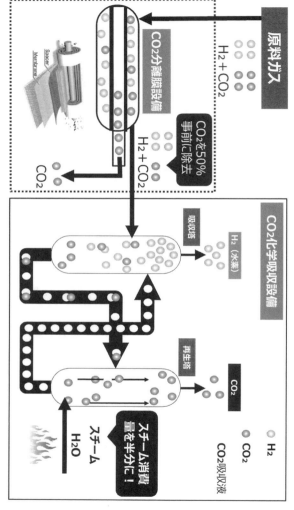

＜ご参考＞CO_2分離市場（2030年予想）

市場規模 26.2億トン

- 水素製造（精製、化学プラント）
  市場規模：5.2億トン
- 石炭ガス化複合発電
  市場規模：5.0億トン
- 発電、鉄鋼（CCS/EOR）
  市場規模：5.0億トン/3.0億トン
- 水素ステーション
  市場規模：不明
- 天然ガス
  市場規模：6.0億トン
- CTL (Coal to Liquid)
  市場規模：2.0億トン

凡例：
- ■：H_2/CO_2分離
- ■：CH_4/CO_2分離
- ■：N_2/CO_2分離

※住友化学推定

報道関係各位

2015年2月27日
株式会社髙島屋
トランスコスモス株式会社

～良質で魅力的な日本商品を海外へ！ASEAN、中国でプラットホームを提供～
合弁会社「TAKASHIMAYA TRANSCOSMOS INTERNATIONAL COMMERCE PTE. LTD.」を設立します

　株式会社髙島屋（本社：大阪府大阪市、代表取締役社長：木本茂、以下、髙島屋）とトランスコスモス株式会社（本社：東京都渋谷区、代表取締役社長兼COO：奥田昌孝、以下、トランスコスモス）は、日本の良質な商品を海外に向け提案・供給する、卸・小売販売事業を行う合弁会社「TAKASHIMAYA TRANSCOSMOS INTERNATIONAL COMMERCE PTE. LTD.（以下、TTIC）」設立に合意し、2月27日に調印式を行いました。3月3日（予定）、シンガポールに本社を設立します。

　髙島屋とトランスコスモスは、本合弁会社設立のための準備室を2014年10月に開設し、日本の良質で魅力的な商品を海外市場に提供するための新たなプラットホームの構築、海外販売網開拓、仕入れ先企業開拓などについて協議を重ねてまいりました。3月に設立する合弁会社「TTIC」では、髙島屋が長年の小売業で培った信用力と販売力を背景とした商品調達や売場編集ノウハウを、トランスコスモスがEC事業領域における幅広い販売チャネルやグローバルECワンストップサービスで培った運用ノウハウを生かし、日本の良質で魅力的な商品を持つ国内企業とそれを求める海外企業、海外消費者とを繋ぎ合わせる役割を担う、「プラットホーム・ハブ」をご提供いたします。まずは、ASEAN諸国および中国でのご提供を予定しています。

■「TTIC」概要

会社名：	TAKASHIMAYA TRANSCOSMOS INTERNATIONAL COMMERCE PTE. LTD.
所在地：	シンガポール中心地
会社設立日：	2015年3月3日（予定）
資本比率：	髙島屋51％　トランスコスモス49％
資本金：	17,300,000 シンガポールドル
代表者：	谷口 一人（代表取締役）
事業内容：	主にASEANの流通・小売・EC事業者向けの卸事業 リアル店舗・ECでのショップ運営事業 海外展開する企業向けの支援事業

■2月27日調印式の様子

写真左から、
株式会社髙島屋
　専務取締役　肥塚見春
　代表取締役　木本 茂
トランスコスモス株式会社
　代表取締役社長兼COO　奥田昌孝
　代表取締役会長兼CEO　船津康次

<参考 : 「TTIC」のプラットホーム・ハブ イメージ>

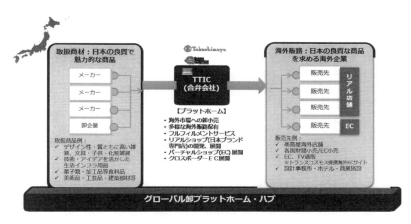

【株式会社髙島屋 概要】

商　　　号	株式会社髙島屋
代　表　者	代表取締役社長　木本 茂
所　在　地	大阪府大阪市中央区難波5丁目1番5号
設　　　立	1919年8月20日
資　本　金	560億2,512万5,471円
事業内容	百貨店事業、法人事業、通信販売事業、グループ事業

【トランスコスモス株式会社 概要】

商　　　号	トランス・コスモス株式会社
代　表　者	代表取締役社長兼COO　奥田 昌孝
所　在　地	東京都渋谷区渋谷3丁目25番18号
設　　　立	1985年6月18日
資　本　金	290億6,596万8,631円
事業内容	ビジネス・プロセス・アウトソーシング事業

<お問い合わせ先>　　株式会社髙島屋　広報・IR室　担当：○○・○○
　　　　　　　　　　　TEL ○○-○○○○-○○○○ / FAX ○○-○○○○-○○○○

以　上

CASE 9

山見博康の推奨 3(スリー) ポイント

（株）髙島屋

Yes 01 「良質で魅力的な日本商品」をキーワードにした両社の戦略的提携の実現が日本＆アジア全体の発展に貢献するとの高いビジョンを掲げる。調印後首脳陣の穏やかな表情に強い使命感を見る。

02 合弁会社を中心にプラットホーム・ハブ構想が図表化されていて、スキームの全貌が明快にわかる！　特に合弁会社の6つの役割が記載され、さらに取扱項目や販売先分野なども記載している点が◎。

But 03 全体スキームに関する長期戦略やすでに決まっている具体的な名前や数字があれば知りたい。例：主な日本メーカー名と取扱商品や主な販売先名等々。中長期売上目標もあればなお良し。

・トランスコスモス（株）

CASE 10

山見博康の推奨 3(スリー) ポイント

帝人（株）

Yes 01 企業施設活用とグローバルなスポーツ人材育成との協業というテーマの奇抜さは、両者の独創的発想と躍動感昂揚の証。経緯から将来展開まで箇条書きでつづられた物語は興味深い。

02 「主要関係者のコメント掲載」は、ニュースリリースに命を吹き込み、決意や意欲・情熱を伝えるために推奨。これには両トップの力強いコメントが自らの言葉で語られ、価値倍増だ。

But 03 今後の展開に関する（1）～（4）の格調の高さと有効活用の多彩さには深く感銘を受けるが、これらを含み、その広がりと多様性が一覧でわかる関係図作成も一案。さらに喜ばれるだろう。

・公益財団法人日本サッカー協会

２０１５年６月１日

サッカーを通じたグローバル人財の育成に向けて
ＪＦＡと帝人が協働人財育成拠点を創設

公益財団法人日本サッカー協会
帝　人　株　式　会　社

公益財団法人日本サッカー協会（本部：東京都文京区、会長：大仁 邦彌、以下「ＪＦＡ」）と帝人株式会社（本社：大阪市中央区、社長：鈴木 純）は、このたび、帝人が保有する教育研修施設を活用することにより、協働人財育成拠点を創設することで合意しました。

１．背景と狙い

（１）ＪＦＡは、「サッカーを通じて豊かなスポーツ文化を創造し、人々の心身の健全な発達と社会の発展に貢献する」ことを理念としており、サッカーをはじめとするスポーツの普及、強化、育成に向けた活動を展開しています。具体的な取り組みとしては、選手の育成を目的とした「ＪＦＡアカデミー」の運営や、指導者・審判の養成、サッカードクターの講習会・研修会などを実施しています。

（２）こうした中、ＪＦＡは2006年4月に「ＪＦＡアカデミー福島」（福島県双葉郡楢葉町）を開校し、中学・高校の6年間にわたる寮生活、および教育やサッカーのトレーニングなどを通じて人財育成に取り組んできましたが、東日本大震災の影響で一時的避難を余儀なくされ、現在は代替地で活動しながら、機能復旧を目指すとともに、新たな人財育成拠点を模索していました。

（３）一方、帝人は「クォリティ・オブ・ライフの向上」「社会と共に成長します」「社員と共に成長します」を企業理念としており、人や社会に貢献するグローバル人財の育成に注力しています。1972年には富士山を望む静岡県裾野市に「富士教育研修所」を開設し、世界に通じる人財育成拠点として、社内活用に留まらず、広く社会に開かれた研修施設として運営しています。

（４）また、1991年から開始した「全国高校サッカー選手権大会」の協賛をはじめ、松山事業所（愛媛県松山市）の従業員有志による「帝人サッカースクール」の運営、東南アジアでサッカークリニックを開催する「一般社団法人ＪＤＦＡ」への協賛など、サッカーを通じた人財育成にも力を注いでいます。

（５）そのＪＦＡと帝人が、高校サッカーを通じた関わりによって結びつき、ＪＦＡの抱えるニーズ、帝人が保有する教育研修施設、および両者が有するノウハウなどを融合することにより、このたび双方が目指す新たな人財育成拠点を協働で創設することとしたものです。

2．協働人財育成の取り組み

（1）このたびの合意に基づき、帝人が保有する「富士教育研修所」を改修し、施設内にJFA専用スペースを設置するとともに、国際規格に準拠した人工芝サッカーグラウンドを造成します。これに伴い、施設の名称を「帝人アカデミー富士」と改称します。

（2）JFAは、「JFAアカデミー福島」女子事業を「帝人アカデミー富士」内に移設し、日常生活、教育、およびサッカーのトレーニングなどを通じた人財育成拠点とします。

（3）その他、JFAは、選手、指導者をはじめとする強化、育成、普及、交流などの事業にも「帝人アカデミー富士」を活用していきます。

3．新たな協働人財育成拠点の概要

施設名称	帝人アカデミー富士 （略称：帝人アカデミー、英名：TEIJIN ACADEMY FUJI）
所 在 地	静岡県裾野市下和田 656
総 面 積	85,000 ㎡（東京ドームグラウンドの約6.5倍）
収容人員	約 150 人
主要施設	【JFA専用施設】 　ロッカールーム、メディカルルーム、選手専用居室など 【一般共用施設】 　国際規格人工芝サッカーグラウンド1面 　（縦長：108m、横幅：71m） 　講堂（100名収容）、中教室（2部屋：各40名収容）、 　小教室（2部屋：各30名収容）、応接室（2部屋） 　討議室（9部屋：各12名収容）、食堂、ラウンジ、 　宿泊部屋（普通室：24部屋他）など
開設時期	2015年7月29日(水)（予定）

現在の富士教育研修所

テレビCMにも多用される
300mに及ぶメタセコイアの並木道

4．今後の展開

(1) JFAと帝人は、このたび「帝人アカデミー富士」を「JFAアカデミー福島」女子事業に活用するのを皮切りに、トレセンなどの選手育成、指導者ライセンス取得講習会やリフレッシュ講習会、指導者や審判のインストラクター研修会などの育成・養成事業や、講習会・研修会などにも活用していきます。
(2) また、両者のネットワークを活用して誘致活動も行い、一般のサッカーチームの合宿や、企業・団体の研修などを通じた人財育成にも貢献していきます。
(3) 将来的には、海外チームの合宿の受け入れや、アジア各国とのサッカー交流拠点、さらに各種実技映像の撮影場所としても活用を図っていきます。
(4) JFAと帝人は、このたびの協働人財育成拠点の創設を契機として、両者の理念に沿って社会的役割を果たすとともに、サッカー人財に留まらず、スポーツを通じたグローバル人財の育成に貢献していきます。

【 公益財団法人 日本サッカー協会 会長 大仁 邦彌 のコメント 】

サッカーを通じて豊かなスポーツ文化を創造し、人々の心身の健全な発達と社会の発展に貢献する」というJFAの理念を実現するためには、サッカー環境の整備と人材育成といったソフトとハード両面での取り組みが必要です。少子高齢化が進む現代社会において、スポーツはこれまで以上に重要なものとなり、スポーツ振興やスポーツクラブなどの運営に携わる人材の養成も急務です。「帝人アカデミー富士」をJFAアカデミー福島の女子事業の拠点として活用させていただき、有能な女子選手を送り出していくとともに、次代の日本サッカーを担う人材を数多く輩出したいと考えています。

【 帝人株式会社 代表取締役社長執行役員 鈴木 純 のコメント 】

当社は、創業当初より事業所内にスポーツ施設を設けるなど、早くから人財育成や地域貢献という面で社会に寄与してきました。そして、1972年に開設した「富士教育研修所」は、社内外に開かれた施設として、幅広く人財育成に貢献してきました。こうした当社の思いを具現化している施設が、「帝人アカデミー富士」として日本サッカー協会との協働人財育成拠点となることは、大変喜ばしく、誇らしいことです。帝人グループは、これまでもサッカーを通じた人財育成を支援してきましたが、このたびの取り組みを通じてさらに貢献していきたいと考えています。

以　上

※画像データがご入用の際は、下記までお問合せ下さい。

【 当件に関するお問合せ先 】
公益財団法人 日本サッカー協会　コミュニケーション部　TEL:(03)-3830-1807
帝 人 株 式 会 社　コーポレートコミュニケーション部　TEL:(03) 3506-4055

NEWS RELEASE

2015年9月9日

（株）iPSポータル × テンプスタッフ（株）が業務提携
注目の再生医療『iPS細胞』技術者の人材育成開始
～未経験者から受講できる細胞培養技術者の無料スクールを実施～

『iPS細胞』の事業化を推進する株式会社iPSポータル（本社：京都府京都市、代表取締役社長：村山昇作、以下 iPS ポータル）と、総合人材サービスのテンプスタッフ株式会社（本社：東京都渋谷区、代表取締役社長：水田正道、以下テンプスタッフ）は、次世代の「再生医療」を担う『iPS細胞』の研究を促進するため、2015年8月より人材不足の解消を目的とした人材育成スキームで業務提携を開始いたします。この提携による人材育成スキームでは、実験経験のない主婦層の活躍支援や、細胞培養実技スキル保有者のキャリアアップ支援など、業界での就労人口を底上げし、『iPS細胞』の実用化や再生医療分野への貢献を目指します。

■細胞培養の現場では手先が器用な女性が多数活躍
現在の再生医療分野においては、実用化の促進にあたり多数の人材が必要なことに加え、理系人材の不足もあり、細胞培養の技術者は圧倒的に不足している状態です。一方、細胞培養実験の現場では、無菌状態を保ちながら培地や培養液に細胞を設置/移設する作業をはじめ、繊細かつ慎重な継続的作業が求められるため、これらが比較的得意とされる女性が多く活躍しています。

■未経験者も活躍が可能だが、現場での教育負荷が課題
これらの作業の一部は、一定の教育を受ければ未経験者でも携わることが可能であり、すでに現場でも未経験者の活躍が見られます。しかし、現場でのOJTで実技習得が行われているため、現場に育成の負荷がかかっているのが現状です。

■未経験者のチャレンジを支援、細胞培養技術者の育成を開始
そこで、iPS細胞の研究普及における第1人者であり多数のノウハウを有するiPSポータルと、集客からマッチング、就業フォローなど一貫した人材サービスのノウハウと実績を有するテンプスタッフは、人材育成スキームで業務提携を開始し、未経験からの細胞培養技術者育成講座などを通じ現場の負荷軽減と人材不足の解消を目指します。iPSポータルが研修育成を、テンプスタッフが受講者の募集選定と研修後の就労支援を行い、また、就業開始後にも、習熟度スキルチェックや個々のキャリアプランに即したキャリアアップセミナーなど、両社の協力体制のもと長期的な就業サポートを実施いたします。

■経験者向けのスキルアップセミナーも実施
また、すでに細胞培養経験のある技術者に向けてスキルアップセミナーの実施も予定しており、未来を担う再生医療、iPS細胞にかかわる技術の習得を支援いたします。

| 技術提供 | ＜株式会社iPSポータル＞
・研修／育成
初級導入コース
中級習熟コース
iPS習得コース | ＜テンプスタッフ株式会社＞
・集客／フォロー
受講者の選定
研修後の就労支援
就業後のサポート | 就労支援 |

※セミナースケジュールなど詳細はお問い合わせください。

【報道関係各位のお問い合わせ先】
テンプホールディングス（株）グループ広報室　TEL：03-XXXX-XXXX / FAX：03-XXXX-XXXX
【セミナー情報等　一般の方のお問い合わせ先】
テンプスタッフ（株）研究開発事業本部　TEL:03-XXXX-XXXX / E-mail：XXXXXXXXXX@tempstaff.co.jp

NEWS RELEASE

＜参考情報＞

■ 再生医療業界を取り巻く環境

日本発の注目ビジネス「再生医療」を担う iPS 細胞

2020年には世界規模で1兆円を超える市場になると予想されている再生医療産業。特に日本発の技術であるiPS細胞については、平成26年の医薬品医療機器等法および再生医療安全性確保法(再生医療新法)の施行、国家戦略特区での実用化の加速策等により、産業化への注目が高まっています。これらに伴い、研究　開発人材の需要も高まっていますが、数少ない理工系の大学学部出身者の中でも細胞培養の技術を習得している人は非常に少なく、研究開発人材の不足は顕著です。

■ 『iPS 細胞』とは

『iPS細胞』とは、2006年(平成18年)、山中伸弥先生率いる京都大学の研究グループによってマウスの線維芽　細胞(皮膚細胞)から初めて作られた、人工多能性幹細胞(induced pluripotent stem cell)です。
人間の皮膚などの体細胞に、極少数の因子を導入し、培養することによって、様々な組織や臓器の細胞に分化する能力と、ほぼ無限に増殖する能力をもつ多能性幹細胞に変化します。
特に再生医療の研究で注目されています。

【私にもできるかも! 細胞培養のしくみを知る 細胞培養入門セミナー】	
内容	・細胞培養入門(実演型講義で細胞培養を身近に感じる!) ・研修内容(実際の研修ではどこでどんなことをするの?) ・就業後のキャリアプラン ほか
日時(予定)	10/1(木)・7(水) 10:00〜13:00/14:00〜17:00 (各回とも同じ内容、予約制)
場所	グランフロント大阪タワーB　17F　テンプスタッフ(株)セミナールーム
研修	2015年11月 iPS ポータル(京都)にて実施予定(8日間)
予約方法	http://www.tempstaff.co.jp/kmenu52/personal/10.html

■ 会社概要

◇会社名 ： 　株式会社 iPS ポータル (iPSPI)
　設立 ： 2014年(平成26年)7月
　所在地 ： 〒602-0841 京都府市上京区河原町通今出川下る梶井町 448番地5 クリエイション・コア京都御車内
　代表取締役社長： 村山 昇作(前 iPSアカデミアジャパン株式会社 代表取締役社長)
　資本金 ： 7億9,960万円(平成27年3月31日時点)
　従業員数 ： 25名(平成27年3月31日現在)

◇会社名 ： 　テンプスタッフ株式会社(Tempstaff Co., Ltd.)
　設立 ： 1973年(昭和48年) 5月
　所在地 ： 〒151-0053 東京都渋谷区代々木 2-1-1 新宿マインズタワー
　代表取締役社長： 水田 正道
　資本金 ： 995百万円
　従業員数 ： 25,906名 (テンプホールディングス(株)連結)

【報道関係者各位のお問い合わせ先】
テンプホールディングス(株) グループ広報室　　TEL:03-XXXX-XXXX / FAX:03-XXXX-XXXX
【セミナー情報等 一般の方のお問い合わせ先】
テンプスタッフ(株) 研究開発事業本部　TEL:03-XXXX-XXXX / E-mail:XXXXXXXXXX@tempstaff.co.jp

CASE 11

山見博康の推奨 3(スリー) ポイント

テンプスタッフ（株）

Yes

01 一見して内容がわかる秀逸な1ページ目！　全貌を短く伝える努力は顧客サービスの第一歩。それには箇条書きでまとめ、相手の時間と労力を奪わないのが最善の策と認識し適切に表現したお手本。

02 太字にする、字体を変える、記号やカッコを使う、下線を引く、枠で囲む、色を用いるなどパソコンを駆使し、読者（顧客）のために「神は細部に宿る」を追い求める姿勢は優雅で美しい。

But 03 2ページ目でその業界需要に対して人材不足とあるが、具体的な数字で図示するとビジュアルで問題提起ができ、必要性の認識が深まる。未経験主婦層の活躍に関してもう少し具体的説明がほしい。

・㈱iPSポータル

CASE 12

山見博康の推奨 3(スリー) ポイント

東洋紡（株）

Yes

01 「積極投資し世界展開を目指す！」のタイトルと戦略商品の写真紹介によって、簡潔ながら経営の堅固な志と継続の意志を伝え、経営戦略完遂の決意を表明している。

02 「段落＋小見出し＋箇条書き」によって、問題点もきっちり指摘、経緯から実際の戦略まで具体的な数字で説明、新ロゴで戦略を実行しようという意気込みがあらわれている。

But 03 新ロゴをタイトルに出すとよりインパクトがある。また、戦略のもととなる製品の太さや強さのUSP＆UDPをグラフや表でより理論的に表し、他の実用例写真を2～3点加えビジュアルにすると完璧！

東洋紡

本　社	大阪市北区堂島浜二丁目2番8号	〒530-8230	TEL(06)6348-4210	FAX(06)6348-3443
東京支社	東京都中央区京橋一丁目17番10号	〒104-8345	TEL(03)6887-8827	FAX(03)6887-8829
名古屋支社	名古屋市西区市場木町390番地	〒452-0805	TEL(052)856-1631	FAX(052)856-1634

2016年1月27日

スーパー繊維で積極投資、世界展開を目指す

　当社は、スーパー繊維である高機能ポリエチレン繊維「ダイニーマ®」「ツヌーガ®」の生産設備を増強し、当社のグローバル展開の一環として、海外でも販売していくことを決定しました。

　それに伴い、「ダイニーマ®」の商標を当社独自の新商標「イザナス®」に変更し、世界戦略製品と位置付けました。

1. これまでの経緯

　当社は、1984年にオランダのDSM社と高機能ポリエチレン繊維の共同研究を開始し、1991年に製造合弁会社である日本ダイニーマ㈱を設立しました。同社では高機能ポリエチレン繊維の生産を手がけ、国内では「ダイニーマ®」の商標で当社が販売を行ってきました。その後、事業は順調に拡大し、釣り糸、船舶係留ロープ、安全手袋、ネット、特殊産業資材等に用途は広がっています。

　近年、海外メーカーの台頭で高機能ポリエチレン繊維の競争が激化していますが、当社が目指すグローバルでの事業拡大を実現するには、まず新製品の開発と設備増強が必要と判断しました。

　また、従来からDSM社製「ダイニーマ®」と同商標の当社製品が市場に混在しており、一部のお客さまに戸惑いを与えることもありました。

　今回、「ダイニーマ®」の商標を当社独自の新商標「イザナス®」に変更し、他社製品との違いを明確にするとともに、今後も成長が期待できる海外市場で積極的に事業を展開していきます。

2. 設備投資について
・「イザナス®」への設備投資

　現在、敦賀事業所（福井県敦賀市）にある日本ダイニーマ㈱の生産設備に新技術を導入すべく改造します。これにより高強度の新製品を生産します。新製品は、2017年4月から販売を予定しています。

・「ツヌーガ®」への設備投資

　「イザナス®」と合わせ、もう一つの高機能ポリエチレン繊維「ツヌーガ®」も、安全手袋用途が好調なため、生産設備を増設します。こちらも2017年4月から増産を予定しています。

・「イザナス®」「ツヌーガ®」両設備への投資総額は 20 億円。当社独自のブランドとして海外も含め展開していきます。

3. 新商標について
- 商標名　「イザナス®」（英語名「IZANAS®」）
- 由　来　いにしえの神であるイザナギ、イザナミが造った国・日本。その日本の高い技術力、アイデアを具現化した製品として「イザナス®」と名づけました。
- ロ　ゴ

- 変更日　2016 年 4 月 1 日から
　　　　2016 年 4 月以降は、新商標「イザナス®」で販売します。

■ 高機能ポリエチレン繊維「ダイニーマ®」について

「ダイニーマ®」は、当社と DSM 社で開発、比重が 0.97g/cm³ と非常に軽く、有機繊維としては最高レベルの強度・弾性率を有しています。ピアノ線の約 8 倍の強さがあり、直径 10mm のロープで約 20t（理論値）の重さを支えることができます。

現在、「ダイニーマ®」は、釣り糸、船舶係留ロープ、安全手袋、ネット、特殊産業資材等の用途で幅広く採用されています。

「ダイニーマ®」の生産量は年間 3,200 トンであり、国内加工メーカーを中心に販売されています。

以　上

＜お問い合わせ先＞
東洋紡株式会社
コーポレートコミュニケーション室
電話：06-6348-4210　FAX：06-6348-3443
e-mail：pr_g@toyobo.jp

2014年1月30日

(報道発表資料)

東レ株式会社
日本電信電話株式会社
株式会社ＮＴＴドコモ

着るだけで生体情報の連続計測を可能とする機能素材"hitoe"の開発及び実用化について

東レ株式会社（東京都中央区日本橋室町2丁目1番1号、代表取締役社長：日覺昭・、以下、東レ）と日本電信電話株式会社（東京都千代田区大手町1丁目5番1号　大手町ファーストスクエア、代表取締役社長：鵜浦博夫、以下、ＮＴＴ）は、着衣するだけで心拍数・心電波形などの生体情報を取得できる機能素材"hitoe"を開発、実用化いたしました。また、株式会社ＮＴＴドコモ（東京都千代田区永田町2丁目11番1号、代表取締役社長：加藤薫、以下、ドコモ）は2014年中を目途に、"hitoe"を利用した生体情報計測用ウェアとスマートフォンなどを活用したサービスの提供を開始する予定です。

今回、東レとＮＴＴは、最先端繊維素材であるナノファイバー生地に高導電性樹脂を特殊コーティングすることで、耐久性に優れ、生体信号を高感度に検出できる機能素材"hitoe"の実用化に成功しました。"hitoe"は肌へのフィット性や通気性などを兼ね備えており、この素材を使用した生体情報計測ウェアを着用することによって、日常生活のさまざまなシーンにおいて心拍数や心電波形などの生体情報を快適かつ簡単に計測できるようになります。両社は今後、"hitoe"を活用した生体情報計測ウェアの商品化への取り組みを開始してまいります。

また、ドコモは、"hitoe"のようなウェアラブル製品を活用し、ドコモ・ヘルスケア社の健康プラットフォーム「ＷＭ（わたしムーヴ）®（※1）」と連携することを始め、スポーツ分野や健康増進分野などを中心とした新しいサービスの提供を目指します。

詳細は、別紙のとおりです。

(図1) 機能素材"hitoe"

(図2) "hitoe"を使用した
生体情報計測用ウェア

(図3) 心拍数・心電波形
計測イメージ

```
＜報道機関からの問い合わせ先＞
東レ広報室          TEL:03-3333-5555
ＮＴＴ広報室        TEL:03-4444-6666
ＮＴＴドコモ広報部  TEL:03-5555-7777
```

<別紙>

● 開発コンセプト"hitoe"について
　健康への関心が高まるにつれ、自分自身の生体情報を常時モニタし、生活習慣の見直しなどに活用したり、スポーツなどの趣味においてパフォーマンス向上に役立てたいというニーズが増えてきています。こうしたニーズに対して着衣型の生体情報計測システムが有効と考え、これを実現する上でキーとなる、生体インターフェース用の素材として"hitoe"の開発に至りました。
　"hitoe"には、human（人間）、intelligence（情報・知能）、to（〜のほうへ）、expand（拡張する）という意味があり、"hitoe"の文字には、人の姿や動きが感じられるように創造しています。hは座り、iは立ち、tは跳び、oは二人が手を取り合い、eは胎児のような、一文字一文字にもイメージがあり、人のつながりが新たな命を運ぶという願いを込めています。更には、一枚の布、単衣（ひとえ）の無限の可能性という意味も込められています。

● 開発した生体情報計測用ウェアの特徴
　機能素材"hitoe"を生体インターフェースに用いることにより、「着るだけで」心拍・心電情報を連続的に計測することができます。配線もウェアに一体化されて機能集約されているため、使い勝手が良く、洗濯して繰り返し利用できることが大きな特徴です。日常生活を阻害せずに利用できるため、職場、学校、スポーツ、運転中などのさまざまなシーンでの活用が期待されます。

● 開発のポイント
　PEDOT-PSS（※2）を用いた導電性布を技術基盤に、生体情報計測用ウェアに適した人体のセンシングインターフェース設計技術を確立しました。人体への密着性がよく、生体情報の計測に適した生体インターフェースの配置、締め付け感を極力抑えた着圧の最適化、衣料一体化に適し、"hitoe"との相性が良い配線材料、発汗や雨などによる短絡防止構造、ノイズ低減と少ない装着違和感を両立したコネクタ配置など、必要要素を高い技術レベルで統合しています。
　"hitoe"に使用する最先端繊維素材であるナノファイバー繊維の生地は、超極細繊維で形成される無数の間隙を有します。本繊維間隙に特殊コーティング技術で導電性高分子を高含浸し、樹脂の連続層を形成することにより、生体信号の高感度な検出を可能とすると共に、優れた耐久性を実現しました。
　"hitoe"を用いたインナーには、体型差をカバーするため、着用者のサイズが多少異なってもほぼ一定の着圧が得られるように、設計技術を活かしたストレッチ素材を用いています。更に、配線の取り付け方にも、ストレッチ性を損なわないような縫製技術や絶縁性ストレッチ材料を採用しています。
　これらの技術の融合により、フィット性を確保しつつ体形差をカバーし、快適でかつ安定した生体信号の取得を実現しました。

● 今後の取り組み
　"hitoe"を活用した生体情報計測用ウェアの商品化、スポーツや健康増進などの分野における生体情報計測用ウェアとスマートフォンなどを活用した新しいサービスの実現に向け取り組んでまいります。

注）本品は医療機器ではありません。

【用語解説】
※1 「WM（わたしムーヴ）®」
　　ドコモ・ヘルスケア社が展開する健康プラットフォーム事業のブランド名称。同事業を通じて、生涯にわたるライフスタイルをお客様に提案し、健康なからだづくりのサポートを行っている。
　　「WM（わたしムーヴ）®」は、ドコモ・ヘルスケア株式会社の登録商標です。

※2 「PEDOT-PSS」
　　導電性高分子のひとつ。導電性が良好で環境安定性が優れることから液晶ディスプレイや静電気防止コートにも活用される。
　　PEDOT-PSSは1988年Bayer社（独）が開発。現在はHeraeus社（独）よりClevios™-Pとして市販されている。

【参考】
　"hitoe"の世界観を表現したコンセプト映像を下記ホームページよりご覧いただけます。「最新の研究成果」に掲載しています。
　http://labolib3.aecl.ntt.co.jp/member_servlet_home/

CASE 13

山見博康の推奨 3（スリー）ポイント

東レ（株）

Yes

01 主要文や3つの写真を枠で囲み、特別感を醸し出したのは、開発成功とその実用化に期待する3社共通の思い入れの表れ。写真の配列に3つの進化形が巧みに示されている。

02 各項目の説明が丁寧かつ詳細で、一般紙で取り上げられるよう念じつつ作成した熱い意図がほとばしっている。例：用語解説を「※（注釈）」で追記。当該繊維の写真や特徴の図表があれば秀逸に。

But
03 異業種3社共同開発を巧みに言葉で表現しているが、それぞれの役割を図表で簡明に表す努力を怠らず、読者が一目で関係性がわかるようにする親切心が大切。特徴の箇条書きを推奨。

CASE 14

山見博康の推奨 3（スリー）ポイント

西日本鉄道（株）

Yes

01 1～3ページ目まで一貫して段落があり、青枠の小見出しに多彩な写真やイラストと、いかに楽しく魅力的な施設計画かをビジュアルで美しくアピールしている。各写真下の注釈も簡素ながら充分！

02 リニューアル施設に加え配置図全貌を大きく紹介。どの部分がリニューアルになるのかひと目でわかるようにしたのは、顧客志向の考えが浸透している証。実際のおもてなしもしかり！

But
03 1ページ目、枠で囲まれた9つの箇条書きのうち、最初の2つはリード部で枠外、3～8は【実施内容】、9は【今後の方針】と小見出しにし、投資額もここに入れれば、わかりやすい。

News Release

まちに、夢を描こう。

西日本鉄道株式会社 総務広報部　http://www.nishitetsu.co.jp

〈平成28年6月10日発表〉

福岡市内唯一の遊園地をまちのオアシスへ

かしいかえん　シルバニアガーデン　大規模リニューアル

来春、お子さまからシニアまで幅広い層にお楽しみいただける施設へと生まれ変わります

- 西日本鉄道㈱が運営する「かしいかえんシルバニアガーデン（園長　谷川　道男：以下、かしいかえん）」では、大規模リニューアルに着手いたします。
- かしいかえんは昭和31年の開業以来、福岡市内唯一の遊園地として、親しまれてきました。今回、「まちのオアシス」をコンセプトにリニューアルを行うことで、お子さまはもちろん、シニア層や訪日旅行客の皆さまにも訪れていただけるような"遊び"と"癒し"が一体となった施設へと生まれ変わります。
- 今回のリニューアルでは、①園全体のフラワーガーデン化、②遊具の更新・新設・増設、③パークゴルフ場の新設、④飲食スペースの拡充などを実施いたします。
- フラワーガーデン化では、世界的に活躍する庭園デザイナー・石原和幸氏（㈱石原和幸デザイン研究所　代表取締役）のデザイン・監修の下、季節毎に色とりどりの美しい花々が園全体に咲き誇り、訪れる人に"癒し"を提供します。また、植物で作成した動物のオブジェを配置するエリアを設けます。これまで以上に花園の名にふさわしい施設へ生まれ変わります。
- 遊具の新設・更新は、当園のシンボルとして営業していた観覧車を44年ぶりに建て替えるほか、立体迷路やウォーターシューティングの新設、アスレチックアトラクション「コロン☆ブース道場」を増設し、遊園地としての魅力向上を図ります。
- また、西駐車場に「パークゴルフ場」を新設いたします。最短18m〜最長88mの全9ホールを用意し、シニア層を始め、ゴルフ好きの様々な世代の方にお楽しみいただきたいと考えております。
- 飲食スペースの拡充では、新たにフードコートを設置し、バーベキューもお楽しみいただけるようにするほか、既存の飲食店舗のメニューもリニューアルし、商品数の増加やこだわりのフードメニューを提供いたします。
- なお、当リニューアルに伴い、平成28年11月24日（木）から休業いたします。リニューアルオープンは平成29年3月を予定しております。ぜひ楽しみにお待ちください。
- かしいかえんでは、今後も福岡市内唯一の遊園地として、地域のみなさまはもちろん、観光のお客さまにも足を運んでいただける、魅力ある施設作りを推進してまいります。

現在のかしいかえん　シルバニアガーデン

■「かしいかえん　シルバニアガーデン」リニューアルについて

【リニューアル期間】　平成28年11月24日（木）〜平成29年3月
※　リニューアル期間中は休園いたします。オープン日は決定次第、お知らせいたします。

【リニューアル内容】

① 園全体のフラワーガーデン化

世界的に活躍する庭園デザイナー・石原和幸氏(㈱石原和幸デザイン研究所 代表取締役)のデザイン・監修の下、季節毎に色とりどりの美しい花々が園全体に咲き誇り、訪れる人に"癒し"を提供します。

また、"緑の動物園"として幅広い世代に楽しんでいただける動物のトピアリーを配置します。
※ トピアリー：針金などの型枠に草花やアイビーなどのつる植物を這わせて作成されたオブジェ。

② 遊具の更新、新設、増設

○観覧車の更新…昭和48年に営業を始め、当園のシンボルとなっていた観覧車を建て替えます。

新観覧車イメージ
※デザインは変更になる場合があります

○遊具の新設・増設…新たに「立体迷路」や水鉄砲で的を撃つ、「ウォーターシューティング」を
　　　　　　　　　新設するほか、アスレッチクアトラクション「コロン☆ブース道場」を増設します。

現在のコロン☆ブース道場

③ 飲食スペースの拡充

新たにフードコートを設置し、園内でのバーベキューが可能となるほか、九州各地の人気フードやこだわりのドリンクを準備します。また、既存のレストラン「森のキッチン」のメニューも見直し、「食」もご家族でお楽しみいただけます。

フードコート イメージ

【投資額】 約10億円
【配置図】

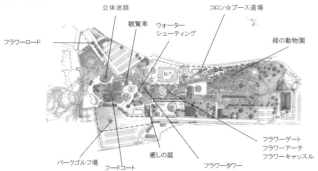

（参考）「かしいかえん シルバニアガーデン」の概要

【開 園 日】昭和31年4月
【所 在 地】福岡市東区香住ヶ丘七丁目2番1号（西鉄貝塚線「香椎花園前」駅下車、徒歩1分）
【料 金】

	大人 （中学生以上）	小人 （3歳以上）	シニア （65歳以上）
入園のみ	900円	600円	700円
年間入園パスポート	2,700円	1,800円	2,100円
ワンデーパスポート （入園料＋フリーパス）	2,700円		

【営業時間】平日10:00～17:00、土日祝10:00～18:00 ※季節によって営業時間が変動いたします。
【休 園 日】不定休
【敷地面積】約12万㎡
【来場者数】約25万人（平成25年度実績）
【その他】〇営業時間・休園日の詳細につきましては、ホームページをご確認ください。
　　　　　ホームページURL　http://www.nishitetsu.co.jp/kashiikaen/

この件に関するお問い合わせは、西鉄お客さまセンター（TEL0570-00-1010）まで

JAPAN AIRLINES
JAL GROUP NEWS

「JAL 新・JAPAN PROJECT」始動
～ 地域の声を聞きながら、地域と一緒につくる「地方の元気」～

2015年9月30日
第15126号

JALグループは、これまでの地域コラボレーション企画"JAPAN PROJECT"を進化させ、「観光振興」と「農水産物」をテーマとした「JAL 新・JAPAN PROJECT」を立ち上げ、地域と一緒に「地方の元気」をつくってまいります。

「JAL 新・JAPAN PROJECT」では、従来の地域プロモーション中心の活動に留まらず、旺盛な訪日外国人需要や国内の観光需要を地方に呼び込む取り組みも行います。人やモノの流れが地域の経済を活性化し、さらには、雇用の創出にも繋がって地方が活気づくような良い循環づくりをお手伝いしたいと考えています。JALが地域と一緒になって、「地方の元気」をつくっていこう、という取り組みです。

具体的には、以下2点のテーマに取り組んでまいります。

1. 【観光振興】 ～前年比約50%の伸びを示す訪日外国人を地方へ～
   ◆「観光振興」では、単に情報発信に留まらず、これまで当社が手掛けてきた「JALホノルルマラソン」や「JALスカラシップ」のように、地域に人を集めたり、人財交流を促す企画の立案・運営ノウハウなどを活かし、国内外から足を運びたくなるような地域の魅力を地元と一緒になって開発・PRしていきます。
   ◆羽田空港政策コンテスト枠にて配分を受け増便した羽田＝山形線は、地元自治体との連携・協力の結果、増便前と比べて、お客さまの人数が260%に増えました。こうした地方との協業の取り組みを、観光開発にも発展させ、前年比約50%の伸びを示す訪日外国人需要のさらなる創出に繋げてまいります。
   ◆11月には、台湾と青森・秋田を結ぶ国際線チャーター便を運航し、海外からのお客さまを首都圏を経由せずに直接地方へご案内する取り組みも進めます。
   ◆国内線・国際線合わせて年間約4,000万人のお客さまや2,700万人のJALマイレージバンク会員ほか、さまざまなお客さまを対象に、世界26地域で展開している「JAL Guide to Japan」など、JALが持つコミュニケーションツールを最大限活用して、国内のみならず海外に対しても、いっそう効果的な地域プロモーション活動を推進してまいります。

2. 【農水産物の6次産業化(※1)】 ～地域のおいしい食材を発掘し国内外の各地へ～
   ◆「農水産物」においては、地域の特産物・おいしい食材をご紹介していくことはもちろんのこと、これらの商品化に協力します。また、各地の生鮮品を、航空貨物として定温コンテナ、または、日本郵便株式会社様と共同で開始した「クールEMS」にて、鮮度を維持したまま世界の皆さまにお届けします。さらには、グループ会社や提携会社も活用した販売促進、および当社自身での活用など、農水産物6次産業化を後押しすべく、地域と一緒になって取り組んでまいります。

◆第1弾として、青森県とタイアップし、今秋から収穫が始まった青森県初の特Aランク米「青天の霹靂（へきれき）」を成田・羽田のJALファーストクラスラウンジ、サクララウンジにてご提供します。青森県が満を持して世に送り出す「青天の霹靂」のおいしさのご紹介、ブランド化をJALグループをあげてお手伝いします。

（※1）：農業や水産業などの第1次産業が、食品加工・流通販売にも多角的に業務展開している経営形態になることを指す。

さらに、既報（※2）の福井県との人財交流のように、これらの取り組みを支える人の交流も拡大させ、地域の声を聞きながら、地域と一緒に「地方の元気」をつくってまいります。

（※2）：2015年5月14日付プレスリリース「JAL、福井県庁へ社員を派遣」（第15026号）参照
http://press.jal.co.jp/ja/release/201505/003358.html

　少子高齢化社会を迎える中、我が国の経済が活性化し、豊かな社会を維持していくためには、地方が元気になって、人・モノが常に活発に移動する社会にしていかねばなりません。地方が元気になることによって、新たな航空需要が創出され、私たち航空会社の事業にも繋がってまいります。JALは、オリンピック・パラリンピック後も継続して取り組むべき長期的課題として、「企業価値を高め、社会の進歩発展に貢献する」という企業理念の下、日本の地域の活性化・「地方の元気」に積極的に取り組んでまいります。

　その他の施策につきましても準備が整い次第、順次発表してまいりますので、今後も地域と一緒に取り組む、当社の「JAL　新・JAPAN PROJECT」にご期待ください。

以上

日本航空 広報部　03-5460-3105

CASE 15

山見博康の推奨 3ポイント

日本航空(株)

Yes 01 短くインパクトのあるプロジェクト名をタイトルに、本文は「段落＋小見出し＋箇条書き」を遵守。鶴のロゴを加え4か所に色彩豊かなビジュアルを配置。全体が黄金比のごとく最適均衡するアート。

02 箇条書きにした2つのテーマは個々の数字が多用され具体的、かつ簡潔に詳説。さらに「※（注釈）」の細やかさ！　こんな配慮に「JALのおもてなし」定評のゆえんあり。プロジェクト図も小アートだ。

But 03 魅力満載プロジェクトで施策は順次発表とあるが、青森と福井以降の目標数字に期待が集まる。その後何県で進め、2020年までに訪日客を何人増やし、どのぐらいの売上増を目指すのか？

CASE 16

山見博康の推奨 3ポイント

(株)野村総合研究所

Yes 01 一見し、定型ヘッダー部分の落ち着きに簡潔なタイトルで、清廉された読みやすさが好印象を与える。本文は「■」でポイントを箇条書きでまとめ、将来計画にまで言及しているのは好印象。「※」での解説は親切心を感じる。

02 ロードマップを縦に分野別、横に時系列的に一覧表にし、その進展を薄めの色の矢印で示したのはビジュアル感があり一目瞭然。しかも矢印のグラデーションで躍動感を感じさせる細やかさがある。

But 03 図表の淡い色付けはカラーで見るときはとても爽やかだが、コピーすると見分けがつきにくくなることを常に考慮しよう。何か実用化例のイラストがいくつかあればなお良し。

News Release

2016年3月17日
株式会社野村総合研究所

2020年までのITロードマップをとりまとめ
～ ビジネスや社会へ影響を及ぼす重要技術は、ディープラーニングによる人工知能の進展がカギとなる ～

株式会社野村総合研究所（本社：東京都千代田区、代表取締役会長兼社長：嶋本 正、以下「NRI」）は、これからのビジネスや社会に広く普及し、さまざまな影響を及ぼすと考えられる重要技術が、2020年までにどのように進展し実用化されるかを予測した「ITロードマップ」[※1]をとりまとめました。今回、重要技術として取り上げたのは、「人工知能（AI）」、「IoT（Internet of Things）」、「ウェアラブルコンピューティング」、「カスタマー・エクスペリエンス」、「APIエコノミー」、「Fin Tech」、「リテールTech」、「デジタル・マーケティング」の8つです。

■ ディープラーニングを取り入れたAIが、重要技術の普及と実用化の鍵を握る

重要技術の中でもAIは、新たなサービスを生み出す技術として注目されているFin Techやサービスロボットの普及の鍵となる、重要な要素技術としても位置付けられています。ディープラーニング[※2]という新たな機械学習手法の進展と、ビックデータの増大、さらには膨大な機械学習処理の実現により、AIは3度目のブームを迎えています。

【今後5年間のAI関連技術のロードマップ】

■ 2015～2017年度：画像認識の実用化が進み普及期へ

ディープラーニングを取り入れたAIにより技術革新が期待される主な適用領域は、音声認識、画像認識、自然言語処理の3つがあります。

すでに音声認識には、ディープラーニングが商用利用されていますが、この時期には画像認識分野でのディープラーニングの商用利用が拡大します。具体的には、製造業における製品の品質管理やECサイトでの画像による商品検索などの利用が始まります。また、店舗においても防犯や顧客の行動分析など、カメラ映像の利用拡大が予想されます。

■ 2018～2019年度：自然言語処理と他の認識技術の連携拡大

この時期、単語や文章の分散表現や統計言語的モデルなどの自然言語処理における要素技術に対するディープラーニングの利用が拡大します。こうした自然言語処理における要素技術と他の認識技術を組み合わせることにより、自然言語処理の知見を活用した音声認識や文字認識などの精度向上や、画像認識の結果に対する説明文の生成といったアプリケーションの利用が拡大します。

また、ディープラーニングを実行するプラットフォームにおいても、学習の並列処理技術が進歩し、学習期間の短縮が可能になります。

図 AI関連技術のロードマップ

	～2014年	2015年	2016年	2017年	2018年	2019年	2020年～
全体の方向性		ディープラーニング活用の黎明期			ディープラーニング活用の普及期		▲自動運転
ディープラーニングの適用			音声認識への適用の普及期 →				
		画像認識への適用の黎明期 →			画像認識への適用の普及期 →		
			動画像処理への適用の黎明期 →		動画像処理への適用の普及期 →		
			単語・文章の分散表現利用の普及期 →				
			自然言語処理への適用の黎明期 →		自然言語処理への適用の普及期 →		
プラットフォーム	第一世代フレームワーク ▲Caffe ▲Pylearn		第二世代フレームワーク(ネットワーク記述の柔軟性向上、並列・大規模処理対応) ▲Chainer ▲TensorFlow				
			GPU利用普及期(ディープラーニング向け機能の継続的追加) →				
			FPGA利用黎明期 →			FPGA利用普及期 →	

■ **2020年度以降：自律的学習機能が実用化へ**

　現在の機械学習の主流となっている教師あり学習※3に加え、学習データを用意することなく、試行錯誤によって自己学習する手法が、ロボットの制御などに適用されるケースが増えると予想されます。また、自動車メーカー各社は、2020年を目標に高速道路や一般道における自動運転の実用化を目指しています。具体的には、高速道路での車線変更や追い越しを可能にした自動車や、信号がある一般道でも車線変更が可能な自動車の出荷を計画しています。

※1 **ITロードマップ**：
　　特定のIT領域について、現在から5年程度先までの技術の進化や動向を予測したもの。
※2 **ディープラーニング**：
　　多数の層を持ったニューラルネットワークモデルを用いた機械学習手法。
※3 **教師あり学習**：
　　入力とそれに対する望ましい出力をペアにした学習データを利用してモデルを訓練する機械学習手法。

【ニュースリリースに関するお問い合わせ】
　株式会社野村総合研究所　コーポレートコミュニケーション部　松本、潘
　TEL：03-6270-8100　E-mail：kouhou@nri.co.jp
【調査に関するお問い合わせ】
　株式会社野村総合研究所　デジタルビジネス推進部　内山
　TEL：03-6706-0374　E-mail：n-uchiyama@nri.co.jp

CASE 17

"たいせつ"がギュッと。
阪神電車
HANSHIN ELECTRIC RAILWAY

NEWS RELEASE

阪神電気鉄道株式会社
HANSHIN ELECTRIC RAILWAY CO.,LTD.
〒553-8553
大阪市福島区海老江1丁目1番24号
http://www.hanshin.co.jp/

経営企画室（広報担当）

報道関係各位

２０１５年３月３０日

人と地球へのやさしさを追求した
新型普通用車両５７００系を導入します
～普通用車両で２０年振りの新型車両を今夏から導入～

　阪神電気鉄道株式会社（本社：大阪市福島区、社長：藤原崇起）では、新型普通用車両５７００系を新造し、本年夏以降、営業運転を開始します。
　５７００系車両では、人へのやさしさ（安全・快適な車内空間の提供、バリアフリーの充実）、地球へのやさしさ（環境への配慮）を追求し、お客さまへのサービス設備の刷新と新技術を積極的に採用しました。
　今年度は４両１編成を導入し、その後順次、新造していく予定です。
　５７００系車両の概要は、次ページのとおりです。

【５７００系車両の概要】

○　５７００系車両について
・定　　員：５１４名／編成（座席１７３名、立席３４１名）
・新製両数：４両×１編成
・導入時期：２０１５年夏頃から導入（予定）

1　デザイン
（1）エクステリアデザイン
　　・ステンレス車体に、普通用車両の伝統を引き継いだブルーを配色
　　・各出入口部には、各駅に停車する普通車のやさしさを表現した円形グラフィックをデザイン
（2）インテリアデザイン
　　・豊かな摂津灘の海をイメージして、床、座席にきらめく水模様をアレンジ
　　・吊手、出入口部の取手にも、海を連想させるブルーを配色

阪急阪神東宝グループ

2　特徴
（1）環境への配慮・省エネルギー
- 永久磁石同期電動機を用いたＶＶＶＦインバータ制御（電力回生ブレーキ付き）の主回路システムの採用により、既存の普通用車両※と比較して、消費エネルギーを約５０％削減します。
  ※５００１形抵抗制御車
- 客室照明、前照灯、尾灯・標識灯など全ての照明器具をＬＥＤ化し、消費電力量を削減します。
- ステンレス製鋼体を採用し、車体外板を無塗装化することで環境負荷を低減します。

（2）安全・快適な車内空間の提供
- 万一の事故や急ブレーキ時に、お客さまと車内設備又はお客さま同士の衝突を防止するため、吊手や握り棒を増設するとともに、座席の中間・端部に仕切板を設置しています。
- 座席を片持ち式のバケットシートとするとともに、車両間貫通扉を全面ガラス化し、車内の開放感を向上します。
- マイコン制御方式の冷暖房装置を搭載し、人体の体感温度を考慮したきめ細かな制御により、快適な車内環境を提供します。
- 空調運転時の客室内の保冷・保温のため、お客さま自身の操作による扉開閉ボタンを設置します。

扉開閉ボタン

車内案内表示器

優先座席

（3）バリアフリーの充実
- 出入口上部に、３２インチハーフサイズの液晶式の車内案内表示器を設置します。停車駅・乗換案内などの情報を、イラストや大きな文字を用いて分かりやすく表示します。
  また、４か国語（日・英・中・韓）で表示します。
- フルカラーＬＥＤ式の車外行先表示器を設置します。
- 従来の「高」「低」に加え、さらに低い吊手を設置します。
- お客さまに、よりご利用しやすくなるよう、荷棚高さを約２０ｍｍ低くします。
- 優先座席付近の座席、吊革を緑色に統一し、スペースを明確化します。

以　上

＜資料提供先＞青灯クラブ、近畿電鉄記者クラブ

― この件に関する報道関係からのお問合せは、―
阪神電気鉄道株式会社　経営企画室（広報担当）　担当：丹羽
（平日 8:45～17:45）TEL　06-6457-2130
（上記時間外）　丹羽：090-5252-4899
　　　　　　　　滝川：080-1491-6385
までお願いします。

CASE 17 山見博康の推奨3ポイント

阪神電気鉄道（株）

Yes 01 伝えたい言葉を素直に表現したタイトル、真っ先に見てもらいたい導入予定の最新型車両の雄姿、それを紹介する写真と文章の完全さに、新人への信頼と自信が響き渡る。

02 リード部後の「段落＋小見出し＋箇条書き」は典型的な見本。写真も「外観＋内観＋詳観」の3拍子、「2特徴」の小見出し3つそれぞれにある箇条書きの細やかな表現に顧客志向の徹底がうかがえる。

But 03 この設備投資の経営への影響は？　これだけ優れた機能装備車両1台のコストは？　初年度4両1編成→中長期導入計画は？　投資額と導入による売上増加予想は？　など、経営戦略の発表を！

CASE 18 山見博康の推奨3ポイント

ブリッド（株）

Yes 01 見開きは強い芳香を放つ油絵のよう。2つのロゴの特異な形が目を引く。緑の円と真っ赤な帯状の奇抜な組み合わせ、白抜きで「業務提携」「新発売」とインパクトある明快簡潔なタイトルは魅力。

02 一転して真っ黒の巨大シートが際立つ。赤線が光る明快な小見出しと簡素な文章。特徴を明快な箇条書きで記述。シートの分解図は親切！両社概要を簡潔に囲み色分けしたのはお勧め。

But 03 お願いゆえに「です・ます」調の方が親切で親しみがある。会社概要に社長の顔写真も一案。プロドライバーが座った感触やレースでの感想を聞いてみたい。特別仕様部分のいくつかがビジュアルになっているとベスト。

・㈱童夢

News Release

2017年1月11日

報道関係各位
自動車産業記者会御中
中部経済産業記者会御中

ブリッド株式会社 代表取締役社長
高瀬 嶺生（愛知県東海市）

株式会社童夢 代表取締役社長
髙橋 拓也（滋賀県米原市）

世界初 BRIDE×童夢
CFRPレーシングシートで業務提携
極限G対応レーシングシート【HYPER】新発売

2016年12月20日
ブリッド（株）と（株）童夢が業務提携しました

　1981年創業、レーシングシート（フルバケット）国内最大手メーカーのブリッド（株）と世界的レーシングカー・コンストラクターの（株）童夢がCFRPレーシングシートの製造販売を目的として、2016年12月20日付けで業務提携を交わした。
　（株）童夢は、FIA世界自動車連盟の最新安全規格FIA8862-2009に適合したレーシングシートについて、厳しいテストをクリアし、2016年6月24日付けでFIAより正式に公認を受けている。

最新の世界安全基準（FIA8862-2009）をクリア

　ブリッド（株）では、今回の（株）童夢との業務提携により、FIAに対する公認申請を行い、BRIDE「HYPER」の商品名で2017年1月13日より発売する。
　FIA8862-2009の安全規格とは、最高峰のモータースポーツで起きるアクシデントに対し、ドライバーの生命を守るレーシングシートの最新の世界安全基準で、LMP車両のモノコックの荷重テストと同等の強度を立証する過酷な試験である。このテスト設備は、全世界でイタリア（ニュートン社）に一ヵ所あるのみで、現在合格しているメーカーは童夢社、ブリッド社、レカロ社、OMP社、スパルコ社、サベルト社など数えるほどである。

2017年1月、HYPER（ハイパー）受注を開始

　この安全基準は、モータースポーツにおいて、既に高い安全基準を求められているF-1、WRC等トップカテゴリーと同様に、市販車改造クラスであるグランドツーリングカーにおいても、より高い安全性を確保するために制定され、当該FIA-GT3規則としては、2018年に向けて、より厳格な着座深度規定も加えられ、2018年1月1日から全世界で適用される。BRIDE「HYPER」は、この2018年規定をすでに満たしている。
　これを機に2017年1月より日本、アジアを中心に先行して受注を開始する。

BRIDE CO., LTD.

HYPERパーツ分解図

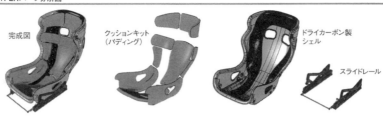

完成図 ／ クッションキット（パディング） ／ ドライカーボン製シェル ／ スライドレール

【製品の特長】
①夏場のレースには不可欠となるベンチレーション（ドライバー背部への空気循環機能）を持つシートは、FIA8862-2009基準のシートとしては他にファイバーワークスコンポジット社、レーステック社のみ。※2017年1月11日現在
②軽量アルミスライドレール（特許出願中）は、厳しい耐荷重試験をクリアしなければいけないFIA8862-2009基準のシートとしては世界初。（スライドレール装備は他にレカロ社、サベルト社があるが、共にスチール製。）
③ベンチレーションとスライドレールを共に装備しているのは、FIA8862-2009基準のシートとしては世界初。
④シートシェルと付属装備品、そしてスライドレールを合わせた総重量は、FIA8862-2009基準のシートとしては世界最軽量の16.2kg（レカロ社25.4kg）※2016年6月24日時点（後発となるサベルト社製品については、スライドレールの重量データ無し）
⑤アジア人の体型にマッチする専用設計（ヨーロッパ製品は、欧米人体型で設計しているために日本人、アジア人ドライバーには大き過ぎる場合が多い）
⑥車体とシートとドライバーが三位一体となるフォーミュラポジションになるボディシェル。
⑦繊細なペダルワークを可能にする、大腿から前方の高いサポート性を備える。
⑧4°ステップ3段階の角度調整と、前後方向9ステップ117mmのスライド機構により、様々なドライビングポジションに適合可能。

【商品仕様】
●商品名：HYPER（ハイパー）●品番：H70AMP（ブラック）／H70BMP（レッド）
●価格：シート本体 ¥1,200,000（税別）、スライドレールブラケット ¥260,000（税別）、クーリングダクト ¥28,600（税別）
※各車両への取り付けには、車種別マウント（別売）が必要です。
●FIA8862-2009規格取得●ドライカーボン製シェル●カラーバリエーション（パッド部）：ブラック／レッド
●難燃生地●競技専用モデル●日本製●重量：約16.2kg、本体重量9.9kg（参考数値）

【販売対象先】
FIA-GT3規定車両などを所有し、ハイエンドなレースカテゴリーに参戦するエントラント

BRIDE とは
設立：1981年、資本金：3千万円
社員数：15名、売上高：約8億円
35年間大勢や流行に流されず軽量化や安全性の強化等レーシングシートの基盤を徹底的に追求、年間7千脚を供給する国内トップメーカーで世界制覇を目指す。独創的なシーティング文化を創造するビジョンを追求。

DOME CO., LTD. とは
1975年に京都市で創業したレーシングカーコンストラクター。主にレーシングカーの設計・製造事業（コンストラクター）、カーボンコンポジット製品の設計・開発、試作車の開発設計、製造など、業務は多岐にわたる。現在は滋賀県米原市に本社を置く。創業者は林みのる。

【お問合先】
ブリッド（株）
広報担当：岩橋 祐
〒476-0015 愛知県東海市東海町1丁目11番1号
電話：052-689-2611 FAX：052-689-2612
e-mail：info@bride-jp.com

【お問合先】
（株）童夢
広報担当：山本由記子
〒521-0013 滋賀県米原市梅ヶ原2462番地
電話：0749-52-3232 FAX：0749-52-3001
e-mail：dome@dome.co.jp

2013年10月3日
株式会社　みずほ銀行

イオン銀行とのATM分野における戦略的提携について
〜お客さまの利便性の更なる向上を目指し、ATMサービスを拡充〜

　株式会社みずほ銀行（頭取：佐藤 康博）は、イオンフィナンシャルサービス株式会社（代表取締役社長：神谷 和秀）の子会社である株式会社イオン銀行（代表取締役社長：森山 髙光）とATM分野における戦略的提携を行い、2013年12月を目処として、イオン銀行ATMを共同利用化し、みずほ銀行ATMと同様の手数料でイオン銀行ATMをご利用いただくことができるサービスを開始いたします。

　本件により、みずほ銀行ATMと同様の手数料となる拠点は、みずほ銀行ATM約1,800拠点と約3,100拠点のイオン銀行ATMを合わせた4,900拠点となり、〈みずほ〉のお客さまは、メガバンクNo.1のATMネットワークをご利用いただけるようになります。

　また、みずほ銀行ATMは関東を中心に駅前や駅ナカ、商業施設などに設置しておりますが、イオン銀行ATMは全国の大型ショッピングセンターやスーパー、コンビニなどに設置されており、本件により、あらゆる地域のお客さまに、より一層生活シーンに密着した場所でATMをご利用いただけます。

　本件は、中期経営計画『One MIZUHO New Frontier プラン〜〈みずほ〉の挑戦〜』の軸となる「サービス提供力No.1」実現に向けた取り組みのひとつであり、〈みずほ〉では、引き続きお客さまに選ばれ続けるサービスを提供してまいります。

以　上

＜ATMネットワーク拡大の概要＞

【本件に関する照会先】
コーポレート・コミュニケーション部（広報室）03-3596-2374

資料

あらゆる地域でメガバンクNo.1のATMネットワークを実現！！

	みずほ銀行 ＋ イオン銀行				
		有人店舗	駅・駅前	商業施設	その他
北海道・東北	376	14	5	342	15
関東	2,523	309	590	1,259	365
中部・甲信越・北陸	658	23	32	569	34
近畿	631	58	114	417	42
中国・四国	403	14	3	369	17
九州・沖縄	277	12	10	240	15
合計	4,868	430	754	3,196	488

みずほ銀行ATMと同様の手数料でご利用できる場所が大幅拡大！

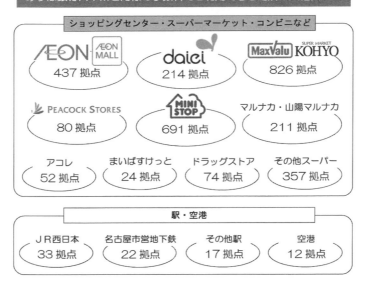

ショッピングセンター・スーパーマーケット・コンビニなど

- ÆON / ÆON MALL　437拠点
- daiei　214拠点
- MaxValu / KOHYO　826拠点
- PEACOCK STORES　80拠点
- MINI STOP　691拠点
- マルナカ・山陽マルナカ　211拠点
- アコレ　52拠点
- まいばすけっと　24拠点
- ドラッグストア　74拠点
- その他スーパー　357拠点

駅・空港

- JR西日本　33拠点
- 名古屋市営地下鉄　22拠点
- その他駅　17拠点
- 空港　12拠点

CASE 19

山見博康の推奨 3(スリー) ポイント

（株）みずほ銀行

Yes 01 見開けば簡素豊潤な文とデザインにアートを見る。冷静な美しさにメガバンクとして、いかに顧客に喜んでいただくかを徹底追及する姿勢を感じる。

02 「読んでわかるよりも見てわかるために、パソコンを駆使せよ！」の鉄則に沿い「太字や色」で目立たせたのは、あたかも赤い頬のごとし。数字多用は信頼信用を重んずるメガバンクの面目躍如なり。

But 03 「タイトル＝目」に濃いアイラインでインパクトを！ 顧客のために真っ先に「4900」「No.1」を誇ろう。「みずほの挑戦」の全貌を図示し、その一環として取扱高など目指す戦略数字を用いると志高く感じられる。

CASE 20

山見博康の推奨 3(スリー) ポイント

三菱商事（株）

Yes 01 壮大なスケールの事業戦略提携だが、周辺情報より革新情報に焦点を当てて、的確な説明と壮観さを示す完成図、スキーム図が目立つ。加えて、3種類の詳細地図や各社概要まで必要情報が網羅されている。

02 提携の場合の関係図記載を推奨している。今回主要5社＋2社、計7社の一大プロジェクトを【事業スキーム】として関係性を明示したのはお手本にしたい。出資の役割を記すと、なお親切。

But 03 1ページ目の詳細説明は関係情報が豊富な内容なので、せっかく設けた段落に適切な表現の「小見出し」があれば、さらに整理ができて明快になる。

・三菱地所㈱

CASE 20

Mitsubishi Corporation 三菱地所

2016年7月12日

報道関係各位

三菱商事株式会社
三菱地所株式会社

ミャンマー国ヤンゴン中心部に於ける大規模複合再開発事業「Landmark Project」に着手

　　三菱商事株式会社(以下、三菱商事)、三菱地所株式会社(以下、三菱地所)は、本年 7 月 12 日にミャンマーの大手企業グループである Serge Pun & Associates Ltd.グループ(以下、SPA グループ)の関連会社である 2 社、Yoma Strategic Holdings Ltd.社(以下、Yoma 社)及び First Myanmar Investment Co., Ltd.社(以下、FMI 社)と共同で、同国ヤンゴン市中心部における大規模複合再開発事業「Landmark Project(以下、本プロジェクト)」を開始することに合意しましたのでお知らせします。

　　本プロジェクトは、SPA グループがオフィス、商業施設、ホテル等を建設・運営してきた約 4 ヘクタールの敷地を再開発し、新たにオフィス 2 棟、分譲住宅 1 棟、ホテル・サービスアパート 1 棟、各棟低層部分の商業施設を合わせ、総延床面積約 20 万㎡超を開発・運営する大規模複合再開発事業です。

　　本事業を進めるにあたり、三菱商事、三菱地所はシンガポールに合弁会社を設立し、株式会社海外交通・都市開発事業支援機構(以下、JOIN)からの優先出資も受け入れ、日本連合として総額最大約 2 億ドルの出資枠をコミットし、事業に参画します。JOIN は、海外に於ける日系企業による都市・インフラ開発の支援を目的に 2014 年 10 月に政府及び民間企業の出資により設立されました。本プロジェクトは JOIN の海外都市開発分野での出資参画第一号案件となります。日本連合は、Yoma 社、FMI 社と共に現地プロジェクト会社を設立、アジア開発銀行(ADB)、国際金融公社(IFC)も出資参画すると共に、両行から事業資金の借入れも行い、プロジェクトを推進する予定です。

　　ミャンマーは 2011 年に民主化が果たされ、市場開放及び外資導入による経済成長を強力に推し進めており、本年 4 月の新政権発足以降急速な発展が期待されています。発展の土台となるインフラ・社会基盤整備は重要課題であり、東京・丸の内に相当するヤンゴン中央駅前周辺のビジネス、商業等の中心地で進められる本事業は、その規模及び複合的な機能により長期に亘り同国の発展を支える基盤になると共に、文字通りヤンゴン中心部の「ランドマーク」となるプロジェクトです。

　　三菱商事、三菱地所が世界各国で培ってきた不動産開発のノウハウ及び日本の高い技術力、商品企画力を活用し、ミャンマー国内で豊富な不動産事業の実績を有する SPA グループと共に本プロジェクトを推進することで、付加価値の高い都市インフラ並びに関連サービスを提供し、急速な経済発展を進めているミャンマーに対して一層の貢献を目指してまいります。

三菱商事株式会社　広報部報道チーム　東京都千代田区丸の内 2-3-1　TEL: 03-3210-2171　FAX 03-5252-7705
三菱地所株式会社　広報部　東京都千代田区大手町 1-6-1　TEL: 03-3287-5200　FAX: 03-3212-3757

Mitsubishi Corporation　　　　　　　　　　　　　　　人を、想う力。街を、想う力。
　　　　　　　　　　　　　　　　　　　　　　　　　　　　三菱地所

【完成イメージ】

※左よりオフィス棟、オフィス棟、ホテル・サービスアパート棟、分譲住宅棟
※手前低層建物は本プロジェクトとは別事業の、既存建物改築によるホテル開発プロジェクト

【プロジェクト概要】
計画地：　　ミャンマー国ヤンゴン市中心部
敷地面積：　約4ヘクタール（一部別事業敷地含む）
建物構成：　4棟及び基壇部
　　　　　　オフィス2棟、分譲住宅1棟、ホテル・サービスアパート1棟及び商業施設
スケジュール：　着工　　2016年度中（予定）
　　　　　　　　竣工　　2020年度中（予定）

【事業スキーム】

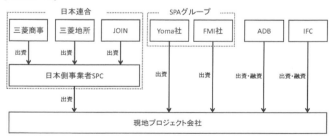

三菱商事株式会社 広報部報道チーム　東京都千代田区丸の内2-3-1　TEL: 03-3210-2171　FAX 03-5252-7705
三菱地所株式会社 広報部　東京都千代田区大手町1-6-1　TEL: 03-3287-5200　FAX: 03-3212-3757

Mitsubishi Corporation　　　　　　　　　　　　　　人を、想う力。街を、想う力。
　　　　　　　　　　　　　　　　　　　　　　　　　　三菱地所

【位置図】
(広域)

(計画地詳細)

【各社概要】
(1) 三菱商事株式会社
　　本社所在地 ： 東京都千代田区丸の内二丁目3番1号
　　創立 ： 1954年7月
　　資本金 ： 2,044億円
　　事業内容 ： 地球環境・インフラ事業、新産業金融事業、エネルギー事業、金属、機械、化学品、生活産業の7グループに、ビジネスサービス部門を加えた体制にて幅広い産業を事業領域として多角的なビジネスを展開。
　　従業員数 ： 68,247名(連結ベース：2016年3月末時点)
　　代表者 ： 代表取締役社長　垣内　威彦

三菱商事株式会社 広報部報道チーム　東京都千代田区丸の内2-3-1　TEL：03-3210-2171　FAX 03-5252-7705
三菱地所株式会社 広報部　東京都千代田区大手町1-6-1　TEL：03-3287-5200　FAX：03-3212-3757

(2) 三菱地所株式会社
本社所在地 ： 東京都千代田区大手町一丁目6番1号
創立 ： 1937年5月
資本金 ： 1,413億円
事業内容 ：東京・丸の内における街づくりをはじめ、オフィスビル・商業施設・住宅・ホテル等の開発・運営等、数多くのプロジェクトを手掛ける総合不動産ディベロッパー。海外にも積極的に進出。
従業員数 ： 8,474名（連結ベース：2016年3月末時点）
代表者 ： 執行役社長　杉山　博孝

(3) 株式会社海外交通・都市開発事業支援機構（JOIN）
本社所在地 ： 東京都千代田区丸の内二丁目2番3号
設立年 ： 2014年10月
事業内容 ： 海外のインフラ市場への日本企業の参入を促進するとともに、これに伴う日本企業のビジネスチャンスを拡大する為、海外インフラプロジェクトに民間企業と共同で出資を行うほか、相手国政府等との交渉を行うこと、日本の技術と経験をプロジェクトに活かす為の支援を行うこと等を役割として、2014年10月20日に政府及び民間企業の出資により設立。
代表者 ： 代表取締役社長　波多野　琢磨

(4) Yoma Strategic Holdings Ltd.(Yoma社)
本社所在地 ： シンガポール共和国、シンガポール
設立年 ： 1962年（2006年にシンガポール証券取引所上場）
事業内容 ： 不動産開発、農業、自動車、観光事業
代表者 ： Serge Pun, Executive Chairman
※本件への出資はYoma社の100%子会社Yoma Strategic Investments Ltd.経由。

(5) First Myanmar Investment Co., Ltd.(FMI社)
本社所在地 ： ミャンマー連邦共和国、ヤンゴン
設立年 ： 1992年（2016年にヤンゴン証券取引所上場）
事業内容 ： 金融、不動産開発、自動車事業等
代表者 ： Serge Pun, Chairman

以　上

News Release

三菱UFJモルガン・スタンレー証券

平成 28 年 8 月 30 日

各 位

三菱 UFJ モルガン・スタンレー証券株式会社
カブドットコム証券株式会社

<u>三菱 UFJ モルガン・スタンレー証券とカブドットコム証券の
持株会業務に関する提携について</u>

　三菱 UFJ モルガン・スタンレー証券株式会社（取締役社長　長岡孝、以下 MUMSS）、ならびにカブドットコム証券株式会社（代表執行役社長　齋藤正勝、以下 kabu.com）は、平成 27 年 4 月に実施された三菱 UFJ 証券ホールディングス株式会社による kabu.com の子会社化以降、MUFG グループにおける金融商品取引事業のシナジーを最大化し、一層の成長を図るべく協議を重ねてまいりました。その一環として、平成 28 年 9 月より、持株会業務におきまして提携を開始することとなりましたので、お知らせいたします。

　本提携により、MUMSS が事務受託する持株会の会員が持株会で保有する株式を自己の証券口座へ振替える際、MUMSS の口座だけでなく、予め kabu.com に開設した特定口座への振替も可能となります※。本邦の株式市場における個人の株式売買代金取扱高では、ネット証券が高いシェアを占める中、安価でスピーディーなネット証券口座サービスの提供が期待されており、そのようなお客さまのニーズにお応えするものです。

　MUMSS では他証券会社にはない MUFG グループ連携による本スキームを活用して、職域ビジネスである持株会事務受託業務の更なる拡充を図ってまいります。また、kabu.com では、持株会を通じて MUFG グループの取引先企業従業員の証券口座開設に関する紹介を受けることで、リタイアメント層を含む新規顧客の獲得と預かり資産の拡大を推進してまいります。

※持株会から特定口座への振替は、当該持株会の事務受託証券会社、または、その親会社が 50％超の株式を直接保有する証券会社に開設された特定口座に限り可能（租税特別措置法施行令第 25 条の 10 の 2 第 14 項第 23 号、同施行規則 18 条の 11 第 14 項）。

【持株会業務提携スキームの概要】

以上

（照会先）
三菱 UFJ モルガン・スタンレー証券　　広報・CSR 推進部　　03-6742-1060
カブドットコム証券　　　　　　　　　経営管理部　　　　　03-3551-7454

CASE 21

山見博康の推奨 3ポイント

三菱UFJモルガン・スタンレー証券(株)

Yes 01 1つのM&Aをさらに効果的にするための戦略的展開の一環！　断固たる調子、確固たる態度とそれに伴う明瞭な表現によって、今回の提携の成功に向けた揺るぎない経営の意志を感じる。

02 M&Aの場合は常にスキームを図示することを推奨しているが、今回は3社持ち株会の口座に関する業務提携のスキームを、一般口座との関係を含めイラスト化し、ひと目でわかり優れている。

But 03 3つの段落に分けているのはいいが、第2段落は【利点】と小見出しを付け、内容を①、②と箇条書きにしてより明確に。第3段落は【今後の方針】として具体的戦略目標を掲げて魂を入れよう。

・カブドットコム証券㈱

CASE 22

山見博康の推奨 3ポイント

森ビル(株)

Yes 01 冒頭のブルーに対して鮮烈な赤色の「大」の文字。さらに「50万」の数字が衝撃を与え、人心を吸引するパワーがほとばしっている。

02 人気イベントの3つの写真はそれぞれ異なったビジュアルになっていて、きっと他のイベントも面白いという印象を与えている。人を惹き付ける誘いの効果大！

But 03 ジブリ関係者や入場者（子ども）の満足した顔の写真や興奮した談話などを入れると、より社会的価値を高めることができる。人に優しいイメージを膨らませる効果もあり。

六本木ヒルズ展望台
TOKYO CITY VIEW 東京シティビュー

2016年9月12日
森ビル株式会社

入場者数50万人を突破！
東京シティビュー過去最高記録で閉幕！

六本木ヒルズ展望台 東京シティビュー内スカイギャラリーで開催した『ジブリの大博覧会〜ナウシカから最新作「レッドタートル」まで〜』は、9月11日に67日間の会期を終え、盛況裡に閉幕しました。入場者数は502,854人にものぼり、一日当たりの平均入場者数は約7,500人と、東京シティビューで開催された展覧会では過去最高の入場者数を記録しました。

本展では、スタジオジブリの設立（1985年）から30年間の歩みを体感できる特別企画として、「風の谷のナウシカ」から最新作「レッドタートル ある島の物語」（9月17日公開）まで、これまでのジブリ作品がどのように生み出され、世に出て行ったのかをポスターやチラシといった広告宣伝物を中心に、制作資料、企画書など未公開資料を含む膨大な数の資料を展示しました。

開幕以降、世界中で愛されるジブリの歩みを見ようと、国内に加え、海外のお客様も多数ご来場されました。ポスターやコピーが出来上がる過程の資料や、フォトスポットとして人気を博した「猫バス」、東京シティビューならではの眺望を生かしたダイナミックな展示など、様々な年代の方に楽しんでいただきました。また、東京シティビューに隣接するカフェ＆レストラン「Museum Cafe & Restaurant THE SUN & THE MOON」のCafe Area「THE SUN」では、本展の開催を記念し、ジブリの世界観を表現したオリジナルメニューを展開し、話題となりました。

フォトスポットとして人気だった
"六本木"行きの猫バス
©Studio Ghibli

眺望を活かしたダイナミックな展示

ニシンとカボチャのパイは発売と同時に話題になり、連日大人気でした

【展覧会概要】
名　　称：ジブリの大博覧会　〜ナウシカから最新作「レッドタートル」まで〜
会　　期：2016年7月7日(木)〜9月11日(日)　※会期中無休
時　　間：10:00〜22:00（最終入場 21:30）
会　　場：六本木ヒルズ展望台 東京シティビュー内スカイギャラリー
主　　催：東京シティビュー　企画制作協力：スタジオジブリ、三鷹の森ジブリ美術館
協　　賛：日清製粉グループ、大日本印刷、ア・ファクトリー
入場料：一般1,800円 高校・大学生1,200円　4歳〜中学生600円　シニア(65歳以上)1,500円
お問い合わせ：03-6406-6652(六本木ヒルズ展望台東京シティビュー)
公式サイト：http://www.roppongihills.com/tcv/jp/ghibli-expo/　公式Twitterアカウント：@ghibli_expo_t

【本件に関するお問い合わせ】
ジブリの大博覧会広報事務局　（株式会社プラップジャパン内）　川畑、中野、蒲原、須藤
TEL：03-4580-9101　FAX：03-4580-9132　MAIL：pr.ghibli-expo@ml.prap.co.jp

Press Release

2015年7月7日
株式会社リクルートキャリア

リクルートキャリア、正社員を目指す若者と、中小企業のマッチングを強化。

～ 首都圏交通の要「新宿」に、7/7就職Shop新店舗開設 ～

株式会社リクルートキャリア（本社：東京都千代田区 代表取締役社長：柳川昌紀）は、2015年7月7日（火）に「未経験から正社員で就職したい若者」の就職を支援する「就職Shopしんじゅく」を東京都新宿区に開設いたします。利便性の高い新宿に店舗を開設することにより、既存店舗と共に、首都圏における若年向け就職支援事業を拡充します。

■「就職Shopしんじゅく」開設の概要

事業方針は、1人でも多くの若者がいきいきと働ける社会を創造すること。

1. 「就職Shop」の概要

「就職Shop」は、未経験の若者の就職支援と、中堅中小企業の採用活動をサポートする、リクルートキャリアの若手人材紹介サービスです。登録者全てとじっくり面談を行い経歴からは見えないその人の持ち味を見出します。その上で、①書類選考なし、②人物本位の選考、③正社員求人　この3つにこだわった求人開拓を行い、「未経験から正社員で就職したい若者」と「若者を採用したい中堅中小企業」をつなぐ存在であり続けます。

2. 「就職Shop」のこれまで

2006年4月にサービスを開始し、10年目となる現在では、東京都中央区・立川市・横浜市・千葉市・さいたま市・大阪市、神戸市、京都市の計8店舗を展開しています。これまでに**約8万3,600人**の若者と面談し、**6,254社**（2015年6月末時点）の企業の採用を支援し、新たな雇用機会を創り出してきました。

3. 「就職Shopしんじゅく」開設の背景

首都圏エリアでは、都内2店舗（銀座・立川）・横浜・千葉・大宮に次いで、6店舗目となります。多くの路線が集中し利便性の高いエリアに出店することで、求職者の若者、採用をする中堅中小企業ともに、利用しやすい環境をご提供していきたいと考えています。昨今の求人市況も相まって、首都圏各方面から通勤利便性の高い新宿近辺での求人獲得も強化し、さらなる雇用機会を創り出していきたいと考えています。

リクルートキャリアではこれからも、
ひとりひとりにあった「まだ、ここにない、出会い。」を届けることを目指していきます。

【本件に関するお問い合わせ先】
株式会社リクルートキャリア　広報部社外広報グループ
TEL：03-3211-7117　　メール：kouho@waku-2.com

■ご利用になる求職者へ提供できること

1人で不安を抱えがちな若者を、納得感のある就職へとサポート。

就職決定者の正社員経験状況
2015年5月21日時点

- 3年以上 15%
- 1～3年未満 14%
- 0～1年未満 71%

「未経験だから正社員になれない」「大学を中退しているから就職に自信がない」、そんな若者の方々にもお気軽にご利用頂き、就職活動のサポートを行っています。専任のキャリアコーディネーターがつき、一人ひとりお話しした上で、企業の基本的な情報はもとより、ご自身が働く風景が描けるような情報を提供することに力を入れ、職場の雰囲気や企業風土が合う企業を探し、紹介します。「就職Ｓｈｏｐ」が紹介する求人の多くは、若手未経験者を正社員として採用し、未来を担う後継者として長期的に育成しようと取り組む求人です。結果、「就職Ｓｈｏｐ」を通じて就職決定した若者の71%が正社員経験1年未満（そのうちの約78%は全く正社員経験無し）の若者です。

■採用される企業へ提供できること

1社1社へ、本気度の高い若者の面接を実現。

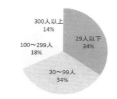

採用決定企業の従業員規模
2015年5月末時点

- 300人以上 14%
- 100～299人 18%
- 30～99人 34%
- 29人以下 34%

若者を採用したいながら、「若者が来ない」「企業の魅力を伝えきれていない」「条件面で見劣りして応募がない」といった採用の悩みをかかえた中堅中小企業は多くいらっしゃいます。そのような企業1社1社に、専任のリクルーティングアドバイザーが付き、企業の基本的な情報はもとより、経営者の考え方・職場環境・仕事のやりがいなどを伺います。また、良い面だけではなく、厳しい面も把握し、求職者の若者に対し「その企業で働く覚悟」の醸成へとつなげます。さらに、事前面談、面接日程の調整、合否連絡なども「就職Ｓｈｏｐ」が行うので、採用業務に関わる時間や労力が削減できます。結果として、「就職Ｓｈｏｐ」では企業規模に関わらずご登録いただいた約8割の企業の面接を実現し、採用決定へとつなげています。

■「就職Ｓｈｏｐしんじゅく」概要

名称	就職Ｓｈｏｐしんじゅく
住所	〒163-1503 東京都新宿区西新宿1-6-1 新宿エルタワー3Ｆ
電話番号	03-6835-2250
アクセス	ＪＲ各線/丸ノ内線/京王線/小田急線 新宿駅西口より徒歩3分 大江戸線都庁前駅より徒歩2分
営業時間	月～金 10:00～18:30（最終受付18:00）
定休日	土・日・祝日
利用料	求職者の利用は無料 ※新規学卒者は卒業学年次の方をサービス対象としております 企業は1名採用につき50万円（成功報酬）
ＨＰ	http://www.ss-shop.jp/　就職ショップ

CASE 23 山見博康の推奨 3(スリー)ポイント

（株）リクルートキャリア

Yes

01 新鮮な緑の美しさが心地良い。簡素なタイトルからむしろ若者支援への自信と確信が発散している。青と緑を基調にしたレイアウトがすがすがしい。

02 段落を青線枠で囲み、濃紺に白字で小見出しし箇条書きで説明、とひと目でわかる理想的な流れにイラストや写真・円グラフを配置するアート。担当男女の魅力溢れる笑顔に惹かれる。

But

03 過去10年の年ごとの実績推移を棒グラフであらわすと発展過程がひと目でわかり、将来展望も数字で示すことができる。その際「今後の方針」と小見出しし、経営の意志・意図を包含しよう。

経営

CASE 1

OLYMPUS
Your Vision, Our Future

NEWS RELEASE

2016年7月8日

新しい胃がん検診制度に関する意識調査を実施
「内視鏡検査に関する意識アンケート」結果
7月14日は内視鏡の日、今年で11回目

オリンパス株式会社(社長:笹 宏行)は、「内視鏡検査に関する意識アンケート」の2016年調査結果を、オリンパス運営の健康応援ポータルサイト「おなかの健康ドットコム」で本日公開します。

オリンパスは、内視鏡および内視鏡検査[※1]の理解促進を目的として、「内視鏡の日」[※2]に合わせて意識調査を毎年行っています。2016年に実施したアンケートでは、25,177人の方から回答がありました。内視鏡検査の専門医である山口先生に、本アンケート結果の分析および講評をしていただきます。

主なアンケート結果は以下の通りです。アンケート結果の詳細は、健康応援ポータルサイト「おなかの健康ドットコム」でご覧いただけます。

●アンケート結果の特徴
1. 胃がん検診を受ける場合、胃内視鏡検査の受診を選択する人は約6割
2. 胃内視鏡検査の受診経験者では、胃内視鏡検査を選択する人は約8割
3. 胃内視鏡検査を選択する最も多い理由は、「精密な検査ができると思うから」

●アンケート結果の特徴とその詳細
1. 胃がん検診を受ける場合、胃内視鏡検査の受診を選択する人は約6割

胃内視鏡検査	胃部X線検査
16,201人(64.3%)	8,976人(35.7%)

2. 胃内視鏡検査の受診経験者では、胃内視鏡検査を選択する人は約8割

胃内視鏡検査	胃部X線検査
9,098人(76.8%)	2,750人(23.2%)

3. 胃内視鏡検査を選択する最も多い理由は、「精密な検査ができると思うから」

	胃内視鏡検査	胃部X線検査
第1位	精密な検査ができると思ったから (13,731人/55.9%)	身体への負担が少なそうだから (5,693人/40.6%)
第2位	身体への負担が少なそうだから (3,600人/14.7%)	短時間で済みそうだから (3,152人/22.5%)

●参考資料
・最近、胃内視鏡検査を受けたことがある人ほど、胃内視鏡検査を選択する傾向に。

胃内視鏡検査の受診時期	胃内視鏡検査を選択する人
3年以内	5,495人(84.4%)
10年以上前	1,145人(61.8%)

・最近、上部内視鏡検査を受けたことがある人ほど、上部内視鏡検査は「つらくない」と思う傾向に。

上部内視鏡検査の受診時期	「つらくない」と回答した人
3年以内	3,438人(52.8%)
10年以上前	558人(30.1%)

※1 内視鏡検査とは
上部内視鏡検査は、口や鼻から内視鏡を挿入し、食道、胃、十二指腸の検査を行うものです。大腸内視鏡検査は、肛門から内視鏡を挿入し、大腸の検査を行います。

※2 内視鏡の日とは
内視鏡医学のさらなる発展と普及を願い、(財)内視鏡医学研究振興財団が7月14日を「内視鏡の日」と制定しました。7と14で「内視(ないし)」と読む語呂合わせから日付が決定され、2006年7月に日本記念日協会より認定を受けています。

<本件に関するお問い合わせ先>
●報道関係の方　　　　：オリンパス株式会社　広報・IR部　丸山
　　　　　　　　　　　　TEL:03-3340-2174(直通)　FAX:03-9260-9680
●報道関係以外の方　　：健康応援ポータルサイト「おなかの健康ドットコム」
　　　　　　　　　　　　http://www.onaka-kenko.com/

● アンケート結果の分析・ご講評： 田坂記念クリニック　山口芳美先生（内視鏡専門医）
「胃内視鏡検査で詳細に観察することで、精密な検査を」

　今年度から、新しい胃がん検診制度では、現在行われている胃部X線検査に加え、胃内視鏡検査も推奨されました。[※3]アンケートによると、「胃内視鏡検査」を選択する方が過半数を占め、内視鏡受診経験者では約8割が「胃内視鏡検査」を選択しています。その理由として多くの方が「精密な検査ができる」と回答されています。
　皆さんのご回答どおり、内視鏡検査では、胃・腸内の粘膜表面を詳細に観察できるため、微小な病変の発見にたいへん優れています。今回の胃がん検診制度の改正により、胃内視鏡検査をより身近に受診できる機会が今後増えていくものと思います。胃がん、大腸がんともに早期は自覚症状がありませんが、この段階で発見し治療することができれば高い確率で治る病気です。不安感や先入観から受診を躊躇されている方も、一度医療機関にご相談いただいて不安を取り除いたうえで、ぜひ検査を受けていただきたいと思います。

※3 50歳以上の方は、2年に1回、胃内視鏡検査か胃部X線検査のどちらかを選択できます。ただし、当分の間は、40歳代以上の方には年1回胃部X線検査を行う場合もあります。詳しくは、お住まいの市区町村のがん検診担当窓口、または職場の健康管理窓口へお問い合わせください。

● アンケートの実施概要

対象：	全国20歳以上の男女
方法：	インターネット調査
	「おなかの健康ドットコム（http://www.onaka-kenko.com/）」上の特設ページで実施
期間：	2016年2月10日から3月23日まで
回答者数：	25,177名（男性：11,833名、女性：13,344名）
設問数：	全16問

「7月14日は内視鏡の日」

上部内視鏡検査の様子（イメージ）

本リリースに掲載されている社名及び製品名は各社の商標または登録商標です。

CASE 1 山見博康の推奨 3ポイント

オリンパス（株）

Yes 01 「記念日」はニュースネタのキーワード！ 毎年積み重ねて旬の話題となれば必ず記事になる。最初に箇条書きで結論がひと目でわかる。自社の強みを一般化した調査を活用しCSRの糧にもなる。

02 2ページ目初め、顔写真入りで登場した専門医による詳しい分析・講評は、調査結果に信頼性を与え、内視鏡検査推奨にも意義強調する役目を果たす。これぞ「自画自賛したらバックデータの法則」！

But 03 2ページ目の余白を活用して、11回の調査実績数字の推移や傾向を棒グラフや円グラフで視覚化することを推奨する。好転傾向は自社（製品）の与える好影響を意味し、イメージアップにつながる。

CASE 2 山見博康の推奨 3ポイント

（株）サイバーエージェント

Yes 01 全体を躍動感や思いやりが包み、ほんのりと気分の良さを感じる。自らの施策に誇りと自信を抱いているあらわれだろう。簡潔なリード部の後は、「段落＋小見出し＋箇条書きの鉄則」のお手本！

02 言葉の選び方や個々の表現が一貫して丁寧で優しい。要点は太字で強調、さらに最後の写真2種類の吹き出しでの説明も誠実で親切。社風として1人ひとりに身に付いている証。

But 03 まず1ページ目で写真が見たい。「マカロン」の全貌や推移を図示し、今回分の位置を示すと、いかに女性活躍制度が充実しつつあるかがビジュアルでわかり、その図が使われて記事が膨らむ可能性あり。

2016年6月20日

各位

株式会社サイバーエージェント（コード番号：4751）

育児休業後の女性社員の仕事復帰を後押し
認可外保育園補助などの新制度を「macalon（マカロン）パッケージ」に追加

株式会社サイバーエージェント（本社：東京都渋谷区、代表取締役社長：藤田晋、東証一部上場：証券コード4751）は、育児中の女性社員の仕事復帰を後押しする新制度として、新たに"認可外保育園補助"をはじめとする3つの取り組みを当社独自の 女性活躍促進制度「macalon（マカロン）パッケージ」に追加いたしました。

「macalonパッケージ」は、出産・育児を経ても女性が長く継続して働くことができる職場環境をめざし、2014年に導入した制度です。"妊活休暇"や"妊活コンシェル"、"キッズ在宅"などの制度から構成され、「macalon」という名称は「ママ（mama）がサイバーエージェント（CA）で長く（long）働く」という意味が込められています。

今回、「macalonパッケージ」に追加したのは、
① 認可外保育園を利用して仕事復帰をする場合の保育園料金補助
② 保育園に入るための活動（保活）情報や育児にまつわる情報交換を目的とした居住市区町村別ママ社員の交流促進制度
③ 産休・育休中を含めたママ社員向けの社内報 　の3つです。

ママ社員数が約150人に達し、女性社員に占めるママ社員比率が22％になるなど、出産を経て仕事に復帰する女性社員の増加を背景に、新たに追加した取り組みによって、育休明けの女性社員のスムーズな復職を応援いたします。
当社ではこれまでも、政府が推し進める女性の社会進出促進に賛同し、「macalonパッケージ」の制定のほか、女性執行役員による女性管理職推進プロジェクトを進めてまいりました。
今後も様々な社員がワーク・ライフを充実させながら、長期で働ける環境づくりを図ってまいります。

■「macalonパッケージ」追加制度
1. 認可外保育園補助
　　認可保育園・認証保育園に入れないために仕事復帰ができない女性社員を対象に、高額な認可外保育園料の一部を会社が負担することで女性社員の仕事復帰を促進する制度で、認可保育園と認可外保育園の保育料差額を支給いたします。渋谷にオフィスを構える当社では、通勤ラッシュ時の登園に抵抗を示す社員の声が大きかったことから、事業所内保育園の設置ではなく、認可外保育園料の一部を補助することで、ママ社員の仕事復帰を促進します。

2. おちか区ランチ
　　居住する市区町村によって異なる保活情報や育児にまつわる情報について、ママ社員同士で情報交換・相談できるよう、同じ市区町村に住むママ社員（妊娠中のプレママ社員・産休育休中のママ社員も含む）が集まるランチ代を会社が補助する制度です。同じ市区町村に住むママ社員が4名以上集まれば実施が可能で、4ヶ月に1回、一人当たり3,000円のランチ代を会社が負担いたします。

3. ママ報
　ママ社員向けの社内報。育児と仕事を両立するママ社員の経験談や、会社の最新情報を掲載し、ママ社員同士はもちろん、産休・育休中の社員にも自宅へ郵送することで、産休・育休中の社員と会社とをつなぐことを目指します。

　　既存の「**macalon パッケージ**」制度について　https://www.cyberagent.co.jp/recruit/benefits/#macalon

- エフ休　女性特有の体調不良の際に、月1回取得できる特別休暇。
- 妊活休暇　不妊治療中の女性社員が、治療のための通院等を目的に、月1回まで取得可能な特別休暇。
- 妊活コンシェル　妊活に興味がある社員や将来の妊娠に不安がある社員が、専門家に月1回30分の個別カウンセリングで相談できる制度。
- キッズ在宅　子どもの急な発病や登園禁止期間など、子どもの看護時に在宅勤務できる制度。
- キッズデイ休暇　子どもの入園・入学式や親子遠足、参観日といった学校行事や記念日に取得できる特別休暇。

▼「おちか区ランチ」第1回開催の様子

第1回目の「おちか区ランチ」を2016年5月の休日にピクニック形式で実施。産休中・育休中の社員を含む6名が参加し、ママ社員同士だけでなく、子ども同士の交流も生まれました。

▼「ママ報」第1号

「ママ報」第1号を2016年6月に発行。今年4月に仕事復帰したママ社員が編集・ロゴデザインに携わっています。「保活＆小一の壁　私はこうやって乗り越えました」といったママ社員インタビューのほか、4月に実施した社員総会レポートなどを掲載。約150名のママ社員に配布いたしました。

■会社概要

社名	株式会社サイバーエージェント　https://www.cyberagent.co.jp/
所在地	東京都渋谷区道玄坂一丁目12番1号　渋谷マークシティ ウエスト
設立	1998年3月18日
資本金	7,203百万円（2016年3月末現在）
代表者	代表取締役社長　藤田 晋
事業内容	メディア事業、インターネット広告事業、ゲーム事業、投資育成事業

プレスリリースに関するお問い合わせ先
　株式会社サイバーエージェント　広報担当　E-mail：＊＊＊@cyberagent.co.jp

CASE 3

2016年5月17日
株式会社シーボン

～仕事体験を通して、家族のキズナを深める～
日々支えてくれる父・母へ、感謝を込めたフェイシャルマッサージを

来る5月22日(日曜日)、「C'BON Family Day」開催！(池袋店)

化粧品、医薬部外品等製造販売の株式会社シーボンは、女性の"美を創造し、演出する会社"という企業理念のもと、女性の幸せで明るい生き方を応援する企業として、やりがいと責任をもって溌溂と働き続けて頂くための制度を整えています。一部上場企業では1%しかいない、女性社長、そして役員の半分を占める女性取締役、執行役員など女性が活躍しています。ショートタイム正社員制度や、最長3年まで取得できる育児休業制度などが既に導入され、働く女性をバックアップしています。そのシーボンが、昨年2015年から実施している取り組みが、働くお母さんの仕事場、そして仕事を家族に知ってもらうための、「C'BON Family Day(シーボン．ファミリー・デイ)」。
4回目となる今回は、2016年5月22日(日)に、シーボン.フェイシャリストサロン池袋店(東京都)にて開催いたします。

●「C'BON Famiily Day」の目的
社員の家族をシーボン.フェイシャリストサロンへ特別に招待。お仕事体験を通してフェイシャリストという仕事に対する理解を深めてもらうこと。そして、仲間である同僚との交流を図り、それぞれの大事な家族と交流することで、「女性が働きやすい・家族を大切にする職場の雰囲気づくり」を行い、ワークライフバランスの推進を図ることが目的です。

●「C'BON Famiily Day」概要
●小さなフェイシャリストがおもてなしする『フェイシャリストサロン《C'BON Kids Shop》』
シーボン.社員であるフェイシャリストの子供たちが、特別にあつらえた子供用の制服姿で、"お母さんフェイシャリスト"の仕事を疑似体験します。

> フェイシャリストとは
> シーボン.フェイシャリストサロンで、シーボン.の化粧品を販売し、使い方の指導をはじめ、的確な美容アドバイス、東洋式美顔マッサージなど、お客様の肌が美しく輝くまできめ細やかにサポートする専門スタッフの名称です。

●父の日／母の日企画　★東洋式美顔マッサージ体験★
社員が自分の父や母へ、感謝の気持ちを込めて、東洋式美顔マッサージを行います。

日　　時：　5月22日(日)16:30～18:30　(16:20受付)
場　　所：　シーボン.フェイシャリストサロン池袋店
　　　　　　【所在地】東京都豊島区南池袋1-26-9　第2MYTビル6F
　　　　　　【電話番号】03-3982-1136
　　　　　　http://www.cbon.co.jp/net/reserve/storedetail.aspx?store=022618
予定参加数：　フェイシャリスト　37名　(うちお母さんフェイシャリスト18名)
　　　　　　　家族　60名　(内訳:子供・孫24名／父・夫11名／母・祖母14名／他家族(姉妹等)11名)

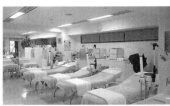

シーボン.フェイシャリストサロン池袋店

池袋駅東口より徒歩約1分。グリーン大通り沿いの、1階にユニクロがあるビル。向かって右側のエレベーターで6階へお上がりください。

社員の夢をカタチにした「C'BON Familly Day」

「シーボン．ファミリー・デイ」は、2014年10月から始まったシーボン．独自の学びの場「C'BONカレッジ」から誕生しました。

「C'BONカレッジ」とは、『会社を通じて実現したい 私の夢をカタチにする』と題した全5回のワークショップの中で、事業のために成長したい・企画をしたい正社員を対象として、夢の『企画』から『プレゼンテーション』までをバックアップするもの。最終回では、夢を伝えるためのプレゼン大会が開催されました。

その時に、『シーボン．で働く全ての女性を幸せにする為に』という内容をプレゼンテーションした社員のアイデアが採用され、実現化したものです。

プレゼンした社員の思いとは

- "お母さんフェイシャリスト"と家族の思い出づくりと、感謝の気持ちを伝えるファミリーイベントを行いたい。
- イベントを通じて子育て経験のないスタッフも子供たちと触れ合うことで、思いやり・助け合いの気持ちが生まれる関係を築いて欲しい。
- また、子育て期の各段階に応じて多様な働き方の選択ができる中、シーボン．で働き続ける意義・思いを、"お母さんフェイシャリスト"からこれから結婚出産をするスタッフへ伝えていきたい。
- この取り組みにより、会社や仕事を更に好きになり、シーボン．で働く価値も高まり、安心して長く働く社員が増えることを実現したい。

「C'BON Familly Day」に参加した社員の声から

- 時短勤務の社員は勤務時間が短い分、フルタイムで働いている社員とのコミュニケーションが少なくなりがちだが、今回のイベントで、子供たちの元気な姿を見て、お互いへの感謝と思いやりの気持ちが強くなったと思う。
- 日ごろ子供と過ごす時間が短いため、このイベントを通して、改めてコミュニケーションがとれたこと。何より、母親がどんなところで働いているのか、知ってもらえることができたのが良かった。
- 育児と仕事の両立は大変なイメージがあったが、家族がいるからこそ、やりがいや楽しさを見出せることが分かり感動した。私もいつか結婚して子供が生まれても、シーボン．で働き続けたいと思った。

【会社概要】
株式会社シーボン（東京証券取引所市場第一部　証券コード：4926）
化粧品、医薬部外品等製造販売
本店：東京都港区六本木七丁目18番12号／資本金：4億7,406万円／代表取締役兼執行役員社長：金子靖行

【クレジット表記のご案内】
株式会社シーボン　本店　〒106-8556 東京都港区六本木七丁目18番12号
0120-18-4074　http://www.cbon.co.jp

【本件に関するお問い合わせ】
株式会社シーボン
〒216-8556 神奈川県川崎市宮前区菅生一丁目20番8号＜シーボン．パビリオン＞

■広報担当　瀧川 朗子　E-mail：a_takikawa@cbon.co.jp
　TEL 044-979-2397（直）　FAX 044-979-2591

■シーボン．広報事務局　担当：吉田、真鍋、増田　E-mail：info@nv-pr.com
　TEL 03-5722-1420　FAX 03-5722-1407　〒150-0022 東京都渋谷区恵比寿南三丁目7番5号　502号NV内

＜参考資料＞「C'BON Family Day（シーボン．ファミリー・デイ）」実施報告

第一回目「C'BON Familly Day」 in シーボン．フェイシャリストサロン横浜店
開催日 ： 2015年7月26日（日）
開催場所 ： シーボン．フェイシャリストサロン横浜店（横浜市西区）　　参加人数 ： 90名の社員・家族

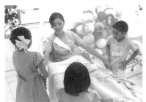
お母さんに教えてもらいながら「ハンドマッサージ」に挑戦。喜んでもらえるよう一生懸命取り組みました

肌チェックでは、腕と頬のキメを確認

カウンターにて化粧品をお渡し

第二回目「C'BON Familly Day」 in シーボン．フェイシャリストサロン富士店
開催日 ： 2016年1月17日（日）
開催場所 ： シーボン．フェイシャリストサロン富士店（静岡県富士市）　　参加人数 ： 37名の社員・家族

洗面器で作ったフワフワの泡は気持ちいい！

祖父への感謝

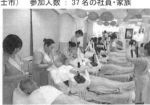
通常は女性専用のサロンも、特別にメンズサロンへ変身。日頃の感謝を込めて父や夫へマッサージ

第三回目「C'BON Familly Day」 in シーボン．フェイシャリストサロン太田店
開催日 ： 2016年3月20日（日）
開催場所 ： シーボン．フェイシャリストサロン太田店（群馬県太田市）　　参加人数 ： 47名の社員・家族

感謝の気持ちを込めて、母への美顔マッサージ

夫への感謝を言葉に。感動の瞬間です

お母さんフェイシャリストとお揃いの制服姿がキュート

CASE 3 山見博康の推奨 3ポイント

（株）シーボン

Yes 01 社員感謝Dayでこれ程の充実ぶりは珍しく、社員にこんなに優しければ顧客にはもっと！　との期待あり。それが一貫した「段落＋小見出し＋箇条書き」や独創的レイアウトに表れている。

02 3ページ目では過去3回のイベント状況をありありと伝えるため、写真をふんだんに活用。その徹底したビジュアルへの訴求が、興味を惹き参加意欲を高める。特に楽しそうな参加者の顔や談話が親しみやすさを募る。

But 03 今後も開催するならば、「第〇回」と継続の意志を表明するのも、社員・家族に優しいという会社イメージの定着を図ることができる。人数限定で特別外部参加希望者募集も注目を集める一方策！

CASE 4 山見博康の推奨 3ポイント

JFEスチール（株）

Yes 01 鉄鋼生産全プロセスが学べる「バーチャル工場見学映像」の「デジタル教科書」への収録は、業界にとっても明るいニュース！　意を尽した静かなタイトルとあわせて教科書の表紙が目を引く。

02 2ページ目冒頭の授業風景やHP画像、製鉄所内の写真の活用によってビジュアルにわかる配慮がなされている。堅いイメージの業界にとって、柔らかく親しみやすい雰囲気を醸し出しイメージアップに貢献。

But 03 2ページ目に従来の写真や動画では表現できなかった映像を、いくつか例示するとより迫力が出るだろう。製鉄所全体図に加え、原料からの全生産プロセスをイラストでほしい。それも啓発活動の一環。

2016 年 6 月 27 日
JFE スチール株式会社

JFE スチールが全面協力したバーチャル工場見学映像が中学校の教科書に収録
～ウェブサイトでも閲覧可能に～

　当社全面協力のもとに撮影を行ったバーチャル工場見学映像(初収録は iOS アプリ「まるごと工場見学」)が、東京書籍株式会社(社長：千石雅仁、本社：東京都北区)制作のデジタル教科書に収録されました。また、その映像が当社ホームページ上で公開され、どなたでもご覧いただけるようになりました。

　デジタル教科書は、学習者用の教科書と連動した指導者用の DVD 教材です。当社が撮影に全面協力したことにより、原料受け入れから製品出荷にいたる一連の製造工程を、実際に現場にいるかのような臨場感あふれる映像で学ぶことができます。
　収録されたコンテンツは以下 2 つです。
　　・『製鉄所』(撮影：東日本製鉄所京浜地区)
　　・『製鉄所をのぞいてみよう』(撮影：西日本製鉄所福山地区)

　それぞれ『製鉄所』は「平成 28 年度中学校デジタル教科書　新編　新しい科学　2 年」に、『製鉄所をのぞいてみよう』は「平成 28 年度中学校デジタル教科書　新編　新しい科学　3 年」と「平成 28 年度中学校デジタル教科書　新編　新しい技術／家庭　技術分野」に収録されています。昨年、高校生向けの教科書「社会と情報」に『製鉄所をのぞいてみよう』が収録されたことに続き、この度中学生向けのデジタル教科書にも採用されました。

【画像】デジタル教科書イメージ

【URL】東京書籍　中学校デジタル教科書ページ
https://www.tokyo-shoseki.co.jp/ict/feature/j/textbook

【画像】デジタル教科書を使った授業風景のイメージ

　それに加え、コンテンツ『製鉄所』の映像が当社ホームページ上でもご覧いただけるようになりました。通常の静止画像や動画、現場の音に加え、PCであればマウスを、スマートフォンであれば機器を見たい方向に動かすことで、視点を360°自由自在に移動させることが可能なパノラマ画像も使用しており、従来の写真や動画では表現できなかった迫力ある映像が視聴可能となっています。

【画像】当社ホームページと製鉄所内の見学映像
http://www.jfe-movie.com/steel

　当社は、各製鉄所において実際（リアル）の工場見学も積極的に受け入れており、多くの見学者様にご来訪いただいております。しかしながら、対応できる人数には限界があるため、今回のような新しい方法や各種メディアでの発信なども行いつつ、今後とも鉄鋼業の認知度向上や鉄鋼製造に対する理解の促進に努めてまいります。

以　上

本件に関するお問い合わせは、下記にお願い致します。
JFEスチール（株）総務部広報室　℡ 03(3597)3166

SHIGA BANK

NEWS RELEASE

平成28年4月6日

近畿の地方銀行で初!!
「イクボス宣言」を実施!
総勢239名が一斉に宣言

滋賀銀行(本店・大津市、頭取・髙橋祥二郎)は、4月5日(火)、職員が仕事と家庭を両立させイキイキと活躍できる職場環境づくりを推し進めるべく、多様化する時代に対応した新しい上司「イクボス」の育成を目指し、「イクボス宣言」を近畿の地方銀行で初めて実施しました。

当行は、早くからポジティブアクションの観点で女性の能力開発に取り組んできました。平成18年12月には「女性活躍推進委員会」を設置。女性の観点から経営に提言を行い、女性自らが活躍するための諸制度を充実させています。こうした取り組みにより、女性の勤続年数および女性管理職比率は年々増加し、女性の活躍の場は広がっています。

今回の「イクボス宣言」を通じ、女性活躍推進への取り組みや働き方改革がより一層加速することで、さらなる組織の活性化に繋がると考えています。当行が掲げるCSR憲章(経営理念)「役職員との共存共栄」の"役職員一人ひとりの人権や個性を尊重し、働きがいのある職場づくり"に今後とも努めてまいります。

【ご参考】
イクボスとは「職場で共に働く部下の仕事と生活の調和(ワーク・ライフ・バランス)を応援しながら、組織の業績も結果も出しつつ、自らも仕事と私生活を充実させている上司(経営者・管理職)」をいいます。

以上

本件に関するお問い合わせは
滋賀銀行 人事部　人事グループ　(●●●-●●●-●●●●)　●●
　　　　 総合企画部 広報室　　 (●●●-●●●-●●●●)　●●、●● まで
※平日 9:00〜17:00(祝日・銀行休業日を除く)

 滋賀銀行
大津市浜町1番38号

CASE 5

山見博康の推奨 3(スリー)ポイント

（株）滋賀銀行

Yes 01 「近畿初！」「イクボス」「239」がインパクトあり！ さらに全役職員が大きなガッツポーズ！ その表情に自らの促進の意欲と自信が表れている。

02 段落があり、丁寧な説明が実にわかりやすい。できれば「小見出し」があるとベター。淡々とした文章表現に会社の伝統としての堅実性や、地道に培ってきた信頼性がほんのりと表れている。

But 03 宣言前から後の行動での期待する変化をもっと具体的に知りたい。宣言した人の決意や談話が複数あるとより親近感が湧く。女性勤続年数や管理職比率の増加傾向をグラフでビジュアルに。

CASE 6

山見博康の推奨 3(スリー)ポイント

西武鉄道（株）

Yes 01 西武カラーであるブルー基調のヘッドラインにタイトルも青字！と爽やかな印象を与える。中央に表紙＆内容写真もあり、本文にリニューアルの理由や特長が明確に記されていて親切だ。

02 特に、1ページという少ないスペースを有効に使い、変更点を箇条書きにしてひと目でわかりやすく記したのは手本となる。小見出しの「3．変更内容」で【新規】を赤字にして目立たせひと目でわかる。

But 03 「発行します！」と事前に伝えた方がニュースに！ ページ数や発行部数の増加であれば発展的改善リニューアルとしてインパクトがあり取り上げられやすい。6万部は利用客の何％に当たるのか？

NEWS RELEASE

西武鉄道
第 16-010 号
2016 年 4 月 18 日

4月16日（土）より
西武線に乗って、ここ行こっと。
「西武ニュース・cocotto（ココット）」発行
西武ニュース・笑顔びよりをリニューアルしました！

　西武鉄道株式会社（本社：埼玉県所沢市、社長：若林 久）では、4 月 16 日（土）より「西武ニュース・cocotto（ココット）」を発行しました。これは、毎月 16 日に発行しているフリーペーパー「西武ニュース・笑顔びより」をリニューアルしたものです。
　今回のリニューアルでは、主に 20 代から 30 代の女性を中心に気軽におでかけいただける西武線沿線などの情報を掲載しています。当社線沿線の魅力を知っていただくことで、住み続けたい、住んでみたい沿線として認知していただくことが目的です。
　内容では、西武線沿線の地元の人が街や人、グルメを紹介する「ナイスガイ！商店街」「沿線輝き Woman」「ラーメン各駅停車」といった新規企画のほか、これまで好評だった駅周辺のおすすめ施設を駅員が紹介するコーナー「ひと駅案内」では、読者の皆さまから寄せられた紹介情報を加えるなど既存企画の見直しも行いました。また、おでかけの際にご利用いただきやすいサイズに変更しています。
　「ワクワクする」「おでかけしたい」と皆さまに感じていただけるような誌面づくりを目指していきます。
　詳細は、以下のとおりです。

【「西武ニュース・cocotto」リニューアルについて】
1．発　行　日：2016 年 4 月 16 日（土）
2．タイトル：「西武ニュース・cocotto」
　　　　　　気軽にお出かけしていただきたいという気持ちを明るくポップな響きのあるタイトルで表現
3．変更内容：[新規] ナイスガイ！商店街
　　　　　　　西武線沿線にある商店街の魅力やおすすめを、地元のナイスガイが紹介する。
　　　　　　[新規] 沿線輝き Woman　　西武線沿線で輝き、活躍する女性にフォーカス。
　　　　　　[新規] ラーメン各駅停車
　　　　　　　ラーメン業界を中心に活躍するイラストレータの青木健氏が、西武線沿線のおすすめラーメン店を「ラーメン各駅停車」と題し、毎月 1 軒ずつ紹介する。
　　　　　　・既存コンテンツの見直し（今月のひと駅案内に読者情報追加、イベント掲載ページを一本化）
　　　　　　・サイズの見直し（折りたたみを想定し、B5 から A4 へ変更）
4．配布箇所：西武鉄道各駅
5．発行部数：60,000 部発行

◇お客さまのお問合せ先
　西武鉄道お客さまセンター　TEL.(04)2996-2888
　音声ガイダンスのご案内により、メニューをお選びください。
　［営業時間：平日 9 時～19 時　土休日 9 時～17 時］

以　上

Seibu Group
でかける人を、ほほえむ人へ。

CASE 7

News Release

2014年4月11日
株式会社総合資格

<受験生・実務者向け> **無料アプリ『e-建築用語集』4/10公開！**
~試験と実務で役立つ厳選キーワード【600語】収録~

建築・不動産関連の資格取得スクール「総合資格学院」を運営する株式会社総合資格(本社：東京都新宿区、代表取締役：岸 隆司)は、スマートフォン用無料アプリ『e-建築用語集』を4月10日に公開いたしました(フィーチャーフォン版も同時公開)。1級・2級建築士の試験勉強はもちろん、現場管理や設計業務などの実務でも使える600語を収録しています。

近年の建築士試験では実務に沿った出題が増加し、より実務に近い専門的な「用語に関する問題」が増えてきています。そこで、過去に建築士試験で出題された重要な用語や新傾向用語をピックアップし、さらに用語の解説だけでなく本試験出題例も収録しました。多くの受験者は、働きながら資格取得を目指しているため、通勤・通学、昼休みなどわずかな時間を利用し、試験勉強をしています。これまでも、総合資格学院では、1日2回オリジナルの試験対策問題をスマートフォン・携帯へ配信するサービス「建築士・通トレ」などを提供し、好評を得ていました。

■ **『e-建築用語集』概要**
【公開日】2014年4月10日(木)
【対　象】建築士試験受験者、建築業関係者、建築系学生、建築に関心のある方など
【ご利用の流れ】
1. アプリ版(スマートフォン)の場合
①App Store または Google play で「e-建築用語集」or「総合資格学院」で検索
②アプリをダウンロードし、必要事項を入力
③ホーム画面へ移行し、学習スタート
※対応バージョン：iOS 5.1.1 以上、Android 2.3 以上
2. フィーチャーフォン版の場合
①「総合資格学院」モバイルサイトへアクセス(http://gakuin.jp/)
②必要事項を入力。登録完了後、ID・パスワードを受信
③トップページの[ログイン]から ID・パスワードを入力し、学習スタート
【料　金】無料
※ただし、『e-建築用語集』をご利用するにあたり、パケット通信料が発生します。パケット通信料はご利用者様のご負担となります。

■ **『e-建築用語集』ポイント**
1. 新傾向用語【150語】+重要用語【450語】、合計【600語】を収録
2. 50音順に用語を分類。見たい用語がすぐに見つかる
3. 新傾向用語・重要用語には、分かりやすいアイコン付き
4. すべての用語に、詳細な解説および出題例付き

【これ全部、建築用語！】
ねむり目地、化粧ストレート、時刻歴応答解析、じゃんか、心持ち材、すみ肉溶接、肌すき、朝顔…

★アプリ版では、さらに下記の機能が使えます★
・前回学習したところから始められる「しおり機能」　・気になった用語を保存できる「マイブック機能」
・最新情報がすぐに届く「お知らせ機能」　・気分や好みに合わせて画面のデザインを選べる「着せ替え機能」
・学習した用語は「問題集モード」でチャレンジ。結果は「解答履歴」で成績確認し、使えば使うほど弱点が明確に

【会社概要】
株式会社総合資格は、建築・不動産関連の資格取得スクール「総合資格学院」を、全国38都道府県に78ヵ所展開しています(2014年4月時点)。2013年12月19日に発表された平成25年度一級建築士・設計製図試験では、全国合格者4,014人中、「総合資格学院」現役受講生が2,238名となり、55.8％の占有率となりました。
[所在地] 株式会社総合資格　東京都新宿区西新宿 1-26-2 新宿野村ビル 22階　　[TEL] 03-3340-2801(代)
[所在地] 株式会社中部資格　愛知県名古屋市中区錦 1-2-22 中部資格ビル　　[TEL] 052-202-1751(代)
[代表者] 岸 隆司　[設立] 1987年1月　[社員数] 675名(2013年4月現在)　[URL] http://www.shikaku.co.jp
[資本金] 総合資格：1億円、中部資格：2,000万円　[売上高] 109億円(2013年9月期)

●**本件のお合せ先：**　株式会社総合資格　販促企画一課　小野寺
　　　　　　　　　　　TEL：03-3340-3082　　FAX：03-3340-6715　　E-mail：koho@shikaku.co.jp
　　　　　　　　　　広報窓口：　株式会社アネティ　真壁・こだま
　　　　　　　　　　　TEL：03-5475-3488　　FAX：03-5475-3499　　E-mail：makabe@anety.biz(真壁)

CASE 7 山見博康の推奨3ポイント

（株）総合資格

Yes 01 ①四角い枠で囲み、②「■」で小見出し、③字体は四角いゴシック体、④文章も箇条書きで角も埋めて1ページにカッチリ収めるのは見事。確実な信頼溢れる仕事ぶりがうかがえる。

02 「堅い資格＝四角」ばかりでなくスマートフォンの画面に突如「吹き出し」でユーモアを語らせて遊ぶ心に余裕がある。堅固さと柔軟さの双方を兼ね備え、変幻に躍動する社員の高い士気が感じられる。

But 03 【600語】収録とは最大収録数なのか。また日本初であれば誇りを持ってタイトルに掲げるべき。これまでのアプリに比べて、テーマ別の進化度合いを相対比較すると、もっと興味を惹くであろう。

CASE 8 山見博康の推奨3ポイント

東京海上ホールディングス（株）

Yes 01 タイトル内の4年間で2回目をうたう自賛も良いのに、それに続く温和な文体や落ち着いたビジュアルは女性支援への情熱がもたらす経営思想からくる。キャンパスでのカラフルな躍動はアートだ。

02 2ページ目で女性活用応援プロジェクトの全貌を図示し、支援内容の豊富さと多様さには目を見張る。個々の支援制度の進展に伴い有機的に相乗効果を発揮し、世界のなでしこへの道に期待。

But 03 女性管理職の比率推移もほしい。その比率や現管理職数202人が業界や国内、世界ではどの位置にいるのか？　また、これからどの程度を目指すのかという短・中・長期ビジョンを語るトップも望ましい。

News Release

2016年3月17日
東京海上ホールディングス株式会社

2015年度「なでしこ銘柄」に選定

> 東京海上ホールディングス株式会社(社長 永野 毅、以下「当社」)は、女性の活躍推進に優れた上場企業として、経済産業省と東京証券取引所が共同で主催する「なでしこ銘柄」に選定されました。
> 当社の選定は、2013年度に続き2度目となります。

「なでしこ銘柄」は、東証一部、東証二部、マザーズ、JASDAQの全上場企業の中から、女性が働き続けるための環境整備を含め、女性人材の活用を積極的に進めている企業を業種ごとに選定するもので、2012年度に創設されました。
今年度で4回目となりますが、26業種から45社の企業が選定されています。

東京海上グループ各社では、お客様により一層ご満足いただける商品・サービスをお届けしていくことを目指すため、女性社員をはじめ多様な人材が活躍、成長できる企業風土を築いています。
東京海上日動火災保険株式会社では「期待し」「鍛え」「活躍する場と機会を提供する」ことを「3つのK」と名付け、ストレッチした役割付与の徹底、研修等による育成を強化し、また積極的な人事異動を通じて様々な職務経験を積むことで、女性管理職を多く輩出することを目指しています。これらの結果、2004年には8名であった女性管理職が、2016年に202名に増加し、2015年には初の女性常務執行役員も誕生するなど、女性社員の活躍の場は大きく広がっています。

今後も女性社員が自律的にキャリアを構築することが出来るよう、制度や仕組み、チャレンジの場を提供し、女性の活躍推進の取り組みを加速して行きます。

表彰式の模様 | 「なでしこ銘柄」ロゴマーク

以上

東京海上グループ

【 ご参考 ～東京海上日動の女性の活躍推進の取り組み～ 】

女性社員一人ひとりが自律的にキャリアを構築し、より広いフィールで活躍するための仕組みや制度を、「きらり☆キャリアアップ応援制度」と名付け、女性社員の主体的なキャリアアップを応援しています。

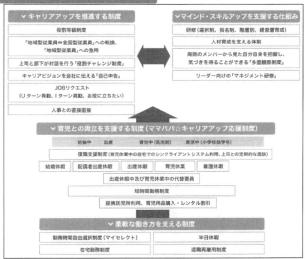

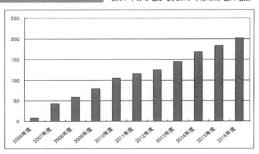

2004年の8名から、2016年は202名に増加

平成24年6月7日

東邦チタニウム株式会社

皇太子殿下ご行啓
～東邦チタニウム茅ヶ崎工場をご視察～

　皇太子殿下は昨日、東邦チタニウム株式会社（神奈川県茅ヶ崎市茅ヶ崎三丁目3番5号、社長　久留嶋　毅）の本社・茅ヶ崎工場にご行啓になられました。

　当社は、世界でも有数の金属チタン製錬メーカーであり、航空機材料、特にジェットエンジン用材料としてトップクラスの品質であるとの評価を受けています。今回の皇太子殿下のご行啓は、当社が経済産業省に、当社の半世紀に渡る経験で培った金属チタンの製造技術のご視察をお願いし、それを受けて経済産業省から宮内庁にご推薦頂き、素材産業としては初めて実現したものです。

　皇太子殿下は、最初に航空機のジェットエンジンや、海水淡水化プラント用などの熱交換器をはじめとする金属チタンが使用されている最終製品をご覧になられました。その後、金属チタンの製造工程として、原料となる鉱石からスポンジチタンの製造工程、次いでチタンインゴットの溶解鋳造工程を熱心にご視察になられました。

以上

皇太子殿下　東邦チタニウム茅ヶ崎工場ご到着

皇太子殿下　金属チタン製品ご視察

皇太子殿下　金属チタン製錬工程ご視察

CASE 9

山見博康の推奨 3 ポイント

東邦チタニウム（株）

Yes 01 皇太子殿下御行啓の機会は、まず通常あり得ない出来事。大いに誇ってもいいが、控え目なのは奥床しい社風のあらわれ。だがタイトルに「素材産業初！」くらいは入れてもいいのでは！

02 3枚の写真が光っている。御覧になられた設備全部ではないが、どんな風に御覧になったかは容易に想像できる。ビジュアル力は、サイレント映画と同じで想像力と感性に訴えて飛翔する。

But 03 諸制約ある中でも、御覧になられた工程を①イラストでたどり、②２つ＋他の設備も写真で紹介、③質疑応答（会話）内容を記述したい。主な応対者の役職・氏名を載せてもベター。

CASE 10

山見博康の推奨 3 ポイント

（株）坂東太郎

Yes 01 一見、一枚の絵画のごとし。一度見てすぐ覚えられるインパクトあるロゴに始まり、社員総出で「一番！」と指さす大集合写真からは、全社一丸の鮮烈なイメージを与える。

02 経営理念を大切にする働く仲間達の楽しそうな表情は、躍動感に満ち、明朗闊達な社風を印象付ける。面接プロセスの図が生き、人事担当者の笑顔は親しみと安心感を与える。

But 03 タイトルにはもっとインパクトのある言葉がベター。異なる店舗の紹介や働いている人のメッセージ等があれば、そこで働くイメージが増大しよう。

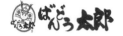

プレスリリース

報道関係各位

平成28年2月19日

株式会社坂東太郎
代表取締役　青谷洋治

坂東太郎 2017年春新卒採用につきまして

　株式会社坂東太郎（本社：茨城県古河市　代表取締役　青谷洋治）は、来る3月1日より、2017年春の新卒採用を開始いたします。

　当社の経営理念「親孝行・人間大好」を理解して、常に創造・挑戦・感謝の気持ちを持ってくれる、お客様の満足を第一と考え、働く仲間と共に幸福を追求してくれる、そしてパワーあふれる元気な方を求めています。「自分の夢がある」「夢を実現したい」「働く仲間と夢を共有したい」という方、是非ご応募ください。

【応募の流れ】

1. 各地で開催予定の会社説明会にご参加下さい
（説明会に参加出来ない場合は本社での個別説明も可能です）

2. 希望者のみ筆記試験・個人面接を行ないます

3. 内定のご連絡をします

募集要項

● 職種：店舗運営・事務・企画・商品開発等
● 主な仕事内容：店舗にてホールサービス経験後、適正に応じて各部署で活躍して頂きます
● 給与：25年4月実績　大卒20万円
　（基本給+各種手当）
● 諸手当：時間外・通勤手当
● 昇給：年1回　賞与：年2回（過去実績）
● 勤務地：北関東全域の各店舗
● 勤務時間：店舗・職種により異なる
● 採用予定人員：2017年春　30名
● 募集学科：全学部全学科

働く仲間を大切にしています！

会社概要　及び　お問合せ先

名称：株式会社　坂東太郎
住所：茨城県古河市高野540-3
業種：和風レストラン他、飲食チェーン75店舗を展開
電話番号：0280-93-0180　Email：s.suzuki@bandotaro.co.jp
人事採用担当：鈴木　聡美

　　「お互い納得がいくまで、じっくり話し合って決定していきたいと考えています。
　　不明な点はお気軽に電話・メールにてご連絡ください。」

MACROMILL
Innovation or Nothing

【報道関係各位】

マクロミル、社内交流と健康促進を目的とした「シャッフルモーニング！」を開始
～オリジナルの健康朝食メニューをプロと共同開発し、無料で社員に提供～

2015年11月6日
株式会社マクロミル

　株式会社マクロミル（本社：東京都港区、代表執行役 グローバルCEO：スコット・アーンスト、以下「マクロミル」）は、社員同士のコミュニケーション活性化と、社員の健康促進を目的とした朝食企画「SHUFFLE MORNING！（シャッフルモーニング！）」をスタートしました。

■企画誕生の背景

　マクロミルはこれまで、社内交流を目的としたサークル支援、運動会、年中イベント、働き方の多様性を支援するダイバーシティ企画等を実施してまいりました。

【参考】"社内イベントが盛んな企業ランキング" 2位（2015年10月、転職会議調べ）
　　　"平成生まれ版：働きがい企業ランキング" 15位（2015年10月、ヴォーカーズ調べ）

　しかし社員数の増加に伴い、部門を越えた交流機会が少なくなってきたと感じる社員が徐々に増えているという課題感がありました。このような背景があり、もっと日常的かつ気軽に社員同士が交流でき、社員の心身の健康にもつながる企画として「SHUFFLE MORNING！」がスタートしました。

■特長とねらい

1. "緩いつながり"から生まれる、"新たなヨコのつながり"

　「SHUFFLE MORNING！」では、出身や住まいが同じ地域の人、学生時代の部活が同じ人など、緩くつながりのある対象グループの社員たちが集まって共通の話題をカジュアルに楽しみ、毎回新しい社員同士のつながりが生まれています。これにより、"コミュニケーションが活性化"し、ひいては社員の"働きがい"にもつながればと考えています。

2. 健康を考えたメニュー

　「SHUFFLE MORNING！」で提供される朝食は、社員の健康を考えたオリジナルメニューです。例えば、海外セレブや芸能人の間でも人気の"コールドプレスジュース"は、ケータリング会社のSNダイニング様※と共同開発したもので、野菜ソムリエのアドバイスも頂きながら、「疲労回復」や「風邪予防」などに効果のあるメニューを考案しています。

超ヘルシー！野菜たっぷり朝カレー
カレールーは肉不使用！
トッピングの野菜は、お好みで盛り付けます。

コールドプレスジュース
旬の野菜や果物等を、特殊なミキサーでゆっくりプレスすることで、生きたままの栄養素を摂取できます。

デトックスウォーター
たっぷりのフレッシュフルーツを漬け込んだミネラルウォーターです。

- 1 -

健康を重視した野菜の多いメニュー

開催風景

　マクロミルは、今後も定期的に「SHUFFLE MORNING！」を開催し、社員同士のコミュニケーション活性化と、社員の健康促進をはかってまいります。

以上

【株式会社マクロミル　会社概要】
社名：株式会社マクロミル
所在地：東京都港区港南 2-16-1　品川イーストワンタワー11F
設立：2000 年 1 月 31 日
代表者：代表執行役 グローバル CEO　スコット・アーンスト
資本金：93 億 6,000 万円（2015 年 6 月現在）
従業員数：1,533 名（連結、2015 年 6 月末現在）
事業内容：インターネットリサーチ事業を核としたマーケティングサービス

【株式会社 SNC　会社概要】 ※
社名：株式会社 SNC
所在地：東京都世田谷区駒沢 2-51-15
設立：2008 年
代表者：佐藤正文
事業内容：飲食店経営、イベント出店、ケータリング、移動販売

― お問い合わせ・取材等のお申し込みはこちら ―
株式会社マクロミル　広報室：度会（わたらい）
TEL：03-6716-0707　MAIL：press@macromill.com
URL：http://www.macromill.com/

CASE 11

山見博康の推奨 3（スリー）ポイント

（株）マクロミル

Yes 01 若者が生き生きと躍動する姿や健康増進＆コミュニケーションの活性化を図ろうという意図がビジュアルで感じられるアートだ。「小見出し＋箇条書き」や「太字」など何にでも工夫をこらす社風という印象。

02 女性の多い会社らしく、独創的なメニューや細やかな表現が「おいしそう」と感じさせる。このような奥床しい気づかいや配慮は、1人ひとりのオリジナリティの発揮や躍動があってこそ。

But 03 「■今後の方針」の小見出しをつくり、開催頻度を明確に記したい。社員向け現施策の全体像とビジョンを図で示し、経営として取り組む志と魂を示すことができたらGOOD。

CASE 12

山見博康の推奨 3（スリー）ポイント

明治安田生命保険相互会社

Yes 01 恒例イベントや定期調査は記事露出に直結するケースあり。「今年の漢字」「川柳」などの本調査もしかり。タイトルに結論を記載、順々に調査結果を明らかにする方法は理解が早い。

02 どのページも「小見出し＋箇条書き」なので、まぎらわしそうな内容が見てすぐわかる。特に、各々の名前が選ばれた理由を推察する表現は秀逸で、命名と生命とのロマンがある物語を想起させる。

But 03 「第27回」と銘打つと、経営の意志としての継続性を暗黙のうちに心に浸透させる効果がある。呼び方の不明が多く、全てにルビを振った方が親切。独自に「名前の日」を設け毎年発表セレモニー開催も一案。

NEWS RELEASE

2015年12月3日

2015年生まれの子供の名前
男の子は『大翔』くん、女の子は『葵』ちゃんがトップ！
～ 読み方のトップは、『ハルト』くん、『ハナ』ちゃん ～

　明治安田生命保険相互会社（執行役社長　根岸　秋男）は、毎年、当社の生命保険ご加入者を対象に「生まれ年別の名前調査」を行なっています。２０１５年生まれの子供の名前の特徴がまとまりましたので発表します。当調査は、１９８４年に「同姓調査」を実施して以来、１９８５年「同名調査」、１９８６年「同姓同名調査」、１９８９年から現在の「生まれ年別の名前調査」を発表し、今年で２７回目となり、名前に関する貴重な資料としてご好評をいただいています。

恒例！明治安田生命の「生まれ年別の名前調査」

1．2015年生まれの子供の名前（表記編）のポイント
（1）男の子は『大翔』くんが4年ぶり！女の子は『葵』ちゃんが8年ぶりのトップへ！！
・男の子は「羽を広げて大空高くはばたく」という意味が込められ、スケールの大きさを感じさせる「翔」の字が人気！また、女の子は和を連想させ、「穏やかで気品のある」イメージがある『葵』ちゃんが人気！！

（2）男の子は、「翔」の字を使った名前の人気がさらに上昇！その秘密は干支にあり！？
・「翔」の字を使った名前は34年連続でベスト10入り！今年も『大翔』くんなど4つがベスト10にランクイン！人気上昇には干支「未（羊）年」の効果も！？

（3）女の子は花や草木などの植物をイメージした名前が人気！
・花や草木など、植物をイメージした名前は、『葵』ちゃん、『さくら』ちゃん、『花』ちゃんなど、ベスト50に26ランクイン！

（4）今年の名前の東西比較！
・東は『悠真』くん・『陽菜』ちゃん、西は『大翔』くん・『葵』ちゃんが人気！

2．2015年生まれの子供の名前（読み方編）のポイント
男の子は『ハルト』くんが7年連続、女の子は『ハナ』ちゃんが初のトップに！
・男の子では「ト」で止める名前が、女の子では「ナ」で止める名前が人気！

3．トピックス
（1）今年、活躍したスポーツ選手・有名人の名前は！？
・男の子の名前は、プロ野球　大谷　翔平選手の「翔」の字や、明治安田生命Ｊリーグの大久保　嘉人選手などの「ト」の読み方で止める名前が人気！
・女の子の名前は、連続テレビ小説「花子とアン」の影響で『花（ハナ）』ちゃん、満島ひかりさんの『ひかり』ちゃん、宮﨑　あおいさんの『アオイ』ちゃんが人気！

（2）来年へ向けて要注目！今後の人気上昇必至の名前を大胆予測！
・来年へ向けて大注目の名前は、ラグビー日本代表「五郎丸　歩」選手の『歩』くん！！

【ご照会先】
広報部　広報グループ　TEL 03-3283-8054

明治安田生命はタイトルパートナーとして、Ｊリーグを応援しています

明治安田生命保険相互会社　〒100-0005 東京都千代田区丸の内2-1-1　TEL 03-3283-8054　www.meijiyasuda.co.jp

明治安田生命の「生まれ年別の名前調査」

≪目次≫

1．調査結果と特徴

（1）名前（表記編） (P.3)

男の子は『大翔』くん、女の子は『葵』ちゃんがトップ！
- 男の子は「翔」の字を使った名前の人気がさらに上昇！人気上昇には干支「未(羊)年」の効果も！？
- 女の子は花や草木などの植物をイメージした名前が人気！なかでも花の名前の人気が急上昇！使用漢字では、「子」を使った名前に人気回復の兆し！？
- 今年の名前の東西比較！東は『悠真』・『陽菜』、西は『大翔』・『葵』！

（2）名前（読み方編） (P.11)

男の子は『ハルト』くんが7年連続、女の子は『ハナ』ちゃんが初のトップ！
- 漢字表記は多様化！同じ読み方でも45通りの『ハルト』くん、27通りの『ハナ』ちゃんが！！
- 男の子では「ト」で止める名前が、女の子では「ナ」で止める名前が人気！

（3）トピックス編 (P.12)

今年活躍したスポーツ選手の名前は男の子に、有名人の名前は女の子に人気！！
【予告編】
- 来年へ向けて大注目の名前は『歩』くん！！

2．資料編

（表1） 2015年生まれの名前ベスト100（男の子） (P.13)
（表2） 2015年生まれの名前ベスト100（女の子） (P.15)
（表3） 2015年生まれの名前ベスト10の読み方 (P.17)
（表4） 2015年生まれの名前の読み方ベスト50（男の子） (P.18)
（表5） 2015年生まれの名前の読み方ベスト50（女の子） (P.19)
（表6） 2015年生まれの名前の読み方ベスト3の漢字名（男の子） (P.20)
（表7） 2015年生まれの名前の読み方ベスト3の漢字名（女の子） (P.22)
（表8） 生まれ年別名前ベスト10（男性） (P.23)
（表9） 生まれ年別名前ベスト10（女性） (P.29)

（調査要領）

① 調査対象：明治安田生命の個人保険・個人年金保険のご加入者（2015年9月のご加入者まで）
② 調 査 数：個人保険・個人年金保険の保有契約 約1,134万件を調査
　　　　　　うち2015年生まれの男の子4,278人、女の子4,122人
③ 調査時期：2015年12月

1．調査結果と特徴

（1）名前（表記編）

> **男の子は『大翔』くんが4年ぶり7回目のトップ！**
> **女の子は『葵』ちゃんが8年ぶり3回目のトップへ！**

　男の子の名前は、2007年～2011年まで5連覇を達成した『大翔』くんが昨年の2位から通算7回目のトップに返り咲き。2位の『悠真』くんは昨年5位からのランクアップ。『蓮』くん・『陽太』くんも昨年に続いてベスト5入りするなど、上位陣は順位変動こそあるものの、安定した人気を維持しています。また、ベスト10を見ると、「翔」の字が4つ、「陽」の字が3つランクインしており、特定の漢字へ人気が集中する傾向がみられました。

　女の子の名前は、『葵』ちゃんが2007年以来8年ぶりにトップに返り咲き。2位の『陽菜』ちゃんは、昨年1位から順位を下げたものの、依然根強い人気を維持しています。また、ベスト10を見ると植物に関連する字を使った名前が人気で、『葵』ちゃんのほか、『さくら』ちゃん、『花』ちゃん、『花音』ちゃん、『陽葵』ちゃんが昨年から大きく順位を上げています。

　今年は、ノーベル賞では日本人が生理学・医学賞と物理学賞を受賞したほか、スポーツでも、ラグビーワールドカップで日本代表が歴史的な勝利を挙げるなど、世界に対し「日本らしさ」、「日本の存在感」を示すことのできた一年でした。男の子は、「羽を広げて大空高くはばたく」という意味が込められた『大翔』くんが、女の子は和を連想させ、「穏やかで気品のある」イメージがある『葵』ちゃんが人気なのも、こうした世情を反映しているのではないでしょうか。

　また、今年は「徳川家康公 薨去(コウキョ)四百年」という節目の年にあたることから、徳川家の『葵』の御紋の効果が、『葵』ちゃん人気に影響しているかもしれません。

● 2015年生まれの子供の名前（表記）ベスト10

男の子　　　　　　　　　　　（調査数4,278人）

順位	（昨年順位）	名前	人数
第1位	（第2位）	大翔	26人
第2位	（第5位）	悠真	23人
第3位	（第1位）	蓮	20人
〃	（第4位）	陽太	〃
第5位	（第6位）	湊	19人
第6位	（第15位）	颯太	16人
〃	（第19位）	陽翔	〃
〃	（第39位）	颯	〃
第9位	（第3位）	陽向	15人
〃	（第11位）	大和	〃
〃	（第25位）	結翔	〃
〃	（第55位）	悠翔	〃

女の子　　　　　　　　　　　（調査数4,122人）

順位	（昨年順位）	名前	人数
第1位	（第4位）	葵	28人
第2位	（第1位）	陽菜	27人
第3位	（第8位）	結衣	24人
第4位	（第16位）	さくら	22人
第5位	（第1位）	凛	21人
第6位	（第18位）	花	19人
第7位	（第5位）	結愛	17人
〃	（第38位）	花音	〃
〃	（第47位）	心結	〃
〃	（第61位）	陽葵	〃

※ベスト10の名前の読み方は「2．資料編」（17ページ）をご参照ください

全34ページ。以下省略

Press Release

Lancers

ランサーズ、フリーランス実態調査2016年版を発表
一億総活躍、働き方を自ら選ぶ国内フリーランス人口は1,064万人に！
~進むオンライン化、7人に1人がオンラインで仕事を獲得~

安倍内閣は、今年5月の一億総活躍プラン策定に向け、官民あげての副業規定の改正や介護離職ゼロに向けた議論を加速させています。働き方への価値観が急激に変化している今、ランサーズは、全国の20-69歳男女（3,000人）を対象に「**フリーランス実態調査**」を実施しました。本調査では、日本における広義のフリーランス数が**1,064万人**に達し、昨年度対比で**17%増加**していました。また、その**45%**が「**自由**」**な働き方**が出来ることがモチベーションだと回答しており、多様な働き方を望む人々が、フリーランスとしての働き方に関心をもち、実際に行動していることが明らかになりました。

◆広義のフリーランスは1,064万人（労働力人口の16%）に増加

ランサーズは、過去12ヶ月に仕事の対価として報酬を得た全国の20-69歳男女（3,000人）を対象に「フリーランス実態調査」(2016年版）を実施しました。今年二年目となる調査では、広義のフリーランスの数が**1,064万人**と、昨年度対比で**17%増加**していました。米国が5,300万人から5,400万人と1年で2%の増加率であるのに対し、**日本ではそれを上回るスピード**でフリーランスが増えていることが明らかになりました。

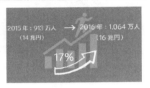

◆フリーランスの働き方4タイプに分けられる！

昨年度の調査で明らかになった、副業系すきまワーカー、複業系パラレルワーカー、自由業系フリーワーカー、自営業系オーナーの**4タイプ**のうち、特に**複業系パラレルワーカー**の数が昨年に比べて**3倍**近くと急増しているのが目立ちます。

◆7人に1人はオンラインで仕事獲得！

合わせて注目すべきは、オンラインで働くフリーランスが**150万人**となり、その割合が12%から**15%**と増加していることです。アメリカにおいてもフリーランスのオンライン化がこの1年間で42%から51%と急増しており、日本においても、このオンライン化の波は続いていくものと考えられます。

◆モチベーションは「自由」、障壁は「不安定さ」

米国のフリーランスは「収入」をモチベーションに上げることが多い一方で、日本では、**45%**の人が「**自由**」な働き方を求めてフリーランスになっていることが分かりました。その一方で53%の人がフリーランスになることへの障壁として「収入の不安定さ」また、「社会的信用のなさ」を挙げていました。

◆実践者や検討者の声（フリーランスへの憧れと不安）

勤務先の本業以外で稼げる仕事があるとした場合、副業をしてみたいと思いますか？

今後の働き方として、副業や独立を検討しているかの質問に対し、回答者の**73%**は「**副業したい**」と回答しています。副業としてフリーランス経験に関心がある方は、以下のように、フリーランスへの憧れと不安を回答しています。

- 「フリーランスは、自立して生活の糧を得ることができている人。中には苦しい人もいるだろうが、好きで選んだ道であるから不安はあっても不満はない生き方をしている」（40代男性、自営業系個人オーナー）
- 「固定収入を得る労働は時短にして、より多くの時間を自分が真に興味があり、評価される仕事に回したい」（40代女性、副業系すきまワーカー）

Press Release

Lancers

◆フリーランス実態調査2016年版（一部抜粋）
　調査内容の詳細は、THE LANCER上の「フリーランス実態調査」ページより、ご覧いただけます。
　※上記の調査結果をご使用の際は、出典元へのリンクをお願い致します。

◆フリーランスの性別と年齢

◆フリー年収と、年収入におけるフリーの収入比率

◆フリーランスについての印象

◆「Lancer of the Year 2016」について
　http://www.lancers.jp/award/

「Lancer of the Year」とは、スキルや経験を活かし、時間や場所にとらわれない「新しい働き方」を体現したフリーランスを表彰するセレモニーです。次世代ワークスタイルのロールモデルとなる個人に対して、その活躍を讃えます。「Lancer of the Year 2016」においては、2015年中に「新しい働き方」を実践したフリーランス19名を招いた授賞式、有識者によるパネルディスカッション、来場者全員による交流会を実施しました。

＜ランサーズ株式会社について＞

http://www.lancers.jp/
ランサーズ株式会社は、「時間と場所にとらわれない新しい働き方を創ること」をビジョンに掲げる日本最大級のクラウドソーシングサービス「ランサーズ」（http://www.lancers.jp/）の運営会社です。企業の経営資源のオープン化を人材活用の側面から支援することで、企業経営の効率化や新事業の創出によるイノベーションの加速に寄与しています。また、地方自治体や行政との協力・提携を通じて、東京一極集中を是正し、日本全体に仕事の再分配が行われる仕組みを広げています。正社員、非正社員に続くフリーランスという「第3の働き方」を広く発信し、『個人のエンパワーメント』の実現を目指しています。

打ち合わせや納品までインターネット上で完結します。このため時間や場所にとらわれない仕事の受発注が行われています。

問い合わせ先
■ランサーズ株式会社　広報チーム　簑口（ミノグチ）、鈴木（スズキ）
TEL：070-5079-5948　E-mail：press@lancers.co.jp　URL：http://www.lancers.co.jp

CASE 13 山見博康の推奨 3(スリー)ポイント

ランサーズ（株）

Yes 01 見開けば「屏風」の趣。ロゴの青色を基調に全体を司り、いくつも数字を使った長めのタイトルでインパクトを与える。調査結果の結論をまず右上のイラストで眺めて楽しい一目理解を促している。

02 リード部は網掛けし、小見出しと箇条書きをパートに分けて多彩多様に配置している。調査結果が段階的にわかるように、棒グラフや円グラフ等を巧みに活用する創造力は豊かな社風を感じさせる。

But 03「米国より日本の増加スピードが早い」とあるが、各歴史を考慮して分析すべし。常にコピー配布を念頭に色使いを決めることが大事（例：青や黄色等の薄めの地の場合、白字はコピーしたら真っ黒になってしまう　など）。

CASE 14 山見博康の推奨 3(スリー)ポイント

ワタベウェディング（株）

Yes 01「若手売れっ子」というインパクトのある引き締まったアイラインに、チャーミングな優しい表情（写真）が相乗効果で惹き付けて先に進みたくなる。5つの違いも楽しい。

02 1ページ目本文は、女性らしい細やかな表現でわかりやすく奥床しい。2ページ目は枠で囲んだセット概要と売れっ子の華やかな写真。コメントは自らの作品への自信と誇りに満ち、親しみがある。

But 03 売れっ子5人の氏名や略歴を知りたい。各5セットに誰の作品が入っているのかがわかるとファンができるだろう。1ページ目の段落に「小見出し」を付ければ読みやすく親切！　本の表紙も見たい。

PRESS RELEASE

2015年11月13日
ワタベウェディング株式会社

"若手売れっ子衣裳コーディネーター"が考案！
ウェディングドレス小物セット 11月14日（土）発売
〜経験や美的センスをもとにセレクトした5つのスタイル別コーディネート〜

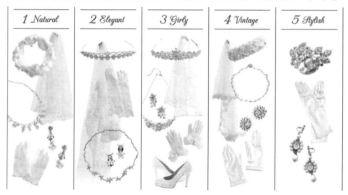

　ワタベウェディング株式会社【本社：京都府京都市、資本金41億7,637万2,000円、東証第一部上場、代表取締役　花房伸晃】は、お客様から支持の高い、若手衣裳コーディネーターが考案したウェディングドレス小物セットを2015年11月14日（土）より発売を開始いたします。

　当社では昨年、花嫁の夢を実現するドリームプランとして、"若手売れっ子プランナー"が考案したハワイウェディング商品「Planner's Selection」を発売しました。本年は、その第2弾として、結婚世代である20〜30代の人気衣裳コーディネーター5名が集結し、接客経験から得た知識や美的センスをもとに、ウェディングドレス小物をトータルコーディネートした商品を開発しました。

　本商品は「ナチュラル」「エレガント」「ガーリィ」「ヴィンテージ」「スタイリッシュ」の5つのスタイルごとに、ドレス小物（ベール、グローブ、ティアラ、イヤリング、ネックレスなど）を最適に組み合わせたセット商品です。スタイルごとに3万円、5万円、7万円の3パターンを設定し、計15パターンの商品を展開します。

　また、本商品の発売に合わせ、接客時にお客様へトータルコーディネートを提案するスタイルブック「Duo Color」も制作しました。本商品のスタイル別コーディネート掲載をはじめ、「ピンク」「イエロー」「ブルー」「グリーン」の4つのカラーをテーマに、新郎新婦ふたりの衣裳小物コーディネート例を掲載しています。新婦の小物に合わせ、新郎もタイ、ポケットチーフ、シューズなどをお揃いの色やテイストでコーディネートすることで、おふたりらしいウェディングスタイルが叶います。

　近年は、ウェディングドレスやタキシードのデザインだけではなく、衣裳小物の合わせ方などで新郎新婦の個性を引き出すトータルコーディネートの重要性が高まっています。今後も当社は、たくさんの幸せな場面に立ち会ってきた経験と新しい価値の提案で、多様化するお客様の想いに応えられるようなウェディングスタイルを提案してまいります。

■■■本件に関する報道関係からのお問い合わせ先■■■

ワタベウェディング株式会社　広報グループ：飯村・加茂（080-6172-5684）
TEL. 03-5202-4133　FAX. 03-5202-4144　E-Mail：public@watabe-wedding.co.jp
ホームページ：http://www.watabe-wedding.co.jp/press/　【画像ダウンロードできます】

WATABE WEDDING

"若手売れっ子衣裳コーディネーター"考案
ウェディングドレス小物セット概要

- ■販売エリア：全国のワタベウェディング衣裳取扱い店舗
- ■販売開始日：2015年11月14日（土）
- ■販売価格：¥30,000（税抜）セット／¥50,000（税抜）セット／¥70,000（税抜）セット
- ■内容：
「ナチュラル」「エレガント」「ガーリィ」「ヴィンテージ」「スタイリッシュ」の5つのスタイル別ウェディング小物セット（スタイルごとに3万円、5万円、7万円の3パターン、計15パターンを展開）
※セット内容の詳細はワタベウェディング衣裳取扱い店舗にお問い合わせください。

"若手売れっ子衣裳コーディネーター"コメント

新郎様・新婦様と一番近い距離で想いを感じることのできる私たちだからこそ、おふたりのイメージを実現したい！という想いが強くあります。そこで、全国の店舗から、お客様の支持が高いコーディネーターを集め、様々な意見を収集し、一目でお客様がご自身のスタイルをイメージできる商品とスタイルブックを作り上げました。一生に一度の晴れ舞台だからこそ、自分らしく、素敵なコーディネートを。是非、一度ご相談にいらしてください。

CASE 1

News Release

IHI
Realize your dreams

2016年1月6日
No.3141

IoT・ビッグデータを活用した物流設備向けクラウド型設備保守支援サービス提供を開始

～保守支援サービスの高度化により故障させないメンテナンスへ～

　IHI の子会社で物流システムおよび FA システムなどを製造・販売する株式会社 IHI 物流産業システム(本社:東京都江東区豊洲,社長:土田剛,以下「ILM」)は,このたび,IHI グループで物流設備向けに開発した IoT・ビッグデータを活用したクラウド型設備保守支援サービスの提供を開始しました。

　本サービスは,故障予測による予防保全の実施により設備の稼働率を向上させ,計画外停止による突発的な費用の発生を抑制します。また,ポータルサイト(お客さま専用のホームページ)を通じて,様々な情報を全国 16 カ所のサービスセンターと共有することで,迅速な対応が可能になります。

　自動倉庫や工場の FA システムなどの物流設備は,運用時に得られるデータが限られているため予防保全が難しく,ILM では,これまで独自のシステムを用いて,リモート監視のみを行うサービスを提供してきました。今回,リモート監視システムを ILIPS(IHI group Lifecycle Partner System※)にリニューアルするとともに,故障予兆検知のための分析システムを開発して機能を追加しました。新規導入の分析システムでは,ILIPS で取得した各種センサからの異常や稼働履歴,報告書,メンテナンス履歴などを分析することで異常や劣化を自動判定し,故障予測を行うことを可能にしました。

　故障予測結果に基づき,故障が発生する前に予防保全を行うことで,稼働中の設備の計画外停止を低減することが可能となります。計画外停止を低減することで,突発的な費用の発生を抑制するとともに,稼働率の向上に貢献し,計画的な部品管理も可能になります。

　また,お客さまとのコミュニケーションツールとして,ポータルサイト(お客さま専用のホームページ)提供サービスもスタートしました。ポータルサイトの活用により,いつでもどこでも設備の情報確認ができるよう,利便性を向上させています。情報提供については,設備の稼働情報に加え,サービスセンターで管理していたメンテナンス履歴についても提供を行います。コミュニケーション機能では,スケジュール,伝言板,FAQ,オンラインマニュアルなどの機能を提供することで,軽微なトラブルはお客さま自身で対応することが可能になり,復旧時間を短縮することができるようになります。

　ILM および IHI グループでは,今後も IoT・ビッグデータの活用により新しい保守サービスを開発し,保守メニューの充実とクラウド型設備保守支援サービスの高度化を図っていきます。

株式会社 IHI 物流産業システム(ILM)
本社:東京都江東区豊洲3－1－1
代表取締役社長:土田剛
事業内容:物流システム,FAシステムに関する製造・販売・メンテナンスサービスなど

※ ILIPS(IHI group Lifecycle Partner System)
遠隔モニタリングシステム。IHI グループ製品・サービスの高度化・総合化を目的に開発し,現在,300 台以上の装置で稼働。従来,故障が発生してからのお客さま対応の効率改善・スピードアップを図っていたのを,さらに,収集した設備可動状況にかかわるビッグデータを解析することにより,故障の予兆を検出し,故障を未然に防ぐことを可能にしている。

株式会社 IHI 広報・IR室　〒135-8710 東京都江東区豊洲三丁目1番1号 豊洲IHIビル
広報・IR室 ダイヤルイン　TEL (03) 6204-7030

■リモート監視機能

アラーム通報	異常検出時にサービスセンター、お客様の指定アドレスにEメールを送信
稼働情報の表示	動作回数、動作時間、異常回数等の稼働状況を表示
異常履歴の表示	異常が発生した時刻、異常内容、異常発生個所等の情報を表示
保守履歴表示	点検履歴、要請対応履歴、部品交換履歴を表示します
予防保全	正常値や直近の傾向からの異常の予兆、長期トレンドから見た劣化を自動判定
コンピュータのリソース監視	コンピュータのリソースを定期的に監視し、パフォーマンスの低下を事前に防ぐ

■コミュニケーション機能

スケジュール	点検スケジュール、訪問スケジュール等をサービスセンターとお客様で共有
伝言板	伝言板機能により、ポータルサイトを参照するお客様全員との情報共有
FAQ	よくある質問はFAQに掲載し、サービスセンターへの問合せの手間を削減
オンラインマニュアル	対応マニュアルをポータルサイトに公開することにより、軽微なトラブルはお客さまで対応可能

■故障予測によるコスト削減イメージ

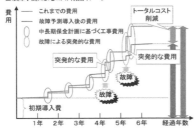

本件に関する問合せ先：IHI 広報・IR室　石播太郎　TEL.03-6204-7030

CASE 1

山見博康の推奨 3(スリー)ポイント

（株）IHI

Yes 01 1ページ目は文章で解説、2ページ目でそれをビジュアルにして一覧で理解してもらおうとの意図で描かれた作品。2枚で文と図をバランスよく配分し、ILM概要も良い。写真を1枚1ページ目にする手もあろう。

02 新サービスを全体図として一目で理解できるようにビジュアル化し、具体的なサービス一覧表に加えて、コストダウンを段階ごとにカラー線で示すきめ細かさは秀逸。技術への自信と信頼の表れだろう。

But 03 1ページ目は詳しそうな、しかしながら難しそうな説明が並び、少し読みづらい感じ。特に2～3段落目をまとめて「特長」と小見出しにし、さらに箇条書きにすると簡潔になる。ILIPSはルビを。

CASE 2

山見博康の推奨 3(スリー)ポイント

（株）AOKI

Yes 01 大きな枠のタイトルの中に確かな3つの数字と「瞬間」「超」「新」のキーワード、さらに3つのビジュアルがバランス良く配置されていて、着実な商品としての認識が行き渡っている。

02 段落分けしてそれぞれに「小見出し」を付け、解説は微に入り、特に大学の実証実験結果を一目瞭然で把握できるように示したシンプルなカラーグラフは注目に値する。

But 03 共同開発者の顔とコメントも信頼性を高める。今回フジボウを加えた3者関係のイラスト化もあると興味を惹くだろう。年ごとの関連商品数＆売上高（数）推移と今回の目標等経営戦略がほしい。

AOKI' AOKI Group

2015年11月18日
株式会社AOKI

AOKI・信州大学繊維学部・フジボウの三者共同開発商品 第四弾
着た"瞬間"から暖かい「超快適肌着 瞬 綿暖.」が新登場！
～綿100%で肌触り抜群「超快適肌着 綿暖.」がリニューアル 商品量を約2倍に拡大し、販売を一強化～

株式会社AOKI（代表取締役社長：清水彰）は、2014年秋冬シーズンより、信州大学繊維学部と、繊維メーカー、フジボウトレーディング株式会社（代表取締役社長：北口保 以下、フジボウ）の三者共同により開発した男性肌着「超快適肌着」シリーズを発売しています（2015年11月18日現在 AOKI店舗数562店舗）。

今秋冬シーズンは、冬用の肌着における着た"瞬間"の暖かさに着目し、接触温感性を向上。さらに、商品量を前年比 約2倍に拡大し、販売を強化します。

■「超快適肌着」シリーズとは

「超快適肌着」シリーズは、綿100%ならではの柔らかな肌触りに加え、欧米人に比べ、前方に肩が張り出している日本人の体形に合わせた設計（前肩設計）により、"極上の着心地"を追求した肌着です。2014年秋冬シーズンの発売以来、オールシーズンタイプと、冬用の保温肌着の2種類を展開しています。

本年は、袖を通した"瞬間"から暖かさを感じる接触温感性がアップ。また、昨年より多くのご要望をいただいた、ビジネスシャツの下にも安心して着用いただける、絶妙な着丈設定の九分袖を新たに展開します。

AOKIは、「超快適肌着 瞬 綿暖®」の発売により、30代から60代の幅広い年代をターゲットにビジネス肌着市場でのさらなる認知度アップを目指してまいります。

「超快適肌着 瞬・綿暖®」Vネック九分袖

■着た"瞬間"の暖かさの秘密はコレ！
信州大学によって実証された「保温性」と「接触温感性」

このたび新たに発売する「超快適肌着 瞬 綿暖®」は、フジボウと共同開発した綿100%素材を採用。素材の工夫により、生地の空気層を多くすることで保温性をアップさせています。さらに、今回は、お客さまから寄せられる「着た瞬間は冷たく感じる」というお声をもとに、肌着を着用した"瞬間"の暖かさに着目。風を通しにくく、衣服内の暖かい空気をキープする生地の編み方により、接触温感性も向上させています。信州大学繊維学部・先進繊維工学課程の「接触冷温感 q-max」の測定結果では、$0.171 W/cm^2$ と、オールシーズンタイプの肌着と比較して熱の移動量が少なく、肌に触れた際に暖かく感じるという結果が出ています。

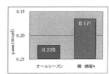

接触温感性試験結果

■「超快適肌着」の商品概要

素材:綿 100%
色柄:白無地
サイズ:S～3L ※S,3Lは一部限定店舗での取り扱いとなります。
デザイン:Vネック半袖、クルーネック半袖、
　　　　　Vネック九分袖、クルーネック九分袖
本体価格(税抜):半袖 1,250 円、九分袖 1,500 円
　　※「超快適肌着 瞬 綿暖®」をはじめ、AOKIの機能性肌着は、　「超快適肌着 瞬 綿暖®」パッケージ
オンラインショップ(https://www.aoki-style.com/campaign/underwear_func_01)でもお求めいただけます。

【資料】信州大学繊維学部との産学協同研究について
AOKIでは、2002 年 9 月に、新商品開発を主業務とする「商品開発室」を社内に設置。これを契機に、新商品開発を強化し、積極的に推し進める狙いから、日本で唯一「繊維」に関する学部を持つ、信州大学繊維学部・先進繊維工学課程との産学協同研究による長期的な商品開発に着手しました。
翌年 2003 年の秋には、産学協同研究による商品の第１弾「癒し健康スーツ」を発売。以降、研究を継続し、これまで 20 種以上の商品を開発しています。

＜これまで発売した信州大学繊維学部との産学協同開発商品＞一覧表　（省略）

■報道関係からのお問い合わせ
　株式会社AOKI 本社　広報担当:免田(めんだ) 操佳
　〒224-8688 神奈川県横浜市都筑区葛が谷 6-56　TEL:045-949-6488/FAX:045-942-1608
■お客様(読者・視聴者)からのお問い合わせ
　株式会社AOKI　お客様相談室　フリーコール:0120-13-7888/HP:www.aoki-style.com
　（受付時間 10:00～18:00）

Press Release

2016年10月13日

メンバーシップだから生まれる上質なクラブライフ
Aqua sports & spa
クラブハウスで過ごす充実のライフスタイル
～モデルケースを紹介～

　Hydrate your life をコンセプトにした、ライフスタイルを高める全く新しい形のメンバーシップクラブ Aqua sports & spa（所在地：東京都世田谷区瀬田、運営：株式会社ザ・スポーツコネクション、代表 除野 健男）では、最上階、広さ約 513 平米のクラブハウスを活用し上質なライフスタイルをメンバーに提案しています。幅広い世代のメンバーが集うクラブでは、ご自身の別宅のようにゆったりとくつろぎ、コミュニティ形成の場として、また書斎、セカンドオフィスなどさまざまなシーンに活用できるクラブハウスを有しています。

　クラブハウスは、ゆっくり寛げる赤いソファと暖炉を中心に、国道 246 号越しに緑を望む開放的な東側にデスクワークが可能なロングデスク、ミーティングに最適なチェア＆デスクを配置、水戸徳川の別荘地の面影を残し、晴れた日には富士山を望むことができる西側には、友人との語らい、ソーシャルイベントなども開催できるリビングエリア、またバーカウンターを有しています。
　メンバーそれぞれが自分のライフスタイル、ニーズに合わせて日常の生活にクラブを取り入れています。

■ クラブ活用タイムテーブル例

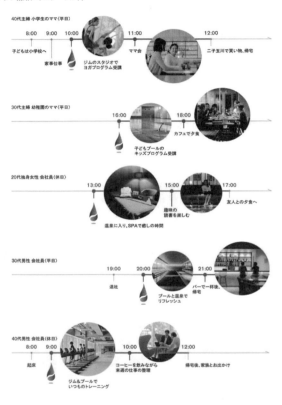

Aqua sports & spa

Hydrate your life をコンセプトにした、ライフスタイルを高める新しい形のメンバーシップクラブです。心から寛げるもうひとつの邸宅として、細部までこだわった施設、サービス、プログラムで潤いある日常を提供します。

■施設概要
開館日：2016年6月1日
住所：東京都世田谷区瀬田 4-15-1
営業時間：（月〜金）10：00〜23：00　（土）9：00〜22：00　（日）9：00〜20：00
休館日：第2火曜日、年末年始、年次点検
規模：地上5階地下1階　延床面積　約6,700㎡
施設：プール、ジム、天然温泉、スパ、クラブハウス、カフェ
www.aquasportsspa.com

【ご掲載いただく際のお問い合わせ先】
Aqua sports & spa メンバーリレーションズ
〒158-0095 東京都世田谷区瀬田 4-15-1
Tel： 03-3707-8211
E-mail： info@aquasportsspa.com

【メディアの方からのお問い合わせ先】
PR代理店　キャンドルウィック株式会社
担当/鈴木、橋爪　　press@candlewick.co.jp
Tel： 03-6455-5820
Fax： 03-6455-5821

CASE 3

山見博康の推奨 3（スリー）ポイント

（株）Aqua sports & spa

Yes 01 3ページ通して一連のアート作品のごとし。眺めればクラブライフの佳麗さ、心身の静穏さなどを感じ、楽しい気分に浸りたくなる。穏やかで気品ある表現は接遇の細やかさと優しさに通じる。

02 1ページ目のレイアウト図は、それぞれに写真を付与していて多様性を感じさせる好アイデア。2ページ目は活用法を年代別・生活別に独創的イラスト＆写真にて流麗に例示。魅力を倍加させている。

But 03 当然質問される資格や料金体系、募集人員等の記載の必要あり。3ページ目余白を全体で活用したい。クラブ全景写真、好位置を示す地図、運営会社概要など、もっと豊富な情報提供が記者に喜ばれる。

CASE 4

山見博康の推奨 3（スリー）ポイント

旭化成（株）

Yes 01 見ているだけで楽しい気分にさせてくれる秀作！ 独特なネーミングや説明文の奔放さと明快さに率直で風通しの良い社風を感じる。各項目「段落＋小見出し」でしっかりと仕切られているためひと目での理解を促す。

02 独創的レイアウトで伝えたいことを視覚的に、しかも細やかに表現する工夫に天性の思いやりを見る。特に箇条書きでの5つの特長表現や写真だけでの5つのオススメは稀なアイデア。

But 03 「今後の方針」として売上見通し等将来戦略を明記し、経営の強い意志を吹き込むと記者の心に響く。また、2015年の当社調べで満足度92.2%を誇るが、さらに7.8%の改善を目指したい。

News Release **AsahiKASEI** 旭化成ホームプロダクツ

2016年7月5日
旭化成ホームプロダクツ株式会社

サランラップ® に書いて気持ちを伝えよう！ 新しいコミュニケーションツール誕生
「サランラップ® に書けるペン」

2016年7月 5日（火）から 一部のECサイト・店頭販売開始
2016年8月20日（土）から 全国販売開始

旭化成ホームプロダクツ株式会社（本社：東京都千代田区、代表取締役社長：山﨑龍磨）は、サランラップ®にイラストやメッセージが書ける専用ペン「サランラップ®に書けるペン」を、2016年7月5日（火）から一部のECサイトと店頭で、また、同8月20日（土）から全国で販売いたします。

SNSなどのコミュニケーションツールが人気を集める一方で、温もりを感じるコミュニケーションを求める声も多く聞かれます。そこで、当社では新しいコミュニケーションツールとして、サランラップ®にイラストやメッセージが書けるペンを発売することになりました。

今回展開するのは、赤・青・黒・緑・黄・白の6色セットと、赤・青・黒の3色セット、緑・黄・白の3色セットの全3種類です。インクが透けずにイラストやメッセージがはっきり見えるため、カラフルにきれいに書くことができます。

小さなお子様向けにキャラ弁やデコ弁を作りたいけれどスキルや時間がない方、家族との食事時間が合わずコミュニケーション不足の方をはじめ、さまざまな用途にご利用いただけます。

商品概要

サランラップ® に書けるペン　　　サランラップ® に書けるペン　　　サランラップ® に書けるペン
6色セット　　　　　　　　　　　3色セット（赤・青・黒）　　　　　3色セット（緑・黄・白）
■希望小売価格（税抜）：980円　■希望小売価格（税抜）：540円　■希望小売価格（税抜）：540円

■発売日：2016年7月5日（火）から一部のECサイト・店頭販売開始、2016年8月20日（土）から全国販売開始
■販売チャネル：7月5日（火）からAmazon、LOHACO、爽快ドラッグ、東急ハンズ、LOFT等
　　　　　　　　8月20日（土）から全国のスーパー、ホームセンター、ドラッグストア等

ひとことメッセージ	おにぎりに	保存メモに

※サランラップ®は旭化成ホームプロダクツ株式会社の登録商標です。
※本リリース記載の希望小売価格は参考価格であり、再販売価格を拘束するものではありません。

商品特長

1. 透けないインク ◆ サランラップ®に書いてもインクが透けずきれいに見える

2. 嫌なニオイなし ◆ 水性インクなので、油性インク独特のツンとくるニオイがしない

3. 耐水性あり ◆ 水性インクなのにはじかず書けて、一度乾くと水に濡れてもインクが落ちない
＊一般的な水性インクでは、インクをはじいてしまいサランラップ®に定着しません

4. 電子レンジ加熱OK ◆ 加熱してもインクが溶けずに書いたときのまま
＊一般的な油性インクでは、電子レンジにかけるとインクが溶けることがあります

5. 安全性への配慮 ◆ 万が一、誤ってペン1本分のインクを経口摂取した場合でも有害な影響を与えるおそれのないインクを使用（このインクは食べられません）

使用満足度は約9割

モニター調査の結果、「サランラップ®に書けるペン」を使用した方々の満足度は、「満足した」「どちらかと言えば満足した」を合わせると92.2%でした。
※2015年3月当社調べ

- どちらかと言えば満足していない、2.3%
- 満足していない、0.5%
- どちらともいえない、5.1%
- 満足した、41.7%
- どちらかと言えば満足した、50.5%

(n = 216)

こんなシーンにもオススメ！

お弁当のデコレーション＆メッセージに

ホームパーティーに
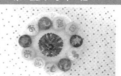

季節のイベントに

＜＜本件に関する読者からのお問い合わせ（掲載用）＞＞
旭化成ホームプロダクツ株式会社　お客様相談室
TEL：0120-065-402（土日祝を除く 9:30～17:00）
＜本件に関するお問い合わせ先＞
旭化成株式会社　広報室　　TEL：03-3296-3008

平成28年3月22日
朝日生命保険相互会社

新発売！ 認知症専用介護保険！

5年ごと利差配当付認知症介護終身年金保険(返戻金なし型)
5年ごと利差配当付認知症介護一時金保険(返戻金なし型)

ご加入後も万全のサポート！ ＋ **保険金等の確実な支払体制の構築！**

シニアにやさしいサービス				
ご契約内容ご家族説明制度	指定代理請求特約(2016)	業界初※ 診断書取得代行サービス	わかりやすい手続書類	介護あんしんサポート

※平成28年2月現在　当社調べ

＜認知症保険の発売＞

朝日生命保険相互会社（社長：佐藤 美樹）は、平成28年4月4日より公的介護保険制度の要介護1以上と認定かつ所定の認知症となったときに、年金または一時金をお支払いする「認知症介護終身年金保険(返戻金なし型)」「認知症介護一時金保険(返戻金なし型)」を発売します。

当社では、平成24年に支払事由が公的介護保険制度と完全連動した「あんしん介護」を発売し、シンプルでわかりやすい仕組みでお客様にご好評をいただいております。

今般、「あんしん介護」をバージョンアップし、介護の中でも負担の大きい認知症に特化して保障する介護保険を開発し、介護への不安に対し、より万全の備えをしていただくことができるようになりました。

※「認知症介護終身年金保険(返戻金なし型)」「認知症介護一時金保険(返戻金なし型)」を付加した当社の主力商品「保険王プラス」を「あんしん介護 認知症保険」と呼称します。

＜「シニアにやさしいサービス」の提供＞

認知症保険の発売にあわせて、「シニアにやさしいサービス」を提供し、ご加入時だけでなく、保険期間の満了・お支払い時まで、お客様にご安心いただける体制を強化します。中でも「診断書取得代行サービス」は、「保険金・給付金の請求にあたって書類を準備する手間を減らしてほしい」とのお客様の声にお応えするもので、要介護認定されたお客様を対象として、介護保険金や給付金のご請求の際に必要となる医療機関の診断書を、無償で当社が取得代行する業界初のサービスです。

> このニュースリリースは、保険商品の概要を説明したものであり、保険募集を目的としたものではありません。詳細につきましては、「商品パンフレット」「ご契約のしおり-定款・約款」をご覧ください。

朝日生命保険相互会社

Ⅰ.あんしん介護 認知症保険

「あんしん介護 認知症保険」の特長

①認知症専用の介護保険!
通常の介護と比べ、身体的・精神的・経済的に負担の大きい認知症に特化して保障する商品です。認知症介護の場合に発生する追加の費用負担に備えることができます。

②公的基準に連動した支払事由!
公的基準(「公的介護保険制度」および「認知症高齢者の日常生活自立度判定基準」)に連動したわかりやすい支払事由です。

③要介護1以上の認定で保険料払込免除!
所定の認知症に該当しない場合でも、公的介護保険制度の要介護1以上に認定されると以後の保険料の払込みが免除になります。

④受取タイプは2種類!
お客様のニーズに合わせ、年金タイプ・一時金タイプを選択することができます。
(両方ご加入いただくこともできます。)

1.「あんしん介護 認知症保険」発売の背景

認知症患者数は全国で517万人(平成27年)と推計されており、平成37年には、675万人に達し(図①)、**65歳以上の約5人に1人を占める**＊と見込まれています。
また、認知症介護の場合、常時付き添いが必要となる場合も多く、公的介護保険制度の利用限度額を超えてサービスを利用せざるを得ないケースもあります。そのため、利用限度額を超えて全額自己負担となる費用が発生します。重度の認知症の場合、要介護度に関わらず、年間約60万円もの追加費用がかかります。(図②)
こうした状況を踏まえ、認知症の方に付き添うための費用に備えていただける、「認知症介護終身年金保険(返戻金なし型)」「認知症介護一時金保険(返戻金なし型)」を発売いたします。

＊「認知症施策推進総合戦略(新オレンジプラン)」(厚生労働省社会保障審議会資料 平成27年1月)

図① 【認知症患者数】

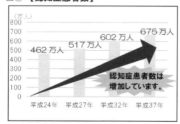

※「認知症施策推進総合戦略(新オレンジプラン)」
　(厚生労働省社会保障審議会資料 平成27年1月)
※有病率が一定の場合の将来推計人数

図② 【在宅介護にかかる費用(年間)】

※「在宅介護にかかる総費用・時間の実態(公益社団法人家計経済研究所)」「平成25年度 介護保険事業状況報告(厚生労働省)」「平成24～25年度 認知症者の生活実態調査結果(厚生労働省)」のデータに基づく当社推計

朝日生命保険相互会社

山見博康の推奨 3(スリー)ポイント

朝日生命保険相互会社

Yes 01 まず最初に真っ赤な字で目を引き、幅広いタイトル部分で内容豊かに把握できる完璧さが基盤になる。「独創的レイアウト！」のキーワードを地で行く優れたアートで感銘深し。

02 最も伝えたい特長4つをビジュアル化するために枠で囲み、カラーと枠で浮き立たせた小見出しと箇条書きとは念が入る。さらに最下段にぞっとさせる数字をグラフと図でカラフルに一目瞭然に工夫している。

But 03 保険内容と需要拡大はよくわかったが、売上やシェアを今後いかにどこまで拡大するのかを示したい。目標と戦略なき志に入魂ならずなり。

山見博康の推奨 3(スリー)ポイント

アンリツ（株）

Yes 01 「業界初！」と強いインパクトを与える。最も報せたい自慢の新製品を説明の前にまず見せるのは、自分の子供と同じ心境。リード部の後、論理的に詳しく説明し、最後に業界用語を解説しているのも良い。

02 段落ごとに小見出しを付けたのはわかりやすい。さらに特長を箇条書きにして一目瞭然にし、今回の開発の肝をカラーイラストにて図解して技術的裏付けを明確に示したのは誇らしい。

But 03 読みにくい表記にはルビ、素人向けに優しい説明、テスト概要を図示する等を工夫すると記者の手間を省く。対象市場ごと、および全体需要の見通しを示し、売上数を含む「今後の方針」にも言及し、経営の意志をあらわすことが望ましい。

業界初、最大 64 Gbaud の PAM4 信号により、56 Gbaud PAM4 BER テストを実現

MP1800A シリーズ 56 Gbaud PAM4 BER テストソリューションを販売開始

アンリツ株式会社（社長 橋本 裕一）は、シグナル クオリティ アナライザ MP1800A シリーズで 56 Gbaud PAM4 BER テストソリューションを開発。2016 年 10 月 31 日より販売いたします。

今回開発した 64 Gbaud PAM4 DAC[※1] G0374A は、次世代 400 GbE[※2]規格で審議されている 53.125 Gbaud[※3] PAM4[※4]伝送に対応し、最大 64 Gbaud-rate の高品質 PAM4 信号発生が可能です。MP1800A シリーズと組み合わせて使用することで、業界で初めて 56 Gbaud NRZ[※5]/PAM4 BER[※6]測定を実現。これにより、400 GbE の評価で必要となる 53.125 Gbaud BER 測定を実現します。

[開発の背景]

データ通信トラフィックの増大により、サーバやネットワーク機器の通信速度のさらなる高速化が検討されています。次世代イーサネット規格の 400 GbE では、シンボルビットレートの高速化、多レーン化に加えて、PAM 変調方式によって単位時間あたりの伝送量をアップさせる方式が採用されます。PAM4 信号はこれまでの NRZ 信号に対し、単位時間あたり 2 倍の情報を扱うことができますが、低消費電力化や S/N 比向上などの技術的な課題の解決が必要になっており、そのテストについては、より高品質な信号源と、高入力感度測定が求められています。

そこでアンリツは、シグナル クオリティ アナライザ MP1800A シリーズのアクセサリーパーツとして、64 Gbaud PAM4 DAC G0374A を開発しました。

G0374A を使用することにより、MP1800A シリーズで、400 GbE 53.125 Gbaud BER 測定が行えます。

アンリツは、業界で唯一 56 Gbaud NRZ/PAM4 BER 測定を実現できるソリューションを提供することにより、次世代通信規格の研究・開発に貢献いたします。

[G0374A と MP1800A シリーズによる PAM4 BER テストの概要]

シグナル クオリティ アナライザ MP1800A は、プラグインモジュール形式の BERT(Bit Error Rate Tester)であり、32G マルチチャンネル PPG モジュールにより、最大 8ch までの同期信号発生が可能です。

G0374A は、MP1800A シリーズのアクセサリーパーツです。28G/32Gbit/s PPG MU183020A と組み合わせることで、扱いが容易なハーフレート 32 Gbit/s NRZ 信号を変換して、最大 64 Gbaud NRZ/PAM4 方式の信号発生が可能です。さらに、56G/64Gbit/s DEMUX MP1862A と 28G/32Gbit/s High Sensitivity ED MU183040B を組み合わせて、高 Baud-rate PAM4 信号の BER 測定を実現します。

また、G0374A を使用することにより、MP1800A シリーズを容易かつ低コストで、400 GbE の評価で必要となる BER 測定器に拡張できます。

[主な特長]
・最大 64 Gbaud の広帯域 PAM4 信号発生と BER 測定が可能
・PAM4 信号でのジッタ耐力試験が可能
・低出力ジッタ 300 fs(RMS)高品質データ出力と高入力感度性能 25 mV を実現
・32G bit/s PPG, ED のマルチチャンネル同期機能と優れた拡張性

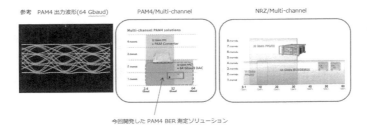

今回開発した PAM4 BER 測定ソリューション

[対象市場・用途]
- 対象市場：ハイエンドサーバ、通信機器、光トランシーバ
- 用途：高速電子デバイス、光デバイス、光トランシーバモジュールの研究・開発

[用語解説]
[※1] DAC: Digital to Analog Converter
デジタル/アナログ変換器。
[※2] 400 GbE
IEEE802.3bsで検討されている次世代イーサネット規格。1秒間に400ギガビットのデータを伝送。
[※3] Gbaud：Giga baud
baudは変調レートの単位。単位時間あたりの変調の回数として定義。
[※4] PAM: Pulse Amplitude Modulation
振幅変調により伝送容量を向上させる方式。
[※5] NRZ：Non Return to Zero
デジタル信号を伝送する方式。
[※6] BER: Bit Error Rate
ビット誤り率。ランダムに伝送したデジタルデータを復調した際の誤りデータの比率。

お客様からのお問合せ先
アンリツ株式会社
XXX営業本部　営業推進部
TEL：xxx-xxx-xxxx/ 0120-xxx-xxx（フリーダイヤル）
E-mail　：XXX@xx.anritsu.co.jp

NewsRelease

岩谷産業株式会社 広報部

2016年7月29日

煙を少なく抑えるカセットガスの焼肉グリル
『カセットガス・スモークレス焼肉グリル"やきまる"』を新発売
特許申請の独自構造で快適な室内焼肉を提案します。

岩谷産業株式会社(本社:大阪・東京、社長:野村雅男、資本金:200億円)は、焼肉時の煙の発生を少なく抑制する構造のカセットガス式焼肉専用グリル"やきまる"を、8月29日より新発売します。カセットガスの直火ならではの焼き能力の高さを活かしつつも、二つの要素で焼肉時の肉の脂が煙化することを抑制します。大手総合スーパーやホームセンター、電気量販店などを中心に販売し、年間販売数は3万台を目標としています。

弊社が行なったインターネットアンケート調査では、「焼肉が好き、もしくはまずまず好き」と回答した人は全体の約9割強を占めますが、マンション世帯の増加や住宅の高気密化に伴い、室内に煙がこもるような焼肉は敬遠されがちで、約8割の人は煙が気になると回答しています。

そこで当社は、焼肉というメニューは好きだが煙が気になり控えがちであるというご家庭に、煙を出来る限り気にせず手軽に焼肉を楽しんで頂けるよう、煙の少ない焼肉グリルを開発しました。

焼肉時の煙の発生を抑制する二つの要素とは、1)肉の脂が炎にあたらないようにすること、2)肉の脂が高温化して煙化しないようにすること、です。この二つの要素について、構造面と熱コントロール面において従来からの知見に加えて新しい発想を取り込むことで、従来にない新商品に結実することができました。(特許申請中)

コンパクトサイズで取り扱いやすく、焼き肉好きの多くのご家庭でお役に立てると考えています。

《本資料に関するお問い合わせ先》
　　岩谷産業株式会社　東京本社　広　報　部
《商品に関するお問い合わせ先》
　　岩谷産業株式会社　東京本社　カートリッジガス本部

(添付資料1頁、有)
(添付資料)

Iwatani

（添付資料）

『カセットガス・スモークレス焼肉グリル"やきまる"』の特徴

1、<u>炎の上に肉の脂を落さないことで煙を抑制</u>

　プレートからスムーズに脂が水皿に落ちるよう以下のような構造的工夫を施しています。
- ・脂の通り道をつくる
- ・脂が落ちやすいすきまをつくる
- ・脂が炎にかからないようにプレート裏側にガイドをつくる

2、<u>焼き面の温度を約210～250℃にコントロールして煙を抑制</u>

　脂は約250℃を超えて高温化すると煙化します。かといって低温では焼肉は美味しくできません。以下の工夫で直火ながらも約210～250℃に焼き面をコントロールしています。
- ・バーナーと焼き面の間に適度に熱がこもる構造にして、バーナーの火力を出来る限り弱くしました。こうすることで、熱の立ち上がりの速さは維持しつつ、焼き面は一定以上に高温化しないという熱バランスを実現しました。

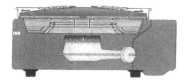

3、<u>手軽な使い勝手</u>
- ・小型・軽量・コンパクトサイズで、卓上でも収納でも場所をとりません。
- ・焼き面はフッ素コートで、焦げ付きにくくお手入れがカンタンです。

●主な仕様

品名	カセットガス・スモークレス焼肉グリル『やきまる』
品番	CB－SLG－1
製品寸法・重量	幅303×奥行278×高149㎜、約2.0kg
最大発熱量	1.0KW（900kcal/h 相当）
最大火力連続燃焼時間	約3時間37分（イワタニカセットガス1本使用時）
メーカー希望小売価格	オープン

CASE 7　山見博康の推奨 3 ポイント

岩谷産業（株）

Yes 01 「特許申請」とタイトルで謳い、名は体を表す特徴そのままのネーミングが興味を惹く。その写真がすぐ目に飛び込んでくるビジュアル感あるレイアウトは独創性がある。

02 説明も適切でわかりやすい。特に、2ページ目で個々の3つの特徴に番号を付けて小見出しにしている上、各々の特徴を簡潔丁寧な言葉で、箇条書きで並べたのは手本になる。

But 03 リード部の年間販売目標3万台は初年度だとすると、3年後も聞かれる。単価は必ず質問され、売上目標額も関心事となる。同類商品分野の需要やシェア等をグラフ化するのも一案。

CASE 8　山見博康の推奨 3 ポイント

NTN（株）

Yes 01 冷静なタイトルだが、リード部や本文をよく読むと画期的な新しい製品であることがわかる。「ハイブリッド」という旬の言葉を使っていて、商品への想いと幅広い活躍への期待を感じる。

02 2～3ページ目は、写真とイラストを効果的に配置し、かつ特長などが短文の箇条書きで構成されていてわかりやすい。特に技術的に難しい風力の説明をイラストで素人にも理解できるようにした工夫は親切。

But 03 タイトルに「〇%静粛性向上」「世界一」等の数字がほしい。1ページ目の各段落に「小見出し」で一目瞭然に！　当然聞かれる当面の目標を加えた【販売目標】をその上5行を含み【今後の方針】に！

News Release

NTN株式会社
〒550-0003 大阪市西区京町堀1丁目3番17号
TEL: 06(6443)5001
http://www.ntn.co.jp

報道関係各位

2016年7月26日
ＮＴＮ株式会社

静粛性の高いハイブリッド街路灯の販売開始

　NTN株式会社(以下、NTN)は、風力と太陽光の2つの自然エネルギーで発電した電力をバッテリーに充電し、夜間にLED照明を自動点灯するハイブリッド街路灯の販売を2016年7月より開始しました。

　市場では、風力と太陽光の2つの自然エネルギーを利用する、より発電能力の高い街路灯が求められていますが、住宅地や公共施設等では高い静粛性が要望されており、翼の風切り音による騒音が問題となっています。

　NTNのハイブリッド街路灯では、独自の翼形状を持つ垂直軸風車を採用、風切り音の発生を抑え、高い静粛性を実現しました。NTN独自の肉厚の翼形状と、翼先端に設けたウィングレットで、翼先端部での空気の剥離と渦乱流の発生を防ぎ、「優れた静粛性」を創出しています。

　加えて、垂直翼の採用によりどの方向から風を受けても、風の力を最大限に引き出すことができ、ロスの少ない「高効率発電」がNTNハイブリッド街路灯の特色です。

　静粛性に優れたハイブリッド街路灯は、公園、学校などの公共施設、バス停、駐車場、商業施設や災害避難場所など地域社会に密着した様々な場所で活躍します。付属バッテリーは満充電状態で5日間分の照明用電力を補い、災害時の非常用電源としても使用することが可能で、また翼や支柱の配色についても、景観保護への配慮やお客様の希望に対応します。

　NTNハイブリッド街路灯は、本年5月に開催された伊勢志摩サミットのメディアセンターとなった三重県営サンアリーナなどに設置され、地域を照らす照明として使用いただいています。

　さらに、電気パネルを付設して広告塔として活用するなど、追加オプション機能の商品化も進め、機能と用途の幅拡げを推進します。

　NTNは、自然エネルギーの活用による低炭素化社会の実現に向け、ハイブリッド街路灯に続き、マイクロ水車や小形風車の商品化を進めており、自然エネルギー分野における事業化を推進してまいります。

【販売目標】
　15億円／2025年

【お問い合わせ先】
　自然エネルギー事業部　事業推進部　0594-33-1256

News Release

NTN 株式会社
〒550-0003 大阪市西区京町堀1丁目3番17号
TEL: 06 (6443) 5001
http://www.ntn.co.jp

【特長】
① 独自の翼形状の採用 → 風を逃さず、効率的な発電。
　　　　　　　　　　　　強風時でも、風切り音がほとんど無く極めて静か
② 風向制御が不要 → 垂直軸風車によりどの方角から吹く風も受け止める
③ 風力と太陽光のハイブリッド発電 → 昼間の無風時には太陽光、夜間は風力で発電

ハイブリッド街路灯　外観

ハイブリッド街路灯　上部

点灯状況

【仕様】

風力発電機	定格出力	0.2kW
	ロータ直径	0.8m
	翼長	1.2m
	風車形式	垂直軸
	ブレーキ	電気式
	耐風速	60m/s（最大瞬間風速）
ソーラー発電機	定格出力	90W
外観	デザイン	オプション例　参照(*)

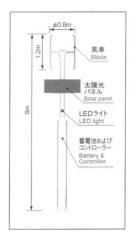

News Release

NTN 株式会社
〒550-0003 大阪市西区京町堀1丁目3番17号
TEL: 06 (6443) 5001
http://www.ntn.co.jp

(ご参考)

ウィングレットによる風の流れを制御し、翼端の乱流を防止、
更に肉厚の断面形状により優れた静粛性を実現

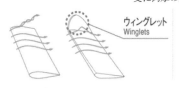

ウィングレット
Winglets

ウィングレット
翼端の渦・乱流発生を防止し、
優れた静粛性を実現

翼の断面形状
膨らんだ面に沿ってスムーズに空気が流れ、抵抗になることなく、また、乱流も発生させないので、優れた静粛性が実現される。

(＊)オプション例
・LEDライトの変更とベンチを追加することが可能
・環状のLEDを採用することで木漏れ日を再現
・他にUSB対応、Wi-Fi機能、防犯カメラ、広告や
　周辺案内の電気パネルなどの追加オプションを検討中

環状LED

ベンチ

環状LED
例：木漏れ日のイメージ

リリースに関するお問い合わせ：
NTN 株式会社　広報・IR 部
TEL:06-6449-3579　FAX:06-6443-3226

株式会社　カインドウェア
〒101-0031　東京都千代田区東神田2-2-5
TEL　03-5821-7893　FAX　03-5821-7873

2015年3月30日発信

～楊柳素材でさらさらと着心地が良く・大きめ釦で着脱が簡単なパジャマが登場！
『軽やかパジャマ　楊柳大きめ釦（婦人）』販売します

ヘルス＆ケア関連商品の企画・開発・製造卸売・介護サービスを扱う株式会社カインドウェア（東京都千代田区、代表取締役会長　渡邊　喜雄）では、全国の有名百貨店のヘルス＆ケア売場にて、「軽やかパジャマ　楊柳大きめ釦（婦人）」を販売致します。こちらの商品は、軽く肌触りの良い楊柳素材を使用し、大きめ釦で着脱が簡単な婦人用パジャマです。

■商品特徴■

●大きめ釦
大きめの釦なので、留め外しが簡単にできます。

●着心地の良い素材を使用
軽くさらさらとした肌に優しい楊柳素材を使用しているので、着心地が良いです。素材は、綿100％を使用し、化学繊維アレルギーの方でも着用していただけます。

●ゆったりとしたデザイン
ゆったりとした設計で、締め付けがありません。また、深めの股上になっています。

●袖口ゴム・ズボン裾ゴム入り
袖口・ズボン裾にゴムが入っており、ゴムの取替も可能。また、ズボンの腰ゴムも総ゴムになっており、取替が可能です。

●便利なポケット付き
小物を入れるのに便利です。

●明るい色彩
グリーンとピンクの2種類をご用意。

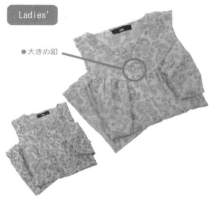

価格	¥8,200　+税
サイズ	M・L
カラー	グリーン・ピンク
素材	綿　100％
生産国	日本

■会社概要■
1. 代表者　：渡邊喜雄
2. 創業　　：1894年（明治27年）
3. 資本金　：1億円
4. 事業内容：ヘルス＆ケア関連商品の企画・開発・製造卸売・介護サービス

お客様からの問い合せ先
ＴＥＬ：0120-201-915
（カインドウェア
ヘルス＆ケア事業部
直通）

■この件に関するお問い合わせは下記連絡先までお願いいたします■
株式会社カインドウェア　マーケティング企画室　広報担当　甲斐　里美（かい　さとみ）
TEL：03-5821-7892　　　FAX：03-3864-2918　　　E-Mail：mktg@kindware.co.jp
H.P.：http://kindware.co.jp/care/　Facebook：http://www.facebook.com/kindware/

CASE 9

山見博康の推奨 3（スリー）ポイント

（株）カインドウェア

Yes 01 額縁のアート！ 文字と図にも大小に濃淡を使い、カラフルな配色と箇条書きの簡潔表現に一見して優しさと思いやりを感じる。特に淡いピンクの使い方に婦人への気づかいが溢れる。

02 釦（ボタン）のレンズ拡大は妙案！ 上下イラスト各部へのきめ細やかな解説に、開発の苦心や行き届く配慮と湧き上がる熱意が垣間見え一度袖を通したい気にさせる。開発者の言葉がほしい。

But 03 「楊柳（ようりゅう）」と「釦」にルビ、加えて「楊柳」に注釈！ 業界・技術用語には「ルビ＆注釈・解説」を忘れずに。何としても理解を！ との熱い情熱と細やかな愛情が魂を吹き込む。

CASE 10

山見博康の推奨 3（スリー）ポイント

花王（株）

Yes 01 1ページ目では「段落＋小見出し」で詳細な説明がされていて、この分野における先駆者としての意気込みと情熱が感じられる。各段落でいくつか箇条書きにするとより理解が早くなるだろう。

02 2ページ目では技術的成果とその具体的エキスが、カラフルな図示によって明快に記述されていて興味をそそる。特に、毛髪の内部構造や詳細な技術解説では細やかな配慮が行き届いている。

But 03 40年以上の研究開発に関して時系列で主な成果と関連商品をビジュアルで示せば、パイオニアの証となり地位が高まるだろう。この革新的解明がどんな商品化に結び付きそうかわかればベスト。

花王株式会社 広報部

〒103-8210 東京都中央区日本橋茅場町1-14-10 TEL 03-3660-7041・7042 FAX 03-3660-7044 http://www.kao.com/jp/

＜発表資料＞
2015年8月4日　15054

日本人女性のしなやかな髪質の要因を科学的に解明
― しなやかな髪質は、表層は柔軟で内部は弾力がある二層状態 ―

花王株式会社（社長・澤田道隆）ヘアケア研究所は、日本人女性の美しく健康的な髪質について、様々な視点から調査・研究を行っています。

今回、日本人女性の髪の「しなやかな髪質」に着目し、「しなやかな動きのある美しさ」の要因を、これまで積み重ねてきた調査・研究知見をベースとして科学的視点から詳細に解析した結果、「毛髪表層は柔軟で毛髪内部は弾力がある二層状態の物理的性質を持つこと」がその一つであることを解明しました。

なお、今回の研究知見は、平成27年度繊維学会秋季研究発表会（2015年10月22〜23日）で発表する予定です。

【研究背景と成果】

花王では1975年以降、約40年にわたり、10代〜60代の日本人女性の髪質実態調査*1を実施しております。その中から、日本人女性の美しく健康的な髪の特徴の一つである「しなやかな髪質」に着目しました。

この髪質を先天的に保有する方とそうでない方のうち、特徴的な10人の毛髪を用いて、その内部構造を詳細に解析しました。その結果、蛍光染料による染め分け技術を駆使することで、「しなやかな髪質」の毛髪においては、表層付近にオルト構造を持つコルテックス細胞（繊維がスパイラルにねじれて並んだ細胞）*2、内部にパラ構造を持つコルテックス細胞（繊維が平行に並んだ細胞）*2が多く配された二層構造である特徴を見出しました。（図1）

先天的に「しなやかな髪質」の方の毛髪は、コルテックス細胞の構造の分布に偏り（二層構造）があることから、毛髪の表層と内部で物理的性質の違いがあり、このことが「しなやかな髪質」の要因ではないかと考えました。

そこで、後天的な変化（化学処理などのダメージ）がある一般的な実態毛まで範囲を広げて、「しなやかな髪質」の方と「しなやかでない髪質」の方のうち、特徴的な50人の毛髪を抽出して、その物理的性質の詳細な解析を進めました。その結果、『「しなやかな髪質」は、「表層は柔軟で内部は弾力がある二層状態」という物理的性質を持つこと』を解明しました。（※代表的な例を、図2に示します）

【花王のめざす「理想の髪質」を追究する研究】

花王は、美しく健康的な髪質について、40年以上の長きにわたり、延べ10万人以上の女性を対象とした髪質実態調査を通して、髪質の要因を解き明かす調査・研究に注力し、毛髪科学の研究と新しい技術の開発を積み重ねてきました。これまでに培ってきた長年の毛髪科学の研究の知見をベースとして、「しなやかな動きのある美しい髪」の要因を探り、日本人女性の毛髪の微細な内部構造及び物理的性質を広く詳細に解析し、今回の研究に至りました。

髪質は遺伝などにより人それぞれで異なり、さらに同じ人でも、毎日の洗髪・ヘアケア行動などの外的ストレスや、ホルモン・加齢変化などの内的ストレスによって変化します。今回得られた研究知見により、広く様々な性質の髪が、表層は柔軟で内部は弾力がある二層状態にすることで、「しなやかな動きのある美しい髪」に向かうという方向性が示されました。それを実現する一つの方法として、特定の有機酸を特定の条件で作用させることが有効であることも見出しております。

花王では、加齢にともなう髪質の変化も重要な研究テーマの一つであり、今後もヒト（意識・行動・髪質実態）と物質（健康で美しい髪質を保つ技術）の大きく二つの側面からの研究知見を深化・融合させて、髪質の本質を追究する研究に注力すると共に、元の髪質によらず、誰もが理想の髪質を実感できるための技術についても研究知見を積み重ねていきます。

図1　先天的に「しなやかな髪質」に特徴的な毛髪の内部構造

○毛髪断面の蛍光顕微鏡写真
先天的に「しなやかな髪質」の毛髪断面の代表例。
断面を切り出して、蛍光染料による染め分け後、観察。

（代表例の写真）　（構造模式図）　　（組織の特徴）

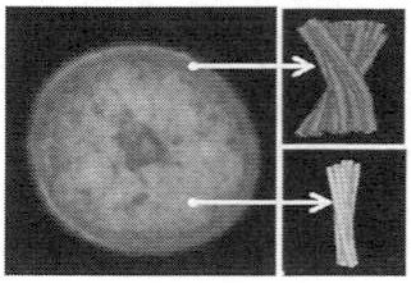

赤色に染色された組織：
オルト構造を持つコルテックス細胞
（繊維がスパイラルにねじれて並んだ細胞）

緑色に染色された組織：
パラ構造を持つコルテックス細胞
（繊維が平行に並んだ細胞）

＊コルテックス細胞は、内部にミクロな繊維を含む細長い細胞であり、その繊維の配列により「オルト構造」と「パラ構造」の二種類に分類されます。

*1　髪質実態調査
　　研究員（美容師を含む）による、髪のお手入れ・意識実態、
　　及び、毛髪径・硬さ・ダメージなどの物性測定を含む髪質調査。

*2　コルテックス細胞
　　毛髪を構成する三つの部位のうちの一つで、毛髪全体の約85%
　　を占め、しなやかさ・形・色・太さなどの性質に寄与する
　　コルテックスを構成する細胞。

毛髪の模式図
キューティクル　断面
コルテックス
メデュラ

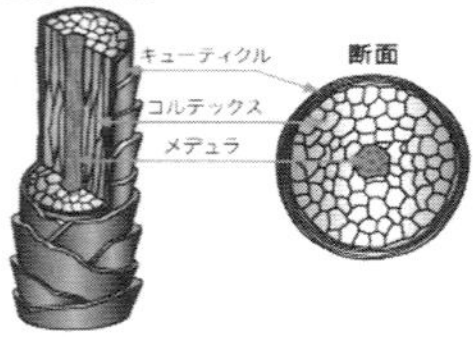

図2　「しなやかな髪質」に特徴的な毛髪内部の物理的性質（※代表的な例）

○毛髪の表層と内部の弾性率

表層：表面から5μm程度　　内部：表層より内側

（GPa）　　＊毛髪20本の平均値

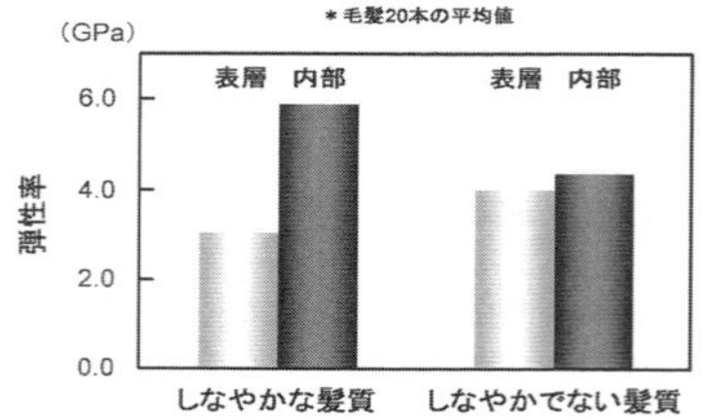

表層　内部　　　　表層　内部

6.0

4.0

2.0

0.0

しなやかな髪質　　しなやかでない髪質

（模式図）
柔軟性がある
弾力性がある

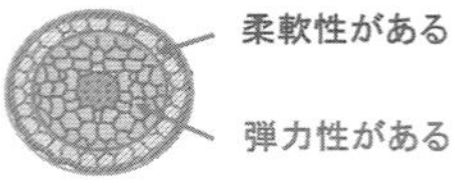

算出方法：通常の毛髪と、その表層を削ぎ落とした毛髪のそれぞれの弾性率を
　　　　　測定することで、表層と内部の弾性率を算出。

＊本資料は、重工記者クラブに配信しています。
＜お問い合わせ＞　花王株式会社　広報部　Tel.03-3660-7549

キッコーマン株式会社
コーポレートコミュニケーション部

News Release no.16009　　　　　　　　　　　　　　　2016年1月

いつでも開けたてのおいしさを！
食べるときに初めて2つのたれが混ざる個包装容器入り！
「キッコーマン わが家は焼肉屋さん W Rich(ダブル リッチ)」新発売！

　キッコーマン食品株式会社は、2月8日より、個包装容器入りで、いつでも開けたてのおいしさが味わえる「キッコーマン わが家は焼肉屋さん W Rich」を全国で新発売します。

　「わが家は焼肉屋さん」シリーズは、ご家庭で焼肉屋さんの味を楽しむことができる本格的な焼肉のたれです。
　焼肉屋さんの「もみだれ」のコクと「つけだれ」の風味をご家庭で味わっていただくために、焼肉のたれに最適なコクと旨みが豊かなしょうゆをベースに、本みりん、砂糖などを加えて「コクのある熟成だれ」をつくり、ごま油や果実・香味野菜を加えて豊かな風味に仕上げました。
　化学調味料、着色料、保存料などは使用していません。甘口・中辛・辛口の定番をはじめ、濃厚だれ、にんにくだれなど、お好みに合わせて使っていただけるように8種類の味を発売しています。
　今回発売する「わが家は焼肉屋さん W Rich」は、ディスペンパック（＊）を採用し、片手で簡単に手を汚さずに1皿分の焼肉のたれをお皿に出すことができます。味のタイプは「中辛」「濃厚」「塩だれ」の3種類です。それぞれ、"ベースのたれ"と"香りのたれ"が別に入っています。食べるときに初めて2つのたれが混ざるので、いつでも開けたてのおいしさと香味野菜の香りを楽しむことができます。

■商品特徴

商品名	わが家は焼肉屋さん W Rich 中辛	わが家は焼肉屋さん W Rich 濃厚	わが家は焼肉屋さん W Rich 塩だれ
商品画像			
ベースのたれ	しょうゆ・みりんをブレンドし、焼肉専門店と同じ製法で作ったコクの熟成だれ	うまみのあるしょうゆと長期熟成味噌をブレンドしたコク深い熟成だれ	香味野菜・レモン・あらびき胡椒でさっぱりした塩だれ
香りのたれ	りんご・レモン・にんにくなどの果実や香味野菜の薬味だれ	りんご・桃・しょうが・にんにくなどの果実や香味野菜の薬味だれ	レモンピールのさわやかな香りの特製オイル
容量	22g×6個入り	22g×6個入り	21g×6個入り

■五感で楽しむ3ステップ

【1】パキっと割る → 【2】2つのたれが混ざる → 【3】開けたてのおいしさ！

　1袋に1皿分×6個入りなので、人数やシーンに合わせてお使いいただけます。ご家族で食べる時間が異なる場合も、いつでも開けたてのおいしさが楽しめます。また、お好みの味を選んで、それぞれが好きな味を楽しむことができます。持ち運びもできるので、ご家庭だけではなく、お弁当やバーベキューなど、幅広いシーンでお使いいただけます。

　（＊）「ディスペンパック」は、アメリカで開発された小容量ポーションパック（1人前に小分けされた容器）です。片手で開封できる、手を汚さないなどの特徴があり、高齢者の方にも使いやすいユニバーサルデザイン容器として注目されています。現在、主にコンビニエンスストアやレストラン、給食などで使用されています。

記

1．品名及び荷姿、価格

（単位：円　消費税別）

品　　　　名	容量・荷姿	希望小売価格 1袋あたり
キッコーマン　わが家は焼肉屋さん　W Rich　中辛	132g ディスペンパック×8×2	280
キッコーマン　わが家は焼肉屋さん　W Rich　濃厚	132g ディスペンパック×8×2	280
キッコーマン　わが家は焼肉屋さん　W Rich　塩だれ	126g ディスペンパック×8×2	280

　※上記の希望小売価格は、あくまで参考価格で、小売業の自主的な価格設定をなんら拘束するものではありません。

2．発売時期　　　　　　　　２０１６年２月８日
3．発売地域　　　　　　　　全　国
4．消費者お問い合わせ先　　キッコーマンお客様相談センター　TEL 0120-120358

以上

CASE 11 山見博康の推奨3ポイント

キッコーマン（株）

Yes 01 商品パッケージとその特徴が枠内に収められ、2つのたれの味に対する多彩な食べ方とその解説の詳しさに濃厚な旨さが凝縮している。

02 おいしい食べ方をプロセスと写真で順々に説明、つい食欲をそそる。その具体的で細やかな味の表現が開発者の思いやりの深さと商品に懸ける情熱の高さを示している。

But 03 この商品の戦略的狙い、将来への展望が「今後の見通し」の小見出しで表明されると単なる新発売！から、販売戦略のニュースリリースに昇格、経営の記事にもなるだろう。

CASE 12 山見博康の推奨3ポイント

近畿日本鉄道（株）

Yes 01 ロマンを感じさせる命名が真骨頂。本文は「段落＋小見出し＋箇条書き」を徹底して貫き、必要な項目も網羅している。そこに一切の妥協がなくわかりやすさを極めている。車両内外の写真も良い。

02「青の交響曲」車両の内外観に加えて、車両全体図を掲載したのは秀逸。しかも、個々のレイアウトに関し吹き出しなどでコメントしている姿は、顧客志向第一の精神が感じられる。

But 03「青」と命名の由来である観光地遺産や神社仏閣等の写真も多く見せよう。運行開始日に式典を開催、今から何か興味を惹く募集を仕掛けると新しい独自のニュースネタになるだろう！

KINTETSU NEWS RELEASE

近畿日本鉄道株式会社　秘書広報部
〒543-8585　大阪市天王寺区上本町6丁目1-55

平成28年2月17日

～ゆったりとした時間を楽しむ、上質な大人旅へ～
南大阪線・吉野線観光特急「青の交響曲(シンフォニー)」が平成28年9月10日デビュー！

　近鉄では、南大阪線・吉野線沿線に注目を集め観光振興を図るため、大阪阿部野橋駅・吉野駅間において「上質な大人旅」をコンセプトとする観光特急の運行を計画しています。
　このたび、この観光特急の名称、運行開始日および運行ダイヤが決定しましたのでお知らせします。詳細は別紙の通りです。

1. 名称　　　　「青の交響曲(シンフォニー)」

　南大阪線・吉野線は、「あべのハルカス」が立地する大阪阿部野橋駅と、桜の名所吉野山の玄関口である吉野駅を結び、沿線には、日本遺産に指定された「明日香村」、世界遺産「紀伊山地の霊場と参詣道」として登録された「金峯山寺」をはじめとする由緒ある神社仏閣、美しい自然景観を誇る「みたらい渓谷・洞川温泉」やワイナリー・地酒蔵元・フルーツの名産品など、様々な観光資源に溢れています。
　この沿線を「青色の列車」が走り、魅力的な観光資源と調和し響きあうことをイメージして命名しました。沿線自治体や観光関係者のみなさまと連携し、「上質な大人旅」を提供したいと考えています。

名称ロゴ

2. 運行開始日　　平成28年9月10日（土）

3. 運行ダイヤ

大阪阿部野橋駅発　→　吉野駅着	吉野駅発　→　大阪阿部野橋駅着
（1便）10時10分→11時26分	（2便）12時34分→13時51分
（3便）14時10分→15時26分	（4便）16時04分→17時22分

・1日4便、2往復。水曜日運休。
・本年3月19日（ダイヤ変更日）から9月9日までの間および9月10日以降の
　「青の交響曲(シンフォニー)」運休日は、同ダイヤを一般特急車両で運行します。

外装（イメージ）

ラウンジスペース（イメージ）

1

別　紙

南大阪線・吉野線観光特急「青の交響曲(シンフォニー)」の概要

1．名称　　　「青の交響曲(シンフォニー)」
　　　　　　　（名称の公募結果について）
　　　　　　　　３，８９５件もの応募をいただき、ありがとうございました。
　　　　　　　「青の交響曲(シンフォニー)」は、応募案を参考に当社で考案しました。最優秀賞は該当者なしとなったため、代替の賞品として、参考にさせていただいた応募案をご提案いただいた方の中から抽選で１０名様に近鉄グループ商品券（２万円分）を進呈します。
　　　　　　　　また、近鉄賞として応募された方の中から抽選で１０名様に近鉄グループ商品券（１万円分）を、感謝賞として抽選で５０名様に近鉄鉄道グッズを進呈します。当選者の発表は、賞品の発送によって代えさせていただきます。

2．運行開始日　平成２８年９月１０日（土）

3．運行ダイヤ

大阪阿部野橋駅発　→　吉野駅着	吉野駅発　→　大阪阿部野橋駅着
（１便）１０時１０分→１１時２６分	（２便）１２時３４分→１３時５１分
（３便）１４時１０分→１５時２６分	（４便）１６時０４分→１７時２２分

・１日４便、２往復。
・本年３月１９日（ダイヤ変更日）から９月９日までの間は、同ダイヤを一般特急車両で運行します。

4．運行日　　　週６日運行
　　　　　　　・水曜日運休。祝日など運行する日もあります。（詳細は別表のとおり）
　　　　　　　・運休日は、同ダイヤを一般特急車両で運行します。

5．車両概要
（１）車両編成　１６２００系　３両１編成、定員６５名（全席座席指定、全車禁煙）
　　　　　　　　一般車両（６２００系）を改造

（外装・レイアウト、イメージ）

PRESS RELEASE

配付先:大阪機械記者クラブ、農政クラブ

For Earth, For Life
Kubota

平成 28 年 4 月 27 日

報道関係各位

株式会社クボタ

業界初!「直進キープ機能付田植機」を新発売
～GPSを搭載した直進時自動操舵機能付田植機を市場投入し担い手農家を支援～

当社は、業界初となるGPS(全地球測位システム)を活用した田植機『直進キープ機能付田植機』を発売します。『ファームパイロット(Farm Pilot)』シリーズと称したGPS農機第一弾として、直進時に自動操舵できる機能を搭載しました。規模拡大を図る担い手農家の経営課題を力強くサポートし、日本農業を支えてまいります。

記

【商 品 名】　クボタ乗用形田植機
　　　　　　　ファームパイロット(Farm Pilot)シリーズ
　　　　　　　ラクエル「EP8D-GS」(8条植)

　　　　　　　※画像は EP8D-F-GS　(F:粒状側条施肥仕様)

【発 売 日】　平成 28 年 9 月 1 日

【形式と価格】

型式名	条数	希望小売価格(税込)
EP8D-GS	8条植	3,922,560 円～

EP8D-F-GS (8条植)

【販売目標】　初年度 500 台

【開発の狙い】
・日本農業は高齢化による離農や委託の増加により、担い手農家への農地集約と規模拡大が一層加速しています。
・また規模拡大を図る上で、担い手農家は人員の確保が必要になりますが、農家の減少や高齢化により、熟練した技術・技能を持った人員の確保が困難になっています。
・特に田植えは、稲作基幹作業の中でも高い精度が求められ、熟練した技術・技能が必要になります。
・このような市場環境の変化の中、当社ではGPSを利用して農業の高能率化や高精度化、低コスト化、省力化に寄与することを目的とした農機を市場投入する方針を掲げています。
・その第一弾としてこの度、未熟練者の方でも簡単に真っすぐ田植えができる「直進キープ機能付田植機」を発売します。

【主な特長】
1. 真っすぐ田植えができる「直進キープ機能」を搭載
　・高い精度が求められる田植え作業において、未熟練者の方でも簡単に真っすぐ田植えができます。
　・熟練者の方にとっても直進操舵のストレスから解放され、作業負担が軽減されます。

2．「安心サポート機能」を搭載
・直進キープ時も手動ハンドル操作を優先しますので、咄嗟の判断が必要な時には操舵が可能です。
・あぜへ接近すると、手前でブザーが鳴ります。さらに近づくとエンジンが停止し、あぜへの衝突を防止します。
・圃場外では「直進キープ機能」が入らない設定になっており、誤使用を防止します。

3．多搭載予備苗台（レール8枚、段積8枚）
・通常の田植機よりも苗を多く搭載できるので、あぜからの補給回数を少なくでき、また苗を補給する際の補助者の省人が可能です。

【直進キープ機能操作について】
一工程目で直進方向の基準線（始点・終点）を「基準登録スイッチ」で登録します。
次工程からは「GSスイッチ（直進キープスイッチ）」を押すだけで、基準線に対して自動的に平行走行します。

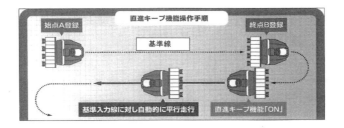

以　上

【製品に関するお問い合わせ先】　アグリソリューション推進部（TEL：06-6648-3938）

＜リリースに関するお問い合わせ先＞
　株式会社クボタ　コーポレート・コミュニケーション部
　　広報室　TEL：06-6648-2389　／　東京広報室　TEL：03-3245-3052

CASE 13 山見博康の推奨 3ポイント

（株）クボタ

Yes 01 「業界初！」の新製品と、タイトルやリード部に意気込みを感じる。しかも新機能搭載第一弾の自信作を早く見せたいとすぐ写真を掲載したのは、常に顧客要望を満たそうとの意欲の表れ。

02 本文は「段落＋小見出し＋箇条書き」の鉄則通り申し分なし。知りたいことを網羅するのは「質問予測力」が旺盛な証拠。特に直進キープの謎を操作手順のイラスト化によりビジュアルに示したのは良い。

But 03 販売目標をいかに達成するか、戦略の一端を披歴すると、より経営に好影響を与えようとする経営者の意志が見える。そのために、この分野の需要や実績、シェア数字などのデータが必要になる。

CASE 14 山見博康の推奨 3ポイント

クリーン・ブラザーズ（株）

Yes 01 真ん中を飾る2枚の写真を中心に組み立てられた現代美術的な立体アートの趣。タイトルを挟む上下の線もずらし、箇条書きにした簡潔な文章に太字や二重線などで惹き付けている。

02 創業者はまさに立体の現代美術作家とのこと。店内の缶詰とそのディスプレイそのものがアートなのだ。【今後の方針】をきちんと数字でそのねらいを明確に記している。

But 03 創業からの拡大の軌跡をグラフでビジュアルに示すと興味を惹くだろう。特にフランチャイズ展開による店舗拡大の模様もわかる。全国地図に店舗所在地＆予定店をカラー点で図示すると、さらに良い。

プレスリリース		２０１６年９月２０日 クリーン・ブラザーズ株式会社

****

<u>全国で話題沸騰中!! 缶詰バー『mr.kanso』！！！！</u>
~http://www.cleanbrothers.net/kanso.html~

****

クリーン・ブラザーズ株式会社（本社：大阪市西区南堀江、代表取締役：川端　啓嗣）は、２０１０年４月より、１０年間直営店として運営してきた缶詰バーmr.kansoのノウハウをもとに、フランチャイズ全国展開を開始し、<u>２０１６年９月現在で全国に４６店舗！！</u>に拡大中です。

【特徴】
① **調理師免許不要**なので、**誰でも３百万円あれば、１人で最小６坪**から開業出来る
② オーダーメイドの缶詰専用棚に並べた**世界各国約３００種類以上の缶詰**を肴に、あらゆる客層のニーズに応え、**低価格で楽しめる**お店。
③ 缶詰をお客様が棚から自由に選び、レジでお酒と一緒に注文するキャッシュオンデリバリーシステム。その手軽さとコンセプトがうけ、**幅広い年齢層が集う**お店
④ ２０１１年末にはオリジナルのだし巻き缶詰、２０１３年にはたこやき缶詰販売開始し、発売開始から人気の商品。現在では10種類以上のオリジナル商品を販売しています。

【今後の方針】来年３月までに**１０店舗以上の新規オープン**を予定、**２年後に７０店舗**を目指します。

mr.kanso 本店内

【mr.kanso フランチャイズ概要】
・店舗オーナー資格条件
　　mr.kanso のコンセプトを理解し賛同してくれる個人、グループ、もしくは企業
・開業資金目安　：総額　300 万円
　　＊加盟金・保障金・開店時内装工事費、開店時商品代金等、開店時にかかる全ての費用
　　＊賃貸物件に関する費用（保証金、敷金等）は含まない。
・ロイヤルティー　：月々定額　5 万円

《会社概要》クリーン・ブラザーズ株式会社　　代表者：代表取締役　川端　啓嗣
所在地：大阪府大阪市西区南堀江１-４-１９　なんばスミソウビル３階
設立：2000 年 12 月　URL：http://www.cleanbrothers.net/
主な事業：飲食事業 / 美術関連事業 / 施設管理・メンテナンス事業

《本件に関するお問い合わせ先》
クリーン・ブラザーズ株式会社　　取締役広報部長　川端　三知夫
michio@cleanbrothers.net　　ケイタイ：070-5262-6883

Keisei News Release

2016年8月18日
京成電鉄株式会社

訪日外国人向けの企画乗車券2種
「Keisei Skyliner & Tokyo Subway Ticket」
「スカイライナークーポン」 販売箇所拡大！
8月19日より、シンガポールで発売します

　京成電鉄（本社：千葉県市川市、社長：三枝 紀生）では、訪日外国人のお客さまに「スカイライナー」をお得にご利用いただける企画乗車券「Keisei Skyliner & Tokyo Subway Ticket」と「スカイライナークーポン」の海外における販売箇所をさらに拡大し、8月19日（金）より、新たにシンガポールで発売します。

　「スカイライナー」は、成田空港～東京都心間を最速36分で結び、各車両に大型荷物用のスペースを整備し、移動中は車内各座席でACコンセントや無料Wi-Fiサービス（訪日外国人限定）がご利用いただけるなど、その速達性と快適性から日本国内のお客さまをはじめ、訪日外国人のお客さまからもご好評いただいている有料特急列車です。

　「Keisei Skyliner & Tokyo Subway Ticket」は、「スカイライナー」の片道／往復の乗車券・特急券と東京メトロの全9路線および都営地下鉄の全4路線、合計13路線が24時間／48時間／72時間乗り放題となる乗車券「Tokyo Subway Ticket」を組み合わせた訪日外国人向けの企画乗車券です。

　また、「スカイライナークーポン」は訪日前に現地旅行代理店において「スカイライナー」の片道乗車券・特急券が割引価格でご購入いただける訪日外国人向けの企画乗車券です。

　H.I.S.グループ会社においては中国、香港等の支店で商品の取扱いを開始しておりますが、より多くの訪日外国人のお客さまに、これらの企画乗車券をご利用いただくために、訪日需要が高まっているシンガポールのH.I.S.現地法人において発売します。今後もH.I.S.のグローバルネットワークと連携して他の国へも展開していく予定です。

　京成電鉄ではこれからも、訪日外国人のお客さまに、日本でのご旅行をより便利で快適に、そして安心してお楽しみいただけるよう努めて参ります。

　「Keisei Skyliner & Tokyo Subway Ticket」および「スカイライナークーポン」の販売箇所拡大についての詳細は次頁のとおりです。

写真左：スカイライナー、写真右上：Keisei Skyliner & Tokyo Subway Ticket（引換券）イメージ
写真右下：スカイライナークーポン（引換券）イメージ

Keisei News Release

「Keisei Skyliner & Tokyo Subway Ticket」、「スカイライナークーポン」販売箇所拡大について

1. 商品名
   - 「Keisei Skyliner & Tokyo Subway Ticket」
   - 「スカイライナークーポン」
2. 新たに取扱を開始する国　シンガポール
3. 取扱開始代理店　H.I.S. INTERNATIONAL TRAVEL PTE LTD
4. 取扱開始日　２０１６年８月１９日（金）
5. 利用方法

   （１）Keisei Skyliner & Tokyo Subway Ticket

   ①海外旅行代理店で「引換券」（購入日から６ヶ月間有効）をご購入いただきます。

   ②来日の際、指定引換箇所で乗車券と引き換えのうえ、ご利用いただけます。

　スカイライナー　　　　　　　　　　　Tokyo Subway Ticket（イメージ）
乗車券・特急券（イメージ）　　　左から２４時間・４８時間・７２時間（いずれも大人用）

※「引換券」の指定引換箇所
- SKYLINER & KEISEI INFORMATION CENTER（空港第２ビル駅構内）
- 成田空港駅・空港第２ビル駅のライナーカウンター
- 成田空港ターミナルビル内到着階カウンター

（２）スカイライナークーポン

①海外旅行代理店で「引換券」（購入日から６ヶ月間有効）をご購入いただきます。

②来日の際、指定引換箇所で乗車券と引き換えのうえ、ご利用いただけます。

※「引換券」の指定引換箇所
- SKYLINER & KEISEI INFORMATION CENTER（空港第２ビル駅構内）
- 成田空港駅・空港第２ビル駅のライナーカウンター
- 成田空港ターミナルビル内到着階カウンター
- 京成上野駅・日暮里駅のスカイライナー券販売窓口

乗車券・特急券（イメージ）

8. 発売金額

● 「Keisei Skyliner & Tokyo Subway Ticket」

		値段	割引額
スカイライナー片道 ＋ Tokyo Subway 24-hour Ticket	大人	2,800円	670円
	小児	1,400円	340円
スカイライナー片道 ＋ Tokyo Subway 48-hour Ticket	大人	3,200円	1,270円
	小児	1,600円	640円
スカイライナー片道 ＋ Tokyo Subway 72-hour Ticket	大人	3,500円	1,970円
	小児	1,750円	990円
スカイライナー往復 ＋ Tokyo Subway 24-hour Ticket	大人	4,700円	1,240円
	小児	2,350円	630円
スカイライナー往復 ＋ Tokyo Subway 48-hour Ticket	大人	5,100円	1,840円
	小児	2,550円	930円
スカイライナー往復 ＋ Tokyo Subway 72-hour Ticket	大人	5,400円	2,540円
	小児	2,700円	1,280円

● 「スカイライナークーポン」

		値段	割引額
スカイライナー片道	大人	2,200円	270円
	小児	1,100円	140円

以　上

CASE 15

山見博康の推奨 3 ポイント

京成電鉄（株）

Yes

01 4種の色を活用したタイトルを異色の太枠で囲みインパクトがある。5色のタイトルはかつてなく目を引く。1〜2ページ共に段落のある文と写真や図・表を創造的に配し、一目瞭然で誰にでもわかる。

02 2ページ目はそれぞれに「小見出し」を打ち、その中は「箇条書き」で簡潔的確に説明している。さらには、各チケットのサンプルをビジュアルでわかりやすく紹介している親切心は、良い企業風土に違いない。

But

03 1ページ目は本文段落に小見出しで整理するとよりわかりやすい。現在の販売場所と今後の拡大計画を世界地図上で示すと、世界的視野での戦略的対応がわかる。割引率等は競合他社との比較があると有利に見えるかもしれない。

CASE 16

山見博康の推奨 3 ポイント

小林製薬（株）

Yes

01 「新製品＋商品名＋日本初処方」と最初に3つのインパクトあるキーワードに加え、タイトル枠内のリード部は秀逸。さらに巨大な2商品が誇らしく直立不動し、懸ける自信と期待を示す。

02 2ページ目以降、背景から商品説明まで一貫してグラフや写真を駆使し、ビジュアルに理解を深める親切さは、わずかな痛みや細やかな悩みまでも綺麗さっぱり除いてあげようとの社風の優しさに通じる。

But

03 リード部はタイトルに次ぎ最も重要なスペース。ゆえに1字でもより重要な言葉を使うべき。従って、著名な同社の場合、「当社」の2字とし、残る23字をより有効な言葉や意義ある表現に活用したい。

CASE 16

をカタチにする

報道関係各位 　　　　　　　　　　　　　　　　　　　　　　　　　　　　2015 年 8 月 4 日

新製品

『Saiki（さいき）』

日本初処方*1！顔などの乾燥肌を肌の奥底*2から修復する医薬品
ローションタイプの「乾燥肌治療薬」

小林製薬株式会社（本社：大阪市、社長：小林 章浩）は、顔などの乾燥肌を肌の奥底*2から治療する医薬品、『Saiki（さいき）』〈メーカー希望小売価格 950 円（税込 1,026 円）30g、2,400 円（税込 2,592 円）100g・第 2 類医薬品〉を 9 月 10 日（木）から全国の薬局・薬店で新発売いたします。

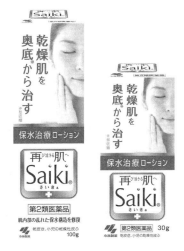

左：Saiki（さいき）　100g／メーカー希望小売価格 2,400 円（税込 2,592 円）
右：Saiki（さいき）　30g／メーカー希望小売価格 950 円（税込 1,026 円）

*1 日本初処方：医薬品としてヘパリン類似物質、グリチルリチン酸二カリウム、アラントインの組み合わせが日本初（2015 年 7 月 1 日時点）
*2 肌の奥底：基底層

小林製薬株式会社

広報総務部 〒541-0045 大阪市中央区道修町 4 丁目 4 番 10 号　ホームページ：http://www.kobayashi.co.jp

■発売の背景
スキンケアでは対処しきれない粉ふき・ピリピリ乾燥肌を、肌の奥底*1から治療する医薬品ローション

東京の年平均相対湿度*2は、1930年が74%なのに対し、2014年は62%まで下がり、都市部を中心に湿度が低下傾向にあります（気象庁「東京 相対湿度の月平均値」）。こうした背景もあり、肌の乾燥は、年間を通じた悩みになってきています。

顔の乾燥が気になる女性に聞いた弊社生活者調査によると、粉ふきやピリピリ感などの乾燥の症状は、ぶり返しやすい、治りにくいと感じており、化粧水等のスキンケアでしのいでいることがわかりました。

そこでこの度、スキンケアでは治せない乾燥肌を肌の奥底*1から治療できる、顔などの乾燥肌治療薬「Saiki（さいき）」を新発売いたします。本製品を発売し、顔などの乾燥肌の解決に医薬品で治すという新たな提案をしてまいります。

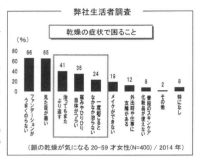

■製品の説明
敏感な肌にもやさしい、日本初処方*3の「乾燥肌治療薬」

『Saiki（さいき）』は、スキンケアでは対処しきれない顔などの乾燥肌を、肌の奥底*1から構造を修復して治療する、ローションタイプの治療薬です。有効成分「ヘパリン類似物質」が、肌の奥底*1の細胞に働きかけ水分を保てる肌に修復します。さらに、抗炎症成分「グリチルリチン酸二カリウム」と組織修復成分「アラントイン」が、乾燥して炎症を起こし、ピリピリするほど傷んだ肌を改善します。無香料、無着色、アルコール（エタノール）フリー、パラベンフリー、弱酸性なので、顔などのお肌にもやさしい処方です。お子さまにもお使いいただけます。

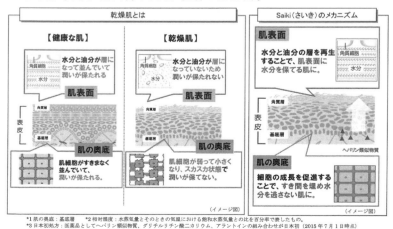

*1 肌の奥底：基底層 *2 相対湿度：水蒸気量とそのときの気温における飽和水蒸気量との比を百分率で表したもの。
*3 日本初処方：医薬品としてヘパリン類似物質、グリチルリチン酸二カリウム、アラントインの組み合わせが日本初（2015年7月1日時点）

『Saiki（さいき）』
製品概要

●製　品　名	『Saiki（さいき）』（販売名：さいきa）
●カテゴリー	医薬品（第2類医薬品）
●希望小売価格	950円（税込1,026円）30g ／ 2,400円（税込2,592円）100g
●発　売　日	2015年9月10日（木）
●販　売　場　所	全国の薬局・薬店
●効　能・効　果	乾皮症、小児の乾燥性皮ふ、手指の荒れ、手足のひび・あかぎれ、ひじ・ひざ・かかと・くるぶしの角化症、しもやけ（ただれを除く）、打身・ねんざ後のはれ・筋肉痛・関節痛、きず・やけどのあとの皮ふのしこり・つっぱり（顔面を除く）
●用　法・用　量	1日1～数回、適量を患部にすりこむか、またはガーゼなどにのばして貼ってください。
●成　分・分　量	［100g中］ ヘパリン類似物質‥‥‥‥‥‥‥‥‥‥‥‥0.3g（保湿、肌構造の正常化） グリチルリチン酸二カリウム‥‥‥‥‥‥0.5g（抗炎症） アラントイン‥‥‥‥‥‥‥‥‥‥‥‥‥‥0.2g（組織修復） ※添加物として、グリセリン、ジプロピレングリコール、1,3-ブチレングリコール、ポリオキシエチレン硬化ヒマシ油、オリブ油、スクワラン、dl-ピロリドンカルボン酸Na、安息香酸、水添大豆油脂質、キサンタンガム、コレステロール、L-アスパラギン酸、グリシン、DL-アラニン、エデト酸Na、パルミチン酸、ステアリン酸、オレイン酸、ベヘン酸、pH調節剤、その他1成分を含有する
●製　品　特　徴	①顔にも使える、ローションタイプの乾燥肌治療薬です。 ②有効成分が肌の奥底の細胞に働きかけ、肌内部の保水構造の乱れを正常にし、肌の保水力を回復します。 ③乾燥をくり返す肌を、内側からしっかりと潤う乾きのない肌に導きます。 ④無香料、無着色、パラベンフリー、アルコール（エタノール）フリー、弱酸性のお肌にやさしい処方です。 お子さまにもお使いいただけます。

本件に関するお問い合わせ

■一般の方からのお問い合わせ先
小林製薬株式会社　お客様相談室
TEL：0120-5884-01（受付時間 9：00～17：00　土・日・祝日を除く）
URL：http://www.kobayashi.co.jp

■報道関係の方からのお問い合わせ先
小林製薬株式会社　広報総務部
【東京】網盛／西片／岩谷
TEL：03-5602-9913　FAX：03-3642-9128
【大阪】小山／岩田
TEL：06-6222-0142　FAX：06-6222-4261

［紙焼き・サンプル等のご請求］
株式会社オズマピーアール
【東京】小林／藤原／三角
東京都千代田区紀尾井町3-23
【大阪】福村
大阪市中央区今橋2-4-10　大広今橋ビル8F

NEWS RELEASE

KOMATSU

2013年4月16日
コ　マ　ツ
No. 004（2368）

世界初、全自動ブレード制御機能搭載
中型ICTブルドーザーの市場導入を決定

　本日、コマツ（社長：大橋徹二）は、ドイツ・ミュンヘンで開催中の建設機械見本市Bauma2013にて、GNSS（GPS+GLONASS）測量技術および当該技術の機械への応用で高い実績がある株式会社トプコン（社長：内田憲男／以下、トプコン社）との共同で開発した、世界初(※1)となる全自動ブレード制御機能を搭載した中型ICT（情報通信技術）ブルドーザー「D61EXi/PXi-23」の商品発表を行いました。当機は施工の自動化を担うコマツ製「ICT建機」の第一弾商品です。6月に予定している北米での発売を皮切りに、世界での導入を進めていきます。

　D61EXi/PXi-23は、都市土木向け中型ブルドーザーとして、従来の情報化施工でも可能であった整地の仕上げ作業時だけではなく、掘削作業時を含む全てのブレードコントロールを自動化した世界初の全自動ブレード制御機能を搭載し、作業効率の大幅な向上を実現しました。

　また、当機においてコマツ独自のKOMTRAX（機械稼働管理システム）とトプコン社の施工管理システムの融合を図っています。近い将来、Webサービスを通じて、現場における機械の稼働情報ならびに作業の進捗状況・運土量などの施工情報の効率的な一元管理を可能にします。

　今回のBauma2013では、マシンガイダンス/マシンコントロールに対応したICT油圧ショベルも参考出品しました。ICT油圧ショベルについてもトプコン社との協業により開発を進めており、本年中に欧州での販売を開始する予定です。コマツは、ICT建機の導入により、従来の建設機械販売ビジネスからICT施工のトータルソリューションを提供するビジネスモデルへの進化を加速し、今後も新しい価値を創造するイノベーションを起こしていきます。

(※1) 当社調べ。市販ベースの主要7機種（クローラー式油圧ショベル、ホイール式油圧ショベル、ホイールローダー、ブルドーザー、モーターグレーダー、リジッド式ダンプトラック、アーティキュレート式ダンプトラック）において。

【ICTブルドーザー　D61PXi-23】

お問い合わせ先：コマツ　コーポレートコミュニケーション部
〒107-8414　東京都港区赤坂2-3-6　TEL:03-5561-2616　URL:http://www.komatsu.co.jp/
ニュースリリースに記載されている情報は発表時のものであり、予告なしに変更される場合があります。

NEWS RELEASE

KOMATSU

＜ICT ブルドーザーD61EXi/PXi-23 の特徴＞
① 作業効率の大幅な向上
　これまでも情報化施工キットをブルドーザーに後付けすることにより高精度な整地の仕上げ作業は可能でしたが、今回その前段階の掘削作業を含む全てのブレードコントロールを世界で初めて自動化しました。全自動ブレード制御は、「ブレード自動掘削制御」により、走行レバーのみで効率的な掘削作業を行い、作業が進行すると自動的に「ブレード自動整地制御」へと切り替わるため、自動掘削作業から仕上げ作業までを一連の流れで繋ぎ、高い作業精度と作業効率を実現します。

② ICT コンポと車両の一体化
　主要 ICT コンポーネントである GNSS アンテナ、IMU＋（慣性センサユニット）、ストロークセンシングシリンダー、コントロールボックスは、コマツ工場で車体生産時に内製化することで、車両としての高い信頼性を確保するとともに、従来の情報化施工キットを後付けしたブルドーザーでは困難であったブレードの昇降に影響を受けない走行地面の位置・高さの取得を実現し、刻々と変化する現況地形の正確な把握を可能にしました。

【全自動ブレード制御】

粗掘削時の特徴
1. ブレード負荷が増大すると・・・
2. シュースリップが起こらないように自動でブレードを上げ、負荷をコントロールします。
3. 常に抱えられる最大の土量で効率良く施工できます!

仕上げ施工時の特徴
設計面が近づくと、自動でそれを検知し、最後に少土量で仕上げ施工を行います。

【構成コンポーネント】

以　上

お問い合わせ先：コマツ　コーポレートコミュニケーション部
〒107-8414　東京都港区赤坂 2-3-6　　TEL：03-5561-2616　　URL：http://www.komatsu.co.jp/
ニュースリリースに記載されている情報は発表時のものであり、予告なしに変更される場合があります。

CASE 17 山見博康の推奨 3 ポイント

コマツ

Yes 01 タイトルで「世界初」と猛々しくアピール！「自画自賛したらバックデータ」の鉄則通り、「※（注釈）」で根拠を示して説得力を持たせている。2ページ目の特徴は「小見出し＋箇条書き」でひと目での理解を促している。

02 1ページ目に大きな写真で全体像を示し、2ページ目には最先端技術の適用による自動ブレードをプロセスで図示していてわかりやすい。トップメーカーとしての技術への自信と誇りが随所にあらわれている。

But 03 トプコン社との共同開発として同社の役割も記述されてはいるが、より理解促進を図るため、イラストで関係図を作成して両社の役割分担のビジュアル化をすすめたい。トプコン社概要もほしい。

CASE 18 山見博康の推奨 3 ポイント

（株）サタケ

Yes 01 流麗なデザイン、まるで展覧会のように右側に配列した赤の作品が目に飛び込みつい惹かれるのは見事な作品の証。本文も背景→農家への貢献→特長→作り方→今後の方針と、論理的に展開している。

02 全文を通して品のある表現を使って優美な雰囲気を醸し出し、それが美味しい焼芋の出現を期待させる。2ページ目は、「段落＋小見出し＋箇条書き」を実践、ビジュアルとしても素晴らしい。

But 03 焼芋人気の背景を「〜と言われています」ではなく数字データで示すこと。1ページ目の段落に小見出しを付け、ひと目で内容がわかるように。自社の六次産業化支援の全貌を図で示し、今回もその一環をビジュアルに！

SATAKE News Release

【報道関係各位】　　　　　　　　　　　　　　　No.16-005 / 2016年2月15日

「本格石焼き 電気焼いも機」を新発売
― 直売所などでの高付加価値な農産物の販売を支援 ―

　サタケ（本社：広島県東広島市西条西本町 2-30、代表：佐竹利子）は、農産物直売所や道の駅などでの販売に最適な、簡単操作で美味しい焼いもが作れる「本格石焼き 電気焼いも機」を、3月1日より新発売します。

　近年、焼いもの人気が高まっています。背景には、ねっとり食感の甘い新品種が登場したことや、健康意識の高まりから食物繊維やビタミンの豊富なサツマイモが注目されていることなどがあると言われています。

　一方、生産者の立場から見ると、栽培したサツマイモを焼いもに加工し直売所等で販売することで、農産物の付加価値を高め、収益向上を図るチャンスが到来していると言えます。サタケはこれまでも、農業の六次産業化を支援してきましたが、その取り組みを一歩

本格石焼き 電気焼いも機

進めるものとして、農産物の価値を高める調理機器「本格石焼き・電気焼いも機」を発売します。

　この「本格石焼き・電気焼いも機」は、庫内に敷き詰めた石による遠赤外線効果で、サツマイモを美味しく焼き上げる本格派。焼き温度と時間を、通常は200℃・約50分に設定するだけで、どなたでも簡単にホクホクの焼いもが作れます。本体上部には焼き杉木枠で囲われた保温部を装備。焼き上がったいもを陳列すれば、常にアツアツの焼いもを販売できます。

　一度に焼けるいもの量により3タイプをラインアップし、メーカー希望小売価格は2kgタイプが45万円、3kgタイプが59万円、10kgタイプが138万円（いずれも税抜価格）。農産物直売所や道の駅、観光農園などに、年間500台の販売を見込んでいます。
（製品の詳細は別紙を参照）

以上

【お客様からのお問い合わせ先】　株式会社サタケ 調製機事業本部
〒739-8602 広島県東広島市西条西本町 2-30
TEL：082-420-8541 / FAX：082-420-0005

【報道関係からのお問い合わせ先】　株式会社サタケ 広報室（担当：瀧本 明）
〒739-8602 広島県東広島市西条西本町 2-30
TEL：082-420-8501 / FAX：082-420-8701 / e-mail：koho@satake-japan.co.jp
URL：http://www.satake-japan.co.jp

> 別紙

本格石焼き 電気焼いも機の詳細

■特長

1.遠赤外線効果で美味しく焼き上げ
　庫内に敷き詰めた石による遠赤外線効果で、サツマイモを美味しく焼き上げる、本格派の電気焼いも機です。

YG-20R(2kgタイプ)

2.誰でも使える簡単操作
　焼き温度・時間を、通常は200℃・約50分に設定するだけ。簡単な操作で、どなたでもホクホクの焼いもが作れます。

3.常にアツアツの焼いもを販売可能
　本体上部には焼き杉木枠で囲われた保温部を装備。焼き上がったいもを陳列すれば、常にアツアツの焼いもを販売できます。

YG-30R(3kgタイプ)

■仕様・寸法

型　式	YG-20R	YG-30R	YG-100R
容　量	2kg(1段扉式)	3kg(1段引き出し式)	10kg(2段引き出し式)
温度調節	50～250℃(サーモ式)	50～250℃(サーモ式)	50～250℃(デジタル温度調節)
電　源	単相 100V	単相 100V	三相 200V
消費電力	1.23kW	1.45kW	5.6kW
質　量	24kg	49kg	160kg
外形寸法	幅　430mm 高さ480mm 奥行 345mm	幅　530mm 高さ590mm 奥行 510mm	幅　850mm 高さ1325mm 奥行 650mm

■メーカー希望小売価格(税抜)

YG-20R （2kgタイプ）　　　450,000 円
YG-30R （3kgタイプ）　　　590,000 円
YG-100R(10kgタイプ)　 1,380,000 円

■販売チャンネル

JA、農業機械販売会社・販売店

■発売日

2016年3月1日

■販売目標

年間500台

YG-100R(10kgタイプ)

以上

News Release
13/07/2015

BUTLER

SUNSTAR

サンスター株式会社
〒569-1195 大阪府高槻市朝日町3-1
TEL:072-682-6212
FAX:072-682-7917
http://jp.sunstar.com

日本初 OTC医薬品のむし歯予防薬
フッ化物洗口剤『エフコート』新発売
一生自分の歯で食べるための新習慣にフッ化物洗口を！

サンスター株式会社（本社：大阪府高槻市、代表取締役社長 吉岡貴司、以下サンスター）は、歯科医院向け口腔ケア製品を中心に、一部を一般向けにも販売するバトラーシリーズから、OTC（Over The Counter）医薬品（要指導医薬品）のむし歯予防薬として日本初のフッ化物洗口剤『エフコート』を、2015年9月18日（金）より薬剤師のいる薬局・ドラッグストアなどで発売します。

フッ化物（フッ素）はむし歯予防効果が高い有効成分として知られていますが、これまで日本では、洗口剤に配合することは、歯科医師から処方される医療用医薬品としてしか認められておらず、一般向けには医薬部外品のハミガキに配合した製品のみが販売されてきました。サンスターでは2006年から歯科医院向けにフッ化物洗口剤の販売を開始、医療用医薬品としての実績を積みながら一般用医薬品としての認可を求めてきました。近年、小中学校でのフッ化物洗口実施によるむし歯予防効果の高さが数多く報告され、またセルフメディケーションの推進も追い風となり、本年3月13日に日本で初めてサンスターのフッ化物洗口剤『エフコート』が要指導医薬品として承認されました。

今回発売するフッ化物洗口剤『エフコート』は、有効成分として0.05％濃度（フッ化物イオン濃度225ppm）のフッ化ナトリウムを配合しています。フッ化物洗口によるむし歯予防は、幼児から高齢者まで歯が存在する限り有効ですが、洗口（ブクブクうがい）し吐き出せる年齢も考慮して、4歳以上を対象年齢としました。1日1回食後又は就寝前に、1回量5mL～10mL（ミリリットル）を口に含み、歯面に十分にゆき

わたらせるように30秒から1分間ブクブクうがいし、吐き出します。使用後は、水などで口をすすぐ必要がないため、歯面にフッ化物がしっかりとどまり、歯の再石灰化（カルシウムの歯への取り込み）を促進して、歯質を強化し、また脱灰（カルシウムの溶け出し）を抑制することで、むし歯を予防します。

【エフコート製品化の背景】
　日本人の歯を失う二大要因は、歯周病とむし歯（う蝕）です。近年、子供のむし歯が減りつつありますが、依然として成人になるまでに6割以上の人がむし歯を経験しています。一方で、高齢者のむし歯は増える傾向にあります。これは歯みがき習慣の向上に伴って、歯を失う人が減っている反面、残った歯がむし歯になっていると考えられます。

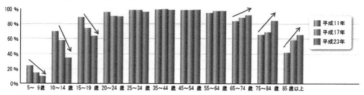

※むし歯の有病者（治療済または未処置の歯のある者）の割合を調査
厚生労働省歯科疾患実態調査「現在歯に対してう歯を持つ者の割合　5歳以上、永久歯」より

　成人・高齢者は、むし歯治療後の詰め物の隙間にむし歯菌が入り込むことによって再発する「二次う蝕」が起こりやすくなります。また、加齢や歯周病によってハグキが下がることで、歯の根元の象牙質が露出します。象牙質は酸に溶けやすいため、歯の根元にできるむし歯「根面う蝕」が進行しやすくなります。

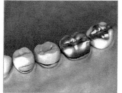
＜二次う蝕＞

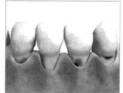
＜根面う蝕＞

　長い人生を楽しく豊かに過ごすためには、自分の歯で食べて必要な栄養をとることが大事ですが、そのためには、歯周病対策とともに、むし歯予防にも、より手厚いケアが必要となります。むし歯予防には、食後の歯みがきで食べカスや歯垢を取り除くこととともに、常にフッ化物がお口の中にあって、歯の表面の再石灰化を促すことが望ましいとされています。フッ化物配合のハミガキの使用に加え、今回発売するフッ化物洗口剤を併用することで、フッ化物利用の機会を増やし、むし歯予防効果を一層高めることができます。

|エフコート| ＜新発売＞　要指導医薬品　むし歯予防薬　フッ化物洗口剤

【商品特長】
日本初のOTC医薬品、フッ化物洗口剤で効果的にむし歯予防ができます。
① 1日1回食後または就寝前に、30秒から1分間洗口（ブクブクうがい）し、お口の隅々にフッ化物を行き渡らせることで歯の表面の再石灰化を促し、効果的なむし歯予防を実現します。
② 医療用と同じ成分「フッ化ナトリウム」を配合。薬剤師の指導の下、店頭購入可能となりました。
③ 4歳から大人まで幅広く使えるむし歯予防薬です。洋梨フレーバー採用。

【発売時期および地域・販売先】
2015年9月18日（金）　薬剤師のいる全国の薬局・ドラッグストアなどにて発売

【商品仕様】

商品名	容量	希望小売価格（税抜）	JANコード
エフコート	250mL	1,500円	4987261000313

サンスター【BUTLER（バトラー）】ブランド
歯科医院などのプロフェッショナル用ハブラシとしてアメリカで誕生。プラーク（歯垢）除去に関する独自の考え方と高品質のツールを長年にわたって提供。来院者一人ひとりの口腔内の状態に合った商品を推奨できるよう商品開発を行っております。現在は、歯科医院向けに多種のハブラシ、歯間清掃具、ハミガキなどのオーラルケア商品を販売しているほか、高齢者やがん患者など、口腔乾燥、口腔粘膜の荒れた方にも使いやすい「バトラー　口腔ケアシリーズ」を歯科医院、病院売店、インターネット通販で販売しています。一般の小売店向けには、今回発売する商品のほか、「バトラー お口にやさしいブラシ／集中ケアブラシ／やさしい舌ブラシ」を販売しています。

＜お客様からの商品に関するお問い合わせ先＞
　　サンスターお客様相談室　　　　TEL：0120-008241（平日9:30～17:00 土日祝除く）

＜本件に関するマスコミからのお問い合わせ先＞
　　サンスター株式会社　広報部（東京）　TEL：03-5441-1423　FAX：03-5441-8774
　　　　　　　　　　　　広報部（大阪）　TEL：072-682-6212　FAX：072-682-7917

販売

CASE 19

山見博康の推奨 3（スリー）ポイント

サンスター（株）

 01 まず「日本初」と強いインパクトで先手を取り、間髪を入れずにその姿を披露している。概要説明の後、小見出しで順々に諭すように説明し、写真やグラフ・枠を使うなど好バランスの見応えある秀作。

02 背景に関してその必要性をグラフで示し、技術に関しては細部まで丁寧過ぎるほどの情熱がこもる解説から確固たる技術的自信と誇りを感じさせる。誠実＆堅実なる社風を醸し出している。

But 03 日本初の戦略商品のようだが、3年後の売上目標など【今後の方針】＝経営の意志がなく、迫力に欠ける。特長やうがい方法等は箇条書きで1つにまとめた方が良い。発行日付は間違いのない日本式が良い。

CASE 20

山見博康の推奨 3（スリー）ポイント

敷島製パン（株）

 01「食パンシェアNo.1ブランド」をタイトルに掲げ、シリーズ写真を並べて、その自信を数値で高らかに表現。それが商品への信頼を高め、顧客を惹き付け、繰り返し味わう楽しさを増幅させている。

02 2ページ目に売上推移や食感の向上をグラフ化してその証をビジュアルに訴えたのは秀逸。特に、表現しにくい食感を視覚で理解できる工夫は見習いたい。

 03 国産小麦「ゆめちから」を使用した意図を如実に示したいところ。そのために生産場所を図で示し、加えて生産者の顔写真と談話を掲載したい。顧客により親しみを与えるブランド化をしよう。

敷島製パン株式会社
〒461-8721 名古屋市東区白壁五丁目3番地 代表取締役社長／盛田淳夫

報道関係各位　　　　　　　　　　　　　　　　　　　　　　　　　　　2015年1月15日

日本の食卓をもっと豊かにするパンへ
食パンシェアNo.1ブランド「超熟®」シリーズ
2015年1月31日 リニューアル発売

　Pasco（敷島製パン株式会社）は、2015年1月31日より、食パンシェアNo.1ブランド（※）の「超熟」シリーズ全アイテムをリニューアルします。<u>国産小麦「ゆめちから」を配合し、「超熟」</u>の特徴的な食感である「もっちり感」と「しっとり感」が向上します。今後、<u>Pascoの「ゆめちから」使用量（2016年8月期）は、Pascoが「ゆめちから」を本格的に使用し始めた2013年8月期の20倍以上になる見込み</u>であり、Pascoの食料自給率向上への取組みを大きく前進させます。

※インテージ・SCIデータ「食パン」全国市場における
2012年1月～2014年12月のブランドシェア（金額ベース）

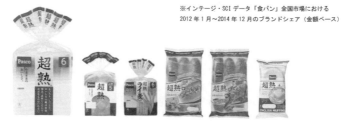

　「超熟」は、日本人の主食である「炊きたてのごはんのように、毎日食べても飽きないおいしさ」をコンセプトに、1998年に発売しました。お客さまに喜んでいただける品質を目指して出発した「超熟」はその後、"「イーストフード」や「乳化剤」を使用しない商品を作ってほしい"というお客さまのニーズの高まりを受け、2006年に「イーストフード」、2007年に「乳化剤」を不使用としました。このリニューアルは多くのお客さまのご支持をいただき、売上を大きく伸ばしました。（資料：図1）

　そしてこのたび、「超熟」をはじめシリーズ全アイテムに国産小麦「ゆめちから」を配合し、「超熟」の品質をさらに向上（資料：図2）させると同時に、食料自給率向上の取組みを推進します。

　小麦粉中の配合比率は、「超熟」「超熟山型」「超熟ライ麦入り」が8％、「超熟ロール」「超熟ロールレーズン」が9％、「超熟イングリッシュマフィン」が7％です。

　また、「十勝つぶあんぱん」をはじめとした主力の菓子パン（資料：図3）にも「ゆめちから」を使用。今後、新商品の投入も計画しており、Pascoの「ゆめちから」使用量（2016年8月期）は、2014年8月期の5倍以上、2013年8月期の20倍以上になる見込みです。Pascoはこれからも皆さまに愛される商品づくりを行ってまいります。

【商品概要】
商　品　名：「超熟」「超熟山型」「超熟ライ麦入り」「超熟ロール」「超熟ロールレーズン」
　　　　　　「超熟イングリッシュマフィン」
発　売　日：1月31日（土）
販売エリア：東北、関東、中部、近畿、中国、四国地区
販　売　店：量販店、コンビニエンスストア
参考小売価格：「超熟」「超熟山型」210円（税抜き）　　※3枚入は110円、サンドイッチ用はオープン価格
　　　　　　　「超熟ライ麦入り」220円（税抜き）　　※3枚入は115円
　　　　　　　「超熟ロール」「超熟ロールレーズン」170円（税抜き）
　　　　　　　「超熟イングリッシュマフィン」オープン価格
販　売　計　画：725億円（年間、シリーズ計、参考小売価格ベース）

【資料】
■図1　「超熟」シリーズの売上推移（参考小売価格ベース）

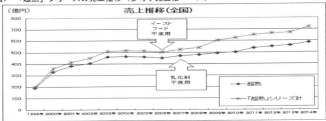

■図2　リニューアルによる食感の向上（「超熟」の場合。当社調べ）

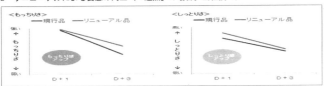

■図3　「ゆめちから」使用の菓子パン（それぞれ小麦粉中に「ゆめちから」を5％配合）

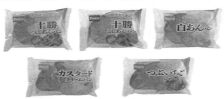

上段左から「十勝つぶあんパン」「十勝こしあんパン」「白あんパン」
下段左から「カスタードクリームパン」「つぶいちごジャムパン」

■Pascoと国産小麦「ゆめちから」について

　Pascoは、1920年（大正9年）の創業者盛田善平が「食糧難の解決が開業の第一の意義であり、事業は社会に貢献するところがあればこそ発展する」という理念に基づいてパン製造を決意した思いを引き継ぎ、国産小麦の使用により、日本の食料自給率に貢献したいと考えます。

　「ゆめちから」は、農研機構北海道農業研究センターが開発した、パンの製造に重要なグルテンをつくるたんぱく質が多く含まれる超強力小麦です。Pascoは、2008年から「ゆめちから」に注目し、生産地自治体の視察や生産者との対話を続け、2012年から「ゆめちから」を使用した商品を発売してきました。生産者の方々と顔の見える関係を築くことで、お互いが品質に責任を持つ協働でのパンづくりに取り組んでいます。

■お客さまからのお問い合わせ先
　　お客さま相談室　（フリーダイヤル）　　　　　　TEL：0120-084-835
■本件に関するマスコミ・報道関係者様からのお問い合わせ先
　　敷島製パン（株）総務部広報室　　松本、木村　　TEL：052-933-2112　FAX：052-933-2172
　　　　　　　　　　　メール：daigo-matsumoto-19427@pasconet.co.jp（松本）
　　　　　　　　　　　　　　　yoko-kimura-22082@pasconet.co.jp（木村）
　　　　　　　　※写真が必要な場合は、JPEGデータで送付させていただきます。

株式会社 島津製作所 広報室
SHIMADZU CORPORATION http://www.shimadzu.co.jp
〒604-8511 京都市中京区西ノ京桑原町1
TEL (075) 823-1110 FAX (075) 823-1348

No. 1792 / 2010. 8. 30

分析時の消費電力を従来比約30％削減した
省エネ型ガスクロマトグラフ GC-2025 を発売

　島津製作所は分離カラムを温調するオーブンの小型化や断熱方式の改良など、基本設計を徹底的に見直すことにより、当社従来製品に比べて約30％の省電力を実現し、環境負荷低減に配慮した新世代の省エネ型キャピラリガスクロマトグラフ「GC-2025」を9月1日に発売します。本製品は省エネかつコンパクトな上に、当社キャピラリガスクロマトグラフの最高機種「GC-2010Plus」の技術を投入しており、高精度でかつ高感度分析に必要な基本性能を兼ね備えた製品です。

　＊　キャピラリガスクロマトグラフとは、複数の成分が混合した試料をそれぞれの成分に分離し、各成分を定性・定量する装置です。試料を高温で気化し、ガスによって内径0.2〜0.5mm程度の分離管（キャピラリカラム）へ導入して、それぞれの成分に分離します。各成分がカラムを通って検出器に到達するまでの時間（保持時間）を既知の標準試料の分析結果と比べることにより成分を定性します。また、各成分の検出結果として得られる波形状のピークの面積から成分量を定量することができます。

【開発の背景】

　当社では、CO_2排出量の削減や環境負荷の低減といった社会的ニーズの高まりを背景とし、高い省エネ効果が見込める主要製品の新規開発において25％以上の消費電力削減をめざす「Save the Energyプロジェクト」を2010年1月に立ち上げました。同プロジェクトで策定した全社的なロードマップに基づき、「Prominence分取液体クロマトグラフ」（発売：3月）、「ガスクロマトグラフ質量分析計 GCMS-QP2010 Ultra」（同5月）、「発光分析装置PDA-8000」（同6月）と、省エネ対応製品の提供を進めています。「GC-2025」も、このプロジェクトの一環として開発したものです。

　キャピラリガスクロマトグラフは混合物試料を分離するためにカラムオーブンの温度を短時間で300度といった高温に上昇させる必要があります。また、対象となる試料が広範囲であり様々な分析に使用されるため、一つのラボで50台以上など複数台を長時間連続稼動させるケースも多く見られます。そのため他の分析装置と比較して消費電力が大きく、省エネ化による大きな効果が期待できます。

　本製品では従来製品に比べて消費電力を約30％カットすると同時に、使用ガスの節約機能や自動停止および自動起動の機能といった、ランニングコストの低減に寄与する様々な機能も搭載しています。また消費電力の低減によって標準プラグ（15A）の採用も可能となりました。設置場所のコンセント形状を変えることなく装置を使用できるため、電気工事が不要になるなど、導入コストも抑制することができるのが特長です。

　カラムオーブンはコンパクトながら市販のキャピラリカラム1本を収納可能で、試料気化室および水素炎イオン化検出器（FID）を一つずつ備えています。シングルキャピラリ分析に最適なガスクロマトグラフとして、主に品質管理部門での専用機としての活用を期待しています。

【本製品の特長】

1. 消費電力30％削減の高い省エネ効果

① 省エネを実現する最適化設計

　オーブン内に高性能断熱材を採用し、ＧＣ形状を小型化することによって熱容量を小さくし、加熱ロスを徹底的になくしました。さらに、省エネ型ヒーターを搭載し、一般的なＧＣと比較した場合、昇温分析時の消費電力を当社従来比で約30％削減しました。これにより、分析1サイクル（約40分）の消費電力は当社従来機の約280Whから約190Whまで大幅削減できます。

② **ランニングコストを削減する様々な機能を搭載**

試料の移動相に用いるヘリウムキャリアガスは貴重で高価な資源であり節約が求められています。試料導入時以外のキャリアガス使用量を節約するキャリアガスセーブ機能を使用することによって、ランニングコストの削減もできます。

また自動停止機能・自動起動機能によって、夜間など分析を行わない時間帯の電力・ガス消費量を更に削減することができます。分析終了時には自動的に温度制御が停止すると共に、設定時間が経過するとキャリアガスおよび検出器ガスの制御も停止します。また、設定された時間後にガス制御を開始し、その後、温度制御を開始することができます。本機能を年間の運用に適用した場合、電力消費量で約57%、CO_2排出量として約378kgの削減が可能です。

＊ モデルケースとして、年間260日稼動、夜間停止時間を8時間とした場合で、当社従来機種で本機能を使用しない場合との比較。

2. **コンパクト設計で省スペースを達成**

分析室ではスペースの有効利用のため、設置面積の少ない機器の開発が望まれています。本製品は通常のキャピラリ分析で必要な機能を搭載した上に、省スペースを達成しました。幅は従来機種より115mm狭い400mm、高さは同じく20mm短い420mm、奥行きも40mm短い490mmと、分析室のレイアウトに幅広く対応します。

3. **高い基本性能で高感度な微量成分分析に対応**

当社キャピラリガスクロマトグラフの最高機種「GC-2010 Plus」の技術を投入し高い分析再現性を実現しており、信頼性の高い分析結果が得られます。FIDの最小検出量は2pgC/sと、ハイエンドクラスと同等の高い検出能力を持ち、高感度で微量な成分分析が可能です。

当社はガスクロマトグラフの販売において国内シェア5割以上を占めるトップメーカーであり、海外市場でも約2割と世界第2位のシェアを占めています。本製品によってガスクロマトグラフのラインアップ充実とシェア拡大を図ると共に、今後も環境に配慮した省エネ製品の開発を進めていきます。

名称：省エネ型キャピラリガスクロマトグラフ GC-2025
装置寸法：幅 400×奥行 490×高さ 420mm
価格：174万円～（PC別、税別）
発売日：2010年9月1日
販売計画：2011年 150台

【報道関係の皆様のお問い合わせ先】
　島津製作所　広報室
　〒604-8511 京都市中京区西ノ京桑原町1　Tel 075-823-1110　Fax 075-823-1348
【本製品についてのお問い合わせ先】
　島津製作所　応用技術部　分析コールセンター
　〒604-8511 京都市中京区西ノ京桑原町1　Tel 0120-131691　Fax 075-823-3237

CASE 21

山見博康の推奨 3（スリー）ポイント

（株）島津製作所

Yes
01 タイトルは、分厚い枠に「30％」削減と数字で強いキーワードを誇っているのでインパクトは申し分なし。2ページ目最後に製品を写真で紹介して締めくくっているのは、その分印象に残る。

02 リード部では発売開始宣言に加えて、自信作らしく製品の優秀性を強調している。本文は小見出しで【背景】から始まり、【特長】のきっちりとした箇条書きでの解説は手本になる。

But
03 新製品はやはり1ページ目ですぐ見せよう。2ページ目最後の段落3行は、シェアや世界的地位や今後の決意も含むので【今後の方針】と小見出しし、もう一歩踏み込んだ戦略や目標数字が望ましい。

CASE 22

山見博康の推奨 3（スリー）ポイント

（株）神宮館

Yes
01 赤が基調のカラフルなレイアウトは、見開くだけで楽しくおめでたい気持ちになるので、お参りして運気アップを祈りたくなる。正八角形を眺めつつ、開運できそうな気分になる。

02 小見出しをページごとに配色を変えているため目を引く。さらに金色の枠で囲んでいるのは縁起が良く、淡いイラストの優しさと濃い赤字の力強さがマッチして運気向上の印象になっている。

But
03 「初詣人数の多い神社ランキング」「おみくじを引いた人数の多い神社ランキング」「初夢アンケート」で、○人中何人が見たのか、県別比較やどんな初夢かを分類グラフ等にするとさらに興味を増すだろう。

<報道関係者各位>
ニュースレター

家族の幸せを見守って100年
こよみの神宮館

株式会社神宮館
2016年12月9日

2017年こそ開運できる！？　運気を上げるお正月のしきたり大特集
1年で最大のげん担ぎ「初詣」には良い日・良い方向があった！
創業108年「こよみの神宮館」が初詣と初夢の由来と意味を解説します

創業から108年にわたり「神宮館高島暦」をはじめとする「こよみ」シリーズを出版する、株式会社神宮館（本社：東京都台東区東上野　代表取締役社長：木村　通子）から、新年の運気をアップさせる初詣の行き方や初夢について紹介します。

● **そもそも初詣とは？**

　初詣（はつもうで）とは、新年になって、初めて神社仏閣にお参りすることをいいます。昔は大晦日（おおみそか）から元旦にかけて、氏神様のもとで一家の主が身を清めて家族の無病息災を祈る風習があり、初詣はその名残ともいわれています。
　現在はどの神社やお寺にお参りしても構わないとされますが、本来はお世話になった氏神様やその年の恵方*にあたる神様にお参りするものでした。

● **神宮館が解説！初詣に行くのに良い日、良い方向**

1月1日は氏神様にご挨拶を！
　まずは、1月1日にその土地の守護神である氏神様に新年のご挨拶に行きましょう。

運気アップのために初詣へ行く良い日、良い方向
　氏神様以外の神社やお寺に初詣に行く場合は、なるべく1月1日から3日までに行くようにしましょう。
　「神宮館のこよみ」に掲載されいる内容を紐解き、導き出した初詣に行くのにオススメの良い日、良い方向はこちらになります。

　　1月1日　13時以降　（六輝*が先負のため午前中は凶）
　　1月3日　終日OK　　（六輝が大安のため一日中大吉日）

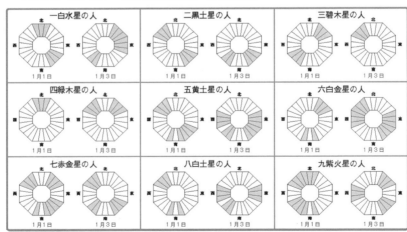

※ご自宅から見て黄色い部分が良い方向となります。
※ご家族でいく場合は一家の大黒柱の人、ご友人と行く場合は取り仕切っている人の方位で見ます。
※一白水星などの本命星の早見表は、別紙に記載しています。

● 特別コラム　初夢を見て 2017 年は開運！

● 初夢っていつ見るもの？

　新年になって初めて見る夢を「初夢」といいます。
　多くの方が、大晦日（おおみそか：12月31日）から翌日の1月1日までに見る夢を初夢と考えているようです。しかし、古くから伝えられている初夢は、**元日（1月1日）から2日の朝方にかけてみる夢**のことをいいます。
　古くはその年の1年を司る年神様を家族揃ってお迎えするために、大晦日から「年籠り（としごもり）」をして一晩中起きている風習があったそうです。このことから、新年初めての夢は、元日から2日の朝方にかけて見るものだったそうです。

● どんな夢をみると 2017 年は開運？

　一般的に縁起が良いとされる初夢は、一富士（いちふじ）、二鷹（にたか）、三茄子（さんなすび）です。富士は「日本一高い山」、鷹は「高い」、茄子は「事をなす」にかけて、高い志を意味しています。
　しかし、年に一度の初夢でこれらを見ることはなかなかありません。（だから縁起が良いのですが…）そこで、神宮館のこよみに書かれている、夢判断をいくつか紹介します。いつ見ても縁起の良い夢ですが、初夢に見ると更に縁起が良いと考えられます。

雨がしとしと降る夢 … 幸運が訪れる
地底や洞窟に入る夢 … 悩み事が解消される
山に登る夢 … 苦労は多いが結果は良い
葬儀に参列したり見かける夢 … 商売繁盛など良い事が起きる前兆
階段を上る夢 … 目標達成の前兆
友達と口論する夢 … 逆にもっと仲良くなる
宝石を持つ、見る夢 … 才能が開花、発揮される
木が生い繁っている夢 … 家族が元気に仲良く暮らせる
飛行機に乗る、見る夢 … 運気が上がり希望が叶う
刺されたり切られる夢 … 金運に恵まれる

　見たい夢を寝る前に考えると、その夢を見れる、といわれています。また、お風呂に入ったり、好きな音楽を聴きリラックスすることで、その効果も上がるそうです。良い夢を知ることで、初夢もゲン担ぎになってくるのです。
　他にもたくさんの良い夢がありますが、逆に見てしまうと悪い夢もあります。ご興味のある方は「神宮館高島暦」をご覧ください。

～ご掲載・ご取材に関するお問い合わせ先～

株式会社　神宮館
担当：　檜垣 一人　　Mail：higaki@jingukan.jp
　　　　粟多 美香　　Mail：awata@jingukan.jp
TEL：　０３－３８３１－１６３８　　FAX：０３－３８３４－３３３２
住所：　東京都台東区東上野１－１－４

| News Release | |

報道関係各位

2016年6月1日
株式会社 鈴木ハーブ研究所
代表取締役 鈴木さちよ

抑毛ローションにザクロエキスを新配合！あの『パイナップル豆乳シリーズ』がパッケージも新しくスタイリッシュに進化して6月10日（金）リニューアル発売いたします。

鈴木ハーブ研究所（本社：茨城県東海村／代表：鈴木さちよ）は、腕、脚、ワキなど肌の露出が多くなる夏に合わせ、ムダ毛ケアでおなじみの化粧水『パイナップル豆乳ローション』に、よりムダ毛ケアに効果的なザクロエキスを新配合、さらにパッケージもリニューアルし、発売を開始いたします。

鈴木ハーブ研究所は、ムダ毛ケア化粧水『パイナップル豆乳ローション』をはじめとする『パイナップル豆乳シリーズ』にザクロエキス（※1）を新配合し（※2）、デザインも新たに2016年6月10日（金）にリニューアル発売いたします。

シリーズ累計販売321万本（※3）を突破した『パイナップル豆乳ローション』。自宅で簡単にムダ毛ケアしながらツルスベ美肌になると、30代から40代女性の間で高い支持を得ています。発売から12年目を迎える今年、6回目となる今回のリニューアル。大豆由来とアイリス由来のイソフラボンだけでなく、ザクロエキスを組み合わせることによって、より高い実感力を発揮します。今まで結果が出にくかったという方でも、使い続けるほどに憧れのツルスベ素肌へ導きます。

さらにデザインも一新し、パイナップルの輪切りをモチーフとしたポップで明るく、かつスタイリッシュな印象に仕上げ、視覚的・直観的に分かりやすいアイテムに統一しました。

※1）整肌成分、※2）『パイナップル豆乳除毛クリーム』はパッケージのみリニューアル、※3）平成28年3月末日現在

【実感力アップのザクロエキスの秘密とは！？】

ザクロはさわやかな酸味と甘みで愛され、世界中で食されています。古くから「女性の果実」と呼ばれ、美容や健康に効果があると考えられていました。西洋医学の父と言われるヒポクラテスの医学書などにも記され、中国では果皮を乾燥したものが石榴皮（セキリュウヒ）という漢方として利用されています。
その作用は女性ホルモンの分泌を促したり、美肌・美白効果、ストレスをやわらげたり、高血圧や動脈硬化の予防などとされています。
さらに美肌成分としても優れており、透明感やハリツヤも期待できます。

【新しくなったパイナップル豆乳シリーズのパワーの秘密！！】

★★ザクロエキス配合でムダ毛ケアを強力サポート！！★★
毛の成長には男性ホルモンが与しています。ザクロエキスは毛の働きを抑制し、ムダ毛の成長を抑える働きがあると言われます。大豆由来とアイリス由来のイソフラボン同様、ムダ毛ケアや美肌の実感力を高めるので、このふたつのイソフラボンにザクロエキスが加わることで高い実感力を実現！今まで結果が出にくかったという方でも、使い続けるほどに、憧れのツルツル素肌へ導きます。

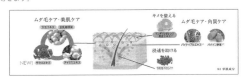

≪パイナップル豆乳ローション≫
内容量：100ml
価格：価格：2,700 円（税込）
詳しくはこちら
→http://s-herb.com/pine_lotion/

【商品に関するお問い合せ・ご注文】

電話・FAX、インターネットからもご注文をお受けしております。
Tel：0120-32-8633　［受付時間 9:00-18:00/ 年中無休 / 携帯可］
Fax：029-282-3112
URL：http://s-herb.com/

【『パイナップル豆乳シリーズ』とは】

大豆やパイナップルに含まれる、ムダ毛ケア成分、美肌成分を配合した、エステやシェーバーにかわる「肌にやさしいムダ毛ケア商品」です。腕や脚のムダ毛を気にしはじめる小学校高学年から、加齢とともに濃くなる口の周りのうぶ毛を気にする 50 代から 60 代にいたるまで、幅広い層に支持されています。
鈴木ハーブ研究所独自の抽出方法により、他に類のないほどの高純度の成分を、こだわりの高濃度の成分を配合。その確かな実感力が評判をよび、発売開始以来シリーズ販売累計 321 万本を超える人気の商品です。

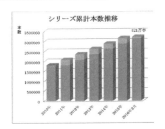

【鈴木ハーブ研究所について】

創業者が娘のアトピー肌のケアをきっかけに化粧水の研究開発をはじめたところ、同じ悩みを抱える方の間で評判になり、口コミによる支持に後押しされ、会社を設立しました。一般的な概念のハーブだけでなく、野菜や果物といった自然の恵みすべてを "ハーブ" ととらえ、安全で肌にやさしく、使って実感できる商品をお届けする為、独自の研究開発を進めています。こだわり抜いた成分純度や配合率を実現し、次々に高い効果を上げています。
大豆とアイリス由来のイソフラボンがムダ毛に働きかけることで、エステやシェーバーにかわる肌にやさしい次世代のムダ毛ケアとして幅広い層に支持され、累計販売本数 321 万本を突破した「パイナップル豆乳シリーズ」や、肌の保湿力を高めるポリグルタミン酸に着目した「水戸の納豆シリーズ」、濃厚なハーブエキスの美容成分が肌そのものの活力を引き出す「肌草創シリーズ」など、ユニークな着眼点とあくなき効果の追求で、実感できる商品を生み出しています。

【鈴木ハーブ研究所概要】
社名：株式会社鈴木ハーブ研究所
代表者：代表取締役社長　鈴木さちよ
本社：〒319-1112 茨城県那珂郡東海村村松 2461
事業内容：化粧品の研究開発・販売
URL：http://s-herb.com/

【本件に関するお問い合わせ先】
企業名：株式会社鈴木ハーブ研究所
担当者名：滝　泰彦
TEL：029-282-4700
Email：pr@s-herb.com

CASE 23

山見博康の推奨 3(スリー) ポイント

（株）鈴木ハーブ研究所

Yes 01 ハーブの葉や色を取り入れた印象的ロゴから一転し、肌に優しそうな色合いの最新パッケージと真っ赤な熟ザクロと続く。イラスト＆グラフをビジュアル化していて、多様なアート的躍動を予感させる。

02 小見出しでの解説、特に一般人にわかりにくい言葉や技術用語に「※」で注釈をつける姿勢は、社員の慈愛溢れる奥床しさのあらわれか。豆乳パワーの秘密を科学的にイラストで説明しているのは良い。

But 03 販売累計321万本達成の「本数」を喜ぶのは自賛・自利・自誇の精神に受け取られてしまう。「この商品がこれほど多くの"人"を喜ばせた！」といった心情による誇りや自信の方が尊い。今後の方針が数字であればなお良い。

CASE 24

山見博康の推奨 3(スリー) ポイント

（株）スターフライヤー

Yes 01 ヘッダーに3社共同のロゴが並び、提携による今後のビジネスの成功を祈るかのごとし。黒い太枠で囲んだタイトルとサブタイトルに、新カード誕生とその意義や強みが簡潔に記されている。

02 本文でカードの使い方や特徴を記述し、まずはどんなカードかを写真で示したのは良い。2ページ目に「プログラム概要図」として3社提携の仕組みや各役割をイラストで明確にしたのは秀逸。

But 03 【特長】の小見出しをつけ、内容を簡条書きでまとめ、【今後の方針】も設けよう。つまりこの提携によってこの先1年、さらに3～5年で何枚（人）の利用を目指し、その後どう展開するか等、経営の意志を示すとベター。

・九州カード㈱
・ビザ・ワールドワイド・ジャパン㈱

NEWS RELEASE

各 位

2015年12月21日

株式会社スターフライヤー
九州カード株式会社
ビザ・ワールドワイド・ジャパン株式会社

> 「スターフライヤーVisaビジネスカード」誕生
> ～法人向け予約システム「SF-Biz」（エスエフ ビズ）がクレジットカード決済対応可能となり、
> よりシンプルな精算処理と幅広いマイルの獲得が可能に！～

株式会社スターフライヤー（本社：福岡県北九州市、代表取締役 社長執行役員：松石 禎己、以下：スターフライヤー）は、九州カード株式会社（本社：福岡県福岡市、代表取締役社長：小石原 洌、以下：九州カード）とビザ・ワールドワイド・ジャパン株式会社（所在地：東京都千代田区、代表取締役：ジェームス・ディクソン、以下 Visa）と連携し、法人専用のカードプログラム「スターフライヤーVisa ビジネスカード」の取扱を開始いたしました。

本プログラムは、出張を効率的にサポートするスターフライヤーの法人顧客向け予約システム「SF-Biz」（エスエフ ビズ）に Visa がサービス提供する最新の B2B 決済ソリューション「Visa Business Pay」を通じて、カード決済を導入するものです。このプログラムの導入により、今まで銀行振込しか対応していなかった航空券代金のお支払いに対し、クレジットカードによる事後払い一括精算が可能となります。
また航空券請求データの確認や支払業務を WEB 上で簡単に行うことができるなど、「スターフライヤーVisa ビジネスカード」を利用することで、更に業務効率性が向上いたします。

もちろん航空券代金だけでなく、出張時のご飲食代・ご宿泊代等の経費立替払いも本カードをご利用いただけます。また、ご搭乗の際のフライトマイルはもちろん、経費のお支払いでもマイルが貯まる※Visa 法人カードは、
「スターフライヤーVisa ビジネスカード」が国内初のプログラムとなります。

※フライトマイルは本カードご搭乗者様へ積算されます。経費の支払いによるマイルはポイントサービス、「ワールドプレゼント」から手数料無料でスターフライヤーのマイルに移行可能で、企業の代表者へ付与されます。

以上

カードデザイン

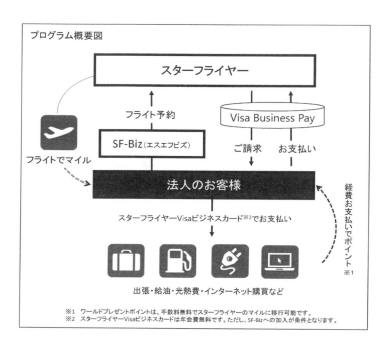

※1 ワールドプレゼントポイントは、手数料無料でスターフライヤーのマイルに移行可能です。
※2 スターフライヤーVisaビジネスカードは年会費無料です。ただし、SF-Bizへの加入が条件となります。

◆本件（ニュースリリース）に関するお問い合わせ先◆
「SF-Biz」について ：株式会社スターフライヤー／経営戦略部　広報担当　TEL：093-555-4520
「スターフライヤーVisa ビジネスカード」について
　　　　　　　　　　：九州カード株式会社／企画部　中原　TEL：092-452-4630
「Visa Business Pay」について：ビザ・ワールドワイド・ジャパン株式会社／広報部　濱田　TEL：03-3210-1650

SUPERMARKET
成城石井

報道関係各位　　　　　　　　　　　　　　　　　　　　　　　　　　　　　　2016年4月26日
　　　　　　　　　　　　　　　　　　　　　　　　　　　　　　　　　　　　　株式会社成城石井

シンガポール政府観光局と成城石井の共同企画
「新・食文化　シンガポール・フードを楽しもう！プロジェクト」がスタートします

> 株式会社成城石井は、日本・シンガポール外交関係樹立50周年にあたる本年、シンガポール政府観光局との共同企画としてシンガポール風惣菜を開発し、新しい食文化を日本の消費者に紹介する「新・食文化　シンガポール・フードを楽しもう！プロジェクト」をスタートいたします。成城石井自家製の惣菜を開発・製造する「セントラルキッチン」のプロの調理人たちが、シンガポール政府観光局の案内で実際に現地のホーカー（屋台）やレストランを視察し、本場の味を徹底研究。シンガポール人も認める本格的な味わいを実現しつつ、日本人の口にも合うような絶妙な工夫を凝らした惣菜4品（※）を4月26日（火）から順次発売いたします。成城石井の企業理念「食にこだわり、豊かな社会を創造する」の通り、新しいこだわりの食でお客様の食卓を豊かにするのみならず、食を通じて両国の親交をさらに深めます。

株式会社成城石井（本社：神奈川県横浜市、代表取締役社長：原　昭ները）は、日本・シンガポール外交関係樹立50周年記念を記念し、シンガポール政府観光局と共同で「新・食文化　シンガポール・フードを楽しもう！プロジェクト」を推進します。

※「10種スパイスのチキンカレー」以外の3品は、成城石井の関東、山梨県、静岡県内の店舗限定発売となります。

■シンガポール政府観光局と成城石井が、「食にこだわる」パートナーとして「シンガポール・フード」の食文化を広げます

成城石井は、世界中から厳選した高品質でおいしい商品をお買い求めやすくお客様へお届けしています。また、「プロの味を気軽に楽しみたい」というニーズにお応えするため、自社惣菜製造工場のセントラルキッチンでプロの調理人が開発したお惣菜を極力手作り。そんな成城石井の食への姿勢と、シンガポールの食文化を日本人にも広めたいというシンガポール政府観光局（以下、STB）の思いが合致しました。このきっかけとなったのが、当社の代表的なエスニック惣菜「シンガポール風ラクサ」。本格的な味わいを実現しつつも、隠し味に胡麻油やみりんを使用し日本人の口に合うよう工夫を凝らしました。その結果、一般社団法人新日本スーパーマーケット協会主催の「お弁当・お惣菜大賞2015　麺部門」で最優秀賞を受賞。この商品と出会ったSTBが成城石井の商品開発力の高さに着目し、今回の共同プロジェクトがスタートしました。

シンガポール風ラクサ

■調理人が現地を訪れ、その食の魅力を徹底研究。シンガポール人も認める商品を開発

当社における「シンガポール風ラクサ」をはじめとする東南アジアのエスニック惣菜やデザートの売上は前年比109％。特有の調味料を用い、ご家庭での調理が難しいとされるエスニック料理を気軽に味わえるとして、同カテゴリーの惣菜は年々お客様からのご支持が高まっており、今後も成長が期待できる分野です。今回、STBとのシンガポール・フードの共同開発により、バラエティを増やし、お客様へ更なるエスニックの可能性をご提案することが可能になります。商品開発にあたっては、プロの調理人がSTBの案内でシンガポール現地のホーカー（屋台）やレストランをいくつも視察。現地の味を試食するだけでなく、シェフから直接アドバイスをいただくなど、実り多い視察となりました。帰国後は、日本ではなかなか手配し難い食材の代用品を探しながら、何度も試行錯誤を重ねて商品を開発。STB北アジア局長のマーカス・タン氏による2度の試食会を経て、アドバイスをいただきながら、ようやく両者が太鼓判を押す4品が出来上がりました。

当社社長プレゼンテーションによる試食会

STB 北アジア局長　マーカス・タン氏も試食

SUPERMARKET 成城石井

■成城石井に立ち寄れば見つかる、本格的なシンガポールの味

STBは今回のプロジェクトを推進するため、日々の生活の中で気軽に立ち寄っていただけるスーパーマーケットこそが、新しい食文化を紹介していくために適していると考えました。しかし、シンガポール料理はホーカーで出来立てを食べるのが本場のスタイルで、そのおいしさを惣菜として再現するのは至難の技。そこで、高い商品開発力を持ち、こだわりの惣菜をお求めやすい価格でお客様にお届けしている成城石井がパートナーとして選ばれました。セントラルキッチンで作る惣菜は、スーパーマーケットならではの調達力を活かして仕入れた質の高い食材を使用。商品の開発や調理を手がける調理人は有名ホテルや飲食店で腕をふるってきた達人ぞろいです。

食材を知り尽くし、長年お客様に愛される商品を世に送り出してきた当社セントラルキッチンの調理人が手がけることで、本格的かつ日本人にも親しみやすい惣菜に仕上がりました。この味がお客様に新しいエスニック料理との出会いをもたらし、シンガポールの食文化を広める一翼を担うものと考えています。

「シンガポール風海南チキンライス」(価格599円) 4月26日発売

シンガポール料理の代表格ともいえるチキンライスは、ライスとチキンの味わいのバランスがポイント。ご飯は本場で使用される「長粒米」に、濃厚なチキンのうまみを絡ませ生姜とともに炊き上げています。チキンはしっとりと柔らかく、職人の技が光る仕上がり。中国醤油とシーユーダム(※)を合わせてコクとまろやかな甘みを出したソースをかけて日本人好みの味付けに。添付のチリソースは本場にならってピリ辛に仕上げました。お好みでかけてお召し上がりください。

※大豆から作られたコクのある醤油

「シンガポール風海老麺」(価格699円) 4月26日発売

現地では「ブラウン・ミー」という名前で親しまれる料理です。味付けには、海老のペーストに少し辛味を効かせた「サンバルブラチャン」と「蝦醤(シャージャン、えび味噌)」を使用。有頭海老をまるごと一匹トッピングした、まさに海老づくしの逸品。シンガポール人だけでなく日本人も大好きな海老のうまみをぎゅっと詰め込んでいます。

「シンガポール風甘辛五目焼きそば」(価格499円) 5月10日発売予定

「チャー・クェイ・テオ」と呼ばれるこの料理は、現地ではラクサと並び、ホーカーセンターでよく食べられる麺料理。特長であるまろやかで甘めの味付けを再現するため、中国醤油とオイスターソースを使用し卵と一緒に炒めました。さっぱりと召し上がっていただけるよう、麺のトッピングには生姜や紫玉ねぎ、パクチーを添えています。麺のコシを味わっていただくため、平打ちの米麺を使用しているのも調理人のこだわりのひとつです。

「10種スパイスのチキンカレー」(価格599円) 6月2日発売予定

有機のトマトとココナッツクリームをベースに、10種のスパイスを独自にブレンドして使用。特に、わずかな量で風味が変わる「八角」の使用量は何度も試作を繰り返しながら調整。味わいに深みを出しつつ、日本人にも親しみやすく仕上げました。トマトの酸味とココナッツクリームのまろやかさの中に、香り豊かなスパイスをきかせて味わい深く仕上げた逸品です。

※価格は全て税抜きです。

※成城石井 麻布十番店限定で、4月26日に上記4商品すべてを先行販売します。

SUPERMARKET 成城石井

<「新・食文化 シンガポール・フードを楽しもう!プロジェクト」について>
日本とシンガポールの国交50周年を記念し、シンガポールの食文化を日本に広め、日本人に親しんでいただくことを目指して発足しました。STBと成城石井が共同で開発した惣菜を、成城石井の店舗を通じてお客様にご提供。シンガポール料理の認知を高め、その食文化に興味・関心を持っていただくことで、シンガポールへの観光誘致を目指します。上記4品の惣菜の販売のほか、6月より関東、山梨県、静岡県内の成城石井で店頭キャンペーンを実施。シンガポール・日本外交関係樹立50周年記念、両国政府観光局マスコット(ドリたん&ハローキティ)を利用したノベルティ等を抽選でプレゼントするなどの企画を予定しております。
また、成城石井が経営するワインバー「Le Bar a Vin 52 AZABU TOKYO(ル バー ラ ヴァン サンカンドゥ アザブ トウキョウ)」各店においても、6月から「シンガポールフェア」と題してシンガポール料理を展開予定です。

<成城石井 セントラルキッチンとは…>

成城石井の惣菜・パン・デザート・ソーセージなどを製造する自社惣菜工場。東京・町田市の当キッチン内では、調味料の配合、食材のカット、下処理から調理、盛り付けまで全ての工程を実施し、毎日300種類以上の自家製惣菜を極力手作り。調理人たちは、週1回行われる検討会に新商品を提出。検討会には社長も参加し審査します。お客様によりおいしいものをお届けするため、2回3回と試作を求められることも。こうした厳しい審査を通過した商品のみが店頭に並んでいます。

《本件に関するお問い合わせ先》
株式会社成城石井 コーポレートコミュニケーション室 広報課
担当:五十嵐・前川・綱島・橋本・山内
TEL:045-329-2490 MAIL:si-koho@seijoishii.co.jp

CASE 25

山見博康の推奨 3（スリー）ポイント

（株）成城石井

Yes 01 大切なリード部を社色のワインカラーの枠で囲み際立たせ、太字ゴシックにしているのは、力強いタイトル実現への熱い想いが感じられる。各文章のきめ細やかさに社員の本質的な優しさを見る。

02 写真8枚を左右中央とアーティスティックに配置し、ビジュアル的にも魅力的な装いの感があり。妥協なき「こだわり」の社風が如実に伝わり安心感を与える。「徹底研究物語」に興味が倍加。試食写真はその証。

But 03 発売開始日の発表ゆえに、事前に記者招待リリースは発行済みのはず。さもなければニュースにはならない。小見出しを箇条書きすれば理解時間が短縮し、手間が省ける。

CASE 26

山見博康の推奨 3（スリー）ポイント

セーラー万年筆（株）

Yes 01 西洋生まれのボールペンと日本の伝統工芸の粋たる有田焼の想いが一致し、素敵なコラボが実現。実にカラフルな有田焼ボールペンが立ち並ぶ、まさに美術工芸品としても鑑賞の価値あり。

02 リード部に特徴の箇条書きは斬新。当初から企画推進した佐賀段ボール商会とセーラー x 香蘭社or源右衛門窯が抱く魂の融合が、苦節２年で画期的芸術品を産み出した。桐箱に鎮座する姿は深窓の麗人のごとし。

But 03 企画開始から開発に至る２年間、30数回におよぶミーティングの苦労話の一端をまとめても興味の的になりそう。有田焼と筆記用具以外のコラボの全貌を図示したり、開発者達の談話を入れるのも面白そう……と、興味は尽きない。

・㈲佐賀段ボール商会

Press Release

⚓ SAILOR

報道関係各位

2013年4月2日
セーラー万年筆株式会社

異素材の融合を可能にした、卓越した技術力。

『有田焼ボールペン』
4月4日(木)発売

- 400年の伝統を継承する有田焼の名窯「香蘭社」「源右衛門窯」と、セーラー万年筆のコラボレーション ボールペンです。
- 2008年洞爺湖サミットでは、有田焼万年筆(古伊万里蘭菊／香蘭社製)が日本政府よりG8各国首脳に贈呈されました。
- 「もっと気軽に使えるボールペンタイプが欲しい」というお客様のご要望に応え、今回の発売となりました。
- キャッピングは高級感のある幅広タイプ。24金メッキを施した気品ある仕上がりで、香蘭社、源右衛門窯それぞれのネームが打刻されています。
- レフィールは滑らかな書き味の低粘度インクを採用。
- 香蘭社、源右衛門窯各々の仕上げによる筆休め(各一種)と、本場加賀白山紬を生地とした筆包み(一種)が付属します。

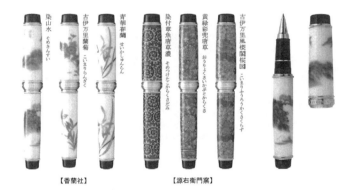

【香蘭社】　　　　　　　　　　【源右衛門窯】

- 本来焼成による伸縮性のある磁器は、金属等他の素材との接合は難しいものとされてきましたが、東京、広島、有田と場所を移しながら三十数回に及ぶ打ち合わせに2年の月日をかけ、製品化にたどり着きました。

【香蘭社】
1879年創業、海外の博覧会にも積極的に出展、六十余の大賞受賞。
宮内庁御用達。香蘭社調と呼ばれる繊細で気品溢れる絵付けと優雅なフォルムが特徴。

【源右衛門窯】
日本の磁器発祥地である有田に築窯以来、独自の感性で時代を映す器を造り続ける源右衛門窯。
熟練の手技から生みだされる製品のひとつひとつには、先人より受け継いできた古伊万里の伝統と心が息づいています。

【特製桐箱入り】

【筆休め、筆包み】
※画像の筆休めは香蘭社製

【製品スペック】
品名：有田焼ボールペン［香蘭社］105,000円（本体価格 100,000円）
　　　　　　　　　　　［源右衛門窯］210,000円（本体価格 200,000円）
方式：キャップ式（1.0mm/ 油性ブラック）
蓋・胴：有田焼
大先：PMMA樹脂 / ブラック
金属部分：24金メッキ仕上げ
本体サイズ：φ19×143mm/ 約60g
軸：［香蘭社］染山水 / 古伊万里蘭菊 / 青華春蘭
　　［源右衛門窯］染付章魚唐草濃 / 黄緑彩兜唐草 / 古伊万里風楼閣桜図
パッケージ：特製桐箱（152×204×32mm）、筆休め1個、筆包み1房付

全国のセーラー万年筆取扱大型文具店・百貨店で発売いたします。　　　　　　　　　　　　　　　　　以上

《当リリースに関する問合せ先》　企画部：03-3846-2919
　　　　　　　　　　　　　　　　●●（×××＠bungu.sailor.co.jp）・●●（×××＠bungu.sailor.co.jp）
　　　　　　　　　　　　　　　　不在時：文具事業部統括室　●●（××＠bungu.sailor.co.jp）
　　　　　　　　　　　　　　　　※画像のご依頼は、担当：●●までお願い致します。
※当資料は、東商記者クラブに投函しております。
会社概要：セーラー万年筆株式会社（代表取締役社長　中島義雄）東証二部：証券コード7992
　　　　　〒135-8312　東京都江東区毛利2-10-18　Tel: 03-3846-2651　URL: http://www.sailor.co.jp

PRESS RELEASE

報道資料　　セコム株式会社 コーポレート広報部 〒150-0001 東京都渋谷区神宮前1-5-1 TEL.(03)5775-8210

2015年12月10日
セコム株式会社

世界初、民間防犯用の自律型小型飛行監視ロボット
「セコムドローン」のサービス提供を開始
改正航空法の施行に伴う承認取得、12月11日からサービス開始

　セコム株式会社(本社:東京都渋谷区、社長:伊藤 博)は、民間防犯用としては世界初の自律型飛行監視ロボット「セコムドローン」のサービス提供を、12月11日から開始します。「セコムドローン」は、セコムが長年培ってきた画像技術やセンシング技術、そして防犯・飛行ロボット技術を駆使し、セコム独自のコンセプト、ノウハウで開発した、世界に例のない独創的な自律型飛行監視ロボットです。

　近年、企業へのオンライン・セキュリティシステムや監視カメラシステムなどの普及が進んでいます。セコムでは早期に異常を検出し、緊急対処や必要に応じて110番通報や119番通報を行い、お客様に「安全・安心」を提供しています。特に広い敷地を有する施設では、不審車(者)の映像を確実に捉えるため、敷地内に固定の監視カメラを設置するケースが増えています。固定の監視カメラは防犯上有効ではあるものの、遠くにいる不審車(者)の、特定の決め手になる車のナンバーや、人の顔や身なりなどが不鮮明である場合があります。

　そこで、監視カメラとLEDライトを搭載したセコムドローンが侵入異常発生時に対象の車や人に上空から接近し、近距離で車の周囲を飛行し、車のナンバーや車種、ボディカラー、人の顔や身なりなどを撮影。この画像をいち早く無線でセコムのコントロールセンターに画像を送信することで、不審車(者)の追跡・確保に役立つことができます。

　なお、6月に小型無人機(ドローン)の運行を見直すため、航空法改正の見込みとなり、弊社の小型飛行監視ロボットのサービス開始の延期をお知らせしましたが、改正した航空法の施行に基づき、第1号のご契約先の国の承認を本日朝得たことで、明日12月11日から「セコムドローン」のサービスを開始することになりました。

　今回の「セコムドローン」の研究開発・商品化にあたっては、セコムのIS研究所と開発センターの技術力とセキュリティサービス・ネットワークに加え、情報セキュリティ技術、空間情報技術など、セコムグループの技術力を結集しました。セコムは、今後も"ALL SECOM"で「安全・安心・快適・便利」な社会の実現を目指してまいります。

■「セコムドローン」の利用イメージ

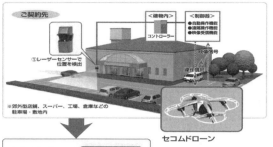

■「セコムドローン」の機体仕様
・サイズ…幅 570mm(対角 685mm)×奥行 570mm×高さ 225mm
・重さ…2.2kg(バッテリーを含む)
・飛行速度…時速 10 km　・飛行高度…不審者・不審車両追跡時　3〜5m

■価格
・月額 5,000 円(税別)〜　・工事料(ドローンポート、制御部含む)800,000 円(税別)〜
※オンライン・セキュリティシステムと「レーザーセンサー」による外周監視を導入済みのご契約先に対して、「セコムドローン」を設置する場合。

自律型小型飛行監視ロボット
「セコムドローン」

飛行する自律型小型飛行監視ロボット
「セコムドローン」(下から撮影)

■問い合わせ先

本件に関するお問い合せは、下記までお願いいたします。
セコム株式会社　コーポレート広報部　安田、竹内
TEL：03-5775-8210

CASE 27

山見博博の推奨 3 ポイント

セコム（株）

Yes 01 「世界初」と高らかに謳い、まず強いインパクトを与え、格段に大きな文字で革新ブランド「セコムドローン」を記したところに、成功への想いの熱さと拡大への信念を貫く勢いがある。

02 「セコムドローン」契約先とセコムの関係や役割を、立体的なイラストや写真を使いカラフルに図示したわかりやすさと細やかさに、使命感を抱くセキュリティのプロとしての面目躍如。

But 03 段落に「小見出し」を付けると、どこに何が記述されているかが一目瞭然になる。1ページ目に、2ページ目最後の写真2枚を配置するとタイトルがそのままビジュアルとして目に入り、魅了し惹き付ける。

販売

CASE 28

山見博博の推奨 3 ポイント

センクシア（株）

Yes 01 一見して5Sの行き届いた清廉な会社との印象あり。簡潔な太字のタイトルと短く明確なリード部、最も強調したい工法を枠に入れたのは妙案。写真2枚をページで分けてビジュアルで見せる点も良い。

02 本文の「■特長」もその内訳も「小見出し＋箇条書き」でわかりやすさの鉄則を踏まえ、文章も適度の長さに推敲している。2ページ目の商品概要も各項目を箇条書きにして、斜め読みで理解できる親切さがある。

But 03 タイトルで何に対して何本くらいの減数が可能なのか、何％ダウンできるのか等の具体的な数字がほしい。販売目標を3年後に加えて、もう少し将来方針を語り、魂を入れよう。余白はあるので、両社の会社概要を入れたい。

・ジャパンパイル㈱

NEWS RELEASE

2016年 10月 18日

ジャパンパイル株式会社
senqcia

杭頭接合筋の本数減少が可能!
大きな耐力を確保した杭頭接合工法
「ジョイントカプラ工法」を新発売

　総合的な基礎建設会社であるジャパンパイル株式会社(本社:東京都中央区、代表取締役社長:黒瀬晃)と、建材機器、チェーンの製造・販売と関連工事を行うセンクシア株式会社(本社:東京都江東区、代表取締役社長:笠原伸泰)はこのほど、杭頭接合工法について共同開発を行い、従来工法に比べて大きな耐力を確保した「ジョイントカプラ工法」を10月18日(火)に発売いたします。
　「ジョイントカプラ工法」は、ジャパンパイル株式会社が施工する杭(SC杭・鋼管杭)に対応した杭頭接合工法であり、センクシア株式会社が製造し、ジャパンパイル株式会社及びセンクシア株式会社が販売を行います。

ジョイントカプラ工法とは?
　ジョイントカプラ工法は、定着体を有する定着アンカーをジョイントカプラにねじこみ、その周りにコンクリートを打設することにより杭と基礎コンクリートを一体化させる杭頭接合工法です。
　杭頭接合工法とは杭頭を基礎コンクリートと一体化する工法のことです。

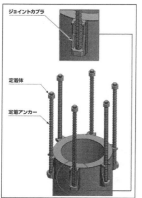

■ 特長
①杭頭接合部の高強度化と杭頭接合筋の本数減少が可能
　D41という太径の高強度定着アンカーとジョイントカプラの効果により、大きな耐力を確保できるため、高強度の杭に使用可能です。
　従来工法と同耐力でよい場合は、定着アンカーの本数が減少するため、上部構造の鉄筋との干渉を抑えられます。

②定着アンカーの定着長を短縮
　定着アンカーの上端に定着体を設けることにより、高い定着性能を確保します。
　これにより在来工法(異形鉄筋を杭鋼管に溶接する方法)に比べ、定着長を短くすることができます。
例:在来工法 D38 定着長40dの場合、定着長1520mm
　　ジョイントカプラ工法 D41の場合　780mm

＜本件に関するお問い合わせ先＞
販売に関するお問い合わせ　ジャパンパイル㈱ 営業企画室:TEL 03(5843)4194
商品に関するお問い合わせ　センクシア㈱広報・宣伝・IRグループ:TEL 03(3615)5789

NEWS RELEASE

<ジョイントカプラ工法　商品概要>

1. 商品名
    ジョイントカプラ工法

2. ラインナップ
    D41 (SD490)

3. 構造規定
    Dp：杭径(mm)　SC 杭：400≦Dp≦1200
    　　　　　　　　鋼管杭：400≦Dp≦1500
    Fc：基礎の設計基準強度(N/mm²)　24≦Fc≦60

4. 販売価格
    お問い合わせください

5. 販売目標
    18 年度売上 10 億円を目指す

6. 産業財産権等
    (一財)日本建築センター評定
    (BCJ 評定-FD0554：センクシア㈱、BCJ 評定-FD0555：ジャパンパイル㈱)
    国土交通大臣認定（MSTL-0484）

7. 製造元
    センクシア株式会社
    東京都江東区東陽 2-4-2　新宮ビル　TEL: 03-3615-5432（基礎本部）

8. 販売元
    ジャパンパイル株式会社
    東京都中央区日本橋浜町 2-1-1　田辺浜町ビル　TEL: 03-5843-4192（本社代表）
    センクシア株式会社
    東京都江東区東陽 2-4-2　新宮ビル　TEL: 03-3615-5432（基礎本部）

9. 発売開始日
    2016 年 10 月 18 日（火）

※ジョイントカプラ工法は、ジャパンパイル株式会社とセンクシア株式会社の共同開発による商品です。

＜本件に関するお問い合わせ先＞
販売に関するお問い合わせ　ジャパンパイル㈱営業企画室：TEL 03(5843)4194
商品に関するお問い合わせ　センクシア㈱広報・宣伝・IR グループ：TEL 03(3615)5789

報道関係者各位

時谷堂百貨
2016年12月9日
株式会社ソキュアス

紳士帽専門店、1割は女性購入者
女性に人気の今年の冬帽子
ベレー帽・フェルトハットが人気

株式会社ソキュアス（代表取締役 川近 充）は、世界各国直輸入、紳士帽子高級ブランド専門店『時谷堂百貨（TOKIYADO）』（http://www.tokiyado.com/）を運営しています。現在、海外の老舗帽子メーカーを中心とした帽子ブランド12社によるインポート高級紳士帽を販売しております。

客層の大部分は男性ですが、その中でも1割程度、女性購入者がいらっしゃいます。『時谷堂百貨（TOKIYADO）』で扱う商品の中で、女性のお客様に特に人気の商品をご紹介します。

◆ ELOSEGUI（エロセギ）　http://www.tokiyado.com/cat_brand05.php

ベレー帽の起源とされるスペイン・バスク州で現存する唯一の帽子メーカー。創業は1858年で、実に150年の歴史を有しています。ヨーロッパをはじめとして、アメリカやアジア各国においても高いシェアを誇る国際的企業でもあります。そんなELOSEGUIエロセギが提案する伝統的なベレー帽は、卓抜した高品質と美しいデザインを特徴としており、世界中で高い評価を集めています。

SUPER LUJO（スーパー ルホ）
¥9,180（税込）
シンプルなベレー帽は、ヘアスタイルやファッションを選ばず被りやすいと女性に一番人気です。

SOLEIL（ソレイユ）
¥7,560（税込）
ベレー帽で個性を出したい方に人気。ちょこんと乗せただけでサマになる、シルエットが自慢のツバ付きベレー帽です。

◆ Zapf（ツァップ）　http://www.tokiyado.com/cat_brand04.php

チロリアンハットの先駆者ツァップは、今から約120年前の1893年、オーストリアで創業された帽子メーカー。創立以来、職人の手作業による伝統的な帽子作りを続けている歴史あるブランドです。トラディショナルかつ高品質なフェルトと羊毛ハットに加え、最新の流行に合わせて、新しいデザインや色・装飾の商品を提案しています。ハプスブルク家も認めたコレクションを提供するツァップは、世界で脚光を浴びる老舗メーカーです。

Bluhnbach（ブリュンバッハ）
¥49,680（税込）
素材の良さにこだわる方も多いです。毛足の長いベロア素材の高級感のある帽子が人気です。

Axam（アクサム）
¥17,820（税込）
アウトドアシーンでお使いになる方には、チロリアンハットが人気です。

◆ TARDAN（タルダン）　http://www.tokiyado.com/cat_brand06.php

1847年に創業したメキシコのブランド。常に国内外へ向けて創造性あふれる商品を提案しつづけています。老舗メーカーとして伝統的な帽子制作に誇りをもつ一方で、先進的なデザインにチャレンジするユーモアも有し、多様なアイテムで人々を楽しませています。

SIDNEY（シドニー）
¥11,880（税込）
フェルトハットの中では、ブリムが広めなシンプルなものが、女性に人気な傾向にあります。

AUSTRALIANO CONFORT（オーストラリアーノ コンフォート）
¥12,960（税込）
ワイルドなシルエットのウエスタンハットも人気です。小顔効果が期待できるのもポイントです。

【本件に関するお問い合わせ先】
株式会社 ソキュアス　担当： 神宮寺　TEL：042-631-1422　FAX：042-631-1455　E-mail：shop@tokiyado.com

CASE 29 山見博康の推奨3(スリー)ポイント

（株）ソキュアス

Yes 01 無色で透き通ったフレームに入った前衛的なアート作品として眺めてみれば、四角と丸の構図に美と楽しさが感じられる。四角に囲まれた丸い帽子とブランドの概要、自慢の商品説明が奥深い。

02 タイトルで紳士服に「女性」を強調、加えて「今年の冬帽子」とトレンド到来のイメージ膨張への戦略を意図している。小見出しと写真の配置は、簡素にして典雅な表現。

But 03 世界各国とは何カ国か、どの国にどんな老舗メーカーがあるのか、業界に占める位置は……等具体的数字で自社を表現するとベター。世界中で高い評価の証は何か、今後の方針も聞きたいところ。

販売

CASE 30 山見博康の推奨3(スリー)ポイント

損害保険ジャパン日本興亜（株）

Yes 01 安心安全の会社らしく、最初から「小見出し＋箇条書き」を駆使、イラストや表を活用してアート的なバランスを保ち、ひと目でわかる仕組みが工夫されている。「今後の展開」と小見出しを設け、入魂の意志は力強い。

02 3ページ目で「機能概要」をイラストで一目瞭然に、「機能」は一覧表にして、項目別の美点を誇る詳細説明もあり。加えて、そのうち半分程度が「業界初」の断突の商品！　タイトルで誇ってもいいだろう。

But 03 「今後の展開」に経営的インパクトを！　期待の戦略商品の市場投入のため、売上目標など確たる数字的な方針を示そう。2ページ目の「画面イメージ」を1ページ目に繰り上げ、まずビジュアルで主張するとベター。

NEWS RELEASE
損保ジャパン日本興亜

2015 年 12 月 21 日

安全運転ナビゲートアプリ『ポータブル スマイリングロード』の開発～
～安心・安全・快適なドライブをナビゲートする個人向け新テレマティクスサービスの提供開始～

損害保険ジャパン日本興亜株式会社（社長：二宮 雅也、以下「損保ジャパン日本興亜」）は個人向けスマートフォン用アプリ『ポータブル スマイリングロード』を 2016 年 1 月から提供開始します。

『ポータブル スマイリングロード』は、「万一の事故時にワンプッシュで事故連絡する『安心』の機能」、「運転診断、リアルタイム情報提供など事故防止に役立つ『安全』な機能」などを「『快適』なカーナビゲーション機能[※1]」とともに提供する個人向けテレマティクスサービスです。

（※1）カーナビゲーション機能は、株式会社ナビタイムジャパン（社長：大西 啓介、以下「ナビタイムジャパン」）から提供を受けます。

1.『ポータブル スマイリングロード』開発の背景

損保ジャパン日本興亜では、2015 年 3 月に企業向けの『スマイリングロード』[※2]を提供開始し、IoT[※3] 関連技術の活用による安全運転を支援するテレマティクスサービスを提供してきました。その中で、お客さまの声をサービスに反映させ、ドライバーの皆さまに「安心・安全」を提供するノウハウを高めてまいりました。

これまで培ってきた『スマイリングロード』のコンセプトを、より多くのお客さまにお手軽にご利用いただけるように、高機能カーナビゲーション等を追加し、個人向けのポータブル版として提供することにしました。

（※2）専用ドライブレコーダーにより安全運転を支援する有料サービスであり、現時点で平均約 20%の事故削減効果が出ています。
（※3）Internet of Things の略であり、さまざまなモノに通信機能を持たせ、ネットに接続することにより、遠隔からセンサーデータを計測したり、機器の制御などを行うことです。

2.『ポータブル スマイリングロード』の概要（主な機能は別紙参照）
（1）仕組み

お客さまにダウンロードしていただく専用スマートフォンアプリにより、「万が一の事故時のサポート機能」、「お客さまの走行データを損保ジャパン日本興亜独自のアルゴリズムにより分析した安全運転診断」、「運転中の天候・道路・運転情報のリアルタイムワーニング」などを提供します。

また、ナビタイムジャパンから提供を受ける高機能カーナビゲーションにより、快適なドライブをナビゲートします。

<画面イメージ> ～画面は開発中のイメージです～

【トップ画面】　【事故連絡】　【運転診断】　【ルート検索】

（２）特長

①万一の事故の際も「安心」な事故対応サービス	ワンプッシュ事故連絡など、保険会社ならではのサポートにより、お客さまに「安心」を提供する機能です。
②保険会社の事故防止ノウハウを活用した「安全」な運転支援サービス	ビッグデータ解析技術により、走行データと事故データを分析し、お客さまに「安全」な運転を促進する情報の提供や、運転中のリスクをリアルタイムでワーニングする機能です。
③高機能カーナビで「快適」なドライブをナビゲート	最新マップを活用した、「正確な到着予測」や「渋滞回避」などにより、「快適」な運転をサポートする機能です。

（３）提供開始日・提供対象者

提供開始日	提供対象者	
【先行実施】2016年1月	スマートフォンご利用の個人の方	損保ジャパン日本興亜自動車保険ノンフリート契約(※4)のご契約者さま限定で提供（無料）
【本格実施】2016年8月以降（予定）		上記以外の方にも提供予定(※5)

（※4）所有・使用する自動車の総契約台数が9台以下の自動車保険契約です。
（※5）本格実施の内容については、後日ご案内します（機能拡充等に伴う一部有料化も検討中）。

３．今後の展開

　損保ジャパン日本興亜では、従来からIoTなどの先進技術をとおして、自社で培った事故防止ノウハウによりお客さまにサービスを提供しています。今後も、お客さまの安心・安全に資する商品・サービスを提供することで、自動車事故削減や高品質な事故対応に取組み、安心・安全な社会を構築するための一助となることを目指します。

以上

【別紙】『ポータブル スマイリングロード』の機能概要

1．仕組み

2．主な機能

	機能		概要
安心 事故時利便性	衝撃検知自動通報（※6）		大きな事故の際にアプリが衝撃を検知し、損保ジャパン日本興亜に自動通知。通知を受けたコールセンターが状況を確認し、お客さまへ電話連絡
	ワンプッシュ事故連絡・相談（※6）		アプリからワンプッシュで損保ジャパン日本興亜に事故連絡が可能。24時間365日稼動コールセンターにて受付・初動対応を実施
安全 安全運転支援	セルフチェック		損保ジャパン日本興亜独自の分析ノウハウを活用した運転診断結果等をご案内し、お客さまご自身の安全運転の取組みをサポート
	OnetoOne運転診断	業界初	お客さまそれぞれの運転特性に応じて、きめ細かい最適な運転診断・アドバイスを実施
	上達度チェック		運転診断の過去履歴により運転の上達度チェック
	全国ランキング		運転診断の全国ランキングを毎日表示
	リアルタイムワーニング （地図情報と連動）		事故発生の可能性が高くなる次の情報をリアルタイムにご案内し、安全な運転をサポート
	天候／ 時間帯情報	業界初	目的地の天候情報、天候の変化や時間帯によるリスク
	事故多発地点情報（※6）	業界初	当社が保有する膨大な事故データなどにより事故多発地点を地図表示
	制限速度情報（※6）	業界初	制限速度内か否かによるリスク大小を判定し得点反映
快適 心地よい運転	渋滞情報／ 回避ルート		精度の高い渋滞情報を活用したリアルタイムルート案内
	高機能経路探索	ナビタイムジャパンからの提供	最新マップと正確な到着時刻案内によるゆとり運転支援
	その他の便利な機能		便利なサービス情報（駐車場の満空、ガソリンスタンド価格、トイレなど）を提供

（※6）先行実施時には一部機能を制限しています。本格実施時（2016年8月以降予定）に他のアプリケーションとの連動などにより機能を拡充予定です。

CORPORATE NEWS

2016年度　ダイキンルームエアコン　　　　　　　　2015年10月1日

風を体に当てない「垂直気流」と「無給水加湿」で、暖かく乾燥しにくい暖房を実現
ルームエアコン『うるさら7（セブン）』（Rシリーズ）』新発売

　ダイキン工業株式会社は、風を直接体に当てずに足元から暖める「垂直気流」と独自の「無給水加湿」により、エアコン特有の風の不快感や乾燥をなくした『うるさら7（Rシリーズ）』を2015年11月1日より順次発売します。

　近年、省エネ性や安全性への関心の高まりから、エアコン暖房を使用する世帯が増えています。従来のエアコン暖房は、「風が当たると不快」「肌が乾燥する」といった快適性の課題がありました。本商品は、風を感じにくく足元から暖かい新暖房気流と、独自の加湿機能を組み合わせ、暖かく乾燥しにくい快適な空間を実現します。

垂直気流

【商品の特長】
1．業界初[※1]「垂直気流」と独自[※2]の「無給水加湿」で暖かく乾燥しにくい快適暖房を実現
- 設定温度に到達後、温風が壁に沿って床全体に広がり、風を当てず足元から部屋全体を暖房
- 従来の加湿機能に加え、風を当てない「垂直気流」を採用し、肌の乾燥をさらに約40%低減[※3]
- 風量や吹出し温度を抑えることで運転音を約50%低減[※4]し、消費電力も低減[※5]

2．低外気温時の暖房能力約11%アップ[※6]、暖房スピードと暖房性能が大幅に向上
- 従来の約2倍[※7]の速さで設定温度に到達するスピード暖房を実現
- 低外気温時の暖房能力を約11%向上[※6]、マイナス15℃でも定格暖房能力を維持[※8]
- 室外機を凍結しにくい新構造に見直し、マイナス25℃での運転にも対応

【価格、発売時期】

品名	ルームエアコン　『うるさら7』　Rシリーズ　（2015年11月1日発売（AN90TRP-Wは12月1日発売）／オープン価格）								
単相100V	AN22TRS-W(C)	AN25TRS-W(C)	AN28TRS-W(C)	AN36TRS-W(C)	AN40TRS-W	−	−	−	−
単相200V	−	−	−	−	AN40TRP-W(C)	AN56TRP-W(C)	AN63TRP-W(C)	AN71TRP-W(C)	AN80TRP-W	AN90TRP-W
適用畳数	おもに6畳	おもに8畳	おもに10畳	おもに12畳	おもに14畳	おもに18畳	おもに20畳	おもに23畳	おもに26畳	おもに29畳

※1　家庭用エアコンにおいて　エアコン直下の壁と床を違う暖房気流を採用
※2　家庭用エアコンにおいて　無給水加湿技術を採用
※3　試験条件　室温22℃、湿度50%の条件下で加湿暖房運転を行い、吹出気流：風速0.7m/s、垂直気流：風速0.1m/s、運転開始から20分後の肌水分量を測定。AN40TRP 131.9μs、AN40SRP 80.0μsとの比較。
※4　当社試験室　AN40SRPとAN40TRPの比較、外気温7℃、設定温度22℃、風量自動で暖房運転を開始、設定温度到達後、しずか運転時の運転音の比較。エアコン設置位置から3m、床から1.2mの位置の騒音を測定。AN40TRP風向6約34dB（音圧レベル約20dB）、0.52(SONE値) AN40SRP（風向6）約43dB（音圧レベル約29dB）、1.02(SONE値)との比較。騒音レベルを表す単位dB では、実際耳に聴こえる音の大きさとして定められた尺度が、音の感覚量SONE です。
※5　【比較条件】（当社環境試験室（洋室14畳）で測定。AN40TRP、外気温7℃、設定温度22℃、風量自動・風向自動で暖房運転を開始し、設定温度到達後の従来気流と垂直気流で運転した際の1時間あたり積算消費電力量を比較。　従来気流：248W、垂直気流：167W
※6　低温暖房能力の比較（2℃時）。　AN40SRP：8.1kW、AN40TRP：9.0kW
※7　当社環境試験室（洋室14畳）AN40SRPとAN40TRPの比較、外気温7℃、設定温度22℃、風量自動で暖房運転を開始し、掃出壁から6mの位置の平均温度が設定温度に到達する時間を測定。AN40SRP 32分とAN40TRP 16分との比較。
※8　-15℃でも標準定格（7℃）暖房能力を発揮（ピーク時）。AN40TRS、AN71-90TRPは除く

1

《特長詳細》
1．「垂直気流」

　　「垂直気流」は暖気を壁・床に沿わせて拡げることで、足元から暖める、新しい暖房方式です。運転開始時は新搭載の「人・床温度センサー」で床面の温度を細かく検知し、床を暖めます。その後、床面が十分暖まると「垂直気流」に切り替わり、「デュアルコアンダフラップ」が暖気を垂直に落とし、壁・床に沿って拡がる快適な気流を実現します。これにより壁から1m以上、床上30cm以上のエリアで風速0.3m/s以下の無風状態[※9]のまま、部屋全体を快適にします。

※9 当社環境試験室（洋室14畳）AN40TRP、外気温7℃、設定温度22℃、風量自動で暖房運転し、設定温度到達後、垂直気流運転に移行後の室内機設置壁面から1m以上、床面から0.3m以上離れた位置の風速分布を確認。0.3m/s以下の風速であることを「無風」と定義。

■ デュアルコアンダフラップ　　　　■ 人・床温度センサー

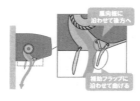
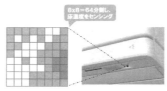

■従来暖房と垂直気流の比較

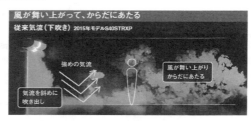

　　業界で唯一[※2]、給水せずに加湿ができる「無給水加湿（うるる加湿）」機能に加え、新搭載した「垂直気流」によって体に直接風が当たりにくい環境を作り、肌[※3]や唇[※10]の乾燥をさらに低減します。
　　「垂直気流」は快適性を損なうこと無く、風量や吹き出し温度を抑えることができ、従来の暖房に対し運転音を約50%低減[※4]し、消費電力も低減[※5]します。

※10 試験条件：室温22℃、湿度50%の条件で加湿暖房運転を行い、従来気流：風速0.5m/s、垂直気流：風速0.1m/、運転開始から20分後の肌水分量を測定。AN40TRP 77.6μs、AN40SRP 51.2μsとの比較。

■ 無給水加湿

空気中の水分を集め、室内を加湿

一般の加湿器とは加湿方法が異なり
加湿量は外気条件により変化します

■加湿暖房時の垂直気流比較（試験条件※10 参照）

被験者口唇の比較写真（試験開始20分後）

気流あてる
唇の表面がかさかさな状態

気流あてない
唇の表面がなめらかな状態

2．暖房性能の大幅向上

　室外ユニットの構造を一新することで、大幅に暖房性能が向上しました。加湿ユニットを従来より約50％小型化することで熱交換器を大きくすることができ、暖房低温能力が約11％[※6]向上、マイナス15℃でも定格暖房能力を維持[※8]します。速暖性も向上させ、エアコンから6m離れた位置でも従来比約2倍の速さで設定温度に到達します。さらに「高温風モード」の搭載により、最高約60℃[※11]の吹出温度の運転も可能です。また、室外機の熱交換器下部に比較的暖かい冷媒を流す等、凍結しにくい構造を新たに採用し、外気温マイナス25℃（従来機はマイナス20℃）でも運転可能です。

※11 当社試験室（外気温2℃・室温20℃）にて、「高温風モード」時の吹き出し口付近の温度を測定（ピーク時）。

■加湿ユニットの小型化

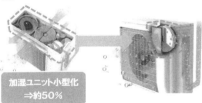

加湿ユニット小型化
⇒約50％

■凍結防止構造

熱交換器下部の比較的暖かい冷媒を
循環させて、霜付きを抑えます

■外気温度マイナス25℃対応

低温に強いパワーモジュールを採用した
室外機プリント基板を搭載

《特長補足》 ※15年モデルからの継続機能

1. <u>新冷媒HFC-32を採用</u>
新冷媒HFC-32は地球温暖化係数が低いだけでなく、冷媒自体の性能が高いため使用する冷媒量を削減できます。当社は機器だけでなく冷媒も製造しており、本商品にも自社製のHFC-32を採用しています。

2. <u>すばやく[※12]設定温度に到達する「サーキュレーション気流」</u>
空気を天井に沿って吹き出し、室内機の下部から吸い込むことで空気をかき混ぜる様に循環させる「サーキュレーション気流」を実現しました。天井付近から気流を行き届かせ、人に直接風を当てることなく、すばやく室内を冷やすことが可能です。

※12（当社試験）AN40TRP サーキュレーション有無の比較 （冷房時）設定温度26℃ 室内35℃、外気温35℃エアコンから6m先が26℃になる時間

3. <u>涼しさがつづく「プレミアム冷房」</u>
設定温度に到達した後の湿度上昇を抑え、快適湿度をキープする「デシクル制御」と、冷房能力の強さをきめ細かく制御する「PIT制御」によって、0.5℃単位で温度を制御し、快適な温度と湿度を維持します。

4. <u>消費電力約半分[※13]の「さらら除湿」で快適湿度コントロール</u>
当社調査によると夏場にエアコンを使用されている約半数の方が、冷えすぎが原因で冷房が苦手であることが分かっています。
「さらら除湿」は、必要な除湿量に合わせて熱交換器の使用量を調整し、部屋にある温かい空気と混ぜて除湿します。従来の約半分の消費電力で、寒くなりにくい除湿が可能です。

※13（当社試験）室内温度28℃、温度60％、外気温度28℃での連続運転、除湿量250cc/hでの消費電力比較
2016年モデル AN40TRP 105W、2012年モデル AN40NRP 200W 条件によって消費電力は変化します

5. <u>ストリーマで室内も、エアコン内部も清潔</u>
ストリーマは、フィルターに捕獲したダニ（フン・死骸）・カビ・花粉等を強力に分解します。室内の空気だけでなく、エアコン内部にもストリーマを照射することで、カビ菌・ニオイの原因菌を分解・除去[※14]します。ストリーマユニットの長寿命化により、定期的なお手入れは不要になりました。

※14 当社試験：試験装置においてフィルターにカビ菌、ニオイの原因菌を吸着させてストリーマ有無による除菌効果を比較。
試験機関：（財）日本食品分析センター 試験番号：第10072482001-01 試験結果（カビ菌）24時間で99.9％分解・除去／（ニオイの原因菌）
1時間で99.7％分解・除去、試験は1種類のみの菌で実施

●報道機関からのお問い合わせ先
ダイキン工業株式会社
【本　　社】〒530-8323　大阪市北区中崎西二丁目4番12号（梅田センタービル）
　　　　　　　　　　　TEL（06）6373－4348（ダイヤルイン）
【東京支社】〒108-0075　東京都港区港南二丁目18番1号（JR品川イーストビル）
　　　　　　　　　　　TEL（03）6716－0112（ダイヤルイン）

●お客様からのお問い合わせ先
ダイキン工業株式会社
【コンタクトセンター（お客様相談窓口）】TEL（0120）88-1081
　　　　　　　　　　　　　　　　　http://www.daikincc.com

CASE 31

山見博康の推奨 3ポイント

ダイキン工業（株）

Yes 01 ブルーの帽子に目元はすっきり薄化粧、上着・パンツとも実にファッショナブルな個性的装い。足元はすらりと簡素に、「■」「※」やキャプションの微妙なアクセサリーもチャーミング。

02 本文は「段落＋小見出し＋箇条書き」の鉄則を見事なまでに役立て、即刻理解促進を図る秀作。素人に安心な15の「※（注釈）」や、きめ細やかな図や写真の説明は、行き届く社員の思慮深さをあらわす。

But 03 タイトルがインパクトに欠ける。「業界初」や「肌乾燥－40」「運転音－50」等を掲げるのに躊躇の必要はないので、伝えたい重要点を強調すべし。戦略商品ゆえに販売目標等【今後の方針】に情熱を込めよう。

CASE 32

山見博康の推奨 3ポイント

大和ハウス工業（株）

Yes 01 最初から開発の背景に納得性のある記述で、ストーリーになって興味をそそる。また技術用語を「※（注釈）」で説明し、ポイント3つを枠で囲むなど、細やかな気遣いが見える。

02 2ページ目で写真やイラストを使って商品特徴を明快に見える化しているのは、手本として優れている。

But 03 2ページ目のように、1ページ目にも写真を入れてインパクトを与え、段落に小見出しを付けるとより親切でわかりやすくなる。特に1ページ目下段を【今後の方針】としてまとめ、数字も含めると魂が入る。

News Release

2015年6月17日

報道関係各位

大和ハウス工業株式会社
代表取締役社長　大野直竹
大阪市北区梅田 3-3-5

■津波災害時の安全・安心を提案

緊急避難スペース付賃貸住宅商品「セジュール オッツ W-ev」発売

　大和ハウス工業株式会社（本社：大阪市、社長：大野直竹）は、2015年9月1日（防災の日）より、津波の災害に備え、階段室屋上に緊急避難スペースを設置した3階建賃貸住宅商品「セジュール オッツ W-ev（ダブリュー・イーヴイ）」を発売し、賃貸住宅商品のラインアップを拡充します。

　東日本大震災において、太平洋の沿岸部や臨海部の市街地では、従来の想定をはるかに超える規模の津波により建物が壊滅的な被害を受けました。そして今も沿岸部や臨海部にお住まいの方々は、地震や津波などの被害に対し高い危機意識をお持ちです。特に今後発生が予測されている南海トラフ巨大地震では、地震発生から津波発生、そして津波到達までの時間が短いと予測されており、海岸や河川敷近くの平野部にお住まいの方が一時的に避難するスペースを確保することが喫緊の課題となっています。

　そこで当社では、各地方自治体が公表している「津波ハザードマップ」で標された津波の想定最大浸水深[1]が 5m 以下の沿岸部や臨海部[2]の土地オーナー様をターゲットとして、屋上に緊急避難スペースを備えた「セジュール オッツ W-ev」を販売することとなりました。

　本商品は、階段室を高さ約 10m の鉄骨ラーメン構造[3]のタワー[4]とし、屋上部分に避難場所を確保しました。また、屋上部分に避難したご入居者をヘリコプター等から視認しやすくするために、緊急避難を知らせる SOS 幕や発炎筒等を完備する予定です。

　さらに、賃貸住宅の間取りは、津波到達時の押し波や津波到達後の引き波など、水の流れを堰き止めにくい間取りを提案。加えて、外構には引き波とともに押し寄せる漂流物によって、建物および避難場所である階段室がうけるダメージを減らすための漂流物ブロックウォールを提案します。

[1]. 洪水・津波などで浸水した際の水面から地面までの深さのこと。
[2]. 水深係数1.5である建設地。水深係数1.5とは、海岸から当該物件までの間に、堤防や前面の建物物等による軽減効果が見込まれる場所で、かつ、海岸から500m以上離れている場合において構造計算で用いる係数。
[3]. ラーメンとはドイツ語で「枠」の意味。RC造・鉄骨造等で柱と梁で建物を支え、剛接合で一体化させた構造。
[4]. 国土交通省「津波避難ビル等の構造上の要件の解説」の基準に従い設定した荷重を元に構造計算を行っています。なお、屋外階段（W-evタワー）の構造は浸水深により異なります。一部地域では「W-evタワー」を建設できない地域があります。

ポイント
1. 階段室を鉄骨ラーメン構造のタワーとし、タワー屋上に緊急避難スペースを確保
2. 水流や漂流物から建物が受ける衝撃を軽減する工夫
3. 屋上に備蓄ボックスを設置

- 1 -

●商品特長
1．階段室を鉄骨ラーメン構造のタワーとし、タワー屋上に緊急避難スペースを確保

「セジュール オッツ W·ev」は、各地方自治体が公表している津波ハザードマップのデータをもとに、浸水深5m以下のエリアを対象に販売します。

階段室を鉄骨ラーメン構造の「W·ev タワー」とし、賃貸住宅部分が津波で倒壊・流出した場合でも「W·ev タワー」が残るよう強度を持たせました。また、屋上部分の避難スペースの広さを確保するために、屋上へ避難する階段を螺旋階段としました。

【セジュール オッツ W·ev 外観イメージ】　【「W·ev タワー」イメージ】

2．水流や漂流物から建物が受ける衝撃を軽減する工夫
（1）水流を考えた住まいの間取り

津波が建物内部に流れ込んできた際、水流を堰き止めにくく、建物内を通り抜け、建物本体への水圧を軽減させる間取りを提案します。また、居室内の間仕切りは、水圧を受け流すことができるよう「クラッシャブル間仕切壁」を採用。居室内に入り込んだ水の圧力によって壁が解体される仕組みとなっています。

（2）漂流物ブロックウォール

押し寄せる漂流物から建物が受ける衝撃を軽減するため、敷地内に「くの字」型の「漂流物ブロックウォール」の設置を提案します。津波による水圧は壁の穴から逃がすことで、大きな荷重がかかりにくい工夫をしています。

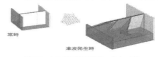

【クラッシャブル間仕切壁 イメージ】　【漂流物ブロックウォール イメージ】

●商品概要

名　　　称	:「セジュールオッツ W·ev（ダブリュー・イーヴイ）」 ※「W」は「Water（水）」を意味し、「ev」は「evacuation（避難）」を意味しています。
発 売 日	: 2015年9月1日（防災の日）
販売地域	: 全国
販売価格	: セジュール オッツ本体工事価格 42.8万円台～/坪（税込み・階段室タイプ） ＋ W·ev タワー600万円～/箇所（税込み）
販売目標	: 年間200棟
構　　　造	: 軽量鉄骨造3階建（一部鉄骨ラーメン構造）
お客様お問合せ先	: 大和ハウス工業株式会社　集合住宅事業推進部 CRセンター 　TEL : 0120-933-080

お問い合わせ先		
広報企画室　広報グループ	０６（６３４２）	１３８１
東京広報グループ	０３（５２１４）	２１１２

NEWS RELEASE

2014年10月8日
東ソー株式会社

全自動化学発光酵素免疫測定装置 AIA®-CL2400 を販売開始

～甲状腺検査試薬3項目も同時に販売～

　東ソーは、化学発光酵素免疫測定法を原理とし、簡便な操作で迅速・高感度な測定が可能となった全自動化学発光酵素免疫測定装置 AIA®-CL2400 を開発しました。病院や検査センターなどで実施される免疫検査市場に向けて、2014年10月8日から販売を開始します。
　また専用試薬である AIA·パックCL® TSH、AIA·パックCL® FT3、AIA·パックCL® FT4 を同時に販売開始します。なお各種測定項目は今後すみやかに品揃えしていく予定です。
　検査市場では、①高感度で信頼性の高い測定値、②測定に必要な検体量の低減や測定値の迅速報告による待ち時間の短縮化などといった患者負担の軽減、③検査装置の操作性・メンテナンス性の向上などが求められています。
　当社ではこれまで蛍光酵素免疫測定法による AIA® シリーズをワールドワイドに展開しており、検査市場で要求される要素をより一層追求した新機種、新試薬を上市することで、さらなるシェア拡大に取り組んでいきます。

1．AIA®-CL2400 の概要

	AIA®-CL2400	AIA®-2000（従来機）
医療機器届出番号	13B3X90002000018	13B3X90002000009
測定原理	化学発光酵素免疫測定法	蛍光酵素免疫測定法
処理能力	240 テスト／時間	200 テスト／時間
測定時間	15 分	19 分
検体架設数	最大 200 検体	最大 200 検体
試薬架設数	最大 1280 テスト	最大 960 テスト
測定に必要な検体量	5〜50μL	10〜100μL
試薬搭載部の冷蔵機能	○	×

東ソー株式会社　広報室

東京都港区芝3-8-2　〒105-8623
TEL 03(5427)5103　FAX 03(5427)5195
http://www.tosoh.co.jp

NEWS RELEASE

2．専用試薬の概要
　製品名：AIA-パックCL® TSH
　　　　（体外診断用医薬品　製造販売届出番号 13A2X00174002001）
　　　　AIA-パックCL® FT3
　　　　（体外診断用医薬品　製造販売届出番号 13A2X00174002002）
　　　　AIA-パックCL® FT4
　　　　（体外診断用医薬品　製造販売届出番号 13A2X00174002003）

特長　：・AIA®-CL シリーズ専用の化学発光酵素免疫測定試薬。
　　　　・新たに開発した化学発光基質を用いた高感度な測定を実現。
　　　　・測定レンジを拡大し、かつ共存物質の影響を低減した信頼性の高い測定を実現。
　　　　・試薬、検体希釈試薬は1テスト毎に凍結乾燥状態で包装し、無駄のない測定が可能。

※AIA®-CL シリーズ専用試薬は、今後すみやかに各種測定項目を品揃えしていく予定です。

全自動化学発光酵素免疫測定装置 AIA®-CL2400（左）および専用試薬（右）

以　上

東ソー株式会社　広報室
東京都港区芝3-8-2　〒105-8623
TEL 03(5427)5103　FAX 03(5427)5195
http://www.tosoh.co.jp

CASE 33

山見博康の推奨 3(スリー) ポイント

東ソー（株）

Yes

01 網羅された必要項目に対して、きちんとした状況説明の適切さに広報姿勢の正当さが伝わる。検査市場の問題点を冷静に指摘し、今後の方向も明記して目標に邁進する姿が印象的。

02 「小見出し＋箇条書き」で明快。前商品との比較表は的確な数値・表現で示されている。特長も4点箇条書きで簡潔だが、数字表現があればさらに良い。表や写真を使いビジュアルでわかりやすいバランスの良い作品。

But

03 「処理能力＆時間2割アップ！」とタイトルに入れるとインパクトは強大。一発で美点を伝え、戦略方針にも数字を入れたい。写真1枚でも瞬時に理解を促進する。

CASE 34

山見博康の推奨 3(スリー) ポイント

（株）東和コーポレーション

Yes

01 見開いて鑑賞すれば、まず大きな英字のタイトルが目に入る。手袋の形をしたカラフルなイラストはバランス良く配置されて、全体に赤を基調とするアクセサリーで着飾る絵画のような印象。

02 段落に太字の小見出しがあり内容が瞬時にわかる。しかも赤の「◆」が目立つが、詳読すれば細やかな表現の裏に必ずバックデータがあり、気遣いや心配りができる社員が多いと見受けられる。

But

03 「日本初」や「1割速い」など、タイトルで謳うのに躊躇は無用。確かなら素直に誇ろう。期待の大きい戦略新商品ならば、数字目標を含め、きちんとした経営方針が聞きたい。差別点を一覧表にすると良い。

News Release

TOWA CORPORATION

2015年12月9日
株式会社 東和コーポレーション

新たなガーデニングスタイルのご提案！
「Premium Gardening Glove Lotti」を新発売
～特殊繊維を使用したインナー手袋をセットにし、さらさら感を大幅にアップ～

　作業用手袋の総合メーカー、株式会社 東和コーポレーション（本社：福岡県久留米市、代表取締役社長 山口隆、以下東和）は、手袋をアウター＆インナーの二層で使用する新ブランドの園芸用手袋、「Premium Gardening Glove Lotti（プレミアム ガーデニング グローブ ロッティ、以下「ロッティ」）」を12月4日より発売いたしました。天然ゴム素材で柔らかく、作業性の良さと防水性を兼ね備えたアウター手袋と、吸湿性と放湿性に優れた新繊維を採用した同系統色のインナー手袋を組み合わせることで、デザイン性・作業性・快適性を同時に満たすことが出来る日本初の新発想農作業・ガーデニング用手袋です。

◆お客様の声より生まれた、日本初の商品コンセプト！

　ホームページに寄せられたお客様の声や、当社が参画している農林水産省主催の「農業女子PJ」ミーティングで集まったご意見などから、ハードな使用に耐えうる園芸用手袋や、カラフルな手袋への強いニーズがあることがわかりました。また、ムレを軽減するインナー手袋の高評価などからヒントを得て、柔らかくて作業をしやすいながらも、水を通さず破れにくい天然ゴム製のアウター手袋と、吸放湿性に優れたインナー手袋を同じカラーでコーディネートするという、日本初[※1]のコンセプトによる商品開発が実現しました。　※1 当社調べ

 アウター手袋 柔らかくて作業をしやすいながらも、水を通さず破れにくい、天然ゴム製。

＋

 インナー手袋 吸湿性と放湿性に優れた新繊維採用。2双入り。

→

 プレミアム ガーデニンググローブ ロッティ ＆ 快適 さららインナー

◆特殊ナイロン繊維の採用により、従来品と比べてサラサラ感が大幅にアップ！

　インナー手袋には、当社従来品と比較して、汗を吸い取るスピードも、吸い取った汗を放出するスピードも、それぞれ 10%以上も速くなる[※2]新素材のナイロン糸を採用し、汗ばみやすい手袋作業の不快感を大幅に軽減してくれます。　※2 BOKEN 試験結果による

◆汗ばんだらインナーチェンジ！手袋を洗濯することで、いつも清潔な状態を保てます！

　アウター手袋とインナー手袋が分かれていて、さらにインナー手袋が2双[※3]セットになっているので、例え汗ばんだとしてもすぐにインナー手袋だけを交換すれば、そのまま快適な作業が続けられます。
　また、使い終わったインナー手袋は、他の洗濯物と一緒に洗濯しやすく、繰り返し使用できるので、汚れが気になる方にもピッタリです。※3 手袋の数え方:左右1組で1双(そう)と数えます

◆インナーとアウターの色を合わせた4色展開で、
　ファッション性もアップ！

　これまでは、インナー手袋と言えば無機質な白が定番でした。4色のラインナップがあるロッティは、セットするインナー手袋の色を合わせることで、見た目にもこだわっています。洋服と同じように、使う手袋の色を変えることで、ガーデニングや農作業がますます楽しいものになるでしょう。

販売

■**農業女子PJ（プロジェクト）とは**

　女性農業者が日々の生活や仕事、自然との関わりの中で培った知恵を様々な企業のシーズと結びつけ、新たな商品やサービス・情報を社会に広く発信していく事を目的とした、農林水産省が推進しているプロジェクトです。当プロジェクトを通して、社会全体での女性農業者の存在感を高め、併せて職業として農業を選択する若手女性の増加を図っています。東和は当プロジェクトに 2014 年 8 月から参加しています。

> 農業女子プロジェクト URL ： http://nougyoujoshi.jp/

農業女子PJ

【製品の仕様】

商品名	： Premium Gardening Glove Lotti & 快適さららインナー
発売日	： 2015 年 12 月 4 日
生産国	： マレーシア（東和自社工場）／アウター手袋、日本／インナー手袋
カラー	： 4 色（オレンジ、レッド、バイオレット、ブラック）
サイズ	： S・M・L
材質	： 天然ゴム／アウター手袋　ナイロン、特殊ナイロン／インナー手袋
価格	： 1,600 円（税抜）

◆**商品に関するお客様のお問い合わせ先**

株式会社　東和コーポレーション　お客様相談室
TEL 0120-62-1001　　受付時間 9:00～17:00（土・日・祝日除く）

【会社概要】

私たち東和コーポレーションは、作業用手袋のトップメーカーの一つです。
日本の農業、工業現場から家庭まで、幅広く「手」を使う仕事を支えています。

社　名	： 株式会社　東和コーポレーション
代表者	： 山口　隆
資本金	： 5500 万円
創業	： 1947 年
売上高	： 70 億円(2014 年 12 月度)
従業員数	： 171 名(2015 年 4 月 1 日現在)
本　社	： 福岡県久留米市津福本町 227
工　場	： 佐賀工場(佐賀県唐津市厳木町)　上海工場(中国・上海市金山区)／マレーシア工場(ペナン)　東部工場／配送センター／リサイクルセンター(佐賀県三養基郡上峰町)　バングラデシュ工場(パブナ)

本社

事業内容：家庭用・工業用・作業用、各種手袋の製造・販売等
U R L：http://www.towaco.co.jp
手袋直販サイト「手袋ライフ」：http://www.tebukuro-life.com/

※この件につきまして、画像をご入用の場合やご質問等ございましたら、遠慮なく下記お問合せ先までご連絡ください。
なお、ご掲載いただける場合には、お手数ですがご一報いただけますよう、よろしくお願いいたします。

【報道関係者の方々のお問い合わせ先】
株式会社　東和コーポレーション　広報部　渡辺、池本
TEL 0942－32－8355　　FAX　0942－38－3527

※ベーシックタイプ ハーフトップブラ
(ノンワイヤー)の売り上げ前年比(枚数)

2016年
1-6月売上前年比
約 **530%**！

"feel your freedom."

2016年7月8日

"ラク"需要をけん引し、爆発的ヒット シリーズ累計売上 ※1 **約160万枚！**

8.4秒に1枚売れている※2 "ラクちん"ブラジャー

『スロギー ZERO FEEL.』さらにカテゴリー拡大

ご要望に応え、見た目も華やかなプリントタイプ(G046シリーズ)登場

2016年7月20日(水) 新発売

WEB限定商品としてコットンタイプ(G028シリーズ)からブラキャミソールも8月17日(水)新発売

※1 スロギーゼロフィールシリーズ(ベーシック、コットン)の発売開始から2016年6月30日までの累計販売枚数
※2 スロギーゼロフィールシリーズ(ベーシック/コットン/深あき/ウルトラヒップ)の2016年4月4日~4月24日の販売枚数を1日の営業時間を10時間として計算

プリントタイプ ハーフトップブラ(ノンワイヤー)
左:フラワープリント 右:万華鏡プリント

"一人ひとりの自信を高める会社"トリンプ・インターナショナル・ジャパン株式会社(本社:東京都中央区築地5-6-4、代表取締役社長:土居健人)では、"feel your freedom."がコンセプトのブランド「sloggi(スロギー)」において2013年より展開している、究極の解放感が特長の『スロギー ZERO FEEL.』は、2016年1-6月期売上枚数前年比約530%、累計販売枚数約160万枚と、多くの女性の支持を受け爆発的にヒットを続けています。そこで、ラクな着けごこちに加え見た目にもこだわりたい女性のために、華やかな柄を施した<u>プリントタイプ(G046シリーズ)</u>を2016年7月20日(水)より新発売します。またWEB限定商品として、2016年4月に新登場したコットンタイプ(G028シリーズ)から、アウター感覚でも着こなせるブラキャミソールを2016年8月17日(水)より新発売します。

feel your freedom.

ファッショントレンド、女性の下着マインド、着用スタイルの変化にいち早く応え
ブラジャーの「ラク」市場をけん引する『スロギー ZERO FEEL®』
2016年1-6月期売上枚数前年比約530%、累計販売枚数約160万枚と爆発的大ヒット

『スロギー ZERO FEEL®』は、なめらかで伸縮性に富み縫い目が一切ないので、からだにやさしくフィットして動きやすく、締めつけ感から解放してくれるノンワイヤーブラジャーとして2013年にデビュー。流行のゆったりとしたシルエットのファッションなどに合わせて<u>下着も「ラク」な着けごこちを求めるブラジャーニーズ</u>、<u>自然体でいられるものを身に着けたいという女性のマインドの変化</u>、デスクワーク、フィットネスなどの軽いアクティブシーン、自宅で過ごす時など<u>シーンに合わせてブラジャーを使い分ける着用スタイルの変化</u>などにいち早く応える商品として女性の注目と人気を集め、デビュー以来毎年好調に売り上げを拡大。2016年6月30日現在で、シリーズ累計売上約160万枚の大ヒットとなっており、<u>ブラジャーの「ラク」市場をけん引</u>する商品として、<u>市場拡大・活性化</u>に<u>大きく貢献</u>しています。

サイズ、カラー、カテゴリー拡大により、幅広い世代のユーザーを獲得
季節やライフシーンなどオケージョン提案により様々な潜在需要顕在化にも貢献

『スロギー ZERO FEEL®』は、これまでにサイズ、カラー、カテゴリーを拡大。また、<u>浴衣売場での展示販売や雑貨ショップなど下着売場以外での売場や店舗での販売</u>、就寝用、ヨガや授乳期など「様々なシーンで活用できる」というお客様の声から広まった<u>オケージョンを提案するプロモーション</u>を積極的に行うことで、潜在的な需要を顕在化。締めつけが気になる<u>シニア層</u>や、<u>ジュニア世代のファーストブラとしての需要も取り込み</u>、幅広い年代・属性の女性の支持を集めています。2016年にはお客様の声に応える新商品を次々に発売。2016年4月に発売した吸水速乾性に優れた"コットンタイプ"は暑さや汗に対応するブラジャー需要を、"深あきタイプ"は春夏に向けて胸元の開いたファッションに対応するブラジャー需要を取り込み、非常に好調な売上を獲得しました。

【新商品】見えないおしゃれも楽しみたい女性のために**プリントタイプ**が登場！

プリントタイプ（G046シリーズ）　2016年7月20日（水）新発売

シンプルな見た目だけでなく、華やかなデザインも楽しみたい、というご要望に応え、プリントタイプが新登場。プリントデザインはフラワー、万華鏡の2種類をご用意しています。
生地端は波型にカットし、見た目も可愛らしい印象です。

アイテム	サイズ	予定価格		カラー
		本体価格	税込価格	
ハーフトップブラ（ノンワイヤー）	M、L	¥3,800	¥4,104	【フラワープリント】ブルー、ピンク
ヒップハンガーショーツ	M、L	¥2,200	¥2,376	【万華鏡プリント】ブラック、レッド

ハーフトップブラ（ノンワイヤー）

【フラワープリント】　　　ブルー　　　ピンク　　　【万華鏡プリント】　　　ブラック　　　レッド

ヒップハンガーショーツ

【WEB限定新商品】吸水速乾性に優れたコットンタイプにブラキャミソールが登場

コットンタイプ（G028シリーズ）ブラキャミソール　2016年8月17日(水)新発売

吸水速乾性に優れ、さらっとした肌触りの綿混素材のシリーズから、ブラキャミソールが新登場。汗に対する消臭機能があるので、夏だけでなく暖房によるムレが気になる季節にもおすすめです。

アイテム	サイズ	予定価格		カラー
		本体価格	税込価格	
ブラキャミソール	M、L	¥5,900	¥6,372	ブラック、ココアブラウン、ライトブルー、ウォームベージュ、ペールグリーン、ベビーピンク

ペールグリーン

＊コットンタイプの他アイテムは次ページをご参照ください。
＊WEB限定販売となります。

『スロギー ZERO FEEL®』商品概要

縫い目が一切なく、接着部分もストレッチする特殊な接着技術を用いてつくられたノンワイヤーブラジャーとショーツ。非常になめらかで伸縮性に富んだ素材は、快適な肌ざわりで、動きやすく、ソフトでやさしいフィット感。気になる締めつけ感から解放してくれ、まるで着ていないようなストレスフリーな着用感が特長です。通常商品に縫い付けられているインナーラベルも、生地へのプリントにすることで縫い付けをなくしました。生地に縫い目がなくフラットなので、アウターにひびきにくく、肌に跡がつきにくいのも快適な着用感の秘密です。

①伸びる素材で締めつけ感ZERO感覚

②特殊な技術で接着部分もストレッチ

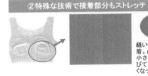

なぜ伸びる？

縫い目の代わりに糊で接着。点状につけることで、小さな力でもぐーんと伸びて、締めつけを感じにくくなっています。

③縫い目がないのでやさしくフィット

お尻の段差も目立たず、アウターにひびきにくいので、スリムなパンツやスカートも楽しめます。

④ラベルも生地にプリントで肌あたりも気にならない

インナーラベル（イメージ）

軽い運動に

長時間の移動に

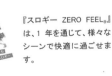
浴衣の下に

『スロギー ZERO FEEL®』は、1年を通じて、様々なシーンで快適に過ごせます。

＜この件に関するお問合せ＞
トリンプ・インターナショナル・ジャパン株式会社
ブランドコミュニケーション課
MAIL:press_jp@triumph.com
ホームページアドレス　http://www.sloggi.jp/

天使にコール
＜お客様のお問い合わせ先＞　フリーダイヤル　0120-104256

feel your freedom.

CASE 35

山見博康の推奨 3 ポイント

トリンプ・インターナショナル・ジャパン（株）

Yes
01 大きな複線の額縁で囲まれ、女性の下着らしく多彩で細やかな表現の間に、ヒット商品のキーとなる数字が自信ありげに周りを鼓舞しているようだ。

02 色の変化、囲み、下線とパソコン機能を駆使し、誇るべき商品の多彩性と高機能性を表現しようとする努力がみなぎる。女性の個性尊重の決意を示し、商品概要の表現の細やかさは圧巻。

But
03 発売年2013年からの売上推移を商品別にグラフで示し、累計160万枚から今後の期待値も入れて、戦略商品としての地位を明確に打ち出すと、リリースが一層光を放ち、多色に輝いてこよう。

CASE 36

山見博康の推奨 3 ポイント

（株）ドンキホーテホールディングス

Yes
01 見開けばピンクを基調にした麗しい絵画を味わうがごとし。SWというネーミングに気品ある強靭な女性の雰囲気がある。この商品を使えば新時代の女性リーダーの凛とした趣を感じよう。

02 開発担当女性チームの美妙なる笑顔と姿や開発中の風雅な状況をビジュアルにしたのは特筆。文章を味わい読めば、その表現のしとやかさや言葉のつややかさにSWの流麗優雅な性格を予見する。

But
03 女性開発チームのプロジェクトの経緯や苦労話、開発に懸けるリーダーの情熱溢れる談話も魅力的になるだろう。汗と涙と美の物語も読みたい。さらに売上目標を含む今後の見通しもほしい。

News Release　　　　　　　　　　　　　　　　　　　　Don Quijote Group

ドン.キホーテ HLDGS
株式会社ドン・キホーテ
2014年12月4日

冬季数量限定　女子力 UP の炭酸はじけるご褒美バスタイム
『サムライウーマン　スパークリング入浴料』
～12月8日（月）から全国のドン・キホーテで発売開始～

　株式会社ドン・キホーテ（本社：東京都目黒区、代表取締役社長：大原孝治）は、2014年12月8日（月）より炭酸入浴料セットの「サムライウーマン　スパークリング入浴料」を全国のドン・キホーテ（一部店舗を除く）で発売を開始します。

　「サムライウーマン　スパークリング入浴料」は、日々のストレスや疲れを癒すバスタイムに贅沢な香りと発泡性をプラスし、女子力を上げたい時にぴったりの商品です。

　お湯に入れるとミルキーピンクに溶け出すタブレットには、フレグランスの香料を使用した贅沢な香りに加え、ヒアルロン酸、ローズヒップエキス等を配合。日々の気分で使い分けできるよう、3種類の香りを個包装タイプにして12個入りでご用意しました。毎日の入浴時間を、心身を癒すご褒美タイムとしてお楽しみいただけます。

【個包装パック】

サムライウーマン
シンデレラの香り

サムライウーマン
ホワイトローズの香り

　「サムライウーマン」とドン・キホーテのコラボシリーズは、女性による女性のためのフレグランスアイテムを基調とし、ドン・キホーテと SPR ジャパンの女性のみで編成された商品開発チームが製作しています。

　日本女性の象徴とされるヤマトナデシコをイメージした「サムライウーマン」の香りは、日本の気候に合わせて作られた日本人女性のための香調です。上品に美しく、毎日を輝く女性のために、これからも開発してまいります。

　なお、当コラボシリーズの商品は、柔軟剤をはじめ今回で6品目、累計14種類となります。

ドン.キホーテグループ

News Release　　　　　　　　　　　　　　　　　　　Don Quijote Group

【女性チームによる開発】

左：商品開発風景
右：女性開発チーム

◆商品概要

名　　称	サムライウーマン　スパークリングバスタブレット		
内　容　量	40g × 12錠（3種類×4錠）		
価　　格	598円＋税		
種　　類	サムライウーマンの香り	サムライウーマン ワンラブの香り	サムライウーマン ホワイトローズの香り
特　　長	ヤマトナデシコをイメージした定番のフローラルフルーティーノート。癒されたい時、リラックスしたい時に。	明るい気持ちにさせてくれるフレッシュフルーティー。疲れた時、元気を出したい時に。	気品のあるホワイトローズをコンセプトにしたホワイトフローラルノート。華やかな気分になりたい時、デートの前日に。

▼サムライウーマン【香水シリーズ】
http://www.donkimall.com/shop/user_data/samuraiwoman.php?fb=samuraiwoman41969

■一般の方のお問合せ先
株式会社ドン・キホーテ
当社HP〈http://www.donki.com〉の「ご意見・お問い合わせ」フォームをご利用ください。

■報道関係の方からのお問合せ先
株式会社ドンキホーテホールディングス　広報室
【電　話】03-5725-7666
【E-mail】pr@donki.co.jp

NEWS RELEASE 日本通運

日本通運株式会社 広報部／〒105-8322 東京都港区東新橋1-9-3 TEL:03-6251-1454 FAX:03-6251-6685
Nippon Express Co., Ltd. Head Office／9-3, Higashishinbashi 1-chome, Minato-ku, Tokyo 105-8322 Japan

２０１６年７月２９日

報道関係各位

日本通運株式会社

日通、定温・大量の国際航空輸送を従来の半分のコストで実現する
「TempSure Thermo ＵＬＤ」の販売を開始
〜国際航空温度管理輸送サービス「TempSure（テンプシュア）」シリーズを拡充〜

　日本通運株式会社（社長：渡邉健二）は、航空機搭載パレット（ULD=Unit Load Device ※1）単位で１５〜２５℃帯の定温輸送環境を実現する国際航空貨物の新サービス「NEX-SOLUTION TempSure Thermo ULD（ネックスーソリューション テンプシュア サーモ ユーエルディー）」（特許出願中）の販売を８月１日から開始します。

(TempSure Thermo ULD の外観)

(一般的な ULD 貨物)

【サービス内容】
　「NEX-SOLUTION TempSure Thermo ULD」は、特殊な断熱材と潜熱蓄熱材※2 を用い、航空機搭載パレットの養生内部を１５〜２５℃に維持します。外気温の影響を受ける発着地の航空機の機側（ランプサイド）でも、確実な温度管理輸送を実現致します。
　従来の電源式温度管理コンテナを複数台使用する場合に比べ約半分のコストで輸送可能です。※3

NEWS RELEASE 日本通運 NIPPON EXPRESS

日本通運株式会社 広報部／〒105-8322 東京都港区東新橋1-9-3 TEL:03-6251-1454 FAX:03-6251-6685
Nippon Express Co., Ltd. Head Office／9-3, Higashishinbashi 1-chome, Minato-ku, Tokyo 105-8322 Japan

【商品開発の背景】

医薬品のGDP (Good Distribution Practice) ※4や、食品に係わるISO22000※5など、流通過程における厳格な品質管理基準の認知拡大がすすむ中、航空貨物輸送中の温度管理について、お客様から様々なご要望を頂くようになりました。

当社は2010年に温度管理輸送サービス TempSure (テンプシュア) シリーズをリリースして以降、サービスの拡充を重ねて参りましたが、この度販売を開始した新サービス「NEX-SOLUTION TempSure Thermo ULD」により、温度管理が必要な大口のロット貨物や大型貨物を輸送される多くのお客様のご要望にお応えします。

温度管理輸送 TempSure シリーズ ラインナップ

商品名	対応サイズ	温度帯	特長
TempSure Thermo ULD (NEW)	ULD	15℃～25℃	蓄熱材を使用し、航空機搭載パレット単位で定温度帯輸送を実現。大口ロット貨物や大型貨物に対応。
TempSure Thermo	BOX / PALLET	2℃～8℃、15℃～25℃	蓄熱材を使用し、長時間の定温度帯輸送を実現。季節を問わず利用が可能
TempSure Cool A	BOX	2℃～8℃	特殊な冷却材が組み込まれた梱包資材を使用。事前の調温が不要で簡易的な商品
TempSure Cool	BOX / PALLET	2℃～8℃	保冷剤を使用。安価な資材で温度管理輸送が可能
TempSure Frozen	BOX / PALLET	0℃以下 または -20℃以下	保冷剤、またはドライアイスを使用。低温度帯で温度管理輸送が可能

※1 ULD (UNIT LOAD DEVICES)：航空貨物を一定の単位にまとめ、航空機の貨物室に搭載するための用具の総称。
※2 潜熱蓄熱材：物質が相変化する際の「潜熱」を用い、指定した温度域を維持する機能を持つ素材。
※3 電源型温度管理コンテナのリース費用と比較し、約50%低減。弊社想定条件において。
※4 GDP (Good Distribution Practice)：流通過程における医薬品の品質を確保することを目的とした基準。
※5 ISO22000：食品安全マネジメントシステムの国際標準規格。
※6 CFS (Container Freight Station) 輸出入コンテナの専用の上屋 (一時保管・荷捌き場) の呼称。

当社は、今後もお客様の高度化・多様化するニーズにお応えする物流サービスの開発・拡充に取り組んでまいります。

◇本件に関するお問い合わせ先
お 客 様　日本通運株式会社　航空事業支店　国際貨物部フォワーディング開発課
　　　　　担当：泉・森川・中里・木村　ＴＥＬ：０３－５４４２－５２５４
報道関係者　日本通運株式会社　広報部
　　　　　担当：田中・佐藤　ＴＥＬ：０３－６２５１－１４５４
　　　　　　　e-mail：ko_ho@nittsu.co.jp

CASE 37

山見博康の推奨 3 ポイント

日本通運（株）

Yes 01 命名とは創造物に命を吹き込むこと。したがって名は体を表し、"TempSure"に成功を直感。長めのタイトルが瞬時の把握を促す。一連の流れとビジュアルに滞留がなく、まさに運を通ずがごとし。

02 1ページ目最初で全景を見せ、次に全プロセスのイラスト化で流れの詳細を理論的に示す。2ページ目では背景の項目で開発の意義と意志を明確にし、商品一覧表で締めくくり、流麗なアートになっている！

But 03 初年から商品別売上個数と売上高の推移をグラフ化し、世界での温度管理輸送の位置を示そう。最後の2行＋表上の2行＝【今後の方針】として小見出しを付け、中長期的戦略数字で命の躍動を！

CASE 38

山見博康の推奨 3 ポイント

ニューインデックス（株）

Yes 01 一見して即時の理解を促進し、感性に心地良い絵はがきのような印象。二重太線で囲んだタイトルとサブタイトルで内容が全て端麗に表現されている。ほどよいカラー使いのグラフで説得力が増大する。

02 「小見出し＆箇条書き」のすっきりスリムなファッションで一際目立つ。タイトルの中身をグラフで裏付け、字体を変え下線を引いて強調する親切心に、社員の心意気を感じる。

But 03 リード部によればＡＺとのコラボのようだが、「提携」を強調して両社の役割をイラストで図示し、その意義をストーリー化するなど、【今後の展開】として戦略的に語ると興味倍増で記事が膨らむ。

Newindex

NEWS RELEASE

2012年10月11日

報道関係者各位

「欠員が出たときだけ採用をかけたい」「条件の合う人ならいつでも採用したい」など
小回りの利いた採用形態

6割のIT企業が悩む"IT技術者不足"を解消！
企業とIT技術者をマッチングする成果報酬型転職サイト
「Connect」が10月18日(木)にオープン！！

登録・求人掲載無料、IT技術者特化型で効率良い採用活動、自社にマッチした人材スカウト機能

　この度、ニューインデックス株式会社（東京都品川区、代表取締役：津田 武）及び株式会社AZ（静岡県三島市、代表取締役：境 佳子）は、**IT技術者の求人と求職をコネクトする転職情報サイト「Connect」（以下、Connect）**を、10月18日(木)にオープンします。

　"IT技術者の枯渇"が叫ばれる昨今、企業としては、「欠員が出たときだけ採用をかけたい」「条件の合う人ならいつでも採用したい」など、必要な時に必要な分だけスピーディー且つ的確に技術者を採用できる小回りの利いた仕組みが必要です。

　Connectは、それらのニーズに対応すべく、採用確定時にはじめて費用が発生する成果報酬型サイトで、登録・求人掲載・採用面談は**何度でも無料**で利用できます。また、**スカウト機能**の搭載により、IT技術者の登録情報を詳しく閲覧できるため、採用時における**ミスマッチを軽減**できます。

出典：IT企業における、IT人材の「量」に対する過不足感（ITPro）

「Connect」の3大特徴

[1] 登録・求人掲載無料
成果報酬型で、登録・求人掲載は無料。採用確定まで費用は一切かかりません。

[2] 効率の良い採用活動
求職者をIT技術者に絞っているため、効率の良い採用活動が行えます。

[3] 自社にマッチした人材をスカウト
IT技術者のスキルや経験・を閲覧し、自社にマッチした人材をスカウトできます。

- ●サイト名　「Connect」
- ●URL　http://connect-job.jp/
- ●公開　2012/10/18(木)
- ●課金　採用時に課金（成果報酬）
- ●運営　(株)AZ
- ●運用　ニューインデックス(株)

【ニューインデックス株式会社概要】
世の中の「あったらいいな」をITで実現するWeb制作会社。受託制作・自社サービスメディアの運営を主力のビジネスとする。

お問い合わせ先　ニューインデックス株式会社　代表：津田 武　141-0031 東京都品川区西五反田8-8-15-2F
TEL：03-5437-1231　E-mail：info@newindex.co.jp

NEWS

2015年2月

ホテルニューオータニ
〒102-8578 東京都千代田区紀尾井町4-1
Tel:(03)3265-1111 Fax:(03)3221-2619
www.newotani.co.jp

フランスで日本人初のミシュラン2ツ星を獲得した味を
佐藤 伸一シェフ率いるチームが店ごと来日し東京初開催！

HOTEL NEW OTANI
「Passage 53」フェア

期　間　：　2015年5月22日(金)〜24日(日)
時　間　：　ランチ　12:00　　ディナー18:30
料　金　：　ランチ　¥18,000　　ディナー¥27,000　※税金・サービス料別
場　所　：　西洋料理「ベッラ・ヴィスタ」(ガーデンタワー40階)

※ランチはご希望によりディナーメニューも選択可能

(左) 佐藤伸一シェフ
(右上) スペシャリテの「カリフラワーとイカのソテー」　　(右下) レストラン外観

ホテルニューオータニ（東京都千代田区紀尾井町　総支配人　清水　肇）では、フランスで日本人初のミシュラン2ツ星を獲得したレストラン、「Passage 53」フェアを5月22日（金）〜24日（日）の3日間限定で開催します。今回のフェアは東京初の開催となります。

■本場フランスで5年連続2ツ星に輝く極上フランス料理

本場フランス　パリで日本人調理スタッフだけで星を取りたいと、2009年に開業し、開店後半年で1ツ星、その1年後に2ツ星を獲得した佐藤 伸一シェフ率いる「Passage 53（パッサージュ サンカント トロワ）」。5年連続2ツ星に輝き、今最も勢いのあると言われているパリの名店が、本店を特別にクローズし、ホールスタッフ、調理スタッフを引き連れ、満を持して東京にて3日間限定フェアを初開催します。フランスの食通をもうならす「香り」や「驚き」を楽しめる、絶品フランス料理を是非この機会にお楽しみください。また、デザートには、ホテルニューオータニのグランシェフ中島眞介とのコラボレーションメニューを提供します。さらにディナータイムにはシェフおすすめの一品として、限定100食の「ソローニュ産」のキャビアを使った料理（別料金）も事前予約制でお楽しみいただけます。

■「Passage 53　（パッサージュ サンカント トロワ）」とは

18世紀につくられた「パッサージュ」といわれるクラシカルなアーケードの通りがいくつか残っているパリ2区。「Passage 53」は、そのパッサージュの一角「パッサージュ・デ・パノラマ」の53番地に位置し、番地をそのまま店の名前にしています。経営はシェフの佐藤氏とサービス担当のギヨム・ゲジュ氏の共同経営となり、席数は20席。オープンしてわずか2年の2011年にフランス版ミシュランで日本人初の2ツ星を獲得しました。佐藤氏含むキッチンスタッフ8名はすべて日本人。日本人の繊細な仕事や、食材の活かし方が本場フランスで高い評価を受け、現在食の都に世界中から集まる美食家を魅了しつづけているレストランです。

■『Passage 53』佐藤　伸一＜プロフィール＞

1977年、北海道生まれ。北海道の料理専門学校を卒業後、札幌のホテルやレストランに勤務。23歳でフランスへ渡り、「アストランス」「ピエール・ガニエール」やスペインの「ムガリッツ」など星付きレストランで腕を磨き、ブルゴーニュ地方でワインの醸造についても学ぶ。その後出張料理人の3年間を経て、「Passage 53」のシェフに就任。
2013年ルレ・エ・シャトーのグランシェフの称号を取得。
2015年「LE CHEF」誌にて世界の料理人トップ100に選出される。

『Passage 53』販売概要

期　　間　：2015年5月22日（金）〜24日（日）
時　　間　：ランチ　12:00　　ディナー　18:30
料　　金　：ランチ　¥18,000　ディナー¥27,000　※税金・サービス料別
場　　所　：西洋料理「ベッラ・ヴィスタ」（ガーデンタワー40階）
　　　　　　※ランチはご希望によりディナーメニューも選択可能
　　　　　　※ディナータイムには限定100食でシェフのおすすめ料理「ソローニュ産キャビア」を使用した
　　　　　　　1皿をお楽しみいただきます（別料金・要予約）

本件に関するお問合せ先

ホテルニューオータニ マネージメントサービス部　広報担当　今井章江　片桐 彩
akieimai@newotani.co.jp　a-katagiri@newotani.co.jp
TEL：03−3221−2631　FAX：03−3239−2629
〒102−8578 東京都千代田区紀尾井町4-1
http://www.newotani.co.jp/tokyo

CASE 39 山見博康の推奨 3（スリー）ポイント

（株）ニューオータニ

Yes 01 まずサブタイトル的に本キャンペーンの意義を示し、タイトルとフェアを囲み、シェフを含む写真2枚で強い印象を与えた後で、2ページ目にリード部というレイアウトは独創的発想。

02 2ページ目に小見出しをつけて、このキャンペーンの意義や経緯、現地の状況やシェフのプロフィールを詳しく解説しているのは興味深く、背景がよく把握できるので親切でわかりやすい。

But 03 タイトルにあるフェアの内容がダブっているので、そのスペースにチーム全員の写真やお勧め料理を掲載すると興味を惹く。リード部を1ページ目に上げたり、2ページ目の小見出しの中を箇条書きにするのも効果的で良い。

販売

CASE 40 山見博康の推奨 3（スリー）ポイント

（株）ふくや

Yes 01 タイトルに「新感覚」「100％明太子」「常温2年間」とインパクトのあるキーワードが3つも並んでいて強い吸引力がある。常に「新」「最」「初」や数字を入れる工夫を怠らない姿勢は正しい。

02 枠で囲まれた本文の中で、商品写真のアーティスティックな配置が美しいバランスを醸し出している。中身も見えて実に美味しそうだ。素直でわかりやすい文章は伸びやかな社風を感じさせる。

But 03 開発者の顔や経歴を出し、「私が、こんな考えで、こんな工夫をし、こうつくった」という情熱と気迫のこもった開発話がほしい。明確な今後の目標をもう少し文章で補足すると一段と推奨できる。

明太子をつくってよかった。
博多中洲 ふくや

2016/03/01

報道関係者各位

新感覚！100％明太子の油漬け缶詰新発売
～常温で2年間日持ちする美味しい明太子です～

　明太子メーカー・株式会社ふくや（代表取締役社長　川原正孝）は、この度缶詰に入った新しいタイプの明太子「缶明太子　油漬け」を発売しました。明太子は生ものなので冷蔵・冷凍保存が必須ですが、今回発売した新商品は、加熱し、油漬けにしています。そうすることにより、常温保存と賞味期間2年を実現することができ、持ち運び用として大変利用しやすくなりました。

●缶明太子　油漬け（ふくや直営店、通販での名称）
●常温二年缶明太子（卸販売《お土産店、量販店等》での名称）
　　発売日　2016年3月2日
　　価格　756円（税込）
　　内容量（全量）　85g　　賞味期間　常温2年

缶明太子　油漬け

【商品特徴】
①マイルドでコクがある、初めての明太子の味わい
　「味の明太子」を粒にして、相性のいい上質な綿実油と合わせて加熱し、缶の中においしさをとじ込めました。辛さはそのままに、しっかりとしたコクとうまみ。粒がきわ立つ食感と、香ばしい風味に仕上げました。

②明太子の新しいカタチ、缶入り明太子
　「缶明太子」は明太子におけるギフトシーンの拡大につなげたいという思いから、常温保存可能な缶入り明太子として開発した商品です。お土産の新アイテムとして、気軽な手土産として、「明太子を贈りたい」というニーズに幅広くこたえます

常温二年間明太子

【初年度売上目標】　1億円（15万缶）

この商品についてのお問い合わせは
㈱ふくや　網の目コミュニケーション室　宗寿彦までお願いいたします。
電話：○○○　携帯：×××

NEWS RELEASE

FUJIFILM GROUP

FUJIFILM
Value from Innovation

白衣のポケットに入り、診断しやすい7インチ画面のポータブルサイズ
独自の画像処理回路により、鮮明で高精細な超音波画像を実現
タブレット型超音波画像診断装置「SonoSite iViz（ソノサイト アイビズ）」

● 新発売 ●

平成28年4月7日

　富士フイルム株式会社（社長：中嶋 成博）は、軽量・コンパクトで携帯性に優れ、かつ、診断しやすい7インチ画面を装備したタブレット型超音波画像診断装置「SonoSite iViz（ソノサイト アイビズ）」を、富士フイルムメディカル株式会社（社長：新延 晶雄）を通じて、平成28年5月20日より発売いたします。本製品は、独自の小型化技術で開発した画像処理回路により、小型ながら鮮明で高精細な画像が得られる画期的なFUJIFILM SonoSite, Inc.の超音波画像診断装置です。当社は、4月15日から17日までパシフィコ横浜で開催される「2016国際医用画像総合展」に本製品を出展いたします。

　近年、超音波検査は、患者の身体的負担が少ない低侵襲の検査として、病院の検査室に加え、救急・集中治療（ICU、NICU[※1]）などでの重症患者の検査、さらにクリニックや在宅医療などでも用いられるようになりました。特に、救急現場や在宅医療には機器の持ち運びが伴うため、優れた携帯性と鮮明かつ高精細な画質を両立し、診断に必要となる豊富な機能を搭載した装置が求められています。

　今回発売する「SonoSite iViz」は、本体の重さが約520gの小型・軽量なタブレットタイプの超音波画像診断装置です。小型でありながら7インチの液晶画面を装備しているため、院内の回診時に、医療従事者が白衣のポケットに入れて手軽に持ち運ぶことができる他、在宅医療、救命救急、僻地・災害医療においても優れた携帯性を発揮。診断しやすい画面サイズも両立しています。検査時には、本体を片手で持ちながら親指だけでメニューを選択でき、ピンチやスワイプなど直感的な操作で検査を進めることができます。携帯性だけでなく、画質も追求し、FUJIFILM SonoSite, Inc.の小型化技術によって新開発した画像処理回路を搭載。小型でも、140万画素の鮮明で高精細な画像を実現します。また、心臓の弁や心筋など動きのある部位を時系列で観察できるMモードや、対象物の距離や面積の測定機能を備えており、幅広い診療科で活用いただけます。
　さらに、「SonoSite iViz」には、カメラ機能を標準搭載しました。救急や在宅医療の現場で患者の意識状態や外傷の状況、病状などを静止画や動画で撮影することができ、超音波画像を用いた診断だけでなく、医療の現場で求められるニーズに広く応えることができます。無線LAN機能も搭載しており、今後セキュアなネットワーク環境下で検査画像を送信できる機能を追加していく予定です。

　富士フイルムは、POC[※2]市場において、ニーズを的確に捉え、他に先駆けてそのニーズに応える機能を備えた製品を提供し、超音波診断装置の新たな応用分野の開拓とシェア拡大を目指します。これにより、医療現場を効率的かつ広域的に支援し、医療の質の向上と、人々の健康の維持増進に貢献します。

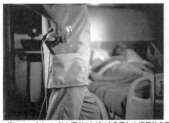
白衣のポケットに入れて、持ち運ぶことができる優れた携帯性を実現

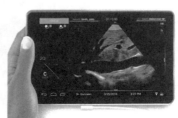
片手で持ちながら親指で操作が可能

富士フイルム株式会社　〒107-0052　東京都港区赤坂9-7-3

※1 Neonatal Intensive Care Unit の略。新生児特定集中治療室。
※2 Point Of Care の略。患者の目前や在宅で検査を行い、治療方針の判断・処置を行うこと。

記

1. 発売日：　平成28年5月20日

2. 販売名：　SonoSite iViz シリーズ
　　　　　　（薬事認証番号：227ADBZI00208000）

3. 標準ユーザー渡し価格（税別）：　530万円(本体＋プローブ1本)

4. 主な特長：
　　①優れた携帯性と高精細な画質を実現
　　　　本体の重さは、わずか約520gと小型・軽量なタブレットタイプ。小型でありながら7インチの液晶画面を装備しているため、白衣のポケットに入れて持ち運ぶことができる優れた携帯性と診断しやすい画面サイズを両立。また、FUJIFILM SonoSite, Inc.の小型化技術で新開発した画像処理回路により、小型でも140万画素の鮮明で高精細な画像を提供します。
　　②高い操作性で、迅速な検査を実現
　　　　片手で保持して親指で操作できるとともに、一般的なタブレットPCと同様にマルチタッチに対応することで、ズームや計測などでも直感的な操作感を実現。いつでもどこでも迅速に検査を進めることができます。
　　③豊富な診断機能で、正確な診断をサポート
　　　　Bモード[※3]に加え、Mモード[※4]やカラードプラモード[※5]に対応。また、汎用計測に加え、心臓計測や産科計測にも対応しています。搭載カメラで、救急や在宅診療の現場で患者の意識状態や外傷の状況、病状などを静止画や動画で撮影することができ、超音波画像を用いた診断だけでなく、医療の現場で求められるニーズに広く応えることができます。

　　※3　超音波の反射強度を輝度に変換し、2次元の断層像を表示するモードで、超音波検査で最も汎用的に使用される。
　　※4　Bモード上の1つの断層面で、動きのある部分を時系列で観察できるモードで、心臓の検査で多く用いられる。
　　※5　Bモード画像に重ねて、血流の有無、流速変化を色で表現するモードで、血流異常の有無や程度の観察に用いられる。

5. 主な仕様
　　・表示モード　：Bモード、Mモード、カラードプラ
　　・走査方式　　：セクター走査
　　・観察モニタ　：7インチカラーLCD
　　・バッテリー電源　：充電式リチウムイオン
　　・バッテリー動作時間　：約1時間
　　・外形寸法/重量　：本体　18.3(L)×11.7(W)×2.7(H) cm　約520g

「SonoSite iViz」は、画面サイズ7インチの本体とセクタプローブで構成

本件に関するお問い合わせは、下記にお願いいたします。
・報道関係者：　富士フイルム株式会社　コーポレートコミュニケーション部　　TEL 03-6271-2000
・お客様：　　富士フイルムメディカル株式会社 販売統括本部 マーケティング部　TEL 03-6419-8033
インターネットホームページアドレス　　http://fujifilm.jp/business/medical/

CASE 41

山見博康の推奨 3（スリー）ポイント

富士フイルム（株）

Yes 01 枠に入ったタイトルは詳しく具体的で全体がよくわかる。特に「新発売」の囲みは目立つ。1ページ目最後の段落「今後の方針」で経営戦略と将来構想がきちんと記述され、意気込みを感じる。

02 1ページ目の写真で携帯性と操作性をビジュアルにアピールし、2ページ目の写真でシステムとして理解させる。技術用語に関する「※」での注釈は親切な配慮。「記者は素人、お客様はもっと素人」を忘れずに。

But 03 段落をつけた1ページ目に「小見出し」を。長くなれば「箇条書き」で読みやすく。特に第3段落は2ページ目の箇条書きで整理された「特長」と重複。空きに医療分野への関与図などより重要情報を。

CASE 42

山見博康の推奨 3（スリー）ポイント

（株）ふらここ

Yes 01 見開けば、まさに雛壇を彩る屏風のごとく、写真を左右交互にグラフを中央に配している。加えてカラフルなビジュアルと簡潔な文章のバランスを考慮した典雅なレイアウトは美しく愛らしい。

02 社色の淡い肌色＝赤ちゃん色は本能的に心を和らげ精神に安らぎを与える。社員もそう振る舞い社風になる。雛人形のニーズの詳細説明とアンケートのグラフ化は一目瞭然で良い。

But 03 余白を活用し、いくつか実際に飾った姿を見てみたい。2016～17年の販売状況が数値で示されているが、「完売率」が少しわかりづらいかもしれない。2008年創業以来の実績と傾向などがビジュアル化されているとなお良い。

265

人形工房
ふらここ

報道関係者各位
プレスリリース

2016 年 12 月 14 日
株式会社ふらここ

> アパートやマンションでも、コンパクトで飾りやすい
> ## 怖くない「赤ちゃん顔」の雛人形で、楽しいひな祭りを
> 1 月の商戦に先駆け、11 月中に商品の 4 割を販売

雛人形・五月人形の製造、販売を行っている株式会社ふらここ(代表:原　英洋　本社所在地:東京都中央区)では、2016 年 11 月 1 日より「赤ちゃん顔」の雛人形の販売(2017 年度お節句分)を開始しています。表情が異なる 14 種類のお顔をご用意しています。

【親しみやすい赤ちゃん顔】
当社の雛人形の最大の特徴は、赤ちゃんのようなお顔だちです。お顔は赤ちゃんのほっぺを想わせる、丸みを持たせた輪郭となっています。また黒目がちな瞳とすることで赤ちゃんのぱっちりとした目をイメージさせる、より親しみやすい印象の人形となっています。

【場所を取らないコンパクトサイズ】

当社の雛人形は、ほぼ全ての商品が横幅 50cm 以内(飾り台を含む)となっています。マンション・アパートにお住まいの方にも気軽にお飾りいただけるサイズです。収納スペースをとることなく、飾り付けも時間をかけず簡単に行うことができます。

【現代の雛人形のニーズ】

当社の雛人形は、「若いお母さんのニーズに応える」ことに特化して制作しています。以前は雛人形の購入は「祖父母が孫のために豪華なものを買う」ことが基本でしたが、現在では「子どもの母親が商品を選び、祖父母がスポンサーとしてお金を出す」ことが大半となっています。したがって雛人形購入のターゲットは「若いお母さん」となります。

下記参考資料のグラフは、2016年11月1日より雛人形をご注文いただいたお客様を対象に実施したアンケート結果です。当社の雛人形の注文動機について、「顔がかわいいから」が約50%となり、現代の雛人形選びの基準に「かわいい」というキーワードが大きく関わっていることがわかります。また、「コンパクトだから」が約20%となり、「置き場所を大きくとらない」ことも現代の雛人形のニーズといえます。

【参考資料】自社アンケート・2016年12月1日現在(有効回答数337件・複数回答可)

〈お客様ご意見〉
・一般の雛人形よりも赤ちゃん顔のほうが子どもに親しみを持ってもらえそう
・一般的な雛人形の顔はなんとなく怖くて苦手だった
・小さくて飾るのが楽な雛人形を探していた
・社宅のため、コンパクトなものが欲しかった
・転勤が多いため、持ち運びに楽なものが欲しかった

【2017年度販売状況】

当社では2017年のお節句向けに2016年11月1日より雛人形販売を開始しています。本年度は1月の商戦に先駆け、11月中に全商品の4割を販売しました。

雛人形販売状況(2016年12月1日現在)

	総制作本数	完売本数	完売率
2017年度	2,553	973	約38%
2016年度	2,007	688	約34%

人形工房 ふらここ

【商品概要】
商　品：雛人形
販売日：2016年11月1日より販売中
販売場所：人形工房ふらここのホームページ・お電話で注文受付
価格帯：親王飾　　¥64,000～¥114,000(+税)
　　　　五人飾　　¥112,000～¥179,000(+税)
　　　　十人飾　　¥171,000～¥215,000(+税)
　　　　十五人飾　¥216,500～¥289,000(+税)
　　　　立雛　　　¥55,500～¥99,500(+税)
サイズ：全て横幅55×奥行30×高さ30cm以内

参考画像

【会社概要】
会社名：　株式会社ふらここ
所在地：　東京都中央区東日本橋3-9-8　furacoco house
　　　　　同住所1F・2Fにショールーム有
　　　　　（毎週水曜・土曜　10:00～16:00オープン）
代表：　　代表取締役　原　英洋
設立：　　2008年4月4日
事業内容：節句人形(雛人形、五月人形)販売

本件に関するお問い合わせ先
株式会社ふらここ
販売部販売促進課　出町　麻衣子(でまち　まいこ)
TEL: 03-6231-1359
FAX: 03-6231-0907
Mail: demachi@furacoco.ne.jp

業界初「暗記力3倍」『耳勉』/資格試験シリーズ第1弾「宅建」
~特許取得のノイズ学習法でどこでも集中！忙しい社会人が『耳勉』で資格を取得！~

平成27年3月5日

報道関係者各位
文部科学記者会　御中

フロンティアマーケット株式会社

フロンティアマーケット株式会社（社長：諏訪兼久　本社：東京都台東区）は資格試験勉強を始める4月に合わせ、3月20日（金）よりシリーズ第1弾として宅地建物取引士用受験アプリ『耳勉』を発売いたします。時間のない社会人が少しでも楽に暗記ができるように無償版と有償版3,800円を同時販売開始します。（iPhoneのみ）

『耳勉』の特徴

① 暗記力を上げるために、聴くことに集中させます。ただ聴くのではなく、わざとノイズ*1を使うことで集中させ聴きながら脳を活性化します。
② 次に活性化した脳にリラックスして聴き覚えてゆきます。
③ 聴き覚えた知識をすぐに思い出せるように毎回出題が変わる穴埋め問題*2を通して記憶化させて行きます。
④ これを一画面内ででき、操作性を楽にしたアプリです。
⑤ この『耳勉』で学習すると、暗記が苦手だった方も集中して「覚える&思い出す」を繰り返すことができ、続けて行くことで暗記力を3倍*3高めることが可能になります。

*1 ノイズは雑音ではなく同じジャンルの法令を重ね合わせてノイズ化しています。
　　特許取得ノイズ学習法。特許第5445882号
*2 毎回出題箇所が変わる穴埋め問題はこの『耳勉』にしかありません。（特許出願中）
*3 当社調べ。

『耳勉』の学習法の流れ

※無償版で体験。アプリ内ストアー より 3,800円にて耳勉/宅建が購入できます。

◆無償版の内容　**無償版では49個の知識を覚えられます。**
・権利関係1　「制限行為能力・意思表示・代理」　8音源　確認テスト49問

◆有償版の内容　価格：3,800円（税込）**有償版では宅建受験に必要な1050個の知識を覚えられます。**
・権利関係1　（第1章から第6章）　37音源　確認テスト232問　※無償版含む
・権利関係2　（第1章から第6章）　30音源　確認テスト259問
・宅建業法　（第1章から第4章）　29音源　確認テスト178問
・法令上の制限・税・その他　（第1章から第8章）56音源　確認テスト381問

『耳勉』アプリ画面 ～この画面ですべての操作ができます。

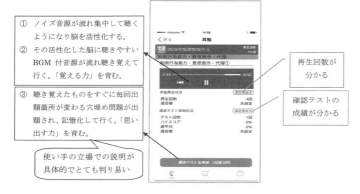

① ノイズ音源が流れ集中して聴くようになり脳を活性化する。
② その活性化した脳に聴きやすいBGM付音源が流れ聴き覚えて行く。「覚える力」を育む。
③ 聴き覚えたものをすぐに毎回出題箇所が変わる穴埋め問題が出題され、記憶化して行く。「思い出す力」を育む。

使い手の立場での説明が具体的でとても判り易い

再生回数が分かる

確認テストの成績が分かる

◆推薦文

『耳勉』は暗記を必要とする勉強には非常に効果的なシステムです。雑音の多いところで音を聞くと、注意を向けて聞かなければなりませんが、この時、前頭前野が普通よりよく働き、すべての記憶を助けます。まさに、この『耳勉』は最新の脳科学の研究成果を利用した素晴らしい学習法で、試験に合格したい方々の力強い味方となることでしょう。

久保田 競　大脳生理学者、医学博士　京都大学名誉教授（東大医学部卒）

フロンティアマーケット株式会社　担当：諏訪兼久
問合せアドレス：frontiermarketsjapan@gmail.com
所在地　東京都台東区下谷2-14-2　皆川ビル2階
TEL：03-6458-1744　FAX：0120-525-120
『耳勉』ホームページアドレス：http://mimiben.net/takken

会社概要
設立：平成24年8月1日
代表者：諏訪兼久　資本金：300万円
業務内容：通信販売事業
　　　　　（生活雑貨部門、産直部門）
　　　　　教育事業　耳勉部門

CASE 43

山見博康の推奨 3(スリー)ポイント

フロンティアマーケット（株）

Yes 01 「業界初」から始まるタイトルはどの言葉も強くパワーを放つキーワードばかり。短いリード部の後で、早速USP（特長）を箇条書きし、開発の流れを独自のフローチャートで示したのは秀逸。

02 画面上での教え方が徹底して相手の立場で表現している。特に2ページ目上の吹き出しコメントは親切で効果的。真に優しい人は何に対しても思いやりに満ちる。それが会社の格を決める。

But 03 初年度からの応募人数や合格数を起点に、多様な切り口で分析したり、それに独自の解釈を加えてトレンドを予測できれば、別の価値が生まれる可能性がある。優れた推薦文ゆえに写真があればより魅力的。

CASE 44

山見博康の推奨 3(スリー)ポイント

（株）ベティスミス

Yes 01 一見すると額縁に入った見開きアートのよう。女性ジーンズ草分けの面目躍如たるデザインセンスがある。新春第一弾と新企画の2つとも最老舗として地域活性化への率先的な貢献姿勢が佳麗な趣を呈する。

02 1ページ目の店舗メニューは参加店をベティと写真やイラストでカラフルに紹介し、店巡り地図もあって親切。2ページ目は一転してシンプルにコラボ開発商品を強調し、興味を惹く。

But 03 誰もが「招き猫美術館」や「ラッキーちゃん」を見たいとの気分を察し、写真や展示品を一部掲載するのも良いだろう。ご縁をいただいた虫明学芸員の写真に加えメッセージもあるとなお良い。

販売

Press Release

JEANS MUSEUM & THE VILLAGE

報道関係者各位

平成28年12月15日
株式会社ベティスミス

新春企画　第一弾
"デニムレシートでまちめぐり" キャンペーン

ジーンズミュージアムから他施設へ、お得に旅を楽しんでもらう企画。7施設が参加。

　岡山への帰省客も増える年末年始を前に、1月4日(水)より、ジーンズミュージアム&ヴィレッジでお買い物をされた時にお渡しする青色レシートを各施設に持って行くと、各種割引や無料プレゼントのサービスを受けられる企画 "デニムレシートでまちめぐり" キャンペーンをスタートします。(12/25〜プレスタート)

　ジーンズを目当てに県内外からお越しいただいたお客様へ、岡山ならではのお食事やお買い物、体験など、岡山の魅力を発信しつつ、旅行の満足度を高めていくことが狙いです。

　今年度中は、試験的に運用しながら、サービス内容、対応などの改良して行き、まずは月間1000人の利用者を目指します。地元の施設どうしのつながりに加え、サービスエリアと連携をすることで、お客様が旅の楽しみを満喫できるのが、この企画の特徴です。

キャンペーンポスター

各施設に貼る目印のPOP

参加施設／特典
① うどん ひろよし／うどん50円引き
② お好み焼き 荒勢／お好み焼き50円引き
③ 吉備サービスエリア／コーヒー1杯無料
④ 三木サービスエリア／コーヒー1杯無料
⑤ 高城染工／藍色に染めたハギレ無料プレゼント
⑥ 児島特銘館／思い出の第二ボタン無料プレゼント
⑦ 渋川動物公園／えさやりチケット無料プレゼント

①、② 瀬戸内ならではのお食事を。
③、④ SAも協力！旅の疲れを癒やす。
⑤〜⑦ ジーンズ以外にも、岡山を満喫。
さまざまな楽しみを存分に味わって、
"岡山に来て良かった！"と感じていただける旅に。

MAP
→関西方面
③：吉備サービスエリア（岡山）
④：三木サービスエリア（兵庫）

→四国方面

お問い合わせ

株式会社ベティスミス
ジーンズミュージアム&ヴィレッジ
1962年に創業のベティスミスが運営。
ジーンズの魅力をまるごと楽しめる施設として、
県内外から多くの観光客が訪れています。

〒711-0906
岡山県倉敷市児島下の町5-2-70
TEL 086-473-4460
FAX 086-473-2789
E-mail betty@betty.co.jp
www.betty.co.jp
担当：大島

Press Release

 JEANS MUSEUM & THE VILLAGE ②

新春コラボ商品
招き猫美術館とのコラボで縁起物デニムバッグ完成。

新春より岡山、東京、各所で販売決定。新春気分を盛り上げます。

　招き猫専門の美術館として今年の猫ブームを盛り上げた「招き猫美術館」と、今年も多くのメディアに取り上げられたジーンズのまち児島の老舗メーカー「ベティスミス」がコラボレーションし、オリジナルデニムバッグを製作しました。

　今年8月に、「岡山県博物館協議会」の25周年記念事業として、ジーンズミュージアム&ヴィレッジにて招き猫美術館の学芸員 虫明比斗子さんをお招きし、招き猫の絵付け体験ワークショップを開催したことがご縁で実現した企画となります。

　ベティスミスのデニムバッグに招き猫をプリントをした新春にふさわしいアイテムで、とっとりおかやま新橋館、イオンモール岡山ハレマチ特区365での販売も決定しています。とっとりおかやま新橋館にて、招き猫美術館の商品が販売されるのは今回は初となり、岡山の新たな魅力が発信されることとなります。ベティスミスでは、今後も、博物館どうしがコラボすることで商品、体験など新たな価値を創造していきます。

表に招き猫美術館の
「ラッキーちゃん」をプリント。
裏側には、ポケットと「ベティちゃん」の
ネームが付いたダブルネーム商品です。

販売価格
1,700 円（税別）

販売店舗

・とっとりおかやま新橋館 （1/4～販売スタート）
　〒105-0004 東京都港区新橋1丁目11-7

・イオンモール岡山 ハレマチ特区 365 （1/1～販売スタート ※新春の縁起物福袋として）
　〒700-0907 岡山県岡山市北区 下石井1丁目2番1号
　5F 東エスカレーター付近

・招き猫美術館
　〒701-2151 岡山県岡山市北区金山寺 865-1
　館について、ラッキーちゃんについて、その他お問い合わせは、086-228-3301 まで

お問い合わせ

株式会社ベティスミス
ジーンズミュージアム&ヴィレッジ
1962年に創業のベティスミスが運営。
ジーンズの魅力をまるごと楽しめる施設として、
県内外から多くの観光客が訪れています。

〒711-0906
岡山県倉敷市児島下の町5-2-70
TEL 086-473-4460
FAX 086-473-2789
E-mail betty@betty.co.jp
www.betty.co.jp
担当：西田

株式会社ベネッセi-キャリア

2015年7月23日

【報道関係各位】

株式会社ベネッセホールディングス
株式会社インテリジェンス
株式会社ベネッセi-キャリア

"まなぶ"と"はたらく"をつなぐサービスの提供へ
ベネッセとインテリジェンスの合弁会社 ベネッセi-キャリアが新卒者向け就職支援事業を10月より開始
～「DODA(デューダ)新卒エージェント」サービスで新たな事業展開をスタート～

　株式会社ベネッセホールディングス（本社：岡山県岡山市、代表取締役会長兼社長：原田泳幸、以下ベネッセ）と株式会社インテリジェンス（本社：東京都千代田区、代表取締役社長執行役員：高橋広敏、以下インテリジェンス）は、大学生・社会人を対象に総合的な人材育成事業を行う合弁会社 株式会社ベネッセi-キャリア（本社：東京都新宿区、代表取締役社長：山﨑昌樹、以下ベネッセi-キャリア）を2015年4月に設立しました。さらに、新たなサービス展開として本年10月より、「新卒者向け就職支援事業」を開始いたします。

　就職の在り方および大学生の学修の在り方をめぐっては、「教育」と「就業」のアンマッチが課題となっています。「3万人を超える未就職大卒者の存在（※1）」「離職率の高い若年層の存在（※2）」などが指摘されると同時に、学生時代の貴重な数ヵ月～半年を就職活動に費やしているという現状も聞かれます。

　ベネッセi-キャリアの新サービス「DODA(デューダ)新卒エージェント」は、新卒者および第二新卒者を対象に就職活動を支援するエージェントサービスです。専任のキャリアコンサルタントが、学生の就職活動中に遭遇する悩みや目指すキャリア、志向性などに対してきめ細かくカウンセリングを行い、希望や適性に合った企業を紹介・推薦します。一方、ご登録いただく企業にとっては、エージェントを介することで、WEBや情報誌では伝えきれない企業の魅力を伝え、より求める人材像と合った学生との、的確で質の高いマッチングを実現します。ご紹介した学生の内定承諾後、採用時点で一定額を企業からお支払いいただくシステムです。

　また、ベネッセi-キャリアは、大学生が在学中から社会に出て必要な力を身につけられるように、「学内インターンシップ（就業体験）」など企業参加型教育の提供も行ってまいります。大学向けに専門の講師を派遣し、授業の中で座学のみでなく実践的なキャリア教育を提供することで、学びの質を深めます。

　初年次教育に強いベネッセと、就職支援に強いインテリジェンスが連携することで、学生が在学中から就職して社会人になるまで、幅広い充実したサービスでサポートが可能になります。これにより、2020年には新卒者向け就職支援事業で約50億円、ベネッセi-キャリア全体では、約75億円の売上規模を目指してまいります。ベネッセi-キャリアは今後も、"まなぶ"と"はたらく"をつなぎ、社会に出ていく若者たちに、よりよい学びと仕事との出会いを提供できるよう、サービスの開発に取り組んでまいります。

（※1）出典　文部科学省「学校基本調査－平成26年度（確定値）結果の概要－」平成26年12月19日より）
（※2）出典　厚生労働省「新規学卒者の離職状況（平成23年3月卒業者の状況）」平成26年11月7日より）

「DODA 新卒エージェント」サービスの概要

◆ 対　象：　新卒者、第二新卒者
◆ サービス内容：　専任のキャリアコンサルタントが客観的な視点から、カウンセリング、求人紹介、選考日程の調整、面接対策など、戦略的に就職活動をサポートします。

　本サービスを利用することで、学生はこれまで知らなかった企業と出会うことや、志向に合う業界を発見することが可能となり、将来のキャリア観を整理し、自身に合わせた最適な仕事探しを実現することが出来ます。一方、企業にとっては、数ある求人の中で自社の情報が埋もれずに伝わり、求める学生との出会いを増やすことができるメリットがあります。紹介した学生の内定承諾後、採用時点で一定額を企業からお支払いいただくシステムです。

学内インターンシップ（就業体験）の概要

◆ 対　象：　大学1〜4年生
◆ サービス内容：　大学の正課授業の中で行われる企業参加型の「学内インターンシップ」では、専門の講師を派遣し、企業のケーススタディーや実践的なトレーニングを通して、キャリア観醸成のみならず、社会人として活躍するための能力の習得も目指します。例えば、一つのテーマ・課題に対して、グループで企画立案・ディスカッション・プレゼンテーションを行うなど、社会で必要なスキルを身につける内容となっています。大学側のご予算と個別のニーズに合わせてカスタマイズしたプログラムを提供いたします。

ベネッセ i-キャリア概要　（2015年7月23日現在）

- ・商号　　　　　　　株式会社ベネッセ i-キャリア
- ・所在地　　　　　　東京都新宿区西新宿2丁目1-1
- ・代表者　　　　　　代表取締役社長　山﨑 昌樹
  　　　　　　　　　　代表取締役副社長　原野 司郎
- ・事業内容　　　　　大学生・社会人向けキャリア教育・キャリア形成支援サービスの提供
- ・資本金　　　　　　100 百万円
- ・設立・事業開始　　2015年4月1日
- ・出資比率　　　　　ベネッセ：51%　インテリジェンス：49%

＜ご参考資料＞
新卒紹介市場の現状と今後

　転職市場では広く受け入れられているエージェントサービスですが、新卒市場での利用者（サービス登録者）は現在、約10％にとどまります。DODA新卒エージェントでは、学生へのサービス認知向上を行い、2020年には、新卒市場において約30％の就活生が利用するサービスへの拡大を目指します。

エージェントサービスの利用方法

　エージェントサービスでは、WEBでのユーザー登録後、専任のキャリアコンサルタントが学生と個別カウンセリングを実施。一人ひとりの希望に沿って、的確にマッチングします。

登録	カウンセリング	求人紹介	内定～入社
Webサイトからサービス登録	キャリアコンサルタントが個別カウンセリングを実施	**目指すキャリアなどにあわせた求人を紹介** **その他サポート** 面接対策や会社情報の提供 日々の就活の悩み相談など	内定後も、入社までの疑問や不安に対応

カウンセリングブースイメージ

【本リリースに関するお問い合わせ先】	
株式会社ベネッセホールディングス 広報・IR部　広報課 電話：XX-XXXX-XXXX / FAX：XX-XXXX-XXXX	テンプホールディングス株式会社 グループ経営戦略本部　グループ広報室 電話：XX-XXXX-XXXX / FAX：XX-XXXX-XXXX

CASE 45

山見博康の推奨 3 ポイント

（株）ベネッセホールディングス

Yes

01 長めのタイトルで全貌がわかる。1ページ目に端的かつ適切な表現で概要把握を促し、2ページ目はその実行法や仕組みをイラストで示す。3ページ目では背景や需要を図示するなどバランスの良い構成。

02 2～3ページ目は「小見出し＋箇条書き」で完璧に記述され、しかもイラストによって即座に理解促進を図る親切心に溢れて期待も高まろう。1ページ目にも何か1つビジュアルがあっても良い。

But

03 1ページ目「小見出し」で内容が一目でわかるようにしたい。第一段落はリード部ゆえに小見出しは不要だが、（株）＋住所詳細を除いて余白を作りたい。第二段落は背景、第三段落は特長とし①～③と箇条書き、第五段落には今後の方針を載せたい。

・㈱インテリジェンス
・㈱ベネッセi-キャリア

CASE 46

山見博康の推奨 3 ポイント

（株）堀場製作所

Yes

01 タイトルとリード部だけで、何を伝えたいかがつぶさにわかる好例。枠で囲まれたリード部も輝く。「今後の方針」に掲げた数字が本事業への高い誇りと達成への確たる自信を示す。

02 本文は冒頭から段落＋小見出しで、まさに一目で理解が促進される手本。1ページ目各段落が箇条書きだともっとわかりやすくなる。2ページ目の統合システムのイラスト化は直観的に理解させる有効な手法だ。

But

03 タイトルに「8割」「3割」「1台で5か所」等のインパクトある数字で惹き付けよう。1ページ目に「MEXA-ONE」本体の写真があると、2ページ目の「新統合システムのイメージ図」が生きる。

Release

HORIBA

株式会社 堀場製作所
京都市南区吉祥院宮の東町2
TEL 075-313-8121
［お問合せ先］075-313-8125
FAX 075-321-7190

報道関係者殿　　　　　　　　　　　　　　　　　　　　　2012年5月24日

新世代排ガス測定装置「MEXA-ONE」8月受注開始
排ガス計測・試験機器のシステム統合へ　自動車事業の総力強化
中国・インドにも本格展開　2015年に売上高460億円

> （株）堀場製作所は、自動車開発などで使用されるエンジン排ガス測定装置の新型「MEXA-ONE」を8月に受注を開始します。世界シェア80%(*1)を占める既存製品の高精度計測を継承し、試験やメンテナンスにかかる時間やコストを従来比最大30%軽減。ハイブリッド車など車両全体を精密に制御する車両開発に対応するため、自動車試験評価装置(*2)と排ガス計測機器を、まるでひとつの機器であるかのように、同じ操作画面で運用・管理できる新システム(*3)を導入する計画です。また、日米欧市場と同様に、高度な計測ニーズが高まりつつある中国やインドでも事業展開を加速させます。MEXA-ONEは、新システム導入の第1弾として、自動車事業全体の相乗効果を推進する中核製品に位置付け、自動車事業で2015年に過去最高水準の売上高460億円(2011年実績386億円)達成をめざします。

＜自動車産業の動向＞

地球環境問題への意識向上と共に、自動車をはじめ様々な内燃機関からの排ガスを、よりきれいに、より少なくしようとする動きが全世界で高まっています。それに伴い、当社が携わる排ガス測定分野においても、対象や項目、測定手法が多様化・高度化しています。一方で、ハイブリッド車など低燃費車の普及、欧州を中心とするエンジンの小型化、中国やインドでの現地仕様車や排ガス規制導入など、排ガス測定に対する市場要求は確実に多様化・複雑化しています。中期的に主力となり得るハイブリッド車は、エンジン開発に留まらず、エンジンと電気モーターの動力バランスをいかに効率よくコントロールするかが重要な要素になっています。また、自動車メーカーでは開発の期間短縮やコスト削減が重要視されてきています。昨年後半から自動車産業の開発投資は回復に転じており、新製品投入により自動車計測機器業界で確固たる地位を確立します。

＜自動車計測システム事業について＞

1964年のMEXA第1号機の誕生以来、当社はエンジン排ガス測定分野のパイオニアとして、自動車開発の要求に応じた最新の技術をグローバルに提供してきました。世界の国家認証機関や主要自動車メーカーで採用され、性能とサービス面の信頼性により世界シェア80%を占め、デファクトスタンダードの地位を築いてきました。このたび、分析計そのものを新規設計・改良したことや自動再生フィルタを採用した事で、試験やメンテナンスにかかる時間やコストを従来比最大30%軽減。また、1台の測定装置で、排ガス浄化装置の前後の5ヶ所から同時にNOxを測定できる機能を標準搭載するなど、多様化するディーゼルエンジンの開発期間の短縮や実験室の省設備化に貢献します。

1

さらに、2005年から事業展開しているエンジンダイナモメーターや駆動系テスト装置などの自動車試験評価装置と排ガス計測機器との連携を強化。実験室に並ぶ試験・計測機器が、まるでひとつの機器のように操作できるシステムを構築し、操作性を向上させることで、開発効率の改善に貢献します。MEXA-ONEがけん引役となり、ハイブリッド車やプラグインハイブリッド車、電気自動車など、多様な試験・計測ニーズに迅速対応します。

<新統合システム "総合計測プラットフォーム" のイメージ>

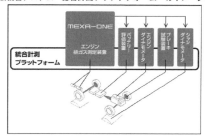

<製品の特長>
1. 実験室内の計測・試験機器をまるごと一括管理する新システム
汎用性に優れているため、あらゆる排ガス計測機器や自動車試験装置を一括管理できる。
各種機器の起動から終了までの一連の操作や日常的なメンテナンス管理が可能。

2. 試験やメンテナンスにかかる時間やコストを従来比最大30%軽減
分析計を新規設計・改良したことや、自動でフィルタの汚れを除去する機能を採用した事で、
校正ガスを従来比30%、消費電力を同10%それぞれ削減。維持管理にかかるコストを軽減。

<製品概要>

外寸法	660(W)×855(D)×1970(H) mm　本体
測定成分	一酸化炭素、二酸化炭素、酸素、炭化水素、窒素酸化物、メタンなど
測定原理	非分散型赤外線分析、水素炎イオン化法、化学発光法
本体機能	サンプリング、分析、校正ガス供給、システムコントロールなど
オプション	EGR率計測ユニット、加熱フィルタなど
用途	エンジン研究開発／認証試験／触媒評価試験／エコカー排ガス計測／低排出ガス車排ガス計測／燃料電池開発
顧客	主要自動車メーカー、公官庁、触媒装置メーカーなど

(お問合せ先)
本リリースに関して (株)堀場製作所　広報　tel.075-315-6776(直通)

本製品に関して 同社　自動車計測事業戦略室 tel.075-325-5043

NEWS RELEASE

2016年3月24日
株式会社三菱総合研究所

女性の健康を支援する新サービス
「メール de 健康エール」、「職場 de 健康エール」試行提供開始

株式会社三菱総合研究所(代表取締役社長 大森京太、東京都千代田区)は、平成26、27年度「ICT健康モデル(予防)の確立に向けた退職時健康情報継続管理モデル等に関する実証(被扶養者健康増進支援モデル)」(注1)の成果を踏まえ、本年4月から、女性の健康に関するビジネス「メール de 健康エール」、「職場 de 健康エール」の立ち上げを見据えた試行サービスの提供を開始します。

被扶養者の健康診断受診率は被雇用者に比べ極端に低く、社会課題となっています(表1)。総務省被扶養者実証は、ICTを活用し、被扶養者の特定健診受診率向上を狙う事業であり、被扶養者への効果的な情報提供の在り方や健診受診意向の喚起、健康行動への誘導に効果的なインセンティブの在り方を検証しました。

表1)被扶養者の特定健診受診率

(参考)平成21年度 被用者保険の保険者の特定健診実施率(被保険者・被扶養者)

保険者の種別		加入者	被保険者	被扶養者
協会けんぽ	特定健康診査実施率	31.6%	38.7%	12.2%
	回答率	100.0%	97.9%	76.6%
健保組合	特定健康診査実施率	66.6%	82.1%	36.5%
	回答率	80.2%	82.1%	82.2%
国共済	特定健康診査実施率	55.5%	84.3%	16.1%
	回答率	85.0%	50.0%	50.0%
地共済	特定健康診査実施率	67.8%	80.9%	35.6%
	回答率	96.0%	84.8%	84.8%
私学共済	特定健康診査実施率	56.1%	69.5%	28.6%
	回答率	100.0%	100.0%	100.0%

被扶養者の健診受診率は40%未満

出所:厚生労働省「被扶養者の受診率の向上について」

実証の結果、健康保険組合では「被扶養者が特定健診を受診してくれない」、「被扶養者の健康や生活習慣の実態を把握できていない」、「被扶養者に情報が届いていない」という課題を抱えていること(表2)が浮かび上がりました。健保組合では昨年度から「データヘルス計画」(注2)を策定し、計画に沿った施策の推進、成果の評価を行うことになっており、被扶養者対策も計画に盛り込むことになっていますが、計画策定の前提となる実態が把握できていないのが現状です。

そこで、当社は、健保組合の課題を解決するためのサービスとして、「メール de 健康エール」(別紙1)を立ち上げ、4月から試行提供を開始します。

一方、企業では、女性活躍推進法施行に伴い、女性活躍推進のための行動計画を策定・公表・推進することが義務付けられました。しかし、現状では最も重要である心身の健康に関する施策の検討は遅れています。当社では、総務省事業で蓄積した女性の健康維持・増進に関するノウハウをもとに、女性活躍推進に取り組む企業向けに、「職場 de 健康エール」(別紙2)の試行サービスを提供開始します。

「メール de 健康エール」、「職場 de 健康エール」では、健康保険の被扶養者や企業で働く女性に対して、健康行動を促すインセンティブや情報を提供するとともに、アンケートにより、生活習慣や就労環境の実態を把握することで、健保組合、企業向けの計画策定の支援を行います。

表2)被扶養者についての健保組合の課題

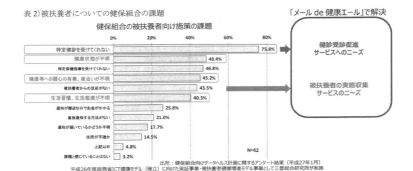

(注1)総務省『ICT健康モデル(予防)の確立に向けた退職時健康情報継続管理モデル等に関する実証(被扶養者健康増進支援モデル)』事業
　2014年9月から約1年半にわたり、特定健診受診率の低い被扶養者層に対して、健康サービスを「美」「食」「癒やし」など日常的に興味・関心の高いコンテンツに書き換えて個人に適した情報を配信するwebサイト「カラダ日和2015」(https://karada-biyori2015.jp/)を提供するとともに、家族ぐるみで参加できる健康増進イベントを開催し、健康増進活動への参加、健診受診を促す方策を検証するものです。

(注2)データヘルス計画
　「日本再興戦略」(平成25年6月14日閣議決定)において、「全ての健康保険組合に対し、レセプト等のデータの分析、それに基づく加入者の健康保持増進のための事業計画として「データヘルス計画」の作成・公表、事業実施、評価等の取組を求める」ことが掲げられたことに基づき、厚生労働省は2015年度から、すべての健康保険組合に対して3か年のデータヘルス計画の作成と実施を求めている。

【本件に関するお問い合わせ先】

株式会社三菱総合研究所　(http://www.mri.co.jp/)
〒100-8141　東京都千代田区永田町二丁目10番3号

【内容に関するお問い合わせ】
社会ICT事業本部　女性の健康支援事業担当　　メール：xxx@mri.co.jp

【取材に関するお問い合わせ】
広報部：XX、XX　　電話：03-xxxx-xxxx　　メール：xxx@mri.co.jp

本資料は、厚生労働記者会、厚生日比谷クラブ、総務省記者クラブおよびお付き合いのある記者の方々にご案内しております。

CASE 47

山見博康の推奨 3(スリー) ポイント

（株）三菱総合研究所

Yes 01 日本最高峰シンクタンクとしての高邁な創造力が秀麗なるネーミングにあらわれている。的確なタイトルの後、簡潔なリード部を枠内に収め、グラフ２つが分かれてビジュアルで美しい均衡を保つ。

02 シンクタンクらしく実に論理的。まず検診調査し、その結果からさらに行ったアンケート調査結果を独自分析し、独創的商品を開発。旬の課題解決促進の商品ゆえに断固たる決意がみなぎる。

But 03 販路はまず女性活躍推進企業とあるが、その上位の一覧表および女性社員数を示すと当面の需要が判明する。さらにこのサービスの将来の見通しを含む、より幅広い全体構想があれば理想的。

CASE 48

山見博康の推奨 3(スリー) ポイント

（株）三菱東京UFJ銀行

Yes 01 飾り気のないタイトルと素朴な事実を淡々と説明する姿勢に、確たる自信と誇りがにじむ。本文は一貫して「段落＋小見出し＋箇条書き」の手本。各文に饒舌さはなく、きりりと締まる。

02 特にスキームを図式化し、６者の役割や情報の流れ、それぞれの関係をビジュアル化したので一目瞭然。「Ｍ＆Ａ＝図解！」を肝に銘じよう。図解は「即解＋間違いなし＋記事が膨らむ」。要は親切心と思いやりだ。

But 03 スキームが「○○初」ならタイトルやリード部にも記載したい。最終段落3行は【今後の方針】と小見出しして、全体需要、当面の受注予想、中長期的な目標数など、より戦略的内容で入魂したい。

平成 26 年 10 月 15 日

株式会社三菱東京 UFJ 銀行
株式会社三菱総合研究所

通所介護事業者向け資金支援スキーム取り扱い開始について

　株式会社三菱東京 UFJ 銀行(頭取 平野 信行)は、株式会社三菱総合研究所(代表取締役社長 大森 京太)と協力し、通所介護事業所[※1]を増設しようとする介護事業者(以下事業者)に対し、電子記録債権(以下電子債権)を活用した資金支援スキーム(以下本スキーム)を構築し、今般、取り扱いを開始いたしました[※2]。本スキームは、介護・医療・福祉分野における情報サービスを提供している株式会社日本ケアコミュニケーションズ(代表取締役社長 木林 清光、以下 NCC)の介護事業における知見や介護報酬請求データ管理などのノウハウを活用します。

[※1] 通所介護事業(デイサービス)とは、食事・入浴・機能訓練を中心とした在宅介護サービスの一つです。
[※2] 三菱 UFJ リース株式会社(代表取締役社長 白石 正)は、事業所増設時の初期設備投資ニーズにリース商品を用いて対応予定であり、本スキームとの組み合わせにより、ワンストップでの介護事業者支援を提供予定します。今後は MUFG グループによる更なる提供機能の拡充に努め、各事業所における決済効率化などのサービス拡充にも取り組む予定です。

1. 背景

　高齢者人口の増加に伴い、通所介護事業の需要は増加しています。民間の参入自体は比較的容易と言われていますが、1 事業所単位では規模が小さいケースも多く、サービスの品質及び生産性向上に向けては、複数の事業所を展開することが選択肢のひとつと考えられています。

2. 本スキームの概要

　本スキームは、介護報酬請求データの分析に基づき、国民健康保険団体連合会[※3](以下国保連)の優良な信用力を背景とした電子債権を活用することで、事業者が電子債権割引による簡易な資金調達を行うことを可能にしました。

① 事業者は、今般新たに設立する債権管理サービス 2 号合同会社(仮称、以下 SPC)と契約を締結し、国保連に対し保有する介護報酬債権を SPC 宛に譲渡します。
② 事業者は、毎月の介護報酬請求データを、NCC に対して送信します。
③ NCC は、国保連および三菱総合研究所に介護報酬請求データを送信します。
④ 三菱総合研究所は、事業者の介護報酬請求データの過去における支払い実績などから、支払率の分析などを行い、SPC に対して分析結果を提供します。
⑤ SPC は、三菱総合研究所の分析結果に基づき、請求額に一定の留保率を乗じた金額で、事業者に対して電子債権を振り出します。
⑥ 事業者は、受け取った電子債権を三菱東京 UFJ 銀行に譲渡することで、割引資金を受け取ります。

なお、事業者は、割引日や振込先口座を指定する等の事前登録を行うことで、②の介護報酬請求データを送信する事務を月1回行うのみで、自動的に資金調達を行うことが可能となります。

※3 国民健康保険団体連合会とは、市町村からの委託により、介護給付費の審査支払を実施している公的機関で、事業者等からの介護サービス費等の請求を受付け、提出内容の照合や審査等を行い、介護給付費を支払います。

【スキーム図】

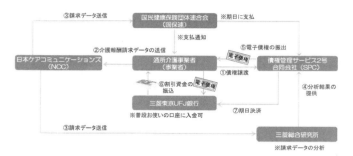

【事業者の主なメリット】
（1）信用力の高い電子債権を割り引くことで資金調達が可能
　　　　SPCは、国保連の信用力を背景とした電子債権を振り出し、事業者は振り出された電子債権を金融機関で割り引くことにより、低利な資金調達を実施できる可能性がございます。

（2）電子債権割引の申込をする際、決算書、契約書等の提出が不要
　　　　本件電子債権は国保連の信用力を背景としているため、事業者が割引申込を行うに際し、通常の融資申込に必要となる決算書等の提出は不要となります。なお、電子債権利用契約、及び、決済口座・割引日の指定等の事前の取り決めは必要で、申込に際しては、過去の介護報酬請求の実績なども勘案させていただきます。

（3）必要に応じて少額・多頻度の資金調達を行うことが可能
　　　　電子債権を活用することにより、事業者・金融機関双方で、資金調達に伴う事務負荷が軽減され、事業者は必要に応じて少額・多頻度のご融資申込ができます。申込から約1週間で普段からお使いの口座に割り引きされた代金が振り込まれます。

三菱東京UFJ銀行と、三菱総合研究所は、本スキームの構築・提案を通じて、地域経済・雇用を支える介護事業者の皆さまを支援するとともに、日本経済再興・成長に貢献することを目指し、全力を挙げて取り組んでまいります。

以　上

（照会先）
　　三菱東京UFJ銀行　広報部　03-3240-2950
　　三菱総合研究所　広報部　03-6705-6000

NEWS RELEASE 新商品発売
2014年12月18日

MOGU® FEEL CONSCIOUS

花粉症がやってくる！
「ティッシュがなくなる恐怖から解放される日」

軽くてやわらか、コンパクトなティッシュケース新発売
リビングからいつも十分な量のティッシュを持ち出せます。

花粉症や鼻炎でお困りの方は「ティッシュ」が必需品ですが"ポケットティッシュだけでは足りないし不経済。BOXティッシュだと持ち運ぶのはかさばるし、カッコ悪い"という不満を解消するために考えられました。

パウダービーズクッションのメーカー株式会社MOGUが生み出したティッシュケースはクッションと同じ伸縮性生地と少量のパウダービーズを用いた袋状のティッシュケースで、市販のBOXティッシュを2つ折りにし、開口部を広げて収納するだけのシンプルな仕様です。

ティッシュペーパーを折り曲げて本体にセットする。

■ 製品特徴

伸縮性生地によって最大150組(300枚)から少量までティッシュをホールドしてくれるので、カバンなどに入れておいてもティッシュがバラバラにならず、また量に応じて小さくなるので、携帯しやすく残りのティッシュ量も分かります。机上での使用の際はパウダービーズが底面を作り出すため、取り出し口が常に上を向きます。さらに、内側に吊り下げ紐が取り付けられているので、車の中や、ベビーカー、洗面所、キッチン等で引っ掛けて使えます。吊り下げ紐はリボン結びにすればかわいいアイテムになり、使わない時は内側に収納できます。ボックスティッシュの他、半分にカットしたティッシュ、トイレットペーパーにも使用できます。

伸縮性生地によって、ティッシュペーパーの量に応じて小さくなる

内側の吊り下げ紐を使用すればさまざまなシーンで使いやすい

■ 開発経緯・背景

開発のきっかけは開発者がいつも子供たちに「パパ、ティッシュとって～」と言われ、プラスチックケースから引き抜いて子供たちに手渡していたため「ティッシュを丸ごと投げて渡せたらいいのにな～」と、パウダービーズクッションで「投げられるティッシュケース」を作ってみようと考えたのがスタートでした。

ちょうどその頃、花粉症シーズンが始まり、3人の子供たちが全員花粉症の開発者宅では大量のBOXティッシュと同時にポケットティッシュも大量購入していましたが、子供から学校でポケットティッシュはすぐになくなってしまうので、休み時間にはトイレに篭って鼻をかんでいると聞き、家に沢山ティッシュはあるが外出先では十分な量を持ち運べていないことに気づきました。また、ひどい花粉症の友人がゴルフ場でホールごとに「ティッシュがなくなったので、ティッシュをください」とキャディーに言っている姿を目の当たりにし、ポケットティッシュがなくなった時にバッグからすぐに取り出せる「コンパクトで軽くて使いやすいボックスティッシュケース」があれば役に立てると感じ、このコンセプトをプラスし開発しました。

使用者からは「花粉症の時はないと困る、すごく便利」「周りからすごくかわいいし、おしゃれ！と褒められる」といった声が寄せられています。

■ 他社商品との比較

これまでのBOXティッシュケースはプラスチック製や木質製など硬く重量があり常設を目的とした製品がほとんどでした。布製カバーケースも人気ですが、ティッシュのBOXに取り付ける仕様のため大きさは変わりません。

一方、MOGUティッシュケースは軽くてやわらかコンパクト、さらに1箱分のティッシュ約150組を収納し、少量になるにつれ小さくなるので、家庭で使いながら必要な時に持ち出せる事が出来る商品です。BOXを必要としないので、ビニールパックティッシュに替えることで、経済的でゴミも減らすことができます。汚れた際は洗濯可能です。

普段は自宅で使用し、必要な時に持ち出せる

詰め替え用パックティッシュでエコ

ネットに入れて洗濯

■ 商品仕様・パッケージ・価格

製品名	MOGUティッシュケース	
サイズ	約15cm×15cm×高さ3cm（本体のみ）	
重量	55g（本体のみ）	
収容量※	ティッシュペーパー：最大約150組（300枚）、トイレットペーパー：1ロール 半分にカットしたティッシュペーパー：300組（600枚）	
カラー	レッド、ピンク、オレンジ、イエロー、ライトグリーン、ターコイズブルー、 ロイヤルブルー、パープル、ブラウン、ブラック	
パッケージ	通常ケース	ギフトケース（ティッシュ付）
希望小売価格	￥1,800（税込￥1,944）	￥2,000（税込￥2,160）
発売日	2014年12月（東急ハンズ、ロフトおよびインターネットにて発売中）	
補足情報	特許5643947・PCT	

※保湿ティッシュ・花粉症用ティッシュ等大型ボックスサイズティッシュペーパーについては、2つの量に分けてご使用ください。
※トイレットペーパーを使用する際は芯を取ってください。半分にカットしたティッシュペーパーは2つを重ねて収容可能です。

【会社概要】社名／株式会社MOGU（http://www.mogus.jp）●設立／1976年 ●資本金／2,800万円 ●所在地／本社・吉川工場〒673-1122 兵庫県三木市吉川町西奥1173 ●事業内容／パウダービーズ®製品 MOGU®（クッション・枕・ソファー等）の製造販売。発泡スチロール製品の企画販売、インテリア・ファニチャー・ヘルシーグッズなどの製造販売、衣料用繊維製品の製造・加工・販売

本件に関するお問い合わせ先
株式会社MOGU　担当：○○部　○○ ○○○
Tel. 0794-73-2110　Fax. 0794-73-2117
E-mail：＊＊＊＊＊@mogus.co.jp

CASE 49 山見博康の推奨3ポイント

（株）MOGU

Yes
01 見開けばパノラマ的で、遊園地に行ったように可愛いアート。独特のタイトル表現で気を惹き、サブタイトルを有効に使った妙策。真っ赤な丸いティッシュケースが一際目立つ。

02 14もの写真をバランス良く振り分け、「段落＋■小見出し」で細やかな説明がびっしり。開発経緯にしても幼児を諭すように極めて丁寧で、察するに親切で思いやりのある社風に違いない。

But
03 小見出し内にもう1つ大切な「箇条書き」を忘れずに。「■」でいくつかに分け、文字も減り簡素になることで、斜め読みでもわかってもらえるような工夫がほしい。製作者の顔や談話も親しみを与える。

CASE 50 山見博康の推奨3ポイント

ヤマト運輸（株）

Yes
01 簡素なタイトル・リード部から一貫して「段落＋小見出し＋箇条書き」の3点セット。導入の背景から伝えたい順に追い、明快で説得力あり。「3．今後について」では確固とした意志を表明している。

02 わかりづらい使い方に関しては3つの画面によって示し、「クロネコスタンプ」8種類のロゴを紹介。ビジュアルと箇条書きを交互に活用することにより、相手の手間を省く簡潔さで「見てわかる」。

But
03 新サービスの特長（USP）はわかるが、競合他社との差別点（UDP）が不明。利便性向上による顧客増や売上増などの数値目標があると経営の意志・魂が入り、人心を動かしインパクト大。

ヤマトホールディングス
ヤマト運輸株式会社
平成28年1月15日

ヤマト運輸が「LINE」を活用し、宅急便をますます便利に
～「ヤマト運輸」LINE公式アカウントで、お届け予定やご不在連絡のメッセージが届きます～

　ヤマトホールディングス傘下のヤマト運輸株式会社（本社：東京都中央区・代表取締役社長：長尾 裕 以下ヤマト運輸）は、1月19日より、LINE株式会社（本社：東京都渋谷区・代表取締役社長：出澤 剛 以下LINE）が運営するコミュニケーションアプリ「LINE（ライン）」で、「お届け予定メッセージ」や荷物問い合わせなどの各機能の提供を開始します。

記

1．背景
　近年のスマートフォンの急激な普及で、インターネットの利用もウェブからアプリへ急速に移行しています。それに伴い、コミュニケーション手段もEメールから、「LINE」やソーシャルメディアへと変化してきています。「LINE」は2011年6月のサービス開始以来、若年層のユーザーを中心に拡大を続けており、国内トップのコミュニケーションアプリに成長しています。現在では、あらゆる世代に利用者層が広がり、個人間でのコミュニケーションのみならず、さまざまな企業やブランドの情報発信、サービス提供のプラットフォームとして確立しています。
　ヤマト運輸は、1976年の宅急便のサービス開始以来、時代の変化とともに多様化するお客さまのライフスタイルにあわせ、コンビニエンスストアなど自宅以外での受け取り場所の拡充や、荷物のお届けを事前にEメールでお知らせするなど、さまざまな新しいサービスを提供してきました。

2．概要
（1）サービス内容
　「ヤマト運輸」LINE公式アカウントを開設します。クロネコメンバーズのクロネコIDと「LINE」が連携し、公式アカウントのトーク画面で「お届け予定メッセージ」と「ご不在連絡メッセージ」を配信します。また、荷物問い合わせ、集荷・再配達の依頼や料金・お届け日検索などの便利な機能が、日常的に利用する「LINE」から利用できるので、ユーザーの利便性が大きく向上します。

（2）ユーザーのメリット
① 荷物を受け取るお客さまに、お届け予定日時の事前通知や、お届け時にご不在だった場合の通知を、普段利用している「LINE」のメッセージでお知らせします。
② 上記のメッセージからお届け日時や場所を簡単に変更でき、好きな時に、好きな場所で荷物を受け取れます。
③ 荷物問い合わせや集荷・再配達の依頼、料金・お届け日の検索が「LINE」からできます。

YAMATO HOLDINGS CO., LTD.

(3)「LINE」で利用できるサービス
① 「お届け予定メッセージ」と「ご不在連絡メッセージ」
② 荷物問い合わせ
③ 集荷の依頼
④ 再配達の依頼
⑤ 料金・お届け日の検索
※ ①の「お届け予定メッセージ」と「ご不在連絡メッセージ」を受け取るには、「ヤマト運輸」LINE 公式アカウントの友だちになっていただき、「LINE」とクロネコメンバーズのクロネコ ID を連携する必要があります。
※ ②～⑤の各サービスをご利用いただくには、「ヤマト運輸」LINE 公式アカウントの友だちになっていただく必要があります。

(4)サービス開始日
2016 年 1 月 19 日（火）昼ごろから

(5)サービス紹介 Web サイトの開設
下記の Web サイト内でサービス内容とご利用方法を紹介しております。
URL：http://www.kuronekoyamato.co.jp/campaign/renkei/LINE/index.html （1 月 15 日から）

(6)料金
無料
※ 「LINE」は無料アプリケーションであり、「ヤマト運輸」LINE 公式アカウントの各メニューも無料ですが、ダウンロード時や利用時には通信料金がかかります。

トーク画面内のサービスメニュー　　「お届け予定メッセージ」　　「ご不在連絡メッセージ」

YAMATO HOLDINGS CO., LTD.

3. 今後について

ヤマト運輸は「LINE」を利用したサービスを今後ますます拡充します。従来、住所録を見ながら手書きをするのが当たり前だった宅急便の送り状を「LINE」で簡単に作成できるようにします。また、作成した送り状をヤマト運輸の直営店やコンビニエンスストアの店頭端末、集荷にお伺いしたセールスドライバーが持つ端末などから印字できるようにし、ユーザーがストレスなく宅急便を利用できる環境を作ります。さらに、日頃から「LINE」を利用している宅急便ユーザー向けに、宅急便を"送る""受け取る"が「LINE」の中で完結する、より利便性の高いサービスを提供してまいります。

4. オリジナル「LINEスタンプ」の配信

「クロネコ」をモチーフにしたヤマト運輸で初めてのLINEスタンプ「送る！受け取る！クロネコスタンプ」を提供します。日常的なコミュニケーションで利用しやすい8種類のスタンプをご用意しました。

(1)「送る！受け取る！クロネコスタンプ」ダウンロード方法

「ヤマト運輸」LINE公式アカウントと友だちになり、登録後の最初のメッセージに記載されたURLからダウンロードできます。

URL：https://line.me/R/shop/detail/5812　※　1月19日昼ごろからアクセスできます

(2) ダウンロード期間

2016年1月19日(火)～2016年4月11日(月)まで

(3) スタンプ利用期間

ダウンロード日より180日間

■送る！受け取る！クロネコスタンプ（全8種類）

注意事項
- LINEをご利用でない方はアプリストアよりインストールしていただく必要がございます。
- 「送る！受け取る！クロネコスタンプ」のダウンロードは無料ですが、ダウンロード時、利用時に通信料が別途発生します。
- LINEスタンプのダウンロードは、iOS用「LINE」又は、Android用「LINE」の最新版を利用していることが必要となります。なお、推奨端末はiOSで「4.3」以上、AndroidOSで「2.1」以上を搭載したものとなります。
- ご利用の端末、通信環境によって、ダウンロード開始、終了時間が前後する場合があります。

【参考】クロネコメンバーズとは

2007年11月に開始した、入会費・年会費・利用料無料の個人の方を対象としたヤマト運輸の会員制サービスです。

宅急便を送る際に、送り状を手書きする手間を軽減する「らくらく送り状発行サービス」や「送り状発行システムC2」、お得に宅急便が送れる「クロネコメンバー割」、荷物のお届けをお知らせする「お届け予定eメール」、ご不在時にお届けに伺ったことをお知らせする「ご不在連絡eメール」など、便利でお得なサービスを提供しています。

クロネコメンバーズサイト：https://cmypage.kuronekoyamato.co.jp/portal/entrance

以上

【お問い合わせ先】　ヤマト運輸株式会社　広報戦略部　広報戦略課　藤岡・飯田・服部
TEL：03-3541-3411／e-mail：koho2@kuronekoyamato.co.jp

YAMATO HOLDINGS CO., LTD.

2016年12月
株式会社ランクアップ

肌を変える、人生が変わる。
maNara
News Release

洗顔なのに洗浄成分ゼロ？美容液でつくった乾燥しない洗顔料
マナラ モイストウォッシュゲル
洗顔の常識を変え、累計販売100万本突破！

☆・***・☆

オリジナルブランド「マナラ化粧品」の開発および販売を行う、株式会社ランクアップ(本社：東京都中央区銀座 代表：岩崎裕美子)の人気製品「**マナラ モイストウォッシュゲル**」(¥3,200+税)は<u>2013年9月の発売以降、3年連続で販売本数、売上を伸ばし続け、2016年11月には累計販売100万本を突破。2016年9月期の年間売上は12億円※を達成いたしました。</u>(※2016年9月期)

□■洗顔の常識を変えた美容液洗顔が人気に！■□
「モイストウォッシュゲル」が人気になった理由は、洗顔の常識を変えたことです。実は朝の肌は夜にしっかりクレンジングをしているので、それほど汚れていません。気になるとしたら、寝ている間に出ている皮脂や不要な角質ぐらいなのです。だから朝の洗顔で洗い過ぎてしまうと、肌に大切な皮脂や肌本来の保湿力まで落とし過ぎてしまうのです。そこで完成したのが「**モイストウォッシュゲル**」。洗顔なのに、なんと洗浄成分はゼロ。でも角質ケアはしっかり！という夢のような美容液洗顔で、忙しいママや大人の女性から支持されています。

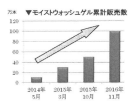

◆**製品概要**◆
製品名   ：マナラ モイストウォッシュゲル
内容量   ：120mL
価格   ：3,200円(税抜)/3,456円(税込)
販売チャネル：自社オンラインショップ http://www.manara.jp
　　　　　　全国のプラザ・ロフトなどのバラエティショップ
製品特長 ：泡立てのいらないゲルタイプの朝用洗顔料
発売開始日：2013年9月～

□■開発者談：老けないために 絶対乾燥しない洗顔を作りたかった！■□
私は某大手化粧品メーカーの美容部員として10年間勤務していました。毎日、十数種類ものスキンケア製品を使っていましたが、肌は砂漠のようにカサカサ。そんなとき雑誌で「洗い過ぎが乾燥の原因」という記事を読み、朝の洗顔をぬるま湯に変えてみることに。すると肌が乾燥しなくなり本当に私は洗い過ぎだったんだ！と気が付いたのです。しかし、数日経つと肌がゴワゴワ、毛穴は目立ち、くすみまで・・・。さらに以前よりも乾燥を感じるようになってしまいました。

開発担当者：佐々木 美絵(40歳)

2016年12月
株式会社ランクアップ

ぬるま湯だけで洗顔すると「古い角質」を落としきれず肌に残ってしまうのです。だから潤い成分が肌に浸透しない。でも洗顔料はどれも必要な皮脂まで取り過ぎてしまい、使ったあとに乾燥するものばかり。そこで「古い角質はちゃんと取れて、乾燥しない朝用洗顔料をつくりたい！」と思い、試作を繰り返すこと60回以上。ついに「**モイストウォッシュゲル**」が完成したのです。

□■モイストウォッシュゲル人気の秘密■□
●人気の秘密1：洗浄成分配合ゼロ！美容成分で洗うから乾燥しない！
美容液成分97.5%配合。贅沢に配合した美容成分がしっとりと洗い上げます。洗浄成分が入っていないから、洗い流し不要でコットンでの拭き取り洗顔もできます。

●人気の秘密2：肌のターンオーバーを妨げる不要な角質をすっきりオフ！
洗浄成分は入っていないのに、くすみ対策はバッチリ。カプセル化パパイン酵素がくすみの原因となる不要な角質を除去。肌の生まれ変わりを促進し、透明感もアップします。

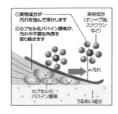
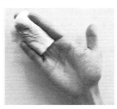

※角質が取れて汚れたコットン

□■製品概要■□

製品名：	マナラ モイストウォッシュゲル（朝用洗顔料）
内容量：	120mL（朝のみ使用で約2ヶ月分）
価格：	3,200円（税抜）/3,456円（税込）
販売チャネル：	お電話 0120-925-275 マナラ公式ホームページ http://www.manara.jp/ 全国のプラザ・ロフトなどのバラエティショップ
主な成分：	グリセリン／水溶性コラーゲン／加水分解コラーゲン／スクワラン／オリーブ油／ホホバ種子油／ヒアルロン酸ヒドロキシプロピルトリモニウム／ヒアルロン酸Na／加水分解ヒアルロン酸／アセチルヒアルロン酸Na／α-アルブチン／プエラリアミリフィカ根エキス／ダイズ種子エキス／メマツヨイグサ種子エキス／セイヨウトチノキ種子エキス／ザクロ果実エキス／アーチチョーク葉エキス／パパイン／セレブロシド／ライム果汁／オレンジ果汁／レモン果汁／リンゴ果実エキス／ナツメ果実エキス／サンザシエキス／グレープフルーツ果実エキス／リモネン／など

2016 年 12 月
株式会社ランクアップ

肌を変える、人生が変わる。

News Release

□■株式会社ランクアップ　会社概要■□

代 表 取 締 役 社 長：岩崎　裕美子	設　立　年：2005 年 6 月 10 日
資　本　金：1,000 万円	従 業 員 数：45 人
売　上　高：88.5 億（2016 年 9 月期）	
本　社　所　在　地：東京都中央区銀座 3-10-7　7F	
事　業　内　容：オリジナルブランド「マナラ化粧品」の開発および販売	

マナラ化粧品は、肌への安心はもちろんのこと、"肌を変える、人生が変わる"を合言葉に「肌への実感」にこだわった製品開発を行っています。また、株式会社ランクアップは社員 45 人のうち、ママが約半数の女性が活躍している会社です。女性にとって働きやすい残業をなくす取り組みや環境づくりをおこない、2013 年に通信販売会社では初めて、東京都ワークライフバランス育児・介護休業制度充実部門に認定されました。「輝く女性の輪を社会に広げます」をビジョンに、創業から 10 年連続増収し、2017 年 9 月期は、売上高 98.5 億円を目指しています。

【本件に関する報道関係者さまからのお問合せ先】
株式会社ランクアップ　広報部　島田めぐみ
東京都中央区銀座 3-10-7
TEL：03-3543-1510　/　FAX：03-3543-1586　MAIL：shimada@manara.jp

【お客さまからの製品に関する問い合わせ先】
マナラ化粧品　美容相談室
フリーダイヤル：0120-925-275
月曜～金曜　9：00～19：00（土曜・日曜・祝日・年末年始を除く）

CASE 51

山見博康の推奨 3（スリー）ポイント

（株）ランクアップ

Yes 01 見開けば、あたかもフラミンゴが形よく翼を広げたかのごとし。ピンク基調で囲み、カラフルな棒グラフやイラストのようなアクセサリーが好位置に微笑み踊る、ファッション性高雅なる秀作。

02 段落ごとの真っ赤な小見出しが黒字文を統括。「私が・・・」と開発者自ら語る迫力は、情熱と包容力を感じさせる。特に肌との接点をイラストで視覚化し、USP（特長）の箇条書きは手本となる。

But 03 百万「本」より「人」突破が良い。自賛・自喜・自利よりも、人に美麗・喜悦・幸福を授与することに喜びや誇りを抱くのが真の美容ではないだろうか。余白を他の役立つ情報に活用し、見通しを数字で示すなどの工夫があればパーフェクト！

CASE 52

山見博康の推奨 3（スリー）ポイント

（株）ローソン

Yes 01 異なる分野で強みを持つ異業種2社の「初の提携」による1号店のオープニング。いつもの真っ赤な文字が踊っている。すでに2号店も開店予定と、これに懸ける意気込みを感じる。

02 意義説明の後、1・2号店の写真を中央に配置し、4つの特徴を箇条書きにしてわかりやすい。1ページ目でも店内を立体的に見せるなど、いろんな試みに自由奔放な進取の気質に満ちた会社と好印象。

But 03 異業種2社の提携ゆえに、2ページ目の余白を活用して各々の役割に加え、外部とのコラボを含む関係図を作成すると広がりが一目でわかる。1ページ目下2行の中期目標の段落に【今後の方針】と小見出しを入れてほしい。

CASE 52

マチの健康ステーション
LAWSON
報道関係各位

株式会社 ウイズネット
Welfare Information Service Network

2015年4月3日

株式会社ローソン
株式会社ウイズネット

ローソンと介護事業者による初の取り組み
シニアとご家族を支援するケア(介護)拠点併設型店舗
4月3日(金) 埼玉県川口市に1号店をオープン

　株式会社ローソン(東京都品川区、代表取締役社長:玉塚元一／以下「ローソン」)と株式会社ウイズネット(埼玉県さいたま市、代表取締役:髙橋行憲／以下「ウイズネット」)は、2014年6月に締結した業務提携契約に基づき、2015年4月3日(金)に、ウイズネットがフランチャイズ(FC)オーナーとなる居宅介護支援事業所やサロンスペースなどを併設したケア(介護)拠点併設型店舗の1号店「ローソン川口末広三丁目店」(埼玉県川口市)をオープンいたします。

　ローソンは高齢化や健康意識の高まりを受け、社会変化に対応した次世代コンビニモデルの構築に取り組んでいます。ウイズネットは埼玉県を中心に地域密着型の幅広い介護サービスを展開しています。ローソンとウイズネットは、お互いの持つ専門性を生かし、シニア(アクティブシニアから介護を必要とされるシニアまで)及びご家族の方々の生活や健康をサポートする機能を付帯した新たなコンビニモデルを構築してまいります。なお、両社は今夏を目処にケア(介護)拠点併設型店舗の2号店を埼玉県さいたま市内にオープンする予定です。

<1号店:店舗内観・外観イメージ>

<2号店イメージ>
サロンスペースをさらに拡大

【店舗の主な特徴】
1) ケアマネジャーまたは相談員が常駐するウイズネットが運営する居宅介護支援事業所を併設
（介護等に関する相談を受け付ける相談室とカウンター、営業時間:8:30～17:30）
2) 元気な地域コミュニティを応援する場として、介護予防運動情報や自治体、地域のサークル・イベント情報等を提供するサロンスペースを設置
3) コンビニの標準的な商品に加え、シニアの方々にお馴染みの菓子、日用品、雑誌・書籍や介護関連商品を品揃え
4) ウイズネットの配食等の在宅サービスと連携し、ローソン商品をお届け(お買物サポート)

【「ローソン川口末広三丁目店」概要】
店舗住所: 埼玉県川口市末広3-11-17
営業時間: 年中無休24時間(居宅介護支援事業所・介護相談窓口は8:30～17:30)
店舗面積: 68坪(売場面積:52坪、居宅介護支援事業所・介護相談窓口:3.8坪、
　　　　　サロンスペース:3.5坪)
取扱アイテム数: 約4,000種類 (うち介護関連商品:約70品)

　ローソンは今後、都市部を中心に地域に密着した介護事業者と連携し、2017年度末までに30店舗のケア(介護)拠点併設型店舗出店を目指してまいります。

この資料に関するお問い合わせ先
株式会社ローソン　広報室　　　　電話:03-5435-2773
株式会社ウイズネット　営業開発部　電話:048-631-0300

アサヒビール株式会社 NEWS RELEASE

広報担当 アサヒグループホールディングス株式会社 広報部門
〒130-8602 東京都墨田区吾妻橋 1-23-1 電話(03)5608-5126

No.2015-R-213
平成 27 年 11 月 4 日

東京 2020 オリンピック・パラリンピック競技大会開催までの日数をカウントダウン開始！
スーパードライホールにレーザーで照射
～大会応援商品「東京オリンピック・パラリンピック限定記念缶第 1 弾」発売開始～

アサヒビール株式会社

　アサヒビール株式会社（本社 東京、社長 小路明善）は、本日よりアサヒグループ本社横に隣接するスーパードライホール壁面に、東京 2020 オリンピック競技大会および東京 2020 パラリンピック競技大会（以下、「東京 2020 大会」）それぞれの開催までの日数をレーザーでカウントダウン照射するデイカウンターを設置しました。

　「東京 2020 大会」に向け屋外デイカウンターを照射するスーパードライホールは、1989 年にアサヒビール創業 100 周年記念事業の一環として建てられた、本社ビル横のビアホールです。上部にそびえる炎のオブジェと聖火台を模した土台により構成されています。

　アサヒビールは、「東京 2020 大会」を記念した応援商品『アサヒスーパードライ』限定記念缶第 1 弾を本日発売しました。
　また、発売に合わせて「1964 年東京オリンピック日本代表公式レプリカジャージ」当たる！キャンペーンを展開し、「東京 2020 大会」への気運醸成と一体感創出をめざした取り組みを本格的にスタートしました。

◆表示イメージ

◆11/4 発売の限定記念缶第 1 弾

　アサヒビール㈱はビールメーカーで唯一の「東京 2020 ゴールドパートナー（ビール＆ワイン）」※です。引き続き「東京 2020 大会」の本大会に向けて、「スーパードライで、ともに乾杯！」「最高のおもてなしを実践」といった 2 つのマーケティングテーマに沿って、日本の皆様に勇気と元気をお届けする、様々なプロモーションを実施していきます。

※公益財団法人東京オリンピック・パラリンピック競技大会組織委員会が実施するマーケティングの中核となる東京2020スポンサーシッププログラムにおける最高水準のパートナーと位置付けられており、大会運営や日本代表選手団のサポート、オリンピック・パラリンピックムーブメントの推進や東京2020オリンピック・パラリンピック競技大会の盛り上げに積極的に参加する企業です。

【概要】

照射期間	2015年11月4日（水）～ 2020年東京2020オリンピック競技大会および東京2020パラリンピック競技大会開催日まで
照射時間	日没後～22時30分　　※季節によって変更になる可能性があります。
照射文言	（日本語）「東京2020」 「オリンピックまであと〇日」 「パラリンピックまであと●日」 「アサヒビール」 「東京2020」 「ゴールドパートナー」 「（ビール&ワイン）」 （英語）「Tokyo 2020」「Olympic Games 〇Days To Go」 「Paralympic Games ●Days To Go」 「Asahi Breweries」 「Tokyo 2020」 「Gold Partner」 「(Beer & Wine)」 ※〇日（〇Days）および●日（●Days）の部分には、それぞれ東京2020オリンピック競技大会および東京2020パラリンピック競技大会開催までの日数が照射されます。
場所	アサヒグループ本社横　スーパードライホール

【お客様からのお問合せ先】

アサヒビール株式会社　お客様相談室　フリーダイヤル：0120-011-121

CASE 1 山見博康の推奨3(スリー)ポイント

アサヒグループホールディングス（株）

Yes 01 カウントダウン開始と限定販売の組み合わせによるニュース価値の倍加が記事化を促す。このようなイベントとキャンペーンの組み合わせをはじめ、旬の話、行事などとのコラボを推奨する。

02 写真と枠で見やすくビジュアルのバランスが良い作品はゴールドパートナーの役割を後押ししている。照射文言を日英列記したのはグローバル企業としての使命感の証。

But 03 1ページ目下段に「今後の方針」と小見出しを入れ、勇気と元気を与えるプロモーションの例が入ると具体的な戦略性が見えて、より魅力的になるだろう。

CASE 2 山見博康の推奨3(スリー)ポイント

（株）伊藤園

Yes 01 タイトルの付け方が秀逸！　「旬」「最高」「大走り」「新」「希少」「100％」と、短いフレーズに込められた多くのキーワードは壮観。お茶の色の囲みも憎いし、字体の変化も際立っている。

02 半ページくらいの高さの商品写真は印象深い。また、商品概要や問い合わせを枠で囲む手法は、1ページ目を効果的にわかりやすくする工夫としてお勧め！

But 03 ボトル写真に加えて、お茶の葉の写真が小さくてもあるともっと美味しそう！　段落に「小見出し」を忘れず、「今後の見通し」として市場を盛り上げる具体的数字があればベスト。

NEWS RELEASE

2016年4月7日

旬の最高峰"瓶入りプレミアム新茶"新登場
希少な国産大走り新茶100％使用

「瓶 お～いお茶 初摘み新茶」

4月25日（月）より販売開始

株式会社伊藤園（社長：本庄大介　本社：東京都渋谷区）は、旬の最高峰の新茶を使用した「瓶 お～いお茶 初摘み新茶」(375ml) を、4月25日（月）より完全受注生産・季節限定で発売いたします。

「瓶 お～いお茶 初摘み新茶」は、新茶の中でも最も早く摘み採った鹿児島県産の「大走り新茶（※1）」を100％使用した緑茶飲料です。当社の生産技術を駆使し、低温・長時間でじっくりと抽出を行い、希少な大走り新茶の旨みと清々しい香りを存分に引き出した、プレミアムな逸品です。

高価格帯の緑茶飲料は、ギフトとしての用途やその話題性から、幅広い世代の方に人気で、ご好評いただいております。旬の新茶は"初物（縁起物）"と言われており、大切な方への贈り物としてもおすすめです。

今回、新たにプレミアム緑茶飲料「瓶 お～いお茶 初摘み新茶」を発売することで、緑茶飲料市場を盛り上げていくとともに、「お～いお茶」ブランドの価値向上を図ってまいります。

（※1）冬の間、茶樹に蓄えられた旨み成分が凝縮された新茶の中でも、特別に早く生産された新茶。

≪製品概要≫

製　品　名	瓶 お～いお茶 初摘み新茶
品　　　名	緑茶（清涼飲料水）
荷　　　姿	375ml瓶×12本
希望小売価格（税別）	1,000円
JANコード	4901085180617
発　売　日	4月25日（月）
賞味期間（未開封）	6ヵ月
販　売　地　域	全国

この件に関するお問い合わせは、
㈱伊藤園 広報部 広報室 まで
お願いいたします。
TEL　　　　　：03 - 5371 - 7185
お客様相談室　：0800 - 100 - 1100
　　　　　　　　（フリーコール）
ホームページ　：http://www.itoen.co.jp
ブランドサイト：http://www.itoen.co.jp/oiocha/
茶畑日記　　　：https://chabatake-itoen.jp/

Press Release

2016.02.09
株式会社エイチ・アイ・エス

H.I.S.は今こそパリを応援します。
We Love Paris キャンペーン開催

株式会社エイチ・アイ・エス（本社：東京都新宿区　代表取締役社長：平林 朗　以下H.I.S.）では、2016年2月6日～4月3日に『We Love Paris キャンペーン』を開催いたします。

パリ市の紋章に刻まれるFluctuat nec mergitur（漂えど沈まず）というラテン語は、これまであった歴史上幾多の混乱を乗り越えてきた不屈の精神を象徴しています。昨年の残念な出来事以降も、これまで通り世界一の人気を誇る観光地として魅力を持ち続けるパリは、世界中から多くの方が観光で訪れられていることを現地にて確認しております。

その様な状況を踏まえ、この度フランス観光開発機構をはじめ、エールフランス航空／KLMオランダ航空・現地ホテルの皆様からの多大なご協力の元、期間中「We Love Parisキャンペーン」を企画いたしました。フランス行きの特別ツアー商品およびフランスを含む周辺国を訪れるツアー商品の売り上げの1％をFENVAC（集団的事故及びテロ犠牲者連盟）※を通じて、パリ同時多発テロの被害者および犠牲者のご家族の方々へ寄付するとともに、今だからこそ実現した価値の高い商品を通じて、この機会に現地を訪れ、多くの皆様にパリの魅力を感じて頂ければと考えております。

H.I.S.はパリから得られる素晴らしい感動を多くの人々へ届けるために、パリを応援し続けてまいります。

キャンペーンURL：http://www.his-j.com/dst/cpn/paris/index.html

（パリ イメージ）

「Bonjour 皆さん!!」
フランス観光開発機構
日本代表　フレデリック・マゼンク

「2016年もパリへ！」
パリ観光会議局
ニコラ・ルフェーヴル

「Bienvenue à bord!」
エールフランス航空/KLMオランダ航空
日本支社長　ステファン・ヴァンヴェルメール

We Love Paris キャンペーン概要
実施期間：2016年2月6日～4月3日
- 上記期間中、特別商品およびフランス関連商品の売り上げの1％をFENVAC（集団的事故及びテロ犠牲者連盟）を通じて、2015年11月に発生したパリ同時多発テロの被害者および犠牲者のご家族の方々へ寄付いたします。

※FENVAC　1994年設立のテロや集団事故の被害者をサポートする国の団体組織。

- 期間中、特別商品およびフランス関連商品をお買い上げの方にWe Love Paris Campaignロゴステッカーをプレゼント。
- お買い上げにならない場合でも、弊社発信の記事などを各種SNSでシェアしていただく、それをお近くのH.I.S.の店頭にてスタッフにご提示いただくと記念ステッカーをプレゼント

WE LOVE PARIS キャンペーン特別商品
＜Ciao＞成田発着 AF直行便利用 デラックスホテル プルマンパリベルシーに滞在 パリ5日間
99,800円～　＜EUR203-A＞
＜impresso＞●添乗員同行 ボンジュール！フランス5日間
安心の添乗員付き同行のツアーで世界遺産モン・サン・ミッシェルやヴェルサイユ宮殿をコンパクトに周遊します。
4～5月出発 全出発日 99,800円～　＜imp067-A＞

（モン・サン・ミッシェル イメージ）

本件におけるマスコミからのお問い合わせ先
株式会社エイチ・アイ・エス　広報担当　TEL：03-5908-2646
〒163-6028　東京都新宿区西新宿6-8-1 住友不動産新宿オークタワー28F
ホームページ：http://www.his-j.com　営業時間：平日 10：00～18：30、土日祝 休み

CASE 3 山見博康の推奨 3 ポイント

（株）エイチ・アイ・エス

Yes 01 タイトルの大きさ、上下に配した人気観光地の写真、関係者の写真、少ないスペースに多くの情報を網羅した文章など……これはカラーの文字を交えて強弱をつけた1枚の印象派絵画のようだ。

02 フランス人3人からのパリへの誘(いざな)いは、テロ事件後の安全性を強調しつつ素敵なパリを紹介している。キャンペーン概要を箇条書きにし、商品を赤や青字で際立たせているのは親切。

But 03 タイトルに「寄付」の文字を付ければ注目度が高めることができ、「初！」や「第1回」の文字を付ければ継続の意志を示すことができるだろう。また、ホテルも含めた協力企業の関係図があれば全貌を示せる。

CASE 4 山見博康の推奨 3 ポイント

SGホールディングス（株）

Yes 01 タイトルであらすじを言い尽くし、すぐ写真が目に入る。本文は趣旨が明確にわかる。2～4ページ目の式次第と登壇者コメント、コンクール概要に受賞者作品と一連の活動を網羅。アートを紹介するアートと言える。

02 登壇者4人のコメントを掲載したのは見習おう。人の登場を促す例はなかなか少ない。各ページそれぞれに意義のある写真を配置し、コンクール概要など必要事項を網羅。全体のバランスに配慮した作品。

But 03 「第2回」と銘打ち継続の意志を！ コメントや受賞者の顔写真（似顔絵）で親しみが湧くと、個客→顧客→得意客→支持者へと深化する。CSR全貌図でグループ活動の一環をアピールしたい。

NEWS RELEASE

2016（平成28）年2月29日

報道関係各位

SGホールディングス株式会社

「SGホールディングス／佐川急便 全国エコ絵画コンクール2015」
環境大臣賞 受賞作品がデザインされた、
ラッピングトラックの出発式を開催！
～今春より、全国主要都市を中心に100台が走行～

SGホールディングス株式会社（本社：京都市南区、代表取締役会長：栗和田榮一）は、小学生対象の環境絵画コンクール「SGホールディングス／佐川急便 全国エコ絵画コンクール2015」で環境大臣賞を受賞した2作品がデザインされたラッピングトラックの出発式を、2月27日（土）、SGホールディングス東京事務所（東京都江東区）にて開催いたしました。

ラッピングトラック 出発式の様子

本コンクールは、次世代を担う子どもたちに絵画の創作を通じて環境保全について考えるとともに、楽しみながら環境意識の向上につなげる機会とすることを目的としています。2回目となる今回は「未来へのこそう、ぼくたち、わたしたちの自然」をテーマに、環境絵画を募集いたしました。

そして、応募総数10,311点の中から最優秀作品にあたる「環境大臣賞」を受賞された、静岡県の望月凛星さん（4年生、男子）による「ホタル」と、神奈川県の合場あおばさん（2年生、女子）による「ちきゅう」の2作品が、佐川急便トラックのラッピングデザインに採用され、このたび出発式を開催いたしました。

出発式では、アンベールとともにラッピングトラックがお披露目となり、受賞者の2名は「僕の絵がこんなに大きくトラックにデザインされて、とても嬉しい！」（望月さん）、「ラッピングがすごくきれい！」（合場さん）と嬉しそうにコメント。また、本コンクールで特別審査員を務めた、さかなクンもゲストとして登場し、「本当に素敵です！いつまでも見ていたいでギョざいますル！」と、さかなクンならではの表現で感激されていました。
このラッピングトラックは今春より、全国主要都市を中心に計100台走行する予定です。

SGホールディングスグループでは、環境にやさしい低公害車の導入をはじめ、台車や自転車で集荷・配達するサービスセンターを展開するなど、環境負荷の低減に配慮したさまざまな事業活動を行っています。また、より良い地球環境を社会全体で維持していきたいとの願いから、森林保全活動や稲作体験などの自然体験学習も行っています。これからも、私たちは子どもたちへの環境教育と環境啓発を目的としたコミュニケーションに取り組んでいきます。

≪報道関係お問合せ先≫
SGホールディングス㈱ 総務部 広報・CSRユニット
TEL 03-5677-1587　FAX 03-5677-1516

■「SGホールディングス／佐川急便 全国エコ絵画コンクール2015 ラッピングトラック出発式」実施概要
・日時：2016年2月27日（土）午前10時30分～11時00分
・会場：SGホールディングス 東京事務所（東京都江東区新砂2-2-8）
・登壇：静岡県 望月凜星さん（「環境大臣賞 高学年の部」受賞／4年生、男子）
　　　　神奈川県 合場あおばさん（「環境大臣賞 低学年の部」受賞／2年生、女子）
　　　　さかなクン（特別審査員）
　　　　SGホールディングス 取締役 漆崎博之
　　　　佐川急便 取締役 内田浩幸
・内容：①主催者代表挨拶（SGホールディングス取締役 漆崎博之）
　　　　②トークセッション（さかなクン、望月凜星さん、合場あおばさん）
　　　　③アンベールによる、ラッピングトラックのお披露目
　　　　④フォトセッション
　　　　⑤ラッピングトラック出発セレモニー

＜登壇者のコメント＞
・静岡県 望月凜星さん（「環境大臣賞 高学年の部」受賞／4年生、男子）
「環境大臣賞を受賞できて、自分でもびっくりしています。『ホタル』は、僕の家の近所で、ホタルがすごくキレイに見える場所をイメージして描きました。そして僕の絵がこんなに大きくトラックにデザインされて嬉しいです。このトラックをみんなに見てほしいです。」

・神奈川県 合場あおばさん（「環境大臣賞 低学年の部」受賞／2年生、女子）
「環境大臣賞に選ばれたとお母さんから聞いたときは驚きました。お母さんもお姉ちゃんも喜んでくれて、おばあちゃんは涙ぐんでいました。『ちきゅう』は"地球が笑っていてくれるように"という想いを込めて描きました。今日、ラッピングトラックを見て、自分の絵が大きくなっていて、とてもびっくりしました。」

・さかなクン（特別審査員）
「今回の『全国エコ絵画コンクール2015』では、ギョギョ！っと夢がいっぱいの作品がたくさんあって、感動しました。その中でとっても迷って賞を決めたのですが、望月さんと合場さんの絵は特に輝いていました！このラッピングトラックは、本当に素敵です！いつまでも見ていたいでギョざいますねー！」

・SGホールディングス 取締役 漆崎博之
「2回目となる今回、全国10,311点の作品の中から、望月さん、合場さんが見事、環境大臣賞を受賞されました。お二人がお住まいの街中もこのラッピングトラックが走行しますので、お楽しみにしていただければと思います。今後もSGホールディングスグループでは、様々な取り組みを通じて次世代を担う子どもたちの環境教育と環境啓発に取り組んでまいります。」

＜出発式の様子＞

(参考)「SG ホールディングス／佐川急便　全国エコ絵画コンクール 2015」実施要項

【後援】
環境省
【募集テーマ】
「未来へのこそう、ぼくたち、わたしたちの自然」
【応募資格】
全国の小学生　低学年の部（1～3 年生）、高学年の部（4～6 年生）
【応募期間】
2015 年 7 月 1 日(火)～9 月 25 日（金）
【応募方法】
応募用紙（特設 Web サイトよりダウンロード）に必要事項を記載のうえ、作品裏面に貼付、応募
※ 特設 Web サイト：　http://www.sgh-ecokaiga.jp/
【選考方法】
一次審査、二次審査（最終）の 2 回にて各賞を選考。最終審査は有識者含む 5 名で実施。
【各賞】
賞・商品：「低学年の部」「高学年の部」で、各部門別に選考。
　　・環 境 大 臣 賞（各 1 名）　　賞状、佐川急便トラックラッピング権、作品ラッピングトラック模型、
　　　　　　　　　　　　　　　　副賞（エコツアー＆ホテル宿泊券）
　　・優 秀 作 品 賞（各 2 名）　　賞状、副賞（オリジナル図書カード 10,000 円分）
　　・さかなクン特別賞（各 1 名）　賞状、副賞（オリジナル図書カード 5,000 円分）、サイン入りグッズ
　　・佳　　　　　作（各 22 名）　賞状、副賞（オリジナル図書カード 5,000 円分）
　　・団　　体　　賞（1 校）　　　賞状、副賞（プロジェクター）

【表彰式】
環境大臣賞受賞者については、2015 年 12 月 12 日（土）に「エコプロダクツ 2015」（東京ビッグサイト）
会場内の当社ブース内にて表彰式を実施いたしました。

＊SG ホールディングスグループ
　純粋持株会社 SG ホールディングス株式会社（本社：京都市南区、代表取締役会長：栗和田榮一）と、その
　傘下にある佐川急便株式会社をはじめとした事業会社・外郭団体で構成

【受賞作品】

環境大臣賞（2点）

＜高学年の部＞
静岡県 望月 凛星（4年生、男子）
「ホタル」

＜低学年の部＞
神奈川県 合場 あおば（2年生、女子）
「ちきゅう」

優秀作品賞（4点）

＜高学年の部＞
東京都 金澤 姫（6年生、女子）
「エコの木」

＜低学年の部＞
埼玉県 澤田 和花（2年生、女子）
「にんじんとれたよ」

＜高学年の部＞
鹿児島県 溝口 志歩（5年生、女子）
「マングローブの森がはぐくむ命」

＜低学年の部＞
東京都 長谷川 紗良（1年生、女子）
「おじいちゃんとつかまえたせみ」

さかなクン特別賞（2点）

＜高学年の部＞
富山県 鈴木 ゆうり（6年生、女子）
「美しい世界の仲間」

＜低学年の部＞
和歌山県 中井 慶次（3年生、男子）
「未来の海そうじ」

佳　　　作（22点）

高学年の部、低学年の部から、それぞれ22点を選出いたしました。

全受賞作品、審査員のコメント、最終審査の様子は、下記特設Webサイトでご覧いただけます。
特設Webサイト：http://www.sgh-ecokaiga.jp

報道関係者各位

NEWS LETTER
OGIグループ

リフォームステーション
プレナ幕張

2016年3月10日

マンションのリフォームショールームが幕張にオープン！

3/12（土）、13（日）　オープニング特別フェアを開催！

株式会社リフォーム・ステーション（代表：今井康　本社：東京都港区）は、2016年3月12日、プレナ幕張(JR海浜幕張駅南　三井アウトレットパーク幕張横)に【リフォームステーション　プレナ幕張】をオープンします。

【リフォームステーション　プレナ幕張】では、実際の設備と手順で施工されたお部屋を再現したショールームを、予約不要でご自由にご見学いただけます。また、3月12日、13日はオープニング特別フェアとして以下のイベントを行います。

オープニング特別フェア

www.reform-station.co.jp/rs/makuhari/

日時：2016年3月12日（土）、13日（日）　10時〜20時まで

ご来場特典
　① ご来場者様全員に粗品進呈
　② アンケートにお答えいただいた方にQUOカード500円分進呈
　③ 豪華賞品が当たる大抽選会（ダイソン空気清浄機付きファンヒーターなど）
　　※事前または当日にお見積り（無料）を依頼していただいた方
　④ 小学生以下のお子様にお菓子詰め放題
　⑤ 事前にご相談を予約していただいた方に、QUOカード1,000円分進呈

※【リフォームステーション　プレナ幕張】入口

※フロア外観図

【本件に関する問い合わせ先】
株式会社リフォーム・ステーション　担当者：堀部（ほりべ）
TEL：０１２０－２２７－８７７　10:00〜19:00　月〜金

【会社概要】
　名称：株式会社リフォーム・ステーション
　設立年月：2014年3月6日
　代表者：今井康（いまいやすし）
　資本金：10,000万円
　所在地：〒106-6029 東京都港区六本木1丁目6番1号　泉ガーデンタワー
　TEL：03-6703-0751　FAX：03-6703-0753
　事業内容：マンション等のリフォーム、イノベーション他
　　　免許番号：一般建築業/国土交通大臣　許可（般-27）第25930号
　　　建築工事業　屋根工事業　鋼構造物工事業　大工工事業　タイル・レンガ・ブロック工事業
　　　内装仕上げ工事業
　URL：www.reform-station.co.jp/　リフォームステーション 検索！

【リフォームステーション　プレナ幕張概要】
　施設名称：リフォームステーション　プレナ幕張
　住所：〒261-0021 千葉県千葉市美浜区ひび野2丁目4　プレナ幕張3階（JR海浜幕張駅南
　　　　三井アウトレットパーク幕張横）　※駐車場有り（事前予約）

【アクセス地図】

※ガーデンテラス

※ギャラリー3

※ギャラリー4

「見て、触れて、感じる」～いままでにない体感型ショールーム

CASE 5

山見博康の推奨 3(スリー)ポイント

（株）O.G.I.（（株）リフォーム・ステーション）

Yes 01 見開きで文字と写真・イラストが配色豊かなバランスを保ち、海外から届いた絵はがきのよう。1ページ目にフェアロゴ＋来場特典＋写真を掲載し、あたかも口頭で優しく誘うような順序が良い。

02 2ページ目に会社概要や現場の詳細な地図を掲載し、来場したい気分にさせる。ここまで知りたい情報を全て届けようとする配慮は、培われた会社の風土・社員の気風からに違いない。

But 03 最後にある囲み体感フレーズをタイトルに！　大抽選会とお菓子詰め放題は何時からか明記。記者招待には時間割に加え、簡単でも幹部戦略方針＋αでセレモニー化し、何らかのネタ提供が必要。

CASE 6

山見博康の推奨 3(スリー)ポイント

（株）オーレック

Yes 01 冒頭の「国内シェアNO.1」が一際目立つタイトル。と同時に、目に入る直下の写真2枚の爽やかな青い空に浮かぶ真っ白な雲が、初のブランド発信拠点としての将来の有望性を示唆しているように見える。

02 店内の写真やリード部に続く本文の説明が詳細でわかりやすく親切なのは社風の表れ。建築家のプロフィールで顔写真付き紹介は、グリーンラボのブランド向上への熱い期待を表わしていて好感が持てる。

But 03 リード部3行の後、4～9行目までの【特徴】を箇条書きし、その後の4行を【今後の方針】にすれば完璧になる。余白を活用し、主な展示機種の写真もあればベスト。

株式会社 オーレック
2016年6月16日

プレスリリース

乗用草刈機 国内シェア NO.1 のオーレック、初のブランド発信拠点
「オーレック・グリーンラボ 長野」オープンのご案内

「草と共に生きる」をコンセプトに農業機械製造販売などを展開し歩行型・乗用型草刈機で国内シェア No.1 を誇る(株)オーレック(福岡県八女郡、代表取締役社長今村健二)は、ショールーム機能を備えたブランド発信拠点として「OREC green lab 長野」を長野県長野市に 5 月 16 日に新設しました。

全国でも有数な農業地域であり、果樹栽培が盛んな長野県にオープンした「OREC green lab 長野」は、ブランド初となるショールームとして 30 機種以上の主要製品を一堂にラインナップするほか、アフターサービスも提供し、様々なイベントを通じて地域の皆様が気軽に立ち寄れる地域コミュニティーの場を創造していきます。建築には、国内外で多くの受賞歴のある建築家、木下昌大氏(KINO architects)を起用、周辺の農園風景を生かした、自然の暖かみを感じられるデザインの建物が、リンゴ畑を抜ける国道 18 号線、通称アップルライン沿いに完成しました。長野に続き、今後も全国へ展開予定です。

「OREC green lab」はブランドをご体感いただける場として農家の皆様との接点とすることで、さらにニーズを汲み取った商品開発の実現を目指します。農作業の負担を軽減、楽しさや笑顔に変え、農業発展への貢献を目指すオーレックの挑戦に、どうぞご注目ください。

＜展示機種＞
全ラインナップ 80 機種の内、主要製品を中心に 4 割の約 30 機種を常時展示いたします。
機種例：ラビットモアー(乗用型)：スピーディーでパワフルな草刈を実現。
　　　　スパイダーモアー(歩行型・斜面刈)：斜面の上から長い法面の草刈に。
　　　　ウイングモアー(歩行型)：あぜの上面・側面同時刈が可能。肩掛式と比べ作業時間大幅短縮。
　　　　ブルモアー(歩行型・草を粉砕)：長い雑草、小笹も細かく粉砕し、土への還元を早める。
　　　　カウモアー(歩行型・牧草用)：シンプルな操作性で作業簡易化を実現。牧草刈～雑草刈まで。

＜ご利用いただける方＞
農業機械販売店の方には営業サポート拠点としてご活用いただけます。OREC をご存知のない方、近隣地域の方にもお気軽にお立ち寄りいただけるようイベントなども開催予定です。OREC 製品のご購入をご検討の方には、メーカー直営のショールームとして、お客様の疑問に詳しくお答えします。試乗をご希望の方は、事前にご相談頂けましたら、可能な限りご要望機種を手配いたします。

<建物概要>
- 所在地：長野県長野市赤沼 1896-50
- 構造規模：木造在来工法 1 階建て
- 敷地面積：1,873.05 ㎡
- 延床面積：465.34 ㎡
- 展示数：主要製品を中心に 30 機種以上
  （全 80 機種の 4 割）
- 電話番号：026-295-0235
- 設計監理：KINO architects
- 施工：千広建設
- 建築不動産コンサルティング：創造系不動産
- サイン計画：エイトブランディングデザイン

<建築家プロフィール>

KINO architects　木下昌大氏　／　KINOSHITA MASAHIRO

建築家。1978 年滋賀県生まれ。KINO architects 主宰。京都工芸繊維大学助教。「最適化する建築」というテーマを掲げ、環境に寄り添い、環境を最適化する建築の創造を目指し、集合住宅やオフィス、ショールームなど様々な機能の建築を手がける。2015 年には集合住宅 AKASAKA BRICK RESIDENCE がグッドデザイン賞のグッドデザインベスト 100 に選ばれる他、国内外で数多くの受賞歴をもつ。

【株式会社オーレック　会社概要】
- 創業　：1948 年（昭和 23 年）10 月
- 会社設立：1957 年（昭和 32 年）7 月
- 本社所在地：福岡県八女郡広川町日吉 548-22
- 代表者名：代表取締役社長　今村健二
- 従業員数：277 名（2016 年 5 月）
- 主要事業：緑地管理機、農業機械製造販売、健康事業、IT 事業、花粉事業など
- 公式ホームページ：http://www.orec-jp.com

▼掲載・取材に関するお問い合わせ先▼
株式会社オーレック　ブランディング広報グループ
（ TEL：0943-32-5072、FAX：0943-32-6551 ）

掘りだそう、自然の力。

Calbee NEWS RELEASE

2016年4月28日

配布先：福島県政記者クラブ、東商記者クラブ

福島県出身の社長のアイデアを商品化！
福島県の"家庭の味"がポテトチップスになりました！
『ポテトチップス いかにんじん味』
2016年5月9日(月)〜東日本エリア限定で新発売！

カルビー株式会社

カルビー株式会社（本社：東京都千代田区、代表取締役社長兼COO：伊藤 秀二）は、福島県の郷土料理「いかにんじん」の味わいを再現した『ポテトチップス いかにんじん味』を数量限定・期間限定で2016年5月9日(月)から東日本エリア限定で新発売します。(販売予定数：約15万袋、6月上旬終売予定)
※コンビニエンスストア以外のお店で販売します

【開発経緯】
代表取締役社長兼COOを務める伊藤は、福島県福島市（旧飯野町）出身ということもあり、かねてより福島県ゆかりの商品を発売したいと考えていました。そこで、自身が幼い頃によく家庭で食べていた「いかにんじん」の味をポテトチップスで再現したいと本商品の開発を考案し、商品企画・開発担当が十数回の試作を重ねて、商品を発売する運びとなりました。

<「いかにんじん」イメージ>

【商品特長】
●『ポテトチップス いかにんじん味』は、福島県の郷土料理「いかにんじん」を再現した、いかのうま味と素朴な味わいが特長のポテトチップスです。いかパウダー、にんじんパウダーに加え、こんぶパウダーやかつおぶしエキスパウダーを使って、「だし」の風味をきかせています。一口食べると、福島県の家庭になじみ深い、なつかしい味が広がります。
●カルビーは、6月11日（土）〜12日（日）に郡山で開催予定の「第11回食育推進全国大会」に協賛し、本商品の店頭販促物にも大会イメージを記載しています。本商品の販売を通じて、大会を盛り上げると共に「いかにんじん」ならびに福島県の食文化継承への貢献を目指しています。

【商品概要】

商品名	ポテトチップス いかにんじん味
内容量	55g
エネルギー	305kcal
JANコード	4901330568818
価格	オープン（想定価格 税込み120円前後）
発売日	2016年5月9日（月）
販売エリア	東北 （青森県 岩手県 宮城県 秋田県 山形県 福島県） 関東 （茨城県 栃木県 群馬県 長野県 新潟県） ※コンビニエンスストア以外のお店で販売します

※新商品に関する情報は、公式ホームページ<http://www.calbee.co.jp/>
やSNSアカウントで随時ご案内します。
Facebookページ： https://www.facebook.com/Calbee.JP
Twitterアカウント： https://twitter.com/calbee_jp
Instagramアカウント： https://www.instagram.com/calbee_jp/
Youtubeアカウント： https://www.youtube.com/c/CalbeeJp

本件に関するお問い合わせ先

〒100-0005　東京都千代田区丸の内1-8-3　丸の内トラストタワー本館22F
カルビー株式会社 コーポレートコミュニケーション本部　　広報部　広報課　担当：●●
TEL：03-5220-6226（広報部代表）　　FAX：03-5220-6298
Eメールアドレス：press@calbee.co.jp

CASE 7 山見博康の推奨3ポイント

カルビー（株）

Yes 01 タイトルに社長と郷土・福島との縁、郷土料理へのこだわりと想いが凝縮されている。「自分との関連性」はブランドづくりへの確かな道程である。

02 郷土料理と商品の写真、そして味の共通点への細やかな説明が郷愁を誘い、つい手に取りたくなる！　簡潔でわかりやすいプレスリリースのお手本と言える。

But 03 東日本大震災支援をあえて記さなかったのは奥床しいが、今後福島県の食文化へどう貢献していくか、その例を挙げておくとさらに期待が高まるだろう。

CASE 8 山見博康の推奨3ポイント

（株）埼玉種畜牧場

Yes 01 どの項目も「箇条書き＋段落＋小見出し」という3つのポイントを押えていて、写真を1ページ目にバランス良くまとめているのが秀逸。ついつい食べたいと思わせるパワーがある。

02 ユーモアとエスプリの利いた実においしそうな表現から、同社の独創力溢れるセンスが垣間見える。また細やかな表現で味の良さを伝えようとする思いやりが随所に溢れている。

But 03 優れたおいしさをタイトルに反映させたいところ。種豚の生産から精肉・ハムなどの加工販売、パン工房・レストランの運営まで、その完全一貫経営の特徴を2ページ目の空スペースにイラストで示すと納得できる。

平成 28 年 6 月 1 日
㈱埼玉種畜牧場・サイボクハム

報道資料

新商品発売のごあんない

平素よりサイボクハムの事業にご理解賜り厚く御礼申し上げます。
夏にふさわしい「しそウインナー」を夏季限定販売いたします。暑い夏を乗り切る食材として、この夏イチオシの商品です。ぜひぜひ貴媒体で取り上げてくださいますよう、お願いいたします。また、掲載が決まりましたら、お手数ですがご一報くださいますようお願いいたします。

【商品名】
あらびきウインナー　しそ風味

【発売開始日および取扱店舗】
・平成28年6月20日（木）より販売
　（平成28年8月31日販売終了予定）
① サイボク日高本店（常時取り扱い）
② ★丸広川越店　★丸広入間店　★西武所沢店　★伊勢丹浦和店　★東武池袋店
　＊ ★印の店舗はサイボク直営店。日によって入荷しない場合もあります。
③通信販売（電話０１２０－１１２９－２２、ネット http://www.saiboku.jp）

【価格】
・1パック145g　515円（税込）

【含有アレルギー物質】
豚肉、大豆　＊いずれも表示奨励のもの

（パック入り）
（調理の一例）少量の水でパリッと蒸し焼きにしました

【商品特徴】
・日本人に馴染み深い「しそ」を、あらびきタイプのウインナーに練りこんだ
・夏場、薬味として大活躍する「しそ」の風味がさわやか
・通年出回る「青じそ」と、6～7月が旬の「赤じそ」使用しています（国産）
・さっぱりとした味わいなので、食欲が落ちる夏場にピッタリ！
・豚肉に含まれるビタミンB1、そして「しそ」の香りがもたらす食欲増進作用で、暑い夏をさわやかに乗り切る商品としておすすめできます！

【おすすめの食べ方】
★ 冷たい麺のお供に、和風パスタの具（きのこ類とともに）、サラダ等におすすめ
★ ボイル＆焼いて食べても、もちろん美味しい！おつまみにも最高です
★ 他の種類のサイボクウインナーとの食べ比べ（風味を楽しんでいただく）

【「しそ」について】
① 古来より日本にも広く自生する「和のハーブ」といえる「しそ」は、独特の香りが食欲をそそります。その香りには、胃液の分泌を促し食欲を増進させ、胃を健やかに保つ作用があるといわれています。
② 古くから、冷たい麺等の薬味として欠かせない重要な脇役でありながら、わたしたちの体には主役級の活躍をしているのが「しそ」です。今回は、先人の知恵をウインナーに生かしました。
③ カロテン、ビタミンB、カルシウム、食物繊維、カリウム等の栄養素を非常に多く含んでいるといわれている。特にβカロテンの含有量は、野菜の中でトップクラスだそうです。

【開発秘話】
「しそ」の風味を出すのが非常に難しく、社内試食会では「しその風味がまったく出ていない！」など厳しい意見が相次いだ。製造部が試作を重ね、しその風味を存分に味わえるウインナーとなった。弊社はすでに、マジョラムやパセリ等を練りこんだ「ハーブウインナー」は長年販売しているが、「和のハーブ」といえる「しそ」を大胆に使ったウインナーの販売は初めてとなる。

以上

本件に関するお問合せ先

㈱埼玉種畜牧場・サイボクハム
営業部　企画・広報課
担当：横溝　智子
電話：０４２－９８９－２２２１　　ファクス：０４２－９８９－７９３３
メール　kikaku@saiboku.co.jp

SATOSHOJI

Press Release

平成27年7月吉日
佐藤商事株式会社
総務部 広報課

北陸エリア初！
DANSK OUTLET（ダンスク アウトレット）オープン！

　DANSKのテーブルウェア・キッチンウェアなどを手がける佐藤商事株式会社（東京都千代田区、代表取締役社長：永瀬哲郎）は、アウトレットショップ DANSK OUTLET（ダンスク アウトレット）を三井アウトレットパーク北陸小矢部（富山県小矢部市）内にオープンします。
　三井アウトレットパーク北陸小矢部は、北陸エリアで初めて開業する本格的アウトレットモールで、店舗数173という大規模商業施設。DANSK OUTLETも北陸地方初出店です。同施設は、富山市と金沢市のほぼ中間地点に位置し、主要幹線道路に隣接した好アクセスの立地となります。DANSK OUTLET 北陸小矢部店は、アウトレットショップとして9店舗目となります。
　北陸新幹線も開業し、ますます盛り上がりをみせる北陸。当店もお買い得商品を数多く取り揃えて、皆さまのご来店をお待ちしております。

記

店舗名：DANSK OUTLET（ダンスク アウトレット）
オープン日：2015年7月16日（木）
営業時間：10:00～20:00
所在地：〒932-8538
　　　　富山県小矢部市西中野972-1
　　　　三井アウトレットパーク 北陸小矢部内
電話・FAX：0766-78-3158
店舗面積：33坪
運営：佐藤商事株式会社

▲DANSK アラベスクシリーズ
フィッシュプラター使用イメージ

▲写真は滋賀竜王店

以上

〈DANSK ブランドコンセプト〉
1954年設立のダンスク社は"デンマーク風"という意味から名付けられました。スカンジナビアモダンアートをコンセプトに北欧を中心としたデザイナーたちにデザインされた製品を作り出しているデザイン会社です。ダンスクの製品は現代的で機能性に優れ、流行や年代を越えた新しいぬくもりを持ちます。キッチンウェアからテーブルウェアまでトータルライフスタイルブランドとして好評を博しております。

■DANSK OUTLET 札幌北広島店（三井アウトレットパーク札幌北広島内）　Tel&Fax: 011-375-9346
■DANSK OUTLET 仙台港店（三井アウトレットパーク仙台港内）　Tel&Fax: 022-762-8208
■DANSK あみ店（あみプレミアム・アウトレット内）　Tel&Fax: 029-875-5821
■DANSK OUTLET 幕張店（三井アウトレットパーク幕張内）　Tel&Fax: 043-306-1215
■DANSK OUTLET 横浜ベイサイド店（三井アウトレットパーク横浜ベイサイド）　Tel&Fax: 045-349-2806
■DANSK OUTLET 滋賀竜王店（三井アウトレットパーク滋賀竜王内）　Tel&Fax: 0748-58-3275
■DANSK りんくう店（りんくうプレミアム・アウトレット内）　Tel&Fax: 072-468-9002
■DANSK OUTLET 倉敷店（三井アウトレットパーク倉敷内）　Tel&Fax: 086-441-6641

お問合せ先：佐藤商事株式会社 ライフ営業部
Tel： 03-5218-5334　Fax： 03-3286-1319

CASE 9

山見博康の推奨 3 ポイント

佐藤商事（株）

Yes 01 ひと目見るとまるで絵はがきのよう。ロゴの青、中央の写真、黄緑の地図、下段の箇条書きがバランスよく配置され、絵画のような流麗さがある。店も欧州風のセンスある雰囲気だと期待を抱かせる。

02 リード部で大きさや好立地を強調。「DANSKブランドコンセプト」も明確。店舗外観と商品の一部を写真で紹介。店舗の広がりを日本地図で示し、場所を示す具体的な箇条書きはわかりやすくて親切。

But 03 北陸初なので記者を招待し、前日プレオープン、もしくは当日9〜10時に幹部や同市要人出席で開店式にすると報道機会が広がる。タイトルに市名と日時を。新店独自の特徴や眼玉商品をもっと知りたい。

CASE 10

山見博康の推奨 3 ポイント

（株）サンリオ

Yes 01 2枚並べた写真が屏風画のよう。カラフルで可愛さ溢れる店内と、「当日待ってるよ！」と誘うキティちゃんという絶対的キャラクターを主役に多様なイベントを巧みに紹介しているのは圧巻。

02 「段落＋小見出し＋箇条書き」のお手本。特に、最初に6つの「●」で特徴を簡潔な言葉で紹介していて一目で理解できる。各イベントも「写真と小見出し＋箇条書き」で案内され、行きたくなる。

But 03 箇条書きは申し分ないが、「●」と「◆」が多過ぎて、優先順位がわかりづらい。一部番号に変えるといいだろう。例えば、「●特長①〜⑥」「●店舗概要①店名〜⑥交通」「●限定商品①②」など。

ニュースリリース　　　　Sanrio♡　　　　　　2015年7月1日

報道関係各位　　　　　　　　　　　　　　　　株式会社サンリオ

京都府内最大店舗
直営店「サンリオギャラリー京都」
7月11日(土) 京都随一の商業エリア、四条河原町にオープン

●オープン日に浴衣姿のキティちゃん登場！

※画像はイメージです。実際にあるガードレール等は描いておりません。
© 1976, 1988, 1993, 1996, 2001, 2015 SANRIO CO.,LTD.

　株式会社サンリオ(本社：東京都品川区、代表取締役社長：辻 信太郎)は、2015年7月11日(土)、京都市の四条河原町に直営店「サンリオギャラリー京都」をオープンいたします。「サンリオギャラリー」はサンリオショップの中でも路面大型店に使用する名称で、大阪府心斎橋筋の「サンリオギャラリー心斎橋」に次いで全国2店目となります。
　今回オープンする店舗は京都市内一番の繁華街、四条河原町の四条通りに面し、1・2階の売場構成で大人の女性を中心とした幅広い年齢層のお客様、国内外のツーリストの方々にお楽しみいただけるショップを目指しております。

◆特徴
　●京都府内最大の店舗面積、商品数。
　●京都をイメージしたデザインの本ショップオリジナル限定品を販売。
　●天井からハローキティ、マイメロディ、ポムポムプリン、シナモロール、バッドばつ丸、けろけろけろっぴ、の6つの人気キャラクターが顔を出しているオブジェを設置した楽しい店内装飾。
　●京都の景観に合わせ、落ちついた色彩でハローキティを大きく表現した外装。
　●話題の人気キャラクター「ぐでたま」の和風のオブジェを設置。
　●海外ツーリスト消費税免税対応店舗。
◆店名：サンリオギャラリー京都　(SANRIO GALLERY KYOTO)
◆営業時間：11:00〜21:00　◆休業日：不定休
◆店舗面積：約44坪　(1階約22坪　2階約22坪)
◆商品点数：約4,000点　◆電話：075-229-6955 (7月11日より)
◆住所：京都府京都市下京区四条寺町東入2丁目　御旅町28
◆交通：・阪急京都線「河原町」駅　6番出入り口　隣り　・京都市営バス「四条河原町」停留所よりすぐ

1

●サンリオギャラリー京都　限定商品
■京都をイメージした和のテイストを生かしたハローキティのデザインシリーズ。（価格は税込）

トートバッグ	2,700円
ランチトートバッグ	1,944円
iPhone6 ケース	1,944円
缶バッジ　大	324円
缶バッジ　小	各216円
クリアファイル	216円

■京都×ハローキティをテーマに京都の職人が和風ハローキティを製作・販売するショップ、「はろうきてい工房」（京都市左京区）によるハローキティのヌイグルミシリーズ。　（価格は税込）

（左）ヌイグルミ　ひきずり小紋　43,200円（限定5体）
（中）ヌイグルミ　すわり小紋　21,600円（限定8体）
（右）ヌイグルミ　ひきずり菊　32,400円（限定10体）

●オープニングイベント　ハローキティ・グリーティング
　　夏の京都にふさわしく、浴衣姿のハローキティがショップに登場します。
　　7月11日（土）10:50（テープカット），12:30，14:30，16:00
●オープン記念お買い上げプレゼント
　・オリジナルウェットティッシュプレゼント
　　2,160円（税込）以上お買い上げのお客様先着3,000名様にオリジナルウェットティッシュをプレゼントいたします。お一人様1個とさせていただきます。
●オープン記念ご来店プレゼント
　・オリジナルうちわプレゼント
　　ご来店のお客様先着1万名様にオリジナルうちわをプレゼントいたします。
　　お一人様1個とさせていただきます。
※商品の画像はイメージです。実際の商品とは多少異なる場合がございます。

サンリオギャラリー京都　地図

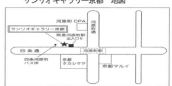

●全国サンリオショップリスト掲載サイト　http://www.sanrio.co.jp/shopindex/
●サンリオ公式サイト　http://www.sanrio.co.jp/

＜本件に関する報道関係問合せ先＞
株式会社サンリオ　広報・IR室　広報課　担当：東梅、大畑
〒141-8603 東京都品川区大崎1-11-1　　TEL 03-3779-8110　E-mail: sanriopr@sanrio.co.jp

Press Release

2016年3月18日

国土交通記者会　御中
国土交通省建設専門紙記者会　御中
報道関係各位

日本建築構造センター株式会社
代表取締役社長　井口哲朗

革新的コストダウン2割！　8階建が2.8m低く！
「LC壁式8階建」受注開始及び説明会へのご招待
2016年3月30日（水）14時-16時　会場：日本外国特派員協会（有楽町電気ビル20F）

開発理念：「マンション価格を戸建て住宅並に安く提供する」

　当社は、この度、これまで5階建までに制限されていた鉄筋コンクリート壁式構造（以下WRC）の建物を、限界耐力計算法による構造解析ソフトの開発を行い、8階建まで設計可能な体制を構築。さらに、設計施工の一貫体制を構築し、ローコスト（LC）壁式8階建の物件受注を、4月1日より本格的に開始します。
　そこで、来る3月30日に説明会を開催いたしますので、皆様奮って御参加の程、お願い申し上げます。

【背景】
1. 現在、国内のマンション価格は戸建住宅と比較して非常に高い価格設定[※1]になっています。戸建住宅は住宅の工業化や工程合理化により様々なコストダウンが進められる中、マンション建築ではブレイクスルーとなる解決策がない現状から、新築マンション価格の高騰原因は主に型枠・鉄筋職人の不足による人件費高騰・建設資材高騰が原因となっています。
   ※都内新築マンション価格平均6,300万円、戸建て住宅の平均価格4,500万円（不動産調査会社東京カンテイ2015年調査）
2. 従来、地震に対し建物の詳細シミュレーションを行う限界耐力計算は、設計期間・費用を要することから、小中規模物件では採用されにくい手法でした。今回当社は、WRCの限界耐力計算に最適化した設計ソフトウェアを新たに開発し、設計期間短縮と設計費圧縮に成功しました。

【ラーメン構造と壁式構造（WRC）の違い】
1. ラーメン構造は、柱と梁で力に対抗する構造形式に対し、壁式構造（WRC）は壁で力に対抗する構造形式です。そのためWRCは耐震性に優れるという特徴があります。
2. 柱型・梁型が室内に出ないため、室内の天井高を確保しながら建物高さを低く設計でき、材料費や工事手間の削減につながりローコストとなります。
3. 室内がすっきりとし、空間が有効利用できる。
4. 建築基準法では、標準的な設計方法では5Fまでしか建設できず、6F以上の建物は、ほぼラーメン構造で設計されてきたが、今回の壁式8階建は、業界初の画期的な開発である。

ラーメン構造　　壁式構造(WRC)

1

【当社のローコスト壁式 LCWRC8Fの特徴】

1. 当社のLCWRCは2000年に改定された建築基準法に基づき、限界耐力計算により8階建まで設計可能とするものです。**8階建に拡張することで、従来のWRCのメリットをさらに拡大します。** 当社試算で、同じ**8階建ラーメン構造に対し、建物高さを最大2.8m低く出来る**見込みです。合理性を追求した設計により、建築材料の削減が可能となりました。

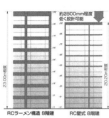

2. 施工会社とのチーム構成により、**型枠の再利用・鉄筋の工場組立体制**を構築し、現場作業の合理化による施工のコストダウン体制も構築しました。さらに**型枠職人の多能工化**にも取り組み、**躯体工事の合理化と高品質化**を構築し、建築コスト上昇問題に対し、解決策としています。

   [昨今の建築業界の問題]　　　　　　　　　[LCWRC8Fにおける解決策]
   ① 職人不足　　　　　　　　→　　　　　　鉄筋加工を「**工場事前組立工法**」
   　　　　　　　　　　　　　　　　　　　　型枠職人の多能工化
   ② 資材費高騰の解消として　→　　　　　　WRCによる資材の合理化

3. 当社は、設計・施工の一貫体制を行うことで、従来の同規模RCラーメン構造に対し**構造躯体費用2割減を見込んでいます。** 将来的に、LCWRC8Fに最適化した建物を企画・設計・施工することで**建築費全体の2割減を目標**としています。

【受注見込】

ローコストで高品質、信頼できるマンションを市場に提供し、初年度100棟、3年後に500棟の受注を目標としています。1棟あたり200~300万円程度の設計料で10億程度の売上を見込んでいます。

説明会のご案内

■日時：2016年3月30日(水) 14:00～16:00
13:30～　　受付開始
14:00～15:00　説明会
□挨拶及び方針発表
　代表取締役社長　井口哲朗
□新商品説明
　建設コンサル事業部　部長　高橘 功次
　構造設計事業部　部長　桂 大輔
15:00～15:30　質疑応答
15:30～16:00　個別取材 等
■場所：日本外国特派員協会ホール
千代田区有楽町1-7-1 有楽町電気ビル北館20F
JR有楽町、地下鉄有楽町・日比谷より徒歩数分
TEL 03-3211-3161

井口 哲朗(いぐち てつろう) プロフィール

1950年4月生 65才、鹿児島県出身
日本建築構造センター株式会社
代表取締役社長　執行役員CEO、
一級建築士、構造設計一級建築士、構造適合性判定員

1969年　鹿児島県立鹿児島工業高校卒業
1971年　日本鋼管工事株式会社　入社
1975年　永園設計株式会社　入社
　　　　取締役設計部長
1989年　井口設計有限会社　設立
　　　　社長に就任
2013年　日本建築構造センター株式会社へ
　　　　商号変更

ドーム型建築物「ワンダードーム」特許取得、渋谷のランドマーク「セルリアンタワー」の設計監理に携わる。耐震強度偽装問題では専門家の立場として解説並びに安全性の検証に携わる。昨今、ローコスト壁式8階建の他、ローコストで短工期のアリーナ「LCアリーナ」の開発を行う。

FAX 03-5456-1347　　TEL 03-5456-1348
メール：会社代表　info@japansc.com

ローコスト壁式8階建 説明会
出席申込書
■日時：2016年3月30日（水）14:00～16:00
■場所：日本外国特派員協会ホール（東京ＪＲ有楽町駅前電気ビル北館20Ｆ）

ご出席頂ける場合、下記ご記入の上、FAX、メール、電話
いずれの方法でも結構ですのでご一報方お願い致します。

説明会	14:00～16:00　□　ご出席
貴社名	
媒体名 （社名と異なる場合のみ）	
部署・役職名	
ご芳名	
ご連絡先 お電話（携帯）	
個別取材 ご要望等	

お申込みありがとうございました。
お申込みなくても、ご都合がつけば短時間でも、
当日飛び込み参加を歓迎致します。
お会いできることを心待ちしております。

【お問合先・お申込先】　日本建築構造センター株式会社
〒150-0043 東京都渋谷区道玄坂 1-10-5 渋谷プレイス 10F
TEL 03-5456-1348　　FAX 03-5456-1347
広報担当：井口基史、メール：motofumi@japansc.com
携帯０８０－３０８０－７４１７

3

CASE 11

山見博康の推奨 3 ポイント

JSC（株）（日本建築構造センター（株））

Yes 01 ロゴの色と同じ黒地に数字付きの白抜きタイトルが力強い。見開けば「段落＋小見出し＋箇条書き」の鉄則に、イラストで難しい内容も簡素に理解促進を図る親切さが感じられる。

02 限界耐力計算法による構造解析ソフトの独自開発は画期的。社長の顔写真は責任感と自信の表れ。こんな会社に任せたくなるのは人情ゆえ、受注見込みに導く。申込書は完璧なお手本。

But 03 適切なイラストだが、2ページ目のイラストが1ページ目にあってもよい。設計会社らしくスペースの使い方に寸分の隙もないが、無駄もない簡素な民家の佇まいなので、実際の建築物の写真があれば親しみが湧く。

CASE 12

山見博康の推奨 3 ポイント

（株）スヴェンソン

Yes 01 「都内1号店」がインパクトあり。すぐ下に店内と「Before→After」の写真を大きく掲載して瞬時の内容把握を促している。状況説明の後、2ページ目以降でさらなる写真と説明を載せる親切さに企業の真心がにじみ出る。

02 2ページ目の「小見出し＋写真」のリアルな描写は、読者の心に響く。調査結果（1ページ目）の裏付けを示したグラフ（3ページ目）は、「自画自賛したらバックデータ」の鉄則！　常にこの鉄則を忘れないように。

But 03 1ページ目下段に「『MEN'S WILL』の全国展開」とあるが、これを「今後の方針」と小見出しにし、今後専門店を○店舗まで拡大して男性の薄毛ニーズに対応、とすると経営の意志を明確にアピールできる。

≪報道関係各位≫

2016年6月13日
株式会社スヴェンソン

30・40代の薄毛で悩む若年男性のニーズに応え
男性用 薄毛専門美容室「MEN'S WILL」
専門店の都内1号店が池袋にオープン

毛髪技能士の資格を持つ専門スタイリストの技により、自分の髪で薄毛を解消

ヘアケアメーカーの株式会社スヴェンソン（本社：東京都港区、代表取締役 兒玉義則）は、男性の薄毛専門美容室「MEN'S WILL」の専門店として、東京都内1号店となる「MEN'S WILL by SVENSON 池袋店」を、2016年6月17日(金)オープンいたします。

Before → After

スヴェンソンでは、30年以上にわたりお客様一人ひとりの髪の悩みにこたえる中で、増毛やウィッグではなく、自分の髪の毛で薄毛を解消したいというお客様の声に応え、2009年から、毛髪技能士の資格を有した薄毛専門のスタイリストが、デザインカットやスタイリングなどを提供するサービスを展開してきました。

当社が20-50代の男性に実施したアンケート調査では、30、40代の4人に1人は薄毛に悩んでおり、30代の約半数が「部分的な抜け毛・薄毛が目立つ」と回答(※3ページ目参照)。実際、店舗でも若年世代からの薄毛の悩みが増加しており、増毛するには至らないがセルフケアでは限界を感じている方々に対して、薄毛をデザインカットやスタイリングで解消するサービスの需要の高まりから、2015年11月、男性専用の個室完備の薄毛専門美容室を「MEN's WILL」とネーミングし、全国のスヴェンソンのメンズスタジオ内で展開してきました。

薄毛専門美容室「MEN'S WILL」の専門店は現在横浜に1店舗のみで、その他店舗はスヴェンソンのメンズスタジオに併設する形で営業していましたが、お客様需要の増加に伴い、このたび東京都内で初となる専門店をオープンすることになりました。池袋店は、各席を間仕切りすることでプライベート空間を設けています。

スヴェンソンは、今後も、年々高まる男性の育毛・美容意識にあわせ、「MEN'S WILL」の全国展開を通じ、男性の薄毛に関する多様なニーズにお応えしてまいります。

＜新店舗概要＞
店　　名 ： MEN'S WILL by SVENSON 池袋
オープン日 ： 2016年6月17日（金）
住　　所 ： 東京都豊島区南池袋2-26-9 ニュープライムビル7F （TEL：03-5957-5550）
営業時間 ： 11:00～20:00（定休日 火曜日）
予約方法 ： http://beauty.hotpepper.jp/slnH000277924/

<「MEN'S WILL」ヘアスタイル一例>
カッコイイ髪型に重要なポイント「ボリューム」。対して薄毛でお悩みの方は「ボリュームが出ない」という悩みの共通点があります。その悩みを解消するサービスを展開するのが「MEN'S WILL」です。毛髪技能士の資格を有した薄毛専門のスタイリストが、ご自身の髪を活かし、カットやカラーリング、独自開発のボリュームアップトリートメント「ヘアライズ」でボリュームアップを施し、薄毛を解消します。

Before → After

<薄毛専門美容室「MEN'S WILL」の特徴>
1)卓越したデザインカット技術で、増毛サービスではなく、自毛だけで薄毛を解消
薄毛は気になるけど、増毛サービスではなく自分の髪だけで何とかしたい」というニーズにお応えします。薄毛専門のヘアスタイリストがくせ毛、細髪、髪質、髪量などにあわせて、スヴェンソン独自のデザインカットと、薄毛スタイリングテクニックで、自毛を活かし、スタイリッシュなヘアスタイルを実現します。

2)男性専用の美容室で、人目を気にしないプライベート空間
周囲の目を気にすることがない、男性専用の美容室。全室個室のため、リラックスしたプライベート空間で、お客様一人ひとりに合わせたサービスを提供します。

3)毛髪技能士の資格を有した薄毛専門のスタッフが対応
美容室や理髪店ではなかなか聞けなかった頭髪の悩みも、周りが気にならない空間の中で、専門スタッフに思う存分質問できます。ご相談・ご質問は無料です。

4)全国に 28 店舗展開
全国展開で、お好きな場所から気軽にお選びいただけます。(店舗案内:http://mens-will.jp/location/)

【薄毛専門美容室「MEN'S WILL」の人気サービス内容】

サービス名称	価格	内容	
デザインカット&頭皮ケアコース	7,000 円(税抜)	ヘッドスパ感覚で利用できる頭皮ケアコース。独自のメソッドで頭皮の状態を整え、お使いの育毛剤効果を促進。ご自宅での頭皮ケア法もご案内します。	
デザインカット&スカルプクレンジングコース	6,500 円(税抜)	通常のシャンプーでは落としきれない毛穴の奥深く詰まった老廃物や酸化した皮脂・化粧品残留物を完全に取り除きます。においやフケ、かゆみなどが気になる方にもお勧めです。	
ヘアライズ(ボリュームアップトリートメント)	11,000 円(税抜)	髪のボリュームが気になる方必見!当社独自開発のボリュームアップトリートメント。髪を太くする成分を、3段階のステップケアで髪へ浸透・吸着させ、髪の表面をコーティングすることで、ハリとコシを生みます。一回の施術でボリュームアップを実感でき、約1ヶ月持続します。	

※上記サービスは、初回の方に限り、各 5,000 円(税抜)にてお試しいただけます。
※その他、頭皮に優しいカラー剤を使用したカラーリングやパーマのサービスなどもご用意しております。

<メンズ スヴェンソンについて>
メンズスヴェンソンでは今回ご紹介した「MEN'S WILL（メンズウィル）」と「ニューヘアソリューション」の2つのサービスで、増毛だけを解決法とせず、薄毛で悩むお客様おひとりお一人の個性を尊重したサービスを提供しております。

「ニューヘアソリューション」は、ご自身の頭髪部分に毛髪製品（ニューヘア）を特殊な3本の糸だけを使って編み込んでいく特許技術『ヘアウィービングシステム（特許番号 3686998 号）』による増毛法です。金具や接着剤を使う従来の増毛法より、ご自身の頭皮に負担が少なく、24時間着脱不要という点では、実際に生活したときの「安心感や快適さ」という点で大きく進歩しています。また、激しいスポーツをしても、ズレたり外れる心配が無く、自髪と同じようにそのままシャンプーをしていただけます。通気性もあるため蒸れる心配もいりません。整髪剤の使用やヘアカラー、パーマもできるので様々なヘアスタイルをお楽しみいただけます。
お客様にご納得・ご満足いただくために、スタートから末永く増毛生活を送れるためのフォローを大切にし、実践しております。

―――――――――――――――　会社概要　―――――――――――――――

【社名】株式会社スヴェンソン
【住所】〒107-0052 東京都港区赤坂1-9-13 三会堂ビル5階
【電話】03-3586-0011 【創業日】1984年2月3日 【資本金】91,400千円（2015年3月末現在）
【代表者】兒玉 義則 　【従業員】769名（2015年4月末・連結） 　【売上】107億円（2015年3月期・連結）
【事業内容】
・ヘアウィービングシステム（編み込み式増毛法）を活用した男性向けかつらの製造、販売、理美容サービス
・女性向けウィッグの製造、販売、理美容サービス
・ヘアケア商品の販売
【直営店】
全国に66店舗

<参考資料>
調査手法：インターネット　　調査時期：2014年3月31日（月）～4月1日（火）
調査地域：全国 21 都道府県（北海道、岩手県、宮城県、栃木県、群馬県、茨城県、東京都、神奈川県、千葉県、埼玉県、愛知県、静岡県、石川県、新潟県、京都府、兵庫県、大阪府、岡山県、広島県、熊本県、福岡県）
対象者条件：20代から50代の男性

Q.【薄毛】について、現在のあなたのお悩み度をお知らせ下さい。

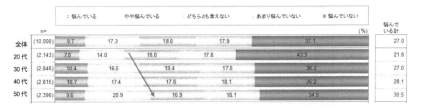

	n=	悩んでいる	やや悩んでいる	どちらとも言えない	あまり悩んでいない	悩んでいない	(%)	悩んでいる計
全体	(10,000)	9.7	17.3	18.0	17.9	37.1		27.0
20代	(2,143)	7.8	14.0	18.0	17.8	42.3		21.8
30代	(2,846)	10.4	16.5	19.4	17.5	36.2		27.0
40代	(2,615)	10.7	17.4	17.6	18.1	36.2		28.1
50代	(2,396)	9.6	20.9	16.9	18.1	34.5		30.5

ニュースリリース / News Release

2016年5月18日
ダイキョーニシカワ株式会社

自動車技術展「人とくるまのテクノロジー展2016」出展のお知らせ

ダイキョーニシカワ株式会社は、2016年5月25日よりパシフィコ横浜（横浜市西区）で開催される自動車技術展「人とくるまのテクノロジー展2016」（主催:公益社団法人自動車技術会）に出展しますので、お知らせいたします。

記

1. 展 示 会 名：自動車技術展 ：人とくるまのテクノロジー展2016
   （2016 AUTOMOTIVE ENGINEERING EXPOSITION）
2. 会　　　　期：2016年5月25日(水)〜27日(金)10:00〜18:00　（最終日のみ17:00終了）
3. 会　　　　場：横浜国際会議場（パシフィコ）展示ホール
4. 当 社 ブース：316
5. 当社展示内容：自動車用プラスチック部品紹介
   ・樹脂バックドアモジュール
   ・オリジナル工法ソフトインストルメントパネル
   ・樹脂製エンジン部品
   ・樹脂バックドアを支える材料開発・工法開発成果
   ・お客さまのデザインニーズに応える提案事例　など

「樹脂化を可能にするＤＮＣ」をコンセプトに、「金属から樹脂へ」置き換えを図り、自動車の軽量化や技術革新を通じて持続可能な社会の発展への貢献をめざす、当社製品をご紹介します。

なお、「自動車技術展：人とくるまのテクノロジー展 2016」の詳細については同展示会ホームページ（http://expo.jsae.or.jp/）をご参照下さい。

【本件に関するお問合せ先】
ダイキョーニシカワ株式会社　経営本部　広報・CSR部
電話番号　０８２−８８５−６６３４（代表）
Ｅメール　info@daikyonishikawa.co.jp

山見博康の推奨 3(スリー) ポイント

ダイキョーニシカワ（株）

Yes
01 一見してその内容がわかる秀でた作品。無駄のないタイトルに展示会出展内容を淡々と箇条書きにて記述してあり、わかりやすい。

02 展示商品の写真を付け、展示ブースの写真もあって、ビジュアルに訴えている。特に展示ブースをカンパニーカラーの佳麗な青を基調にしているのは、ブランド作りの定石でアピール度が高い。

But
03 個々の展示商品の写真と特長（USP）や差別点（UDP）の簡単な紹介を入れるのも一案。社内展示候補から選ばれた「選手達」の優れた点を知りたい。金属から樹脂への全貌も、図示があればなお良し。

山見博康の推奨 3(スリー) ポイント

タリーズコーヒージャパン（株）

Yes
01 見開きに写真などが絶妙に配置された印象画的アートの感あり。柔らかな色使いが心を和らげる。個々の文も丁寧かつきめ細やかで「キッズコンシャス」の想いがこもっている。

02 2ページ目下段「ブックアワード」の解説に加え、プロデュース会社と女性プロデューサーの紹介は趣旨に沿っていて、デザイン性の優れた特別な設計との好印象を醸し出す。見習える好奇心をそそる方策だ。

But
03 1ページ目の段落ごとの説明は的を得ているが、第2段落から「概要」「特徴」と小見出しをつけるのもよい。特に特徴を箇条書きにすると効果的。「今後の方針」を加えて目標店舗数などの戦略もほしい。

【プレスリリース】

2014年11月14日
タリーズコーヒージャパン株式会社

「タリーズコーヒー キッズコミュ グランツリー武蔵小杉店」
11月22日(土)、オープン
〜キッズとママにやさしい、スペシャルなタリーズ〜

タリーズコーヒージャパン株式会社(本社：東京都新宿区、代表取締役社長：荻田築、以下：タリーズコーヒー)は、神奈川県川崎市に「タリーズコーヒー キッズコミュ グランツリー武蔵小杉店」を11月22日(土)にオープンします。

当店は、"キッズコンシャス"をコンセプトにしており、お子様と、そのご家族が一緒にカフェタイムを楽しんでいただけるよう、メニューからデザインまでこだわったタリーズコーヒーで、同日オープンする商業施設「グランツリー武蔵小杉」の4Fに位置します。「グランツリー武蔵小杉」のイメージターゲットは"子育てにも仕事にも一生懸命なハンサムウーマンとそのファミリー"としており、当店でも、お子様連れのお客様や、お買い物途中にひと休みしたいお客様に、こだわりのコーヒーや当店限定のスイーツや食事メニューと、くつろぎの空間をご提供いたします。

店内は、オリジナルのチェック柄をインテリアのアクセントに用いたナチュラルな雰囲気で、ゆったりとしたベンチソファや、低めのテーブルを設置するとともに、「タリーズピクチャーブックアワード※1」受賞の絵本から、大人向けの書籍までを並べたブックコーナーを設けました。商品は、タリーズコーヒーこだわりのコーヒーや専用のティーポットでご提供する『T's Tea』のほか、デカフェのカフェラテやキッズメニューなど、付加価値の高いラインナップをご用意しました。(※1 タリーズが年に一回開催している絵本のコンテスト。詳細は2ページ下段をご覧ください)

キッズとママにやさしい、そして従来のタリーズファンのお客様にも快適に過ごしていただける工夫をいっぱい詰めた、『TULLY'S COFFEE kids commu』。
お客様に愛されるコミュニティーカフェを目指した、新しいタリーズコーヒーです。

【店舗情報】
- ■店舗名称　「タリーズコーヒー キッズコミュ グランツリー武蔵小杉店」
- ■所 在 地　神奈川県川崎市中原区新丸子東3丁目1135番地1号 グランツリー武蔵小杉4F
- ■電　話　　044-948-5707
- ■席　数　　64席（全面禁煙）
- ■営業時間　全日　10:00-21:00

※画像はイメージです。
(右は外観イメージ、左はブックコーナーイメージ)

【キッズコミュグランツリー武蔵小杉店　取扱商品例】

デカフェ ビバレッジ
(全てのエスプレッソビバレッジが、
+60円でカフェインレスに
変更できます)

エスプレッソ ティラミス
～デカフェ仕立て～
単品 520 円　セット 780 円

発芽玄米
スープリゾットセット
※写真は、ベジタブル豆乳クリーム
単品 950 円　セット 1,150 円

キッズスープセット
※写真はミネストローネ
単品 500 円　セット 780 円

■デカフェ ビバレッジ　　　　「デカフェ カフェラテ」(ショートサイズ¥410～)
　　　(左から時計回りに)　　　「T's Tea リラックスハーブス」(POT¥520)
　　　　　　　　　　　　　　　「T's Tea リフレッシュハーブス」(POT¥520)
　　　　　　　　　　　　　　　「T's Tea カフェインレス ロイヤルミルクティー」(ショートサイズ¥440～)

■発芽玄米スープリゾットセット　お好きなスープリゾット(2 種よりいずれかをチョイス)＋ドリンク
　　　　　　　　　　　　　　　　(単品：発芽玄米スープリゾット ベジタブル豆乳クリーム・ミネストローネ)

■キッズスープセット　　　　　お好きなスープ(2 種よりいずれかをチョイス)＋キッズドリンク
　　　　　　　　　　　　　　　＋プチパン＋ヨーグルト
　　　　　　　　　　　　　　　(単品：ベジタブル豆乳クリーム・ミネストローネ)

＊表示価格は全て税込です
＊セット対象ドリンク：本日のコーヒー、アイスコーヒー、ティー(T's Tea オリジナル/水出しアイスティー)
　　　　　　　　　　　カフェラテ(ホット/アイス)＋¥30、デカフェ カフェラテ＋¥90、T's Tea ロイヤルミルクティー
　　　　　　　　　　　(ホット/アイス)＋¥50、フルーツスクイーズ 100%＋¥100、ヨーグルト＆アサイー＋¥150
＊キッズセット対象ドリンク：kids ベアフルカフェラテ、kids アップルジュース 100%、kids チョコラテ(ホット/アイス)
　　　　　　　　　　　　　　kids ミルク(ホット/アイス)、kids フルーツスクイーズ 100%

タリーズ ピクチャーブックアワード

経営理念の一つである「子ども達や青少年の成長を促すために、
夢や目標のお手伝いをする」に基づき、絵本を通じて絵本作家の
発掘・支援をし、またその絵本を読む子ども達へ夢や希望を届けたい
との思いから、2003 年にスタートしたプロジェクトです。

毎年、テーマに沿った作品をご応募いただき、
厳選なる審査の結果選ばれた作品は、
タリーズ店頭で販売するほか、各店舗で開催
される「絵本読み聞かせ会」で多くの子ども達や
保護者の方に親しまれています。

(有)柴田陽子事務所がプロデュース

飲食店のプロデュース経験の豊富な(有)柴田陽子
事務所がコンセプトからメニュー、店舗デザインを
総合監修。

Profile 柴田陽子 (ブランドプロデューサー)

コーポレートブランディング・店舗プロデュース・商品開発
など多岐に渡るコンサルティング業務を請け負う。
「グランツリー武蔵小杉」の総合プロデューサーを務める
他、東急電鉄(仮称)代官山東横線上部開発計画
」プロデュース、2015 年、ミラノ国際博覧会における
日本館レストランプロデュースなど、幅広く
ブランディングに携わる。

■この件に関する一般からのお問い合わせ先：
　　　　　タリーズコーヒージャパン株式会社　　TEL：03-3268-8282　　HP：www.tullys.co.jp
■この件に関する報道関係者からのお問い合わせ先：
　　　　　タリーズコーヒージャパン株式会社　広報室　山口・都丸
　　　　　　TEL：03-3268-8305　　FAX：03-3268-8283　　E-mail:pr@tullys.co.jp

NEWS RELEASE

平成27年6月25日
東海旅客鉄道株式会社

～親子で楽しむ新幹線～
「東海道新幹線のおしごとを学ぼう」旅行商品の発売について

　ＪＲ東海では、昨夏に企画してご好評をいただいた旅行商品「東海道新幹線のおしごとを学ぼう」を、今年の夏も発売いたします！
　この旅行商品は、子どもと大人が一緒に、東海道新幹線の安全運行を支えるいろいろな仕事を体感できる「特別メニュー」満載の旅となっています。

<特　長>7つの特別体験メニュー！
【その1】　東京駅～大井車両基地の回送線を乗車！
【その2】　大井車両基地の内部を見学！
【その3】　ドクターイエローの内部を見学！
【その4】　車両基地内に並ぶ新幹線車両と記念撮影！
【その5】　新幹線に乗車したまま洗車体験！
【その6】　リニア・鉄道館のガイド付き見学と新幹線運転士のお仕事紹介！
【その7】　帰りの新幹線車内で車掌体験！

※写真はいずれもイメージ

車両メンテナンスのお仕事紹介

ドクターイエロー車内見学

制服を着て車掌体験

<出 発 日>平成27年8月22日（土）、8月29日（土）

<おねだん>おとな（中学生以上）51,500円、こども（小学生）41,500円
　　　　　（1泊2日、2名一室、朝食1回・昼食2回（弁当）・夕食1回付き）

<発売開始>平成27年7月4日（土）　10時00分から

<発売箇所>㈱ジェイアール東海ツアーズ 首都圏の店舗、または「ぷらっと旅・コールセンター」（0120-982-555／平日10：00～20：00・土日祝10：00～18：00)

～「親子で楽しむ新幹線」WEBサイト～
親子で楽しむ新幹線サイトでは、今回の旅行商品をはじめ「親子で行く修学旅行」や「ファミリー車両」など親子で楽しめる旅行プランなどをご紹介しています。さらにFacebookページでは、これらの旅行商品の発売情報やイベント情報などをいち早くお届け。詳しくはＪＲ東海ホームページ（http://jr-central.co.jp）をご覧ください。

いち早く旅行商品情報などをお届け
親子で楽しむ新幹線
いいね！を押してチェック♪

広　報　部	〒000－0000	名古屋市中村区名駅〇丁目〇番〇号	Tel．000－000－0000
東京広報室	〒000－0000	東京都港区港南〇丁目〇番〇号	Tel．00－0000－0000
静岡広報室	〒000－0000	静岡市葵区黒金町〇番地	Tel．000－000－0000
関西広報室	〒000－0000	大阪市北区芝田〇丁目〇番〇号	Tel．00－0000－0000

お問合せ先
関西広報室

<別紙> 「東海道新幹線のおしごとを学ぼう」商品概要

<出 発 日> 平成27年8月22日（土）、8月29日（土）
<出 発 駅> 東京駅
<宿泊施設> 名古屋マリオットアソシアホテル
<おねだん>

	おとな（中学生以上）	こども（小学生）
2名様1室	51,500円	41,500円
3名様1室	46,500円	36,500円

※1泊2日、朝食1回・昼食2回（弁当）・夕食1回付き
<発売条件> 小中学生と保護者の2名以上のグループ
※小中学生1名につき保護者4名まで
<定　　員> 各日80名（合計160名）
<発売開始> 平成27年7月4日（土）　10時00分から
※申込締切は出発日の16日前まで
<発売箇所> ㈱ジェイアール東海ツアーズ 首都圏の店舗、
または「ぷらっと旅・コールセンター」
（0120-982-555／平日10：00～20：00・土日祝10：00～18：00）

○行程
【1日目】
東京駅 →回送線乗車→ 新幹線大井車両基地
○車両メンテナンスのお仕事紹介　○ドクターイエロー車内見学
○線路・電気設備の保守のお仕事紹介、保守用車両見学
○新幹線留置車両記念撮影　○新幹線に乗車したまま洗車体験
→回送線乗車→ 東京駅

→のぞみ号・普通車指定席→ 名古屋駅 泊

【2日目】
名古屋駅 →あおなみ線→ リニア・鉄道館（金城ふ頭駅）
○館内スタッフによるガイド付き見学
○新幹線運転士によるお仕事紹介
→あおなみ線→ 名古屋駅 →のぞみ号・普通車指定席→ 東京駅
○新幹線車掌体験　解散

○特別メニュー　※写真はいずれもイメージ

東京駅から回送線を通って「大井車両基地」へ。車両基地では、車両メンテナンスのお仕事紹介を実施。

新幹線を洗車する「洗浄線」に、新幹線に乗車したまま通過する体験も。

リニア・鉄道館では、館内スタッフによるガイド付き見学と運転士によるお仕事紹介を実施。

新幹線電気軌道総合試験車「ドクターイエロー」の車内を見学。

昼間には見られない新幹線保守用車両の見学と、線路・電気設備の保守のお仕事を紹介。

帰りの新幹線車内では、現役車掌と一緒に車掌体験。

CASE 15

山見博康の推奨 3（スリー）ポイント

東海旅客鉄道（株）

Yes 01 1ページ目に招待内容が「文章＋表＋写真」の完璧な合わせ技で視覚的に表現されている。2ページ目の工程の図による表現や豊富な写真は子供にも理解できるようにとの細やかな気遣いのあるアートだ。

02 特に1ページ目の「特長」を箇条書きにし、主な場面を写真で深くわかるように、さらに2ページ目は6枚の写真1つひとつにキャプションをつけ、内容に応じ簡潔丁寧な解説をする思いやり！ 顧客サービスもかくありなん。

But 03 今後も継続の意志があればタイトルに「第2回」と刻むといいだろう。来年「3周年記念」では幹部等が出席してセレモニー化し、記者を招待するのも面白い。実績＆参加見込み数や参加者の声も関心の的。

CASE 16

山見博康の推奨 3（スリー）ポイント

東京地下鉄（株）

Yes 01 独特のロゴが光り、「すすメトロ！」という神妙な命名が際立ち、色彩豊かな「□（しかく）」と「○（まる）」のイラストを左右に配置。それぞれに小見出しと簡潔な文章で意味を添える！ 芸術的感性あり。

02 「小見出し」の太枠は目立ってよい。ドラえもんのイラストを随所で有効活用し、外国人＋子供たちも狙えて一石二鳥。メトロ内の外国人対応の詳細が、「読んでわかる」より「見てわかる」のが◎。

But 03 タイトルに「本日14時～Web先行公開！」と目立つが、当日では記事にならないので意図が不明。開始は翌日のため、朝刊や朝のニュースで「今日○時から・・・」と報道の可能性はあるが……。

東京を走らせる力

東京地下鉄株式会社 広報部 広報課
東京都台東区東上野3-19-6 〒110-8614
TEL:03-3837-8277 FAX:03-3837-7219
http://www.tokyometro.jp/

16-54

2016年6月30日

世界中のお客様に気持ちよく、安心してご利用いただくための各種取組みをご紹介。

東京メトロとドラえもんの「すすメトロ！」キャンペーン
第2弾「訪日外国人対応」篇がスタート！

本日14時〜
Web先行公開！

CMやポスターなどは、7月1日（金）から順次展開予定

東京メトロ（本社：東京都台東区、社長：奥 義光）は、「こんなこと、できたらいいな」を叶えるドラえもんを起用し、鉄道事業を中心とした企業理念・企業姿勢及び各種取組みを紹介する「すすメトロ！」キャンペーンの第2弾として、訪日外国人に向けた取組みを紹介する「訪日外国人対応」篇を、2016年7月1日（金）からスタートします。

「すすメトロ！」キャンペーンとは？

日々「安全」を担保し、さらに「サービス」レベルを向上させていくことで、全てのお客様に「安心」してご利用いただくこと。この鉄道事業者としての使命を胸に、さまざまな取組みを進めていくことを「すすめ、メトロ！」の言葉に込め、PRを展開していきます。

本キャンペーンのキャラクターには、「ドラえもん」を起用し、"未来に向けて東京をより良くしていきたい"という東京メトロの想いと施策を、わかりやすくご紹介していきます。

第2弾「訪日外国人対応」篇がスタート！

初めて東京を訪れる外国人の方にも、気持ちよく、安心して東京メトロを利用していただくための各種取組みを紹介する、キャンペーン第2弾"こんなに、ほんやく。"（「訪日外国人対応」篇）を7月1日（金）より順次展開します。

キャンペーンでは、日本語、英語、中国語、韓国語に対応した券売機や行先案内の導入、ピクトグラムや駅ナンバリングによるわかりやすい案内表示などの多言語対応サービスといった施策をCMやポスターを通して楽しく伝えていきます。

 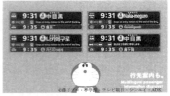

<ポスターイメージ>

「すすメトロ！」特設 WEB サイトもリニューアル！

CMやポスターで紹介した弊社の各種取組み等を紹介する「すすメトロ！」特設WEBサイトは本日6月30日（金）14時にリニューアルします。こちらでは一足先にキャンペーン第2弾のCMをご覧いただくことができます。

デザインをよりポップに一新！そして親しみのあるイラストを使用した、すすメトロ！第2弾"訪日外国人対応"篇コンテンツを新たに追加しました。訪日外国人に向けた数々の取組みについて、広告では伝えきれない詳細な情報をご紹介いたします。また、英語版 WEB サイトも同時展開します。
楽しさいっぱいのサイトを是非ご覧ください！
URL：www.tokyometro.jp/susumetro

<Web サイトイメージ>

キャンペーンキャラクター：ドラえもん

©藤子プロ・小学館・テレビ朝日・シンエイ・ADK

22世紀からやってきた猫型ロボット。
おなかについた"四次元ポケット"から出る"ひみつ道具"でのび太を助けるのが使命。のび太を守る保護者役でもあり、いっしょに遊んだりする親友のような存在でもあります。
「こんなこといいな」を叶えるために、ひみつ道具を次々と出すドラえもんの姿は、お客様の安心や安全を叶えるために、新しい施策や取組みを進めていく東京メトロの想いと通じるところがあると考えています。
「すすメトロ！」キャンペーンでは、当社の想いと取組みを紹介してまいります。

※このニュースリリースは、国土交通記者会、ときわクラブ、都庁記者クラブ、レジャー記者クラブにお届けしています。

この件についてのお問い合わせ先				
東京メトロ	広報部広報課	××，××	電話：××××××××
	広報部宣伝課	××，××	携帯：××××××××

News Release

西日本シティ銀行

平成 27 年 10 月 14 日

各 位

西日本シティ銀行

当行キャラクターを活用した展示会
「ワンク meets 博多人形展」の開催について
～111 匹のワンク with GROOVISIONS～

西日本シティ銀行（頭取 谷川 浩道）は、当行キャラクター「ワンク」の誕生 10 周年を記念し、下記のとおり展示会を開催しますので、お知らせします。

この展示会は、伝統工芸である博多人形の新しい展開、発展に寄与することを目的に、当行キャラクター「ワンク」をモチーフとした素焼きの博多人形に、地域の子どもたちや学生、行員、プロの博多人形師などが絵付けを行い、111 匹を一堂に集めた展示会を開催するものです。

当行は、今後もさまざまな地域経済の活性化と豊かな地域社会づくりに貢献してまいります。

記

1．展示会の概要

名　称	ワンク meets 博多人形展～111 匹のワンク with GROOVISIONS～
開催期間	平成 27 年 10 月 29 日（木）～11 月 17 日（火） 11：00～20：00 （定休日 水曜日）
会　場	D&DEPARTMENT FUKUOKA 〒812-0011　福岡市博多区博多駅前 1-28-8 2F（博多千年門前） TEL：092-432-3342
イベント 1	「みんなが絵付けした、個性豊かな 110 匹のワンクが集合！」 　地域の子どもたちや学生、行員、プロの博多人形師などが絵付けした 110 匹のワンクが勢揃いします。

1/2

イベント2	「1匹のワンクを映像で彩るプロジェクションマッピングショー！」 GROOVISIONSが博多人形ワンクに、プロジェクションマッピングを使って絵付けします。 イメージ図
イベント3	「GROOVISIONS伊藤弘氏のスペシャルトークショー開催！」 開催日 ： 11月1日（日）（犬の日：ワン・ワン・ワンクの日） 開催時間 ： 17：00～18：30

2．キャラクター「ワンク」について

　当行キャラクター「ワンク」は、平成17年にクレジットカード一体型カード「オールインワンカード」の商品開発に併せ、気鋭のデザイナー集団GROOVISIONS（グルーヴィジョンズ）がデザインしたものです。

　その後、「オールインワンカード」の広告やノベルティとして展開してまいりましたが、本年誕生10周年を迎えたことから、「ワンク」に家族を増やし、今後各種のプロモーションを展開していきます。

※GROOVISIONS（グルーヴィジョンズ）

1992年に京都で結成されたデザイナー集団。若い世代に支持されているグラフィックや、CDのキャラクター「チャッピー」を手がけ、現在はアーティストのCDジャケットや映画、広告などのデザイン、グラフィック、展覧会のアートディレクション等さまざまなデザイン分野で活躍。

以　上

本件に関するお問い合わせ先
広報文化部　北川、梶原　TEL 092-461-1869

CASE 17

山見博康の推奨 3（スリー）ポイント

（株）西日本シティ銀行

Yes 01 社色であるオレンジが上中下に配され、写真あり、イラストあり、表ありと、色どり豊かなモチーフが散りばめられ、バランスのとれた絵画のよう。会場図や地図もアートの一環に！

02 特に、3つのイベントを枠に囲んでビジュアルで紹介しているのは実にスマートな方法で参考になるだろう。トークショーを盛り上げる何らかの企画があればより盛り上がること間違いなし。

But 03 タイトルに「10周年記念」と掲げたい。オープニングかワンクの日に幹部が登場、関係者や顧客、記者を招待したセレモニーを開催するのは取材価値を高める一案。HPでもっとワンクの登場を！

CASE 18

山見博康の推奨 3（スリー）ポイント

（株）日本エレクトライク

Yes 01 緑の枠に囲み、エコを強調したタイトルは妙案。「16番目の自動車会社」が一際目立つ。中核となる式次第を枠で囲み、全文に小見出しを付けて短文＆簡素な箇条書きは明快な手本。

02 【今後の方針・見通し】も箇条書きで詳しい内容にしたのは、格別の意志の強さを感じる。特徴や差別点が数字で明確に記載されているのは良い。申込まなくても「飛込み歓迎」という姿勢も良い。

But 03 この開発に従事して今日まで苦労した社長をはじめ、経営陣の苦労談などがあればより興味を惹く。技術の中心である転倒不安を解消した国際特許技術の説明が簡単なイラストでほしいところ。

News Release

報道関係者各位　　　　　　　　　　　　　　　　　　　　　　　2015年6月9日
自動車産業記者会　御中　tel:03-5405-6141
川崎経済記者クラブ　御中　tel:044-211-4111

　　　　　　　　　　　　　　　　株式会社日本エレクトライク　代表取締役　松波　登

電気三輪自動車「エレクトライク」
16番目の自動車会社が川崎市に誕生
記者発表会＆試乗会へのご招待
2015・6・15（月）15:00〜16:30 川崎市庁舎

当社は、この程国土交通省から型式認定を取得、㈱光岡自動車に次ぐ16番目の自動車会社になりました。これを記念して、6月15日川崎市のご協力により、市庁舎において下記の通り、記者発表会を開催しますので、ご多忙とは存じますが、多くの皆様のご出席をお願い申し上げます。

■日時：2015年6月15日（月）　14時30分受付開始

15:00〜15:30　開会挨拶及び現状及び今後の方針
　　　　　　　御挨拶　弊社代表取締役社長　松波　登
　　　　　　　　　　　弊社取締役技術部長　千葉　一雄
　　　　　　　　　　　川崎商工会議所会頭　山田　長満　様
　　　　　　　※映像によるエレクトライクの紹介

15:30〜16:30　御挨拶　川崎市長　福田　紀彦　様
　　　　　　　試乗（市庁舎を一周）：福田市長
　　　　　　　質疑応答後に、試乗会を開催いたします。
　　　　　　　●試乗車の台数の制約上、希望多数の場合別の日に予約受け付けます。

【経緯】

2004　東海大学と、世界一安全で環境に優しいエレクトライクの開発を産学連携で始める。
2006　かわさき起業家オーディションで【起業家大賞】を受賞し、川崎市の「産学共同研究開発助成」を活用して、東海大学と開発を進める。
2008　株式会社日本エレクトライク　を設立、電気三輪自動車（エレクトライク）の、本格的な開発を始める。
2010　インドの2輪車メーカー「バジャージ社」より、シャシーの供給を受ける。
2013　三輪自動車の駆動後輪独立制御を、国際特許申請。
2013　ものづくりのまち川崎より、CO2削減・ストップ・ザ地球温暖化に有効と「かわさき環境ショーウインドウモデル2013」に採択され、市内5か所の事業所で実証実験を開始。エレクトライクにデータロガを取り付け、走行距離・走行速度・走行時間・電気使用量・充電時間・気温等を記録し、現行の電気自動車より如何に省エネで環境に優しいかを実証した。
2015　国土交通省より、エレクトライクが型式認定を受ける。（16番目の自動車メーカーへ）

【エレクトライクの特徴・差別点】

Ecology　エレクトライクは、様々なエネルギーから作ることのできる電気で駆動します。走行中は排出ガスやCO_2を全く排出しません。エアコンなどの快適装備は省略し、荷物を運ぶことのみに電気を使用するため、究極の環境対応車といえます。家庭用のコンセントから充電が可能です。

Safety　最新技術により実現した高い安全性
　　　　エレクトライクは、低重心設計に加え、左右駆動輪のモーターを個別に制御すること（国際特許申請中のアクティヴホイールコントロール）で、三輪車の最大の欠点である転倒への不安を解消し、安定したコーナリングを実現します。

Efficiency　二輪車と四輪車の長所を集めた効率性
　　　　エレクトライクは、バイク並みの機動性を持ちながら、150kgの積載量を誇ります。
　　　　2.8mの最小回転半径を実現しました。エレクトライクは、まさに都市部に最適な近隣輸送手段です。

Economy　EVの概念を打破する安価性（型式認定による助成金により１００万円での購入が可能）
　　　　エレクトライクは、その用途を軽量・短距離に限定することで、高価な日本製リチウムイオンバッテリーの搭載容量を小さくし、これまでのEVと比較すると非常に安価な車両価格を実現しました。
　　　　更に、燃料費は、ガソリン軽自動車のバンと比較し、5分の1以下に抑えることができ、運送業者様の日々の業務にかかるコストを大幅に下げることが可能となります。

【今後の方針・見通し】

- 型式認定後、初年度生産１００台、次年度２００台と順次増産し、製造コストを下げる。
- バッテリーコストの低減についてリチウムイオン電池価格は低下傾向にあります。当社もパック製造の知見を生かして、共用化による合理化に取り組んで参ります。
- EVコンサルタント開始について
　試乗での実使用のデータを積み上げることで、EVシステムの開発ノウハウを得ております。この知見を生かして、EVに関するコンサルタント業務も展開して参ります。

記者発表会＆試乗会出席申込書

ご希望の方は下記にご記入の上、FAX、電話、メールにて、お申込み下さい。

貴社名（貴媒体名）	
部署・役職名	
御芳名	（他　　名）
電話（携帯電話）	
e-mail	
個別取材ご要望等	

お申込みありがとうございました。お申込みなくても、ご都合がつけば是非お越し下さい。

【（株）日本エレクトライク概要】
設立：2008年10月2日、　資本金：9900万円　http://www.electrike.co.jp
業務内容：電気三輪自動車の開発・製造・販売・保守等及び関連製品の共同開発受託・コンサルティング

【お問合せ、お申込み先】
（株）日本エレクトライク　広報担当：市川浩也
〒211-0053 神奈川県川崎市中原区上小田中6-17-2
TEL：044-777-2244　　FAX：044-777-2231　　E-Mail：ichikawa@electrike.co.jp

CASE 19

2016年6月20日

いよいよ開幕迫る2016年リオデジャネイロオリンピック、
そして2020年東京オリンピックへ

「コカ・コーラ」サマーキャンペーン2016を
6月20日(月)からスタート！

"ゴールドな瞬間"を、「コカ・コーラ」で味わおう！
RIO 2016 限定デザイン
「コカ・コーラ」ゴールドボトル発売

- ゴールドメダルをイメージしたRIO 2016限定デザイン「コカ・コーラ」ゴールドボトル登場
スポーツに関する言葉がデザインされた「コカ・コーラ」ゴールドボトルで感動をシェアしよう
- 東京2020オリンピック観戦権利など総計5万名様に当たる
「コカ・コーラを飲んで、オリンピックの感動を手に入れよう！」プロモーション
- リオオリンピック開幕以降、抽選で合計20万名様にスマートフォンアプリ「Coke ON」を使って
クーポンをプレゼント
- 新TVCM『ゴールドアクション』篇(30秒)、『ゴールドボトル』篇(15秒)を全国同時放映

88年もの間オリンピックムーブメントをサポートし続けてきたコカ・コーラ社は、いよいよ開幕が近づく2016年リオデジャネイロオリンピックに向けて、そして2020年の東京オリンピックへの第一歩となる一大サマーキャンペーンを、6月20日（月）から全国一斉にスタートいたします。本キャンペーンでは、『"ゴールドな瞬間"を、「コカ・コーラ」で味わおう。』をコンセプトに、ゴールドメダルをイメージしたデザインに、スポーツに関連する100種類以上の言葉をあしらったRIO 2016限定デザイン「コカ・コーラ」ゴールドボトルを発売するほか、リオデジャネイロオリンピックが一層楽しめるアイテムや東京2020オリンピック観戦権利が抽選で当たるプロモーション活動を展開いたします。

「コカ・コーラ」サマーキャンペーン 2016
"ゴールドな瞬間"を、「コカ・コーラ」で味わおう。

本キャンペーンは、「コカ・コーラ」ブランドが2016年1月から展開しているグローバルキャンペーン「Taste the Feeling」の一環として実施するものです。「Taste the Feeling」というスローガンは、すべての「コカ・コーラ」製品が持ち合わせる、さわやかで気分を高揚させるおいしさが、特別なひとときを提供することを表現しています。今年のサマーキャンペーンは、『"ゴールドな瞬間"を、「コカ・コーラ」で味わおう。』をコンセプトに、「コカ・コーラ」があることで、家族や友人と一緒に"ゴールドな瞬間"という特別なひとときが共有できることを訴求してまいります。

オリンピックでは、メダルを獲得した瞬間だけでなく、勝利に向かってひたむきに戦う選手たちの輝く瞬間（＝ゴールドな瞬間）にも感動を覚えます。そんな感動や喜び（＝ゴールドな気持ち）を、「コカ・コーラ」とともに家族や友人、みんなで分かち合い、リオデジャネイロオリンピックを思いきり楽しんでいただけるのが本キャンペーンです。そして、アスリートでなくてもオリンピックに関心がなくても、誰にでも日常における"ゴールドな瞬間"は訪れます。そうした特別な瞬間を、特別な人と共有させてくれるのが、「コカ・コーラ」ゴールドボトルです。

北島康介さん、今井月さんのお二人がキャンペーンを盛り上げます

「コカ・コーラ」サマーキャンペーン2016では、2004年アテネオリンピック大会と2008年北京オリンピック大会のゴールドメダリストである北島康介さんと、リオデジャネイロオリンピックに出場する競泳の今井月（いまい るな）さんがキャンペーンを盛り上げていきます。

北島康介さんは、2005年4月以来続く日本コカ・コーラとの契約を更新し、今後は「コカ・コーラ・チーフ・オリンピック担当・オフィサー」として、2020年東京オリンピック大会に向けてスポーツ熱が高まる中、当社と一緒にオリンピックムーブメントを推進し、スポーツ振興や次世代育成に取り組んでいただきます。今回のキャンペーンでは、新TVCM『ゴールドアクション』篇やイベント出演など、「コカ・コーラ」とともに新たな"ゴールドな瞬間"を築いていきます。

今井さんは、新TVCM『ゴールドボトル』篇に登場します。今井さんは弱冠15歳にして2016年4月、日本選手権水泳競技大会の女子200m個人メドレー決勝で2位に入り、リオデジャネイロオリンピック派遣標準記録を突破して自身初のオリンピック出場を決めました。2016年リオデジャネイロオリンピックはもちろん2020年東京オリンピックでの活躍も期待され、いま最も注目を集める若手アスリートです。

北島 康介さん

今井 月さん

オリンピックや日常の"ゴールドな瞬間"のフィーリングをシェアできる
RIO 2016 限定デザイン「コカ・コーラ」ゴールドボトル発売

　キャンペーンの開始とともに、「コカ・コーラ」(500mlPET、1.5LPET、2.0LPET、350ml 缶、500ml 缶)、「コカ・コーラ ゼロ」(500mlPET、1.5LPET、2.0LPET)の RIO 2016 限定デザイン「コカ・コーラ」ゴールドボトルを全国で発売します。「コカ・コーラ」ゴールドボトルはゴールドメダルをイメージし、PET 製品のパッケージには北島さんの名言で知られる"チョー気持ちいい"や"何も言えねぇ"、"スーパープレー"、"ドキドキ"などスポーツにまつわるメッセージがデザインされ、その数は「コカ・コーラ」「コカ・コーラ ゼロ」の 500mlPET、1.5LPET、2.0LPET で 100 種類以上。オリンピックで繰り広げられるシーンや日常の"ゴールドな瞬間"に合わせて、ボトルを使って気軽に感動や喜びを分かち合うことができます。

左から、「コカ・コーラ」500mlPET／140 円、「コカ・コーラ ゼロ」500mlPET／140 円、「コカ・コーラ」1.5LPET／320 円、「コカ・コーラ ゼロ」1.5LPET／320 円、「コカ・コーラ」2.0LPET／340 円、「コカ・コーラ ゼロ」2.0LPET／340 円、「コカ・コーラ」350ml 缶／115 円、「コカ・コーラ」500ml 缶／134 円 ※すべて希望小売価格(消費税別)

オリンピックイヤーデザインの「コカ・コーラ」スリムボトルを期間限定発売

　6 月 20 日(月)から「コカ・コーラ」スリムボトル オリンピックイヤーデザインを全国のコンビニエンスストア(一部)で期間限定発売します。2015 年 7 月に日本で初めて登場した「コカ・コーラ」スリムボトルは 250ml の飲みきりサイズで、アルミニウム素材のキンキンに冷たい感触と、「コカ・コーラ」ならではの独特の形状から格別の飲み心地を提供するプレミアムパッケージとして大きな話題を呼びました。オリンピックイヤーデザインの「コカ・コーラ」スリムボトルは、リオバージョンと東京バージョンの 2 種類を同時発売。オリンピックをイメージしたデザインを全体にほどこした限定ボトルが観戦ムードを盛り上げ、4 年に 1 度の夏にふさわしい特別なひとときをお届けします。製品がなくなり次第、販売終了となりますので、どうぞお早めにお買い求めください。

左:オリンピックイヤーデザイン「コカ・コーラ」スリムボトル リオバージョン
右:オリンピックイヤーデザイン「コカ・コーラ」スリムボトル 東京バージョン
各 250ml スリムボトル缶/希望小売価格 125 円 (消費税別)

CASE 19

山見博康の推奨 3(スリー) ポイント

日本コカ・コーラ（株）

Yes
01 1ページ目に「黒・金・赤字で大タイトル」＋「5色の『●』で表した異なるキャンペーン内容のサブタイトル」＋「下半分近くのキャンペーン写真」。これ程インパクトある独創的1ページ目の構成は極めて稀。

02 2〜3ページ目の項目別に詳しい解説は親切心のあらわれ。特にキャンペーン起用タレントと商品ボトルの写真が注目を集めよう。段落の見出しの字体を太くするなど配慮が行き届き気分良し。

But
03 各段落の文章が長く、一目でわかりづらい。それゆえに箇条書きで縦に並べると、読む時間が短縮され喜ばれる。最短で意を通じさせる熱意と誠意を忘れてはならない。無駄字は1字でも省こう。

CASE 20

山見博康の推奨 3(スリー) ポイント

にほんしゅほたる
（SAKE REVOLUTION合同会社）

Yes
01 離れて見れば、菱形の家紋が目に付き、東京初のひらがなの店名に「自家製どぶろく」と、気を惹く言葉が飛び込むタイトル。加えて、真ん中に店内図と地図がバランス良く並んだ抽象画のよう。

02 ゴシックの力強い太字のタイトルに簡潔なリード部。続いて伝えるべき案内項目を箇条書きで、明快に店の由来を手短かに説明している。特に店主の想いを披露する筋書は興味をそそるドラマを想起させる。

But
03 このドラマを演じる店主の顔を見たいし、一言何かメッセージも聞いてみたいと思うのが人情。どぶろく醸造機械の写真もあれば更に興味を抱き、製造工程のイラスト化も喜ばれよう。

報道関係各位

2016年6月吉日
SAKE REVOLUTION 合同会社代表／にほんしゅ ほたる店主　宮井敏臣

東京初！　日本酒ブルワリーパブ
『にほんしゅ　ほたる』
自家製どぶろく　プレス試飲会のご案内

「東京初の日本酒ブルワリーパブ（醸造所併設型パブ）」である「にほんしゅ　ほたる」（運営：SAKE REVOLUTION 合同会社）は、「純米大吟醸スペック」の自家製どぶろくの試験醸造をしてまいりましたが、本格提供を6月より開始するにあたり、来たる6月21日（火）にどぶろく試飲会を実施致します。
<u>日本酒の醸造所を併設するパブは、東京はもちろん、全国でもほとんど例がないものです。</u>
ご多忙とは存じますが、この機会に是非ごお気軽にお越しいただければ幸いです。

■日　時：6月21日（火）　14:00～15:00（受付13:30～）　<u>ご試飲やご取材は17時まで対応。</u>
■場　所：にほんしゅ　ほたる（東京初の日本酒ブルワリーパブ）
　　　　　〒104-0061　東京都千代田区内神田1-17-1　神田MKビル1階
　　　　　Tel&FAX：03-5577-6556
■試飲会内容：代表挨拶 、「にほんしゅほたる」と自家製どぶろくの説明、質疑応答 等
■地図：JR神田駅、地下鉄大手町駅、淡路町駅（各徒歩5分）

【にほんしゅほたる　について】
日本酒バルとして2015年10月オープン。「日本酒をもっと楽しく、もっと気軽に、もっとカッコ良く」を合い言葉に、全国の銘酒約50種をリーズナブルな料金で提供。料亭出身の料理人が腕を振るう和食ベースのアテも好評。2015年12月にどぶろくの製造免許を取得。「東京初の日本酒ブルワリーパブ（醸造所併設型パブ）」として、2016年6月より自家製どぶろくの本格提供を開始する。http://sake-hotaru.com/

【店主　宮井敏臣について】
中小零細企業の再建を専門とする公認会計士・税理士・企業再建コンサルタントとして活動する中、幾つかの蔵元との関わりを通じて、日本酒の素晴らしさを知る。かつて地ビール会社の経営に参画した経験も。このほど1年間の準備を経て、日本酒文化の啓蒙の一翼を担うために「にほんしゅほたる」をオープンした。「逆転社長塾」を主宰し、塾長を務める。http://www.miyaicpa.com/index.html

お問合せ、取材の申込み　（ご不明な点などもお気軽にどうぞ！）
にほんしゅほたる広報事務局　　　山田（080-3206-8335）橋本（080-6118-3942）
Fax:03-4360-5555　Mail：yamada@ycco.co.jp

白鶴酒造株式会社
NEWS RELEASE

2016年4月28日
神戸市東灘区住吉南町四丁目五番五号

白鶴酒蔵開放フォトキャンペーンの結果発表！
～「楽しんだで賞」「のれん美人賞」を選出～

白鶴酒造株式会社（本社：神戸市、社長：嘉納健二、資本金：4億9,500万円）は、4月9日（土）の「白鶴酒造2016年春『酒蔵開放』（以下『酒蔵開放』）」において、「白鶴酒蔵開放フォトキャンペーン」を開催し、応募写真の中から「楽しんだで賞」および「のれん美人賞」を選出いたしました。「酒蔵開放」当日は約3000名の方に来場いただき、キャンペーンにも200名以上の方から写真を応募いただきました。

▼キャンペーンページ
http://www.hakutsuru.co.jp/photo-campaign/

≪楽しんだで賞≫…「酒蔵開放」を一番楽しんでいただいた方
「nagipons」様
https://www.instagram.com/p/BD93bqOrRqC/

賞品…「超特撰 白鶴 純米大吟醸 白鶴錦」と「超特撰 白鶴 山田穂 純米大吟醸」の2本セット

≪のれん美人賞≫…「のれんのついたフレーム」を一番楽しんで使っていただいた方
「0112hr」様
https://www.instagram.com/p/BD9xXC0nACJ/

賞品…「薬用 大吟醸のうるおい美白水 500ml」、「大吟醸のうるおいUV 50g」と
　　　「薬用 大吟醸のうるおいクリーム 90g」のセット

■本件に関するお問い合わせ先
〒658-0041　神戸市東灘区住吉南町4丁目5番5号
白鶴酒造株式会社 総務人事部 広報室　　山田・田中・中山
TEL 078-***-****　FAX 078-***-*****　e-mail：*******@hakutsuru.co.jp
白鶴ホームページ：http://www.hakutsuru.co.jp/

1/2

当キャンペーンは、「酒蔵開放」を楽しんでいただいている様子を写真に撮り、InstagramかWebの専用応募フォームから写真を投稿していただくキャンペーンでした。「酒蔵開放」当日に投稿していただいた方には、参加賞として「白鶴 特選ミニグラス 大吟醸 120ml」か「白鶴特製手ぬぐい」を先着各100名様にプレゼントいたしました。「楽しんだで賞」「のれん美人賞」の各賞に選ばれた写真は当社Instagramにて再投稿させていただきます。
▼当社Instagramページ
https://www.instagram.com/hakutsuru_official/

■キャンペーン詳細
キャンペーン名　白鶴酒蔵開放フォトキャンペーン
期　　　間　2016年4月9日（土）〜17日（日）
応　募　方　法　「酒蔵開放」（2016年4月9日（土）開催）で撮った写真を、
　　　　　　　　Instagram（#2016春白鶴酒蔵開放）もしくはWebの専用応募フォームから投稿。
賞　の　種　類　「楽しんだで賞」「のれん美人賞」「参加賞」
※その他情報はキャンペーンページでご確認ください。

※お問い合わせはこちら
お客様相談室　　TEL:078-***-****（9:00〜17:00：平日のみ）

■本件に関するお問い合わせ先
〒658-0041　神戸市東灘区住吉南町4丁目5番5号
白鶴酒造株式会社　総務人事部　広報室　　山田・田中・中山
TEL 078-***-****　FAX 078-***-****　e-mail:*******@hakutsuru.co.jp
白鶴ホームページ：http://www.hakutsuru.co.jp/

CASE 21

山見博康の推奨 3(スリー) ポイント

白鶴酒造（株）

Yes 01 独特な名前の賞なので注目を集める力がある。加えて冒頭に当選した賞の対象となる賞品写真をゆったりと掲載することで商品PRにもなり、一石二鳥の効果がある。

02 特に当選者の写真を掲載することによって、ブランドづくりのキーワードである「親しみやすさ」を醸し出し、自動的にもう１つのキーワード「自分との関連性」も獲得している。

But 03 「第○回」と銘打つと毎年開催のインパクトがあり、区切りの回には付加価値となるイベントでネタを増やすことができる。3,000人の来場者で賑わう写真や参加賞の写真があればベター。

CASE 22

山見博康の推奨 3(スリー) ポイント

（株）パソナグループ

Yes 01 「復活」と「復興」というキーワードだけでなく、２つのイベント名だけでもインパクト大。さらに、その内容をまず大きな写真で表すことで、読者の目と心を惹き付けている。

02 リード部から一貫して「段落＋小見出し＋箇条書き」で構成し、そこにビジュアルが加わることで農業イベントとしての優しい雰囲気で説明が進む。具体例が写真付きで紹介されているので子どもの参加が促されるだろう。

But 03 復興支援の取り組みとして２例あるが、まず全貌をビジュアルで図示。今回のイベントもその一環であることを示そう。すると、次の展開の具体的方針や構想を披露でき、記事が膨らむ。ゲスト名も知りたい。

```
PASONA GROUP NEWS RELEASE
```

株式会社パソナグループ　広報室
〒100-8228　千代田区大手町2-6-4　Tel 03-6734-0215
(2168　東証第一部)　URL http://www.pasonagroup.co.jp

2015年4月23日
ページ 1/2

4年ぶりに復活　都心で稲刈りイベント　4月27日開催
5/11(月)には陸前高田市長を招き、"復興支援ブランド米"の「田植え式」

　株式会社パソナグループ（本社：東京都千代田区、代表取締役グループ代表　南部靖之、www.pasonagroup.co.jp）は、4月27日（月）にパソナグループ本部「アーバンファーム」で、1階水田の稲刈りイベントを開催いたします。

　"自然との共生"をテーマにしたアーバンファームは、オフィス内の天井や壁面で植物を栽培し、ビル外壁には200種以上の草花を育ており、国内外から多くの見学者にお越しいただいています。2011年以降は節電のため水田スペースを改装していましたが、昨年12月に4年ぶりに水田を復活させ、主に農業に関心のある女性を招いて田植えを行いました。
　そしてこの度、昨年12月の田植えから4ヶ月が経過し、水田に実った稲の稲刈りイベントを4月27日（月）に開催いたします。

　また、来月5月11日（月）には、陸前高田市の戸羽太市長や生産農家をお招きし、陸前高田市の農業振興を目指して生まれたブランド米"たかたのゆめ"の苗の「田植え式」を予定しています。

　東日本大震災以降、4年ぶりに復活したパソナグループ本部の水田で"たかたのゆめ"を栽培し、被災地域の農業復興の情報を発信するなど、継続的な復興支援につなげてまいります。

▲昨年12月には4年ぶりに田植えを実施　　▲現在の水田の様子

■ 4月27日（月）　「稲刈り式」概要

日　時：	2015年4月27日（月）　18:00～20:00
場　所：	千代田区大手町2-6-4　パソナグループ本部1F
内　容：	・第1部／稲刈り体験（18:00～18:45）※招待ゲストによる稲刈り ・第2部／稲刈り体験（19:00～19:45）※参加希望者による稲刈り ※参加者には、次回田植え予定の復興支援ブランド米"たかたのゆめ"を1合プレゼント
参加者：	エキスパートスタッフ（派遣登録社員）、企業関係者、一般参加者　等
問合わせ：	パソナ農援隊　Tel 03-6734-1260

PASONA GROUP NEWS RELEASE

株式会社パソナグループ　広報室
〒100-8228　千代田区大手町2-6-4　Tel 03-6734-0215
(2168　東証第一部)　URL http://www.pasonagroup.co.jp

PASONA

2015年4月23日
ページ 2/2

■ 5月11日（月）　「田植え式」概要（予定）

日　　時：　2015年5月11日（月）14:00-16:00
場　　所：　千代田区大手町2-6-4　パソナグループ本部1F
内　　容：　・挨拶／陸前高田市長 戸羽太氏・パソナグループ代表 南部靖之（14:00-14:15）
　　　　　　・参加者による田植え体験　（14:15-14:45）
　　　　　　・"たかたのゆめ"おにぎり試食会　（14:45-16:00）
　　　　　　　おにぎり協会による"たかたのゆめ"の「おにぎりに適したお米」認定授与
参 加 者：　"たかたのゆめ"生産者、一般参加者、近隣地域の子供 等
問合わせ：　パソナ農援隊　Tel 03-6734-1260

■参考：　パソナグループ　被災地域での取り組み

パソナグループは東北地方に活力を取り戻すため、被災地での就労支援はもとより復興支援イベント企画やボランティアなど、さまざまな活動に取り組んできました。
被災地域での就労支援では、現地における雇用のミスマッチを解決するため、将来のビジョンを描ける雇用創出支援事業を実施してまいりました。
（以下、取り組み一例）

陸前高田市「就労創出支援事業」（2012年7月〜2015年3月）

パソナが2012年から3年間、陸前高田市からの受託事業として実施。陸前高田市の復興を担う意欲と志を持つ人材を全国から募集、産業復興に取り組む市内企業とパソナが協力し、職場実習を通して未来を担う人材を育成。これまで70名の就労を支援し、そのうち約8割が地元企業への就職を果たしています。

「株式会社パソナ東北創生」（2015年4月1日設立）

"ボランティア休職制度"を活用し、岩手県釜石市の団体で約9カ月間支援活動に従事した元パソナ社員の戸塚絵梨子が今年4月に岩手県釜石市に新会社「株式会社パソナ東北創生」を設立。全国の企業や自治体、大学等の団体に対して、東北被災地で行う地域課題の解決を学ぶ"実践型研修"を通じて人材を育てる『研修ツーリズム事業』や、企業の被災地での新事業を開発する『事業開発支援事業』を行っています。

▼マスコミ関係者からのお問合わせ
　株式会社パソナグループ　広報室　　　　Tel：03-6734-0215
　担当　藤巻、渡邉　　　　　　　　　　　E-mail：p.kohoshitsu@pasonagroup.co.jp

報道関係ご担当者 各位 　　　　　　　　　　　　　　　　　　　　　2016年4月5日

ハミューレ株式会社

当社最大店舗「プロノ名寄店」オープン！
～～名寄徳田ショッピングセンター内に３００坪～～

ハミューレ株式会社（札幌市／代表取締役　武居秀幸）は、4月8日（金）、名寄市徳田ショッピングセンター内に、当社店舗では過去最大の売場面積となる「プロノ名寄店」をオープンいたします。オープンを記念して、4月8日（金）～4月17日（日）までオープンセールを実施いたします。

【店舗概要】
- ■オープン日　2016年4月8日（金）　　■構造　　　鉄骨造 平屋建
- ■店舗名　　　プロノ名寄店　　　　　■建物面積　約300坪
- ■所在地　　　北海道名寄市字徳田88－3　■売場面積　約260坪
  　　　　　　（名寄徳田ショッピングセンター内）　■取扱商品　作業服、手袋、靴、安全靴、工具、
- ■TEL　　　　01654－9－7878　　　　　　　　　　肌着、靴下等の作業用品
- ■営業時間　　9:00～21:00　　　　　　■アイテム数　約2000アイテム

◆ 当社店舗では過去最大の260坪の売場面積です。
◆ 建築土木用作業用品だけでなく、女性用農業用衣類も多数取り扱っております。
◆ バリアフリー、店内に休憩スペースや椅子を備え、幅広い層に対応した店舗です。

プロノ外観

ワーキング売場

レディース売場

【オープンセール内容】　4月8日（金）～4月17日（日）の10日間
・定番商品120アイテム以上をオープン記念価格で割引販売
・777年のツナギ、999円のレインスーツ等お買い得商品を多数ご用意（売り切れ次第販売終了）
・ポイントカード新規ご入会者先着1,000名にプロノオリジナルBOXティッシュ1箱プレゼント

【プロノとは】
北海道・東北・北関東に作業用品店36店を展開（名寄店含む。うち6店舗はフランチャイズ店）。
品質・機能・安さにこだわり「イイモノ」を追求し、自社ブランド商品の企画・開発にも力を入れております。

【お問合せ先】　ハミューレ（株）管理部管理課　広報・IR担当：中橋（なかはし）
札幌市東区北34条東14丁目1-23　TEL: 011-712-8300　E-mail: nakahashi@hamure.co.jp

CASE 23

山見博康の推奨 3(スリー) ポイント

ハミューレ（株）

Yes 01 最北端の北海道らしく、最大店のオープニングにも浮わつかず、冷静な1枚の冬景色を思わせる絵はがきのような印象。黒に白字のタイトルはしっかりと伝えたいことを網羅していて力強い。

02 店舗概要を枠で囲んで箇条書きにしたのも簡潔でいい。3枚の異なった写真がアクセントとなって全体にバランスの良い落ち着きを持たせている。店内の広さとカラフルさの魅力を伝えたい。

But 03 「プロの作業用品を一般に！」というコンセプトは他社の追随を許さず、ますます差別化が進むであろうが、そのためにもできるだけ数字での把握を心がけよう。写真に人の気配がないのが寂しい。

CASE 24

山見博康の推奨 3(スリー) ポイント

（株）晴レの日

Yes 01 見開けば、まさに和の結婚式を彩る豪華な屏風のごとし。天井を社色の赤に染め、床に深紅の絨毯を敷き、その間に花嫁をはじめ多くの参列者が美花を添える。社長の微笑みもおもてなしに感じる。

02 「記念式典」進行の正確な記述は親切。書の達人の余興演技は和魂の表れ。国の「来日客4千万人キャンペーン」の一端を担うべく、外国特派員協会での開催や日英での発表戦略はとても良い。

But 03 【今後の方針】として数字目標を含んだ会社の進む方向が聞きたくなる。そのためには、6年前の創業以来4,000に成長した軌跡と今後の拡大方針や目標をグラフに表してビジュアル化するとなお良い。

PRESS RELEASE 晴レの日®

報道関係者各位
2016年7月29日
株式会社晴レの日

「企業価値認定」を記念して
毎年「8月8日は晴レの日」制定
記念式典のご案内

　神社・仏閣結婚式専門のプロデュース会社　晴レの日(本社：東京都港区／代表取締役：櫻井美華)は、このたび一般社団法人　企業価値協会より『お客様にとって特徴的価値のある企業の証』である、企業価値認定の名誉を賜りました。また、末広がりの『八』にちなんで、毎年8月8日を『晴レの日』と定めることを日本記念日協会により認定されました。これを記念し、来たる8月8日「第一回　晴レの日記念式典」を、下記のとおり開催致します。

　当日は、"誇るべき日本文化と伝統を世界中へ発信すること"を使命とする社訓のもと、スタッフ一同、和服姿で皆様をお待ち申し上げます。また、晴レの日のシンボルマークである『晴』の文字を書いてくださった書道家で、大自然の中でのパフォーマンスで著名な千葉清藍先生とのコラボ企画を行います。みなさま多忙中とは存じますが、ぜひご参加頂けましたら幸いです。

【記念式典概要】

日時　：　2016年8月8日(月曜日)
　　　　　午後6時30分～午後8時30分 (午後6時 受付開始)

会場　：　日本外国特派員協会　ダイニングルーム　TEL 03-3211-8171
　　　　　東京都千代田区有楽町1-7-1 有楽町電気ビル北館20階
　　　　　※JR有楽町駅・日比谷口徒歩2分／東京メトロ日比谷駅A3出口徒歩3分

式次第：　18:30　開会の挨拶　代表取締役社長　櫻井　美華
　　　　　18:40　ご祝辞　1.企業価値協会代表理事　武井　則夫様
　　　　　　　　　　　　　2.株式会社オータパブリケイションズ　山下　裕乃様
　　　　　　　　　　　　　3.港区長　武井　雅昭様　祝辞披露(司会者より)
　　　　　18:50　インバウンド事業HARENOHI始動の発表
　　　　　19:00　乾杯　山見インテグレーター株式会社　山見　博康様
　　　　　19:30　千葉　清藍先生による書道パフォーマンス
　　　　　20:30　閉会の挨拶　代表取締役会長　中村　快朋

＜書道家　千葉　清藍先生　プロフィール＞

1990年　東京都葛飾区で書道を始める
2000年　福島県移住
2010年　福島県全59市町村書道の旅
2011年　東京丸の内 個展sumiten美しきふくしま
2012年　会津三十三観音書道の旅
2013年　米国活動開始(在シカゴ日本国総領事館、イリノイ大学他)
　　　　フランス月刊誌「ZOOM JAPON」明日を創る日本人50人選出
2016年　アメリカシカゴ　海外初個展

福島を中心に、日本全国のみならずアメリカを拠点活躍し、大自然の中でのパフォーンスで著名な書道家。書の自由と感性の新鮮さを追求し、日本各地の文化と伝統を知る「書道の旅」を続ける。東日本大震災による避難者対象のワークショップをのほか、国内外のフェスティバルや教育関係にて書道活動を継続中。

COPYRIGHT(C) 2010 HARENOHI. ALL RIGHTS RESERVED.

PRESS RELEASE

晴レの日®

■会社概要■

会社名：	株式会社晴レの日
所在地：	東京都港区芝大門1-10-1-4F
拠点：	東京・横浜・大阪・神戸・名古屋・京都・福岡
事業内容：	神社・仏閣結婚式専門のプロデュース
	各種パーティー運営
	婚礼衣装レンタル
	インバウンド事業
ホームページ：	http://www.harenohi.cc

＜晴レの日について＞

神社・仏閣をはじめ誇るべき日本文化の情報をホームページやブログ、SNSで独自発信し続け、和の結婚式を広める活動を積極的に行う。また啓蒙活動の一環として、和婚情報を1冊にまとめたフリーペーパーを自社で作成し、駅構内など各所で無料配布を行う。

現在は和婚専門店として全国主要7都市にサロン展開し、全国の神社・仏閣との提携数は他に類を見ない。2016年には、創業わずか6年でカップルのプロデュース数4,000組を突破し、そのうち国際結婚カップル数は全体の約20%（約800組）に及ぶ。それら多様なお客様のニーズに対応するため、神社検定資格を持つ和婚のプロフェッショナルが10名、また多言語対応スタッフも多数在籍。

今後は、増え続ける訪日外国人に向けたインバウンド事業を更に強化。北欧・欧米・アジア圏をターゲットに、神社での結婚式だけでなく、本物の婚礼衣装を身にまとってのメモリアルフォトなど、日本文化の素晴らしさを体験出来る『日本体験型』の事業を展開する。

代表取締役社長　櫻井　美華

京都府出身。
日本に根ざす伝統文化の素晴らしさを自ら発信し、神社・仏閣を舞台に、日本人として本物の結婚式・文化を継承し、意義を伝えたいという思いで、2010年前代表と共に晴レの日を設立、始動。

【晴】＝アッパレ・素晴らしい日。皆さまにとっての新たな幸せや喜びを共有し、人生を豊かにする瞬間を思い描いて命名。

御出席頂ける場合は、いずれの方法でも結構ですのでご一報頂ければ幸いでございます。

貴社名	
媒体名 （社名と異なる場合のみ）	
部署・役職名	
ご芳名	
ご連絡先（メール・電話）	

事前のお申込みがなくても、ご都合がつけば短時間でもぜひお越しくださいませ。
～みなさまにお目にかかれますことを、スタッフ一同楽しみにお待ち申し上げております～

【お問合せ・お申込み先】
株式会社 晴レの日　広報担当 佐藤（携帯 080-4866-0880）
TEL 03-6721-5387　　FAX 03-6721-5388　　Email；pr@harenohi.cc

COPYRIGHT(C) 2010 HARENOHI. ALL RIGHTS RESERVED.

NEWS RELEASE

藤田観光株式会社　2016年4月6日

HOTEL GRACERY

4月7日（木）沖縄県　那覇国際通りに「ホテルグレイスリー那覇」グランドオープン！

　藤田観光株式会社（本社：東京　代表取締役社長：瀬川　章）は、「ホテルグレイスリー那覇」（沖縄県那覇市松尾1-3-6）を沖縄県内最大の繁華街である国際通りに4月7日（木）グランドオープンいたします。

　当ホテルは、11階建て、客室198室からなり、増加する国内のレジャーや観光客、訪日外国人客のニーズに合わせ、2名以上でお泊まりいただける客室の割合を増やしました。さらに「広島ワシントンホテル」、「仙台ワシントンホテル」、「ホテルグレイスリー新宿」に続き、全室にお風呂・トイレが分離した「独立型バスルーム」を採用し、広々としたお風呂で観光やビジネスの疲れを癒していただけます。また、レストランでは沖縄県物産公社の協力を得て朝食にアグー豚や海ぶどうなど沖縄の食材を使用したメニューや琉球料理を提供し、宿泊のお客さまにご満足いただけるサービスを提供いたします。また、当ホテルの開業を記念し、4月1日より全国のWHGホテルズで沖縄県の食材を使用した朝食の提供キャンペーンをおこなっております。

　2016年7月1日には、ホテルグレイスリー京都三条が開業、さらに2017年5月には、隣地に増床することが決定しており、今後さらにホテルグレイスリーの出店を加速してまいります。

ホテルの特徴

■エントランス
　ホテルに入った瞬間から沖縄を感じていただけるような仕掛けをご用意しております。床面に投影した映像が、手足や体の動きに合わせて反応するシステムを用い、まるで海の上を歩くような感覚をお楽しみいただけます。

■コンセプトルーム「美ら海ルーム」
　株式会社ソリッドレイ研究所の定評ある映像技術で、壁面にこの部屋のためだけに撮影した沖縄の海の中を映し出し、美しい海の中を実際に泳いでいるような感覚を体感できます。また、触る映像システムを取り入れ、ジンベイザメやマンタなど水族館の人気者が登場するコンテンツもあり、大人からこどもまでお楽しみいただけます。

■コンシェルジュ
　観光案内や各種手配はもちろん、お客さまのニーズに応じた安心してご利用いただける飲食店などの近隣情報をご案内する「コンシェルジュ」を配置いたします。

ホテルの概要

名称： ホテルグレイスリー那覇
所在地： 〒900-0014 沖縄県那覇市松尾 1-3-6
アクセス： ゆいレール県庁前駅より徒歩約 5 分、那覇空港より車で約 15 分
電話： 098-867-0489

1F	エントランス・コンビニエンスストア
2F	フロント・ロビー・レストラン（朝食専用）
3F～11F	客室

部屋タイプ	面積(㎡)	ベッド幅(mm)	正規料金 (1月・4月～6月・9月～12月)	正規料金 (2月・3月・7月～8月)
シングルルーム	18	1,400	12,960 円	16,200 円
ダブルルーム	22	1,600	23,760 円	27,540 円
ツインルーム	22	1,000～1,100	23,760 円	27,540 円
ユニバーサルルーム	25	1,100	23,760 円	27,540 円

※消費税・サービス料込み

＜＜開業記念キャンペーン＞＞全国の WHG ホテルズの施設で沖縄県の食材を使用した朝食を提供中！
■開業記念朝食キャンペーン 概要
・期間：2016 年 4 月 1 日（金）～5 月 31 日（火）
・実施事業所：全国の WHG ホテルズ
・使用食材：「久米島産天然太もずく」、「ジーマーミ豆腐」、「沖縄産シークヮーサー」

ホテルグレイスリー一覧：総客室数 2,319 室（内開業予定 225 室）
ホテルグレイスリー札幌（440 室）【2006 年開業】 ／ ホテルグレイスリー銀座（270 室）【2006 年開業】
ホテルグレイスリー田町（216 室）【2008 年開業】 ／ ホテルグレイスリー新宿（970 室）【2015 年開業】
ホテルグレイスリー那覇（198 室）【2016 年 4 月 7 日（木）開業】／ホテルグレイスリー京都三条（97 室）【2016 年 7 月 1 日（金）開業予定】
ホテルグレイスリー京都三条 増床（128 室）【2017 年 5 月予定】

取材に関するお問い合わせ
〒112-8664 東京都文京区関口 2-10-8
TEL：03-5981-7703 ／ FAX：03-5981-7735
藤田観光株式会社　広報部 小宮山 誠 ・ 真田 誠二 ・ 北原 靖子

CASE 25

山見博康の推奨 3(スリー) ポイント

藤田観光（株）

Yes 01 左右のバランスが見事な見開きは、美しい絵はがきを見ているよう。端的なタイトルから実直に書かれたリード部に続くホテル概要説明は詳細にわたり、一層深みのあるサービスを期待させる。

02 ホテルの特徴は「小見出し＋箇条書き」で申し分なし。各項目に写真を配してビジュアルで見せ、とてもわかりやすく親切。部屋の概要に細い枠、キャンペーンには太い枠を使用したのは明快な方法だ。

But 03 「開業記念キャンペーン」もサブタイトルに入れると一層興味を惹く！全国地図に開業中と予定中のホテルを示すと全国展開のイメージが明確になり、今後の方針が補強される。アクセス地図もほしい。

CASE 26

山見博康の推奨 3(スリー) ポイント

（株）ホイッスル三好

Yes 01 伝統を打ち破って、新たな世界へ脱皮しようと企てる若人の前衛写真のごとく衝撃的。進取の気質に富む革命家のよう。上辺のピンクラインと真っ黒に浮かび上がる真っ白な麺が美妙。

02 タイトルに数字が4つは、誰しも長寿2倍と引き換えなら、つい食べたくなる。本文でも小見出しに大き目のゴシック体の力強さが、長さのみならず、腰の強い麺＝健康優良を示唆しているようだ。

But 03 白く縦に長い麺の左に沿って「長ーい麺　70センチ以上のび〜る」と黄色字で記載があり、カラーだと佳麗。ただしプリンタの設定によっては、文字が出ないこともあるため、そのあたりの配慮や色選びが大切だ。

News Release

ホイッスル三好

株式会社ホイッスル三好
〒116-0063
東京都杉並区和泉3-46-9
YS第一ビル2階

2015年12月15日

長さ2倍の『年越し麺』！長寿を願って各店限定100食を提供
揚州商人10店舗で12月26日に販売開始

このたび株式会社ホイッスル三好(本社：東京都杉並区、代表取締役社長：三好 比呂己)が首都圏で展開する「中国ラーメン揚州商人」では、大晦日より少し早い12月26日から、通常の2倍の長さの『年越し麺』を10店舗で午前11時のオープン時より発売致します。各店舗、100食限定で売り切れ次第終了となりますので期間の前半でのご来店がおすすめです。
お客さまの「長寿延命」「家運長命」を願った縁起物の"長〜い"年越し麺をお楽しみいただけます。

《「中国ラーメン揚州商人」》　http://www.yousyusyonin.com/

■商品概要
『年越し麺』 長さ約70cm
中国伝統の細麺、モチモチした食感の低加水麺

年越し麺とは？
年末に蕎麦を食べるのは、細く長く伸びるので、「長寿延命」「家運長命」などの縁起を担いで食べるようになったというもの。最近では、年越し麺として素麺やうどんなど様々。その中で、ラーメンを年越し麺として食べる若者が増加しています。
共通するのは、「年末年始に食べる長い麺は縁起物」という事です！

年末限定　長〜い麺『年越し麺』登場
中国ラーメン揚州商人では、年の瀬に蕎麦だけでなく、ラーメンを召し上がっていただきたいと思いから、通常の2倍の長さの麺の特別な麺を作りました。
麺を通常より長くすることでスープと麺がよく絡み、一口で口いっぱいにラーメンを味わえます。
長寿祈願も込めたこの時期限定の縁起ものです。
当店のあらゆるスープや具材と一緒にお楽しみいただけます。もちろん、人気のスーラータンメンとも一緒にお召し上がりいただけます。

■販売期間
2015年12月26日〜12月31日
AM11時〜　100食限定
※期間内であっても
　売り切れ次第終了

■販売店舗
東京・・・武蔵小山、新橋、立川、赤坂
神奈川・・・新横浜、末吉橋、横浜スタジアム
千葉・・・市川二俣、流山店
埼玉・・・第二産業南中野

〈取材依頼・お問い合わせ先〉
株式会社ホイッスル三好　広報担当：斉藤 晴香
TEL 　：03-5376-0469　 携帯　：080-3725-9939
FAX 　：03-5376-0411　 email　：saito-h@whistle-miyoshi.co.jp

Press Release  2016年4月27日

美と健康の分野に特化した商品・サービスを展開する次世代ヘルスケア店舗の第2弾
『進化した次世代ヘルスケア店舗 matsukiyo LAB（マツキヨラボ） 本八幡駅前店』
2016年4月29日（金）にリニューアルオープン！

株式会社マツモトキヨシホールディングス

「1st for you. あなたにとっての、いちばんへ。」をグループ経営理念に掲げ、全国にドラッグストアを広くチェーン展開する株式会社マツモトキヨシホールディングスは、美と健康の分野（H&B事業）においてなくてはならない企業を目指し、次世代ヘルスケア事業を推進しております。お客様に新たなH&Bソリューションを提案し、お客様が今までに経験したことの無い「新しい価値の体験」を提供することで、美と健康に関するQOL（＊注1）の向上を図ることを主な目的としております。

この度、グループの中核事業会社である株式会社マツモトキヨシ（千葉県松戸市新松戸東9番地1 代表取締役社長 成田一夫）は、本事業の第2弾として、昨年の9月にオープンした新松戸駅前店と同様に「matsukiyo LAB」を併設した本八幡駅前店を2016年4月29日（金）にリニューアルオープン致します。

当社は、次世代ヘルスケアの推進により、お客様一人ひとりの健康と美に関する悩みをサポートできる環境を整えてまいります。

＊注1）：クオリティオブライフ･･･人々の生活を物質的な面から数量的にのみとらえるのではなく、精神的な豊かさや満足度も含めて、質的にとらえる考え方。生活の質。人生の質。

リニューアル後の本八幡駅前店の外観（完成予想図）

1、進化した matsukiyo LAB 本八幡駅前店について

新松戸駅前店でもご好評をいただいておりました各サービスに磨きをかけ、商品の品揃えや陳列も大幅にブラッシュアップ致しました。本店舗においては、新たに matsukiyo LAB 導入店舗独自の商品選定・陳列方法を採用し、新規の商品群としてアロマやハーブ等を取り揃えました。1階にはHEALTHCARE LOUNGE®（ヘルスケアラウンジ）、2階にはSUPPLEMENT BAR®（サプリメントバー）と BEAUTYCARE STUDIO®（ビューティーケアスタジオ）を配置し、薬剤師・管理栄養士・ビューティースペシャリストの専門スタッフが各セクションに常駐してお客様の美と健康をトータルでサポート致します。また、健康や美容についてのお悩みをお伺いしながら、お客様一人ひとりに最適な商品・栄養管理法や美容の秘訣など、きめ細かくアドバイスを致します。

2、HEALTHCARE LOUNGE®（ヘルスケアラウンジ）

新松戸駅前店と同様、お客様の疾病治療をサポートする調剤に加えて、検体測定室を設置することでお客様の体調管理をサポートするヘルスチェックサービス（血液検査、口腔内環境チェックサービスなどの各種検査）をご提供致します。今回新たに、血圧、体組成、骨健康度、ストレス度、血管年齢をお客様ご自身で簡単にチェックできるコーナーを設けました。

調剤の待合室は、従来の待合室のイメージを大幅に刷新し、少しでも患者様がストレスを感じずにお待ちいただけるよう「カフェにいるようなくつろぎ感」をテーマに空間デザインを致しました。また、調剤室においては、「薬剤師の顔が見える調剤室」をテーマに、薬剤師の調剤をしている様子がはっきりと見える設計となっております。

HEALTHCARE LOUNGE®（完成予想図）

3、SUPPLEMENT BAR®と商品ブランドである「matsukiyo LAB」の新商品

当社の管理栄養士が味や成分レシピの監修に参画し、配合する素材とバランスに徹底的にこだわり開発した「matsukiyo LAB サプリメント」に新たに7品目がラインナップに加わり、既存の9品目とあわせて全 16 品目（販売・オーダーメイドに使用）での展開になります。「matsukiyo LAB サプリメント」7品目は、2016 年4月 29 日(金)から本八幡駅前店にて先行発売致します。また、マツモトキヨシの全店（*一部店舗を除く）にて 2016 年5月 20 日から発売を予定しております。さらに、機能性表示食品「飲む体脂肪ケア グリーンスムージー」も matsukiyo LAB ブランドの新たな商品としてマツモトキヨシの全店（*一部店舗を除く）にて発売しております。

SUPPLEMENT BAR®におきましては、店舗に常駐する管理栄養士が、お客様の食生活や生活習慣を詳細にカウンセリングし、そのカウンセリングデータを基に、不足しがちな栄養素を見出して、個々のお客様に最適なサプリメントを分包して提供するオーダーメイドのサービスになります。本八幡駅前店の SUPPLEMENT BAR®では、新たなサービスとして管理栄養士のカウンセリングによるアロマやハーブティーの個別販売もスタートし、生活における癒しも提供致します。

matsukiyo LAB サプリメント 7品目(各商品 20 日分) 各 972 円(税込)
左から：ペルー産マカ with シトルリン、フィッシュコラーゲン with セラミド、還元型 CoQ10with バイオペリン®、濃縮ウコン with バイオペリン®、
グルコサミン with 筋骨草エキス、ルテイン with ブルーベリー、22 種の国産野菜 with155 種の植物発酵エキス

matsukiyo LAB 飲む体脂肪ケア
グリーンスムージー(20回分) 1,944円(税込)
機能性表示:内臓脂肪を減らす

SUPPLEMENT BAR®(完成予想図)

4、BEAUTYCARE STUDIO・(ビューティーケアスタジオ)

　お客様の肌の状態を、当社ビューティースペシャリストおよび化粧品メーカーのビューティースタッフが細かく分析し、肌外見のサポートのみならず肌本来の美しさを引き出すのに必須な、「内面から湧き出るインナービューティー」を引き出すのをSUPPLEMENT BAR®を担当する管理栄養士と連携して強力にサポートするサービスになります。

　本店舗における新たな取り組みとして、今まで当社と化粧品メーカーとで個別に管理していた顧客カウンセリング台帳を1本化し、共通の顧客カウンセリング台帳および肌チェック機器を使用する事により、よりきめ細やかなサービスの提供が可能となり、お客様の利便性を大幅に向上しました。

5、各サービスの連携について

　各サービスで得られた顧客カウンセリング情報は、「matsukiyo LAB 台帳」を通じて一元管理され、別のサービスをご利用されたお客様のカウンセリング情報を各専門スタッフが接客時に活用することで、お客様により質の高いサービスを提供できるようになりました。

　今後も、matsukiyo LAB のサービスおよび展開する商品の更なる拡充を図り、美と健康の分野で包括的な価値提供をできるよう継続してサービスの向上を図ってまいります。

以上

【店舗概要】

店舗名	薬 マツモトキヨシ 本八幡駅前店
所在地	千葉県市川市南八幡 4-1-10
電話番号	047-378-8625
営業時間	9:30-23:00
定休日	無休
提供サービス・商品構成	matsukiyo LAB(HEALTHCARE LOUNGE®、SUPPLEMENT BAR®、BEAUTYCARE STUDIO®)、OTC医薬品・化粧品・日用品・食品・健康食品の販売
最大売場面積	189坪

＜読者からのお問い合せ先＞
マツモトキヨシお客様相談室　フリーダイヤル:0120-●●●-●●●　受付時間 10:00〜22:00(年中無休)
＜本件に関するお問い合せ先＞
株式会社マツモトキヨシホールディングス　広報室　●●、●●TEL:047-●●●-●●●●／FAX:047-3●●-●●●●

山見博康の推奨 3ポイント

（株）マツモトキヨシホールディングス

Yes
01 迫力満点の外観！ 「1 st for you」との気高いグループビジョンを目指し、あらゆる経営活動が交わり一丸となって追い求めるその断固たる姿勢が、一貫した情熱と誠実さを織りなす。

02 段落を設け1～5までそれぞれに小見出しを付けた本文、そこに優しいおもてなしを醸し出すイラスト写真を配して、一見して全貌が把握できるようになっている。順々に丁寧に解説されるその構図が連歌のごとく物語る。

But
03 「小見出し」の中で箇条書きにした方が一見して理解できる内容もある。要は斜め読みでわかるように。リニューアルの改善点を強調するために、ビフォア・アフターで項目別比較表をつくると完璧になるだろう。

山見博康の推奨 3ポイント

マルハニチロ（株）

Yes
01 新ブランド名に込めた想いや情熱が感じられて記憶に残るインパクトあり！ 長年にわたる開発の苦労に経営陣の一貫した意欲と情熱を想起させる。

02 説明の細やかさや完全養殖サイクル図の楽しさに、一見して理解を促す親切心を感じる。

But
03 1、2ページ目下段を「今後の方針」としてまとめるのも一案。さらに、開発者の声で親しみを出し、成長過程を場所や時間のイラストで示すと一段と充実し、しかもわかりやすくなるだろう。

マルハニチロ株式会社　広報IR部
〒135-8608 東京都江東区豊洲 3-2-20　Tel 03-6833-0826　Fax 03-6833-0506

2016年8月1日

マルハニチロの完全養殖クロマグロ
新ブランド「BLUE CREST」（ブルークレスト）で本格出荷へ

　マルハニチロ株式会社（本社所在地：東京都江東区、代表取締役社長：伊藤滋）から、完全養殖クロマグロの新ブランド、「BLUE CREST」（ブルークレスト）が誕生しました。
　新ブランドのもと、完全養殖クロマグロの本格商業出荷への取り組みを強化してまいります。

【新ブランド「BLUE CREST」とは】

「BLUE FIN TUNA（クロマグロ）」の「BLUE」と「CREST（頂点）」をつなぎ、マルハニチロが創りだすクロマグロの最高峰という思いとともに、青い地球、海の恵みであるクロマグロのおいしさを世界にお届けしたいという願いを込めました。
私たちは「最先端の技術」と「マグロ養殖への一途な思い」で、卵から成魚まで一貫生産を行っています。海洋資源や自然環境に配慮しながら、持続可能で安定供給をめざすマルハニチロのクロマグロ。
それが「BLUE CREST」です。

「BLUE CREST」はマルハニチロ(株)の登録商標です

【クロマグロ完全養殖サイクル確立までの歩み】

　完全養殖とは、人工ふ化させたクロマグロを親魚に育て、その親魚が生んだ受精卵を、ふ化〜稚魚〜成魚まで育てることを指します。マルハニチロは 1987 年に完全養殖への挑戦を開始しましたが、1996 年にいったんプロジェクトを中断。その後、2006 年に再開し、2010 年に民間企業として初めて、クロマグロの完全養殖に成功しました。その後、2013 年に事業規模での大量生産に成功。30 年近くにおよぶ試行錯誤の末の結実でした。

　完全養殖技術における最大の課題は、卵が孵化してから約 30 日、稚魚が約 6 センチに育つまでの生存率の向上です。マルハニチロでは生育環境の改善や餌の工夫などを積み重ね、着実に生存率を高めてきました。2006 年事業再開当初 0.1％に満たなかった生存率は、現在 3％程度にまで高まり、2015 年度には完全養殖クロマグロの本格出荷を開始、2018 年度は 1 万尾の出荷をめざしています。今後も生存率向上と品質安定化に向けて知見を積み重ね、天然資源への負荷軽減をめざして、完全養殖クロマグロの普及、拡大に向けた挑戦を続けてまいります。

News Letter
マルハニチロ株式会社 広報IR部
〒135-8608 東京都江東区豊洲3-2-20 Tel 03-6833-0826 Fax 03-6833-0506

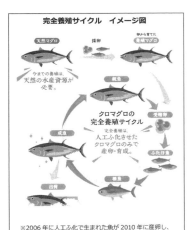

完全養殖サイクル イメージ図

※2006年に人工ふ化で生まれた魚が2010年に産卵し、民間企業として初めてクロマグロの完全養殖に成功

【マルハニチロの完全養殖クロマグロ】

マルハニチロの完全養殖の拠点は奄美大島です。温暖な気候、清い海水の通り道、クロマグロが十分な運動ができる国内最大級の大型生けすが設置できるなど、完全養殖に挑戦する条件がすべてそろった最適な場所です。

採取した卵はすぐにふ化場まで運びます。ふ化後、約1カ月かけて陸上の水槽で飼育し、約6センチ程度の種苗になるまで育てた後、沖合の養殖場（生けす）へ移します。成長した稚魚は奄美大島だけでなく和歌山（串本）、三重（熊野）、大分（佐伯）、長崎（奈留）等全国のグループ養殖場へと運び、3年から4年をかけて50～60キロになるまで大切に育てます。そして、「BLUE CREST」として出荷のときを迎えます。

マルハニチロでは、クロマグロの餌として栄養バランスの良い配合飼料「ツナフード」の開発に取り組んでいます。配合飼料はマグロの品質向上はもとより、水質や海底への環境負荷の軽減や餌の流通や保管に必要な輸送エネルギーの削減も可能です。今後さらに「ツナフード」に改良を加え、稚魚から成魚まで配合飼料で育てることをめざしています。最終的には「ツナフードで育てた完全養殖クロマグロ」として、海洋資源・環境に配慮したクロマグロを生産し、皆さまにお届けすることが私たちの夢です。

配合飼料「ツナフード」

◆ご参考：マルハニチロ公式ウェブサイト「社会環境」
「完全養殖の可能性。～海の生態系を守りながら、新鮮でおいしいマグロを食卓へ～」
http://www.maruha-nichiro.co.jp/csr/feature/index.html

以 上

報道各位からのお問い合わせ先
マルハニチロ株式会社　広報IR部

Tel 03-6833-0826　Fax 03-6833-0506

2016年6月20日

報道関係各位

三菱地所株式会社
株式会社サカタのタネ

横浜ランドマークタワーのイベントスペースにネーミングライツ導入
ランドマークプラザ『サカタのタネ ガーデンスクエア』
オープニングセレモニー＆イベントの実施
＜6月25日（土）＞ 13：30～17：00（受付：13：00～）

　三菱地所株式会社と株式会社サカタのタネは、横浜ランドマークタワー低層部の商業施設「ランドマークプラザ」の中心に位置する5層吹き抜けのイベントスペース「ガーデンスクエア」をネーミングライツ（命名権）の導入により『サカタのタネ ガーデンスクエア』と呼称することとし、また同スペースの緑化リニューアルを行いました。それに際し、6月25日（土）にリニューアル記念オープニングセレモニーおよびオープニングイベントを開催しますので、ご多忙の折とは存じますが、ぜひご取材いただきたくご案内申し上げます。

　お手数ではございますが、<u>6月23日（木）</u>までに別紙FAX用紙にて、ご出欠をご返信下さいますようお願い申し上げます。

●当日の集合場所・時間
　・ランドマークプラザ1階　『サカタのタネ ガーデンスクエア』
　・6月25日（土）　13：30～17：00（受付13：00～）

◆イベント内容
①『サカタのタネ　ガーデンスクエア』オープニングセレモニー（13：30～14：00）
　○登壇者
　　三菱地所株式会社　　　　　執行役員　横浜支店長　　　細包憲志
　　株式会社サカタのタネ　　　取締役　　国内営業本部長　本田秀逸

②「第33回全国都市緑化よこはまフェア（2017年3月25日より開催）」のPRイベント
　(1) 三上真史氏（第33回全国都市緑化よこはまフェア広報親善大使）によるトークショウ（14：00～14：30）
　　人気園芸番組のナビゲーターを務め、〝園芸王子〟の愛称でも知られる俳優の三上真史さんのトークイベントが行われます。
　(2) タヒチアンダンスステージショウ（14：30～15：00）
　　髪かざりや首かざりなど、花を身につけて踊るタヒチアンダンスのステージショウが行われます。
　(3) 花かんむりづくりのワークショップ（15：15～16：45）
　　お子様を対象とし、生の花を使った「花かんむりづくり」のワークショップが開催されます。（無料）

＜本件に関するお問い合わせ先＞
　三菱地所株式会社　広報部　TEL：03-3287-5200
　株式会社サカタのタネ　広報宣伝部広報宣伝課　TEL：045-945-8876

本日の資料は、以下の記者クラブにお届けしています。
国土交通記者会、国土交通省建設専門紙記者会
農林記者会、農政クラブ
横浜経済記者クラブ、横浜市政記者クラブ

●緑化リニューアル後のイメージ

●イベントのイメージ

タヒチアンダンスステージショウ

花かんむりづくりのワークショップ

●集合場所：ランドマークプラザ　1階　『サカタのタネ　ガーデンスクエア』

<ご出欠返信用紙>　　　　株式会社スリィティ　行
　　　　　　　　　　　　　　FAX返送先：03-5202-2590
　　　　　　　　　　　　　　　（TEL：03-5202-2580）

横浜ランドマークタワーのイベントスペース
『サカタのタネ　ガーデンスクエア』緑化リニューアルオープン
オープニングセレモニー＆イベントの実施
<6月25日(土)>　13:30～17:00(受付:13:00～)

お手数ですが、下記項目にご記入の上、6月23日(木)までにご返信くださいますよう、お願い申し上げます。

ご出席　　／　　ご欠席

貴媒体名	
貴社名	
部署名	
ご芳名	（合計　　名 ご本人含む）
ご連絡先	TEL　　　　　　　　　FAX 携帯　　　　　　　　　MAIL
カメラ	有（ ENG ／ スチール ）　／　無
通信欄 インタビューご希望の方は 右の□をチェックお願い致します。	三菱地所株式会社　執行役員　横浜支店長　細包　憲志　□ 株式会社サカタのタネ　取締役　国内営業本部長　本田　秀逸　□

※個人情報の取り扱いに関し、三菱地所株式会社の個人情報保護方針に基づき適切に管理するとともに法令及びその他の規範に従って、ニュースリリース等の発信、記者会見や施設内覧会の案内など、広報活動に必要な範囲で三菱地所広報部及び三菱地所グループ広報セクションにて利用致します。

CASE 29 山見博康の推奨3ポイント（スリー）

三菱地所（株）

Yes 01 「提携」が瞬時にわかる３つのカラフルなロゴ、一見して内容を伝えるタイトル、箇条書きのイベント内容、佳麗に配置された写真達に的確な集合場所と申込書までの一連がまさに印象派絵画のよう。

02 記者招待ゆえに出席者と時間割は必須。申込書用紙から学ぼう。２ページ目のおとぎの国へ通じる階段のような色合いは、まさにガーデン。サカタ"Passion"イメージアップの源。躍動する写真も活きる。

But 03 命名権に関してもっと強調し、別の切り口で記事にすることにも期待が高まる。取材願いゆえに、申込は一応24日（金）までとするも当日飛込み大歓迎！ メール・電話も可とすると手間を省き、１人でも多く集まる。

・㈱サカタのタネ

CASE 30 山見博康の推奨3ポイント（スリー）

メルセデス・ベンツ日本（株）

Yes 01 六本木・梅田に次ぐ３つ目の体験型ブランド発信拠点として、簡潔にその内容がわかるタイトルとサブタイトル。続く「小見出し」の詳細な解説で顧客満足への自信を示している。

02 各種体験ごとに適切な写真が配置されていて楽しい。特にSUVオフロード写真に躍動感あり。続く、限定メニューの多彩さや限定アイテムの多様さに顧客への思いやりを感じる。社長談話も鼓舞。

But 03 ①全景図はまず１ページ目で見せたい、②体験写真に人が楽しむ姿があればより興味をそそる、③１ページ目で段落を付けた解説にそれぞれ「小見出し」を付けるとその後の体験につながる。

ブランド情報発信拠点

イベント型ブランド体験施設
Mercedes-Benz Connection NEXTDOOR を開設

Press Information
2016年2月9日

・東京・六本木の「Mercedes-Benz Connection」隣接スペースにオープン
・期間ごとにテーマを変え開催するイベントを通じ、ブランド体験していただく施設
・第一弾として、メルセデスのSUVの魅力をご体験いただける「SUV EXPERIENCE」を、2016年5月初旬までの期間限定で開催予定

　メルセデス・ベンツ日本株式会社(以下MBJ、社長：上野 金太郎、本社：東京都港区)は、2月10日(水)、東京・六本木に、イベント型ブランド体験施設「Mercedes-Benz Connection NEXTDOOR(メルセデス・ベンツ コネクション ネクストドア)」を開設いたします。

　MBJでは2011年7月より、ブランド情報発信拠点「Mercedes-Benz Connection(メルセデス・ベンツ コネクション)」を開設し、新しいお客様との接点づくりや、ブランドの訴求・浸透に取り組んで参りました。メルセデス・ベンツブランドとして世界で初めて展開する、カフェやレストランを中心とした「日本発」の施設として好評を博し、東京・六本木と大阪・梅田の2拠点で、既に約450万人(2011年7月～2016年1月末時点)ものお客様にご来店いただいております。

　このたび東京・六本木の「Mercedes-Benz Connection」隣接スペースに新たにオープンする「Mercedes-Benz Connection NEXTDOOR」は、屋外のイベントスペースと、コンテナハウスを用いたゲストラウンジから構成されます。お客様の多様なライフスタイルにお応えするメルセデスの幅広いラインアップの魅力を充分にご体験いただけるよう、期間ごとにテーマを変え、様々なイベントを開催いたします。ゲストラウンジでは、イベントテーマに合わせ展開されるフードメニューを提供するほか、メルセデス・ベンツのコレクションや、限定アイテムをお買い求めいただけます。

　MBJ社長の上野は次のように述べています。「MBJは2016年、お客様のブランド体験、"Best Customer Experience(ベストカスタマーエクスペリエンス)"の活動に更に注力して参ります。その一環としてオープンする"Mercedes-Benz Connection NEXTDOOR"は、その名前が示すとおり、MBJにとって、そしてお客様にとって、"次の時代への扉を開く"ものとなり、既存のお客様にはメルセデスをより深くご理解いただき、新しいお客様にもブランドに親しみを持って頂けることを期待しております。」

Mercedes-Benz – A Daimler Brand

Page 2

【第一弾「SUV EXPERIENCE」】

MBJは2016年、「SUV year」をテーマに、魅力的なSUVモデルを続々と市場に投入して参ります。そこで、「Mercedes-Benz Connection NEXTDOOR」のイベント第一弾として、都心で本格的なオフロードコースを体験できる「SUV EXPERIENCE」を開催いたします。開催期間は、2016年5月初旬までの約3か月間を予定しております。

【SUV EXPERIENCE 正面写真】

屋外のイベントスペースには、都会にも溶け込むスタイリッシュな外観でありながら、本格的なオフロードコースを無料で体験できる3つのアトラクションをご用意しました。でこぼことした岩場を再現した「BALANCE MOGUL」、岩山をイメージした「CROSS HILL」、最高地点約9m、最大傾斜角約45度の「MOUNTAIN CLIMB」では、それぞれのご試乗を通じ、悪路にも負けない力強い走破性を持つメルセデスのSUVの魅力を、余すところなくご体感いただけます。

【SUV EXPERIENCE オフロードコース】

「BALANCE MOGUL」   「CROSS HILL」   「MOUNTAIN CLIMB」

※ご試乗はオンラインでの予約も可能です。
※飲酒状態でのご試乗は固くお断りさせていただきます。

Mercedes-Benz – A Daimler Brand

Page 3

【SUV EXPERIENCE 限定メニュー】
コンテナを用いたゲストラウンジでは、コラボレーションパートナーにツヴィリング J.A. ヘンケルス ジャパン株式会社と、ドイツ・ワインインスティトゥートを迎え、アウトドアやSUVの世界観を演出するメニューとして、人気のSTAUB鍋を使った"本物・本格"の料理と、選りすぐりのドイツワインをご提供いたします。

・(中央)牛ハラミのバベットステーキ
色々なお芋のフレンチフライと海藻バター添え ¥1,800

・(左上)塩漬け豚スペアリブと白インゲン豆の煮込みシュークルートとレフォールのソース添え ¥1,500

・(左下)蕗の薹入りボロネーゼのココット焼きラザニア ¥1,500

・(右上)白菜とケッパーの蒸し焼きアンチョビとスパイスの香り ¥500

・(右下)バナナのキャラメリゼホットチョコレートをかけてバニラアイスを添えて ¥700

※価格は全て税込です。メニュー、写真は一例です。メニューは予告なく変更になる場合があります。
※お車でご来場のお客様、ご試乗予定のある運転手様とそのご同乗者様へのアルコール提供は致しかねます。

【SUV EXPERIENCE 限定アイテム】
SUV EXPERIENCEのアイコンをモチーフにデザインした限定アイテム3種類を販売いたします。

SUV EXPERIENCE
限定Tシャツ
¥2,970

SUV EXPERIENCE
限定ネックストラップ
¥960

SUV EXPERIENCE
限定デニムトートバック
¥1,800

※価格は全て税込です。商品は予告なく変更になる場合がございます。取扱い商品詳細は店頭までお問い合わせ下さい。

Mercedes-Benz – A Daimler Brand

【Mercedes-Benz Connection NEXTDOOR 概要】　　　　　　　　　　　　　　　　　　Page 4

名称	: Mercedes-Benz Connection NEXTDOOR（メルセデス・ベンツ コネクション ネクストドア）
住所	: 東京都港区六本木 7-3-10（東京ミッドタウンから外苑東通り沿い、乃木坂駅方向）
デザイン監修	: 菊池 孝浩（株式会社ディーフレックス）
建築設計	: 大屋 和彦（株式会社 archimetal.jp）
施工	: 株式会社コンテナハウス 2040.jp
内装設計	: 株式会社パルコスペースシステムズ
レストランメニュー監修	: 株式会社トランジットジェネラルオフィス
敷地面積	: 923.30 ㎡
建築面積	: 105.77 ㎡
延床面積	: 92.81 ㎡
建築構造/規模	: 鉄骨 平屋建て
オープン	: 2016 年 2 月 10 日(水)
営業時間	
レストラン	: ランチタイム 11：00～15：00 (L.O.14:30) ディナータイム 18：00～22：00 (L.O.21:00) 席数 31 席（カウンター11 席、テラステーブル 20 席） 電話番号 03-3478-8381
SUV EXPERIENCE 試乗	: 10:00 - 20:00 (19:00 受付終了) ※2 月は 18:00 終了予定 電話番号 03-3423-1256
オフィシャルサイト	: http://www.mercedes-benz-connection.com/nextdoor/
試乗オンライン予約	: https://member.mercedes-benz.co.jp/trial/nextdoor/index.html

本件に関する報道機関のお問合わせ先	:	企業広報課 03-XXXX-XXXX（担当：XX）
本件に関するお客様のお問合わせ先	:	0120-190-610（メルセデス・コール）
メルセデス・ベンツ日本 ウェブサイト	:	www.mercedes-benz.co.jp
Facebook 公式ページ	:	www.facebook.com/mercedesbenz.jp
メディアサイト（登録制）	:	www.media.mercedes-benz.jp

Mercedes-Benz – A Daimler Brand

お知らせ
2016年5月17日
ヤフー株式会社

報道関係各位

今年の父の日は「ロマンスの日」!? 青いギフトで"最愛"のメッセージを贈ろう
Yahoo!ショッピング、「すごい父の日2016」を公開

http://shopping.yahoo.co.jp/event/fathers_day/

「Yahoo!ショッピング」を運営するヤフー株式会社は本日、6月19日(日)の父の日に向けて、特集サイト「すごい父の日2016」を公開しました。

本特集サイトでは、お酒や海鮮グルメ、スイーツやフルーツ、財布など様々なジャンルで父の日にぴったりなギフトを紹介しているほか、予算別や送料無料、売れ筋ランキングなど目的に合わせてギフトを探すことができます。また、昨年に引き続き、今年も「1,500人のお父さんに聞いた!本音調査」を実施。お父さんが父の日に欲しいものやしてほしいことなどについて、詳しい調査結果レポートを掲載しています。

さらに、今年は「ロマンスの日×父の日」として、"最愛"を込めて青いギフトをお父さんに贈ることを提案する企画も実施しています。「ロマンスの日×父の日」企画の詳細は、下記をご覧ください。

Copyright (C) 2016 Yahoo Japan Corporation. All Rights Reserved.

<「ロマンスの日×父の日」企画について>

◆キーワードは、"プレゼントブルー"。今年は青いギフトで決まり！
　高島屋 日本橋店、「LOHACO」でも本企画に連動して青いギフトを販売中

毎年6月19日は、日本ロマンチスト協会が「ロマンスの日」と制定しており、本当に大切な人と極上の一日を過ごすことを推奨している"大切な人を世界で一番幸せにする日"です。また、「ロマンスの日」は真実の愛の象徴である"青"に"最愛"というメッセージを込め、"何かひとつ青いもの"（プレゼントブルー）を贈る日でもあります。

そして、2016年は「ロマンスの日」と「父の日」が同じ日という特別な年です。そこで、「Yahoo!ショッピング」では、今年の父の日は青いギフトを積極的に提案します。父の日のギフトとして代表的な4つのジャンル（「お酒」「メンズファッション」「生活雑貨、ケア用品」「スポーツ、レジャー、趣味」）で厳選した計20個のおすすめ商品を日本ロマンチスト協会認定ギフトとして特集サイト上で紹介しています。

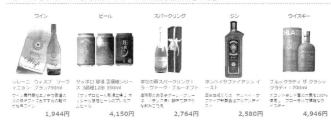

また、高島屋 日本橋店と、アスクル株式会社が運営する一般消費者向けインターネット通販サービス「LOHACO（ロハコ）」も本企画に賛同いただき、高島屋（※）と「LOHACO」ならではの青いギフトを販売しています。それぞれの詳細は下記URLよりご覧いただけます。
※日本橋店での販売は18日からの予定です

・高島屋 日本橋店
http://www.takashimaya.co.jp/store/special/fathersday/index.html
・LOHACO
http://lohaco.jp/event/fathers

◆子どもから青いギフトを貰ったら、7割以上のお父さんが「嬉しい」と回答

また、「Yahoo!ショッピング」では、株式会社コロプラ「スマートアンサー」と共同で1,670人のお父さんを対象におこなった父の日に関する本音調査の中で、ロマンスについての意識調査を実施。その結果、"父の日に「最愛」のメッセージが込められた青いギフトをご自身のお子さんからもらったら嬉しいですか？"という質問に対し、7割以上のお父さんが「はい」と回答しました。

Copyright (C) 2016 Yahoo Japan Corporation. All Rights Reserved.

"日ごろからロマンスを感じられる時間はありますか？"という質問に対しては、半数以上が「分からない、覚えていない」「過去1年以内にはなかった」と回答。一方で、"大切な人とのロマンチックなひと時を過ごすことについてどう思いますか？"という質問には「とても嬉しい」「嬉しい」「やや嬉しい」合わせて8割以上となっており、男性でも大切な人とロマンチックな時間を過ごすことは嬉しいようです。

20個のおすすめ青いギフトやロマンスについての調査結果は、下記URLよりご覧いただけます。
http://shopping.yahoo.co.jp/event/fathers_day/special/

父の日に「最愛」のメッセージが込められた青いギフトをご自身のお子さんからもらったら嬉しいですか？

70％以上の男性が「はい」と答えた結果に。父の日ではお子さんからプレゼントを貰う機会が多いかと思いますが、愛するお子さんから「最愛」のメッセージが込められたギフトをもらえるのはやはり嬉しいようです。

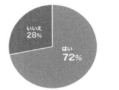

日頃からロマンスを感じられる時間はありますか？

「分からない」「過去1年以内にはなかった」など半数以上の人が日頃からロマンスを感じられる時間がないようです。日々忙しいと、最愛の人とロマンチック時間を過ごす機会もなかなかない様態。今年の2016年の父の日がよいきっかけになるのではないでしょうか。

大切な人とのロマンチックなひと時を過ごすことについてどう思いますか？

「とても嬉しい」「嬉しい」といった回答が半数以上に。男性でも大切な人とロマンチックなひと時を過ごすことについてはやはり嬉しいようです。父の日をきっかけに大切な人とロマンチックなひと時を過ごしてみてはいかがでしょうか。

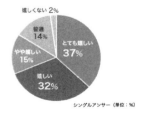

Copyright (C) 2016 Yahoo Japan Corporation. All Rights Reserved.

【日本ロマンチスト協会について】
日本ロマンチスト協会とは「大切なパートナーとの持続可能な関係づくり」実現に向け、ふたりの関係にトキメキを甦らせて、その幸せな未来が「永遠」に続くために「日常の中の非日常的な演出」を推奨している協会です。

日本ロマンチスト協会では2008年より、毎年6月19日を「ロマンスの日」とし、老若男女問わず大切なパートナーとのホスピタリティ向上の「きっかけづくり」となるよう「ロマンスの日」が日本文化として定着していくことを目指しています。
http://japan-romance.com/

<父の日およびロマンスについての本音調査 概要>
■調査主体　　：ヤフー株式会社
■調査方法　　：アンケート（株式会社コロプラ「スマートアンサー」のインターネット調査）
■調査期間　　：2016年4月6日（水）
■調査対象　　：全国の30代～60代のお父さん1,670名
　　　　　　　　全国の20代～40代の娘/息子553名
■調査結果URL
http://shopping.yahoo.co.jp/event/fathers_day/research/y2016/

■株式会社コロプラ「スマートアンサー」のURL
http://smartanswer.colopl-research.jp/

<本件に関する報道関係の方のお問い合わせ先>
ヤフー株式会社　広報室
電話：03-6440-××××　FAX：03-6440-××××
メールアドレス：×××@mail.yahoo.co.jp

Copyright (C) 2016 Yahoo Japan Corporation. All Rights Reserved.

CASE 31

山見博康の推奨 3(スリー)ポイント

ヤフー（株）

Yes 01 青を基調に全身を上中下でコーデした軽やかなパーティードレスのよう。「ロマンスの日」の意義を麗しく表現している。青い包装のきれいな品ぞろえは豊富で、選ぶ楽しさを演出する配慮がある。

02 各説明事項に写真やイラストを巧みに配した多彩なデザインは目を引く！ 3ページ目の調査内容、その結果を表す円グラフ、具体的な解説にユーモアあり。その心魂にブーム到来を期待する。

But 03 表現のダブリが散見される。強調にはなる。酒類外の品も見たい。記念日制定から毎年祝う人数や世帯数・売上高推移をグラフ化して目標数などを示すと、毎年記事が増えて大ブーム演出の弾みになるだろう。

CASE 32

山見博康の推奨 3(スリー)ポイント

夢の街創造委員会（株）

Yes 01 『出前館 on LINE』とはみごとな命名。LINEとのコラボそのものが旬の話題としてNews Valueあり。簡潔なリード部に続き、「■小見出し」に箇条書き、フローを現実画面でビジュアル化したのは秀逸。

02 「■サービス概要」を文章で解説した後、「■注文フロー」を①～③として個々に大きな画面でフローを見える化していてわかりやすい。【出前館】自体の詳しい説明は微に入り丁寧で親切。

But 03 「本日オープン」の朝刊記事がほしい。遅くとも数日前のリリースが必須。【今後の方針】に1～3年後に何人の友達登録者や注文数を狙うのかなど、明確な企業意志を示そう。

・LINE㈱

PRESS RELEASE

報道関係者各位

2016年7月20日
夢の街創造委員会株式会社

『出前館』に新しいチャネルが誕生
本日、『出前館 on LINE』オープン！
~LINEからの注文が簡単かつ高機能で可能に~

　夢の街創造委員会株式会社（代表取締役社長：中村利江、本社：大阪府大阪市）が運営する日本最大級の宅配ポータルサイト『出前館』(https://demae-can.com)は、2016年5月23日に締結したLINE株式会社（代表取締役社長：出澤 剛、本社：東京都渋谷区）との業務提携契約に基づき、7月20日(水)より、LINE上に『出前館 on LINE』を開設し、LINE上での出前の注文が可能となりましたので、お知らせいたします。

■サービス名称：『出前館 on LINE』（でまえかん おん らいん）

■サービス開始日： 2016年7月20日(水)～

■サービス概要：
『出前館 on LINE』の LINE 公式アカウントを友だち追加した後、お届け先住所もしくは郵便番号を入力すると、配達可能な店舗一覧が表示されますので、お好きな店を選び、メニューを選択して、カートに入れます。
続いて、LINEアカウントと『出前館』の会員情報をリンクさせる画面に自動的に遷移しますので、お持ちの LINE アカウント情報を入力し、『出前館』の会員登録を行うと、再度、注文確認画面に戻します。決済方法を選択すると、注文が完了し、LINEのトークに注文完了通知が届くという仕組みとなっております。
決済方法として、「LINE Pay」を選択し、簡単に決済することも可能です。

■注文フロー：

① 『出前館 on LINE』の LINE 公式アカウントを友だち追加

| QRコード | 公式アカウント一覧から『出前館 on LINE』を選択。 | 友だち追加画面で『出前館 on LINE』と友だちになる。 | 『出前館 on LINE』の友だち登録完了。 |

PRESS RELEASE

② 配達可能な店舗とメニューを選び、LINE アカウントからの『出前館』の会員登録

『出前館 on LINE』を使って注文。	位置情報や郵便番号検索から注文可能な店舗を探す。店舗一覧が出たら、好きなお店を選び、メニューを決めて、カートに入れる。	『出前館 on LINE』を初めて利用する場合は、『出前館』の会員登録を行う。	『出前館 on LINE』の会員登録後の画面。このあと、また注文画面に戻り、更に決済画面へ進む。

③ 決済方法を選択し、注文を完了

LINE Pay はチャージとクレジットカード の2種類の支払い方法から選択。また、LINE Pay 以外にも、代引きの利用も可能。	7桁のLINE パスワードをご自身で設定。	トーク画面に注文完了の報告が届く。

【出前館とは】

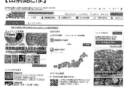

『出前館』(https://demae-can.com/) は、会員数約 807 万人、13,226 店舗以上の加盟店（2016 年 6 月末時点）を有する、自宅やオフィスで食事をする際に便利な日本最大級の宅配ポータルサイトです。

サイトに訪れるユーザーは、ピザ・弁当・中華・寿司・洋食・和食・エスニック・カレー・ハンバーガー・デザート・酒・ネットスーパーなど多数のジャンルの出前サービス店舗から、メニューや"現時点でのお届けまでの待ち時間"等の情報を見て、特典付きで注文をすることができ、月間約 27 億円の出前が出前館を通じて行われております（ちなみに、今期 平成 27 年 9 月〜平成 28 年 5 月までの平均値です）。注文してから、最短 20 分で商品が届くというスピード感のあるインターネットショッピングサイトです。また、日本最大級のジオサービス「Yahoo！ロコ」や Wii U のネットワークサービスにおけるサービス提供等の様々なチャネルとの連携、Amazon ログイン＆ペイメント導入による Amazon とのアカウントお

PRESS RELEASE

よび決済の連携なども行っております。今後も、さらに便利に出前をご利用いただけますよう、より一層のサービス向上に努めてまいります。

【LINE 株式会社 概要】
(コード番号:3938 東京証券取引所 第一部市場、NY 証券取引所)
設立:2000 年 9 月 4 日
資本金:125 億 9,619 万円
住所:東京都渋谷区渋谷 2-21-1 渋谷ヒカリエ 27 階
代表:代表取締役社長 出澤 剛
URL:http://linecorp.com/
主な事業概要:インターネット関連事業・ウェブサービス事業

【夢の街創造委員会株式会社 概要】
(コード番号:2484 東京証券取引所 JASDAQ 市場)
設立:1999 年 9 月 9 日
資本金:11 億 1,330 万円(2016 年 5 月末現在)
住所:(大阪本社)〒541-0056 大阪市中央区久太郎町 3-6-8 御堂筋ダイワビル 8 階
　　　(東京本社)〒100-0005 東京都千代田区丸の内 1-8-1 丸の内トラストタワーN 館 15 階
代表:代表取締役社長 中村 利江
URL:http://www.yumenomachi.co.jp/
主な事業概要:デリバリー総合サイト『出前館』https://demae-can.com/の運営

【本リリースに関する報道関係者からのお問合せ先】
夢の街創造委員会株式会社　広報担当　羽生(ハニュウ)
TEL:03-6777-0874　FAX:03-6777-0870　Mail:pr@yumenomachi.co.jp

お知らせ

RICOH imagine. change.

2015年8月21日

「RICOH Future House」海老名駅西口に8月21日(金)オープン

　株式会社リコーは、本日8月21日(金)に商業施設「RICOH Future House」を神奈川県の海老名駅西口に新しく誕生した扇町にオープンしました。「人が集い、学び、成長する。そして未来を創造していく場」をコンセプトに、幅広い年代の方々がそれぞれの未来を見据えてご利用いただくことができる施設です。駅西口のプロムナード沿いに建つ「家」の形をした4階建ての建物で、通りに面した壁面は全面ガラス張りの開放感あふれるつくりになっています。1階には気軽にご利用いただけるカフェもあります。ぜひお立ち寄りください。

1階　カフェ「PUBLIE(ブブリエ)」、プリントショップ「RICOH Ebina Creative Shop」
2階　知的好奇心に応えるイベント・レンタルホール「RICOH Future Hall」
3階　小中学生向け科学技術体験学習スペース「コサイエ」
4階　まちとともに未来を創るレンタルオフィス・コワーキングスペース「RICOH Office & Lounge Ebina」
各施設のご利用につきましては公式サイトをご参照ください。

RICOH Future House 外観　　オープニングセレモニー　　学習プログラムを体験中の子供たち

＜RICOH Future House＞
施設名：「RICOH Future House」
所在地：神奈川県海老名市扇町5-7
営業時間：9:00～21:00(一部フロアにより営業時間が異なります)
オープン日時：2015年8月21日(金)13:00
休館日：年末年始、その他
アクセス：相鉄線 海老名駅／小田急線 海老名駅西口から徒歩5分
　　　　　JR相模線 海老名駅から徒歩3分
コンセプト：「人が集い、学び、成長する。そして未来を創造していく場」
構造：鉄骨4階建
延床面積：2,433㎡
敷地面積：1,233㎡
駐車場：なし
駐輪場：あり

株式会社リコー　http://jp.ricoh.com/

お問い合わせ先　　広報室　　TEL：03-6278-5228(直通)　　E-mail：koho@ricoh.co.jp

関連サイト

公式サイト：http://ricohfuturehouse.jp/
Facebook： https://facebook.com/ricohfuturehouse
「RICOH Future House」海老名駅西口に8月21日（金）オープン（2015年7月16日ニュースリリース）
⇒http://jp.ricoh.com/release/2015/0716_1.html
「RICOH Future House」で体験学習サービスを開始(）(2015年3月10日ニュースリリース）
⇒http://jp.ricoh.com/release/2015/0310_1.html
まちづくりを通じて、新規事業の創出を目指す(2014年6月10日ニュースリリース）
⇒http://jp.ricoh.com/release/2014/0610_1.html

| リコーグループについて |

リコーグループは、オフィス向け画像機器、プロダクションプリントソリューションズ、ドキュメントマネジメントシステム、ITサービスなどを世界約200の国と地域で提供するグローバル企業です（2015年3月期リコーグループ連結売上は2兆2,319億円）。

人と情報のかかわりの中で新しい価値を生む製品、ソリューション、サービスを中心に、デジタルカメラや産業用の製品など、幅広い分野で事業を展開しています。高い技術力に加え、際立った顧客サービスや持続可能社会の実現への積極的な取り組みが、お客様から高い評価をいただいています。

想像力の結集で、変革を生み出す。リコーグループは、これからも「imagine. change.」でお客様に新しい価値を提供していきます。

より詳しい情報は、下記をご覧ください。

http://jp.ricoh.com/

CASE 33 山見博康の推奨3ポイント

（株）リコー

Yes 01 当日付「お知らせ」だが、前月7月16日付「プレスリリース」で公式発表している。事前に「ニュース」として、当日付で結果を知らせるこの方式を見習おう。一粒で二度美味しい戦略性あり。

02 階ごとの特徴あるレイアウトと外観や子どもの写った3枚の写真が、楽しく有意義な様子を物語っている。2ページ目の関連資料やサイトのURLリストは親切心の表れ。

But 03 1ページ目右下や2ページ目の余白を有効活用し、7月16日付リリース記載の海老名との縁や街づくりのノウハウ蓄積による新規事業横展開への布石などを再度記すと、より一層意義や意図の浸透を図ることができる。

CASE 34 山見博康の推奨3ポイント

YSメンタルヘルス（株）

Yes 01 「ストレスチェック義務化施行」という旬の話題が興味を惹き立てる。インパクトのある色使い（黄色地に黒字、濃紺に白字）のタイトルが目を引く。心の有り方を導く参考図書も簡潔に紹介されていて好印象。

02 リード部でセミナー開催の意義を簡潔に紹介した後、イベント内容は枠で囲み箇条書きされ、わかりやすい。特に2ページ目の参加申込書は手本になる。「申込みなくてもどうぞ！」と多忙な記者への配慮も喜ばれる。

But 03 講師である弁護士の顔写真や略歴に加え、講義の一端を解説しておくとより興味を惹こう。地図もあると良い。今後の方針で月1回ペースとあるので、次回の日程も決めて案内するとベター。

Press Release

1/2
2015年10月22日

報道関係者各位
厚生労働記者会　　御中
厚生日比谷クラブ　御中

YSメンタルヘルス株式会社
代表取締役社長　岡田甚良

人事・労務担当者の為のメンタルヘルス・ストレスチェック対策シリーズ

【無料】労務事情に精通した第一線の弁護士による
「メンタルヘルスの法律Q&A」セミナーへのご招待
日時：2015年11月11日(水)15:00～17:00
場所：東京八重洲ホール 701会議室

　当社は、メンタルヘルスのプロフェッショナル集団として「ストレスチェック」から「セカンドオピニオン」迄、ハイクオリティなワンストップサービスを提供しています。
　その一環として、来る11月11日(水)15時より2時間、労働安全衛生法の改正により、12月1日から義務化される「ストレスチェック制度」がスタートする直前に、労務事情に精通した第一線の弁護士2名により、その対策の課題と解決の方向性についてQ&Aを交えて解説するセミナーを下記の通り開催致します。
　ご多忙のところとは存じますが、是非お越し頂きたくご招待申しあげます。

■日時：2015年11月11日（水）15時～17時　（14:30 受付開始）
■場所：東京八重洲ホール 701会議室
　　　　（中央区日本橋3-4-1 新第一ビル）
　　　　JR 東京駅八重洲中央口より徒歩3分
　　　　銀座線日本橋駅・京橋駅より徒歩3分
　　　　東西線日本橋駅より徒歩7分
■講師：大毅　　　弁護士（大毅法律事務所）
　　　　岩崎道也　弁護士（橘・岩崎法律事務所）
■セミナーの概要：添付の通り

【今後の方針】
　当社は、メンタルヘルスのプロフェッショナル集団として、これからもタイムリーなテーマを取り上げて、人事・労務担当者の為のメンタルヘルスに関するセミナーを毎月1回のペースで開催していきます。

2/2

【Fax：050-3588-6918】【電話：03-5204-2048】【Mail：info@ysmh.co.jp】

≪メンタルヘルスの法律Q&A参加申込書≫
日時：2015年11月11日（水）15:00～17:00
場所：東京八重洲ホール701会議室

参加可否	□ 参加　　　　□ 不参加		
貴社名			
貴媒体名（社名と異なる場合）			
部署・役職名			
御芳名			
電話（携帯電話）		FAX	
E－mail	（宜しければ）		
個別取材ご要望等	□事前インタビュー希望 □その他ご要望		

申し込みありがとうございました。
お申込みなくても、当日ご都合宜しければ、短時間でもお越し下さい。
当日、お会いできるようお待ち申し上げます。

【YSメンタルヘルス（株）概要】　http://www.ysmh.co.jp

● 設立：2015年　●代表者：岡田基良（おかだもとよし）

● 業務内容：「薬に頼らないうつ治療」で高い寛解率を誇り、患者様からの信頼度が高いグループ内専門クリニック「YSこころのクリニック」が直接サポートする他、企業のメンタルヘルス問題の対応に関する未然防止、復職、戦力化の総合的なコンサルティング、ストレスチェック、MHに関する人事コンサルティング、キャリア支援、セカンドオピニオン等、「メンタルヘルス」のプロフェッショナル集団がハイクオリティなワンストップサービスを提供します。

【お問合せ・お申込み先】
YSメンタルヘルス株式会社：広報担当：小林・小石
〒103-0027　東京都中央区日本橋3-4-15　八重洲通ビル6F
電話：03-5204-2048　Fax：050-3588-6918　Mail：info@ysmh.co.jp

CASE 1

プレスリリース

報道関係者 各位

2016年6月7日

業界初！ 冷凍おしぼり全国配送サービスを開始
伊勢志摩サミット 国際メディアセンターでも使われたVBケアが
冷た〜い 冷凍おしぼりで新登場！

　新しいおもてなしの感動を創造する株式会社藤波タオルサービス(東京都国立市 代表取締役社長 藤波克之、以下藤波タオルサービス)は、株式会社インターアシスト(千葉県柏市 代表取締役社長 吉田一男)と物流の提携を図り、おしぼりを凍った状態で全国にお届する(一部地域、沖縄県・離島を除く)、業界初の冷凍おしぼりの取り扱いを開始いたします。

　5月26・27日に開催された伊勢志摩サミット(主要国首脳会議2016)において、世界各国の記者の方々にお使いいただいたおしぼりVBケアが、だんだんと蒸し暑くなるこれからの季節にぴったりの、冷たく凍ったおしぼりとして登場です。日本の暑い夏に向けて、新しい体験のおしぼりとしてご提案いたします。

　今後も藤波タオルサービスは、ネット購入によるお客様の裾野をさらに拡大させるべく、様々な形で"付加価値"のある魅力的な商品を提供できるよう、おしぼりの品質と価値の向上に努めてまいります。

【冷凍おしぼり VB ケアの特徴】
1. クール便（冷凍）を使い、おしぼりを凍らせたまま、ご希望のお届け先までお届けいたします。
2. ワンストップ物流を実現するインターアシスト内の専用冷凍設備で事前にしっかり凍らせ、ご注文をいただいてから、最短翌日出荷いたします。
3. 凍っている状態でも、破れることなく簡単に広げて使っていただける耐凍素材を使用。
4. 肌触りがよく耐久性に優れた三層ハイブリット素材（※1）の使用により、布のような優しい拭き心地のおしぼりです。
5. 抗ウイルス・抗菌仕様により衛生的、またノンアルコール・無香料・パラベン不使用のため肌の弱い方やお子様や女性にも安心・安全。1本ずつ包装されている使い切りタイプなので、いつでもどこでも手軽に安心してお使いいただけます。
6. 30 ㎝×60 ㎝とフェイスタオルと同じサイズ。体を拭いたり、首に巻いて涼を取ることもできる大判サイズのおしぼりです。

※1：三層ハイブリット素材＝レーヨンポリエステルと、保水性・保湿性に優れたエアレードパルプを重ねた素材。

【販売】
藤波タオルサービス運営の通販サイト
「イーシザイ・マーケット　http://www.e-shizai.net 」にて販売。
入り数：30本入り
定価：3000円＋消費税（送料込）
クール（冷凍）便にて全国にお届けいたします。
　　　　　　　　（一部地域、沖縄県・離島は除きます。）

株式会社藤波タオルサービス　会社概要
会社名：株式会社藤波タオルサービス
本社：〒186-0012　東京都国立市泉1-12-3
代表取締役：藤波　克之
URL：http://www.fujinami.co.jp
このプレスリリースについてのお問合わせ
株式会社藤波タオルサービス
プロモーション課　唐沢志乃
TEL 042-576-9131　Fax 042-572-3266
メールアドレス pr@fujinami.co.jp

CASE 1

山見博康の推奨 3(スリー) ポイント

FSX（株）（旧：（株）藤波タオルサービス）

Yes 01 見開けばブルーが印象的な秀作。「業界初」が目に飛び込み、サブタイトルに「伊勢志摩サミット」との言葉にインパクトがある。爽やかブルーで冷たそう、涼しそうな写真が圧巻。

02 「段落＋小見出し＋箇条書き」で一貫し、斜め読みでも理解できる見本。6つの特長を箇条書きで簡潔に紹介し独自サービスを強調。パッケージの姿を写真で披露しているのは親切。「通販でも買える」もよくわかる。

But 03 インターアシスト社との物流提携なので、個々の役割に関する関係をイラストにするとビジュアル的に理解が進み興味を惹こう。注文から到着までの物流の仕組みを図示すると記者の発想も拡大する。

CASE 2

山見博康の推奨 3(スリー) ポイント

沖電気工業（株）（OKI）

Yes 01 タイトルとイラストをひと目見れば全体の主張ポイントが直観でき、文章と絵図のバランスも確かな見本的存在。イラストの比較が子どもにもわかるシーンと言葉で表現されていて、メディアにこのまま使ってもらえるだろう。

02 2ページ目で、様々な用途をイラストで示すことで多様性のある需要分野を示唆し、業績アップへの期待を抱かせる。3ページ目の技術概要も難しい技術をイラストでわかりやすく図示していて素晴らしい。

But 03 最も大切な企業意志を反映する「今後の方針」が、2ページ目の中頃に少しあるのみ。積極的に取り組む姿勢は示すが、目標数字もなく平凡！ 戦略商品として目標数字があると社内外に躍動感が漂う。

OKI Open up your dreams

No. 15004　　**PRESS RELEASE**　　２０１５年４月１５日

沖電気工業株式会社　広 報 部

〒105-8460　東京都港区虎の門1-7-12
TEL (03)3501-3835　FAX (03)3501-3924
http://www.oki.com/jp/

OKI、特定のエリア内の音のみ収音する「エリア収音システム」を開発
～　エリア内にいる人の声だけをクリアに伝達、
テレビ会議や高騒音下での円滑なコミュニケーションを実現　～

OKI は、このたび複数の指向性マイクを収音したいエリアの周囲に配置することで、エリア内の音のみ収音できる「エリア収音システム」を開発しました。この技術は、会議室やオフィスのように多くの人が同時に話している環境であっても、特定のエリア内で話している人の声だけをクリアに収音することを可能にします。

従来技術との比較例：テレビ会議

【通常のマイク】
周りの人の声や背景雑音で発言者の声がよく聞き取れない

【OKI の「エリア収音システム」】
周りはうるさくても発言者の声がクリアに聞こえる

近年、ICT（情報通信技術）の発達にともないテレビ会議やテレワークなどが身近になり、離れた場所にいる人とコミュニケーションを取る機会が増えています。発言者の声に周囲の人の声や背景雑音が含まれると、相手の声が聞き取り難くなり会話が中断してしまうなど、円滑なコミュニケーションが阻害されてしまいます。それを避けるには、特定のエリア内にいる人の声だけをピンポイントに収音できる技術が必要です。ガンマイクやマイクアレイ[※1]など指向性を持ったマイクを使用すれば、特定の方向の音を収音することはできますが、これらのマイクの指向性は直線的であるため、収音したいエリア（以下、目的エリア）の音だけでなく、目的エリア方向に存在する音を全て収音してしまいます。

今回 OKI が開発した「エリア収音システム」では、マイクアレイを 2 つ用い、指向性をそれぞれ別の方向から目的エリアで交差させます。このとき各マイクアレイの指向性に共通に含まれる

1 / 3

成分を目的エリアの音と推定し、それ以外の成分を抑圧します。これにより目的エリア内の音のみ収音することを実現し、周りがうるさくても発言者の声がクリアに聞こえるテレビ会議システムなどの遠隔コミュニケーションが可能となりました。エリア内であれば、自由に向きを変えたり動いたりしながら話すこともできます。

【OKIの「エリア収音システム」の特長】
- 目的エリアの外で複数人が会話をしていても、エリア内にいる人の声だけを収音します。
- 少ないマイク数（最少2個）でマイクアレイを構成できます。
- 低演算量であるため、複数のエリアをリアルタイムに同時に収音可能です。
- エリア内であれば、自由に動いて話すことができます。
- エリア音判定機能により、エリア内で音が発生したときだけ収音することも可能です。

【適用例】
　離れた場所とのコミュニケーション（テレビ会議、テレワーク）に加え、本システムは下記のようなさまざまなシーンでの適用が可能です。
- エコーやハウリングの発生を抑えたハンズフリー会話
- 音声認識率向上のための前処理（カーナビ、議事録作成）
- 高騒音下での収音（展示会場、工場、駅の券売機）
- プライバシーやセキュリティが重要となる場所での利用（金融店舗、コールセンター）

　カーナビ　　　テレビ会議　　　展示会場　　　　工場　　　　　金融店舗

　OKIは、「エリア収音システム」のさまざまな利用シーンへの活用展開や技術応用に向け、今後もさらに取り組んでいきます。

　なお、本成果の一部は、国立研究開発法人情報通信研究機構（理事長：坂内 正夫、以下NICT）が進める超臨場感コミュニケーション技術に関する研究開発の一環として、NICTから受託した委託研究「高度通信・放送研究開発委託研究／革新的な三次元映像による超臨場感コミュニケーション技術の研究開発」によって得られたものです。

【OKIの「エリア収音システム」の技術概要】
　OKIの「エリア収音システム」では、まず目的エリアの周囲に2つのマイクアレイを配置し、それぞれビームフォーマ[※2]により目的エリア方向へ指向性を形成します。この状態では、各マイクアレイの指向性には目的エリア内の人の声（目的音）だけでなく、目的エリア方向にいる人の声（雑音）も混ざっています（図1左）。しかし音声には、周波数領域ではそれぞれの成分が重な

る確率は低いという性質があるため、目的音成分と雑音成分は混ざらず独立に存在しています。2つのマイクアレイの指向性を周波数領域で比較すると、どちらも目的エリアへ指向性を向けているので、目的音成分は共通に含まれますが、雑音成分は各マイクアレイで異なります（図1右）。この特性を利用し、各マイクアレイの指向性に共通に含まれる成分を見つけ出し、目的音の成分を推定します。その後、目的音以外の成分を雑音成分とみなして抑圧することで、目的音のみ強調することができます（図2）。

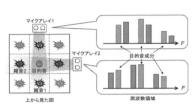

図1 各マイクアレイの指　　　　　　　　　　図2 エリア収音処理

【用語解説】

注1: マイクアレイ
複数の全指向性マイクから構成され、信号処理により指向性を形成する。

注2: ビームフォーマ
各マイクに到達する音の時間差を利用し、指向性を形成する手法。

※ 沖電気工業株式会社は通称をOKIとします。
※ その他、本文に記載されている会社名、商品名は一般に各社の商標または登録商標です。

----------　本件に関する報道機関からのお問い合わせ先　-------------
広報部
電話：０３－３５０１－３８３５　e-mail:press@oki.com

-----------------　本件に関するお客様からのお問い合わせ先　-----------------
研究開発センタ　メディア処理技術研究開発部
お問い合わせフォーム　URL：https://www.oki.com/cgi-bin/inquiryForm.cgi?p=075j

NEWS RELEASE

レシぽん

2014 年 10 月 22 日
株式会社カカクコム

カカクコム、料理のサポートアプリ『レシぽん』を
"プロのレシピ"を無料で検索できるアプリに刷新！
～31 サイトのレシピ 8 万件超からまとめて検索、人気順に探せます～

株式会社カカクコム（東京都渋谷区 代表取締役社長 田中 実、東証コード：2371）は、運営する料理サポートアプリ『レシぽん（http://recipom.com/ ）』を、さらなる利便性向上のため、サイトコンセプトも新たに「プロのレシピを無料でまとめて検索できるアプリ」へとフルリニューアルしました。これにより、31 サイトの 8 万件超のレシピを、多彩な検索条件や、人気順で効率的に探せるようになりました。

『レシぽん』リニューアルについて

近年、料理を作る際にスマートフォンからレシピを検索するという行動が定着してきています。『レシぽん』は、冷蔵庫の食材を登録・管理しながらレシピを探せるアプリとして 2011 年 8 月よりサービスを提供してきましたが、昨今、膨大な数のレシピ情報がインターネット上に紹介される中、より効率的に信頼度の高いレシピを探したいというユーザーニーズに対応して、"プロのレシピを無料でまとめて検索できるアプリ"へとサービスを刷新しました。

新しい『レシぽん』について

●プロのレシピ 8 万件超を人気順で検索でき、きれいな写真から選べます

料理研究家やクッキングスクール、メーカー、スーパーマーケットなどが運営する各レシピサイトから、プロが考案・監修したレシピ 8 万件超を一度にまとめて検索できます。検索結果は、人気順に表示され、他のユーザーがお気に入りに登録している数も一目瞭然に。また、豊富なメニュー写真を見ながら、気になるレシピを視覚的に選べるようになりました。

＜掲載レシピサイト＞「味の素」「フードソムリエ」「ベターホーム」「ボブとアンジー」など計 31 サイト

●多彩な条件から検索・絞り込みが可能

レシピは食材・料理名のフリーワードに加えて「お肉のおかず」「ご飯もの」「サラダ」「スープ・汁物」といった各種テーマから検索できるため、献立作りにも役立ちます。またジャンル、カロリー、調理時間といった多彩な条件で絞り込んだり、苦手な食材を省いて探すこともできます。

●気になるレシピはお気に入りに追加して、簡単に管理できます

レシピはワンタップで 1,000 件までお気に入り登録でき、自分だけのフォルダを作って簡単に管理できます。また閲覧したレシピは履歴保存されるため、スーパーやキッチンなど、いつどこにいてもレシピを確認できます。

今後も『レシぽん』は、ユーザーの好みに合わせたレシピの自動表示など、さらに便利な機能を提供し、皆様の楽しいお料理ライフをサポートしてまいります。

▼『レシぽん』ダウンロードページ（無料）
iPhone 版：https://itunes.apple.com/jp/app/id891252951
Android 版：https://play.google.com/store/apps/details?id=com.recipom2

※旧『レシぽん』アプリはサービスを停止いたします。旧アプリをご利用の方は、アプリ上に表示されたダウンロードページへのリンクよりインストールいただけます。

レシぽんアイコン

kakaku.com

NEWS RELEASE

▼レシぽん公式 SNS

Facebook：https://www.facebook.com/recipomcom　　Twitter：https://twitter.com/recipom

【株式会社カカクコム　会社概要】

所在地：　　　東京都渋谷区恵比寿南3丁目5番地7 恵比寿アイマークゲート
代表取締役：　田中　実
企業情報：　　http://corporate.kakaku.com/
事業内容：　　サイトの企画・運営
運営サイト一覧：　http://corporate.kakaku.com/company/service

【報道に関するお問い合わせ先】

株式会社カカクコム　広報室
Tel：03-0000-0000　e-mail：sampleadress@kakaku.com

kakaku.com

CASE 3

山見博康の推奨 3 ポイント

（株）カカクコム

Yes 01 タイトルとサブタイトルで内容がすぐにわかり、本文は赤で小見出しを付け、箇条書きで簡潔に明文化していてわかりやすい。すぐアクションがとれるようダウンロードページを記載したのは親切。

02 ２ページ目で６種類もの画面イメージをカラーで大きく掲載し、ビジュアルで一目瞭然とさせた好例。より詳しくは、関連サイトに飛んでいけるようURLを紹介。気が利く配慮は顧客対応の良さを期待させる。

But 03 「31サイト８万件超のレシピ」が多いのであれば、他アプリとの違いを含む比較表や2011年開始以降の利用数増加推移表を示そう。刷新後の数値目標を掲げた「今後の見通し」も掲載したいところ。

CASE 4

山見博康の推奨 3 ポイント

キリン（株）

Yes 01 研究成果を枠で囲み、簡潔に凝縮した箇条書きの解説はとても理解しやすい。記者が瞬時に内容を把握できるように工夫しているのは見習う点が多い。技術研究所の存在もより信頼感を増す。

02 成果を一目瞭然で表現した簡素なグラフは、このまま一般紙でも使われやすい。「※」で詳細情報や欄外で論文へのアクセス法を注釈したのは、バックデータとなり信憑性が増して親切！

But 03 タイトルに「世界初発見！」や「脂肪1／2！」といった数値を入れて強いインパクトを。また、具体的活用の方向や例を【今後の見通し】の小見出しに記すと完璧に！

2016年1月18日

赤ワインに含まれるポリフェノールの一種「ε-ビニフェリン」が高脂肪食による肥満を抑制する効果を発見

　メルシャン株式会社（社長　横山清）は、キリン株式会社（社長　磯崎功典）のワイン技術研究所、健康技術研究所と共同で、赤ワインに含まれるポリフェノールの一種、レスベラトロールの二量体[※1]である「ε（イプシロン）-ビニフェリン」の肥満抑制効果を世界で初めて明らかにしました。この研究成果は2015年12月25日（金）に米国科学誌「Biochemical and Biophysical Research Communications」に掲載されました。

※1　同一の成分が二つ結合したものを「二量体」と呼ぶ。ε-ビニフェリンはレスベラトロールが二つ結合した化合物である。

　以前から赤ワインに含まれる機能性成分としてレスベラトロール[※2]が知られていますが、同様に赤ワインに含まれるポリフェノールの一種である「ε-ビニフェリン」については、これまで肥満に対する効果について明らかになっていませんでした。
　当社は、今回の研究で「ε-ビニフェリン」が高脂肪食により引き起こされる肥満を抑制することとともに、そのメカニズムがレスベラトロールとは異なることを明らかにしました。

※2　「赤ワインに含まれるポリフェノールの一種・レスベラトロールによる内臓脂肪蓄積抑制のメカニズムを解明」
　　　（2015年6月26日「第127回　日本薬理学会近畿部会大会」で発表）
　　「赤ワインに含まれるポリフェノール一種レスベラトロール摂取による褐色脂肪細胞内の温度上昇効果を発見」
　　　（2015年12月1日「第38回　日本分子生物学会年会、第88回日本生化学会大会　合同大会」で発表）
　　「赤ワインに含まれるポリフェノールの一種レスベラトロールの長期摂取による抗動脈硬化作用を確認」
　　　（2015年12月2日「第88回　日本生化学会大会・第38回　日本分子生物学会大会合同大会」で発表）

●研究の概要
・赤ワインに含まれている、レスベラトロール二量体である「ε-ビニフェリン」の脂肪細胞に対する効果と、高脂肪食を与えたマウスへの効果を調べました。

●結果
・「ε-ビニフェリン」を脂肪細胞のモデルである3T3-L1細胞に添加したところ、脂肪細胞のマーカー遺伝子であるPPARγの発現が抑制され、脂肪の蓄積を低減させることが分かりました。
・高脂肪食に「ε-ビニフェリン」を含ませて与えたマウスでは、内臓脂肪の蓄積量が有意に減少することが分かり（右図）、肥満により生じる炎症も抑えられていました。

●考察
・今回の実験結果から、レスベラトロールの摂取が肥満に伴い脂肪細胞で活性化するヒストンアセチル基転移酵素（EP300）を制御することで、内臓脂肪の蓄積抑制と減少につながるのに対し、ε-ビニフェリンは脂肪細胞のマーカー遺伝子であるPPARγの発現を抑制することで脂肪蓄積を抑制することが分かり、高脂肪食による肥満を抑制する効果があることが示されました。

＜ワイン技術研究所について＞

　ワイン技術研究所は2016年1月1日に新設されました。当研究所はワイン・梅酒・焼酎で培った技術と、ビール・清涼飲料関連技術の融合により新しい価値創造につなげること、ワイン事業のさらなる成長につながる中長期視点での研究開発推進を目的に、メルシャンの商品開発研究所をキリンのR&D本部に機能統合したものです。今回の、赤ワインに含まれるポリフェノールの研究は、メルシャンが長年にわたり注目して行ってきた研究を継承したものです。
　メルシャンは、今後もキリンのワイン技術研究所とともに研究を発展させ、さらなる商品・ブランド価値の向上につなげていきます。
　キリングループは、あたらしい飲料文化をお客様と共に創り、人と社会に、もっと元気と潤いをひろげていきます。

【論文掲載の概要】
1. 論文名：ε-Viniferin, a resveratrol dimer, prevents diet-induced obesity in mice.
2. 雑誌名：Biochemical and Biophysical Research Communications（米国科学雑誌）
3. DOI番号：10.1016/j.bbrc.2015.11.047
4. 著者　Kazuaki Ohara, Kaori Kusano, Sayoko Kitao, Takaaki Yanai, Ryoji Takata, Osamu Kanauchi

添付資料：キリン株式会社R&D本部ワイン技術研究所概要

【本件お問い合わせ先】
キリン株式会社　コーポレートコミュニケーション部
東京都中野区中野4-10-2　中野セントラルパークサウス　TEL　03-6837-7028
キリンホームページ　　http://www.kirin.co.jp

GUNZE

2016年1月6日
グンゼ株式会社

NEWS RELEASE

報道関係各位

「ウェアラブル用機能テキスタイル」を開発
着るだけでバイタルデータを取得できるウェアや家畜用冷却ウェアに活用

　グンゼ株式会社(本社:大阪市北区、社長:児玉 和)は、2014年度よりスタートした中期経営計画「CAN20」で、新規事業創出のための CFA(クロスファンクショナルアプローチ)プロジェクト活動を実施しています。そのうちの「エジソンプロ」ではアパレル事業の編み技術や着用安全性、快適性の評価技術と、機能ソリューション事業で培った電子回路形成や表面加工の技術を融合した素材の開発を推進してきましたが、この度、<u>ウェアラブルに利用できる機能テキスタイル</u>を開発しました。

　この素材を使用した各種ウェアラブル製品を、「第2回ウェアラブル EXPO(ウェアラブル端末の活用と技術の総合展)」(会期:2016年1月13日～15日、会場:東京ビッグサイト)に出展します。

ウェアラブル用機能テキスタイル

■1. バイタルデータ取得用ウェア
- アパレルの技術を応用し、「快適性」と「機能性」を両立したバイタルデータ取得ウェア
- デバイスを装着して心拍、心電、体表温などのバイタルデータの取得が可能
- 部分着圧と快適な素材で長時間の着用がしやすく、スポーツ・トレーニング、日常のヘルスケア、研究用などの用途を想定

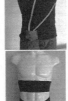

■2. 家畜冷却システム「ウシブル」
- 乳牛の暑熱ストレスを軽減するウェアシステム
- 京都府農林水産技術センター畜産センターと共同開発中
- グンゼのオリジナル冷感素材「ラディクール®」を使用した乳牛用ウェアに注水し気化熱で牛体を冷却できるウェア

■3. 発熱ニット
- 編み技術で生地に電気回路を形成し、外部電源により特定箇所を暖めることができるニット構造物
- 発熱部を自由に設定でき、保温タイツやソックスなど様々な製品に展開が可能

■4. 導電性ニット線材
- 金属細線、金属めっき糸などの導電性繊維を編みこんだ柔軟かつ伸縮性のある導電性ニット

　グンゼは1896年、京都府何鹿郡(現在の綾部市)に蚕糸業振興と、それによる地域社会貢献を創業の理念として誕生し、おかげさまで今年創業120周年を迎えます。
　これからも創業の理念を経糸とし、お客さまに"ここちよさ"をお届けする企業として邁進してまいります。

■1. バイタルデータ取得用ウェア
概要: 　アパレルの技術を応用し、着用が快適なバイタルデータ取得用ウェア。
　　　 デバイスを装着して心拍、心電、体表温などのバイタルデータの取得が可能です。
特徴: 　(1)着用感がよく、快適なウエア設計
　　　 (2)着脱を妨げない設計

2016年1月6日
グンゼ株式会社

NEWS RELEASE

　　(3) 用途に応じた着圧設計
　　(4) 配線によりデバイス・バッテリーを自由に配置
　　(5) 肌への影響を考えた電極
想定用途：・スポーツ・トレーニング　　・日常のヘルスケア　　・研究用途　など

スポーツ・トレーニング

日常のヘルスケア

研究用途

■2. 家畜冷却システム「ウシブル」

概要：　乳牛の暑熱ストレスを軽減するウェアシステム。熱伝導性の高いグンゼオリジナル冷感素材「ラディクール®」をベース素材とした乳牛用ウェアに適量の水を含ませその気化熱を利用して牛体を冷やすウェアシステム。京都府農林水産技術センター畜産センター（京都府綾部市）と共同で、「ウシブル」着用による酷暑ストレス軽減効果の解析・評価を進めています。

特徴：　(1) グンゼオリジナル冷感素材「ラディクール®」で、高い吸熱、放熱性能と冷感性を持続
　　　　(2) 牛の激しい動きにも脱げにくい
　　　　(3) グンゼオリジナル素材で、牛に着用ストレスを与えない

担当者による牛体の採寸

開発途中の「ウシブル」を試着する乳牛

■3. 発熱ニット

概要：　生地に電気回路を直接編みこみ、外部電源によって特定箇所を温めることができます。タイツのひざ部分やソックスのつま先部分など、自由な箇所に発熱部を設定できます。

特徴：　(1) 生地に柄を編みこむ技術を応用し、生地に直接回路の配線を編成し着用感を阻害しない
　　　　(2) 配線の長さ、太さを柄表現技術により変化させ、抵抗コントロールすることで発熱
　　　　(3) 発熱部の位置や大きさを自由に設定でき、様々な製品に応用可能

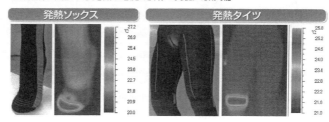

2016年1月6日
グンゼ株式会社

NEWS RELEASE

■4. 導電性ニット線材
概要： 金属細線、金属めっき糸などの導電性繊維を編みこみ、ニット製品ならではの柔軟性、伸縮性がある導電性ニット。
特徴： 金属めっき糸タイプ
(1)柔軟性、通気性に優れています
(2)伸縮による抵抗変化特性の設計が可能
エナメル銅線タイプ
(1)金属めっきタイプと比較し低抵抗
(2)耐熱性繊維とエナメル線の複合によりはんだ付けが可能
想定用途：・柔軟な信号線

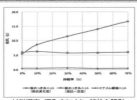

材料選定、編み方により、特性を設計

液晶表示用I2C通信、LED点灯制御　など
上記配線の抵抗値:5Ω/m
(Φ30μm×7本のエナメル線、4コースで形成した場合)

■ウェアラブル製品　開発の背景
　グンゼは1896年に製糸業として創業し、その後1934年よりストッキング、1946年より肌着の生産を開始し、120年の歴史の中で培った編み・織りなどの繊維加工技術、着用快適性などのノウハウを保有しています。
　さらにプラスチックフィルム事業(1962年～)、電子部品事業(1985年～)のセンシングや電子回路形成技術などを有しており、異分野の製品技術を融合することでき、「スマートテキスタイル」開発に欠かせない技術をトータルに保有しています。　グンゼはアパレル事業と機能ソリューション事業の融合により、ヒトに優しい快適性のある「衣料型」ウェアラブルを創造します。

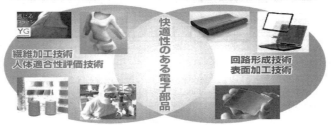

本件に関するお問合せ先

報道関係の方からのお問合せ	広報IR室	(大阪)	TEL:06-6348-1314 （担当/小倉・仲谷・渡辺）
		(東京)	TEL:03-3276-8676 （担当/前川）
お客さまからのお問合せ	経営戦略部 経営戦略室		TEL:06-6348-1310 （担当/永井）

■GUNZEホームページ　http://www.gunze.co.jp/　　■GUNZE技術ポータルサイト　http://tech.gunze.co.jp

CASE 5

山見博康の推奨 3(スリー) ポイント

グンゼ（株）

Yes 01 ブランドへの揺ぎ無い誇りとこだわりが社色の背景に息づき、「ウシブル」に美味乳を願う愛情がにじむ。「箇条書き＋見出し」ありの躍動感溢れる優作で、会社の指導力や深い想いが読み取れる。

02 化学的な裏付けが確固たる技術への自信を示し、極めて微細な部分までの明快な描写が親切心や思いやりを表す。各事業の有機的結合から得る相乗効果をビジュアルに示す背景図は見応えあり。

But 03 「今後の方針」を小見出しにし、戦略的進め方や業績への期待などに言及すると完璧になる。リリースは会社を映す鏡であり、戦略的情報商品でもあることを決して忘れない。

CASE 6

山見博康の推奨 3(スリー) ポイント

（株）正興電機製作所

Yes 01 地域で知名度があり、「当社は」で始める文は、長々と社名や住所等々を記述するのに対して簡潔で◎（右上に社名あり）。自己紹介でも「私は」と言うはず！　無用な字は1字でも読ませないのが真の配慮！

02 システム全体を体系的にビジュアル化し、説明そのものをステップごとの図解で行うという大胆な試みには感動！　社内にこのような表現での発信を許容する奔放闊達な社風が吹いている証左。

But 03 システムは図示でわかるが、明確な特長や他の同類システムとの差別点が明確な文章になっていないのが惜しい。【今後の方針】とし受注目標などの数字があれば経営戦略の次元に高まる。

CASE 6

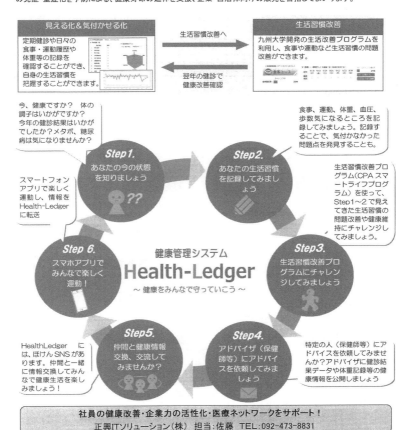

NEWS RELEASE

セブン‐イレブン
朋和産業株式会社

2016年4月5日

おにぎりの包材・パッケージを一新！
環境に優しい「ライスインキ」を使用
～パッケージ本体の印刷を石油由来から米ぬか油由来に変更～

株式会社セブン‐イレブン・ジャパン（東京都、代表取締役社長最高執行責任者〈COO〉井阪 隆一）は、4月12日（火）より、セブン‐イレブン店舗にて販売している「おにぎり」のパッケージを一新いたします。パッケージの印刷には、おにぎりのパッケージの供給元である朋和産業株式会社（代表取締役小澤 善孝）が提供する環境に優しい「ライスインキ」の技術を使用いたしました。

「ライスインキ」は、米ぬかから抽出する米ぬか油の非食用部分を原料としており、従来の石油を原料としたインキと比較し、年間約60トンのCO_2排出量を削減するなど環境負荷の低減が期待できます。また、原料となる米ぬか油には国産の米ぬかを使用しており、パッケージにおける地産地消の取組みにもつながっています。

セブン‐イレブンは今後も環境に配慮した商品の開発、販売を通じた環境への取組みを積極的に推進してまいります。

《新パッケージ一例》

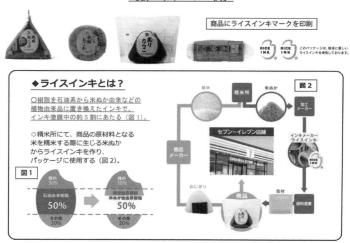

◆ライスインキとは？

○樹脂を石油系から米ぬか由来などの植物由来品に置き換えたインキで、インキ塗膜中の約5割にあたる（図1）。

○精米所にて、商品の原材料となる米を精米する際に生じる米ぬかからライスインキを作り、パッケージに使用する（図2）。

以上

【本件に関するお問い合わせ先】
株式会社セブン&アイ・ホールディングス　広報センター　TEL：03-6238-2446

CASE 7 　（株）セブン&アイ・ホールディングス

Yes

01 ロゴの淡緑色と同色を、共同発表の朋和産業の社名とタイトルに使用しているのは、エコに懸ける高い理念と堅い決意を一目でわかってもらうためであろうか。熱き想いは通じよう。

02 1枚のキャンバスに描き切った文章と絵図情報は豊潤であり、その描写も写真あり、イラストありで実にカラフルで、ビジュアルに一目でわかりやすく伝えたいという想いと気合いに溢れている。

But

03 このインキ使用によるコストへの影響、この採用で何トンの消費が可能か、おにぎりのみならず他の商品包装紙への採用など、グループ全体での採用は可能なのかといった広がりに期待したい。その展望があるとなお良い。

・朋和産業㈱

CASE 8 　（株）ツクイ

Yes

01 見た瞬間に3社のロゴが一目瞭然で3社協業を印象付けた。リード部での概要説明の後は話す順序で「段落＋小見出し」にて簡潔かつ詳細に記述、「今後の展望」で想いを語って締めている。

02 3社協業の具体的理解を促すために、完全なカラー図にした所が格調高雅たるゆえん。しかも美妙なる説明は床しく優雅な社風のなせる業であろう。各社の特長を述べる細やかさがある。

But

03 患者数の増大傾向をビジュアルで示すために、過去5年の人数推移を症状別や事故別など、今回のシステムの必要性・重要性の認識高揚に役立つグラフがあれば、記者の興味も膨らむであろう。

・アキレス㈱
・加藤電機㈱

報道関係者各位

NEWS RELEASE
ニュースリリース

2016年7月6日

株式会社ツクイ
アキレス株式会社
加藤電機株式会社

「安心と安全を次の世代に」
KATO-DENKI

ツクイ、アキレス、加藤電機の3社協業で
認知症患者の『徘徊を早期に検出、発見できるシステム』の実運用試験を開始！

　株式会社ツクイ（本社：横浜市港南区、代表取締役社長：津久井　宏、以下　ツクイ）、アキレス株式会社（本社：東京都新宿区、代表取締役社長：伊藤　守、以下　アキレス）、加藤電機株式会社(本社：愛知県半田市、本部：東京都千代田区、代表取締役社長：加藤　学、以下　加藤電機)は、3社の事業ノウハウを活かした協業により、自宅や介護施設から認知症患者が突然いなくなるような徘徊を早期検出し、捜索・発見できる『認知症徘徊検出・発見/見守りシステム＜仮称＞』の実運用試験を2016年7月15日から約2か月間実施いたします。

【経緯】
　2015年の認知症やその疑いによる行方不明者は対前年比13.2％増（1万2208人）で、3年連続で1万人を超えました。(※1)認知症による徘徊で行方不明になった際、発見の遅れで生存率が低下する傾向があり、徘徊高齢者の見守り対策が急務となっています。(※2)現在高齢者の見守り対策は、見守りネットワークによる声掛けおよび　見守りメールによる情報配信が主体となっており、捜索発見を目的とした取組事例は多くありません。例えば、ネームタグなどでは発見時に身元確認は出来ても認知症徘徊発生時の発見にはつながり難いという　実態が浮き彫りになっていました。
　この社会的課題に取り組むべく、ツクイ、アキレス、加藤電機では各社の事業ノウハウを活かした協業によって、①常時見守り、②認知症徘徊発生時の早期検出、③早期捜索・発見を実現することを目的としたシステムを構築しました。
(※1）2016年警察庁調べ
(※2）桜美林大学　老年学総合研究所

【システムの概要】
　本システムは、ツクイのデイサービス内に加藤電機が開発したGEOフェンス型中継機SANアンテナを設置します。アキレスが開発した徘徊対策用の介護シューズに加藤電機が開発した小型の発信機（SANタグ）を装着します。このGEOフェンス型SANアンテナはSANタグの電波を常に検出しており、万一見守り対象者が見守りエリアの外に出た場合に短時間で施設からの離設を検出し介護職員や家族らにメール配信をすることで、行方不明者の捜索・発見が容易になります。
　見守りエリアはあらかじめ数段階に設定ができるので、半径約10m～半径約200m程度まで見守りエリアの提供ができます。
　実運用試験予定の事業所エリア：札幌市、福島県いわき市、東京都足立区、東京都八王子市、横浜市、愛知県一宮市、滋賀県彦根市、大阪市、長崎市、鹿児島市の全国10か所で開始。9月以降順次拡大予定。

- 1 -

【イメージ図】
『認知症徘徊検出・発見/見守りシステム＜仮称＞』

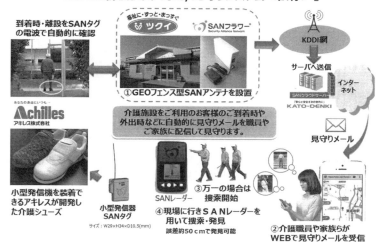

【主な特長】

株式会社ツクイ
　介護のプロフェッショナルとしてお客様とそのご家族に心安らぎ、自由に、健やかに、充実した毎日をおくっていただけるよう、1983年に介護事業をスタートさせたツクイでは、長年培った介護サービスの実績とノウハウを活かし、お客様を自然かつ安全に見守る方法を構築し『認知症徘徊検出・発見/見守りシステム＜仮称＞』を用いた見守りメールサービスの実運用試験を全国のデイサービス10拠点で開始します。

アキレス株式会社
　認知症患者の見守りに発信機を利用する場合、発信機を「どのように携行してもらうか」が大きな課題となっていました。アキレスでは、足にやさしい健康シューズの開発ノウハウを活かして小型の発信機が装着できる介護シューズを開発しました。加藤電機が開発した小型SANタグを簡単に装着でき、また電波の減衰も最小限に抑えられるデザインと機能性を実現した高齢者らが毎日履きたくなるような見守り型の健康シューズとして全国に展開します。

加藤電機株式会社
　認知症徘徊発生時には「突然いなくなった」「何時いなくなったのか分からない」という課題が浮き彫りになっており、捜索・発見が困難になっていました。この社会的課題を解決するために、SANフラワー見守りサービスの機能を高度化したGEOフェンス型SANアンテナ（中継機）を開発しました。
　この機能によって、介護施設や自宅を離れた際に介護職員やご家族らにリアルタイムにメール（最大5か所）を配信します。「いなくなった」ことをすぐに検出できるので、SANレーダーを用いて近隣を捜索し、早期発見が可能となります。また、従来体積比約40％で約10gと小型軽量化されたSANタグにより介護シューズはもちろん御守りなどにも内蔵しやすくなりました。

【今後の展望】
今回実施する実運用試験の結果を基に、認知症患者が自宅や介護施設から突然いなくなるような徘徊の発生を早期に検出し、短時間で捜索・発見できるシステム（サービス）として今秋にも各社から一般販売を開始する予定です。介護施設を運営する事業者様や認知症患者のご家族の方は本システムをご利用いただくことで、より安価で効果的な見守りサービスをご利用いただけるようになります。

■会社概要

社名	：株式会社ツクイ
代表者	：代表取締役社長　津久井　宏
所在地	：〒233-0002　横浜市港南区上大岡西1-6-1
設立	：1969年6月
事業内容	：在宅介護事業、有料老人ホーム事業、サービス付き高齢者向け住宅事業、人材開発事業（株式会社ツクイスタッフ）
URL	：http://www.tsukui.net/

社名	：アキレス株式会社
代表者	：代表取締役社長　伊藤　守
所在地	：〒169-8885　東京都新宿区北新宿2-21-1新宿フロントタワー
設立	：1947年5月
事業内容	：シューズ製品、プラスチック製品（レザー・カブロン・ラミネート、フィルム、床材、壁材、引布）、産業資材製品（ウレタン、断熱資材、工業資材、衝撃吸収材[ソルボセイン]）
URL	：http://www.achilles.jp/

社名	：加藤電機株式会社
代表者	：代表取締役社長　加藤　学
所在地	：本社〒475-8574　愛知県半田市花園町6-28-10 東京本部（セキュリティラウンジ本部）〒101-0021　東京都千代田区外神田5-3-4　田中ビル7F
創業	：1965年11月
事業内容	：カーセキュリティ及びセキュリティ機器、位置検索システムの企画・開発、製造、販売、見守りサービス事業「SANフラワー見守りサービス」の運営、セキュリティ専門店「セキュリティラウンジ」のフランチャイズチェーン本部事業
URL	：http://www.kato-denki.com

以　上

本リリースに関するお問い合わせ先

株式会社ツクイ 経営企画部　渡邊・杉浦　　電話：045-842-4193

2015-6-18
株式会社 東芝

盗聴が理論上不可能な量子暗号通信システムの実証試験の開始について
― 国内初、実データを用いた量子暗号通信システムの運用を開始 ―

　当社は、盗聴が理論上不可能な量子暗号通信システムにより、ゲノム解析データの通信を行う実証試験を8月31日から開始します。実データを用いた量子暗号通信システムの実証試験は、国内初となります。

　実証試験では、東芝ライフサイエンス解析センターにおいて、日本人ゲノム解析ツール「ジャポニカアレイ®[注1]」を用い解析したゲノム解析データを、量子暗号通信システムにより暗号化し、7km先の東北大学 東北メディカル・メガバンク機構まで送信します。実証期間は、2017年8月までの2年間で、長期間の運用における通信速度の安定性や天候、温度や光ファイバーの状態など環境条件の影響度などを検証します。

　量子暗号通信は、光子[注2]の量子力学的な性質を利用することにより、盗聴されることなく、通信の両端で暗号鍵を共有できる通信手段です。通常の光通信では、大量の光子を使い1ビットのデータを送信しているため、数個の光子を盗まれても、盗聴に気づくことができません。量子暗号通信では、光子1個に1ビットのデータを載せて送るため、盗聴があると光子の状態が変化し、確実に盗聴を検知することが可能です。盗聴されていないことが保証された暗号鍵を、次々に更新しながら暗号化することにより、通信データの盗聴は理論上不可能となります。

　当社は、2003年から量子暗号通信に関する基礎研究を開始し、2010年には当社欧州研究所において、世界最高速度毎秒1Mビットの量子暗号鍵送信を達成しました。2014年には、既設の光ファイバーを用いた34日間の連続安定稼働に成功しています[注3]。今回の実証試験で得た成果をもとに、機密情報や個人情報などを扱う官公庁や医療機関での利用を想定し、量子暗号通信システムの5年以内の実用化を目指します。

注1　「ジャポニカアレイ®」は、国立大学法人東北大学の登録商標で、東北大学東北メディカル・メガバンク機構が
　　　開発した日本人ゲノム情報を高精度かつ低コストで解析可能とする遺伝子解析ツールです。
注2　光の粒子。
注3　本研究成果の一部は、国立研究開発法人情報通信研究機構（NICT）の委託研究「セキュアフォトニックネットワ
　　　ーク技術の研究開発」により得られたものです。

実証試験の概要

期間	2015年8月31日～2017年8月30日
区間	東芝ライフサイエンス解析センター（仙台市青葉区南吉成）から東北大学 東北メディカル・メガバンク機構（仙台市青葉区星陵町）まで（約7km）

システムの構成

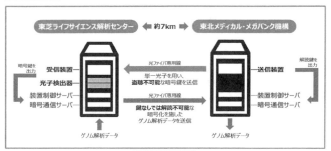

量子暗号通信システム

量子暗号通信システムのイメージ

以　上

本資料に関するお問い合わせ先：
　　広報・IR室　　槻本、福岡　　TEL 03 (3457) 2100

CASE 9

山見博康の推奨 3 ポイント

（株）東芝

 01 確固たるタイトルに「国内初」の実験と銘打ったサブタイトルが効いて内容が瞬時に把握できる。リード部以下の経緯や自社技術の先見性など淡々とした記述にも成功への自信がみなぎる。

02 「当社（私）は」の最短表現を推奨！ 「システム構成図」は、各関係性がビジュアルでわかり、細やかな説明もあって親切。システムイメージで想像が広がる。システムのサイズも知りたい！

But 03 国内初でも世界では？ 競合企業は？ 世界最高速度なら世界最先端？ 今回の実験は世界のとの位置？ 他の方法は？ など、この分野の世界全貌図が見たい。1ページ目の段落に「小見出し」が必要。

CASE 10

山見博康の推奨 3 ポイント

戸田建設（株）

 01 工法をイラスト化してビジュアルで誰でも理解できるよう工夫。さらに2ページ目の効果では、グラフを視覚的に訴えることで、難しい話が素人でも一目瞭然でわかる！ 一般紙狙いの良案として見習おう。

02 「段落＋小見出し＋箇条書き」が一貫し、斜め読みでわかる好例。記者の手間＝時間＋労力を最少にする思いやりが間違いをなくし、自分の手間も省く。その親切心が社風へ昇華している。

But 03 「今後の展開」に何らかの数字を使うなど具体的な戦略的見通しを入れ、リリースに社の意志＝魂を吹き込むとより注目を引くことができるだろう。

TODA NEWS RELEASE 戸田建設ニュースリリース

発信人：戸田建設(株) 広報・CSR部長 ○○○○
〒104-8388 東京都中央区京橋1-7-1
TEL 03(0000)0000

2016年4月21日

「おもりによる振動抑制GMD工法」を開発

戸田建設㈱（社長：今井雅則）は、「おもりによる振動抑制GMD工法（Ground Mass Damper）」を開発しました（特許出願済）。これまで、重機の走行や作業による工事振動に対する対策は、大規模な地盤改良工事が必要とされてきました。本工法では、おもり（重量物）を地表面に置くだけで、容易に振動を抑制することができます。

図1 工法概要

1．開発の背景と問題点

工事振動を抑制する方法は2つに分類できますが、それぞれ問題点を抱えていました。

① 振動の発生自体を抑える方法（振動源での対策）

振動源での対策は、低振動の施工機械を採用し、振動をなるべく発生させないように丁寧に施工しなければならないため、施工スピードが低下します。

② 地盤を揺れにくく改良して振動の伝播を妨げる方法（伝播経路での対策）

伝播経路での振動対策として従来用いられている地中防振壁・防振溝などの方法は、十分な効果を得るためには大規模な土工事が必要でコストが高く、仮設工事の振動対策としては適用が難しいものです。

2．本工法の特長

建設工事によって発生する地盤振動エネルギーの多くは、地表面に沿って上下動を伴って伝わります。本工法は、おもり（重量物）を地表面の最適な位置に最適な状態で設置するだけの極めてローコストな伝播経路での振動対策です。

① おもりの慣性（振動発生前に静止状態にあるおもりが静止し続けようとする働き）が地表面の上下動に抵抗し、振動の伝播を妨げることによって、工事振動を抑制します。
② これまで問題であった施工スピードと経済性の両立が簡便な方法で可能となります。
③ 現状復帰も、おもりを撤去するだけで済みますので、仮設工事における利用にも最適です。

3．検証試験による効果の確認

本工法は、地盤条件の異なる実験フィールドで検証試験を実施し、幅広い地盤条件で振動抑制効果が得られることを確認しています。

また、埼玉県の水処理施設増設工事の現場では、現場の仮設材を積み重ねて構築した簡易な「おもり」を用いて本工法を適用した結果、整地工事の振動を4割程度抑制する効果を確認しました。

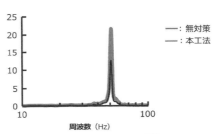

図2　振動抑制効果の例（舗装用振動ローラーの振動）

写真1　山留材をおもりとして使用した事例

4．今後の展開

今後、建築・土木問わず工事振動が問題となるような現場への適用を進める予定です。

お問い合わせ：戸田建設(株) 技術開発センター　○○ ○○　TEL：03-0000-0000

2016年3月31日

世代を超えて時を刻む、トヨタ「SETSUNA」への"こだわり"とは？
－ミラノデザインウィーク 2016 に出展するコンセプトカーの全容を公開－

4月12日〜17日にイタリア・ミラノで開催されるミラノデザインウィークに出展するコンセプトカー「SETSUNA」は、クルマを新しさだけを追い求める工業製品として捉えるのではなく、「愛」が付く工業製品として愛着を持って労り手をかけて受け継いでいくことで、家族だけの新たな価値のある財（＝時間財）になっていくとの考えを具現化したものである。

そんな「SETSUNA」には、このクルマの開発責任者である辻賢治らの想いが至るところに詰め込まれている。

こだわり その1
家族と時を刻む 100 年メーター

アルミケースの中の短針は時間（1周＝24時間）、長針は月日（1周＝365日）、カウンターメーターは年を刻む。その家族の歴史とともにずっと、ずっと一度も止まることなく、寄り添い、共に歩んでいる時間を示し続ける。その時間は世代を超えても進み続け、受け継がれた時が価値になり、家族の想いをつなぐことになる。振り返ると永い時間に、一瞬一瞬の家族の思い出が詰まり、なくてはならない家族のようなクルマとなっていく。

こだわり その2
刹那エンブレム

「刹那の積み重ね」を円と放射状のデザインによって表現。一秒一秒を刻む時計のようでもあり、刹那に咲く花のようでもあるデザインを採用。家族とクルマが年輪のように持続的に成長していくことを願う。

こだわり その 3
木を用いることでコンセプトを具現化

コンセプトである「歳月を経て変わることを愛でる」を具現化する手段として、木を材料として採用。木は、手を掛けいたわることで色や風合いが変化し、愛情を注いだ分だけ家族へ応えてくれる。これを積み重ね幾世代も受け継いでいくことで、その家族だけのクルマへと変化する。その変化は家族との絆そのものであり、あらゆる思い出を封じ込めたものでもある。

こだわり その 4
用途に応じた木材の選定

コンセプトカーとは言えクルマとしての基本である、走る・曲がる・止まるといった性能を装備している。そのため構成部品でもある木材も適材適所の樹種を選択した。木目の鮮やかさや趣き、材質の柔らかさから、外板は「杉」を採用した。フレームは、高い剛性を保つ「樺（かば）」、フロアは強度が高く、耐久性に優れた「欅（けやき）」、シートには、木肌がなめらかな「栓（せん）」を使用している。さらに、SETSUNA は木目の美しさを表現すべく、「杉」の外板は、丸太の中心に向かって切断した柾目（まさめ）、丸太の中心から適度にずらして切断した板目（いため）の 2 パターンを製作している。柾目はほぼ平行に、木目が均等にはっきりと並ぶフォーマルな印象を与える一方、板目は木目が柔らかで、1 本の木でも同じ木目はなく、趣きのあるフレンドリーな印象を与えてくれる。

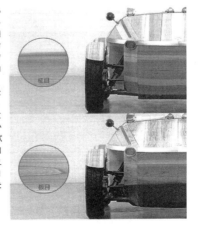

こだわり その5
日本古来の伝統技法「送り蟻」「くさび」

木の接合に釘やネジを使用しない日本古来の伝統技法である「送り蟻」「くさび」などを採用。外板の着脱を釘などを使わずにできる「送り蟻」は、接合部の強度を高めるばかりか、締結部がすり減ったとしても「蟻ほぞ」「ほぞ穴」を部分的に取り換えることができ、本体に加工することなく使い続けることができる。フレームの接合部には部品と部品を貫通させた「通しほぞ」に「割りくさび」を用いて締結している。このように手間を掛けて木と木だけで組付ける面白さも SETSUNA は持っている。

こだわり その6
ボディは取り替え可能な木のパネル

積み重なる想いを表現するためにボディは86枚のパネルで構成する。一枚一枚手でつくられたパネルはつくる時から人の想いが込められ、クルマとなった後、それらは一枚ずつ違った変化をしていく。そして長い月日の中、どうしても修理しなければならなくなった時には全体を交換するのではなく、その一枚だけを交換することができる。傷つき外されたそのパネルを見ると、かつて手間が掛けられた跡が残っていて、その受け継がれてきた想いを感じることができる。

こだわり その7
拭き漆

人が手間暇を掛けて塗った漆。今回は木目を生かすため、ドアミラーやシート、ステアリングホイール、ボディの帯状のラインなどに拭き漆を採用した。これは塗って重ねていく本漆ではなく、塗っては表面を拭くことを繰り返し、木目に沿って漆が定着し木目と漆のコンビネーションが際立つ。初期の美しさもさることながら、時を経て使い込まれることで濃淡や色合いが変わり、世界にひとつだけの味わいを醸し出す。

こだわり その8
家族を優しく包み込むシート

公園のベンチは木でつくられている。誰をも優しく迎え、包み込むような、そんな柔らかな表情を持つシートをつくりたかった。「栓（せん）」の木に漆を塗り、身体が主に触れるところには革を張ってある。木も、漆も、革も歳月を経て味わい、深みを増す。二つのシートが歳月とともにいろいろな表情をはなち、家族を優しく包み込み続ける。

こだわり その9
コントラストを生み出すアルミニウム

ホイールキャップやステアリングホイール、シートなどの構成素材にアルミニウムを採用。木々との調和を図り、美しいコントラストを表現している。木や革だけではなく金属も傷がつき愛着を持てる材料ではないかと考える。様々な材料とその組み合わせから創出される美しさ、それらが変わることを愛でる経年美を味わえる。

こだわり その10
美しいカーブを描くボディライン

材料の木を時間をかけゆっくりとしならせることで、ボディラインは船のような美しいカーブを描く。正面からみると七角形を描き、側面や上方からでは、紡錘形を描く。家族が大海原に旅立つような、そんな趣きを醸し出す。

こだわり その11
クルマとして・・・、そしてクルマであるために・・・。

SETSUNA は実際に走行することができるが、普通のクルマと同様にこのまま公道を走行することはできない。クルマとして、走ること・操縦することの喜びはコンセプトカーであっても伝えて行きたい。だから、いつか皆さんに試乗いただける日が来ることを心より切望する。

走行シーンの映像はこちら：http://newsroom.toyota.co.jp/jp/detail/11538726/

開発責任者 辻賢治メッセージ
SETSUNA は、幾世代にも亘って家族が「愛」を注ぎ込むことで、そのクルマが他の何にも替え難い価値あるものになっていく、クルマと家族の年輪のような持続的成長を願う、私たちのそんな想いを託したクルマである。木の魅力を活かしたクルマづくりの開発を進めるにあたり、宮大工・船大工など多くの知見を持った方々に直接お話を伺いに行ったほか、本コンセプトに共感いただいた住友林業(株)様には、木の構造等知識の共有はもとより、木材選択、加工技術・組み付け方法の提案など、早い段階から共同開発に加わっていただいた。また、木を材料にしながらも、運転フィーリングや乗り心地などクルマとしての基本性能を有するために、試作車を製作し評価していくなど、仲間とともに多くの時間と情熱をかけた。今回、こうした想いを込めてつくった SETSUNA を出展し、広くご意見を頂くことにより、本コンセプトをさらに昇華させることができると信じている。また、これらの中で特に共感いただけた考えや想いについては、未来のクルマづくりに織り込んでいけたらと考えている。

SETSUNA 主要諸元

全長（mm）	全幅（mm）	全高（mm）	ホイールベース（mm）	乗車定員（人）	パワートレーン
3,030	1,480	970	1,700	2	電動モーター

トヨタ出展概要

開催期間	4月12日（火）－4月17日（日）　11:00 - 21:00 プレスプレビュー：4月11日（月）　11:00 - 17:00
会場	ミラノ市内・トルトーナ地区（Via Tortona 31, Milan）

以上

CASE 11 山見博康の推奨3ポイント

トヨタ自動車（株）

Yes 01 異色の独創的ニュースリリース！　5ページ全体がアートゆえ途中で切ることは不可。統一コンセプトへの「こだわり」を開発者自らが語るのも、本来機密に満ちた中では画期的試みであろう。

02 「こだわり その11」まで1つひとつの解説の奥床しさと細やかさに、一貫して「愛」で貫かれた想いの強さを感じる。それは最後の開発責任者のコメントからもわかる。走行シーンURLではさらに詳しい。

But 03 この革命的コンセプトカーを見てみたい、触ってみたいと期待する人々のために、ミラノでの展示後、日本でいつ、どこで展示されるのか？　予定だけでも記述があると喜ばれるだろう。

CASE 12 山見博康の推奨3ポイント

日産自動車（株）

Yes 01 自社技術の粋を集めた自信の程が、簡潔ながらも躍動感あるタイトルと同時に目に入る素敵なビジュアルに表現されている。写真の構図も人の心を捉えて離さない。

02 素人には難しい高度なシステムに関しては、3種類の簡素なイラストで一見してわかるように配慮。それに続く解説も段落ごとに小見出しを付け、さらに枠で囲み見やすく申し分ない。

But 03 「自動」という将来を左右する画期的技術開発なので「今後の方針」が知りたい。この製品の販売方針、あるいは派生製品への広がりなどに関する戦略を記述することが喜ばれるだろう。

NISSAN MOTOR CORPORATION

2016年2月15日

日産自動車、自社の最新技術から着想した"自動で元の位置に戻るイス"

「INTELLIGENT PARKING CHAIR」を公開

動作イメージが分かるコンセプトムービーを公開
2月19日(金)から23日(火)まで、日産グローバル本社ギャラリーにて実物を展示

日産自動車株式会社(本社神奈川県横浜市西区、社長カルロス ゴーン)は、駐車の際に自動でハンドルを操作しドライバーをサポートする自社の車両搭載技術「インテリジェントパーキングアシスト」から着想した先進的なイス、「INTELLIGENT PARKING CHAIR」を公開しました。

「INTELLIGENT PARKING CHAIR」は、自動で自ら定位置に戻るイスです。ローラーを内蔵した脚部により自動操舵で360°移動できるイス本体と、イスに向けて移動位置を指示するシステムから構成されています。「INTELLIGENT PARKING CHAIR」を導入した会議室等では、天井の四隅に位置をモニタリングする感知器を設置し、そこから得られる「トップビュー」を無線でイスに伝えることで、あらかじめ指示した「駐車場所(定位置)」へと移動させる仕組みになっています。

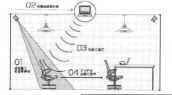

エクストレイルに搭載している「インテリジェントパーキングアシスト」から着想を得てつくられたこのイスにより、日本のビジネスパーソンは、わずらわしいイスの整理から解放されます。

コンセプトムービー本篇 Https://Youtu.Be/O1D07dTILH0
GIFイメージ Http://Www2.Nissan.Co.Jp/BRAND/EXPERIENCE/SOCIAL/ipc1.Gif
(拡張子gif前の数字、ipc1〜ipc4まで4種類をご用意しています)
公式サイト http://www2.nissan.co.jp/BRAND/EXPERIENCE/SOCIAL/

開発背景

「INTELLIGENT PARKING CHAIR」は、「技術の日産が、人生を面白くする。」というコーポレートメッセージを具現化する技術プロモーションのひとつとして行うものです。実際のイスの制作は、最先端のデジタルプロモーションを手掛けるインタラクティブカンパニー「BIRDMAN」が担当しています。

日産自動車の最新の車両搭載技術が、身近な日々の生活に加わったらどうなるか？
その具体的な例をきっかけに、日産の技術の魅力をより多くの方に感じていただきたいと考えています。

コンセプト

散らかったイスが、センサーと自動操舵により整然ともとの場所に収まるー「INTELLIGENT PARKING CHAIR」は、日産の最新車両に搭載している「インテリジェントパーキングアシスト」から着想を得て開発しました。メカニズムの詳細は異なりますが、「トップビューから位置を分析する」、「自動操舵により正確に移動位置をコントロールする」、といった基本コンセプトは「インテリジェントパーキングアシスト」と同様です。

何より、ひとの手を煩わせることなく、整然とイスが定位置に収まる驚きと快感は、日産が提供する車両搭載技術と同じ感覚を得られます。

「INTELLIGENT PARKING CHAIR」では、イスが設置された室内の天井4箇所に感知器を設置。これがイスの現在地を特定し、コンピューターが元の位置に戻るための移動経路を計算します。経路は無線で指示され、それぞれのイスは自動で「駐車場所（定位置）」に移動します。

「インテリジェントパーキングアシスト」では、車体のフロント、リア、サイドミラー両側の4箇所にカメラを搭載し、各カメラの映像を変換することでトップビューを作成します。これを見ながらクルマの駐車位置を指定すると、自動的にハンドル操作が行われます。

実物の展示について

2月19日（金）より五日間、「INTELLIGENT PARKING CHAIR」の実物を展示いたします。
会議室を模した特設展示ブースにはシステム及びイス本体を配置。
実際に「イスが自動で自ら定位置に戻る」様子を体験いただけます。

□:展示日程＝ 2月19日（金）〜23日（火） □:展示時間＝ 各日 10:00〜20:00
□:展示場所＝ 日産グローバル本社ギャラリー（1F）
神奈川県横浜市西区高島町 1-1-1 1F　アクセス： Http://Www.Nissan.Co.Jp/GALLERY/HQ/ACCESS/

以 上

お問い合わせ先：
日産自動車株式会社　グローバルコミュニケーション本部
Tel: xxx-xxx-xxxxx（企業）/xxxx（商品）/xxxxx（IR）
https://xxxxxxxxxxxxxxxxxxxx.com（プレス情報）
www.xxxxxxxxxxxxxxxxxxxx/（IR情報）

Panasonic

Press Release

パナソニック株式会社
〒571-8501 大阪府門真市大字門真1006番地

2016年03月02日

シリコン系太陽電池のモジュール変換効率で研究開発レベルとして世界最高(※1)の23.8%(※2)を達成

【モジュール写真】

パナソニック株式会社 エコソリューションズ社は、シリコン系太陽電池のモジュール変換効率において、研究開発レベルとして世界最高記録となるモジュール変換効率23.8%(開口部面積(※3))を達成しました。

これまで、シリコン系太陽電池のモジュール変換効率の最高値は22.8%(※4)でした。このたび、当社は、研究開発レベルで、この記録に対して1.0ポイント上回る23.8%を達成し、大幅な記録更新を達成しました。

当社は、セル変換効率においても、2014年4月に研究開発レベルで25.6%(※4)の世界最高値を達成しており、シリコン系太陽電池のセル変換効率・モジュール変換効率ともに世界No.1(※1)となりました。

当社は、結晶シリコン基板とアモルファスシリコン膜を組み合わせた当社独自のヘテロ接合型太陽電池(※5)を開発し、太陽電池モジュール「HIT®」の生産・販売を行っています。今回の成果は「HIT」の特長である高い変換効率を実現するヘテロ接合型太陽電池セル化技術と高出力モジュール化技術をさらに進化させたことに加え、太陽光をより有効活用できるバックコンタクト型セル構造(※6)を適用することで実現しました。

当社は、今後も、さらなる高効率化、低コスト化、高信頼性化を目指した技術開発および量産化に取り組んでいきます。

＊「HIT」は、パナソニックグループの登録商標です。

※1：非集光型シリコン系太陽電池モジュールにおいて。2016年2月18日現在当社調べ
※2：産業技術総合研究所(AIST)における評価結果
※3：モジュール面積は、マスクによる開口部面積(11,562 cm^2)
※4：サンパワー社(米)2015年11月 "Solar cell efficiency tables (version 47)" [Prog. Photovolt: Res. Appl. 2016; 24:3-11] より判断
※5：結晶シリコン基板表面をアモルファスシリコン膜で覆うことで、太陽電池に必要な接合形成を行う技術。シリコン基板表面付近に多数存在する欠陥を補償するパッシベーション性能が優れていることが特長
※6：電極をすべて裏面に配置することで、電極の影による損失をゼロにし、入射光を有効利用できることが特長

【お問い合わせ先】

エコソリューションズ社 エナジーシステム事業部 ソーラービジネスユニット 技術開発部
電話：06-6908-1131（代表 受付9:00～17:30）

http://www.panasonic.com/jp

Panasonic

Press Release

パナソニック株式会社
〒571-8501 大阪府門真市大字門真1006番地

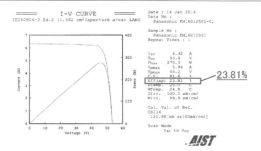

【産業技術総合研究所（AIST）における評価結果】

以上

プレスリリースの内容は発表時のものです。
商品の販売終了や、組織の変更等により、最新の情報と異なる場合がありますのでご了承ください。

http://www.panasonic.com/jp

CASE 13

山見博康の推奨 3(スリー)ポイント

パナソニック（株）

Yes

01 瞬時に「世界最高」「23.8％達成」のインパクトあるタイトルと「モジュール写真」が目を見張らせる！　そこに技術開発に懸ける壮大な想いと断固たる決意がみなぎる。

02 「※（注釈）」での簡潔な技術用語解説は「記者は素人、お客様はもっと素人」の、また一目瞭然のAIST評価グラフは「自画自賛したらバックデータ」の格言通り相手の立場に立ち丁寧だ。1字でも削り純粋明瞭簡素に！

But

03 段落があって簡素な文体だが、小見出しがほしい。余白があるので「モジュール写真」以外に完成した製品写真があればさらに素人にわかるように。具体的に、どんな分野の、何に、どう寄与するのかも知りたい。

CASE 14

山見博康の推奨 3(スリー)ポイント

（株）日立製作所

Yes

01 タイトル下に「こんなロボットです！」と自らビジュアルで自己紹介。しかもイキイキとした姿は、明るくてオープンなキャラクターというイメージに直結する。第一印象の大切さを如実に痛感させる好例！

02 小見出しでの機能の説明がわかりやすい。特に、2ページ目の顧客との「協創」イメージ図は、目指すべき全体像がひと目で把握することができて秀逸。ぜひ見習いたい。

But

03 ①1ページ目に小見出しを、②「EMIEW」「NEXPERIENCE」にルビなしは不親切で間違いのもと。質問の手間をかけさせないように、③機能別の開発の現状と展開図がほしい。今回の開発の位置と今後の開発機能がわかる。

2016年4月8日
株式会社日立製作所

接客や案内サービスを行うヒューマノイド「EMIEW3」と
ロボットIT基盤を開発

ロボットサービスの実証実験をお客さまと共に開始

EMIEW3

　株式会社日立製作所(執行役社長兼CEO：東原 敏昭/以下、日立)は、ヒューマノイドロボット「EMIEW3」とリモートブレイン*1構成のロボットIT基盤を開発しました。「EMIEW3」は、店舗や公共施設において、サポートを必要とするお客さまの元に自ら移動し、接客・案内サービスを行うことを目的に開発したヒューマノイドロボットです。遠隔で音声・画像・言語処理などを行う知能処理システムと多拠点に配置された複数ロボットを監視・制御する運用監視システムから成るリモートブレイン構成のロボットIT基盤と連携することで、高度なサービスを行うことができます。「EMIEW3」、ロボットIT基盤および開発者とオペレーターで構成するチームをひとつのパッケージとし、さまざまな場所や状況におけるロボットサービスの実証実験(PoC*2)をお客さまと共に開始します。

　日立は、豊かなコミュニケーション能力を持ち、人と安全に共存できるロボットサービスの実現をめざし、2005年に発表した「EMIEW」以来、人間と共生するロボットの開発を推進してきました。2007年に発表した「EMIEW2」では、人の早足と同じくらいの速度で移動する自律走行機能や、雑音の中で人の声を聞きわける機能、Web上のデータを利用してモノを識別する機能、屋内に設置された複数のネットワークカメラを"目"としてモノを探し出す機能など、接客や案内サービスに必要とされる機能を開発し、実証してきました。近年では、人工知能技術を活用し、言い回しの異なる質問へも適切に回答する対話機能や、死角から人が飛び出す危険を予測し回避する機能など、ロボットの知能処理の高度化を実現してきました。今回日立が新たに開発した「EMIEW3」とロボットIT基盤は、「EMIEW2」で開発したさまざまな機能を継承しつつ、サポートを必要とするお客さまを見つけて自ら接客行動を開始する機能、複数台のロボット間での情報共有やサービスの引継ぎを行う機能、転倒しても自ら起き上がる機能を追加し、接客・案内サービスをより効果的に行う仕様を実現しています。

　「EMIEW3」とロボットIT基盤により実現した機能は以下の通りです。

1. リモートブレイン構成に基づく知識処理で実現する高い能動性

　音声・画像・言語処理などの知能処理をロボットの外側で行うリモートブレイン構成を採用し、高度な接客、案内サービスの提供を可能としました。人の動作やネットワークカメラとの連携による環境認識により、サポートを必要とするお客さまを見つけて自ら接客行動を開始します。また、街頭の雑音環境でも音声を認識して翻訳することにより、多くの観光客が訪日する社会において、お客さまの業務を支援します。

2. ロボットのサービス稼働率を高める運用性

複数ロボットを遠隔から統合的に監視・制御する運用監視システムにより、多拠点に配置された複数台のロボット間での情報共有やサービスの引継ぎを可能とします。また、ロボットの障害発生時には遠隔地から指示を出すことで短時間での復旧対応を実現し、サービス提供稼働を高めます。

3. 多様なサービスに対応する機動性の高いロボットボディ

「EMIEW2」で開発した屋内サービスで実用的な身長90cm、重さ15kgの小型軽量ボディと、人と協調して移動できる最大移動速度6km/h、15mmの段差乗り上げ機能を継承するとともに、新たに、転倒からの起き上がり機能を搭載しています。

日立は、「EMIEW3」とロボットIT基盤を活用し、お客さまと共にロボットサービスの実証実験を開始します。実証実験にあたっては、日立独自の顧客協創方法論「NEXPERIENCE」*3などを活用し、お客さまと課題を共有し、共にソリューションをつくり上げる「協創」、世界のパートナーとのオープンイノベーションを通じて、ビジネスや社会の発展に役立つロボットサービスの実用化をめざします。

ロボットサービスの実用化に向けた日立とお客さまの「協創」イメージ図

*1 ロボット分野でよく用いられている手法。リアルタイム性が要求される処理は本体側で行い、要求されない処理は外部システムで担うもの。
*2 Proof of Concept（概念実証）
*3 「顧客協創手法」と「ツール」、それらを「実践する場」の3つを包含する日立オリジナルの顧客協創方法論
2015年10月15日ニュースリリース「社会イノベーション事業の加速に向けて、お客さまの課題をともに検討する顧客協創方法論「NEXPERIENCE」を構築」
http://www.hitachi.co.jp/New/cnews/month/2015/10/1015.html

関連情報
日立のロボティクスに関するWebサイト

お問い合わせ先
株式会社日立製作所 研究開発グループ 情報企画部 ［担当：木下］
〒107-6323 東京都港区赤坂五丁目3番1号 赤坂Bizタワー
電話：03-6230-4200（代表）

以上

ARROWS EXPRESS

NEWS RELEASE

2014年10月17日

お客様・報道関係者各位

本日、コラボ商品BSフジ「プライムニュース」20時生番組に登場！

この度、「高松ファイブアローズ」では、児島ジーンズにおいて日本のジーンズ文化を世界に広める最も伝統ある<株>ベティスミスと提携し、ジーンズの小物商品「エコベティ」と高松ファイブアローズをPRできる商品を共同開発、去る10月11日（土）19時よりと12日（日）13時より沖縄ゴールデンキングスとのホームゲーム初戦から、試合会場（高松市総合体育館）その他で販売開始致しました。そして、下記の通りテレビにて紹介されることになりましたので、是非ご覧下さい。

【登場テレビ番組】

- ファイブアローズ星島郁洋社長が香川麺機械メーカー<株>大和製所所藤井薫社長と一緒に出演しますが、その際、ベティスミス製特別ジーンズ（右写真）を着用し、コラボ商品を紹介予定です。

- 番組名：BSフジLIVE プライムニュース

- チャンネル：BSフジ

- 放映日時：2014年10月17日（金）
  20:00-21:55（生放送）

- テーマ：「ローカルアベノミクス、地方再生にあたって言いたい！生の地方の声」（仮）

- 出演者：株式会社大和製作所（※） 代表取締役 藤井薫 氏
  株式会社ファイブアローズ 代表取締役 星島郁洋弘
  大和製作所の子会社<株>讃匠は、ベティスミス同様、ファイブアローズのスポンサーで藤井代表は讃匠社の代表取締役も兼務されています。

- 本件の広い周知にご協力いただけましたら幸いです。
- 引き続き、高松ファイブアローズへの応援、ご支援を賜わりますようお願い申し上げます。

株式会社ファイブアローズ

問合せ先　代表取締役　星島
電話番号　080-3317-4858
メール　t.fivearrows@gmail.com

【株式会社ベティスミス】
代表取締役社長　大島康弘
〒711-0906 岡山県倉敷市児島下の町5-2-70
問合せ先　広報：藤原
電話：086-473-4460 メール：betty@betty.co.jp

CASE 15

山見博康の推奨 3 ポイント

（株）ファイブアローズ

Yes 01 一見して赤・黄・青・黒とカラフルな現代美術的アートのごとく、とてもインパクトがある。地元プロバスケチームとアパレル＝老舗ジーンズメーカーとのコラボが一目瞭然で秀逸。

02 『地方再生』という旬の話題に、相互顧客層への拡販を図る画期的な異業種提携が結び付き、テレビ放送に繋がったことがよくわかる。迫力ある3社のロゴとジーンズにチームやロゴを入れた商品写真が際立つ。

But 03 3社の会社概要に加えて、出演者の顔写真や簡単なプロフィールが囲みで紹介されると興味の度合いが高まろう。

・㈱ベティスミス

CASE 16

山見博康の推奨 3 ポイント

富士通（株）（（株）富士通研究所）

Yes 01 タイトルの具体的な内容を長めのリード部で詳しく解説し、より詳細には説明の順序に沿って段落ごと太字で明確に小見出しされている。難しい主要点はイラスト等でビジュアルに図示されていて、まさに手本。

02 開発技術の特長を2つに分けた独自のイラストによる解説には、開発技術への自己信頼があらわれている。一貫して細やかな配慮が行き届くのは、技術への探求心と誇りが社員に根づく社風の証。

But 03 「1／5短縮！」をタイトルに掲げてはどうだろう。画期的な技術開発はわかるが、特許なのか、世界でどんな位置付けなのか、類似技術は、この応用分野と今後の広がりはどの位かなどが知りたい。

Press Release

[技術]

2015年11月18日
株式会社富士通研究所

生産ラインの画像検査プログラムを短時間で自動生成する技術を開発
AI技術「Zinrai」の機械学習により、生産ラインの早期立ち上げを実現

　株式会社富士通研究所(注1)(以下、富士通研究所)は、電子機器などの生産ラインにおける部品実装や外観の不良をカメラ画像から自動判定する画像検査プログラムの自動生成技術を開発しました。

　従来の画像処理プログラムの自動生成技術は、直線や円形など基本形状の認識に対応しており、部品組立ての位置認識に利用していました。

　今回、この自動生成技術をベースに、事前登録した複雑な形状の部品画像と基板全体の画像との照合方法を学習し、生産ラインの撮影画像に対して適用することで部品の位置ズレを判定する技術と、複数のパターンの部品画像から明るさや線の向きなど画像の特徴を認識して良・不良を判定することで不良品を識別する技術を新たに開発しました。

　検査工程の画像処理プログラムは富士通株式会社(以下、富士通)のAI技術「Human Centric AI Zinrai(ジンライ)(以下、Zinrai)」を活用し、人手で開発する場合の約5分の1の時間で自動生成でき、生産ラインの早期立ち上げや、仕様変更への迅速な対応が可能となります。また、高精度でばらつきの少ない自動検査が実現でき、安定した製品品質を保つことが可能になります。

　本技術は、11月18日(水曜日)から19日(木曜日)にドイツ・ミュンヘンにて開催する富士通主催の「Fujitsu Forum 2015」で紹介予定です。また、詳細は、12月3日(木曜日)から横浜にて開催される、公益社団法人 精密工学会主催の「ビジョン技術の実利用ワークショップ Vision Engineering Workshop 2015 (ViEW2015)」で発表します。

【 開発の背景 】

　近年の生産ラインでは、カメラを用いた部品の実装や製品の組立て、外観検査などの自動化が進んでいますが、品種や物量の異なる生産に対応するため、画像処理プログラムの早期修正が求められています。これまで富士通研究所で開発してきた画像処理プログラムの自動生成技術(注2)は、部品実装や製品組立て時の位置合せを目的に、直線や円形などの比較的簡単な形状の認識に対応しています。これにより生産ラインを止めることなく安定した認識率でラインを稼働できることを確認していますが、生産ライン全体の効率化には、検査工程への対応も必要です(図1)。

図1 カメラを活用した生産ライン

【 課題 】

　生産ラインにおける検査工程は、部品の実装有無や位置ズレの確認、外観不良(欠け、異物の付着など)がないかどうかの判定を行います。これらの検査項目は、製品仕様により多様で、カメラによる自動検査では、様々な部品形状への認識や、画像特徴による自動判定が求められます(図2)。

shaping tomorrow with you
社会とお客様の豊かな未来のために

《報道関係者お問い合わせ先》　電話：●●●-●●●-●●●●(直通)　広報IR室　●●、●●

【 開発した技術 】

今回、従来技術におけるプログラムの生成方法と評価方法を改良し、検査工程の画像処理プログラムを自動生成する技術を開発しました。この技術により、実装部品の位置ズレ検査と良・不良判定検査に新たに対応できます。本技術は、富士通のAI技術「Zinrai」の機械学習、画像処理、最適化などを用いたものです。

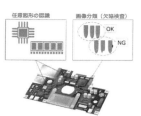

図2 電子部品の実装検査の例

開発した技術の特長は以下のとおりです。

1. 実装部品の位置ズレ検査に対応する技術

様々な部品形状に対応するためには、認識したい部品画像を事前に登録しておき、生産ラインでの撮影画像に対する照合処理により類似度を計算することで部品位置を特定する手法が一般的です。一方、類似形状の部品による誤検出を防ぐためには、画像の補正処理や閾値設定などのパラメーター調整が検査部品ごとに必要で、今回、これを自動化しました。

任意図形を認識するプログラムとして、部品画像と基板全体の画像の2つを入力し、それぞれ異なる画像変換をして照合させることで類似度分布を出力するプログラム構造を開発しました。この構造を用いて遺伝的アルゴリズムと呼ばれる機械学習により、照合時のパラメーターを最適化します(図3)。これにより、認識したい部品画像と実際の装置が撮影した基板全体の画像に対する部品の正解位置をサンプルデータとして登録するだけで、照明変化の影響に強く、類似形状の部品が混在していても正しく認識するプログラムの自動生成が可能になり、高精度な位置ズレ検査を実現できます。

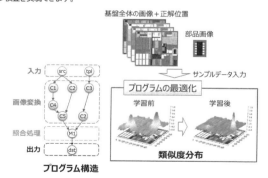

図3 任意図形認識のプログラム構造と最適化

2. 良・不良判定検査に対応する技術

様々な画像変換によって明るさやコントラスト、エッジの向きなどの特徴量を抽出し、そのデータから良品に適合したモデルを生成します。あらかじめ学習させた良品画像と不良品画像に対する判定結果と特徴量の分布による分離度を評価基準にして、遺伝的アルゴリズムによりモデルを最適化することで、高性能な画像の判定機能(分類器)を自動生成します(図4)。

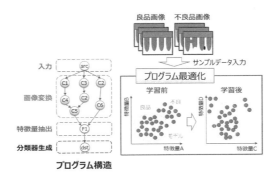

図4 良・不良判定処理のプログラム構造と最適化

【 効果 】

実際の生産ラインにおける部品実装検査の画像処理プログラムに対する社内評価では、約2時間の学習で、生産ラインのプログラムに関する専門家が開発したものと同性能のプログラムを自動生成できることを確認しました。これにより、検査プログラムの開発時間を従来の約5分の1に削減でき、生産ラインの早期立ち上げや仕様変更時の迅速なシステム修正が可能となり、生産ラインの安定稼働が期待できます。また、高精度でばらつきの少ない自動検査が実現でき、製品品質の安定化にも貢献できます。

【 今後 】

富士通研究所は、製品の組立ておよび検査工程における検査プログラムの高性能化を進め、ものづくりソリューションのひとつとして、2015年度中に本技術の実用化を目指します。

【 商標について 】

記載されている製品名などの固有名詞は、各社の商標または登録商標です。

以 上

【 注釈 】

(注1) 株式会社富士通研究所:代表取締役社長 ●● ●●、本社 神奈川県川崎市。
(注2) 開発してきた画像処理プログラムの自動生成技術:業界初!生産ラインで画像認識プログラムを自動生成
(2014年9月9日 プレスリリース http://pr.fujitsu.com/jp/news/2014/09/9-3.html)

≪**本件に関するお問い合わせ**≫
　株式会社富士通研究所
　●●●●●●●●
　電話: ●●●-●●●-●●●● (直通)
　E-mail: ●●●●●●●

News Release

BRIDGESTONE

株式会社ブリヂストン
広報部
東京都中央区京橋3丁目1番1号
〒104-8340
Tel: 03-6836-3333
Fax: 03-6836-3184
http://www.bridgestone.co.jp/

2015年10月1日　No. 089

「グアユール」由来の天然ゴムを使用したタイヤが完成

― 天然ゴム供給源の多様化に向けた大きな一歩 ―

　ブリヂストングループは、タイヤ原材料の多様化を目的としたパラゴムノキに代わる天然ゴムの研究を進めていますが、この研究成果として自社技術で生産された「グアユール[※1]」由来の天然ゴムを使用した最初のタイヤが完成しました。今回作成したタイヤに使用した「グアユール」由来の天然ゴムは、アリゾナ州にあるグアユール研究施設を中心に、栽培から抽出精製までのすべての過程に当社グループの技術を適用することによって得られたものです。

　これにより「再生可能資源の拡充・多様化」に向け、大きな一歩を踏み出しました。

（米国アリゾナ州にあるグアユール研究農場）　　（グアユール由来の天然ゴムを用いたタイヤ）

　世界の人口増やモータリゼーションの進展に伴いタイヤ需要は拡大が見込まれ、併せて天然ゴムの消費量も増加するものと予測されています。一方で、タイヤの原材料の中で大きなウエイトを占める天然ゴムはパラゴムノキ（樹木）から生産されており、その約9割が東南アジア地域に集中して栽培されているのが現状です。

　このような天然ゴム生産地域の一極集中を緩和し、供給の安定化を図るために、当社グループではパラゴムノキに代わる新たな天然ゴム供給源の一つとして「グアユール」の研究開発を進めています。パラゴムノキとは異なり「グアユール」は乾燥地域で栽培できる植物であり、またその組織に含まれるゴム成分がパラゴムノキ由来の天然ゴムによく似た性質を持つことから、新たな天然ゴム供給源になるものと期待されています。

当社グループは、米国アリゾナ州エロイ市に114ヘクタール（東京ドーム約25個分）の農地を確保し「グアユール」の品種改良や栽培技術の開発を目的とした研究農場を完成させ、2013年9月より研究活動を開始しました。また2014年9月には同州メサ市に「グアユール」の加工研究所「Biorubber Process Research Center（以下、BPRC）」を開設し、天然ゴムの試験生産が可能となりました。米国、日本、欧州の各技術センターにおいて「BPRC」で生産された「グアユール」由来の天然ゴムの性能評価、タイヤ生産と評価を行うことで、今回のタイヤが完成しました。
　今後も、「グアユール」の栽培からタイヤ開発まで一貫した研究開発に当社グループ全体で取り組んでいきます。

　当社グループは、「グアユール」を始めとした様々な原材料の研究開発等の活動を通じ、2050年を見据えてタイヤの原材料を100%サステナブルマテリアル[※2]化することを目指していきます。

【ブリヂストングループ環境長期目標】

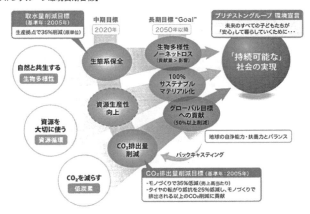

※1 「グアユール」とは、その組織の中にゴム成分を含む米国南西部からメキシコ北部の乾燥地帯が原産の低木です。
※2 当社では「継続的に利用可能な資源から得られ、事業として長期的に成立し、原材料調達から廃棄に至るライフサイクル全体で環境・社会面への影響が小さい原材料」をサステナブルマテリアルと位置付けています。

以上

	本件に関するお問合せ先
＜報道関係＞	広報第2課　　TEL：03-6836-3333
＜お客様＞	お客様相談室　TEL：0120-39-2936

CASE 17

山見博康の推奨 3 ポイント

（株）ブリヂストン

Yes 01 現成果を示すタイトルから長期目標図まで一貫した経営方針に基づく確固たる内容。原料から製品を示す写真2枚が効いている。農場の広大さと空の青さに将来への万全の布石を感じる。

02 特に「環境目標図」は、2050年までの長期的取り組みがビジュアルでわかる表現の工夫あり。常時この図の掲載によって全ての活動がこの一環という思想浸透が図られイメージアップ促進に貢献する。

But 03 タイトルに「独自開発の」や「初完成」のキーワードを付け、最初により強いインパクトを！ 「問題点」など各段落に小見出しで頭出しを！ ゴム→タイヤ生産フローでよりわかりやすく！

CASE 18

山見博康の推奨 3 ポイント

（株）ポーラ・オルビスホールディングス

Yes 01 「史上初！」と最初のインパクトは正解！ 人の関心事の1つである「シワ」研究に15年、その苦難の成果の自賛よりも、あくまでも技術的検証や安全性を図解したのは地道な社風であろう。

02 タイトルの大きさも目を引くが、文字には太字や大小でコントラストを付け、「小見出し＋箇条書き」に加えて文字を枠で囲み下線を引く、また顔写真やグラフでビジュアル化していて、表現に信頼感がある。

But 03 17年初めに商品化とあり「今後の方針」の一部は示されているが、その後の展開や、他の用途への可能性等に関しても言及すると、より格調高く、広がりあるリリースに高まろう。

CASE 18

POLA ORBIS HOLDINGS
NEWS RELEASE

2016年7月14日

史上初！「シワを改善する」効能の医薬部外品
ポーラ化成工業が製造販売承認を取得

シワの原因となる酵素「好中球エラスターゼ」の働きを阻害する有効成分を開発

ポーラ・オルビスグループのポーラ化成工業株式会社(本社:神奈川県横浜市、社長:三浦卓士)は、「シワを改善する」効能・効果を有する「ポーラ リンクルショットメディカル セラム」(以下、本製品)の製造販売承認を取得しました。

本製品はポーラ化成が15年もの歳月をかけてシワの改善メカニズムや素材探索を行い、開発に成功した医薬部外品成分、三フッ化イソプロピルオキソプロピルアミノカルボニルピロリジンカルボニルメチルプロピルアミノカルボニルベンゾイルアミノ酢酸ナトリウム(以下、本成分)を配合し、この度、史上初となる『シワを改善する』医薬部外品としての承認を得ました。

本製品はポーラ・オルビスグループの株式会社ポーラから、2017年年初に発売される予定です。

本成分のシワ改善効果の検証

日本香粧品学会「抗シワ製品評価ガイドライン」に準じ、本成分を有効成分として含有する製剤(本製品)について、有効成分を含有しない製剤(プラセボ)を比較対照とした二重遮蔽無作為化試験を実施しました。目尻にシワを有する健常な日本女性68名を被験者に、1日2回、左右の目尻に指定した製剤を12週間塗布しました。その結果、使用12週目における目視評価(図1:シワグレード評価)及び機器評価(図2:最大シワ最大深さ※)において、本製品はプラセボに対して、統計学的に有意なシワ改善効果を示しました。

※ 最大シワ最大深さ；解析対象とする目尻部位に存在する一番大きなシワの中で、最も深い部分の深さ

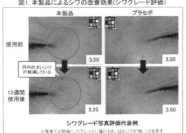

図1. 本製品によるシワの改善効果(シワグレード評価)

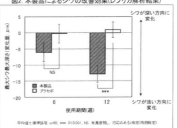

図2. 本製品によるシワの改善効果(レプリカ解析結果)

安全性について

本製品の安全性を確認することを目的に、皮膚科専門医監修の下、以下の試験を実施しました。
1) 健常な日本人女性122名を対象とした12ヵ月の連用試験
2) 皮膚アレルギー性をより慎重に評価するための、健常な日本人女性102名を対象とした6ヵ月連用後の48時間閉塞パッチテスト試験

いずれの連用試験においても、シワの気になる部位に本製品を1日2回、適量塗布しました。
その結果、12ヵ月連用試験において副作用は一例も認められず、全例が「安全である」と判定されました。
また、6ヵ月連用後の48時間閉塞パッチテストにおいても「陽性反応や副作用」は認められませんでした。
以上のことより、本成分を配合した本製品は医薬部外品として安全に使用できると考えられました。
さらに、本製品は新規医薬部外品有効成分を含有するため、厚生労働省より製造販売後調査を課せられています。販売後も少なくとも2年間、消費者の方に本製品を使用していただく中で安全であることを更に継続して確認します。

【本件に関するお問い合わせ先】(株)ポーラ・オルビスホールディングス　コーポレートコミュニケーション室
Tel 03-3563-5540／Fax 03-3563-5543

【参考資料】

シワが形成される仕組み

シワは顔面における目の周り、額、口の周り、首などに現れる皮膚形状の変化です。皮膚は通常、紫外線や乾燥などの外部環境からの刺激に曝されており、皮膚の内部では微弱な炎症が引き起こされています。特に真皮ではこの微弱な炎症により、コラーゲンやエラスチンに代表される細胞外マトリクス成分※の分解と産生が繰り返されます。この状態が長期にわたり、更に表情などによる皮膚の屈曲が加わることでシワが形成されると考えられています。

※細胞外の空間を充填する物質であり、皮膚の内部構造を支える骨格的な役割を担う成分

シワを改善するメカニズム

真皮で炎症がおこると、リンパ球の一種である好中球が寄り集まり、好中球エラスターゼという酵素を過剰に分泌します(図 3)。この酵素の働きにより、コラーゲン、エラスチンなどの細胞外マトリクス成分は分解され、減少します(図 4)。そのため、シワの悪化を防ぎ、改善の方向に導くためには、細胞外マトリクスの分解を抑制する、すなわち分解の原因となる好中球エラスターゼの働きを阻害することが重要と考えました。

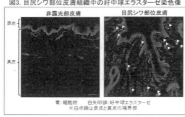

図3. 目尻シワ部位皮膚組織中の好中球エラスターゼ染色像

青：細胞核　　白矢印頭：好中球エラスターゼ
※白点線は表皮と真皮の境界部

図4. 好中球エラスターゼによる真皮コラーゲン、エラスチンの分解

好中球エラスターゼ処理の有無によるヒト皮膚真皮組織中のコラーゲン・エラスチンの染色像　※点線は表皮・真皮の境界部

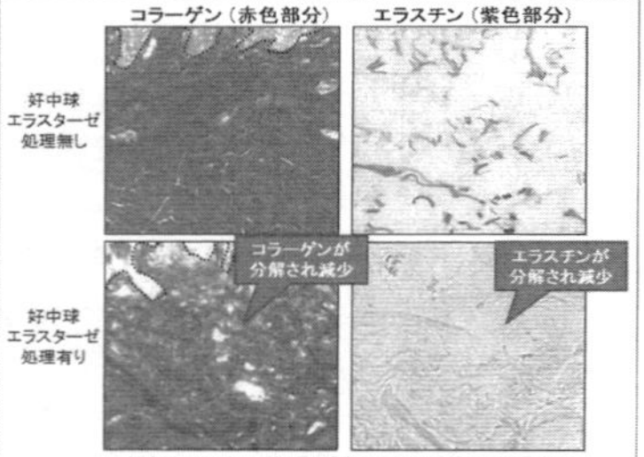

好中球エラスターゼを阻害する成分の探索

約 5,000 種類以上の素材の中から好中球エラスターゼの活性を阻害する成分を探索し、安全性が高く、非常に強い阻害活性を有する本成分を見出しました。

(開発 No.1603)

2016年1月27日
三菱電機株式会社

NEWS RELEASE

大規模構造物が不要で移動も可能なアンテナを実現
海水の水柱で電波を送受信可能な海水アンテナ「シーアリアル」を開発

　三菱電機株式会社は、導電性のある海水を空中に噴出し、生じた水柱をアンテナとして利用することで電波を送受信する海水アンテナ「シーアリアル」を開発しました。海岸や海上など海水があればどこにでも大規模構造物無しに容易に設置でき、移動もできます。
　今回、世界で初めて[※1]、海水を使ったアンテナで地上デジタルテレビ放送の受信実験を行い、画像を映し出せることを確認しました。
[※1] 2016年1月現在（当社調べ）

図1. 適用のイメージ

開発の特長

1. 海水を噴出した水柱で電波を送受信可能
・海水中には電流を流さず、アンテナ送受信部だけに高周波電流を効率よく流す給電構造（絶縁ノズル）を開発
・金属に比べて導電性の低い海水をアンテナ放射部として利用するため、アンテナに必要十分な水柱の太さをシミュレーションにより割り出し、実用レベルのアンテナ効率[※2] 70%を実現
[※2] 入力した電力に対する空間に放射される電力の割合

図2. 金属と海水での電流の流れ方の違い

2. 海水があればどこにでも設置が可能
・ポンプと給電構造のみでアンテナを容易に構成できるため、海岸や海上など海水があればどこにでも大型のアンテナを設置可能
・装置自体がコンパクトなため、船などで移動させることが可能

今後の展開

従来の低周波用大型アンテナの置き換えやコンパクトさを活かした新事業に展開していきます。

| 報道関係からのお問い合わせ先 | 〒100-8310 東京都千代田区丸の内二丁目7番3号　TEL 03-3218-2359　FAX 03-3218-2431
三菱電機株式会社　広報部 |

開発の背景

一般的にアンテナは波長に応じてサイズが決定され、低い周波数では数メートルから数十メートルの高さが必要となります。このようなアンテナは、巨大なアンテナ構造とこれを支える基礎を含めた大規模構造物が必要でした。したがって、大規模構造物となる低周波アンテナは土地の確保が困難なため設置場所などが限られ、また、移設する際には大規模工事が必要でした。

長い歴史を持つアンテナの開発において、ハードウエアとしてのアンテナ技術は成熟期を迎えており、新たな機能や性能を達成させるために、様々な素材を用いる研究がなされています。当社はアンテナ用の新素材として自由に形を変えられる導電性を有する液体に着目しました。その中でも今回は自然界に豊富に存在し、海岸や海上のどこにでも容易に大型の噴水を作り出すことができる海水をアンテナ構造として利用することで、移動可能な大型アンテナを容易に設置することが可能になりました。

特長の詳細

1. 海水を噴出した水柱で電波を送受信可能

噴き上げられた水柱は海水面と物理的につながっているため、そのままの形状では電流が海中へと流れてしまいアンテナ効率が低下してしまいます。アンテナ効率を向上させるためには、アンテナ送受信部にのみ高周波電流を流す必要があります。今回、電波を遮断しやすい4分の1波長の長さを持った筒状の絶縁ノズルを開発し、水柱に接続する高周波電源部から海中への電流を遮断しました。また、海水の導電率は金属に比べると大幅に低いため、水柱の抵抗値を下げてアンテナ効率を高める必要があります。そこで、水柱を太くして低い導電率を補う構造とし、必要十分な太さをシミュレーションにより設計しました。以上の対策をもとに本アンテナのプロトタイプモデルを試作・評価し、設計通りに地上デジタル放送受信を確認しました。

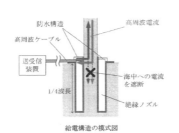

給電構造の模式図

プロトタイプモデル

図3. 新開発した給電構造とプロトタイプ

商標関連

「シーエアリアル(SeaAerial)」を申請中

開発担当研究所

三菱電機株式会社　情報技術総合研究所
〒247-8501　神奈川県鎌倉市大船五丁目1番1号
FAX 0467-41-2142
http://www.MitsubishiElectric.co.jp/corporate/randd/inquiry/index_it.html

CASE 19

山見博康の推奨 3 ポイント

三菱電機(株)

Yes 01 「段落＋小見出し＋箇条書き」「ビジュアル&インパクト」のキーワードにのっとり、明快な文章と実に系統的なビジュアルには敬意を表したい。伝統的な奥行きや深い思い遣りのある社風を感じる。

02 図1の簡明さとカラーの美しさ、図2・3のイラストの明瞭さや写真の適切さがさらなる知的興味をそそる。タイトルに「世界初実験」でも好意的に！

But 03 「今後の展開」は概念的であるため、具体的な数字表現を含んだ経営戦略的な目標があれば株価にも好影響を与えるだろう。2ページ目の「開発の背景」「特長の詳細」も「1.」「2.」と箇条書きにすればより簡素明瞭になる。

技術・商品開発

CASE 20

山見博康の推奨 3 ポイント

(株)明治

Yes 01 研究のポイントや成果をグラフや写真を枠で囲んで具体的に解説し、信憑性を高めている。それは技術に関する自信と早期理解を促す親切心の賜物で、配慮が行き届く親切な会社と潜在意識に訴える。

02 共同開発者の談話が成果の信頼性を裏付ける。いつでも公的機関や大学教授等外部識者のコメント付与を試みよう。

But 03 共同開発者欄が長いので、こんな場合こそ箇条書きと小見出しを忘れずに。斜め読みしてわかるように、記者の手間を省くこと。

NEWS RELEASE

株式会社 明治
〒136-8908 東京都江東区新砂 1-2-10
Tel: 03-5653-0300 Fax: 03-5653-0400
http://www.meiji.co.jp

2016年1月18日

チョコレートに新たな健康効果！世界初、注目成分の抽出成功
チョコレートの便通改善効果を確認
明治と帝京大 1月13日に発表会開催

　株式会社 明治（代表取締役社長：川村 和夫）は、帝京大学と共同で「チョコレート摂取による腸内環境改善効果の探索的研究」を行い、**高カカオチョコレートの継続摂取により便通改善効果がある**ことを確認しました。本研究成果を、2016年1月13日（水）に大阪（会場：CONVENTION ROOM AP 大阪駅前）にて発表いたしました。

【研究のポイント①】
高カカオチョコレートの継続摂取が、便通改善に効果があることを確認

　今回の臨床試験では、20歳以上50歳未満の便秘傾向の女性を、カカオ分72％の高カカオチョコレート摂取群（16名）と、対照群としてホワイトチョコレート摂取群（15名）に分けて行ったところ（詳細は裏面）、以下の結果が得られました。
- ■「1.排便回数」「2.便色」「3.便量」の3項目について、いずれも高カカオチョコレート摂取群がホワイトチョコレート摂取群を上回る結果となりました（下図）。
- ■「腸内フローラ（腸内細菌叢）」を変化させる効果があることを確認しました。
- ■両グループとも、試験期間中に体重変動はありませんでした。

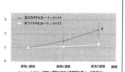

1. 排便回数が有意に増加
高カカオチョコ摂取群は、摂取2週間で平均排便回数が2.8回→4.9回に

2. 便色が改善傾向に
高カカオチョコ摂取群は、摂取2週間で便色が改善

3. 便量が増加する傾向に
高カカオチョコ摂取群は、摂取2週間で排便量が2倍以上に

【研究のポイント②】
世界初！「カカオプロテイン」抽出に成功。さらに、便のかさ増し効果を確認

　カカオに含まれるタンパク質「カカオプロテイン」は、普通のタンパク質に比べて抽出が難しく、機能性が未解明のままでした。今回、新たな抽出法としてアルカリ水溶液を用いた抽出を試み、世界で初めてカカオプロテインの抽出に成功しました。
　カカオプロテインは、難消化性タンパク質であり、マウスを用いてカカオプロテインの便通作用を調べたところ、便のかさ増し効果を裏付けることができました。

抽出されたカカオプロテイン

　これらの実証研究により、**高カカオチョコレートの継続摂取によって、便通改善に効果がある**ことが確認され、**この効果はカカオプロテインによるものである**可能性を見出すことができました。

■試験概要

○タイトル　：チョコレート摂取による腸内環境改善効果の探索的研究
○実施主体　：株式会社 明治・帝京大学
○目的　　　：カカオ分が多く含まれているチョコレートの摂取による「便通改善」効果を探索的に評価することを目的とした。
※カカオ成分が多く含まれているチョコレートとして、カカオ分72％の高カカオチョコレートを使用
○実験デザイン：並行群間比較試験
○評価項目　：排便回数、便性、便量、便中菌叢解析など
○実施期間　：2015年6月～7月
○対象　　　：20歳以上50歳未満の排便回数が週平均4回以下の女性
※カカオ製品、納豆、ヨーグルト・乳酸菌飲料など乳酸菌含有食品を週4回以上摂取していない者
※高カカオチョコレート摂取群16名と、対照としてカカオバター以外のカカオ成分（カカオプロテインなど）を含まないホワイトチョコレート摂取群15名
○摂取期間・摂取量：2週間、両群ともそれぞれ1日当たり約25g摂取

■共同開発者に聞く「カカオプロテインに期待される効果」

「タンパク質で整腸する」という概念がもたらす「便通改善」の可能性

　昨年から行われてきた愛知県蒲郡市・愛知学院大学と明治が行った実証研究の被験者アンケートを見てみると、一部の方から、「便通が改善した」というコメントがありました。それを聞いたときに、過去の「カカオポリフェノール」の機能として発表されている効果ではなかったため、「カカオポリフェノール以外の何か」があるに違いないと考えたのが、本実験のきっかけとなりました。

　カカオプロテインに注目したのは、大豆タンパク質と同じように、カカオ豆に含まれるタンパク質にもなにか機能性があるのではないかと考えたからです。ところが、カカオのタンパク質は普通のタンパク質と違って熱水抽出できませんでした。そのため研究は一時頓挫します。しかし、熱水抽出ができないということは水に溶けないということですので、それならばアルカリ水溶液で抽出すればよいのではないかとひらめいたのです。そこで試してみたら、予想通りカカオ豆のタンパク質が多量に抽出できました。それによって実証試験が可能となったことが、カカオプロテインの研究を進めることができた大きな要因となりました。

帝京大学
理工学部バイオサイエンス学科
准教授　古賀 仁一郎 先生

1985年東京大学農学部農芸化学科卒業。1994年東京大学にて理学博士取得。2012年帝京大学理工学部バイオサイエンス学科准教授。食品化学、植物病理学、応用微生物学を専門とし、植物ホルモンの生合成経路、植物の病害性抵抗、微生物の生産する繊維加工用酵素など、幅広い分野の研究に携わってきた。現在はカカオタンパク質やセラミドなどの機能性食品素材の研究を行っている。

　通常タンパク質は酵素で分解されるのですが、カカオプロテインはその特殊な構成によって分解され難いタンパク質なのではないかと推察しました。そこで、実際に消化酵素を用いてカカオプロテイン試験をしてみた結果、推察のとおり分解されにくい難消化性タンパク質（＝レジスタントプロテイン）であることがわかったのです。小腸で消化吸収されないため、そのまま大腸まで届く。大腸まで届いたカカオプロテインは便の基材にもなり、腸内細菌のエサにもなるのではないかと考えられます。実際、今回の共同研究で、高カカオチョコレートの摂取によって「腸内フローラ（腸内細菌叢）」の変化が確認されました。また、高カカオチョコレートの摂取による「便量」

の増加も確認され、動物実験によってカカオプロテインによる「便のかさ増し効果」が裏付けられました。
　従来の腸内細菌の作用によって腸の蠕動(ぜんどう)が促され便通が改善されるというこれまでの仕組みだけでなく、カカオプロテインは「便のかさ増し効果」という異なるアプローチも加わり便通を改善します。
　そういう意味で、従来とは違う整腸作用が期待できるといえると思います。もちろん乳酸菌と組み合わせて摂っていただいても構いません。いずれにせよ、これまでより幅広い人々に整腸作用がある成分を提供できるという点で、カカオプロテインの「便通改善」効果は画期的な発見だといえましょう。

■ チョコレートは健康にもおいしい食べ物

　チョコレートの原料・カカオ豆に含まれる成分「カカオポリフェノール」の研究結果は、これまでも数多く報告されてきました。当社でも、2014年に愛知県蒲郡市・愛知学院大学と産学官共同で「チョコレート摂取による健康機能に関する実証研究」を行い、カカオポリフェノールの数々の健康効果を確認しました。
　今回新たに、これまで明らかになっていなかった「カカオプロテイン」について、便のかさを増やし大腸の中で善玉菌の"エサ"となることで便通改善の可能性があることを見出しました。
　チョコレートは、「食べておいしい」だけでなく、体にもおいしい食べ物だと言えます。

【チョコレートに含まれるカカオ成分】

```
           チョコレートのカカオ2大成分
              ┌──────┴──────┐
        カカオポリフェノール       カカオプロテイン
```

期待される主な健康機能	期待される主な健康機能
＊認知症予防 ＊動脈硬化のリスク低減 ＊血圧低下 ＊善玉コレステロール値の上昇 ＊精神的・肉体的に活動的になる	＊便通改善 ・排便回数の増加 ・便色の改善 ・便量の増加 ・腸内フローラの変化

【この件に関するお問い合わせ先】　株式会社 明治　広報部
〒136-8908　東京都江東区新砂1-2-10　TEL：03-5653-0300　FAX：03-5653-0400

Amazon.co.jpについて

2016年9月20日

Amazonのカスタマーレビューと、保育・教育・脳科学の専門家の意見をもとに選定
Amazon初、「知育・学習玩具大賞」を発表
"親の70%以上が高い関心を持っているが情報不足で選べない"知育・学習玩具を、もっと選びやすく

総合オンラインストアAmazon.co.jp（以下、Amazon）は、本日9月20日（火）に、Amazon初となる「知育・学習玩具大賞」を発表し、数十万点の知育・学習玩具を国内外から集めた特設ストア「知育・学習玩具ストア」（www.amazon.co.jp/chiiku1）を開設しました。この賞は、Amazonの商品カタログに蓄積された膨大なカスタマーレビューと、専門家（育児・保育専門家：駒崎弘樹氏、教育心理学者：秋田喜代美氏、脳科学者：池谷裕二氏）の意見をもとに、選定されたものです。また、受賞商品だけでなく、海外のAmazonで人気の知育・学習玩具もこの機会に販売を開始し、Amazonならではの品揃えを充実させました。

こうした商品群は年齢や用途別に検索できるため、お客様はお子様の発育や教育に役立つおもちゃを、豊富な品揃えの中からより簡単にお選びいただけるようになります。

＜Amazon 知育・学習玩具大賞　トップページ＞

今年6月にAmazonが実施した知育・学習玩具に関する意識調査によると、「親の70%以上が知育玩具に高い関心と購入意欲を持っているにもかかわらず、その購入頻度は決して高くない」ことが分かりました。その理由には、効果が不明確、欲しいものが見つけられない、などが挙げられ、選ぶ際の情報不足であることが分かりました。

発表にあたり、アマゾンジャパン　バイスプレジデント　ライフ&レジャー事業本部　事業本部長　渡辺朱美は次のようにコメントしています。

> 「お客様の知育・学習玩具に対するニーズにお応えし、本プロジェクトを発表できることを嬉しく思います。米国でも同様のニーズが高まっており、STEM（Science, Technology, Engineering, Mathematics）と呼ばれる理系の能力を伸ばす新しい分野の玩具が増えています。日本では理系の能力に加え、創造力や語学力など幅広い能力の育成にも高い関心が寄せられています。Amazonでは、お客様の多様なニーズに合った知育・学習玩具を国内外から幅広く取り揃え、豊富な商品情報とお買い物しやすいお店作りを通じて、お客様の利便性向上に努めてまいります。」

＜Amazon 知育・学習玩具ストア　トップページ＞

Amazon では、「地球上で最もお客様を大切にする企業であること」「地球上で最も豊富な品揃え」というビジョンのもと、引き続き、品揃え、利便性、価格の強化に努め、多様なお客様のニーズにお応えできるオンラインショッピング体験の提供を目指してまいります。

＜Amazon　知育・学習玩具大賞　概要＞

コンセプト：
　Amazon のお客様が実際に使って「良い」と感じたおもちゃの中から、専門家がそれぞれの知見やお客様の声を参考に、「子どもの知的発達や好奇心をかきたてる遊びができる」ものを選定する賞。

玩具の対象年齢：
　知育玩具は 2〜6 歳、学習玩具は 3〜6 歳とし、使用年齢が不明確なものは対象外とする。
　2〜6 歳は知育・学習の点では遊びながら学ぶことで吸収力と想像力を高め、好奇心を満たしながら成長を促すことができる重要な時期とされている。なお、学習玩具は、読み・書き・計算など具体的な学習の要素が含まれるため、成長度合いを考慮し、対象年齢を 3 歳以上としている。

選考基準：
◆一次審査：Amazon のカスタマーレビューにより、数十万点の中から 49 点のおもちゃを選定。
　1. 購入したお客様から、高い支持を得ていること。購入者したお客様が投稿したカスタマーレビューの件数が 4 件以上、かつ星の数は平均 4 以上とする。
　2. その商品 1 点だけで子どもが遊べるおもちゃ。2 商品以上購入しないと遊べないセット商品は対象外とする。
　3. 店舗やオンラインサイトなどで入手が可能なおもちゃ。ただし廃番のおもちゃは対象外とする。
　4. キャラクター自体が商品の価値になっており、機能や遊び方が知育・学習と関連性が少ないおもちゃは対象外とする。

◆二次審査：保育・教育・脳科学の専門家の審査により、「知育玩具部門　大賞」「学習玩具部門　大賞」それぞれ 1 商品、審査員特別賞 3 商品、アイデア賞 1 商品を選定。
　1. 知育玩具部門　大賞は、知的発達や好奇心をかきたてるおもちゃになっている、かつ専門分野の視点から、注目すべきポイントがあるおもちゃとする。
　2. 学習玩具部門　大賞は、その科目や学習分野への興味をかきたてる、または習得の一助となっているおもちゃとする。
　3. 審査員特別賞は、各審査員が専門分野の観点から優れていると評価したおもちゃとする。
　4. アイデア賞は、惜しくも大賞には選ばれなかったが、着想やアイデアが優れているおもちゃとする。

◆Amazon 特別賞：
新商品のため一次審査の基準を満たさずノミネートされなかったが、次世代の知育・学習玩具として期待できるおもちゃを Amazon おもちゃ＆ホビー事業部が 2 商品、選定。

二次審査 審査員
教育心理学者：秋田喜代美（あきた・きよみ）氏
東京大学大学院教育学研究科教授。前日本保育学会会長。東京大学文学部を卒業後、銀行員、専業主婦を経て、東京大学教育学部に学士入学。日本初の乳幼児の保育に関する学術研究機関である東京大学が新設した「発達保育実践政策学センター」の初代センター長に 2015 年 7 月に就任。

脳科学者：池谷裕二（いけがや・ゆうじ）氏
脳科学者、東京大学 薬理学教授。研究の傍ら、脳と教育に関する著書も多く、「進化しすぎた脳」「記憶力を強くする」は 20 万部を超えるベストセラーになっている。

育児・保育専門家：駒崎弘樹（こまざき・ひろき）氏
認定 NPO 法人フローレンス代表理事。自ら保育士の資格を持ち、厚生労働省「イクメンプロジェクト」推進委員会座長、内閣府「子ども・子育て会議」委員も歴任している社会起業家。

受賞商品：

NO	賞	商品	会社名
1	知育玩具部門　大賞	カプラ 200	KAPLA 社
2	学習玩具部門　大賞	世界の国旗かるた	株式会社学研ステイフル
3	審査員特別賞（秋田喜代美氏）	アソブロック BASIC シリーズ スペシャルパック ドラゴン	株式会社マーゼンプロダクツ
4	審査員特別賞（池谷裕二氏）	サボテンバランスゲーム	プラントイジャパン株式会社
5	審査員特別賞（駒崎弘樹氏）	ニューブロック たっぷりセット	株式会社学研ステイフル
6	アイデア賞	わごむパターンボード	株式会社くもん出版
7	Amazon 特別賞 1	プログラミングロボ コード・A・ピラー	マテル・インターナショナル株式会社
8	Amazon 特別賞 2	ローリーズ・ストーリー・キューブス	The Creativity Hub

■知育玩具部門　大賞
『カプラ 200』（www.amazon.co.jp/dp/B0007KLH1Y）
シンプルでダイナミック、かつ上質な知育玩具。同じサイズの木の板を積み重ねるだけ、という非常にシンプルなおもちゃであるにもかかわらず、アイデア次第で多種多様なものを自在に作ることができ、創造力を育むことにつながる点が評価のポイント。また、友だちや家族と一緒にできるだけ高く積むというような遊び方もでき、子どもの発育に重要な「コミュニケーション」を生み出すきっかけにもなる。さらに、木と木がぶつかる音が心地よく、本物の木のおもちゃならではの普遍的な良さを兼ね備えている。

以下省略

CASE 1 山見博康の推奨 3ポイント

アマゾンジャパン合同会社

Yes 01 タイトルをオレンジで染め、各ページに異なるコンセプトの写真をバランス良く配置。さらに視覚的に字体や太字を使い分けていてわかりやすい。これはアートセンスある奔放闊達な気風がなせる技。

02 まず目を引く「知育・学習玩具大賞」のロゴ&写真はワクワク感を演出。「段落+小見出し+箇条書き」の鉄則を駆使しひと目での理解を促している。審査委員紹介は審査の公的権威と次元を高める。

But 03 毎年継続の意志があればタイトルに「第1回」と銘打つとインパクトがあり、記事の「見出し」になれば継続意志が明確に伝達される。受賞者や審査員の顔を見せて親しみを醸し出そう。

CASE 2 山見博康の推奨 3ポイント

(株)安城自動車学校

Yes 01 一見しただけで楽しく学べ、運転が身に付く予感がする。イラストにユーモアが溢れ、淡いピンクや緑の色使いで優しさが感じられる。包容力と指導力が両立し、人車共に向上させるような印象が好ましい。

02 このような流麗佳麗なるイラストは、絵心があっても真心が無くては絶対に表現できない。思いやりの極致とも言えるアートで、人の痛みや心の悩みがわかり相手を深く慮る心根が伝わってくる。

But 03 「私が指導します。ぜひお越しを!」と教官の写真と横顔、メッセージなどで命を吹き込もう。すると社員や教官の情熱が溢れ出て、学校全体が使命感と躍動感に包まれよう。

株式会社安城自動車学校
〒446-0011　愛知県安城市北山崎町北浦 50 番地
Tel:0566-76-8181　　Fax:0566-76-7171

報道関係者各位

人と安全研究所は「企業と人を育てる」安全運転教育の実施
日本一安全で事故のない街作りを目指しています！

「人と安全研究所」は、**安城自動車学校が母体**となり、交通事故で困っているという企業様の声から生まれました。
運転を教えるのではなく、安全運転の意識を高めることを念頭に、企業様の交通事故を無くすことを目的としております。

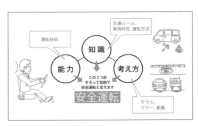

「安全運転とは」

個々の運転だけでは、実際事故は減りません。
社内で取り組むことが必要になります。そのためには経営トップから現場まで一丸となった体制を実質的に整備することが重要になります。社内で取り組むことで、初めて安全運転に対する意思統一が図れます。

「1つでも当てはまれば、ぜひ一度ご相談ください」

- どのように安全運転の教育をすればよいかわからない
- 新入社員で全く運転経験が無い人が入社したが、すぐに任せても大丈夫か不安
- 社内で安全運転教育を出来るようにしたい
- 事故を起こす前にちゃんとした教育をしたいけど、何をしたらいいかわからない
- 営業中、どんな運転をしているかわからない

研修の効果

＜概要＞「無意識から意識化へ」

仕事で運転するということは企業の看板を背負って運転することになります。大切なことは人から見られてどうかです。今まではただ何となく交通の流れに合わせた無意識の中で運転していたことを、意識して正しい運転操作と正しい交通ルールに従った運転をする必要があります。社会人として大事な「安全運転の意識付け」をし、安全運転の習慣化を図ります。

＜会社概要＞

創業昭和44年　安城市に唯一の自動車学校。取得できる免許は、普通自動車から二輪・大型自動車までと、県下でもトップ10に入る規模を誇る。
平成26年3月に　経済産業省主催「おもてなし経営企業選」を受賞。9月にISO 39001を取得。新規事業部「人と安全研究所」を設立し運転免許の取得だけでなく企業・地域社会における事故削減に向けて交通安全・事故防止におけるトータルサポートを行っている。

＜本件に関するお問い合わせ＞
担当者名　人と安全研究所　渡邉貴幸（ワタナベタカユキ）
E-mail : takayuki-w@coaradrive.com

ANA NEWS

第 16-018 号
2016年5月11日

「Tastes of JAPAN by ANA」第12弾
6月～8月は福井県・山梨県・鹿児島県を特集
～"日本が誇る、日本の価値"を国内外に発信し、地域活性化・訪日旅客増加に貢献します～

ANAグループは「Tastes of JAPAN by ANA」プロジェクトで、日本各地の多様な魅力を全国、また海外のお客様にご紹介することにより、訪日旅客の増加及び地域活性化に貢献します。

このプロジェクトは2013年9月からスタートし、「食」・「酒」・「スイーツ」・「文化」などをテーマに、<u>3ヶ月サイクルで3つの都道府県を取り上げ、約4年をかけて日本全国、47都道府県すべてを順に特集していきます。</u>

第12弾として6月～8月の3ヶ月間は、富士山を始め名高い山々に囲まれ、「南アルプス巨摩県立自然公園」が認定され50周年を迎える「山梨県」、最古の現存天守を有する丸岡城が「日本の名城100選」に選定され10周年を迎え、インバウンドを中心に更なる誘客拡大を目指す「福井県」、「薩長同盟150周年」を迎え、また2018年には「明治維新150周年」を控え活気溢れる「鹿児島県」をテーマに特集いたします。ANAは各県の特産品をふんだんに使用し様々なお食事やデザートなどをANAのサービス(機内やラウンジ、空港店舗、通販サイト等)に取り入れ、各地の文化・観光資源の紹介を通じて地域活性化へ貢献し、その魅力を国内外のお客様に広く発信してまいります。

< Tastes of JAPAN実施都道府県 >

・・・実施済み都道府県 (29都道府県)
・・・今回実施の都道府県

【機内・空港ラウンジでご提供する特産品を使った食事・デザートの一例】

福井県

羽田空港国際線「ANA SUITE LOUNGE 内 DINING h」にて「福井県産真鯛翁焼きと夏野菜の揚げ煮」を7月にご提供いたします。福井県産の天然鯛を白醤油・酒・味醂を合わせ、かけ焼きにし、とろろ昆布をのせた逸品です。その他、国際線ファーストクラスにて「小鯛笹漬け」をご提供いたします。日本海産の新鮮な小鯛を三枚におろし、うす塩にして醸造酢にて軽く締めました。化学調味料などは一切使わず、昆布、かつお、しいたけの天然だしのうま味で仕上げました。

山梨県

羽田空港国際線「ANA SUITE LOUNGE 内 DINING h」にて「山梨甲斐サーモンレッド ポテトのピューレとグリーンアスパラを添えて」を6月にご提供いたします。甲斐サーモンレッドは柔らかく、加熱してもしっとりとした身質が特徴ですので、ぜひご賞味ください。その他、羽田・成田空港国際線「ANA SUITE LOUNGE」にて、南アルプス市内の農家のすももだけで作ったぜいたくなジャムを使用した「すもものエクレア」をご提供いたします。すもも本来の爽やかな酸味と優しい甘味が特徴です。

鹿児島県

国際線ビジネスクラスにて、「郷土料理 鹿児島」をご提供いたします。主菜の黒豚の黒酢煮は、箸でもほぐせるようなとろっとした柔らかさで、黒酢を使い甘辛く爽やかな風味が引き立ちます。お造りには、わらであぶった本格派の鰹のたたきを、ポン酢、梅風味のおろしと一緒にお楽しみください。その他、羽田空港国際線「ANA SUITE LOUNGE 内 DINING h」では、7月に「鹿児島県黒毛和牛ローストビーフ」をご提供いたします。浜御塩と和風ソースでお召し上がりください。

ANA広報部 03-6735-1111 成田 0476-34-7042 羽田 03-5757-5548 伊丹 06-6856-0270 関西 072-456-7342

A STAR ALLIANCE MEMBER

【空港ラウンジでご提供する日本のお酒"國酒"】
 羽田・成田・関西の各空港のANAラウンジにて、日本酒・本格焼酎・泡盛といった日本のお酒"國酒"を提供するコーナーを設置しており、3県の銘酒をお楽しみいただけます

県	福井県	山梨県	鹿児島県
内容	日本酒 計14銘柄	日本酒 11銘柄 焼酎 1銘柄	焼酎 計12銘柄
提供 ラウンジ	成田空港(国際線) 関西空港(国際線)	羽田空港(国内線)	羽田空港(国際線)

【機内番組『SKY EYE ～空からのメッセージ～』】
 カメラを搭載した「ドローン」で上空から撮影した各地の美しい映像に加え、地元のおすすめグルメや全国的にあまり知られていない風習など各地の魅力をさまざまな角度からお届けするオリジナル番組です。

各県の主な撮影地 :
　　　　福井県:東尋坊など　　　　山梨県:富士山など　　　　鹿児島県:桜島など

※写真はイメージです
※ご覧いただける便・期間は異なります
※このほか、YouTube の ANA グローバルチャンネルでもご覧いただけます

【機内誌『翼の王国』】
「食」をテーマに、その土地を象徴し、地域の表情を感じていただける食材や食文化を特集いたします。
　6月　福 井 県　：　ごまどうふ
　7月　山 梨 県　：　はちみつ
　8月　鹿児島県　：　うなぎ

【WEBでの通販・空港販売】
 インターネット通販サイト「ANA ショッピング A-style」特設ページにて、各県の名産品・特産品を販売いたします。加えて羽田・伊丹・関西の各空港では、「ANA FESTA」にて名産品を販売いたします。

【特集サイト】
 特集する都道府県の情報や観光の魅力をWEBサイトでご紹介します。
　　www.ana.co.jp/tastesofjapan/　(日本語)
※5/16 リリース予定
英語、ドイツ語、フランス語、韓国語、中国簡体字、
中国繁体字(台湾・香港)でもご紹介しております。
これを機に、各地の魅力をお楽しみください。

【記者発表会】
 各県内にて記者発表会を下記の通り実施いたします。取材を希望される方は、下記までご連絡ください。

	福井県	山梨県	鹿児島県
日程	5月24日(火)	5月17日(火)	5月17日(火)
問合せ先	ANA 金沢支店 076-260-5800	ANA 東京本店 050-3815-5095	ANA 鹿児島支店 099-812-7151

 国内最大のネットワークを有し、国際線の拡大を推進しているANAグループは、これからも日本唯一の5スター獲得エアラインとして、日本と世界の架け橋となり、多様な取り組みをおこなっていきます。以　　上

※サービス・商品の内容・提供方法等は、予告なく変更することがあります。

CASE 3 山見博康の推奨 3 ポイント

全日本空輸（株）

Yes 01 本来タイトルは含蓄豊かで独自の特長を備えるべきだが、「Tastes of JAPAN by ANA」とした華麗で奥深さのあるセンスに感銘を受ける。あらゆる活動がそのセンスで味つけされるだろう。

02 「3カ月サイクルで3つの都道府県、4年で47都道府県制覇」との明確な目標を掲げたプロジェクト。その完遂への断固たる決意表明によって社内外の人の心が奮い立とう。

But 03 約2年29の事例をまとめれば興味を惹くだろう。実施した都道府県ごとのイベント数・利用者数や売上高の推移、その合計で全体の貢献が判明。善なる協創心の高まりがさらなる広報成果を産み出す。

CASE 4 山見博康の推奨 3 ポイント

大正製薬ホールディングス（株）

Yes 01 話しかけるような簡素なタイトルは珍しいが、過去から未来へこれまで同様の継続支援を約束するとの堅い決意が表れている。「3つの応援」と銘打ったのも多彩な貢献を巧みに表現している。

02 タイトル直下に提供品を堂々と配して衝撃を与え、後に続く「小見出し＋箇条書き」で明快に解説し喜ばれる。スポンサー歴で貢献の詳細はわかるが、提供本数と共にビジュアルな時系列表も一案。

But 03 「15年連続」や「累計○○本！」「3つの応援」など貢献度合いを具体的数字でタイトルに記すと信頼性は自然に向上する。この膨大な本数がラグビー界を支える姿を冷静にアピールしよう。

NEWS RELEASE

報道関係者各位

2016年5月9日

今までも、そしてこれからも
リポビタンDはラグビー日本代表チームを応援します

大正製薬株式会社［本社：東京都豊島区　社長：上原 茂］（以下、当社）は、ラグビー日本代表チームの強化と競技人口の増大、スポーツを通じて夢を追いかける青少年の育成に貢献していきたい、そのような思いから2001年より15年にわたりラグビー日本代表を支援してまいりました。当社は、2019年に日本で開催されるラグビーワールドカップでの更なる活躍を期待し、これからも引き続きラグビー日本代表を応援してまいります。

なお、今年度につきましては、オフィシャルパートナーとして以下の「3つの応援」を中心に支援を行う予定です。

1. **ラグビー日本代表チームを応援するリポビタンD新 TV・CM の放映**
   ラグビー日本代表がもっと強くなるために、また、リポビタンDも元気と力を日本に届けられるように、共にフィールドを駆けていきたい。
   そんな願いを込めたテレビ CM を 5 月 10 日より放映します。

2. **日本代表戦への冠協賛（リポビタンDチャレンジカップ）**
   主に欧州・オセアニアのナショナルチームを迎えて行うラグビー日本代表のテストマッチ。
   当社特別協賛により、2002年より開催しています。

日程	キックオフ	対戦カード	試合会場
6月18日（土）	19:20	日本代表 対 スコットランド代表	愛知・豊田スタジアム
6月25日（土）	19:20	日本代表 対 スコットランド代表	東京・味の素スタジアム

3. **「リポビタンD　ラグビー日本代表応援ボトル」6月1日より順次発売**
   今年は、日本代表チームのスピード感とアグレッシブさをイメージしてデザインしました。
   本商品の収益の一部は日本ラグビーフットボール協会様を通じ日本のラグビー発展のために使っていただいております。

TAISHO PHARMACEUTICAL CO., LTD.

◇スポンサー歴
　日本代表オフィシャルスポンサー　　2001年より男子15人制、2011年より男子7人制
　　　　　　　　　　　　　　　　　　2013年より女子15人制・7人制
　リポビタンDチャレンジカップ　　　　2002年より
　ヨーロッパ遠征支援　　　　　　　　2013年より
　ラグビーワールドカップ2015イングランド大会　報奨金贈呈
　日本代表オフィシャルパートナー　　2016年より

◇製品概要

製　品　名	リポビタンD　ラグビー日本代表応援ボトル
製 品 区 分	指定医薬部外品
希望小売価格	大正製薬ダイレクト：100mL×10本　1,500円（消費税別） 全国主要コンビニエンスストア：100mL×1本　146円（消費税別）
成　　　分	（1本100mL中） タウリン　　　　　　　　　　　　　　　　　　　　　　1000mg イノシトール　　　　　　　　　　　　　　　　　　　　　50mg ニコチン酸アミド　　　　　　　　　　　　　　　　　　　20mg チアミン硝化物（ビタミンB_1）　　　　　　　　　　　　5mg リボフラビンリン酸エステルナトリウム（ビタミンB_2）　5mg ピリドキシン塩酸塩（ビタミンB_6）　　　　　　　　　　5mg 無水カフェイン　　　　　　　　　　　　　　　　　　　　50mg
効　　　能	☆肉体疲労・病中病後・食欲不振・栄養障害・発熱性消耗性疾患などの場合の栄養補給 ☆滋養強壮　☆虚弱体質
用 法 ・ 用 量	成人（15才以上）1日1回1本（100mL）を服用してください。

◇購入方法
　1．大正製薬ダイレクト（6月1日 14:00 より販売）

　　　電　　　話：　フリーダイヤル　0120-81-8428
　　　　　　　　　　受付時間／午前9:00～午後8:00（土・日・祝日も受付）
　　　Ｆ　Ａ　Ｘ：　フリーダイヤル　0120-28-3748（24時間受付）
　　　インターネット：「大正製薬ダイレクト オンラインショップ」（24時間受付）
　　　　　　　　　　　　https://www.taisho-direct.jp/ad/hm/ld_2016rugby.html
　　　　　　　　　　「大正製薬ダイレクト Yahoo!ショップ」（24時間受付）
　　　　　　　　　　　　http://store.shopping.yahoo.co.jp/taisho-directshop/y0112016.html

　2．全国主要コンビニエンスストア（6月7日より販売）

◇生活者の方からの製品に関するお問い合わせ
　大正製薬お客様119番室　TEL：03-3985-1800

```
報道関係の方のお問い合わせ先
コーポレートコミュニケーション部
ＴＥＬ：03-3985-1115
MAIL：pr@so.taisho.co.jp
```

TAISHO PHARMACEUTICAL CO., LTD.

News Release

2014年3月25日

各位

大日本住友製薬株式会社

くすりの町・道修町と大日本住友製薬のあゆみに関する史料展示スペース開設のお知らせ

　大日本住友製薬株式会社(本社:大阪市、社長:多田 正世)は、3月25日に、大阪本社ビル内に創業時の史料等の展示スペースを開設しましたので、お知らせします。

1. 開設の目的

　当社は、1897年(明治30年)5月に大阪・道修町に設立し、100年を超える医薬品の研究開発、製造、販売の歴史を刻んできました。

　江戸時代からくすりの町として知られる道修町とともに築いてきた100年を超える当社のあゆみを一般の方々に広く知っていただくとともに、多くの方にくすりの町・道修町への関心と理解を深めていただきたいと考えています。

2. 史料展示スペースの概要

　創業の精神、長井長義博士[※1]の製薬事業発展への貢献、純正医薬品の製造と供給、革新的な医薬品の創出に挑戦する当社の現在の姿など、道修町と当社のあゆみを模型や展示パネル、動画上映、写真映写などにより、わかりやすく紹介します。

(1) 開設日時： 2014年3月25日(火)
(2) 開設場所： 大日本住友製薬株式会社　大阪本社ビル1階ロビー
　　　　　　　大阪市中央区道修町2-6-8
(3) 見学方法： 大阪本社ビル外側(ガラス張りの1階ロビー部分)から自由にご覧になれます。
　　　　　　　屋外から閲覧することができるように史料等を展示しています。
(4) 展示内容： 海老江製薬所の再現模型
　　　　　　　医薬品の製造に使用していた蒸留缶[※2]および濾過器[※2]
　　　　　　　道修町と大日本住友製薬のあゆみに関するパネル(3枚)
　　　　　　　革新的な新薬創出への挑戦に関するパネル(3枚)
　　　　　　　当時の道修町や海老江製薬所等に関する史料の映写　など

　当社は、このたびの史料展示が道修町の活性化の一助となることを期待しています。

[※1] エフェドリン(気管支拡張剤)の発見者。当社(当時の大日本製薬)の技術顧問を務めるなど、化学や薬学に関する産業の発展に貢献しました。また、東京薬学会(現、日本薬学会)の初代会頭を務め、日本の薬学研究の礎を築き上げる上で非常に大きな貢献を果たしました。

[※2] 2014年3月、公益社団法人 日本化学会より化学遺産認定を受けています。

以 上

【別紙に史料展示スペースのイメージ、蒸留缶および濾過器を記載しています】

○本件に関するお問い合わせ先
　大日本住友製薬㈱　コーポレート・コミュニケーション部
　　(大阪)　TEL 06-6203-1407　/　(東京)　TEL 03-5159-3300

(ご参考)

1. 大阪本社ビル1階ロビー外側から見た全体のイメージ

2. 蒸留缶(左)と濾過器(右)　　　　　　　　　3. 展示パネルのイメージ

CASE 5

山見博康の推奨 3 ポイント

大日本住友製薬（株）

Yes 01 「段落＋小見出し＋箇条書き」で意を尽し、申し分のないわかりやすさ。「※（注釈）」を使うなど全体に細やかな配慮が行き届き、1世紀企業の自負と使命感に溢れ奥床しい。1ページ目に1つでも写真がほしい。

02 2ページ目はビジュアルでまとめ一見瞬時に理解してもらえる。外観図にレイアウトを立体的に示し、個々の歴史的遺物の拡大図での紹介は推奨。展示パネルに子どもを意識した説明や英文を忘れない。

But 03 リリース日＝オープン日はニュース価値半減、報道対象になりづらい。一般的に①事前お知らせで個別見学を促す、②前日の内覧会、③当日「オープニング式典」への招待を常に要検討。

CASE 6

山見博康の推奨 3 ポイント

太陽石油（株）

Yes 01 タイトルに「第8回」と銘打って継続性あるCSR活動との印象を深めている。丁寧なサブタイトル、簡潔ながら詳細な本文、さらにひと目で理解できる表や写真は親切な社風のあらわれと言える！

02 大人と子どもが一緒になって奮闘する姿が見られる4枚の写真、そして「小見出し＋箇条書き」の鉄則に沿った記述に魅了される。過去の活動内容の具体的な一覧表は、着実な実績に誇りを持ちつつ冷静に紹介されていて印象的。

But 03 1ページ目の右半分の余白を使って、活動ごとに2ページ目の写真を先に掲載するとよりイキイキと伝わる。小さくなっても数を増やせば早く見てもらえて効果的！　大人の心地良い感想や子供の興奮しつつ語る話も！

プレスリリース　　　　　　　　　　　　　　　　　SOLATO

平成 28 年 4 月 26 日

報道関係　各位

太陽石油株式会社

「今治市 太陽が育む森」　第 8 回森林ボランティア活動実施について

～社員とその家族、OB の計 60 名によるヒノキ、杉等の除伐・枝落し作業～

去る 4 月 16 日（土）、愛媛県今治市において「今治市 太陽が育む森」第 8 回森林ボランティア活動を以下の通り実施いたしました。今回は、この 4 月に入社した 25 名の新入社員も新人研修プログラムの一環として参加し、当社の社会貢献活動への理解や先輩社員との交流を深めることができました。当社は、今後も引き続き、森林を守り育て、共に暮らすための活動を継続していきます。

記

1. 実施概要
　（1）実施日
　　　平成 28 年 4 月 16 日（土）
　（2）実施場所
　　　愛媛県今治市玉川町龍岡上　陣ヶ森地区　「今治市 太陽が育む森」
　（3）参加者
　　　社員とその家族、新入社員、当社 OB／総勢 60 名（子ども 8 名を含む）
　（4）活動内容
　　　①除伐作業　　　：複層林造成のため、トチノキ・ケヤキ（広葉樹）等の雑木や劣性木を
　　　　　　　　　　　　約 50 本
　　　②枝落し作業　　：ヒノキ（広葉樹）を約 250 本
　　　③体験学習
　　　　・木製ベンチ製作体験　－広場や公共施設に設置する今治産スギ材の木製ベンチ製作
　　　　・木工体験　　　　　　－今治産スギ板を利用して、ティッシュＢＯＸを製作
　　　　・ツル細工体験　　　　－ツルを利用し、カゴを製作
　　　　・ロープワーク体験　　－緊急時に活用できる基本的なロープワーク
　　　④地元今治市の方々との交流
　（5）当日のスケジュール
　　　9：05　　　　　　四国事業所　出発
　　　10：10　　　　　「太陽が育む森」到着
　　　10：15　　　　　開会式
　　　10：30～11：50　除伐・枝落とし作業
　　　11：50～12：50　昼食
　　　12：50～14：50　体験学習
　　　14：50～15：00　閉会式
　　　15：00　　　　　「太陽が育む森」出発
　　　16：00　　　　　四国事業所　到着　／　解散

2. 当日の様子

集合写真

枝落し作業の様子

除伐後倒木作業の様子

今治産スギ板でベンチ製作の様子

4.「今治市 太陽が育む森」とは

平成19年8月に愛媛県及び今治市と締結した「企業の森林（もり）づくり」協定に基づき、当社が活動する市有林41.8ヘクタールを「今治市 太陽が育む森」としています。

「企業の森林（もり）づくり」は、県内の森林整備（水源の涵養、山地災害の防止）地域住民と交流することを目的にした愛媛県の事業で、当社は、当事業に参加した最初の企業です。

5.参考：過去5年間の当活動の概要

実施年月日	参加者数	活動概要
平成27年4月25日（土）	68名	① 広葉樹（クヌギ）を約200本植栽 ② 体験学習（防災サバイバル、ツル細工等）
平成26年5月17日（土）	54名	② 複層林下木（ヒノキ）の除伐・枝落とし ③ 験学習（木工、木の時計づくり等）
平成25年4月20日（土）	72名	② ヌギ480本の植栽 ②体験学習（木工、ツル細工体験、トレッキング等）
平成24年3月17日（土）	43名	雨天のため、体験学習のみ実施 （木工、ツル細工、丸太細工等）
平成23年3月26日（土）	－	東日本大震災直後のため活動を中止

【本件に関するお問い合せ先】
太陽石油（株）総務部 CSR推進グループ
担当　：　坂本、山美
電話　：　03-5521-9862
FAX　：　03-3508-0183
メール：　kn_sakamoto@mail.taiyooil.co.jp

以上

News Release

株式会社タカラトミー

http://www.takaratomy.co.jp

報道関係各位

2016年1月20日

遊び終わったおもちゃが新しい資源に再生！
第5回 PLA-PLUS プロジェクトに今年も参加！
回収品を再生し、子どもたちへのリサイクル普及啓発活動にも活用
2月15日（月）～3月14日（月）「キデイランド 原宿店」にて回収

株式会社タカラトミー

　株式会社タカラトミー（代表取締役社長：H.G.メイ／所在地：東京都葛飾区）は、環境省のプラスチック製品の店頭回収によるリサイクル実証事業「PLA-PLUS（プラプラ）プロジェクト※1」に本年度も参画いたします。
　2016年2月15日（月）～3月14日（月）まで、グループ会社であるキデイランドの原宿店にて、文具やおもちゃ、生活雑貨などのプラスチック製品を回収いたします。（＊回収にご協力いただき、店頭アンケートにお答えいただいたお客様には、粗品を進星いたします。）
　5回目の実施となる本年度は、回収したおもちゃ等の製品プラスチックを、素材に適したリサイクル手法でもう一度プラスチック材料等の新しい資源に再生し、その後、再生したプラスチック材料の一部が使用されたユニフォームを、弊社が実施する小学校の出張授業やエコイベント等で活用し、子どもたちに資源循環の啓発を行っていくことを検討しています。

　当社はおもちゃメーカーとして唯一、初年度である2011年から継続して「PLA-PLUS プロジェクト」に参画しています。キデイランド 原宿店の店頭にて、遊び終わったプラスチック製おもちゃの回収を行うとともに、お客様とのコミュニケーションを通じてリサイクルへのニーズ等ご意見を収集し、参考にして参りました。
　おもちゃは、子どもたちの成長の軌跡であり、思い出の詰まったものである為、遊ばなくなった後もなかなか手放せずにいるという一方で、「有効に再利用されるなら」「資源として生まれ変わるなら」など、リサイクルを望む声も聞かれています。
　また、「子どもにリサイクルやエコを伝えたい」という理由から、環境教育の一環として親子で参加される等の姿も見られています。

　役目を終えたおもちゃが、再び新しいおもちゃや服に生まれ変わる、資源循環型社会の未来の実現のために、今後も「PLA-PLUS プロジェクト」への参画を通じて、現在活発に研究が進む新たなリサイクル技術への協力や、子どもたちへのリサイクルの普及啓発に貢献して参ります。

※1 「PLA-PLUS プロジェクト」について
現在、生活用品などの多くのプラスチック製品は「容器包装リサイクル法」の対象外となっているため、その多くは焼却・埋立処分されています。日本環境設計株式会社が事務局となる「PLA-PLUS プロジェクト」では、消費者・販売店・メーカーなどが一体となって、プラスチック製品リサイクルの仕組みを構築することを目指しています。

≪「第5回 PLA-PLUS プロジェクト」タカラトミーグループの実施概要≫

◆回収拠点:キデイランド 原宿店 （3Fレジカウンター）
　　　　　所在地:東京都渋谷区神宮前6－1－9
　　　　　営業時間:11:00～21:00 （土・日・祝は10:30～21:00）
　　　　　URL:http://www.kiddyland.co.jp

◆回収期間:2016年2月15日（月）～3月14日（月）

◆対象製品:文具やおもちゃ、生活雑貨などのプラスチック製品

◆回収方法:期間中に、不要になったプラスチック製おもちゃを回収店舗の店頭へお持ちいただきます。
　　　　　回収店舗の店頭のみの受付となり、郵送等では受付いたしません。回収にご協力いただき、店頭
　　　　　アンケートにお答えいただいたお客様には、粗品を進呈いたします。

◆リサイクル手法:回収した製品プラスチックの素材に適した手法でリサイクルを行います。その後、再生したプラスチック材料の一部で作られたユニフォームを、弊社が実施する小学校の出張授業やエコイベント等で活用することで、「おもちゃをリサイクルして再度おもちゃや服になる」ことをリサイクルの一例として子どもたちに伝え、資源循環の啓発・環境教育を実施することを検討しています。※詳細はホームページでもご確認いただけます。

・PLA-PLUS プロジェクト
http://plaplus-project.jp/
・タカラトミーグループ 社会・環境への取組みについて
http://www.takaratomy.co.jp/company/sustainability/ceo_message/index.html
・タカラトミー エコトイ HP
http://www.takaratomy.co.jp/eco/

<報道各位から本件に関するお問い合わせ先>
株式会社タカラトミー 広報課　TEL 03－5654－1280　FAX 03－5654－1380
<読者から商品に関するお問い合わせ先>
株式会社タカラトミーお客様相談室　TEL: 0570－04－1031（ナビダイヤル）

CASE 7 山見博康の推奨 3 ポイント

（株）タカラトミー

Yes 01 CSR活動に関わらず、「第5回」と回数を記述することは、実績への誇りと継続の決意を意味する。リード部の後にプロジェクトを示すプロモーション図を掲げて興味を惹き付けている。

02 プロジェクト全体を、詳しい解説と共に、イラストや図で視覚的に見せたのはわかりやすい。さらに、今回の活動内容についても細かく説明していて親切。

But 03 今回を含めた活動内容と数字的実績をグラフで表すとリリースに厚みが出るだろう。回収した品目と数、リサイクル後の用途とその行方などがほしい。昨年の活動中の写真が小さくてもあれば臨場感を増す。

CASE 8 山見博康の推奨 3 ポイント

（株）タニタ

Yes 01 「全国初」の小中学給食メニュー監修は、「タニタ食堂」で名を馳せたブランドが、長岡市健康まちづくり事業という1つの社会貢献を行うもので、広報的に一石三鳥にも価値あり。

02 本文各段落に記述された内容はとても興味ある情報で、その詳細さ×豊富さ×簡潔さには感銘を受ける。一見、相反する味付けはタニタメニューと同じで「リリースは会社の鏡」を裏付ける。

But 03 1ページ目に写真を1枚！ 「段落」を付けて興味深い詳細な情報満載で親切だが、各段落に「小見出し」、さらに「箇条書き」にすると早く理解してもらえよう。読んでわかるより、見てわかるようにしたい。

(報道資料)

全国初、タニタが小・中学校の給食メニューを監修
「長岡市多世代健康まちづくり事業」の一環として実施

2015年11月6日
株式会社タニタ

健康総合企業の株式会社タニタ(東京都板橋区前野町1-14-2、社長・谷田千里)は、新潟県長岡市立の小・中学校全87校(小学校59校、中学校27校、特別支援学校1校)の給食メニューを監修し、「タニタ食堂給食メニュー」として、11月以降に各校1回ずつ提供することになりました(提供日は各校により異なります)。長岡市が推進する「長岡市多世代健康まちづくり事業」の一環として取り組むもので、タニタが監修した給食メニューが提供されるのは、全国で初めてとなります。メニューの監修は、タニタ社員食堂担当の管理栄養士・荻野菜々子が担当。学校給食の規定を踏まえつつ、野菜を豊富に使って栄養バランスを高めたり、噛みごたえのある調理法で満足感を高めたりする「タニタ食堂」ならではのメソッドを給食向けにアレンジしています。

小・中学校で提供される学校給食は、成長期のからだづくりを支える栄養素を摂取するだけでなく、バランスの取れた食習慣を形成したり、マナーを身に着けたりするといった重要な役割を担っています。今回の監修にあたっては、荻野と各校所属の栄養教職員が検討を重ね、タニタ食堂の特徴の一つである「食感」に着目したメニューづくりを進めました。野菜は切り方など調理の仕方で食感が変わります。学校給食の調理規定を踏まえつつ、通常よりも「大きめ」、「固め」に調理することで、噛む時間や満足感の変化を体感し、噛むことの重要性を学べるメニューとしました。なお、タニタ食堂のメニューは成人が健康管理をする上でバランスの良い食事となるよう、エネルギーが500kcal前後、塩分が3g以下のレシピとなっていますが、本給食メニューでは小・中学生の食事摂取基準に合わせてアレンジしています。

提供するメニューは、小学校向けが「鶏肉のごまごま焼き給食」(「鶏肉のごまごま焼き」、「タニタ風ごぼうとにんじんのしりしり」、「豆腐と里いものみそ汁」、「米飯」、「牛乳」、エネルギー592kcal、塩分2.1g)、中学校向けが「れんこんバーグ給食」(「れんこんバーグ」、「ひじきとさつま揚げの煮物」、「厚揚げと小松菜の中華スープ」、「米飯」、「牛乳」、エネルギー784kcal、塩分3.1g)。長岡市の特産品であるれんこんを始め、ごぼうや乾物を活用して様々な食感を味わえるように仕上げました。

タニタでは2014年から「長岡市多世代健康まちづくり事業」に参画しています。具体的には市民向けの健康セミナーを定期的に開催しているほか、健康まちづくり拠点として「TANITA CAFE(タニタカフェ)」を開設したり、通信機能を持つ活動量計とプロフェッショナル仕様の体組成計を使ってからだの状態や活動量・歩数を「見える化」する健康増進プログラム「ながおかタニタ健康くらぶ」を運営したりするなど、健康を基軸にしたまちづくりの支援を実施しています。今回の「タニタ食堂給食メニュー」により小・中学生の食育といった若年層へ向けた健康アプローチが加わるため、「多世代」を対象とした健康まちづくりをさらに一歩進めることができると考えています。タニタでは、今後も長岡市での取り組みをモデルに、集団健康管理サービス「タニタ健康プログラム」をフレームとした健康まちづくりをサポートし、市民の健康増進・健康寿命の延伸に寄与していく方針です。

小学校向け「鶏肉のごまごま焼き給食」
(「鶏肉のごまごま焼き」、「タニタ風ごぼうとにんじんのしりしり」、「豆腐と里いものみそ汁」、「ご飯」、「牛乳」、エネルギー592kcal、塩分2.1g)

中学校向け「れんこんバーグ給食」
(「れんこんバーグ」、「ひじきとさつま揚げの煮物」、「厚揚げと小松菜の中華スープ」、「ご飯」、「牛乳」、エネルギー784kcal、塩分3.1g)

※本資料は東商記者クラブにも配布しております。
※同様の資料(別添「ご参考」)は長岡市より長岡市記者会に配布されております。

報道機関からのお問い合わせ先

株式会社 タニタ
〒174-8630
東京都板橋区前野町1-14-2
電話:03(3558)8116(直)
FAX:03(3558)3110
広報課:猪野、山本、横田、冨増

報道資料に記載されている情報は発表日現在のものです。このため、時間の経過あるいは後発的なさまざまな事象によって、内容が予告なしに変更される可能性があります。あらかじめご了承下さい。

PRESS RELEASE

発信日：2016年1月8日
リリースNo：DB2016-002

〒231-0015
横浜市中区尾上町1-8 関内新井ビル7階
株式会社横浜DeNAベイスターズ 広報部
TEL：045-681-0879／FAX：045-661-2500
E-Mail：media@baystars.co.jp

球団創設5周年企画
キャンプ地の子どもたち約2万人にベースボールキャップをプレゼント

　横浜DeNAベイスターズは、球団創設5周年目を迎えるにあたり、神奈川県の子どもたち約72万人にベースボールキャップのプレゼントを行っておりますが、春季キャンプを行っている沖縄県宜野湾市、嘉手納町、宿泊地である北中城村、また秋季キャンプを行っている鹿児島県奄美大島の幼稚園・保育園、小学校に通う約2万人の子どもたちにもベースボールキャップのプレゼントが決定しましたので、お知らせいたします。

　横浜DeNAベイスターズは、サッカーでも、テニスでも、どんなスポーツでもいいので、子どもたちが成長過程で、何かスポーツに触れてもらいたい、そしてもちろん、野球もその選択肢のひとつであり続けたく、その野球が子どもたち同士や、保護者と子どもなど世代を超えて人と人を繋ぐきっかけであり続けて欲しいと願っています。

　沖縄県宜野湾市、嘉手納町、北中城村、鹿児島県奄美大島のキャンプ地の皆様には毎年多大なるサポートを頂戴しており、充実したキャンプを過ごすことができております。このたびの取り組みは日々のサポートに対する感謝の気持ちを伝えると共に、この機会にキャンプ地の子どもたちにベースボールキャップを届けることで、野球をはじめとした様々なスポーツに触れ、心身ともに健全な未来を歩んでもらいたいという思いから行うものです。

　本取り組みはこうした球団の想いに対して、各自治体の皆様にご賛同いただき実現いたしました。横浜DeNAベイスターズはこれからも、子どもたちの明るい未来に貢献していきます。

■配布概要
＜配布対象＞
沖縄県宜野湾市（春季キャンプ：一軍）
　　幼稚園・保育園　児童数：3,065人（64校）
　　小学校　　　　　児童数：6,431人（9校）
沖縄県嘉手納町（春季キャンプ：ファーム）
　　幼稚園・保育園　児童数：903人（14校）
　　小学校　　　　　児童数：923人（2校）
沖縄県北中城村（春季キャンプ：ファーム宿泊地）
　　幼稚園・保育園　児童数：585人
　　小学校　　　　　児童数：1,126人
鹿児島県奄美大島（秋季キャンプ）
　　幼稚園・保育園　児童数：2,772人（62校）
　　小学校　　　　　児童数：3,703人（48校）
配布総数　　　　：19,508人

＜配布時期＞
　1月下旬より順次発送いたします

以上

《本件に関するマスコミお問合せ先》
　　株式会社横浜DeNAベイスターズ
　　　広報部　TEL：045-681-0879

CASE 9

山見博康の推奨 3 ポイント

(株)ディー・エヌ・エー((株)横浜DeNAベイスターズ)

Yes 01 素朴なタイトルだが「5」「2」の具体的数字が強いインパクトを与える。各段落の淡々とした文章にこもる、スポーツを楽しむ子どもたちへの願いや幸せを祈る想いに感動!

02 配布実績を配布先ごとに箇条書きに並べ、一目瞭然にしたのは明確でわかりやすい。特に、1人の単位まで正確に記述していて、個を大切にする思いやりの気風や1人も疎かにしない社風を示す。

But 03 キャップをかぶって躍動する子どもたちの喜ぶ顔、イキイキした表情、感謝の言葉などを写真でビジュアルに見たい。子どもたちへの貢献の全貌と将来計画を図で示すと記事が膨らみ喜ばれる。

CASE 10

山見博康の推奨 3 ポイント

(株)デンソー

Yes 01 異業種提携と活動内容がすぐわかるタイトル! それぞれの強みを生かして「出前授業」という面白さを前面に打ち出して、グローバルな貢献の第一歩を踏み出し、着実な成長を期す印象がある。

02 各出前授業を箇条書きで説明していて読みやすい。2ページ目に写真を集め、中国・タイでの活動を比較的大きな写真を使ってビジュアルにしているのが興味深い。今後の継続と広がりが楽しみになる。

But 03 関係会社を含むと3社での提携・コラボになるので、その関係図をイラストでつくり、それぞれの役割や世界的視野での活動の広がりを一目瞭然にしたい。楽しそうな子どもたちの談話も聞きたい。

・三井住友海上火災保険㈱

NEWS RELEASE　　　　　　　　DENSO

2016年7月5日

デンソー、三井住友海上と連携して
交通安全教育プログラムをグローバルに展開
～タイ、中国、日本で出前授業を開始～

　株式会社デンソー(本社:愛知県刈谷市、社長:有馬　浩二)は、三井住友海上火災保険株式会社(本店:東京都千代田区、社長:原　典之　以下、三井住友海上)と協働で、交通安全教育プログラムをグローバルに展開し、このたび、タイ、中国、日本において出前授業を開始しました。

　交通安全は世界共通のテーマであり、各国や地域が抱える課題に応じて、継続的な啓発活動を行っていきます。デンソーではすでに各国や地域で交通安全活動を実施していますが、今後は三井住友海上と連携して交通安全教育プログラムをグローバルに展開していきます。具体的には、交通安全に関するデータや知識を豊富に持ち合わす三井住友海上およびグループ会社の株式会社インターリスク総研がプログラム(教材)を作成し、事前に講師として研修を行ったデンソーや三井住友海上の社員が、事業所周辺の学校や施設を中心に出向いて授業を行います。
　両社はドライバーだけではなく歩行者などの交通弱者にも焦点を置き、世界各国において出前授業を通した交通安全マナーやモラルの向上を図り、交通事故のない社会の実現に貢献していきます。

　デンソーは、2020年に向けて、社会全体にとってより良い未来の実現と地球環境の維持に貢献するために、特に「環境」「安心・安全」にこだわり、グループ一丸となって事業活動を通じて社会課題への解決に取り組んでいます。

【各地域の出前授業の内容】
- タイでは二輪車の交通事故が多く、交通安全上、運転者および同乗者のヘルメット着用が求められています。ヘルメット着用を促す内容をはじめとした交通安全教育プログラムを保護者と子ども向けに小学校などで実施し、併せてヘルメット寄贈を行っていきます。

- 中国では交通安全教育が普及しておらず、子どもが犠牲となる交通事故が非常に多いため、子ども向け交通安全教材の作成と、小学校での出前授業を行います。まずはデンソーの中国拠点のある地域から始めていきます。

- 日本では高齢者が被害者となる交通事故が非常に多いことから、高齢者を対象とした交通安全プログラムを実施します。これまでデンソー本社のある愛知県刈谷市で夜間歩行時の注意喚起のため行っていた靴用の反射シール貼付活動を、今後は他の地域にも拡充して実施していく予定です。

【活動の様子】
■6月13日 中国、上海テクニカルセンターにて小学生向けの体験型交通安全教育を実施

■6月29日 タイ バンコク郊外(サムットプラーカーン県)にある小学校にて、交通安全教育を実施し、ヘルメット615個を寄贈

以 上

◇本件に関するお問い合わせ先
　株式会社デンソー 広報部　岩田、松田、吉田　　℡0566-25-5594、5593

2016(平成28)年8月5日

お知らせ

東燃ゼネラル石油株式会社
問合せ先：
EMG マーケティング合同会社
広報CSR統括部
Tel： 03-6713-4400

清水油槽所　子ども向けお仕事体験イベント開催

8月2日(火)、東燃ゼネラル石油株式会社(本社：東京都港区、代表：武藤潤、以下「当社」)の、清水油槽所(静岡市清水区、所長：岡本俊彦)は、静岡市こどもクリエイティブタウン「ま・あ・る」において、子ども向けお仕事体験イベント「知っておどろく石油の世界　ガソリンスタンドま・あ・る店で給油体験！！」を開催しました。昨年に続き、今回は2度目の開催となります。合計57名の子ども達が、石油に関する基礎講座、エンジンがガソリンで動く仕組みの説明を受けた後、模擬ガソリンスタンドでスピードパスなどを使用した給油体験を行いました。参加した子どもたちは、「ペットボトルも石油からできているんだ！」と、石油由来の製品が身近に多く使われている事に驚き、給油体験には真剣に取り組んでいました。

当グループは、さまざまな活動を通じて、今後も社会に貢献してまいります。

以上

東燃ゼネラルグループについて
エッソ、モービル、ゼネラルのサービスステーションを全国に展開する当グループは、東燃ゼネラル石油株式会社を中心に、原油の調達、石油・石油化学製品の生産・販売、電力供給などを行なっています。環境負荷の低減に取り組みつつ、エネルギーの安定供給と優れた製品・サービスの提供を通じて、活力ある社会の発展に貢献したいと考えています。詳細につきましては、こちらのサイトをご覧ください。
(http://www.tonengeneral.co.jp/)

CASE 11 山見博康の推奨3ポイント

東燃ゼネラル石油（株）

Yes 01 簡潔明快なタイトルに仕上げているが、子ども向けのCSRに関する内容のため「知って驚く給油体験開催」と少し柔らかくしても面白さが高まる。今後の活動への決意も固い。

02 子どもたちが喜々として体験を行っている様子が写真を通してダイレクトに伝わってくる。キャプションを付けたり、子どものリアルな談話があれば一段と興味を増すだろう。

But 03 今後も継続する計画があるならば、タイトルに「第2回」と銘打った方がイメージが高まる。区切りとなる回で、＋αのイベントを催せば、CSR広報の弾みとなるだろう。

CASE 12 山見博康の推奨3ポイント

日本ウエストン（株）

Yes 01 社色のブルーが清掃活動する清らかな心模様のごとく澄み渡り、4枚の異なった場面の写真がバランスのとれた絵はがきのような印象。参加4社のロゴがまず整列して挨拶する、その謙虚な姿勢が見事。

02 1枚の限られたスペースを余す所なく豊潤に活用し、できる限りありのままの活力ある情報を伝えたいとの情熱と誇りがある。すべてを活かし切る思想をここでも徹底実践している。

But 03 15年継続は毎年1回なのか毎月1回なのか等が不明ゆえに、「第○回」と銘打てば歴史がわかりCSR継続の励みにもなろう。集合写真や参加者の生きた談話も聞いてみたい。今後の方針で意志を語るとよい。

・㈱トコロ

共同発表：株式会社トコロ

NEWS RELEASE
日本ウエストン ニュースリリース

2015年9月10日

報道機関関係者 各位

柳津企業コミュニティーの輪を広げ、想いを共にした企業4社によるボランティア清掃活動
4社合同66名で流通センター道路の中央分離帯をきれいに！

日本ウエストン株式会社（岐阜市柳津町／代表取締役 臼井麻紗杜）は、9月14日(月)朝7時より、近隣の企業3社（株式会社トコロ、J銀行 R支店、岐阜信用金庫 流通センター支店）と合同で、流通センター西側にある県道157号線の交通規制を行い、清掃活動を実施いたします。（羽島警察署にて、道路使用許可申請済み）

参加企業紹介(50音順)
次の4社の社員有志にて実施いたします。66名程度にて、ボランティア清掃活動を行います。

 岐阜信用金庫流通センター支店
 J銀行R支店
株式会社　トコロ
 日本ウエストン株式会社

実施の目的

「近隣の皆様のご理解があるから、会社が存続できる。日頃の感謝の気持ちを清掃活動で伝えよう」という趣旨の下、2000年にISO14001の認証取得を機に、日本ウエストンでは15年も実施している。「会社近くの県道157号線の中央分離帯にゴミがたくさん落ちているのできれいにしたい」と社員発案で、清掃活動とポイ捨て防止の啓蒙活動の目的でスタート。社員の安全を考え、岐阜羽島警察署に道路使用許可申請を行った上で、自動車とセーフティーコーン、誘導員を配置しながら安全に実施していた。しかし、一社での清掃活動には時間と範囲に限界があるため、「柳津の地域を一緒に綺麗にしましょう」と流通センターの縁のある3社に呼びかけ、賛同いただく。合同の清掃活動は今回で4回目となる。移動に時間がかかる為、2ヶ所（日本ウエストン、トコロ）に集合し、広範囲を行う。

開催場所
平成27年(2015年)9月14日(月) 朝6時50分頃から8時00分まで(予定)
日本ウエストン（日本ウエストンのみ）、株式会社トコロ様(3社)の2ヶ所に集合し、清掃活動を実施する。雨天時中止（前日夜9時で降水確率50%以上、または朝6時00分時点で雨であれば中止）

清掃場所
岐阜市柳津町の県道157号線(信号「流通センター北」～信号「高桑1」)の中央分離帯、歩道

主催企業
日本ウエストン株式会社　http://www.weston.co.jp
〒501-6122　岐阜県岐阜市柳津町高桑一丁目48番地　Tel.058-279-0291　Fax.058-279-1402
設　立：昭和45年(1970年)12月　　代　表　者：代表取締役 臼井麻紗杜
事業内容：工業用ウエスや手袋などのレンタル・クリーニングを中心とした産業用リネンサプライ業
実　績：2012年『第2回「日本でいちばん大切にしたい会社」中小企業庁長官賞』受賞、2013年「おもてなし経営企業選」にて50社に選出、2014年「企業価値認定」を受ける、2014年「第12回企業フィランソロピー大賞」を受賞

ご多忙とは存じますが、ご取材のご協力を頂きますよう、何卒よろしくお願いします。
【本件に関するお問い合わせ】
日本ウエストン株式会社　スマイルサポート課　浅野正一
TEL.058-279-0291　FAX.058-279-1402　e-mail. support@weston.co.jp

2016年10月12日
日本マイクロソフト株式会社

「働き方改革週間 中堅中小企業テレワーク応援施策」を実施
「働き方改革 テレワーク課題診断シート」本日から提供開始

日本マイクロソフト株式会社（本社：東京都港区、代表取締役 社長：平野 拓也、以下日本マイクロソフト）は、2016年10月17日（月）より実施する「働き方改革週間 2016」及び、政府主唱の「テレワーク月間（2016年11月に設定）」において、「働き方改革週間 中堅中小企業テレワーク応援施策」を実施します。

「働き方改革週間 中堅中小企業テレワーク応援施策」では、中堅中小企業のテレワークの「実践」と「議論」に役立つ以下の3つの施策を実施し、中堅中小企業の働き方改革におけるテレワーク推進を支援します。

1. 「働き方改革 テレワーク課題診断シート」の提供

組織文化や制度・ルール、IT インフラなど、テレワーク導入検討企業の課題や阻害要因を整理し、解決策を見つける為の「働き方改革 テレワーク課題診断シート」を、「中堅中小企業向け 働き方改革 情報ポータルサイト」にて本日より提供開始します。

中堅中小企業向け 働き方改革 情報ポータルサイト
https://www.microsoft.com/japan/msbc/Express/contents/workstyle_transfer/default.aspx

診断結果イメージ

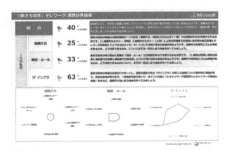

2. ハーティスシステムアンドコンサルティングの「アウトドアオフィス」事業を応援

日本マイクロソフトは、ITを活用した総合コンサルタント会社でマイクロソフトのOffice 365などのクラウドサービスを中堅中小企業に提供する株式会社ハーティスシステムアンドコンサルティング（本社：愛知県岡崎市、代表取締役 村瀬 亮、以下ハーティスシステムアンドコンサルティング）の展開する、ITとアウトドアを融合させた新しい働き方「アウトドアオフィス『OSO/TO』」事業（注）を応援します。「OSO/TO」紹介コーナーを、10月17日（月）から11月30日（水）まで（働き方改革週間及びテレワーク月間の期間中）日本マイクロソフト品川本社オフィス1Fに設置します。

（注）ハーティスシステムアンドコンサルティングは、ITリテラシーの向上と自然へのかかわりを通して企業の「人財問題」を総合的に解決する「アウトドアオフィス」事業（『OSO/TO』）の開発・推進強化のために、日本を代表するアウトドアメーカーの株式会社スノーピークと、2016年7月に「株式会社スノーピークビジネスソリューションズ」を設立しました。株式会社スノーピークビジネスソリューションズは、働き方改革週間初日の10月17日（月）に、愛知県岡崎市の乙川の河川敷に「OSO/TO」体験スペースを展開します。

アウトドアオフィス「OSO/TO（オソト）～Outdoor Small Office/Third Office～」公式サイト
http://snowpeak-bs.co.jp/concept

「OSO/TO」体験スペースイメージ

3．日本マイクロソフト賛同法人向け応援施策

日本マイクロソフトは働き方改革週間及びテレワーク月間において、賛同法人向け応援施策の「Office 365 無料試用版 3 か月提供」「Office 365 無償セットアップ支援」「テレワーク向けデバイス貸出」「テレワーク導入ステップ クイックガイド提供」「賛同法人向けテレワーク特別セミナー開催」を実施します。

「働き方改革週間 2016」公式サイト
https://aka.ms/wiw2016

日本マイクロソフトは、テレワーク課題診断シートや賛同法人向けの応援施策、各種パートナー様が提供する施策を活用した中堅中小企業の皆様の働き方改革を応援します。

◇

【日本マイクロソフト株式会社について】
日本マイクロソフトは、マイクロソフト コーポレーションの日本法人です。マイクロソフトは、モバイル ファースト＆クラウド ファーストの世界におけるプラットフォームとプロダクティビティのリーディングカンパニーで、
「Empower every person and every organization on the planet to achieve more.（地球上のすべての個人とすべての組織が、より多くのことを達成できるようにする）」を企業ミッションとしています。
日本マイクロソフトは、この企業ミッションに基づき、「革新的で、安心でき、喜んで使っていただけるクラウドとデバイスを提供する会社」を目指します。

◇

マイクロソフトに関する詳細な情報は、下記マイクロソフト Web サイトを通じて入手できます。

日本マイクロソフト株式会社 Web サイト　　http://www.microsoft.com/japan/
マイクロソフトコーポレーション Web サイト　　http://www.microsoft.com/

＊ Microsoft は、米国 Microsoft Corporation の米国及びその他の国における登録商標または商標です。
＊ その他、記載されている会社名、製品名は、各社の登録商標または商標です。

CASE 13

山見博康の推奨 3ポイント

日本マイクロソフト（株）

Yes 01 「働き方改革」「中堅中小企業応援」「テレワーク」という3つのキーワードをITの心で絆を築き包括的に支援。さすがにスケール大、格調高い社会貢献としてタイムリーに発信。

02 本文全て段落を設けて小見出しで記載内容が一目で把握、端的な作文力と写真やイラストでビジュアルに迫る手本。技術用語等は箇条書きで別記、関連ウェブを全て案内するなど親切心も旺盛。

But 03 働き方に関する支援活動の全貌を図示し、今回の活動の位置を明示するとイメージが膨らみ、記事も膨らむだろう。「OSO／TO」はじめ協力企業名やその役割をイラスト化するのも興味を惹く。

CASE 14

山見博康の推奨 3ポイント

日本郵船（株）

Yes 01 著名の場合「当社（私）」が有用。無用な字を読ませないように1字でも削り、相手の時間労力を奪わずに、より重要な目的に充てよう（M&A等は別）。

02 簡明なタイトルをサブタイトルで補い、関係者の多いプロジェクトを簡潔な文章で示している。また、3枚の適切な写真でビジュアルにして1枚に必要情報を網羅し、用語の注釈もわかりやすく、見習いたい。

But 03 活動（7月16日まで）前と直後の日付で発信すべき。8月8日付ではニュースにならない。参加者の談話も臨場感を醸し出す。環境保全活動の全貌を図示し、今回の位置を明示しよう。

日本郵船ニュース

2016年8月8日

アカウミガメ生態調査プログラムを支援
― 海洋環境、生物多様性の保全活動で豊かな海へ ―

当社は認定特定非営利活動法人アースウォッチ・ジャパン（注1）と協働し「紀州みなべのアカウミガメ調査」プログラム（注2）を立ち上げ、7月には当社グループ社員17人がボランティアとして調査に参加しました。

和歌山県みなべ町は、絶滅のおそれがあるアカウミガメの産卵地として本州最大規模を誇る地域で、1990年以降、生態の解明調査が進められてきました。今年7月に2回にわたって実施された本プログラムに参加した当社グループ社員は、夜間に産卵のため上陸したアカウミガメ（注3）の個体識別標識（タグ）の確認や装着を手伝い、また測定器を使い甲羅の長さ・幅を計測しました。

これらの作業は、特定非営利活動法人日本ウミガメ協議会の研究者や地元の市民団体みなべウミガメ研究班による指導の下、アカウミガメの産卵行動を阻害しないよう慎重に行われました。

当社はよき企業市民として、今後も環境保全活動を最重要課題の一つと捉え、事業に密接な関わりがある海洋環境、生物多様性の保全活動を通じて、より豊かな海の実現に向けて貢献していきます。

（注1）アースウォッチ・ジャパン　http://www.earthwatch.jp/

アースウォッチは、1971年にアメリカ・ボストンで設立された、世界各地での野外調査を、「資金」と「人手」の両面で支援する国際NGO。派遣された市民ボランティアは一流の科学者の手ほどきを受けながら、実証的な調査活動をしている。

アースウォッチ・ジャパンは1993年にこの活動を日本に広めるために発足。2003年から特定非営利活動法人の認可を受け活動している。

（注2）「紀州みなべのアカウミガメ調査」プログラム

和歌山県みなべ町では千里浜の他、周辺の岩代浜と高浜でも例年アカウミガメの上陸が確認されているが、人員不足等の理由から個体識別調査は実施できていなかった。今回、市民ボランティアの手を借りて、包括的な科学調査を実施することにより、IUCNのレッドリストで絶滅危惧II類に分類されるアカウミガメの生態を明らかにし保全に役立てることを目的としている。今年は7月10日～12日、7月14日～16日の2チームに分かれ、調査を実施。

（注3）アカウミガメ

アカウミガメは産卵地である海岸の開発や侵食、漁業による混獲などの影響により生息数が減少し、国際自然保護連合（IUCN）（注4）が作成するレッドリスト（絶滅のおそれのある野生生物のリスト）で絶滅危惧II類に指定されている。

（注4）国際自然保護連合（IUCN）

International Union for Conservation of Natureの略で、1948年に生物多様性保全のため設立された、国家、政府機関、非政府機関で構成される国際的な自然保護ネットワーク。

以上

日本郵船株式会社

問い合せ先　広報CSRグループ（03-3284-5190・5197・5188）
〒100-0005　東京都千代田区丸の内2-3-2　HP: http://www.nyk.com　E-MAIL: prteam@nykgroup.com

News Release **NOMURA**

2015年3月25日

関係各位

野村ホールディングス株式会社
コード番号8604
東証・名証第一部

野村ホールディングス、
「東京2020オリンピック・パラリンピック競技大会」
証券カテゴリーのゴールドパートナーに決定
～日本の"挑戦"を応援します～

　野村ホールディングス株式会社（グループCEO:永井浩二）は、このたび、2020年に開催される東京2020オリンピック・パラリンピック競技大会（以下「東京2020大会」）のゴールドパートナーに決まりました。ゴールドパートナーは同競技大会における国内最高位のスポンサーシップ・ステータスです。当社は、証券カテゴリー唯一のゴールドパートナーとして、今後2020年末までの6年間、大会の成功のために尽力し、オリンピックおよびパラリンピックの日本代表選手団の活躍を応援していきます。

　東京2020大会は、「スポーツには、世界と未来を変える力がある」というビジョンを掲げています。その骨子は、「大会に関わるすべての人が自己ベストを目指し、そこで生まれた変革を未来につないでいく」ことであり、そこにはさまざまな挑戦があります。現在、「変革と挑戦」を掲げる当社は、大会のビジョンに共感し、挑戦するアスリート、企業、そして日本を応援し、大会の成功に貢献していきます。

　グループCEOの永井浩二からのメッセージは次のとおりです。
　「このたび、ゴールドパートナーとして、東京2020大会へ向けたアスリートの挑戦を応援することができ、とても光栄に思います。経済効果が大きいオリンピック・パラリンピックは、日本の経済再興の起爆剤でもあります。当社は、自己ベストを目指すアスリートだけでなく変革に挑戦する企業もサポートしていくことで、大会の成功および日本の経済成長や社会の発展に貢献したいと考えています。」

東京2020大会ゴールドパートナーの契約に先立ち、当社グループCEO永井浩二は公益財団法人東京オリンピック・パラリンピック競技大会組織委員会の森喜朗会長と会談し、その席で野村ホールディングスが大会の成功のために最大限の貢献をすることを表明しました。

以 上

CASE 15 山見博康の推奨 3 ポイント

野村ホールディングス（株）

Yes 01 格調高いゴールドパートナーに決定したことを受け、タイトルで2020年に向けて日本の挑戦を応援することを高らかに宣言。2ページ目のCEOと森喜朗会長の会談実現とその写真は印象的！

02 トップメッセージは企業の方向性や意志を広く報せる上で、常に効果的で強いインパクトがある。今回もCEOのメッセージで全面支援を約束し、ゴールドパートナーとしての誇りと自信を示した。

But 03 記念すべきCEO—森喜朗会長会談実現なので、会談中の写真を複数掲載して異なったインパクトを！ 森会長の談話もほしい。2枚目の写真登場者の役職・氏名を記載して周りの人も喜ぼう。

CASE 16 山見博康の推奨 3 ポイント

BASFジャパン（株）

Yes 01 カラフルで幅の広い独特なヘッドラインと、右側に社名や連絡先などを載せるために空けたスペースは、チラッと見えただけで誰の目にも「BASFだ！」とわかる。

02 説明内容の詳しさと奥深さは、思いやりのある企業姿勢のあらわれ。必見は2ページ目冒頭のトップメッセージ！ 経営の使命とこの活動への想いを自らの言葉で語る姿勢に世界企業としての誇りを見る。

But 03 伝えたいポイントはサブタイトルで明確だが、本文にある段落ごとに「小見出し」を付けるとひと目でわかるようになる。内容次第で「箇条書き」にするのもいいだろう。1ページ目で写真を見せる方がベター。

News Release

BASF
We create chemistry

ドイツ化学メーカーBASF、今年も「子ども実験教室」を開催

2016年6月27日

- 地球の食糧問題を考えるプログラム「ひんやり保とう!」を東京・六本木で7月26日(火)に実施

- 7月29日(金)に戸塚工場で開催する「第41回 夏祭り」では、初めて「ミニ子ども実験教室」を開催

お問い合わせ：
BASFジャパン株式会社
コーポレート・アフェアーズ本部
馬込　綾子
TEL: 03-3796-4867
FAX: 03-3796-4111
ayako.magome@basf.com

世界をリードする化学会社BASF（本社：ドイツ ルートヴィッヒスハーフェン）の日本法人、BASFジャパン株式会社（本社：東京都港区、代表取締役社長：ヨルグ-クリスチャン シュテック）は、社会貢献活動の一環としてグローバルで展開している「子ども実験教室」を今年も日本で開催します。今年はBASFジャパンが本社を置く六本木ヒルズ（東京都港区）で森ビル株式会社が主催する夏の「キッズワークショップ2016」のプログラムの一つとして7月26日に開催するほか、BASFジャパンが製造拠点を置く横浜市戸塚区で例年開催している戸塚工場の「第41回夏祭り」（7月29日）でも、近隣の子どもたちを招いて初めて実施します。トレーニングを受けた社員がパートナーとして子どもたちの実験をサポートし、化学の楽しさを伝えます。

六本木ヒルズでは創立150周年を記念して昨年新設した特別プログラム「Keep Cool!（ひんやり保とう!）」を実施し、温度に関する3つの実験を通して食糧問題について子どもたちと一緒に考えます。2050年には世界人口は90億人を超すと言われ、増加し続ける人口に対して食品を安定的に供給し続けることは、今後数十年に向けた極めて重大な地球課題です。本プログラムでは、特に食品輸送中や保管中の損傷による廃棄から生まれるフードロスに注目し、オリジナルの保冷システム作りや温度や熱伝導について学ぶ簡単な実験を通じて、子どもたちとともにこうした課題への科学的取り組みの可能性についても考えます。

また、40年以上にわたり近隣住民を招いて戸塚工場で開催している「第41回夏祭り」では ミニ*子ども実験教室のブースを初めて設置し、子どもたちに化学に親しむ機会を提供します。実施する実験「Color Butterfly!（カラフルなチョウを作ってみよう!）」では、レモン汁や石鹸といった身近な製品のpH値の違いを利用して、紙でつ

BASFジャパン株式会社
住所：〒106-6121
東京都港区六本木 6-10-1
六本木ヒルズ森タワー21階
TEL: 03-3796-5111
FAX: 03-3796-4111
https://www.basf.com/jp

くったチョウに彩りを与えます。

BASFジャパン株式会社 代表取締役社長のヨルグ-クリスチャン シュテックは次のように述べています。「BASFの子ども実験教室は、子どもたちに早い時期から科学に親しんでもらうためのプログラムです。私たちは子どもたちに科学や化学に興味を抱き続けてもらえるよう、たびたび新しい実験も取り入れながらこのプログラムを展開しています。創立150周年を記念して2015年に制作したプログラム「Keep Cool!（ひんやり保とう！）」は、温度を切り口に地球課題の解決に科学がどう貢献できるのか考えてもらうきっかけとなるプログラムです。今年は会場を戸塚工場にも広げ、より多くの子どもたちに化学の魅力を伝えたいと思っています。」

*屋外での実施のため、通常行っている実験教室よりも規模を縮小して実施します。

■BASFの子ども実験教室について
BASFの子ども実験教室はシンプルで安全な実験を通じて子どもたちに化学の魅力を知ってもらうための教育プログラムで、6歳から12歳の子どもを対象にしています。1997年に本社のあるドイツでスタートし、現在は世界30カ国以上で開催しています。日本では2003年より開催し、これまでに4,000人以上の子どもたちが参加しています。BASFジャパンの子ども実験教室では、トレーニングを受けた社員が実験パートナーとして、子どもたちのサポートを行っています。

■日本のBASFについて
BASFは日本では1888年に事業を開始しました。事業活動は、化学品、高性能製品、機能性材料、農業関連製品の4分野です。主要生産拠点として、神奈川県茅ヶ崎市（コンクリート混和剤、建設資材）、茨城県古河市（パーソナルケア製品原料）、横浜市戸塚区（コーティングス）、三重県四日市市（熱可塑性ポリウレタン、ポリマーディスパージョン）を構え、また全国に建設化学品の製造センターを有しています。研究開発においては、日本から革新的な製品をグローバル市場に発信することを目指しています。近年、バッテリー材料産業での事業拡大に向けて「尼崎研究開発センターバッテリー材料研究所」や日本のパートナーとの合弁会社を設けたほか、自動車の軽量化をさらに推進するため「アジア・コンポジット・センター」を横浜に開設しました。2015年のBASFの日本での売上高は約15億ユーロ（2,001億円）、従業員数は1,209人です。

■BASFについて
BASF（ビーエーエスエフ）は持続可能な将来のために、化学でいい関係をつくります。また、経済的な成功、環境保護、そして社会的責任を同時に実現しています。BASFでは、約112,000人の社員一人ひとりがほぼすべての産業、ほぼすべての国においてお客様の成功に貢献できるよう努めています。製品ポートフォリオは化学品、高性能製品、機能性材料、農業関連製品、石油・ガスの5つの部門から成ります。2015年、BASFは700億ユーロを超える売上高を達成しました。BASFの詳しい情報は、www.basf.com（英語）、newsroom.basf.com（英語）、www.basf.com/jp（日本語）をご覧ください。

実験風景

報道関係資料

2014年10月14日
株式会社 三越伊勢丹ホールディングス

イセタン"スタイリング マルシェ"
~農業女子プロジェクト~

会期:11月1日(土)~3日(月・祝)
時間:10時30分~17時　※フードメニューのラストオーダーは各日16時30分
展開場所:伊勢丹新宿本店 本館屋上アイ・ガーデン/アイ・ガーデン・ステージ

※天候などの事情により、中止または営業時間を変更させていただく場合がございます。
詳しくは特設WEBサイトで　www.isetan.co.jp/sj

2013年に、官民連携プロジェクトとしてスタートした「農業女子プロジェクト」。その趣旨に賛同する三越伊勢丹ホールディングスでは、食や暮らしと深く結びつく百貨店だからこそできる提案を通じて、農業と食とお客さまとのつながりを、より一層強めるための取り組みを進めています。今回、伊勢丹新宿本店では、その取り組みのひとつとして、農業女子プロジェクトのメンバーとの意見交換や、産地訪問を通じて出会った農業女子、その作品ともいえる生産物が集まるマルシェを開催。日本の魅力を発信する「JAPAN SENSES(ジャパン センスィズ)」の考え方のもと、世界に誇る日本の農業の素晴らしさを、新たなかたちでお伝えしていきます。

●農業女子プロジェクトとは

女性農業者が日々の生活や仕事、自然との関わりのなかで培った知恵を様々な企業のシーズと結び付け、新たな商品サービス、情報を社会に広く発信していくために、農林水産省が進めているプロジェクトです。
三越伊勢丹ホールディングスは、2014年より参画しています。

●三越伊勢丹ホールディングスの「農業女子プロジェクト」テーマ

「想いを'伝えたい・学びたい・届けたい'プロジェクト」

お客さま、農業女子、三越伊勢丹がつながりを深め、みんながHAPPYになる場を提供します。

・お客さま・・・農業をより身近に、深く、スタイリッシュに知っていただくきっかけのひとつに。農業を知ることで、生活がより豊かになることを実感できます。

・農業女子(生産者)・・・作り上げた農産品を、多面的にお客さまに紹介・表現できる場に。

・三越伊勢丹・・・ライフスタイルを中心に、お客さまに様々な角度で「農業」の価値を表現。

※農林水産省、他企業との複合的な取り組みに加え、三越伊勢丹ならではの独自性により、「農業」への取り組みを継続的にステップアップさせていくことをめざします。

農業女子PJ

● イセタン"スタイリング マルシェ"とは

三越伊勢丹が発信する新しい発想のマルシェ。農産品をただ販売するのではなく、食や農業にあまり関心のないお客さまをも引き込むための、「ライフスタイル提案型」、「カテゴリー横断型」の取り組みです。農業、自然とともにある暮らしをおしゃれに、かわいく、かっこよく表現することをめざします。

● イセタン"スタイリング マルシェ"の5つの楽しみ方

①農業女子たちと会話しながら
お買物を楽しめます！

三越伊勢丹の取り組みに賛同し、参加表明をしてくださった農業女子のなかから、三越伊勢丹のバイヤーが直接産地へ出向き、同じ想いを共有した皆さまにご参加いただきます。

女子で始める農業改革進行中！

● Nさん
山形県村山市 「山形ガールズ農場」

今回販売する生産品は・・・
五種の米、
完熟果実のジュース、
焼き菓子など

大切な人に贈りたい果物を丁寧につくる

● Yさん
山形県上山市 「四季の果実 長沼果樹園」

今回販売する生産品は・・・
西洋梨、ジュース、
キウイフルーツなど

世界の食マーケットに挑戦！

● Kさん
埼玉県入間市 「貫井園」

今回販売する生産品は・・・
原木しいたけ、緑茶など

始まりは能登！直感を信じて。

● Hさん
石川県七尾市 「NOTO 高農園」

今回販売する生産品は・・・
伝統野菜、西洋野菜、
有機野菜など

味の濃い、美味しい野菜作りをめざしています

● Kさん
滋賀県高島市 「みのり農園」

今回販売する生産品は・・・
かぶ、大根、レタスなど

②農業女子の野菜・果物を使用したフードメニューをお召し上がりいただけます！

【一例】＜HATAKE CAFÉ＞
農業女子の野菜のバーニャカウダ、野菜チップスなど
＜NOOKS FOODS＞
農業女子のリンゴやいもを使用したスムージーなど
＜神宗グロッサリー＞
農業女子の野菜を使用した野菜スープ、
農業女子の米を使用したおにぎりなど
※野菜に合わせて愉しむワインでさらに美味しく！

＜NOTO 高農園＞
×＜神宗グロッサリー＞
ミネストローネ 601円（1杯）

＜NOTO 高農園＞
×＜HATAKE CAFÉ＞
バーニャカウダ 801円（1人前）
※写真はイメージです

③野菜をもっと美味しく楽しむことができます！

【一例】●生鮮
＜warmer warmer＞在来種の野菜
＜光郷城 畑懐（こうごうせい はふう）＞種、土壌、肥料

●グローサリー
＜喜多屋＞
野菜の美味しさを引き立てるドレッシングやソース

●リビング
野菜を美味しく食べるための調理道具や雑貨、
野菜を丁寧に育てるための家庭菜園キットをご用意しました。
＜ストウブ＞＜ル・クルーゼ＞鋳物ホーロー鍋、＜デバイヤー＞鉄のフライパン、
＜WECK＞保存瓶、＜システムファーム＞自由に形を変えられる家庭菜園キット

a. ＜ストウブ＞ピコ・ココット・ラウンド 18,360円
b. ＜WECK＞保存容器 各種 346円から
c. ＜喜多屋＞Kake Vegee 各種 756円

④自然と寄り添うライフスタイルを見つけることができます！

●Natural Comfort…自然を意識したナチュラルコンシャスなアーバンライフをご提案します
【一例】＜エヴァム エヴァ＞婦人服、＜オパナック＞靴、＜オニベジ＞トートバッグ、
＜ローズベーカリー＞エプロンなど、＜ソザイ ローレル＞自由由来のコスメ

＜エヴァム エヴァ＞
婦人カーディガン 45,360円
シャツ 18,360円

＜ソザイ ローレル＞
a. 酒かす化粧水 1,944円
b. がごめ昆布美容液 5,940円
c. がごめ昆布フェイスクリーム 5,184円

●Natural Energy…アウトドアや週末農業など、
直接体験を重視するライフスタイルのためのアイテムです

【一例】＜Lee＞オーバーオールなど
＜ナプロン＞軍手、帽子、エプロンなど
＜HUNTER＞レインブーツ
伊勢丹直輸入のバンダナ
アウトドアにおすすめの自然由来コスメ

a. ＜Lee＞婦人オーバーオール 19,440円
b. ＜HUNTER＞婦人レインブーツ 19,440円

農業女子PJ

⑤会場で学び、体験することができます！　※一部のイベントを除き、以下の期間、特設WEBサイトで事前予約を承ります。
事前ご予約期間：10月18日（土）～28日（火）
特設WEBサイト：www.isetan.co.jp/sj

● ワークショップ
　・玉ねぎの皮で染めるお弁当包み
　・Akkoスタンプを使ったおかいものバッグ作り
　・野菜でオリジナル粘土を作ろう
　・秋の夜長を快適に過ごすためのアロマスプレー作り
　・野菜カードゲーム大会「この花、何の花？」
　・ナチュラルコスメを使ったスキンケア相談会

野菜柄スタンプで作るおかいものバッグ　　スタンプアーティストのA氏　　野菜で作ったオリジナル粘土

● 食関連イベント
　・HATAKE CAFÉ Sシェフによる親子食育料理教室
　・野菜ソムリエによる「離乳食」作り
　・野菜を活かす美味しい"だし"セミナー
　・野菜ソムリエによるディップ作り
　・ワインとともに愉しむ野菜とのマリアージュ
　・ベジアレンジメント作り
　・WECKで作るおしゃれで美味しい本格「保存食」

＜ HATAKE CAFÉ ＞
Sシェフ

● トークショー
　・農業女子 × ＜ HATAKE CAFÉ ＞Sシェフ×＜warmer warmer＞T氏トークショー
　　「生産者とシェフと八百屋が語る、自然と関わる暮らし」
　・農業女子×食の専門家ママ「未来の食と農を考える」トークショー　司会：Nアナウンサー
　・＜warmer warmer＞髙橋一也氏×＜光郷城 畑懐＞N氏トークショー
　　「うつくしく、おいしい、身近な"農的くらし"」

● 種まきセミナー
　・家庭で楽しむ野菜作り　種まきセミナー

イセタン"スタイリング マルシェ"
開催セレモニー
11月1日（土）13:00～13:30
（物販、イベントは、10:30よりスタートしています）

農業女子メンバーのご紹介や、
農業女子プロジェクトのご説明を行います。

※詳しくは、後日ご案内させていただきます。

特別企画品「三越伊勢丹オリジナル米」を販売

自然環境や食味への思い入れをもって米作りに取り組む生産者によるお米をご紹介します。

新潟産こしひかり特別栽培米
佐渡朱鷺と暮らす郷 認証米
1,577円（2kg）

（株）三越伊勢丹ホールディングス　コーポレートコミュニケーション担当　広報
TEL: 03-6205-6003　FAX: 03-6205-6009

CASE 17

山見博康の推奨 3（スリー）ポイント

（株）三越伊勢丹ホールディングス

Yes 01 文字通り、女性のためとわかる美しい4コマの油絵を鑑賞しているよう。1ページ目でプロジェクト参画の意義と活動内容を図示。2ページ目以降で具体的な体験型活動を細やかな表現で陽気に誘う。

02 段落、小見出し、箇条書き、ビジュアルを効果的に用いて◎。明快な短文とカラフルな写真が縦横にいくつも配置され、見る人の心を躍らせ魅了する。人と物がリズム良く登場し、動きがあって心地良い。

But 03 2014年からの参画で発信日付からまだ半年以内であろうが、具体的実績があればより興味を惹くだろう。例えば農業女子になった人数、来店参画顧客数、本活動による品種別売上高など。

CASE 18

山見博康の推奨 3（スリー）ポイント

メディカル・ケア・サービス（株）

Yes 01 タイトルの「レッズと共に」に、発祥の地第一の情熱が率直にあらわれている。両シンボルを「X」で連結し、①親友になる、②絆は切れない、③共に地域を活性化しよう、との高雅な志を表明。その決意が人を動かす。

02 「みるサポ」という表現に、端的で直接心を射止める意志の力を感じる。「クッション貸出」という具体的アクションがその志の堅固さを、「活動①」がさらなる活動継続方針の確かさを表している。

But 03 「日本一を目指す」様々な企画の全体像をイラストでも図示するとより社員の情熱が伝わり興味が深まる。クッションの拡大写真や座席で喜ぶ使用者の写真があれば、臨場感が増幅するだろう。

・浦和レッドダイヤモンズ㈱

2016年2月1日

Press Release
報道関係者各位

メディカル・ケア・サービス株式会社

浦和レッドダイヤモンズと共に、

「高齢者や障がい者が楽しめる、日本一安全で快適なスタジアム」づくりに貢献

　メディカル・ケア・サービス株式会社（MCS　本社：埼玉県さいたま市）は、浦和レッドダイヤモンズ（浦和レッズ）とオフィシャルスポンサー契約を締結し、「高齢者や障がい者が楽しめる、日本一安全で快適なスタジアム」づくりに取り組みます。

©URAWA REDS

　MCSは、さいたま市で創業し2016年2月現在、27都道府県269か所の介護事業所を運営しています。わたしたちが目指しているのは、誰もが幸せに心豊かに過ごせる社会の実現です。

　しかしながら、4人に1人が高齢者という超高齢社会を迎えた日本において、わたしたちだけではこのような社会の実現は不可能です。介護サービスを必要とされている方、ご家族さま、地域のみなさま、地域行政、様々な人々や団体と連携し、より良い未来の実現に向けてまい進しています。

　この度、浦和レッズと「健康で心豊かな社会づくりに貢献したい」という思いが一致し、わたしたちは高齢者や障がい者が楽しめる、日本一安全で快適なスタジアムづくりを共に進めます。具体的には、MCS社員がボランティアとして参加し、高齢や障がいにより介助が必要な方々に対し、安心、安全に観戦できるよう様々な活動を行う予定です。

　日本一と評される浦和レッズサポーターの結束力と情熱は、わたしたちが「介護」に取り組む姿勢にとても近いと感じています。そのような浦和レッズと思いをひとつに、プロジェクトを進めて参ります。

【本件に関するお問い合わせ】
メディカル・ケア・サービス株式会社　広報担当
TEL.048-782-5000 FAX.048-661-2266
ADD.〒330-0852 埼玉県さいたま市大宮区大成町1-212-3

活動概要「MCS社員によるボランティア組織「みるサポプロジェクト」発足」

MCSの介護職員、本社職員が主となり運営する「みるサポプロジェクト」を発足します。今後、浦和レッズサポーターの観戦をサポートするため、様々な取り組みを行います。
※観戦（みる）支援（サポート）から、「みるサポ」と命名しました。

＜活動内容＞
埼玉スタジアム2002で開催される浦和レッズホームゲーム（Jリーグのリーグ戦及びカップ戦）においてクッションの貸出をはじめとする浦和レッズサポーターの皆様への観戦支援活動に取り組みます。

活動①イスが固くて試合観戦が楽しめない、というサポーターの声から生まれたクッション貸し出しの取り組み
高齢者（65歳以上の方）、お身体の不自由な方、妊婦の方、未就学児をお連れの方を対象として、クッションの貸出を行います。クッションは、介護用品としても使用される高反発素材を使用し、埼玉スタジアム2002の座面サイズに合わせて制作したオリジナル仕様です。

その他、様々な観戦支援の企画を検討しています。
わたしたちは、浦和レッズ、埼玉スタジアム協業による地域の高齢者、障がい者の観戦支援を企画・運営し、日本一安全で快適なスタジアムづくりに貢献してまいります。

メディカル・ケア・サービス株式会社
　1999年に埼玉県さいたま市で創業。介護施設のグループホーム「愛の家」や介護付有料老人ホーム「アンサンブル」「ファミニュー」など、2016年2月現在、埼玉県内52か所、27都道府県269か所の介護事業所を運営している。「人と人とのつながりを、介護を超えるチカラにする」というビジョンを掲げ、介護施設の運営だけでなく海外事業やICT活用など、介護を多角的な視点で捉え事業を展開している。

所 在 地：〒330-0852　埼玉県さいたま市大宮区大成町1-212-3
設　　立：1999年11月24日
代 表 者：代表取締役　髙橋　誠一
従業員数：5,213名（2016年2月現在）
Ｕ Ｒ Ｌ：http://www.mcsg.co.jp/

株式会社ヤナセ
〒105-8575 東京都港区芝浦1-6-38

Press Information

お知らせ
報道関係者各位

2016年3月25日

仙台市「ふるさとの杜再生プロジェクト」の記念植樹に参加

　ヤナセは、創立100周年を迎えた2015年5月に、2011年3月に発生した東日本大震災で、甚大な被害を受けた東北地方の被災地復興支援として、当社として1千万円と、全国のグループ社員から任意で募った1,619,500円を、宮城県仙台市が主催する「ふるさとの杜再生プロジェクト」（仙台市東部地域の海岸公園の再整備および植栽）に寄付しました。

　同プロジェクトは、「杜の都・仙台」の復興シンボル事業の一つとして、市民・NPO・企業などの力を結集し、海岸防潮林をはじめとする東部沿岸地域の緑の再生を図るものです。本日、その取り組みの一環として、宮城県仙台市宮城野区の海岸公園蒲生地区で、仙台市主催による市民植樹が開催され、奥山 恵美子仙台市長をはじめ、緑の活動団体・NPO、企業など支援団体、地域住民、小学生など市民350名が参加して、ドウダンツツジ、コナラ、ユキヤナギなどの苗木約1,500本を植樹しました。

　そのセレモニーに、当社社長の井出 健義と、グループ会社の株式会社ヤナセ東北社長の山崎 弘行をはじめ、当社とヤナセ東北の役員・社員、労働組合役員から総勢50名が参加し、公園内に設けられた広さ約2,000㎡の「ヤナセの杜」で記念植樹を行いました。

【仙台市で行われた記念植樹セレモニーの模様】

左写真：奥山仙台市長（中央）とヤナセ 井出社長（右）、ヤナセ東北 山崎社長（左）

　東日本大震災の発生から5年が経過しましたが、まだ被災地は多くの課題を抱え、一層の支援を必要としています。ヤナセ東北社長の山崎 弘行は、「地域の皆さまと一緒に緑を育みながら、引き続き当社も被災地復興支援活動に取り組んでまいります」と語っています。

【ご参考】
・仙台市「ふるさとの杜再生プロジェクト」 http://www.city.sendai.jp/midori/1211463_2445.html
・ヤナセ 2015年5月26日付プレスリリース「創立100周年を記念して社会貢献活動を実施」
　http://www.yanase.co.jp/company/press_pdf.asp?SID=NEWS757

お問い合わせ先　広報宣伝室　TEL：03-5440-5432　FAX：03-3451-9931
　　　　　　　　担当　福城 和也　kazuya_fukushiro@yanase.co.jp
　　　　　　　　　　　澤山 明美　akemi_sawayama@yanase.co.jp

ヤナセホームページ　URL http://www.yanase.co.jp/

CASE 19

山見博康の推奨 3 ポイント

（株）ヤナセ

Yes 01 まず簡素なタイトルがあり、リード部から一連の解説、中央に写真を配して状況をビジュアルで見せ、まとめへ。全体が１つの物語のような構成で素敵なバランスを保っていて落ち着く。高級感より素朴感がいい。

02 セレモニーの模様が市長の鍬入れを含む３枚の異なった写真で映し出され臨場感を味わえる。プロジェクトのURLにあるだろうが植樹の全体写真があればさらに想いが広がる。東北社長談話に決意を秘める。

But 03 2011年の大震災の後、100周年を迎えた2015年に寄付、そして今回植樹とあるが、発生直後からの支援活動も含みイラストで説明した方が継続的支援としてのイメージを膨らませる。市長談話もほしい。

CASE 20

山見博康の推奨 3 ポイント

（株）りそなホールディングス

Yes 01 一見して格調典雅な趣あり！　グループ一丸となり長年着実に積み重ねた情熱の強さ＆想いの深さがほとばしる。子どもたちだけが感じる何かがその心を捉えるのも道理！　簡潔な箇条書きが明快。

02 勉強に励む熱心な子どもたちを的確に捉えた３枚の写真に思わず見入ってしまう。イキイキとした表情や達成感に満ちた爽やかな心情は、主催者や講師陣の献身的指導のたまものだろう。

But 03 「第11回」と銘打つと長期的貢献が暗に示されて、関連する人たちや参加者に誇りと喜びを与えるだろう。10年間の会場数と人数推移をグラフでビジュアルに。参加者の声があれば継続意欲と励みになる。

・㈱りそな銀行　　　・㈱近畿大阪銀行
・㈱埼玉りそな銀行

News Release

2016年5月23日

各位

株式会社 りそなホールディングス
株式会社 り そ な 銀 行
株式会社 埼 玉 り そ な 銀 行
株式会社 近 畿 大 阪 銀 行

子ども向け金融経済教育「りそなキッズマネーアカデミー２０１６」の開催について

りそなグループのりそな銀行（社長 東 和浩）、埼玉りそな銀行（社長 池田 一義）、近畿大阪銀行（社長 中前 公志）は、夏休み企画として子ども向け金融経済教育「りそなキッズマネーアカデミー２０１６」を2016年7月21日（木）より全国209ヶ所で開催いたします。

> **これまで参加した子どもたちは約25,000名**
> 本プログラムは地域・社会貢献活動の一環として2005年に東京・埼玉・大阪の3ヶ所、参加者90名でスタートした取組みです。開催を重ねる毎に開催会場数、参加者数を拡大し、2015年度は、210ヶ所で開催し約4,500名が参加しました。

> **次世代育成のためのりそなオリジナルのプログラム**
> グループの従業員が講師となり、「お金の流れ」や「お金の役割」「働くことの大切さ」などをクイズやゲームを通して、楽しみながら学習することのできるオリジナルプログラムを展開しています。

> **各地域の地元企業や自治体とのコラボ企画が拡大中**
> お金や銀行の仕事だけでなく、「食」や「ものづくり」、「防犯」等、子どもたちが生活をしていくうえで欠かせないもの、知ってほしいもの、興味を持ってほしいものについて学べる授業を地元企業や自治体と共催しています。

（これまでの「キッズマネーアカデミー」開催の様子）

【概要】

1.	対象	小学校1～6年生 （開催会場によって対象学年が異なります。詳しくは開催会場一覧をご参照ください。）
2.	セミナー内容	金融や経済の知識を楽しみながら身につけ、お金の大切さ、働くことの大切さを学ぶ
3.	開催会場	全国209ヶ所のりそな銀行、埼玉りそな銀行、近畿大阪銀行の本支店等 （詳しくは、開催会場一覧をご参照ください。）
4.	募集人数	約4,500名 （会場毎に定員がございます。詳しくは、開催会場一覧をご参照ください。）
5.	開催期間	2016年7月21日（木）～8月27日（土）
6.	募集期間	2016年6月1日（水）～6月26日（日）
7.	応募方法	ホームページ（Ｗｅｂ）または開催店舗への申込書の提出による申込み お申込みの詳細は6月1日以降、りそなキッズマネーアカデミーのホームページ（http://www.resona-gr.co.jp/academy/）をご覧ください。

以 上

＜本件に関するお問合せ先＞
りそなホールディングス コーポレートコミュニケーション部
（東京本社）TEL：03-6704-1630（大阪本社）TEL：06-6264-5685（埼玉分室）048-835-1524

```
記者席配布資料
平成 28 年 3 月 4 日
環境生活部若者女性協働推進室
         内線 5337
```

『コミックいわてぃー』の発行について

【要旨】
　県では、平成28年3月25日（金）に、知事責任編集「コミックいわて」シリーズ第5弾『コミックいわてぃー』を県内外の書店等で発売します。
　希望郷いわて国体・希望郷いわて大会を題材にした作品を4作収録しているほか、国体・大会公式ダンスの振付イラストや、漫画家から寄せられた国体・大会応援色紙を掲載するなど、国体・大会をより楽しめる要素を盛り込んでいます。

1　『コミックいわてぃー』の概要

　(1)　題　　　名：『コミックいわてぃー』(COMIC-IWATE E)

　　　・「いわてぃー」は、「岩手いい！」との語呂合わせ
　　　・英字表記の「IWATE E」の「E」はアルファベット5番目の文字であり、「第5弾」を表現したもの

　(2)　発　売　日：平成28年3月25日（金）
　(3)　販売価格：700円（税別）
　(4)　収録作品数：13作品
　(5)　ページ数：全200頁（モノクロ192頁＋カラー8頁）
　(6)　販売部数：3,500部（予定）
　(7)　販売方法：店頭販売（県内主要書店等、丸善やジュンク堂等の主要店舗）に加え、インターネット販売（Amazon等）も対応

『コミックいわてぃー』表紙カバー
※　画像データも御用意しておりますので、裏面記載の担当までお申し付けください

2　『コミックいわてぃー』の特徴

　(1)　収録作品（※　収録作品の一覧は裏面参照）
　　○　県公式WEBマンガサイト「コミックいわてWEB」で先行配信した岩手ゆかりの13人の漫画家による岩手を題材としたマンガ作品集
　　○　希望郷いわて国体・希望郷いわて大会を題材にした作品を収録
　　　（主な作品）

「柔柔ガールズ2」（青木俊直）
　柔道と向き合う女子高校生コンビの青春を描く

「もっちん☆ガール」（竹谷州史）
　恋わずらいに悩む女子高校生ハンマー投げ選手を描く

　　○　連載マンガとのタイアップ作品を収録
　　　（主な作品）

「くーねるいわて」（高尾じんぐ）
　「週刊ビッグコミックスピリッツ」連載中の人気グルメマンガ『くーねるまるた』盛岡編執筆の取材訪問記

「キリコ、閉じます！特別編」（飛鳥あると）
　「BE・LOVE」連載中の岩手を舞台にしたマンガ『ゴーガイ！』と「コミックいわて」連載マンガ『キリコ、閉じます！』とのコラボ作品

　　　　　　　　　　　　　　　　裏面に続きます

(2) 巻頭カラー特集
- 希望郷いわて国体・希望郷いわて大会実行委員会に寄せられた**漫画家による国体・大会応援色紙**を掲載
- そのだつくしさんによる、国体・大会公式ダンス**「わんこダンス（普及 Ver.）」の振付解説の特別描き下ろしイラスト**を掲載

（参考）『コミックいわてぃー』収録作品一覧

	作者名	作品名	テーマ等	頁数
1	朝陽昇	あたまのなかには	わんこきょうだい	12
2	そのだつくし	イワさんとニッポちゃん	岩手の日常	8
3	青木俊直	柔柔ガールズ２	国体・大会（柔道）	14
4	小田ひで次	アギョンとウンギョ	盛岡天満宮（狛犬）	22
5	髙尾じんぐ	くーねるいわて	盛岡近郊の取材記	10
6	江川大輔	アイとサチの粉もの郷土色!!	妖怪、粉もの	14
7	竹谷州史	もっちん☆ガール	国体・大会（投てき競技）	22
8	飛鳥あると	キリコ、閉じます！特別編	国体・大会（剣道）	6
9	大野将磨（※）	無敵のさんさ	盛岡さんさ踊り	24
10	田中美菜子	ぼくたちの2016	国体・大会（車椅子バスケットボール）	12
11	ナリタカ	自称河童と迷子少年	河童【第５回いわてマンガ大賞・大賞受賞作品】	22
12	とりのなん子	とりの的東北弁考	方言（南部弁等）	4
13	空木由子	釜じいちゃん	南部鉄瓶	19

※ 今年、盛岡情報ビジネス専門学校在校中に、**漫画家デビューが決定**（受賞歴として、第４回いわてマンガ大賞（H26 実施）優秀賞、週刊少年マガジン第 95 回新人漫画賞（H27 実施）等）。

【いわてマンガプロジェクト担当】
環境生活部若者女性協働推進室（杉村）
電話：019-629-5337（内線：5337）
メール：AC0006@pref.iwate.jp
【販売に関するお問い合わせ先】
㈱銀杏社編集室（三好）
電話：03-3942-0260

CASE 1

山見博康の推奨 3(スリー)ポイント

岩手県

Yes
01 一見して面白そうなコミックが盛り沢山の好印象を与えて、すっきり目的を達している。秀麗なネーミングを強調したタイトルを枠で囲み、カラフルな表紙をまず示して興味を惹く。

02 特に全体を「段落＋小見出し＋箇条書き」で一貫し、それが簡素清楚に見えるゆえんとなっている。それぞれビジュアルを意識し、太字を活かして薄青枠を交互に編み掛ける細やかさは、おもてなしの県風を感じる。

But
03 第5弾に至る経緯をテーマ一覧表・部数推移グラフで示し、今後の方針があればなお良い。知事の微笑みとメッセージもあれば完璧になろう。県庁か書店での「発刊式」で関係者や招待者を喜ばせるのも妙案。

CASE 2

山見博康の推奨 3(スリー)ポイント

山形県

Yes
01「つや姫」ご登場！　で一気に周りを雅やかにし優美に変えた。緑の枠での囲みはまさに独創的で、「平凡・横並び・普通」が貴ばれる自治体リリースに対する慣習打破のインパクトがある。

02「つや姫」の相手は群雄割拠の戦国時代を制覇した武将。その奮闘を顧み栄誉を讃え、さらなる強豪に立ちむかうために、多くの関係者支持者を招き祝賀の宴を張るのは常。盛会を祈る。

But
03「つや姫」の秀麗清楚な顔姿と武将達を拝みたい。イベントには、どのような方々や地元の名士の列席があるやら、どんなお言葉が発せられるかなども事前に知ることができればなお良い。

～プレスリリース～

県政記者クラブ 各位

平成２８年 ７月２５日
山形つや姫ブランド化戦略推進本部

甲子園出場を決めた鶴岡東高等学校へのつや姫贈呈について

第９８回全国高校野球選手権大会山形県大会において見事優勝し、全国大会への出場を決めた鶴岡東高等学校に対して、下記のとおりつや姫を贈呈いたしますので、取材くださるようお願いします。

記

【鶴岡東高等学校へのつや姫贈呈】
1　日　時：平成２８年　７月２７日（水）１３：００～
2　場　所：鶴岡東高等学校
　　　　　　鶴岡市切添町２２-３０
　　　　　　ＴＥＬ　〇〇-〇〇-〇〇〇〇
3　内　容：第９８回全国高校野球選手権大会への出場を決めた鶴岡東高等学校へ、甲子園球場での活躍を祈念してつや姫６０ｋｇを贈呈する。

【お問合せ先】
山形つや姫ブランド化戦略推進本部
（山形県農林水産部県産米ブランド推進課）
担　当　　〇〇　　（TEL 〇〇-〇〇-〇〇〇〇）
報道監　農林水産部次長　〇〇

```
平成28年7月12日
総務部広報課
ぐんまイメージアップ推進室
内線　2695
```

第2回「わが家のおっきりこみコンテスト」を開催します！

　県では、群馬の伝統料理「おっきりこみ」のさらなる普及を目指して、下記のとおりコンテストを開催します。

記

1，募集内容
　　各家庭で食べられている「おっきりこみ」にまつわるエピソードとオリジナルレシピ
2，応募資格
　　県内在住・在学の小・中学生
3，応募方法
　　所定の応募用紙
4，応募用紙入手方法
　　県庁県民センター、県行政県税事務所、市役所・町村役場、おっきりこみプロジェクト参加店舗
　　※県ホームページ（http://www.pref.gunma.jp/01/b2101211.html）からも入手できます。
5，応募期限
　　平成28年9月16日（金）　※当日消印有効
6，その他
　　詳細は、別添の募集チラシをご覧ください。

《昨年のコンテストの様子》

CASE 3 山見博康の推奨 3 ポイント

群馬県

Yes 01 まず2つのロゴが目に入り、下段の写真を合わせて1つの絵はがきと見なしていい。第2回とタイトルに入れたのは、継続の強い意志を公式に表明したことで、これからの活動に期待したい。

02 昨年の様子を写真でビジュアルにしたのは、今回関心を持った人達の興味を湧き立てて参加意欲を増進する心に点火しよう。さらに皆の楽しそうな笑顔と美味しそうな料理が参加を促進する。

But 03 料理の歴史や富岡製糸場を支えた秘話などの紹介があると喜ばれよう。県内にこの料理を出す店が何店あるかなどの情報もほしい。

CASE 4 山見博康の推奨 3 ポイント

静岡県

Yes 01 世界文化遺産の富士山を基調とするロゴ「ふじのくに」が「1面トップ」に座る。楕円のどっしり感と高雅・幽玄なる深い青に、読者の心が落ち着く。枠やイラストのバランスが佳麗。

02 小見出しに簡潔な文がわかりやすい。特にテーマごとに枠で囲み、外国人でも一目で内容把握することが可能なイラスト化は人に優しい県民性か。県内連携も一丸となって目的完遂しようとする強い意志の表れだろう。

But 03 「訪県＆訪富士外国人向け」と目的を先鋭化する方が、親切有用でインパクトがあり、訪日に直結するだろう。「訪日＋訪県＋訪富士」の過去の推移と今後の方針をグラフ化し、枠の説明をより詳しくしたい。

提供日　2016/04/01
タイトル　訪日外国人旅行者向け「温泉の入浴マナー」を解説する動画を作成
担　当　知事直轄組織 知事公室広聴広報課
連絡先　企画報道班
　　　　TEL 054-221-3360

訪日外国人旅行者向け「温泉の入浴マナー」を解説する動画を作成！

　静岡県では、訪日外国人旅行者に向けて「静岡県の魅力と温泉の入り方」を解説する英語と中国語のアニメーション動画を作成しました。
　動画は「ふじのくにネットテレビ」及び「Youtube」で公開しており、「静岡県の魅力と温泉の入り方」で検索すればご覧いただけます。
（英語版URL：
http://bb.pref.shizuoka.jp/channel/detail.asp?pg=1&arcdid=12C3VUnG01U790&arccid=12&arccid=0)
（中国語版URL：
http://bb.pref.shizuoka.jp/channel/detail.asp?pg=1&arcdid=12C3VUpQ01U790&arccid=12&arccid=0)

1　動画作成の狙い

　ラグビーワールドカップ2019や2020東京オリンピックの開催地となっている静岡県は、今後、ますます訪日外国人旅行者の増加が見込まれます。
　そこで、訪日外国人旅行者に対し、「温泉」の正しい入り方と静岡県の魅力を紹介するアニメーション解説動画（英語版と中国語版）を作成しました。
　このアニメーション動画をインターネットで公開するとともに、県観光協会やホテル旅館生活衛生同業組合、温泉協会等と連携し、ホテルや旅館、温泉施設等で流すことで、訪日外国人旅行者等に対して、温泉入浴の正しい知識の普及と、本県の認知度を向上させ、更なる訪日外国人旅行者の増加を図ります。

2　「静岡県の魅力と温泉の入り方」の内容（約2分30秒）

イントロ		【静岡県について】富士山を擁し、お茶をはじめとした豊富な農産物などを紹介
メイン		【入浴マナー】入る前に体を洗う、タオルは湯船に入れないなど入浴する際の注意点を紹介
エンディング		【まとめ】静岡県へのアクセス方法などについて紹介

瀬戸市記者会宛て　　　　　　　　愛知県政記者クラブ同時

セラミック・スチーマー「スリーミニッツ」

平成 28 年 5 月 25 日（水）
あいち産業科学技術総合センター
　瀬戸窯業技術センター
　　担当　内田、光松
　　電話　0561-21-2116、2117
愛知県産業労働部 産業科学技術課
　管理・調整グループ
　　担当　加藤、山田
　　内線　3389、3388
　　ダイヤルイン　052-954-6347

効率的な加熱を可能にしたセラミックス製電子レンジ調理器の開発
－セラミック・スチーマー「スリーミニッツ」の商品化－

> あいち産業科学技術総合センター瀬戸窯業技術センター（以下、技術センター）は、株式会社セラミック・ジャパン（瀬戸市）と共同で、マイクロ波[※1]を吸収しやすいカーボンナノチューブ[※2]（以下、CNT）を用いることによって、電子レンジで効率的に加熱することができ、また、形状の自由度が高いセラミックス製電子レンジ調理器を開発しました。
>
> この商品を平成 28 年 6 月 1 日（水）から 3 日（金）まで東京ビッグサイト（東京国際展示場）で開催される「Interior Lifestyle Tokyo／インテリア ライフスタイル」において展示、紹介します。

1　開発の背景

　一般的なセラミックスは熱衝撃[※3]に弱く、加熱速度の大きい電子レンジ調理器には適切ではありません。そのため従来のセラミックス製電子レンジ調理器は、厚みがあり重く、形状の自由度が低いこと、食材部の加熱により調理器全体が熱くなることが課題でした。

　この課題を解決するため、技術センターはマイクロ波の吸収を制御するための研究を実施し、株式会社セラミック・ジャパンは調理器の設計、作製を行いました。

　その結果、調理器の底面にCNTを用いることで調理器上部を熱くなりにくくし、食器と同等の厚さでも、電子レンジによる調理時の熱衝撃に耐え、加熱効率を向上させることが可能になりました。本技術により、形状の自由度が高く機能性に優れたセラミックス製電子レンジ調理器、セラミック・スチーマー「スリーミニッツ」の開発に至りました。

2　開発内容

（1）原料の選択
　　食器と同等の厚さでも、熱衝撃に強い素地を検討しました。

（2）CNT分散液の希釈・塗布法の検討
　　CNTは均一に分散させることが困難な材料です。凝集した箇所がマイクロ波を吸収すると、その部分のみが急激に加熱され、熱衝撃により調理器が割れてしまいます。また、塗布するCNT分散液の濃度により、加熱速度が大きく異なります。そこで、CNT分散液が凝集しにくく、かつ十分な速度での加熱を達成できる希釈

方法、塗布方法を検討しました。

(3) マイクロ波吸収部の制御

食材を効率よく加熱し、調理器上部は熱くならないように、調理器底面にＣＮＴ分散液を塗布します。そこで、ＣＮＴ分散液の濃度と塗布する面積を変化させ、加熱速度と加熱箇所の最適化を行いました。

図1　断面図

3　開発品の概要

- 電子レンジにより約30秒で、調理器底面を100℃以上に昇温できます。
- ＣＮＴの塗布により、調理器底面と食材部が効果的に加熱されるため、調理器上部が熱くなりにくく、調理後、素手で持ち運びができます。（調理方法、食材の水分量により熱くなることがあります。）
- 食材と同時に調理器底面も加熱することで、食材の加熱効率が向上します。（調理方法、食材の水分量により加熱効率は異なります。）
- 販売時期：2016年9月頃、販売価格：5,000円

商品イメージ図

使用例

4　展示会の概要
　　行事名　　Interior Lifestyle Tokyo／インテリア ライフスタイル
　　主　催　　メサゴ・メッセフランクフルト株式会社
　　日　時　　平成28年6月1日（水）から6月3日（金）
　　　　　　　午前10時から午後6時（最終日は午後4時30分まで）
　　会　場　　東京ビッグサイト（東京国際展示場）
　　　　　　　東京都江東区有明3-11-1
　　入場料　　2,000円（招待状持参者及びWEB来場事前登録者は無料）

5　問い合わせ先
　　あいち産業科学技術総合センター瀬戸窯業技術センター
　　　　担　　当　　内田（セラミックス技術室）
　　　　電　　話　　0561-21-2116（代表）　　FAX　0561-21-2128
　　　　所 在 地　　瀬戸市南山口町537

　　株式会社セラミック・ジャパン
　　　　担　　当　　吉田（代表者：大橋　正之）
　　　　電　　話　　0561-42-0182　FAX　0561-41-1566
　　　　所 在 地　　瀬戸市中品野町60-4
　　　　業務内容　　デザインにこだわった食器類等製造、販売

【用語解説及び参考】
※1　マイクロ波
　　波長が最も短い領域の電波
　　マイクロ波がもつエネルギーを食材中の水分やCNTが吸収することで加熱される。
※2　カーボンナノチューブ
　　炭素原子が網目状に結びついて、非常に細い筒型の形状をしているもの。
※3　熱衝撃
　　物体に急激な温度変化が生じること。熱衝撃により、製品が膨張し、歪むことで割れることがある。

CASE 5 山見博康の推奨3ポイント

愛知県

Yes 01 3ページ通して美しく＋美味しく見せようと心魂注いだハイセンスアート！ キーワードの「3分」、タイトル前に写真で自己紹介、2〜3ページ目もバランスが良くビジュアルに配慮！ 日常の窓口業務もさもありなん。

02 リード部を枠で囲んだのは妙案。以下「段落＋小見出し＋箇条書き」の鉄則通り短文で誰にもわかりやすい。開発に至る技術解説を素人にわかるようにイラスト化し、最後の用語解説も親切。

But 03 この開発品は2社の共同開発なので、各役割をイラストで図示すると記事が膨らむ。この技術は特許なのか？ 他の用途への展開、さらなる開発方針や今後の販売見込み数など戦略も聞きたい。

CASE 6 山見博康の推奨3ポイント

岐阜県

Yes 01 見開けば、2つのロゴ、タイトル、リード部、枠での説明、美味そうな商品写真……最後の物産展ポスターまで絵はがき的なアートと言えよう。美しさは美味さに通じる。

02 商品の説明に、まず枠で囲み商品名と事業者名を列記し、それぞれの商品写真を載せたのは親切心旺盛の証。職員の日頃の対応の良さがこんな所にもあらわれる。

But 03 「関ケ原合戦水」のプレゼント付きなら、タイトルにそう記述してアピールする方が喜ばれよう。昨年の物産展の写真や主催者のお誘いメッセージなど、魅力ある情報を盛り込むことで記事は膨らむ。

平成〇〇年〇〇月〇〇日(〇) 岐阜県発表資料			
担当課	担当係	担当者	電話番号
〇〇〇〇〇〇	〇〇〇〇〇	〇〇 〇〇	内線 〇〇〇〇 直通 〇〇〇〇〇〇〇〇 FAX 〇〇〇〇〇〇〇〇

「来て見て食べて楽しんで！関ケ原観光物産フェア」を開催中！

　県と関ケ原町では、平成27年3月に策定した「関ケ原古戦場グランドデザイン」に基づき、関ケ原古戦場の魅力を発信するため、「武将たちのいきざまと出会う関ケ原」「東西が出会う大地が育んだ関ケ原」をテーマに、様々な取組みを進めています。
　現在、岐阜おみやげ川島店にて、岐阜県名産販売株式会社と連携し、関ケ原古戦場周辺の特産品や関ケ原合戦ゆかりの武将グッズ等の販売や、観光ＰＲを行うイベント「来て見て食べて楽しんで！関ケ原観光物産フェア」を開催中です。夏休み期間中は、関ケ原の特産品や、関ケ原オリジナル商品等の試食販売を実施しますので、お知らせします。

記

1　開催期間　　8月31日(水)まで

2　開催時間　　9:00～18:00(平日)／9:00～21:00(土・日・祝)

3　開催場所　　河川環境楽園内「岐阜おみやげ川島店」
　　　　　　　　（各務原市川島笠田町1564-1　　電話：0586-89-6766)

4　販売商品
　〇関ケ原町の特産品

商品名	事業者名　(所在地)
関ケ原せんべい	桐山せんべい　(関ケ原町)
関ケ原やぶきた茶　※7/30(土)　試飲販売	高木製茶　(関ケ原町)
にんにく味噌　※8/20(土)～21(日)　試食販売	森商店　(関ケ原町)
関ケ原たまり	関ケ原醸造所　(関ケ原町)

　　関ケ原せんべい　　　　やぶきた茶　　　　にんにく味噌　　　　関ケ原たまり

○関ケ原オリジナル商品

商品名	事業者名（所在地）
関ケ原東西対抗茶　※7/30(土)　試飲販売	高木製茶（関ケ原町）
戦国武将茶　※7/29(金)、8/6(土)　試飲販売	平塚香貴園（大垣市）
関ケ原合戦水	奥長良川名水（岐阜市）
東西武将あられ　※7/31(日)試食販売	戸谷あられ（大垣市）
関ケ原合戦ゆかりの武将グッズ （武将ミニのぼり旗、のれん、巾着袋など）	ココカフェ（関ケ原町） 関ケ原観光協会（関ケ原町）
家紋コースター	HAYATE WORKS（関ケ原町）

　　戦国武将茶　　　　　　　武将あられ　　　　　　　家紋コースター

○戦国武将関連商品

商品名	事業者名（所在地）
八丁味噌かりんとう・まんじゅう（徳川家康）	まるや八丁味噌（愛知県岡崎市）
真田丸クッキー（真田幸村）	第一物産（養老町）

※8月中は、上記商品を購入し、アンケートにお答えいただいた方に、長野　剛　氏の武将イラストパッケージ「関ケ原合戦水」（500mlペットボトル）をプレゼントします。

台湾・台東県長(知事)一行が三重県を訪問します

平成28年03月01日	
連絡先	
雇用経済部	
国際戦略課	
担当者	安藤
電話	059-224-2499
ファックス	059-224-3024
e-mail	kaigai@pref.mie.jp

　平成28年1月21日（木）に知事が訪問した台湾・台東県から、黄健庭県長（知事に相当）一行が来県し、伊賀市、志摩市及び三重県庁を訪問します。伊賀市及び志摩市では、「台東県、志摩市、伊賀市3者の自治体間連携覚書（MOU）」をもとに歓迎行事、市内視察、市長との意見交換等を行います。
　また、台東市で記念品としていただいた気球ランプ（別添ファイル参照）300個について、伊賀市や志摩市の子どもたち（幼稚園・小学校等）に作画していただきました。これらの気球ランプは、伊賀市役所、志摩市役所、三重県庁にて各100個ずつ飾り付けを行います。

記
1　来県日程　平成28年3月8日（火）から9日（水）

2　主な行程
(1)　3月8日（火）伊賀市着
　　　11時30分から16時00分　伊賀市訪問（昼食交流会、市長との意見交換、市内視察）　※1
　　　18時30分から20時30分　志摩市訪問（夕食交流会）　※2
　　　　　　　　　　　　　　　　　　　　　　　　　　　　　　（志摩市内泊）

(2)　3月9日（水）
　　　8時30分から10時45分　志摩市訪問（市長との意見交換、市内視察）　※3
　　　12時15分から13時45分　三重県庁訪問（知事との意見交換、昼食交流会）　※4
　　　その後、一行は東京へ移動（3月12日帰国予定）

3　各訪問先の詳細（時間、場所、内容、気球ランプの飾り付け場所等）
(1)　※1の詳細は、直接伊賀市役所へお問い合わせください。
　　　伊賀市産業振興部観光戦略課（電話　0595-22-9670）
(2)　※2及び※3の詳細は、直接志摩市役所へお問い合わせください。
　　　志摩市商工観光部観光戦略室（電話　0599-44-0005）
(3)　※4について
　　・時間　12時15分から12時45分　知事との意見交換
　　　　　　12時45分から13時45分　昼食交流会
　　・場所　（県庁3階　秘書課プレゼンテーションルーム）
　　・気球ランプ100個（県庁分）は、県庁1階玄関ホール等に飾り付けます（3月9日終日展示）。

【気球ランプについて】
1．概要
紙製であり、自由に絵を描くことができます。台東県からは、「三重県の子どもたちに作画していただき、3月の訪問時に飾り付けをしてほしい」との提案がありました。
2　飾り付けについて
伊賀市の市立桃青の丘幼稚園（150個）、志摩市の市立鵜方小学校（100個）及び県職員の子ども（50個）が作画した気球ランプについて、伊賀市役所、志摩市役所、三重県庁で100個ずつ飾り付けを行う予定です。

気球ランプ（イメージ）

4　訪問者　台東県政府　黃健庭県長（知事に相当）等１１名
　　　　　　台湾政府経済部工業局　呂正華副局長
　　　　　　台日産業連携推進オフィス（ＴＪＰＯ）課長等　２名
　　　　　　台北駐大阪経済文化弁事処　張仁久処長等　２名　※５
　　　　　　※５　大阪弁事処の２名は、三重県庁の行程のみ出席。

5　これまでの、台東県と三重県（伊賀市、志摩市）の交流について
（１）平成２７年３月
　　　ＴＪＰＯから、台東県との交流について提案あり。
（２）平成２７年６月８日（月）〜９日
　　　台東県・陳金虎副県長（副知事に相当）一行が来県
　　　伊賀市、志摩市、三重大学、三重県庁（右垣副知事と面談）を訪問
（３）平成２８年１月２１日（木）
　　　三重県知事、伊賀市長、志摩市長、三重大学副学長等が台東県を訪問
　　　「台東県、志摩市、伊賀市３者による自治体間連携に関する覚書（ＭＯＵ）」を締結

平成２８年１月２１日（木）台東県訪問の画像

台東県、伊賀市、志摩市の
自治体間連携覚書（MOU）

気球ランプに着色
台東県県長、三重県知事、
伊賀市長、志摩市長他

気球ランプ点灯式

6　台東県の概要
（１）台湾南東部に位置する。
（２）人口：約２２万人
（３）面積：３，５１５㎢
（４）概要
　　・農林水産業が盛んで、豊富な観光資源や文化・スポーツイベントなど、地域の魅力を活用した地域振
　　　興に積極的な地方政府である。
　　・若者を中心とした、都市部への人口流出に危機感を抱いている。
（５）台東県の主な地域資源
　　・農業：米づくり、台湾茶、ホオズキ、果物（アテモヤ、バンレイシ）など
　　・漁業：メカジキ、トビウオ、マンボウ、伝統漁法など
　　・観光：温泉、マリンスポーツ、離島観光、日本建築区、キャラクター活用
　　・イベント：熱気球カーニバル、トライアスロン大会、国際サーフィン大会、自転車レース大会
　　　　　　　　バイクレース大会、原住民祭典など多数

7　取材について
　　・意見交換、市内視察については取材可能です。
　　・食事会については、冒頭のみ取材可能とします。

8　台日産業連携推進オフィス（ＴＪＰＯ）とは
　　　台湾経済部（経済産業省に相当）は日台産業連携を推進するため、２０１１年１２月１６日行政院（内閣に相当）が認可した「日台産業連携架け橋プロジェクト」により、完備した推進体制と単一サービスの窓口である「台日産業連携推進オフィス」（Taiwan Japan Industrial Collaboration Promotion Office）を開設しました。これを機に日台の重点産業の連携協力を加速させ、連携分野の拡大、日台企業間の連携形態の強化、産業推進モデルの革新、日台産業の相互補完の優位性の活用等に尽力し、共同でグローバル市場の開拓に努めています。平成２４年７月に、三重県と「産業連携に関する覚書（ＭＯＵ）」を締結しました。

CASE 7 山見博康の推奨 3 ポイント

三重県

Yes 01 タイトルは短く端的でインパクトあり。リード部で全貌を語り、本文は「小見出し＋箇条書き」にて一目でわかる。重要部分は枠で囲み、見応えある写真を適所に配しビジュアル化した秀麗な手本。

02 細やかな時間割、行き届く「※（注釈）」、必要情報の網羅、的確な言葉選びと表現法等々実に細やかな配慮に満ちているのは、各職員が自然に身に付けた県風か。窓口応対にも期待が高まる。

But 03 気球ランプの飾り付けには作成した子供達も招待、あるいは少なくとも作成中の写真や顔写真などを掲載すると喜ばれよう。県庁広報は県民の出番を与え、喜ばせる役目。名前にはルビが不可欠。

CASE 8 山見博康の推奨 3 ポイント

鳥取県

Yes 01 恋の色「ピンク」を鳥取色とし、イメージアップして活性化を図ろうとの統一ビジョンに沿って、あらゆる県内の諸活動をピンクで染めるキャンペーンが佳麗に見てわかる秀作。

02 みごとなキャッチが好奇心を射抜き、参加を促す。リード部でピンクの由来と活動を華麗に描き、ピンク枠で「小見出し＋箇条書き」を囲み、「バリュー＆インパクト」で表現。これで鳥取ピンクが浸透するだろう。

But 03 格調高雅な活動実践の証はあまねく表現され読者を魅了するが、はしゃぎ喜ぶ子供の笑顔や躍動する老若男女の姿、睦み合う恋人達が見えないのは画龍点睛を欠く。1ページ増やしてでも人物を入れたい。

<報道関係各位>

鳥取県
2016年4月27日
鳥取県元気づくり総本部 広報課

ピンクで地域活性化！グランプリには賞金10万円が当たる！
あれもこれも！県内がピンクだらけ！
「ピンク撮っとり！鳥取フォトコンテスト」開催
応募期間：4月28日(木)〜7月31日(日)

鳥取県（鳥取県鳥取市東町1丁目220 知事：平井伸治）は、鳥取県にまつわる「ピンク」、「ラブ」をテーマとし、グランプリには賞金10万円が贈られるインターネット上でのフォトコンテスト「ピンク撮っとり！鳥取フォトコンテスト」を開催します。

ピンクSL ※イメージ画像です

恋山形駅

華貴婦人のピンク華麗

　鳥取県が県外在住者を対象に行った調査で、7割の回答者が鳥取県のイメージとして「鳥取砂丘」を挙げ、イメージカラーとしても、ブラウン・イエローなどの砂丘をイメージした色調が過半数を占めました。しかし、近年、当県では「恋の色」でもあるピンク色で地域活性化を図っています。県内企業からは「華貴婦人のピンク華麗」、「ピンク醤油 華貴婦人」が発売され、その色と味のギャップが全国的に話題になりました。鳥取県の名産のらっきょうの花は、11月頃満開を迎えますが、実はピンク色。鳥取の砂地に咲くピンクの花は圧巻です。また、全国に4つしかない名前に「恋」がつく駅の一つ、「智頭急行　恋山形駅」がピンク色にリニューアルされた他、鳥取市が発表した「ピンク色の婚姻届」など、官民問わず次々と「ピンク」、「ラブ」なのものを発表しています。更に、5月1日の「恋の日」には、若桜鉄道（本社：鳥取県若桜町）に、ピンク色にコーティングされた「ピンクSL」がお目見えするなど、鳥取全体がピンク色で盛り上がっています。
　フォトコンテストでは、4月28日(木)〜7月31日(日)の期間中に応募を受付、グランプリの1点には賞金10万円が当たる他、月間賞として各テーマ1点に賞金1万円が当たります。
　鳥取県では、今後も「ピンク」で地域活性化を図るべく、鳥取の魅力を「ラブ」コールとして発信していきます。

<「ピンク撮っとり！鳥取フォトコンテスト」開催概要>

募集期間　：2016年4月28日(木)〜7月31日(日)
募集テーマ　：<テーマ1>「鳥取ピンク」・・・鳥取にまつわる又は鳥取をイメージさせるピンクなもの
　　　　　　　<テーマ2>「鳥取ラブ」・・・撮影者やモデルの「鳥取ラブ」が表現されたもの
　　　　　　　※鳥取県に関する、テーマに合致するものであれば、撮影場所は鳥取に限りません
　　　　　　　※応募は毎週1人5点まで
賞　　金　：<グランプリ>賞金10万円(1点)
　　　　　　<月間賞>賞金1万円(毎月各テーマ1点)
応募方法　：<Facebookページへの応募>
　　　　　　Facebookページ「ピンク撮っとり！鳥取フォトコンテスト」アカウント
　　　　　　（URL https://www.facebook.com/pinktottori）に、メッセージ機能を使い、
　　　　　　【応募テーマ】【作品タイトル】【撮影年月】【撮影場所】【コメント(任意)】を添え、電子データを提出
　　　　　　<電子メールによる応募>
　　　　　　電子メールで、タイトルを「ピンク鳥取コン」とし、メール本文に
　　　　　　【氏名・住所】【応募テーマ】【作品タイトル】【撮影年月】【撮影場所】【コメント(任意)】をそれぞれ記載し、
　　　　　　写真の電子データ（概ね5MB以内）を添付して、以下のアドレスに送付。送付先　kouhou2@pref.tottori.jp

Facebookページ「ピンク撮っとり！
鳥取フォトコンテスト」アカウント

<本件に関するお問い合わせ先>
　　　　　鳥取県元気づくり総本部 広報課 （担当）森岡　TEL:0857-26-7097　/　FAX: 0857-26-8122

■鳥取県の「ピンク」、「ラブ」なものピックアップ！

NEW TOPIC！　　　ピンク色のSLがお目見え！　＜5月1日『恋の日』に若桜鉄道をピンクSLが走行＞

5月1日（日）～5月8日（日）で若桜駅構内にピンク色のSLが走行します。3月12日に倉吉未来中心で「鳥取鉄道フォーラム」（鳥取県主催）が開催され、南田裕介ホリプロマネジャーが発表し、鉄道写真家の中井精也さんやタレントの豊岡真澄さんらが賛同。若桜鉄道がその熱意に応え実現した企画。

問い合わせ：鳥取・因幡観光ネットワーク協議会
　　　　　　TEL 0857-50-1785
住　　　所：鳥取市末広温泉町160 日交本通リビル2階
URL　　　：http://www.tottori-inaba.jp/51/

ピンクSL ※イメージ画像です

■他にも鳥取にはこんなに「ピンク」が！

＜智頭急行 恋山形駅 リニューアル＞

平成25年6月9日「恋駅プロジェクト」の一環として乗り場の待合室など駅の地上設備の塗装をピンク色に変更。
※「恋駅プロジェクト」…駅名に「恋」がつく鉄道会社4社（JR北海道「母恋駅」、三陸鉄道「恋し浜駅」、西武鉄道「恋ヶ窪駅」、智頭急行「恋山形駅」）が連携して地域活性化を図る目的で立ち上げたプロジェクト

問い合わせ：智頭急行株式会社 TEL 0858-75-6600
住　　　所：鳥取県八頭郡智頭町大内池内

恋山形駅

＜見た目と味のギャップに驚愕
「華貴婦人のピンク華麗」『ピンク醤油 華貴婦人』＞

鳥取市内の企業「ブリリアントアソシエイツ（株）」がピンク色のカレー「華貴婦人のピンク華麗」を発売。ピンクの色は「ビーツ」というボルシチなどに使う野菜から抽出したものを使用。昨年には、ピンクシリーズ第2弾としてピンク色の醤油「ピンク醤油 華貴婦人」を発売。その見た目と味のギャップに注目されています。

問い合わせ：ブリリアントアソシエイツ　TEL 0857-32-6030
住　　　所：鳥取県鳥取市大榎町3-3

ピンク醤油 華貴婦人　　華貴婦人のピンク華麗

＜鳥取市オリジナル『すごい！鳥取市婚姻届用紙』＞

デザインは「因幡の白うさぎ」をテーマに、大国主命（おおくにぬしのみこと）に助けられた白うさぎが八上姫（やかみひめ）との恋愛成就を予言し、二人はめでたく結ばれたという「日本最古のラブストーリー」をモチーフにしたイラストです！

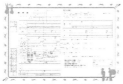
すごい！鳥取市婚姻届用紙

＜海の幸！紅ズワイガニ・境港サーモン＞

鳥取県が日本一の水揚げ量をほこる「ベニズワイガニ」と、東日本大震災の影響により宮城県女川町から境港に養殖場を移し、2014年から本格的に出荷が始まった「境港サーモン」は鳥取の絶品海の幸！

 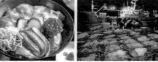
『境港サーモン』　　　　紅ズワイガニ水揚げの様子
生・炙り・イクラ乗せ

Press Release 愛

H28.7.27
えひめ愛フード推進機構事務局
(愛媛県庁ブランド戦略課) 担当:愛媛
電話番号:089-912-2560

「愛」あるブランド産品の認定について

新規認定申請のあった5品目5産品、更新認定申請のあった7品目7産品について、「愛」あるブランドとして認定しましたのでお知らせします。

○新規認定産品(5品目5産品)

産品名【品目名】 (生産団体) [申請団体]	産品の特長
愛媛あかね和牛【牛肉】 (JA全農えひめ) [JA全農えひめ]	・愛媛あかね和牛飼料給与マニュアルに基づき、アマニ油やかんきつを給与 ・黒毛和牛でありながら赤身とサシのバランスを重視した肉質で、あっさりとした口当たり
伊予の媛貴海【養殖スマ】 (愛南漁協) [愛南町]	・新たな愛育フィッシュとして養殖技術を確立したスマのうち、2.5kg以上、脂質含有率25%以上の基準をクリアしたものを「伊予の媛貴海」としてブランド化 ・発送時は高機能氷を使用し高鮮度保持に配慮
愛媛クィーンスプラッシュ【甘平】 (JA全農えひめ) [JA全農えひめ]	・県オリジナル品種としてバイヤーや消費者からも評価の高い甘平の特選品 ・糖度13度以上、酸度1.2%未満をクリアし、形状や色が特に優れ、キズ等が軽微なものを目視で確認
だてまぐろ【養殖クロマグロ】 (宇和海漁業生産組合) [愛媛県商工会議所連合会]	・天然もしくは近畿大学産の稚魚を使用し生餌で飼育 ・だてまぐろブランドでの販売は、脂のりが良いと言われる45kg以上のみ ・取り上げ作業は2分以内とすることで鮮度にはこだわり
ハーブ媛たい【養殖マダイ】 (三瓶ヒラメ養殖協議会) [西予市]	・飼料にハーブ(シナモン、ナツメグ、ジンジャー、オレガノ)をブレンドし、体内から健康に飼育 ・生臭さを抑え風味がよく引き締まった弾力のある身質で、鮮度も長持ち

○更新認定産品(7品目7産品)

No	産品名	品目名	生産団体	申請又は推薦団体
1	奥伊予特選栗	栗	JA東宇和	JA全農えひめ
2	ニューサマーオレンジ	日向夏	JA西宇和	JA全農えひめ
3	唐川びわ葉茶	茶	唐川びわ葉茶生産研究会	伊予市
4	愛媛甘とろ豚	豚肉	愛媛甘とろ豚普及協議会	県商工会議所連合会
5	ゼスプリ・ゴールドキウイフルーツ	キウイフルーツ	JA全農えひめ	JA全農えひめ
6	あんぽ柿 特選品	干柿	東予園芸農業協同組合	JA全農えひめ
7	健康真鯛	養殖マダイ	健康会	県商工会議所連合会

※参 考
・認定期間は、平成28年7月27日 ~ 平成31年7月26日
・今回の認定の結果、認定産品数は、計43品目88産品

CASE 9 山見博康の推奨 3（スリー）ポイント

愛媛県

 01 「愛媛産には、『愛』がある」の愛をカラフルにデザイン化したロゴが目を引き実に魅力あり。5色に秘めた想いが秀麗なアート作品となり具現化。県民性ここにあらわれる。

02 認定商品は一覧表にし、最も美味に見える写真を選んで、その1つひとつの紹介は箇条書き。プロの観方を素人に優しく、きめ細やかでリアルな表現に心も洗われる。作者の精神は奥床しい。

03 認定制度の開始から今回までの商品分野別認定数の推移をグラフで視覚化し、今回の認定の傾向や今後の見通しを記述すると記事が膨らむ。県民や顧客へのアピールにも繋がろう。

CASE 10 山見博康の推奨 3（スリー）ポイント

福岡県

 01 タイトルの上に「まごころ製品」を披露するとは、まさに独創的配置でタイトル以上にインパクトがあり、見習いたい。本文全体を枠で囲み、簡潔な箇条書きでの説明は実にわかりやすい。

02 まごころデスクの機能をイラストで図示して一見してわかるように工夫し、その内容を箇条書きにして具体的に記述し喜ばれる。こんな配慮がそのまま県庁の「まごころ」商品でもある。

 03 タイトルに「ロゴマーク募集」もほしい。ショップやデスクの写真は必須。イベントを長くしてテレビ向け企画を試みよう。製作場面や製作者の写真や談話があればもっと親しみが湧く。

平成28年5月30日

福祉労働部障害者福祉課	
直 通	092-643-3263
内 線	3266
担 当	塚本、宿

「まごころ製品」のショップ＆デスクを県庁にオープン！

○ 県では、障害者の自立を支援するため、障害者の皆さんが心を込めてつくる製品や提供するサービスを「まごころ製品」と名付け、その販売と提供を通じ、障害者の皆さんの収入向上に取り組んでいます。

○ その販売拡大のため、6月1日、常設の「まごころ製品ショップ」と「まごころ製品デスク」を県庁地下一階に新設します。

○ 「まごころ製品ショップ」では、弁当、惣菜、パン、お菓子、飲料などの販売のほか、クリーニングのサービスも受け付けます。県庁にお越しの際には、是非、地下のショップにお立ち寄りいただき、「まごころ製品」をご利用くださいますよう、よろしくお願いします。

○ また、ショップ内に「まごころ製品デスク」を併設し、企業・官公庁・個人からの「まごころ製品」の様々なサービス（印刷、清掃、各種記念品製作など）の注文をワンストップで承ります。これまで、一つの事業所では対応が難しかった大口の注文や早期の納品にも、デスクを通じて複数の障害者施設で協力し、自治体や企業の皆さまのご期待にお応えしていきます。

【まごころ製品デスク】

承り物品例
　文具、小物、縫製品、木工品、陶芸品

承りサービス例
　印刷、HP作成、封詰め、発送、
　各種記念品の作製、清掃、草刈り

営業時間および連絡先など
・8時～19時　月曜日～金曜日（祝日除く）
・県庁地下売店スペース
　電話FAX：092-632-7100
　電子メール：fukuokakyodo@utopia.ocn.ne.jp
　運営主体：NPO法人　セルプセンター福岡

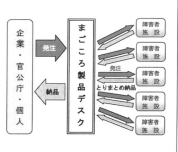

☆ オープニングイベント
　○ 日　時：6月1日（水）12:00～12:15
　○ 場　所：県庁地下売店スペース
　○ 参加者：知事、ショップ・デスクの代表者（セルプセンター福岡　辻副会長）、
　　　　　　まごころ製品を手がける障害者の皆さん

○ 同じく6月1日から、「まごころ製品」のPRに利用するロゴマークを募集します（詳細は別紙のとおり）。応募期間は7月末日まで。「まごころ製品」を広く県民の方々に知ってもらえるようシールにして製品に貼ったり、営業活動に利用します。多数のご応募をお待ちしています。

別　紙

○　「まごころ製品」ロゴマークの募集開始

・応募期間
　　平成28年6月1日（水）～7月31日（日）

・応募できる方
　　福岡県内在住の方又は県内の学校、会社、施設等に通う方

・応募方法
　　作品に応募票（氏名、住所、連絡先、作品の解説等を記入）
　を添付の上、次の方法により提出してください。
　　　（1）電子申請　（2）郵送　（3）応募される方の障害の状況によってご相談に応じます

・最優秀賞一点に表彰状、記念品を贈呈します。

・受賞作品は、「まごころ製品」を広く県民の方々に知ってもらえるようシールにして製品
　に貼ったり、営業活動に利用します。

・問い合わせ先／提出先
　　〒812-8577 福岡市博多区東公園7－7
　　福岡県福祉労働部障害者福祉課自立支援係
　　TEL：092－643－3263　FAX：092－643－3304
　　※　電子申請及び応募の詳細は、http://www.shinsei.elg-front.jp/fukuoka/navi/pref　から
　　　キーワード検索で【まごころ製品ロゴマーク】を検索してください。

報道機関各社　様　　　　　　　　　　　　SAPP_RO_MAKES YOU SMILE　平成28年7月4日

大通公園西2丁目に「SAPP_RO（サッポロスマイル）花壇」を設置します！

　札幌市では、集客交流人口の増加を目的として平成24年1月に「魅力都市さっぽろシティプロモート戦略」を策定し、「笑顔になれる街」というコンセプトのもと「笑顔」を表すSAPP_RO（サッポロスマイル）ロゴマークを活用したシティプロモートの取り組みを進めています。
　このたび、多数の市民、観光客が訪れる大通公園において、SAPP_RO（サッポロスマイル）ロゴマーク・「笑顔になれる街」というコンセプトを市内外に伝えるとともに、札幌を訪れる皆さんに向けて「歓迎」を表現することを目的に「SAPP_RO（サッポロスマイル）」花壇を設置します。
　また、この花壇は、来年、開業60周年を迎える「さっぽろテレビ塔」展望台からきれいに見ることができることから、「さっぽろテレビ塔」との連携企画を実施いたします。
　ぜひ御社媒体でご紹介いただきますよう、よろしくお願い申し上げます。

●サッポロスマイル花壇概要　　　　●花壇イメージ

○設置場所：**大通公園　西2丁目東側**
○設置時期：**7月～10月（予定）**
○花壇直径：**約5m**
○花　種：**ベゴニア　約1,000株**
　　　　※花壇の見頃は7月下旬の予定です。
　　　　※サッポロスマイルロゴは認識性を
　　　　　高めるため、アルミ複合板で制作し
　　　　　ています。

●「さっぽろテレビ塔」との連携企画！

「サッポロスマイル×テレビ父さん」
限定オリジナルマグネットプレゼント！

　さっぽろテレビ塔「90m展望台」「3F有料ラウンジ」からサッポロスマイル花壇を撮影、その写真をSNSにアップしていただき、展望台売店スタッフ、3Fインフォメーションに提示していただくと、「**この時、この場所**」でしか手に入らない「**サッポロスマイル×テレビ父さん**」限定オリジナルマグネットをプレゼント！（予定数量に達し次第終了）

【TOPIC！】　札幌市民限定！展望台入場料半額！

　さっぽろテレビ塔60周年突入を記念して、7月1日から8月31日まで展望台入場料が半額になります！この機会に、テレビ塔にのぼってスマイル花壇の撮影とともに、札幌の魅力を再発見してみてはいかがでしょうか。

●お問い合わせ●
【サッポロスマイルについて】札幌市総務局広報部広報課　梶田・皆上　　TEL：011-211-2036
【さっぽろテレビ塔について】株式会社さっぽろテレビ塔事業本部　　　　TEL：011-241-1131

CASE 1

山見博康の推奨 3（スリー）ポイント

北海道札幌市

Yes 01 どこかの観光局が作成したリゾート地のパンフレットのような、赤を基調にしたタイトルが目を引く。赤い枠で囲み強調した「SAPPORO」がいくつも目に付く佳麗なアート。

02 ピンクで飾った小見出しの花壇の概要を箇条書きに、もう1つの小見出しである花壇のイメージでは俯瞰と拡大2つの写真で的確に場所を示し導く親切さは、生来のおもてなしの心から芽生えるのだろう。

But 03 4年前に開始した「魅力都市札幌シティプロモート」全体図のイラストやその後の推移をグラフで見たい。そこで今回の取り組みの位置を明確に示し、今後の見通しにも言及してほしい。

CASE 2

山見博康の推奨 3（スリー）ポイント

北海道苫小牧市

Yes 01 小さな市の位置を示すために北海道地図で市を指し示す図を入れ、ヘッドラインにいきなりロゴ的に配置したセンスは「バリュー＆インパクト」の好例。

02 端的に表現したタイトルの後は、小見出しで簡素に箇条書きして一目でわかりやすい。3つの写真が先程まで繰り広げられた熱戦で盛り上がった「氷上の甲子園」の雰囲気を醸し出している。

But 03 表彰式に参列したVIPの名前や受賞して賞状や花束を受けたチームの監督や選手の名前もあると嬉しい。そのシーンも写真で見たいし、監督や主将の談話もあると周りの皆も誇りを抱こう。

苫小牧市役所 Tomakomai Cit
〒053-8722　北海道苫小牧市旭町
2016年8月17日

フラワーセレモニーを実施しました「氷上の甲子園閉会式」

概要

8月7日（日）に開催された氷上の甲子園「第11回全国高等学校選抜アイスホッケー大会」閉会式にてフラワーセレモニーを実施しました。

　見事に優勝を果たした武修館高等学校
　惜しくも準優勝となった白樺学園高等学校
　両チームの栄誉を称え、花束を贈呈しました。

　また、JOCからのMVPに輝いた武修館高等学校徳田溫也選手には、ブーケを贈呈しました。

　氷上の格闘技と言われるアイスホッケー大会に花を添え、和やかに閉会式が行われました。

写真

お問い合わせ

産業経済部産業振興室公設地方卸売市場
電話：0144-34-2373
e-mail:　itiba■city.tomakomai.hokkaido.jp
（■をアットマークに置き換えてください）

```
記 者 発 表 資 料
平成28年7月14日
(担当) 教育局博物館
(直通) 225-3074
```

企画展「イチ押し収蔵品　主役・わき役キャラクター大集合！
—ゆかい★ほのぼの★お化けも登場—」を開催します
～仙台市博物館の収蔵品から、個性あふれるキャラクターたちを一挙紹介～

　仙台市博物館では7月15日から、企画展「イチ押し収蔵品　主役・わき役キャラクター大集合！―ゆかい★ほのぼの★お化けも登場―」を開催します。
　当館の収蔵品の中から、江戸時代の浮世絵をはじめ、絵画や工芸品等に描かれた個性豊かなキャラクターに注目する展覧会です。物語や歌舞伎等の登場人物のほか、ほのぼのとした雰囲気の動物や、無邪気に遊ぶ子供、愉快な表情の福の神など印象的なキャラクターが大集合します。会場の最後には、ちょっとこわいお化けや妖怪たちも登場します。ぜひご観覧ください。

1　会期　　　7月15日（金）～8月28日（日）

2　開館時間　9：00～16：45（入館は16：15まで）
　　　　　　　※7月22日（金）、29日（金）は開館時間を
　　　　　　　　19時まで延長します（入館は18時30分まで）

3　休館日　　毎週月曜日（7月18日、8月8日は開館）
　　　　　　　7月19日（火）、8月12日（金）

4　観覧料　　常設展料金
　　　　　　　一般・大学生　400円、高校生　200円
　　　　　　　小・中学生　　100円
　　　　　　　※各種割引についてはお問い合わせください

5　主な展示資料　　※すべて仙台市博物館蔵
　　相良人形　犬と子
　　柳に黒白図　東東洋筆
　　みぶり絵　歌川豊国筆
　　即興かげぼしづくし　歌川広重画
　　鍾馗図　狩野古信筆
　　布袋図　葛飾北斎筆
　　百鬼夜行絵巻　土佐光貞筆
　　讃岐院眷属をして為朝をすくふ図　歌川国芳画
　　芳流閣両雄動　月岡芳年画　ほか総数約120件

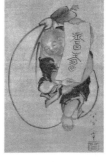

布袋図　葛飾北斎筆
仙台市博物館蔵

百鬼夜行絵巻（部分）土佐光貞筆
仙台市博物館蔵

裏面につづく

6　関連行事
　(1) 夕暮れお化け絵ツアー（申込不要・常設展観覧料が必要）
　　　開館時間延長日に、お化けが描かれた浮世絵などを学芸員の解説付きで見学します。
　　①日時　７月２２日（金）、２９日（金）
　　　　　　両日とも１７：００、１７：３０、１８：００、１８：３０（１回約１５分）
　　②会場　仙台市博物館　企画展第２会場（コレクション展示室Ⅱ）
　　※参加希望の方は懐中電灯（ＬＥＤに限る）をご持参ください
　　※参加者多数の場合、人数制限をすることがあります

　(2)「八木山動物公園コラボ企画　学芸員による動物トーク」（申込不要・聴講無料）
　　　両施設の学芸員が、動物をテーマに対談します。動物公園からは動物の生態について、博物館からは動物の表された美術作品の見どころや表現についてお話します。
　　①日時　７月２４日（日）１３：３０～１４：３０
　　②会場　仙台市博物館ホール【定員２００名】
　　③講師　八木山動物公園学芸員、当館学芸員

　(3) しろ・まち講座「展覧会の見どころ紹介」（申込不要・聴講無料）
　　①日時　７月３０日（土）１３：３０～１５：００
　　②会場　仙台市博物館ホール【定員２００名】
　　③講師　当館学芸員

　(4) お気に入りキャラクター総選挙
　　　企画展会場出口にて、展示資料に登場するキャラクターの人気投票を行います。
　　①期間　７月１５日（金）～８月２８日（日）

CASE 3

山見博康の推奨 3(スリー) ポイント

宮城県仙台市

Yes 01 最も注目すべきは的確なタイトル表現とそれを補足するサブタイトルの豊潤なフレーズだ。これだけで内容が瞬時にわかる。続くリード文もタイトルを受けて簡潔明快に記述している。

02 企画展の案内は小見出しと箇条書きで一目瞭然。興味を惹きそうなキャラクターが踊る2つの絵画で魅せて、120点に上る展示品のいくつかをルビ付きで紹介した点や関連イベント案内も親切。

But 03 15日9時から1時間程、記者招待で開会式を開くと興味を持たれる。入場者の中から抽選会や絵のコンテストを開くなども一案。2ページ目の余白にできるだけ多くキャラクターを登場させると良い。

CASE 4

山見博康の推奨 3(スリー) ポイント

静岡県熱海市

Yes 01 青い背景に白字のタイトルは、熱海の美しい海と白い波しぶきを連想させる流麗な色合い。見開けば芝生の緑にジャカランダの紫が映え、遊歩道完成図の雄大さが際立つアートとなっている。

02 市長や大使列席のオープニングセレモニー開催は素晴らしい。ジャカランダがどのような木なのかを写真付きで詳しく説明すると共に、歴史を囲みで綴ったのは万人の興味を満たす。

But 03 タイトルは遊歩道完成とセレモニー開催、および記者招待とする方が一石二鳥。招待者の顔写真を出し、カタカナ都市名や氏名には英文が親切。カスカイス市の概要紹介も忘れずに。

Press Release

2014年5月30日

静岡県熱海市 ATAMI CITY

世界三大花木"ジャカランダ"遊歩道完成
～国内都市部では最大のジャカランダ集積地へ～

　平成2年7月2日に熱海市とポルトガル・カスカイス市との姉妹都市提携を記念し、熱海市に初めて植樹された世界三大花木の一つである"ジャカランダ"。平成24年より篤志家の支援により進められてきたジャカランダ遊歩道整備事業が平成26年5月末に完成します。この遊歩道は国内都市部ではジャカランダの最大集積地となり、「熱海梅園の梅」「糸川遊歩道のあたみ桜」に続く、熱海の新たな花の名所となります。

　このたび、熱海市（齊藤　栄　熱海市長）はこのジャカランダ遊歩道の完成に伴い、駐日ポルトガル大使をお招きしオープニングセレモニーを開催します。

(右)完成イメージ
(下)第1次工期終了後の遊歩道の様子(H25.6月撮影)

■ジャカランダ遊歩道整備事業の概要
　場　所：お宮緑地　約4,000㎡(静岡県熱海市東海岸町　お宮の松周辺地)
　植栽本数：ジャカランダ　106本
　　　　　　その他の花木蔓、地被類　キバナアマ、プロテア　など79種21400ポット
　設計コンセプト：世界を周った篤志家がジャカランダに魅せられて、熱海を「熱海を代表する観光名所のお宮緑地を日本では他にないジャカランダの森」にしたいとの思いを受け、ジャカランダの森を作るべく広場と公園機能を確保しながら、ジャカランダ開花時以外でも憩える空間とするため、その他の花木も多く植栽。

■オープニングセレモニー
　日　時：平成26年6月6日（金）　午前11：00～正午
　場　所：お宮緑地　サンビーチバス停付近
　出席者：㈱大塚商会　名誉会長　大塚　実　氏（篤志家）
　　　　　駐日ポルトガル大使
　　　　　　　　ジョゼ・デ・フレイタス・フェラース氏
　　　　　熱海市長　齊藤　栄
　内　容：ジャカランダの記念植樹ほか

■ジャカランダってどんな木?

　世界三大花木（カエンボク・ホウオウボク・ジャカランダ）の一つ。
　中南米原産の低高木で約50種類くらいが知られており、ノウゼンカズラ科の落葉樹で、葉はシダに似た複葉、花は一般的に青紫色または青色の花をつけます。
　ジャカランダの日本での認知度は、海外のリゾート地への渡航者の増加に伴って広がりつつあり、熱海では6月頃に、青紫色の花を咲かせます。宮崎県日南市をはじめ九州の一部では集積地があるものの、本州で街路樹として集積しているのは熱海の温暖な気候がもたらすもので、今では熱海の初夏をつげる花となっています。

参考資料　　熱海市におけるジャカランダの歴史

　熱海市初のジャカランダは、平成2年7月2日にカスカイス市との姉妹都市提携記念として、カスカイス市使節団により熱海にもたらされ、当時のカスカイス市長と熱海市長により熱海梅園に2本記念植樹されました。このジャカランダのうち1本が平成4年にお宮緑地の現在の場所に移植されました。この記念樹が平成11年6月に初めて青紫色の花を咲かせ、今では15mほどの高木に成長し友好の架け橋の一つとなっています。
　また、平成12年には親水公園前の国道135号線山側へ新たに24本のジャカランダが植栽され、当時、この規模で植栽されているジャカランダは国内では珍しかったようです。さらに、平成20年には市民満足度委員会が1本植栽し、ジャカランダ遊歩道整備前には海岸沿いにジャカランダは計26本となりました。
　遊歩道整備期間中の平成25年には長崎県雲仙市小浜町より5本のジャカランダの寄贈を受け、海岸沿いの親水公園に植栽されています。

（お問い合わせ）　熱海市観光建設部　都市整備課　公園緑地室　担当：髙久（たかく）
　　　　　　　　　Eメール：koenryokuchi@city.atami.shizuoka.jp
　　　　　　　　　電話:0557-86-6218　／　FAX:0557-86-6429

（広報資料）

地下鉄に乗って「ロームシアター京都」に行くっ!!
地下鉄マスコットキャラクター
都くん

平成２７年１２月２４日
交　通　局
〔高速鉄道部営業課
　TEL　８６３－５２１８〕

"地下鉄に乗るっ"ポスターコラボレーション企画 2nd Season（セカンドシーズン）
本年第3弾は，「ロームシアター京都」！

　京都市交通局では，平成２６年度から，地下鉄沿線施設の活性化を通じて，地下鉄の利用促進を図るため，"地下鉄に乗るっ"シリーズと地下鉄沿線施設とのコラボレーション企画を実施しています。

　２期目の第３弾として，平成２８年１月１０日（日）にリニューアルオープンを迎えるロームシアター京都とコラボレーションした企画を下記のとおり実施しますので，お知らせします。

　今回は，ロームシアター京都とのコラボレーションポスターを制作し，掲出するとともに，同ポスターのプレゼントの実施やポスターデザインの市営地下鉄 1dayフリーチケットを発売します。

　この機会に，是非地下鉄・市バスに乗ってお出掛けください！

記

1　コラボレーションポスターの制作及び掲出

　今回のポスターでは，「ロームシアター京都」で開催される公演のチケットを差し出す「小野ミサ」と，「ロームシアター京都」が位置する岡崎エリアを循環運行する市バス「京都岡崎ループ」のプラモデルを持った，地下鉄マスコットキャラクター「都くん」と市バスマスコットキャラクター「京ちゃん」が，一緒に「ロームシアター京都に」向かう様子が描かれています。

　また，背景には，「『ロームシアター京都』メインホール」の舞台と，西欧歌劇場の様式を踏襲した４層バルコニー形式の客席空間が描かれています。

(1)　掲出期間
　　平成２８年１月６日（水）から約３箇月間
(2)　掲出場所
　　地下鉄駅構内，地下鉄中吊り広告枠，ロームシアター京都　など

【ポスターデザインイメージ】

2 ポスタープレゼントの実施
　対象期間中，下記の必要条件を満たした方を対象に，PRポスター（B1サイズ又はB2サイズ，いずれか1枚）をプレゼントします。
<u>※　お一人様1枚限り</u>
<u>※　B1サイズ，B2サイズそれぞれ先着200名様（なくなり次第終了）</u>
(1)　期　　　間
　　平成28年1月12日（火）～平成28年2月20日（土）
(2)　受付場所
　　ロームシアター京都総合案内（1階プロムナード）
　　※　受付は，午前10時～午後7時（無休）。
(3)　必要条件
　　以下のア又はイの必要条件を満たした方を対象とします。
　ア　当日御利用の「市営地下鉄1dayフリーチケット」と，下記(ｱ)～(ｴ)のいずれかの条件を満たすことを証するものを御提示ください。
　　(ｱ)　ロームシアター京都オープニング事業のチケット等（公演終了後のチケット半券や予約したことが分かるものも可）を持参いただいた方
　　　※　オープニング事業についての詳細はこちらを御覧ください。
　　　　　http://rohmtheatrekyoto.jp/program/
　　(ｲ)　ロームシアター京都内のレストラン等の施設を御利用されたことが分かるレシートを提示いただいた方
　　(ｳ)　京都コンサートホールＣｌｕｂ会員の方
　　　※　会員証等会員であることが分かるものを御持参ください。
　　(ｴ)　新たに京都コンサートホール・ロームシアター京都Ｃｌｕｂ会員になっていただいた方
　　　※　年会費を支払ったことが分かるものを御持参ください。
　　　※　京都コンサートホール・ロームシアター京都Ｃｌｕｂ会員の詳細（入会手続き等）については，ロームシアター京都又は公益財団法人京都市音楽芸術文化振興財団のＨＰを御覧ください。
　　　　　ロームシアター京都：http://rohmtheatrekyoto.jp/
　　　　　公益財団法人京都市音楽芸術文化振興財団：http://www.kyoto-ongeibun.jp/index.php
　イ　当日御利用の「市バス・京都バス一日乗車券カード」と，京都岡崎ループ車内に設置している指定のチラシを御提示ください。
　　　※　指定のチラシは，当コラボレーションポスターデザインが目印です。
　　　※　チラシは，平成28年1月12日（火）から，京都岡崎ループ車内に設置しています。なお，チラシはなくなり次第，配布を終了します。

3　コラボレーションポスターデザインの乗車券発売
　ポスターデザインの市営地下鉄1dayフリーチケット（7万枚）を以下のとおり販売します。
(1)　販売開始日
　　　平成28年2月27日（土）（予定）
(2)　販売場所
　　　地下鉄各駅窓口，市バス・地下鉄案内所

【乗車券デザインイメージ】

(参考1)　ロームシアター京都について
　これまで50余年にわたり"文化の殿堂"として親しまれてきた「京都会館」は，平成28年1月10日に「ロームシアター京都」としてリニューアルオープンします。
　バレエやオペラなどの大規模な総合舞台芸術が公演可能な2005席を有する「メインホール」，舞台と客席の距離が近く，舞台との一体感を得られる716席を有する「サウスホール」，リハーサル室として利用可能な「ノースホール」の3つのホールに加え，ブック＆カフェ，レストランのあるパークプラザを備えます。
　開館からの1年間は多彩なオープニング事業を行いますので，是非皆様お越しください。

(参考2)　"地下鉄に乗るっ"について
　「地下鉄に乗るっ」を合言葉に，地下鉄・市バス応援キャラクター「太秦萌」とその幼なじみの「松賀咲」，「小野ミサ」の三人が京都市営地下鉄を応援するシリーズ。
　3人は，京都市内の高校に地下鉄を使って通う高校2年生。
　平成26年度から，地下鉄沿線施設とのコラボレーション企画を展開している。

【太秦萌】　【松賀咲】　【小野ミサ】　【オフィシャルロゴ】

(参考3)　京都岡崎ループについて
　岡崎エリア内を回遊し，更には地下鉄や京阪電車の駅，市内中心部の河原町通を結ぶ市バス。
　岡崎エリアには，リニューアルオープンするロームシアター京都をはじめ，再整備中の美術館や全面リニューアルした動物園などの文化施設，南禅寺や平安神宮などの寺院・神社など，観光スポットが集積しています。
　魅力満載の岡崎エリア巡りには，市バス「京都岡崎ループ」を御利用ください！

山見博康の推奨 3(スリー) ポイント

京都府京都市

Yes
01 冒頭にキャンペーンロゴと市のマスコットが出迎え、オレンジの枠で囲った青・オレンジのカラフルなタイトルで第3弾を率直に紹介。ポスターやイラストでビジュアルに飾った現代アートの趣。

02 リード部で的確に趣旨を語った後で「小見出し＋箇条書き」に下線や「※（注釈）」を使い、おもてなしの京都よろしく典雅で奥床しい表現で、斜め読みでもわかる親切さ。参考1～3の囲みも気配りがある。

But
03 「2nd Season第3弾」とあるので、最初からの企画内容やその結果、何人くらい参画し、今回は何人が目標かなどの具体的数字を含む全貌を図示すると記事が膨らむ。利用者の笑顔や生の声もほしい。

山見博康の推奨 3(スリー) ポイント

大阪府堺市

Yes
01 崇高なビジョンを高らかに唱え、それを実現する。これはその手本となる秀麗な作品。記者にとって必要な情報を網羅している。支援事業の全貌を明確な関係図と文章でビジュアルに示すのは格調高雅な印象。

02 「段落＋小見出し＋箇条書き」で一目瞭然でわかる。カタカナに英文表記、関係人物の写真と談話などで親しみを与え、重要部は枠で囲んで強調するきめ細かい配慮が堺職員の奥床しさを感じさせる。

But
03 晴れて6月1日入社なのにリリースの日付は16日。"New"が後追いとなってしまい、もったいない。1日を特別入社式とし、5月後半にこのリリースを招待状として配信するなどすると良い。

CASE 6

堺市報道発表資料
（堺市政記者クラブ、大阪科学・大学記者クラブ　同時提供）

平成 28 年 6 月 16 日提供

問い合わせ先	
（事業全般について） 担当課　産業振興局 商工労働部 産業政策課 直　通　072-228-7629 内　線　3506 F A X　072-228-8816	（留学生・企業情報等詳細について） 担当課　公立大学法人大阪府立大学 　　　　国際・地域連携課 　　　　（泰日工業大学留学生支援実行委員会事務局） 直　通　072-254-9962

産学官連携の枠組みで、地元中小企業における優秀な海外人材育成・確保に貢献

「泰日工業大学留学生支援事業」の大きな成果！
～タイ王国からの留学生が堺市内企業へ初の就職～

　公立大学法人大阪府立大学、堺国際ビジネス推進協議会、及び堺商工会議所では「泰日工業大学留学生支援実行委員会」を設置し、大阪府立大学と学術交流協定を締結している泰日工業大学（タイ王国）と地元・堺市の企業を結び、優秀な海外人材が地元企業、タイ王国内の日系企業へ定着することを目的とした「泰日工業大学留学生支援事業」に取り組んでいます。

　本事業では、泰日工業大学からの留学生が大阪府立大学（及び大阪府立大学工業高等専門学校）で学ぶと同時に、大阪府内・堺市内の企業へのインターンシップ（就業体験）を通じて日本のものづくり等を学びますが、昨年度（平成 27 年度）参加した留学生がこのたび泰日工業大学を卒業後、インターンシップ受入企業として協力いただいた株式会社三翠社に就職することになりました。

　この結果は本事業初の成果でもあり、若者の労働力不足や外国人雇用への対応などの社会的背景を踏まえて、地元の中小企業における優秀な海外人材の採用・定着に貢献できるよう、今後も同様の取り組みを続けていきます。

　なお現在、平成 29 年度のインターンシップ受入企業を募集中です。
［インターンシップ募集ページ］
http://www.osakafu-u.ac.jp/news/2016/nws20160524.html

◆就職の決定した留学生
　〇Ms. Nattaree Choochumsri（ナッタリー・チューチュムシイー）
　〇泰日工業大学（タイ王国）　工学部経営・ロジスティックス工学専攻　平成 28 年 4 月卒業
　〇大阪府立大学への留学期間　平成 27 年 4 月〜9 月（6 ヶ月）
　〇就業開始日　　　　　平成 28 年 6 月 1 日

ナッタリー・チューチュムシイーさん

＜ナッタリーさんより＞
　私は 2015 年に 6 か月間、三翠社でインターンシップを行いました。私はその後も、日本語を上達させ、日本のものづくりを学びたいと思っていましたが、このたび、三翠社で社員として働くチャンスを得ることができました。<u>私は日本で 3 年間勤務した後、タイ現地法人 Sansuisha (Thailand) Co., Ltd. で働く予定です。</u>この 3 年間の経験は将来的に私にとって、また会社にとって、とても有益なものになると確信しています。

◆就職先企業について
　　社　　名：株式会社三翠社（さんすいしゃ）
　　住　　所：〒592-8331　大阪府堺市西区築港新町 2-6-36
　　Ｔ Ｅ Ｌ　：072-245-3131
　　会社概要：創立昭和 29 年、資本金 9,800 万円、売上高 50 億円（グループ計）従業員数 200 人
　　事業内容：農業機械部品・建設機械部品・エンジン部品の金属塗装を、工業用塗装ラインで行う
　　　　　　　塗装事業。鉄道・通信放送のインフラ整備用のキュービクル等の製造を行う企画事業。
　　　　　　　これら 2 つの事業を中心に展開。2010 年タイに工場を建設。
　　　　Web サイト URL：http://www.sansuisha.com/
◆株式会社三翠社　嘉祥寺　豊　代表取締役社長より

弊社が泰日工業大学留学支援事業の一環である「企業インターンシップ」に参加させていただいた背景として、2010 年に設立し当時 5 年ほど経過していたタイ現地法人における管理する側の人材不足という課題がありました。そこで、この事業に参加し泰日工業大学とのつながりを持つことにより、今後の現地採用に良い効果がもたらせるのではないかと期待をしたのです。その結果、インターンシップに参加した留学生の就職という、もっとも理想的な結果を得ることができました。ナッタリーさんには日本のものづくりを学んでいただき、将来的にはタイの工場においてその能力を存分に発揮していただきたいと思っております。

◆事業により、ナッタリーさんが
　〇平成 27 年 4 月～9 月（6 ヶ月）
　〇研修内容・新入社員教育、導入教育
　　　　　　・塗装，検査，設備管理，出荷，組立などの業務基礎研修
　　　　　　・部門研修（受入製品管理，出荷製品管理，納入業者・運送業者管理）
　　　　　　・業務改善提案（出荷作業効率化提案によりリードタイム削減を実現）

（イメージ）今年度のインターンシップの様子

参考：泰日工業大学留学生支援事業について

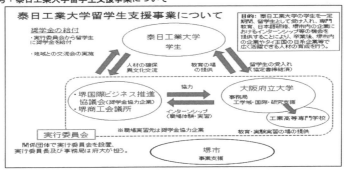

(事業の趣旨)
○現在、タイ王国を中心とした東南アジアに生産ライン進出を目指す中小企業は多く、特に堺市内においては進出意欲の高い中小企業が数多くあります。

○しかしながら、一般的には中小企業にとって、独力で生産ラインの中核となるスタッフ・人材確保をすることがなかなか困難な状況であり、海外進出にあたっては優秀な人材を確保することが喫緊の課題となっています。

○そこで、公立大学法人大阪府立大学、堺商工会議所、堺国際ビジネス推進協議会が、堺市のご支援もいただきながら、地域貢献を目標とした産学官連携事業として、実行委員会を設置しこの課題に取り組むこととしいました。

○この事業は、大阪府立大学に留学した学生が、大学のプログラムの一環として堺市内等の企業でインターンシップを体験し、泰日工業大学を卒業したあとは、堺市内等の中小企業、あるいは、タイ王国の日系企業で広く活躍することを支援するための事業です。
また、堺市及び堺市内の企業とタイ王国の相互理解を深めることも目的としております。

(事業内容)
○泰日工業大学の学生を対象に、大阪府立大学に留学生として招へいし、生産工学や日本文化などを学びながら、協力企業でインターンシップを体験、企業技術、ものづくりの文化など幅広く研修します。留学期間は6ヶ月間です。

○また、留学生が安心して大学・企業で勉強・研修ができるよう奨学金を給付することとし、その財源については、協力企業に負担していただいております。

[協力企業]　平成28年度：エースシステム株式会社、株式会社三翠社
平成27年度：株式会社三翠社、株式会社太洋工作所、トーシンケミテック株式会社
平成26年度：シャープ化学工業株式会社、日本フッソ工業株式会社、扶桑工業株式会社

＜実行委員会が行う主な事業＞
留学生の公募・選考、留学生への奨学金給付
協力企業の募集・決定、留学生のインターンシップ活動の支援
留学生を通じて、堺市及び堺市内の企業とタイ王国との相互理解を深めるための交流会等の開催等

学術交流協定書への調印式にて
（平成27年5月、
　左：大阪府立大学　辻理　事長・学長、
　右：泰日工業大学　バンディット学長）

平成27年度インターンシップ報告会

◆泰日工業大学について
泰日工業大学は、日系企業で働く人材の養成を行うことを目的として日本とタイ王国が協力して平成17年に設立。また、泰日工業大学と大阪府立大学は学術交流協定、学生交換覚書を結んでいます。

平成28年10月14日

芦屋市政記者 各位

芦屋市都市建設部道路課

開森橋渡り初め

　平成26年12月より行ってきました開森橋の架け替え工事について，新しい開森橋の完成を祝して，新しい橋への交通の切替えに先立ち渡り初めを行います。

完成イメージ

① 日　時　平成28年11月5日（土）　午前 10時00分〜
② 場　所　開森橋上特設会場（東芦屋町9番9号先）
③ 出席者　芦屋市長，芦屋市議会議長　ほか
④ 内　容　山手中学校吹奏楽部による演奏・主催者及び来賓者によるテープカット
　　　　　　渡り初め（だんじりなど）
⑤ 会場地図

⑥ 今後のスケジュール

11月上旬	仮橋から新しい開森橋への交通切り替え
11月上旬〜12月下旬	仮橋の撤去及び護岸の復旧
1月上旬〜 3月中旬	バス停を含めた周辺整備
3月下旬	開森橋バス停再開

CASE 7

山見博康の推奨 3(スリー) ポイント

兵庫県芦屋市

Yes 01 明快極まりないタイトルに特大写真が１枚！　悠然と横切る清楚な小橋！　その背景には、流れる小川、紺碧の空、緑の木々、そして満開の桜！　その様子がありありと伝わってくる。あたかも俳諧のごとし。

02 渡り初めの日程も同様に簡素を重んじ、６つの箇条書きに今後の想いをも秘める床しさ！　風光明媚、気風典雅、気品美妙なる人と地が永年熟成してきた芦屋という土地柄か。

But 03 メディアには市長他出席者の氏名と役職に加えて、市民はじめ誰でも参列可能か？　も記事に不可欠。橋の特徴や橋造りに懸ける情熱や苦労話も記事が膨らむ。開森橋にはルビが必要。

CASE 8

山見博康の推奨 3(スリー) ポイント

兵庫県神戸市

Yes 01 見開けば現代美術アート作品のごとく優美。字体を丸ゴシックに変え、モノトーンで統一、その分写真のカラーが浮き立つ。その大きさも１つひとつ異なり個性に満ちている。

02 作曲家の写真・略歴・コメントの３点セットは親しみ増大で常に推奨。親しみと愛着は自分との関係を深めるブランド作りキーワードの１つ。進取の気風豊潤な神戸の面目躍如！

But 03 2020年に向けた施策の全貌を図解し、今回のプロジェクトの位置を示し、今後の展開を見通せば記者の鋭角的発想が広がり記事も膨らむ。完成した初作品の特長とは？　「tofubeats」にはルビを。

CASE 8

記者資料提供（平成28年8月18日）
市長室広報部広報課　南部、川西
TEL：078-322-5013　内線：2222
E-mail：media@office.city.kobe.lg.jp

神戸で輝く若者 × tofubeats × 神戸市
U30 CITY KOBE 動画配信開始！

　現在、神戸市は 2020 年に向けて「若者に選ばれるまち + 誰もが活躍するまち」というテーマを設定し、まちの総合力を高める施策に取り組んでいます。急激な人口減少を克服し、これからも賑わいのあるまちであり続けるためには、次代を担う若者に選ばれることが不可欠です。

　このような中で、若い世代に、より神戸への誇りや愛着を持ってもらえるように、神戸を拠点に夢を追い続ける若者に焦点をあてた映像を制作しシリーズで展開していきます。

　これらの作品を通じて、ご覧いただく方に「よし、自分も神戸の街で夢に向かって頑張ろう」と思うきっかけになることを願っています。

　また、このシリーズ作品のテーマ曲を作曲したのは、神戸市在住であり、まさに同世代でもある音楽プロデューサーの tofubeats 氏。"神戸で頑張る若者への応援歌"という想いも込められた、躍動感あふれる「U30 CITY KOBE」オリジナルトラックを併せてお楽しみください。

1.「U30 CITY KOBE」とは

「U30 CITY KOBE / UNDER THIRTY CITY KOBE」は、神戸を拠点に、さまざまな分野で活躍する若者たちにスポットを当てたドキュメンタリーフィルムです。彼らへのインタビューを中心に、夢を追い続けるリアルな姿を映像で表現します。28 年度（29 年 3 月末まで）に 5 本の制作を予定しており、今回は初作品となる FILM#1（1 本目）が完成しました。今後、約 2 ヵ月ごとに順次、作品を配信していきます。

FILM#01 田中雅也（写真家）

2. 特設WEBサイトを公開

「U30 CITY KOBE / UNDER THIRTY CITY KOBE」の特設ウェブサイトも公開しています。このシリーズのコンセプトをはじめ作品の公開、オリジナルトラックフルバージョンもお聞きいただけます。

http://www.city.kobe.lg.jp/information/public/media/u30citykobe/

神戸市のホームページ、YouTubeでもご覧いただけます。

FILM#02 以降、順次公開予定

3. tofubeatsによる楽曲提供！

神戸市在住の音楽プロデューサー tofubeats 氏による楽曲提供。それぞれの作品に躍動感あふれる彼の音楽が重なります。

tofubeats氏からのコメント

「神戸に暮らす 20 代として同世代の皆様へ、様々な目標へ向かう道中で、テンションを上げられるような BGM になれば良いなと思い、制作させて頂きました。」

PROFILE

1990年神戸生まれ、神戸市在住。音楽プロデューサー/トラックメイカー。10代からインターネットを軸に活動をスタート。2013年4月に「水星 feat.オノマトペ大臣」を収録したアルバム「lost decade」を自主制作にて発売。同年秋には森高千里をゲストボーカルに向かえた「Don't Stop The Music」でメジャー・デビュー。2014年10月2日（トーフの日）にメジャー1stフルアルバム「First Album」を発売。続く2015年にはEP「STAKEHOLDER」をリリース。そして9月16日に、岸田繁（くるり）、KREVA、小室哲哉、Dream Ami、玉城ティナらバラエティに富んだゲストが参加したメジャー2ndアルバム「POSITIVE」を、2016年1月にはそのリミックス・アルバムとなる「POSITIVE REMIXES」をリリース。

CASE 9

姫路駅周辺・都市型災害対応訓練
Around Himeji Station / Response Traning For Urban Disaster

平成27年 11月10日（火）(Tue.)

訓練時間 AM10：30 ～ 12：00 [雨天中止]

- 10：30 ～ シェイクアウト訓練　[Shake-Out Traning]
- 10：30 ～ 事業所初動対応訓練　[Disaster Initial Response Traning]
- 10：45 ～ 都市型災害対応訓練　[Urban Disaster Response Traning]

姫路駅周辺（駅構内、ホテル、百貨店、商業ビル、地下街、アーケード等）において大規模な消防訓練を実施します。
各事業所と消防・警察・医療機関が連携し、防災対応力の向上を目指します。

訓練当日は、10時30分になると、姫路駅北にぎわい交流広場にて消防車のスピーカーから緊急地震速報を放送します。
また、訓練参加事業所においても、店内放送などで緊急地震速報を放送します。
そして、地震防災訓練アプリを利用すると、スマートフォンを含む携帯電話に緊急地震速報を受信することができます。
緊急地震速報を合図に周辺事業所においてシェイクアウト訓練を実施します。
市民の皆さんも登録して頂き、是非この機会に訓練に参加してみて下さい。

まず低く　頭を守り　動かない
DROP!　COVER!　HOLD ON!
「効果的な防災訓練と防災啓発標語会議」提供

シェイクアウト（Shake-Out）とは？
大地震が発生したという想定で、前もって決めた時刻に一斉に参加者の皆さん全員が、
①まず低く、②頭を守り、③動かない、
の安全確認をとり、各家庭やお会社でいざという時の安全行動を確認する簡単な訓練です。

地震防災訓練アプリを利用して、身を守る安全行動をとりましょう！
[Take the safety act protect yourself by using the earthquake disaster prevention training app！]

地震防災訓練アプリをダウンロード
Androidの方はこちら　　iPhoneの方はこちら

地震防災訓練アプリで訓練予定の登録
下記QRコードを読み取り、訓練の予定を登録してください。
QRコードで登録出来ない場合は、手動登録にて下記情報を登録してください。
- 訓練名：姫路駅周辺・都市型災害対応訓練
- 訓練日時：2015年11月10日（火）1030～
- 訓練ID：150032

※機種により、ダウンロードまたは緊急地震速報を受信できない場合があります。
※利用方法の詳細や注意事項についてはドコモのホームページをご確認ください。

訓練参加事業所・公共機関・医療機関等 （順不同）

姫路市・姫路市消防団・兵庫県姫路警察署・JR姫路駅・山陽姫路駅・神姫バス・大阪ガス・ホテル日航姫路・ホテルヴィアイン姫路・ホテル東横イン・山陽百貨店・フェスタ南館・ピオレ姫路・テラッソ姫路・姫路駅前第一ビル・ピラシオ第2ビル・じばさんびる・ハーベスト医療福祉専門学校・姫路医療センター・姫路循環器病センター・姫路赤十字病院・製鉄記念広畑病院

問い合わせ [inquiries]　姫路市消防局 [Himeji City Fire Department]　消防・救急課　Tel：(079) 223-9565

CASE 9

山見博康の推奨3ポイント

兵庫県姫路市

Yes 01 地震多発の昨今、これから各地でも実施される訓練を先取りした「都市型消防訓練」リリースの見本の1つ。「小見出し＋箇条書き」に臨場感ある写真を加えて端的に表現している。

02 ポスターがリリースと同様の形式ゆえに一体と見なしてよい。キャンバスに油絵を描くがごとく、1枚の余白を極限まで有効に活用し、伝達すべき多くのことを囲みで巧みに配置している。ぜひ見習おう。

But 03 ポスターにある、シェイクアウトの意味や緊急事態発生の放送時に市民にも訓練してほしい事項をリリースにも記述し、事前報道してもらうと、より多くの市民の参加が得られ効果が大きい。

CASE 10

山見博康の推奨3ポイント

広島県竹原市

Yes 01 まず「雲吹き出し」でタイトルをさらに強調し、魅力高揚の手法は妙案。最初から「段落＋小見出し＋箇条書き」に加え、写真3枚で如実に雰囲気を伝える。参加者国籍の多彩も戦略的。

02 日程の細やかさと全体・A・Bグループの行程を色分けしたのは秀逸。リード文脈と全体構成に、観光振興に挑む関係者の外国人増加への祈りと市の将来を懸ける情熱がみなぎり、心が動く。

But 03 「大久野島」とルビを付けたい。また12世紀からの歴史や来島客急増を囲みで紹介するなど工夫をこらせば興味を惹く。他の「仕掛け」の例も魅力的になるはず。

💭 大久野島+α!？ 外国人観光客が"Takehara"を満喫できる！

Press Release 「住みよさ実感 瀬戸内交流文化都市 たけはら」

竹原市

平成28年1月4日

座禅・着物着付け・華道、茶道体験など 外国人による2泊3日モニターツアーを実施します！

1 概要
　うさぎの楽園"大久野島"で急増する外国人観光客を竹原町並み保存地区（国重要伝統的建造物群保存地区）など他の観光ポイントへ誘導する仕掛けの1つに、外国人による2泊3日のモニターツアーを実施します。
　外国人目線による魅力ポイントの発掘（体験メニューを中心）や，課題の洗い出しなど,本市におけるこれからのインバウンド施策の方向性を位置づけるための事業です。ぜひ取材をしていただきますようお願いいたします。
　（本事業は地域活性化・地域住民生活等緊急支援交付金（地方創生先行型）を活用した取組みです。）

2 実施日時
　平成28年1月8日（金）～1月10日（日）
　※雨天決行

3 行程・内容
　別紙のとおり

4 ツアー参加者

出身国	人数	合計
台湾	2名（男女1名ずつ）	
中国	2名（男女1名ずつ）	
韓国	3名（男性2名・女性1名）	
オーストラリア	1名（女性）	12名
ドイツ	2名（女性）	
アメリカ	1名（女性）	
ニュージーランド	1名（男性）	

5 問い合わせ
　竹原市建設産業部産業振興課観光振興係
　□電話：0846-22-7745
　□FAX：0846-22-1113
　□Email：kankou@city.takehara.lg.jp
　□担当者：道林（どうりん）

座禅体験（イメージ）

華道体験（イメージ）

茶道体験（イメージ）

2016.1.8〜1.10 竹原市モニターツアー行程

1月8（金）

区分	時間	項目	内容
全体	9:00	忠海駅集合	主旨・行程等の説明
	9:20	座禅体験	勝運寺
	10:40	吉田屋到着 休憩	リノベーション進行中の古民家を見学
	11:00	地元ガイドによる町歩き	忠海町内を散策
	12:00	昼食	地元飲食店
		忠海駅→忠海港	マップでルートチェック
	13:30	忠海港発→大久野島	
	13:45	島内散策	毒ガス遺跡・ビジターセンター・毒ガス資料館等（ガイド付）
	17:00	自由時間	
	18:00以降	夕食・入浴・宿泊	食事・宿泊場所：休暇村大久野島

1月9日（土）

区分	時間	項目	内容
全体	8:35	JR忠海駅着	
Aグループ	8:57	バス乗車（忠海駅）→竹原駅方面	バス乗降の問題点などをチェック
	9:15	「新港橋」下車→「道の駅たけはら」へ移動	
Bグループ	8:46	JR呉線乗車（忠海駅）	
	8:58	JR竹原駅着→「道の駅たけはら」へ移動	地図を見て問題点などをチェック
全体	9:20	「道の駅たけはら」で集合→午前の行程確認 文化施設の見学	場所：松阪邸・歴史民俗資料館
Aグループ	10:00〜12:00	竹細工体験 ※終了後は、12:00まで町並み探訪	場所：町並み保存センター2階
Bグループ	10:00〜12:00	着物の着付け体験 ※終了後は、12:00まで町並み探訪	場所：竹楽
全体	12:00	昼食	場所：竹楽 内容：魚飯・3蔵利き酒
	13:00	煎茶体験	場所：森川邸
	14:00	生花体験	場所：森川邸
	15:00	町並み・商店街探訪→土産等の買い物	
	16:30	「道の駅たけはら」集合→A・Bグループに分かれて移動	
Aグループ	17:00	ホテル賀茂川荘到着	
	18:00以降	夕食・入浴・宿泊	
Bグループ	17:00	グリーンスカイホテル到着	
	18:00以降	夕食	場所：地元飲食店
		宿泊	

1月10日（日）

区分	時間	項目	内容
Aグループ	8:20	ホテル出発	ホテル→竹の駅（竹筆づくり体験）→道の駅たけはら
Bグループ	8:20	ホテル出発	ホテル→礒宮八幡神社→佐々木ホテル跡（眺望体験）→道の駅たけはら
全体	9:30	「道の駅たけはら」集合→土産等の買い物	
	10:00（120分）	ふりかえりディスカッション	主として印象に残った魅力・課題、それに対する意見交換など。
	12:00	解散	

古賀市　記者発表資料

③古賀市初！ 官学協働　古賀市子育て支援シンボルマークを決定

　古賀市は、子育て世帯が子育てしやすいように環境整備をすすめることで、「子育て世帯に選ばれるまち」をめざしています。
　地域と行政、地域間、官民が一体となって子育てを支援していけるように、子育て支援シンボルマークを作成しました。
　シンボルマークの選考にあたっては、官学連携の九州産業大学芸術学部の学生さんから7作品を提案していただきました。
　はじめに学生さんたちによるプレゼンテーションを行い、上位3作品に絞りました。
　その後、市内の協力3保育園、2幼稚園に協力いただき、年長児による人気投票を行いました。
　最終的には、プレゼンテーションの得点と年長児による人気投票の得点を合計し、最高得点を獲得した作品を「子育て支援シンボルマーク」として決定しました。

■制作者
　九州産業大学芸術学部デザイン学科3年生　渕上夏菜さん
　担当教授：後藤宏　教授

■選定者及び選定方法
　①学生さんたちによるプレゼンテーション　300点
　　選考委員：子育て支援に携わっている者15名
　　　　　　　副市長、保健福祉部長、子育て支援課長、保育園長
　　　　　　　子育て応援サポーター、子育て情報誌「こもこも」編集員
　　全7作品のうち上位3品を選考。20点／人

　②年長児さんによる人気投票　　250点
　　※市内の3保育園、2幼稚園に協力いただき年長児338人による人気投票を実施

■結果（獲得点等）
　全550点満点中239点を獲得。（プレゼンテーション第2位、人気投票第1位）
　園児たちの圧倒的な人気により渕上夏菜さんの作品が1位となりました。

■制作者の趣意書
　古賀市の市花『コスモス』をイメージし、花びらを意識した形と配色で制作しました。
　『コスモス』の花言葉には、「愛や人生がもたらす喜び」という意味があります。
　子どもに対する地域の愛情を支援という形で、喜びをもたらす子育てができるようにと願いを込めて作りました。

■今後の使用について
　今後古賀市の子育て支援のシンボルマークとして使用していきます。
　●「ママ＆キッズ安心タクシー」ステッカー（使用第1号）
　●古賀市子育てBOOK（使用第2号）
　●子育て応援サポーターの活動　等

【問い合わせ先】
　古賀市役所　子育て支援課　家庭支援係　　担当：渋田
　電話092-942-1159

CASE 11 山見博康の推奨 3 ポイント

福岡県古賀市

Yes 01 「古賀市初！」とインパクトフレーズで始まり目を引く。「新、最、初、一番、ベスト○」などネタのキーワードはまずタイトルの初めに。顔を強調したいときはアイラインを濃く引くのが常道。

02 リード部を枠で囲み、本文は「段落＋小見出し＋箇条書き」の鉄則に沿って一目で理解を促し、重要部分は下線で強調するなどの工夫は見習おう。マークの淡いピンクに優しさと思いやりがこもる。

But 03 小見出しは「■」より数字がベター。会見時や電話取材時に「何番の①は」と互いに簡単に確認できる。選考委員代表の講評、表彰式の状況、製作者の写真や喜びの声もほしい。使用例は実物写真で。

CASE 12 山見博康の推奨 3 ポイント

大分県中津市

Yes 01 特大枠で衝撃のタイトルに続く著名女性グループの超明るい写真や多彩なスナップが踊る、実に圧倒的なパノラマ作品。この革新的気運の盛り上がりが市民の躍動感を倍加しよう。

02 特に観光PRコンセプトを「な活」に凝縮した流行の新キャッチが光る。「大きな小見出し」に沿って簡潔な文章とカラフルな写真がバランス良く配置されていて、中津市隆盛への熱き想いが伝わる。

But 03 愉快爽快な『オバチャーン』の撮影後の印象コメントを聞きたい。最優秀事業者の顔や談話もほしい。他市からの観光客数推移から今後の目標数を掲げ、一丸体制で達成を目指そう。

【中津市】H28.10.12（水）記者会見資料（観光推進課）

中津市を感じる旅。体験する旅。それが「な活」！
中津に行こう。「な活」しよう。
新しい観光動画を公開。
大阪のおばちゃんアイドル『オバチャーン』が、中津市を観光PR！

中津市はこの度、自然・食・体験などの観光資源を広報ターゲットである東九州自動車道沿線（福岡県、山口県、広島県）に対し効果的にPRし、誘客に繋げていため、新たな観光PR動画を制作・公開いたしました。

事業者の選定には公募型プロポーザル方式を採用。応募があった4社の提案を審査した結果、『**株式会社 西広大分支社**』が最優秀事業者に選定されました。（【実績】大分県ブランド推進事業「シンフロ」、おんせん県観光誘致協議会「GO OITA キャンペーン」など）

事業規模は **15,000,000 円（税込）**。地方創生加速化交付金事業（補助率：10/10）を活用しています。

今回の動画は大阪のアイドル『オバチャーン』が中津市を訪れ、様々な観光スポットをめぐり紹介していくものです。今回、新たに設定した観光PRポイントは『な活』。中津市を感じる旅。体験する旅。それが『な活』です！

大分県中津市へ初めてやってきた大阪のご当地アイドル『オバチャーン』。はじめて体験する中津市の自然・食・体験を楽しみながら、ボケとツッコミあふれる『オバチャーン』ならではの視点で、中津市の魅力を紹介していきます。

新たな観光PRコンセプト「な活」を発信！

中津市に行くことで体験できること。それは、大自然を満喫したり、美しいものに舌つづみを打ったり、ココロとカラダのぜんぶで遊ぶこと。中津だからこそできるアクティビティな観光の旅を、『な活』という言葉で新しく表現しました。この観光PRコンセプトのもと、中津で待っている特別な体験の旅、中津の魅力を発信していきます。

【中津市】H28.10.12（水）記者会見資料（観光推進課）

大阪のご当地アイドル「オバチャーン」を起用！

オバチャーンとは？

2011年8月に結成された大阪のご当地女性アイドルグループ。自称平均年齢63.5歳。大阪のおばちゃんパワーで世界を元気にすることを目的に結成された。コンセプトは「絡んでくるアイドル」。メンバーは13名（2014年2月現在）。地元大阪だけでなく、全国各地のイベントやTVCM、PVなどで活躍中。曲もリリースしており、最新作としてニューシングル『オバパ！～ヤなこと忘れてオバパーティー～』を配信。

☆デビュー曲「オバチャーンのテーマ」は90万回再生！
☆セカンド曲「オバレゲエ」も20万回再生！
☆ディズニー映画ローンレンジャーCM起用！
☆リクナビ Next Webキャンペーン起用！
☆USENヒットチャート最高6位！（J-POP部門）
☆ミヤネ屋で世界が注目する日本人100人に選出！
☆大型フェス a-nation2014 出演！

テレビCMは全7タイプ！中津市の様々な魅力を発信！

今回の観光PR動画は、**テレビCM全7タイプ・Web動画全3タイプ**と数多くあり、中津市の様々な観光スポットを紹介するものとなっています。中津を初めて訪れる『オバチャーン』たちだからこそ見えてくる、『な活』の姿、中津の"本当の魅力"の数々。『オバチャーン』の様々な表情・リアクションを通して、中津の魅力が楽しめるものとなっています。

テレビCM（15秒）	WEB動画
① 「中津城」編	① 「中津に来たで！」編
② 「福澤諭吉」編	② 「土産も変わっとるで！」編
③ 「ハモ料理」編	③ 「アクティビティが満載やな！」編
④ 「サイクリング」編	
⑤ 「トレッキング」編	
⑥ 「中津からあげ」編	
⑦ 「お土産」編	

【CM放送時期】10月8日 ～ 11月15日
【放送範囲】
≪CM≫ 福岡県（TNC、TVQ）、山口県（KRY）、広島県（RCC）
≪Web≫ 動画サイト「YouTube」や市ホームページ、その他各種動画サイトなどで放映予定（外国語（英・韓・中[繁])の字幕を付けたものも制作）

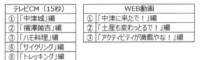

本件に関するお問い合わせ
● 中津市観光推進課　　　TEL 0979-22-1111（内線391）　担当：井上
● 株式会社 西広 大分支社　TEL 097-534-3500　　　　　担当：佐藤

報道資料

平成28年6月27日

スイカの名産地「植木」　こんなに大きいスイカができたよ！

> 植木町といえば、スイカの名産地。地域の特色を生かし、毎年、子どもたちがスイカ作りの体験活動をしています。今年もＪＡ鹿本青年部桜井支部の皆様の協力でスイカの苗を植え、収穫を楽しみにしながら、毎日、スイカの世話をがんばっています。いよいよ、7月上旬、収穫を迎えます。

1　日　時　　　平成28年7月6日（水）　　9:40　～　11:10

2　場　所　　　熊本市立桜井小学校の北側プール横のビニールハウス内

3　参加者・講師等　　ＪＡ鹿本青年部桜井支部の皆様
　　　　　　　　　　　桜井小学校第4学年児童56名

4　内　容　　　（1）毎年恒例、地域の名産物であるスイカ作りに挑戦したこと。
　　　　　　　　（2）地域人材（ＪＡ鹿本青年部桜井支部）の指導による実技指導とふれあいの場。
　　　　　　　　（3）お世話になった方々へ　感謝の気持ちをこめて言葉と歌を贈ります。
　　　　　　　　（4）スイカの成長過程を記録し、草取り、水かけ等を継続して頑張ってきた。
　　　　　　　　（5）郷土（植木町）に誇りを持つ子どもの育成も視野に取り組む。

苗植え、つる引き、交配等、ＪＡ鹿本青年部桜井支部の方々が何度も学校へ足を運んで教えてくださいました。

昨年度は、収穫を祝ってみんなで、育てた甘いスイカをいただきました。やっぱり、地元植木のスイカはおいしいね。

（問い合わせ先）
熊本市立桜井小学校
校（園）長　　古財　宏昭（こざい　ひろあき）
広報担当者　　小野　久子（おの　ひさこ）
行事担当者　　中村　裕子（なかむら　ゆうこ）
電話番号　　　096-272-0054

CASE 13 山見博康の推奨3（スリー）ポイント

熊本県熊本市

Yes 01 率直素直が最も心に響く。これが1つの好例。飾らず端的な言葉や表現で断定しよう。簡潔簡素なリード部に始まり、必要事項を箇条書きにしたのも、同じく一目で理解を促進する。

02 全体を箇条書きごとに枠で囲む方法も参考にしたい。写真を見ながらの思い出話は懐かしさ一杯の想いが伝わる。問い合わせ先全員に「ルビ」は記者を間違わせない。思いやりは熊本人の本性か。

But 03 植木町は西瓜の作付面積、生産量共に全国一ゆえに、さらに世界最高ブランドへと高揚したい。毎年「第〇回」と刻み、ブランド化を促進、記念回でビッグイベントも良い。関係者や市民県民の誇りと励みにしたいところ。

CASE 14 山見博康の推奨3（スリー）ポイント

宮崎県宮崎市

Yes 01 黄色の帯に記載された英字市名に、斜めに掛けた看板「鬼のパンツとオニの洗濯」が目に飛び込むタイトル。「宮崎市しかできない」や「1000人」のキーワードが写真の位置と好均衡。

02 YouTube動画を観たが、紺碧の空と海に1000人のはち切れる躍動が映え、さらなる発展を願う市民の想いが満潮のごとく押し寄せる。それがリリースにもこだましている。

But 03 1000人に子供や老人がいれば、一連の動画制作過程そのものが物語で面白いネタになったのではないか。動画製作者や1000人の有志で、座談会などを企画してみるのも面白い。認知度向上目標とその戦略はどの程度かもほしい。

CASE 14

Miyazaki City News Release
【平成28年3月10日】

発表事項	宮崎市プロモーション動画「オニの洗濯」を公開します！ 〜青島「鬼の洗濯板」と1000人の市民エキストラの協力で、宮崎市にしかできない動画を制作しました！〜
概要	**1．動画制作の目的** 　宮崎市シティプロモーション推進事業の一環で制作しました。4月24日に予定されている東九州自動車道北九州ー宮崎間の全線開通を、宮崎市が持つ本質的な魅力や価値を発信する機会と捉え、これまでにない切り口や発想によりプロモーションすることで、宮崎市の認知度を向上させることを目的としています。 **2．動画の内容** 　宮崎市青島に広がる景勝地「鬼の洗濯板」を舞台に、心にストレスや不安を抱える1,000人の（鬼の形相の）人たちが、ストレスや不安に見立てた鬼のパンツを洗い「心を洗濯（リフレッシュ）」する様子を壮大なシーンで映像化しました。多くの人が耳慣れた歌である「鬼のパンツ」の替え歌をBGMとして使用しています。2分53秒の動画です。 　鬼の洗濯板で、実際に鬼が洗濯するというユニークな内容に加え、ドローン（小型無人飛行機）で上空から撮影した映像や、4Kカメラによるきれいな映像も見所となっています（4Kカメラによる映像は、YouTubeでご覧いただけます）。    **3．動画の公開** 　動画は3月12日（土）にYouTube宮崎市公式チャンネル上で公開します。また、東九州自動車道沿線自治体で、動画を30秒に編集したCMを放送します。 （1）シネマコンプレックス（複合映画館）：3月12日〜25日の2週間 　　ユナイテッド・シネマキャナルシティ（福岡市）、T・ジョイリバーウォーク北九州（北九州市）、TOHOシネマズアミュプラザおおいた（大分市）で、映画CMとして3館合計約2,100本を放映します。 （2）テレビ：3月12日〜18日の1週間 　　福岡県内のテレビ放送局「福岡放送（FBS）」でCMとして計21本放送します。また、県内でも「テレビ宮崎（UMK）」でCMとして計6本放送します。 **4．お願い** 　市政記者クラブの皆さまには、公開する動画を保存したDVDをサンプルとしてお渡しいたします。ぜひ、ご視聴いただきますようお願いします。ただし、<u>公開は3月12日（土）になりますので、それまでは情報の取扱いにご注意いただきますようお願いします。</u>
担当部署	課・係名：宮崎市秘書課広報広聴室　　担当者：田山地、蛯原 電話：21-1705（直通）、内線（70）2470、（70）2474　ファクス：21-1909

鹿児島市報道提供資料

- 提供日　　平成２８年５月６日（金）
- 表　題　　第２２回「錦江湾公園はなまつり」を開催します
- 取材対応者　公園緑化課　課長　鹿児島　太郎
　　　　　　　℡216-1365　（内線）3351　　東別館６階

【担当：主任　桜島　次郎　℡216-1368　（内線）3356】

第２２回「錦江湾公園はなまつり」を開催します

　本市では、広く市民の緑化意識の高揚を図り、民間緑化を推進することを目的に、「錦江湾公園はなまつり」を、平成７年度から毎年開催しています。
　はなまつり開催期間中は、公園内に植栽してあるバラ２４５種、約１３００株の花が見頃をむかえ、バラのもつ美しさや香りを楽しむことができます。
　また、会場では、花と緑の相談所、バラの育て方相談所、ハーブティー試飲コーナーなどの常設ブースのほか、散策オリエンテーリングや、どんぐりで遊ぼうコーナー、丸太切り競争など、参加型のイベントも実施します。

記

- 日　時　　平成２８年５月１４日（土）１０：００〜１６：３０
　　　　　　　　　　　　１５日（日）　９：００〜１６：００

- 場　所　　錦江湾公園（平川動物公園となり）

バラ園

どんぐりで遊ぼうコーナー

バラ園

丸太切り競争

人・まち・みどり　みんなで創る　"豊かさ"実感都市・かごしま

CASE 15 山見博康の推奨 3 ポイント

鹿児島県鹿児島市

Yes 01 22年も続く花祭は毎年イベントとして報道され素晴らしい。継続イベントには回数を入れ、記念回で意義ある催しにすれば、より大きな報道で市民や関係者に喜びと誇りを与えよう。

02 簡潔なれど適切に表現されたリード部を含み、全体を枠組みしてわかりやすい。4種の写真により市民がいかに楽しく過ごし、喜んでいるかをストレートに感じさせ「実感都市」の面目躍如。

But 03 初日10～11時に記者招待で「開会式」を開催すべき。市長や関係者列席でイベント化し、記者の取材テーマを提供するのが親切。会場地図＋多様なイベントの時間割を明記、あるいは来園数推移や目標数も入れたい。

CASE 1

報道機関各位

学校法人 追手門学院

プレスリリース No.3
2016年5月13日配信

〒567-0008 大阪府茨木市西安威2-1-15　URL: http://www.otemon.ac.jp/

追手門学院大学大幅にキャンパス拡充へ、追手門学院中・高全面移転へ
北摂に一大文教地域 創造へ

　大阪府下に大学、2つの中・高等学校、小学校、こども園を展開している学校法人 追手門学院（大阪府茨木市：理事長 川原俊明）は、株式会社東芝が茨木市の東芝大阪工場跡地において進めている「茨木スマートコミュニティプロジェクト」に参画することになりましたのでお知らせします。具体的には跡地を新キャンパス予定地として取得することを前提に4月27日に東芝側と合意書を締結しました。

　本学院は大阪府下で約130年間教育に取り組んできた伝統ある学校法人であり、本年は茨木市に大学を開設してちょうど50年の節目にあたります。この間、茨木市を含む北摂地域および大阪市内の文化・地域づくりに関する研究を積み重ねており、新キャンパスを契機に国際社会と地域に開かれた新たな文教地区の創造に寄与したいと考えています。

　新キャンパス予定地は2018年春開業予定の(仮称)ＪＲ総持寺駅から徒歩圏内にあり、本学院の大学および中・高等学校のある現キャンパスからも2ｋｍ余りしか離れていません。2つのキャンパスを連携させ新たな教育展開に取り組み、利便性ある立地を生かしてスマートコミュニティ外からも人を呼び込み、多様性のある教育・研究の実践の場としての地域創造にも取り組みます。

　新キャンパスの現段階における計画につきましては、5月29日(日)に開催する追手門学院大学創立50周年記念式典において発表します。報道関係の皆様におかれましては、ぜひ記念式典にもご出席いただき、取材くださいますようよろしくお願いいたします。

　※誠に恐縮ですが式典会場の都合上、添付の取材申し込み票に記入の上、返信ください。

■新キャンパス予定地の概要
住　　所　　大阪府茨木市太田東芝町1-6
面　　積　　64,400㎡
活用予定　　追手門学院大学の2キャンパス化による機能拡充
　　　　　　追手門学院中・高等学校の全機能の移転
開学目標　　2019年4月開学を目標

■式典概要
1．名　　　称　　追手門学院大学 創立50周年記念式典
2．日　　　時　　2016年5月29日(日)　13:30～15:30
3．会　　　場　　グランフロント大阪北館地下2階　コングレコンベンションセンター
4．主なプログラム　茨木市長挨拶、
　　　　　　　　　名誉フェロー称号授与（宮本輝氏・藤尾政弘氏）
　　　　　　　　　大学50周年記念　宮本輝氏スピーチ
　　　　　　　　　将来構想・新キャンパスコンセプト発表

この資料の配付先：大阪科学・大学記者クラブ、北摂記者クラブ等
【発行元】　追手門学院 広報課　　TEL：072-641-9590　足立・塩田

追手門学院大学
選抜型入試から育成型入試への転換
アサーティブプログラム・アサーティブ入試

参考

新キャンパス予定地関係図

青色の丸が追手門学院大学

赤色の四角部分が、新キャンパス予定地

黄色の四角部分が、(仮称) JR総持寺駅

新キャンパス予定地　現況写真

取材申し込み票

FAX　072-641-9645

追手門学院大学創立 50 周年記念式典

2016 年 5 月 29 日(日)13:30～15:30

ご 出 席 □　　　　　ご 欠 席 □

貴社名 _____

貴媒体名・部署名 _____

お名前 _____

TEL _____
E-mail

　出席いただける場合は、5 月 26 日(木)18:00 までにこの用紙に必要事項を記入の上 FAX にて返信ください。

〈お問い合わせ〉

〒567-0008 大阪府茨木市西安威 2-1-15
学校法人追手門学院　広報課
担当: 足立・塩田
電話 072-641-9590　FAX 072-641-9645
E-mail: koho@otemon.ac.jp

CASE 1

山見博康の推奨 3ポイント

追手門学院

Yes 01 一段と大きな文字で記したタイトルとそれに続く文章の内容に、歴史的な転換を図る同校の意気込みと何としても成功をとの情熱がほとばしる。それは2枚の写真の大きさにもあらわれ、力強い。

02 本文と新キャンパス概要とで字体を変え、重要部には下線を引き、太字にするなど、これは相手にアピールする文章作成に熟達したプロの仕事！ 概要を箇条書きに、まとめているのも良い。

But 03 2時間ある式典の時間割を記した方が親切。完成予想図があると構想の壮大さがよくわかる。「取材申し込み」より「出席申し込み」が正確。「欠席」欄が必要かは内容により慎重に決めよう。

CASE 2

山見博康の推奨 3ポイント

大妻女子大学

Yes 01 タイトルで伝えたいことを網羅し、本文以降、段落ごとにテーマを決めて女性らしい細やかな表現がなされている。特に、来場者や発表した学生の率直な談話が臨場感を高めている。

02 2ページ目の、担当したメンバーや会場の様子などを写した写真によって、当日の楽しく盛り上がった雰囲気を感じ取ることができる。カクテルの淡い色合いは女性の優しさに通じ心地良い。

But 03 第1段落はリード部なので、第2段落から「1．背景」「2．特徴」「3．感想」と「小見出し」をつけると一目瞭然に。特徴などを箇条書きにし、「4．今後の方針」を追記するとベスト。1ページ目に写真がほしい。

学校

2015/10/12
大妻女子大学

大妻女子大学の学生が日本酒の普及と"ご当地"の魅力を伝えるカクテルを考案

―宮田ゼミ「日本酒文化発信プロジェクト」

大妻女子大学家政学部ライフデザイン学科・宮田安彦教授のゼミ生ら12人は10月3日、東京・秋葉原で行われた日本酒イベント「地酒祭り秋の陣2015」〔主催：NPO法人FBO（料飲専門家団体連合会）、日本酒サービス研究会・酒匠研究会連合会（SSI）〕に参加した。今回は、静岡県伊豆市と福井県若狭町の食材を使った"ご当地カクテル"を考案。NPO法人FBOとSSIの全面的協力を得て、「伊豆カクテル」2種類と「若狭カクテル」2種類の計4種類を発表した。

宮田ゼミでは、若い女性への日本酒の普及を目的とする「日本酒文化発信プロジェクト」を推進している。4月5日に開催された「地酒祭り春の陣2015」では新潟県十日町の食材を。また7月に松屋銀座で行ったカクテル販売では群馬県高崎市、青森県青森市、神奈川県湘南地域の食材を使うなど、今年度は日本各地の地場産品を材料に使った"ご当地カクテル"を考案してきた。"ご当地カクテル"には、地域の生活文化を再現したいとの学生らの強い思いが込められている。

今回は、静岡県伊豆市と福井県若狭町とのコラボ。ぶどう酢を加えた伊豆の地酒あらばしりに生クリームを乗せて、ふわっとした口当たりが楽しめる「サプライ酢」と、海に沈む夕陽のロマンチックな世界をグラスいっぱいに表現した「甘夏の恋人」の2種類を「伊豆カクテル」として発表。また、地酒の若狭自慢と希少価値の高い紅映梅（べにさしうめ）を合わせた「Umany（ウメニー）」と、同じ地酒を使って梅シロップと梅の実を丸ごと1個加え、三方五湖の澄んだ水を表現した「MIKATA　五湖」の2種類を「若狭カクテル」として発表した。

会場には日本酒好きの来場者が大勢集まり、同大のブースも終始賑わいをみせていた。来場者は、実際に学生が作るカクテルを飲んでみて「口当たりがいいですね」と学生に感想を話したり、ブースに展示している伊豆市や若狭町の食材を手にとって学生にレシピを聞いたりしていた。

学生らは「短い準備期間でそれぞれの地域を理解し、カクテルにどのようなストーリーを込めるのか検討したり、それを表現するレシピを作成したりするのはとても大変でしたが、来場者にカクテルを楽しんでもらえてうれしいです」「日本各地の名産などに触れることができて、勉強になります」と話している。

（参考）
・日本酒の普及と"ご当地"の魅力を伝える　日本酒カクテル考案
　（大妻女子大学HP内関連ページ）http://www.otsuma.ac.jp/news/2015/20151008174620

（関連記事）・大妻女子大学の学生が発案した日本酒カクテルを7月1～28日まで松屋銀座で販売‥学生ら自身が解説も（2015/06/30）
http://www.u-presscenter.jp/modules/bulletin/index.php?page=article&storyid=8136

宮田ゼミの学生ら

"ご当地カクテル"各種（左から）「サブライ酢」（伊豆市）、「甘夏の恋人」（伊豆市）、「Umany」（若狭町）、「MIKATA 五湖」（若狭町）

会場の様子

▼本件に関する問い合わせ先
　大妻女子大学　広報戦略室
　東京都千代田区三番町 12
　TEL: 03-5275-6159、　FAX: 03-5275-6098

PRESS RELEASE

2015 年 12 月 09 日

報道関係各位

学校法人 学習院

学習院大学理学部物理学科の渡邉匡人教授の実験試料が 12 月 7 日に フロリダ州ケープカナベラル空軍基地から打ち上げ

2016 年春頃から国際宇宙ステーション・「きぼう」日本実験棟に
新設される静電浮遊炉を用いて宇宙実験を開始

　宇宙航空研究開発機構（JAXA）および学習院大学、大阪大学などの研究チームは、今年度から宇宙の無重力状態を利用する実験で、無重力空間に鉄鋼とスラグを浮遊させて溶かし、溶けた鉄・スラグ間の界面を直接観察する世界初のプロジェクトに挑んでいる。

　JAXA は、国際宇宙ステーション（ISS）に取り付けられた「きぼう」日本実験棟において、微小重力環境を利用し、地上では調べることが困難な物質の凝固の仕組みや流体の振る舞いなど基礎的な現象の研究をすすめている（物質・物理科学分野）。

　JAXA の「きぼう」利用テーマ募集で平成 24 年度に選定された学習院大学の宇宙実験プロジェクトは、物理学が専門で宇宙実験に詳しい学習院大学の渡邉匡人教授が研究リーダーを務め、大阪大学の田中敏宏教授（界面制御工学）、東北大学塚田隆夫教授（化学工学）と共同で宇宙実験を進めている。今回、打ち上げる試料は 2016 年春頃に静電浮遊炉を用いた最初の実験となる。ISS ではこれまで金属単体を扱う実験例はあったが、鉄鋼とスラグを試料に使うのは初めてという。

　今回の実験により、鉄鋼精錬プロセス制御に役立つ基礎データになるなど産業への還元が期待される。また、界面現象を知るだけでなく、これまで観測することのできなかった液滴の振る舞いを調べることが可能となり、浮遊技術の新たな展開にもつながると期待される。

（写真）静電浮遊炉用試料ホルダに装填した実験試料

（イラスト）実験の予想図　　（C）JAXA

学校法人 学習院

PRESS RELEASE

(参考)
■平成24年度「きぼう」利用テーマ
「静電浮遊法を用いた鉄鋼精錬プロセスの基礎研究 〜高温融体の熱物性と界面現象〜」
学習院大学　渡邉匡人

<テーマ概要>
　社会経済の発展を支える基盤素材である鉄鋼材料の製造プロセスにおいて、その精錬過程で生じるスラグ（主に鉄以外の金属酸化物）と溶けた鉄鋼が接している部分（界面）で起こる現象が、特性劣化や精錬効率の低下の原因となっている。しかし、酸化物と金属融体の界面を直接観察することや界面で発生する張力等の物性値の測定は地上では実験が困難であり、現象の基礎的理解が進んでいない。本テーマは静電浮遊炉を用いて、界面で起こる現象の理解や物性値の測定を行う実験提案である。
※JAXAホームページ「きぼう」での実験：http://iss.jaxa.jp/kiboexp/

■渡邉　匡人教授（結晶成長・結晶工学）の紹介

 企業の研究所で最先端の技術開発を手がけたキャリアをもつ。次世代の情報機器のための大口径シリコン単結晶の育成法として注目を集めるEMCZ法は渡邉教授の発明である。シリコン融液の流れを電磁気的な力で制御するという非凡な着想を実用的な技術にまで高めた成果は高く評価されている。
　現在は、結晶成長の原子レベルでのメカニズム解明を目指し、液体構造と物性の関係を明らかにするという基礎的な難問にじっくりと取り組んでいる。必要に応じて研究室を飛びだし、大型放射光施設SPring-8など外部の施設でも実験を行う。宇宙ステーションでの微小重力環境での実験も構想中という。

■本件に関する問い合わせ先■

●学校法人　学習院　総合企画部　広報課　担当：圓谷、松井、久保
　〒171-8588　東京都豊島区目白1-5-1
　TEL： 03-5992-1008　／　FAX： 03-5992-9238
　E-mail： koho-off@gakushuin.ac.jp
　HP： http://www.gakushuin.ac.jp/

●学習院大学理学部物理学科教授　渡邉匡人
　TEL: 03-3986-0221（内線 6459）　／　FAX: 03-5992-1029（理学部）

学校法人　学習院

CASE 3

山見博康の推奨 3（スリー）ポイント

学習院大学

Yes 01 日本の宇宙関連素材技術開発を促進する壮大な実験で、それを渡邉教授がリーダーとして牽引。その成功をいかに期待しているかが、熱の入った力強い文章から溢れている。

02 本文は段落に分かれ、実験試料などの写真でビジュアル化されていてわかりやすい。2ページ目にテーマの概要と教授を写真付きで紹介したのも記者の手間を省く当然準備すべきこと。さすがに万事に配慮深い。

But 03 「世界初」とタイトルで高らかに謳いたい。本文段落に小見出しを付けるとさらによい。この実験結果で広がる夢の用途や技術開発の世界を、イラストで図示すると心も記事も膨らむだろう。

CASE 4

山見博康の推奨 3（スリー）ポイント

関西国際学園

Yes 01 「ロゴ」「タイトル」「日程」それぞれが同色異形でまとめられ、美しいバランスを生み出している。キーカラーのオレンジを印象付け、接した人の心を温かく射抜く。タイトルを横切る白い箱に記された「国内12枚目」とのキーワードが、効果的に目に飛び込んでくる。

02 鉄則「段落＋小見出し＋箇条書き」をみごとに実行。色を変え、枠を使い、字体の太さを変え、異色を配するなど、「瞬時理解促進と読者への想い」が込められている。学園長の写真と略歴も◎。

But 03 2ページあれば、日本地図に現12校の所在地および今後の開校候補地を示すなど2020年までの中期計画をビジュアルで見せ、具体的な将来構想を披露することができる。園児の声もあればベスト。

CASE 4

KANSAI INTERNATIONAL SCHOOL　　　　SAKURA INTERNATIONAL SCHOOL
KANSAI INTERNATIONAL ACADEMY

関西国際学園
2016年5月25日

Press Release

報道関係各位、
文部科学記者会、大阪市政記者クラブ、神戸経済記者クラブ御中
港区役所記者クラブ　御中

株式会社関西国際学園
代表取締役　中村久美子

世界初の日英バイリンガル＋国際バカロレア認定
0才から保幼小中高一貫校
国内12校目
関東3校目開校について

　2001年設立、2015年4月に日本語と英語のバイリンガル校として世界初の国際バカロレア初等教育プログラム（PYP）認定保幼小中高一貫校である当学園は、現在、関西に9校、関東に2校を保有、0才児から日本人のためのバイリンガル教育を行っていますが、来る6月1日に文京校、千代田校に続き関東3校目となる「麻布校」を開校します。

■名称：さくらインターナショナルスクール麻布校
■住所：〒106-0031 東京都港区西麻布3-13-1 サンエス西麻布ビル1階2階
■TEL．03-3401-1139
■授業時間：8:00～18:00　（休校日：土曜日・日曜日・祝日　■定員：94名
■教育方法：外国人教師1名、バイリンガル日本人教師1名による20人迄の少人数指導

【関西国際学園の特徴】
1．日本語力 x 伝統 x 日本文化 x マナーを学び日本人としてのアイデンティティ確立を目指すバイリンガル教育
2．「カリキュラムラボ」の外国人スタッフとバイリンガル日本人スタッフが世界中の学校を訪問し、教育システムや教授法などをリサーチ。最先端の教育プログラム導入や指導法の研究開発により、独自のカリキュラムを確立。
3．日英バイリンガル教育を通して国際社会に貢献できる未来の日本のリーダーを育成。
4．0歳から高校までの保・幼・小・中・高連携一貫のイマージョン教育を実現。

【今後の方針】
　2020年迄に、関東でも10校開校を目指し、保幼小中高一貫校を推し進め、これからの国際社会で必要とされる人材、すなわち国際的な視野、感覚を理解しつつ、日本人の良さを持ち合わせた人材を育成する方針です。
　以上で、ご取材希望の方には、別途日程調整致します。
　後日、「授業観覧」及び「学園長との懇談会」を催す予定ですので、改めてご案内申し上げます。入園希望者への説明会を下記の通り開催していますので、御視察取材をお待ち致します。　　　　以上

代表取締役　学園長
中村久美子

大手電気メーカー、大手英会話スクールにて、人材育成、社員研修を行う。長男出産後、日本の学校教育は企業が欲しい人材を育てていないと自身の息子に受けさせたい教育を実現するため、2001年関西国際学園を設立。

入園希望者向け説明会日程
5/21(土)13:30～　　文京校にて
5/27(金)10:00～　　千代田校にて
6/19(日) 10:00～　　麻布校にて
6/22(水) 10:00～　　麻布校にて

【お問合先】
（株）関西国際学園　広報担当　森山綾乃
電話：06-6643-3361　　FAX：06-6643-3362
e-mail：ayano@kansai-intlschool.jp

学校

京都大学

留学生ラウンジきずな「三味線長唄教室」を開催しました。(2016 年 10 月 27 日)
2016 年 11 月 21 日　　　　　　　　　　　　　　　　　　　　　　　ニュース　大学から

　留学生ラウンジ「きずな」では、10 月のイベントとして「三味線長唄教室」を開催しました。今回は、京都市国際交流会館などで活躍されている「勘武乃の会」より三味線講師の方をお招きしました。

　まず参加者たちは「勘武乃の会」による長唄「元禄花見踊」の演奏を鑑賞し、三味線の歴史や構造についての簡単な講義を受けました。その後、三味線を演奏するチームと長唄を唄うチームに分かれて、それぞれ交代で代表的な日本の歌である「さくらさくら」の演奏方法を習いました。

　「きずな」チューターも自前の沖縄三線(サンシン)で「安里屋ユンタ」と「めんそーれ」を披露し、三味線と三線、それぞれの音色や素材の違いなどを解説しました。

　短いワークショップ時間だったにも関わらず、参加者たちは、積極的に質問をしたり、熱心に練習を行ったことにより三味線の弾き方と長唄を覚え、最後には全員で「さくらさくら」の合奏ができるようになりました。

　今回の「きずな」イベントも、日本の伝統芸能を学びながら国際交流を行えるとても素晴らしい機会となりました。

三味線の構え方を教わる様子

全員で演奏する様子

沖縄三線を披露する「きずな」チュータ

集合写真

関連リンク

CASE 5

山見博康の推奨 3(スリー)ポイント

京都大学

Yes 01 大義と志により継続するイベント！ 大学と伝統芸能とのコラボは、京都ならではの企画。日本の真の良さを適切に伝え、本来の深い意味の理解を促す「絆」の拡大発展を祈る。

02 簡潔ながら細やかな表現での状況説明に加えて、異なるシーンの写真4枚によって催しの内容や皆の表情が見えて楽しさが伝わる。実際に弾けるまで、唄えるまで徹底する情熱に高揚する。

But 03「第○回」と銘打ち続けると、伝統的催しとしての知名度と親しみを得てブランド化につながる。節目回での特別イベントはメディアの興味を惹き、関係者や留学生の励みに。参加者の談話がほしい。

CASE 6

山見博康の推奨 3(スリー)ポイント

近畿大学

Yes 01 見開けば文章と写真がバランス良く収まり1つの作品になっている。近大開発「近の鶏卵」に「金賞」と、キンの音がタイトルに響き印象が強くなっている。リード部の3つのポイントは良案なので見習おう。

02 段落を付け、太字の小見出しによってひと目で概要がわかる。2ページ目の「近の鶏卵」および「金賞健康米」開発経緯に関する解説は、それぞれ物語となって雑誌などの企画ネタに昇格の可能性あり。

But 03 開発は「卵2社＋米3社＋ソース3社＝8社」の有機的プロジェクトのため、イラストで図示し各役割を可視化すると記事が膨らむ。小見出しの中を箇条書きに！ 将来構想をより具体的に。

NEWS RELEASE

平成 28 年(2016 年)6 月 27 日

近大が開発した「近の鶏卵」・「金賞健康米」を使用！
全国農業コンクール全国大会記念オムライスを販売
大阪・中之島の「GARB weeks」で 6 月 30 日（木）から 2 日間限定

　近畿大学（大阪府東大阪市）は、6 月 30 日（木）の「第 65 回全国農業コンクール全国大会」の開催を記念して、本学が開発した「近の鶏卵」と「金賞健康米」を使用したスペシャルオムライスをピッツェリア・トラットリア・カフェ「GARB weeks」にて、6 月 30 日（木）と 7 月 1 日（金）の 2 日間、1 日限定 50 食で販売します。

【本件のポイント】
● 近畿大学が開発した「近の鶏卵」と「金賞健康米」を贅沢に使用したオムライスを販売
● 日本の農業の発展に寄与してきた全国農業コンクールに近畿大学が協賛
● スペシャルオムライスを一般の方に提供し、近畿大学の研究成果を実感してもらう

【本件の概要】
　今回、限定販売するオムライスは、本学薬学部と有限会社マシン・メンテナンス・サービス（大阪府東大阪市）が共同開発したコレステロール低減卵（通常の卵より約 20％減）「近の鶏卵」と、本学農学部と幸南食糧株式会社（大阪府松原市）および精米機メーカーの株式会社サタケ（広島県東広島市）が共同開発した「金賞健康米」を贅沢に使用した一品です。

全国農業コンクール記念オムライス 900 円（税込）

　ソースには、同コンクールに協賛しているヤンマー株式会社（大阪府大阪市）が生産者と消費者をつなぐ活動として行うヤンマー「プレミアムマルシェ」の青空市場に出店された、株式会社ワンダーファーム（福島県いわき市）のトマトを使用し、味わい深いソースに仕上げました。近畿大学は、このオムライスの販売を通じ、昭和 27 年（1952 年）から 60 年以上にわたって、日本の農業発展に寄与してきた全国農業コンクールを応援します。

■商 品 名：全国農業コンクール記念オムライス
■価　　格：900 円（税込）
■販売期間：平成 28 年（2016 年）6 月 30 日（木）、7 月 1 日（金）（1 日限定 50 食）
■販売店舗：GARB weeks（大阪市北区中之島 1-1-29 中之島公園内）
■販売時間：［ランチ］11：30～15：00（L.O.）　［ディナー］17：30～22：30（L.O.）
　　　　　　［カフェ］11：30～23：00（L.O.）
　　　　　　※ランチ・ディナータイムのみ販売、売り切れ次第終了

＜本資料配布先＞　大阪商工記者会、大阪経済記者クラブ、大阪科学・大学記者クラブ、
　　　　　　　　　文部科学記者会、東大阪市政記者クラブ

【報道機関からのお問合せ】近畿大学　広報部　担当：石崎、石井
TEL：(06)4307-3007　FAX：(06)6727-5288　E-mail：koho@kindai.ac.jp

※本件に関する画像を以下サイトでご提供します。ご自由にお使いください。
https://goo.gl/66nurK

NEWS RELEASE

平成 28 年（2016 年）6 月 27 日

【近の鶏卵】

近畿大学薬学部医療薬学科准教授の多賀淳は、有限会社マシン・メンテナンス・サービスから依頼を受け、同社の脱気水製造装置により製造される脱気水「エアレスウォーター（水中に溶け込んだ酸素等の気体を取り除いた水）」の有用性に関する研究に取り組みました。その中で、養鶏に飼育水として「エアレスウォーター」を与えたところ、鶏の血中 LDL（悪玉）コレステロールが低減されることを発見しました。さらに、その鶏が生んだ卵を 4 カ月間にわたり調査したところ、通常の飼育水を摂取した場合に比べてコレステロール値が約 20％低減されることがわかりました。

臭みが無く、あっさりとした味わいが特徴の「近の鶏卵」

そこで、この卵を「近の鶏卵」として商品化し、平成 28 年（2016 年）1 月 7 日（木）から、髙島屋大阪店にて 1 パック（6 個入）648 円（税込）で販売を開始しました。コレステロールの低さだけでなく、一般的な卵にある独特な臭いが無いあっさりとした高品質な卵として、多くの方にご好評をいただいております。

【金賞健康米】

「金賞健康米」は、近畿大学農学部応用生命化学科教授の白坂憲章を中心とするグループが、米穀卸売業の幸南食糧株式会社（大阪府松原市）および精米機メーカーの株式会社サタケ（広島県東広島市）と技術協力し開発した栄養価の高い米です。

食品分野での応用例の少ないイメージング質量分析（MALDI-IMS）という手法を用いて、栄養素がどの部分に分布しているかを明らかにしました。この研究成果と精米機メーカーである株式会社サタケの技術を合わせて、白米の精米法では取り除かれてしまう栄養成分を豊富に残したまま、白米と同様の炊き上がりとなる新しい白米の開発に成功しました。

栄養価が高い「金賞健康米」

【第 65 回全国農業コンクール全国大会】

全国農業コンクールは、卓越した経営力と栽培技術で先進的な農業を実践する農業生産者を顕彰し、その取り組みを広めることで日本の農業発展に寄与することを目的に、大阪毎日新聞創刊 70 周年記念事業として、昭和 27 年（1952 年）に創設されました。

今回は、全国農業コンクールの集大成である全国大会が大阪で開催され、全国農業コンクールとしては 65 回目の開催となります。都道府県審査を通過した全国 20 代表が集い、グランプリの毎日農業大賞や名誉賞（農林水産大臣賞）、優秀賞の獲得を競います。

■全国農業コンクール WEB ページ：http://no-kon.com/contents/page3/

【報道機関からのお問合せ】近畿大学　広報部　担当：石﨑、石井
TEL：(06)4307-3007　FAX：(06)6727-5288　E-mail：koho@kindai.ac.jp

※本件に関する画像を以下サイトでご提供します。ご自由にお使いください。
https://goo.gl/66nurK

Press Release

発信 No. 2016-16
2016年7月1日
学校法人 大正大学

大学×地域×盆踊り？！　第6回　鴨台盆踊り　開催
全国でも珍しい、学生企画・運営の盆踊り
地域イベントを学びのフィールドに

> 大正大学(学長：大塚伸夫、所在地：東京都豊島区)は、2016年7月8日(金)～9日(土)の2日間、「第6回 鴨台盆踊り」を開催します。学生、教職員だけでなく、地域の方も参加できるイベントとして実施。全国でも珍しい学生企画・運営の盆踊りイベントで、大正大学で開講する「サービスラーニング(地域をフィールドに課題解決等を行い、学びを展開する授業科目)」という授業で今回の盆踊りのプロデュースを行っています。

■戦後～1970年代まで続いたイベントを、2011年に復活
　今年で第6回目を迎える鴨台盆踊りは、戦後に始まり、大正大学を会場として実施されていました。1970年代に盆踊りは廃止されていましたが、2011年に東日本大震災の犠牲者の追悼・被災地の復興支援を掲げ、現在の盆踊りが開催されるようになりました。

■地域イベントを学びのフィールドに
　本イベントは、全国でも珍しい学生企画・運営の盆踊りイベントです。大正大学で開講している「サービスラーニング」という地域をフィールドにして課題解決等を行う授業科目の中で、盆踊りのターゲット設定からイベント内容企画、広報、会場設営などを行います。学生自ら大学職員とコンタクトを取り、備品の手配や対外的な広報の依頼などを行い、自ら行動する力、関係者との関係構築や調整力などを養います。

＜学生企画イベントの例＞
・浴衣基金
　運営側が浴衣姿の来場者1人に対し、50円を積み立て、積み立てた合計金額を熊本地震の被災地義援金とするもの。浴衣姿の来場者が増えれば増えるほど義援金が増えるほか、盆踊りもより夏らしい雰囲気が演出できる。
・#おうだい盆踊り2016 フォトコンテスト
　浴衣姿の来場者をターゲットに、大正大学らしい写真を撮り、ＳＮＳに「#おうだい盆踊り2016」のハッシュタグをつけてアップしてもらう。どの写真が最も大正大学らしさを表しているかを競う。

■巣鴨から地域人材育成
　大正大学は2016年に90周年を迎え、「スガモで育む日本の未来。」をスローガンとして、地域創生学部がスタートするなど、地域人材の育成にも力を入れています。
　大正大学の近隣地域でも、商店街の活性化といった課題があります。本イベントは大学と学生と地域を巻き込んだ、地域活性化のイベントとしても機能し、昨年は約2000人を動員した巣鴨の新たな夏の風物詩となりつつあります。

■イベント詳細
　夏のはじめは大学で踊ろう！！「第6回鴨台盆踊り」
　日　時：2016年7月8日(金)、9日(土)
　　　　　16時～　開場
　　　　　18時～　盆踊り開始
　　　　　20時　　終了予定
　会　場：大正大学 巣鴨キャンパス　※雨天決行
　主　催：大正大学
　後　援：豊島区

1/2

```
＜本件に関するお問合せ＞
大正大学 学長室    担当：上野
〒170-8470　東京都豊島区西巣鴨 3-20-1
TEL：03-5394-3025    FAX：03-5394-3068    E-mail：kikaku@mail.tais.ac.jp
```

大正大学の概要

創 立 ： 1926年4月5日（旧大学令に基づく設置認可）
所在地 ： 〒170-8470　東京都豊島区西巣鴨 3-20-1
学 長 ： 大塚伸夫
学生数 ： 学部　　4,827名
　　　　 大学院　184名　　※2016年5月1日現在
URL　 ： http://www.tais.ac.jp/
学部・学科：仏 教 学 部　仏教学科
　　　　　　人 間 学 部　社会福祉学科
　　　　　　　　　　　　 人間環境学科
　　　　　　　　　　　　 教育人間学科
　　　　　　心理社会学部　人間科学科
　　　　　　　　　　　　 臨床心理学科
　　　　　　文 学 部　人文学科
　　　　　　　　　　　 日本文学科
　　　　　　　　　　　 歴史学科
　　　　　　表 現 学 部　表現文化学科
　　　　　　地域創生学部　地域創生学科
大 学 院：仏教学研究科　仏教学専攻（博士前期・後期）
　　　　　人間学研究科　社会福祉学専攻（修士）
　　　　　　　　　　　　臨床心理学専攻（修士）
　　　　　　　　　　　　人間科学専攻（修士）
　　　　　　　　　　　　福祉・臨床心理学専攻（博士後期）
　　　　　文 学 研 究 科　宗教学専攻（博士前期・後期）
　　　　　　　　　　　　史学専攻（博士前期・後期）
　　　　　　　　　　　　国文学専攻（博士前期・後期）
　　　　　　　　　　　　比較文化専攻（博士前期・後期）
　　　　　（通信教育課程）
　　　　　地域創生研究科　地域創生専攻（修士）※設置認可申請中
建学の理念：智慧と慈悲の実践
教育ビジョン：4つの人となる（慈悲・自灯明・中道・共生）

CASE 7

山見博康の推奨 3ポイント

大正大学

Yes 01 「大学×地域×盆踊り?!」で始まるタイトルは独創的。「第6回」と回を重ねるイベントは大歓迎！ 節目で特別企画イベントを仕掛けてビッグネタに！ リード部を太枠で囲み、趣旨を明確している。

02 鉄則通り「段落＋小見出し＋箇条書き」を遵守。2ページ目の写真2枚でビジュアルを示し、また全体がみごとに整理されていて何を伝えたいのか一目瞭然の手本。理念を図示し、大学概要の詳しい紹介は効果的。

But 03 「盆踊り」をまず見せよう。写真1枚を1ページ目に配置するとバランスもベスト。初日の16時開場後、17時半から30分程度、記者を招待して儀式を行えば毎年恒例となり、記者もあらかじめ期待できるため喜ぶだろう。

CASE 8

山見博康の推奨 3ポイント

白鷗大学

Yes 01 タイトルで「17年目」という数字は貴重！ 毎回数字を積み重ねると、節目で何かイベントが可能に。話題としてネタにでき、関係者を喜ばせ継続の誇りが芽生える。これこそ広報の奥義。

02 同サービスの趣旨・目的は新学期に入る学生や新入生にとって優しい措置であり、他にも同様の施策が見出せるだろう。グローバル人材育成を目指す校風がこのような形で具現化している。

But 03 冒頭で、4月11日から28日まで毎年同サービス実施とあるが、続けて1999年11月からとあり明確でない。誤解をなくし、記者を間違わせない広報が最上！ 常に確認する姿勢を大切に！

報道関係者各位

2016/4/6

4月11〜28日まで17年目となる「朝食無料サービス」を実施
新入生らの規則正しい生活をサポート

　白鷗大学（栃木県小山市／学長：奥島孝康）は、授業開始日に合わせ4月11日（月）から28日（木）まで毎年恒例の「朝食無料サービス」を実施する。これは、学生らに規則正しい生活習慣を身につけて、生活サイクルを朝型に変えてもらうことを目的に1999年11月から行っているもの。期間終了後の5月6日（金）からは、年間を通して1食100円で提供する。

4月から一人暮らしを始めた新入生は、特に朝の食事が不規則になりがちである。そこで白鷗大学では、より多くの学生に活動的・意欲的に一日を過ごしてもらいたいと、1999年11月から「朝食無料サービス」を毎年続けている。
　なお、昨年9月の豪雨被害以来休業していた本キャンパス内の学食は、リニューアルが完了。4月11日より本格的な営業を開始する。

◆朝食無料サービス概要
【実施期間】4月11日（月）〜28日（木）
【時　間】8:00〜9:00
【場　所】
　・シェモア（本キャンパス2号館）
　・シーガル（東キャンパス）
【対　象】白鷗大学在学生
【メニュー】和洋の日替わり定食

▼本件に関する問い合わせ先
白鷗大学　経営企画部　広報課
〒323-8585　栃木県小山市大行寺1117
TEL：0285-26-2517（直通）
FAX：0285-22-0800

リニューアルし、学生で賑わう学生食堂「シェモア」

ニュースリリース

2015年10月13日

学校法人法政大学

デザイン工学部大島研究室の女子学生が「女子目線」で開発
取っ手にかけるだけのキャビネットストッパー
「OTTO（オットー）」を販売開始

学校法人法政大学（東京都千代田区／総長：田中優子）デザイン工学部システムデザイン学科大島礼治教授研究室の学生が、このたび食器棚等の取っ手にかけるだけの簡単なキャビネットストッパー「OTTO（オットー）」を企画・開発し、株式会社セイムトゥー（東京都千代田区／代表取締役：加藤勇二）を通じて販売を開始いたしました。

「OTTO」は食器棚等の取っ手にかけるだけで、収納されている食器等が飛散することを防げる簡単なキャビネットストッパーです。女子学生3人による女性ならではの視点が商品に多く反映されているのが特徴で、防災グッズとしてだけでなく、普段からインテリアとしても楽しめるよう、バラの花束をかたどったデザインを採用。また素材はナイロンの外部と高純度シリコンの二重構造で、割れにくく滑りにくいだけでなく、誤って口に入れても安全な素材を使用しているため、小さな子どものいる家庭でも安心して使用できます。

「OTTO」使用イメージ

2011年の東日本大震災の際に、奥原奏実さん（デザイン工学部システムデザイン学科4年）が地震の強い揺れにより自宅で食器棚の扉が開き食器が飛び散ってしまうという経験をしました。その後、水上絢菜さん（同4年）・大澤香織さん（同4年）と3人でその経験を話していたときに、女性でも簡単に使える防災グッズの制作を思い立ち、大学1年生だった2012年の冬に全くゼロの段階から開発をスタート。約100パターンのデザインから機能性や安全性、そしてさまざまな寸法の戸棚に使用できる汎用性を備えた形状と材質のほか、防災グッズ売り場で目立つようなパッケージデザインを大島礼治教授のアドバイスを受けながら検討し、およそ2年間の試行錯誤を繰り返してこのたび商品化を実現させました。

「OTTO」を開発した（左から）水上さん、奥原さん、大澤さん

また商品名の「OTTO」は、取っ手に本商品を掛けた形状が似ていること、地震の揺れに「おっと！」と驚く状況にあっても女性が安心できるようにと願いを込め、「女性」や「安心」にまつわる単語を集めた中から選定しました。

試行錯誤を重ねた試作品の一部

※商品についての詳細は別紙資料をご覧ください。

＜この件に関するお問い合わせ先＞
法政大学 総長室広報課 吉田・二関（にのせき）
E-mail: koho@hosei.ac.jp Tel: 03-3264-9240

法政大学

【別紙資料】

【オットー】
食器棚の取っ手にかけるだけで扉をがっちりと固定します。手間要らずで万が一のときに、あなたとあなたの食器をお守りします。備えあれば憂なし。どうせ備えるならカワイイのがいいですよね。

COLORS
女性らしいバラの花束に合う3色を展開。

使用方法
お使いの食器棚の取っ手にかけるだけ。
丸型取っ手と縦型取っ手にも使用できます。

「OTTO」製品概要

商品名：OTTO（オットー）
サイズ：縦128mm×横126mm×厚さ6mm 重さ62g
内　容：心材：ナイロン・ガラス繊維混合材
　　　　コーティング：シリコン
価　格：2,759円（税別）※赤・白・緑の3色セット
概　要：食器棚等キャビネットの取っ手にかけるだけで、地震などで扉が開くことを防げるキャビネットストッパー。開発した女子学生3人の「女子目線」のこだわりで、防災用品の機能性だけでなくインテリアとしても楽しめるデザインを追究した。
販　売：東急ハンズ新宿店（東京都新宿区）・池袋店（東京都豊島区）・大宮店（埼玉県さいたま市）にて9月1日より販売中。
企画・開発：法政大学デザイン工学部大島研究室
製造・販売：株式会社セイムトゥー（東京都千代田区永田町二丁目4番3号　永田町ビル5階）
　　　　　　代表取締役：加藤勇二
指導教員：法政大学デザイン工学部システムデザイン学科　大島礼治教授
　　　　　東京芝浦電気株式会社（現東芝）にて、家庭電気製品・産業機器等のデザイン従事した後、多摩美術大学デザイン助教授などを経て、2004年より法政大学教授。専門は社会システムデザイン、コンセプトデザイン、インダストリアルデザイン。

対応寸法範囲

＜この件に関するお問い合わせ先＞
法政大学　総長室広報課　吉田・二関（にのせき）
E-mail: koho@hosei.ac.jp Tel: 03-3264-9240

山見博康の推奨 3ポイント

法政大学

Yes 01 見開きを見ると、大学のロゴから黒い四角枠のタイトルに下り、3枚のカラフルな写真と文章、右ページはイラストあり写真あり枠ありで、形・色とも実に好バランスのアート作品に映る。

02 「OTTO」の命名秘話に感動。2ページ目の商品概要の箇条書きは、詳しくかつ簡潔で一目瞭然。色の種類や使用方法のイラストの描き方などに、現代美術のような佳麗さがあり心を打つ。

But 03 1ページ目の各段落に小見出しを加え、説明を箇条書きにする思いやりを学べばより洗練されるだろう。製作工程のイラスト化は良い。指導教授や開発者3人の略歴で苦労話や今後の展望も聞きたい。

山見博康の推奨 3ポイント

明治大学

Yes 01 タイトル全体を太い黒枠で囲んで目立たせると共に、中央のメインタイトルのみ女性らしくピンクの文字に！ そのすぐ下に実際に支援活動中の写真2枚で全貌がほぼビジュアルで把握できるのは秀逸。

02 少ない余白を活用して「第3期受講生募集中！」とピンクの円で甘く誘い、その特徴や日程の一部はピンクの枠で可愛く誘う床しさが受講の気持ちを後押しするのは、ごく自然な流れだろう。

But 03 リード部以下の本文に段落も小見出しもない。「目的」「概要」などを小見出しにすれば、見てすぐ内容がわかるように。さらに「今後の方針」も追記すればベスト。65人の進路を分類した円グラフは興味津々！

Press Release

報道関係各位 ※このリリースは複数の部署にお送りしています。　2016年1月22日

仕事復帰・キャリアアップを支援
女性のためのスマートキャリアプログラム
4月開講の3期生を募集、修了者には「履修証明書」を発行

女性の仕事復帰・キャリアアップを支援する明治大学の履修証明[*1]ビジネスプログラム「女性ためのスマートキャリアプログラム」第3期が2016年4月に開講します。現在、プログラム概要説明・個別相談会を開催中です[*2]。

このプログラムは、結婚、出産、育児等で離職して家庭に入った女性が、仕事復帰をしてもう一度社会に踏み出すきっかけになることを目的としたもので、文部科学省「職業実践力育成プログラム」（BP）にも認定されています。受講生は約半年間、マーケティングや財務等ビジネスの現場で役立つ科目について学びを深めます。講師は、企業での経営指導やコンサルティング経験豊かな大学教授陣や企業の実務家らで、修了時には大学から学習実績を証明する「履修証明書」が発行されます。また、履修生は個別のキャリアカウンセリングや採用企業合同セミナー参加などの就職支援も受けることができます。

昨年春の開講以来、同プログラムには65人の主婦らが参加。修了後に再就職・キャリアアップを実現し、新たなステージで活躍する履修生も増えており、着実に成果が出始めています。

*1 社会人向けに体系的な学習機会を提供し、その修了者に対して法に基づく履修証明書を交付する文科省が推奨する制度。履歴書やジョブカードの学習歴・訓練歴の欄に履修証明書の取得を記載することができる。
*2 相談会は、駿河台キャンパスにて <u>1/27（水）・2/6（土）・2/20（土）・2/24（水）</u> の午前・午後各1回ずつ開催。事前予約制。詳細はHP： https://academy.meiji.jp/smartcareer/ で。

★ プログラムの特徴 ★
① 履修証明書の交付　　② 半年間の短期集中ビジネスプログラム
③ 生活スタイルに合わせて選べる「昼間コース」「夜間・土曜日主コース」の2コース設計
④ 新たなネットワーク、知の交流の場を提供　⑤ 充実した就職支援体制　⑥ 大学図書館の利用

◆ 定員：40名（昼間）・20名（夜間・土曜主コース）
◆ 出願期間：1月27日（水）～3月8日（火）　◆ 入校試験（面接）：3月12日（土）～18日（金）
◆ 入校式：4月9日（土）　◆ 修了式：9月24日（土）

第3期受講生募集中！

CASE 1

Press Information

2016年3月24日
特定非営利活動法人映像産業振興機構

若手から幹部候補の社員まで幅広く、ビジネスにつながる実践的な"スキル"と"人脈"を構築
エンタメ・コンテンツ業界に特化した人材育成事業「VIPOアカデミー」
2016年春期3コース、受講生募集スタート

特定非営利活動法人映像産業振興機構(略称:VIPO、理事長:松谷孝征、東京都中央区)は、日本のエンターテインメント・コンテンツ業界の発展を目的とする人材育成事業「VIPOアカデミー」において、2016年4月以降の開講に向け、第4期目となる「コーポレートリーダー育成コース」と、第2期となる「プロジェクトリーダー育成コース」・「若手社員向けベーシックコース」の受講生の募集を開始いたします。

日本のコンテンツ業界の国内市場が縮小傾向にある昨今、海外展開の必要性や消費者ニーズの多様化に伴い、映画・放送・ゲーム・音楽・キャラクターといった従来のジャンルの枠にとらわれない展開をスピーディに生み出すスキルとネットワークが求められています。このような環境を踏まえ、VIPO は 2015 年度よりエンターテインメント・コンテンツ業界に特化した独自の人材育成事業「VIPOアカデミー」を開始し、受講生がジャンルを超えて学びあい、高めあう場を創出することで、コンテンツ業界のさらなる発展を支援しています。

■ コーポレートリーダー育成コース 第4期 (2016年4月開講)
  ❖ 課長クラス以上のプロジェクトリーダーから経営幹部へと進化していくきっかけを提供。
  ❖ 経営者の視点、経営幹部としての実践的なスキルやリーダーシップを育成する講義を通じ、既存のビジネスを超えた他社とのコラボレーションや事業全体をマネジメントできる経営幹部人材の育成を目指します。

■ プロジェクトリーダー育成コース 第2期 (2016年4月開講)
  ❖ プロジェクトリーダーになるために必要なビジネススキルを身につけるトレーニングの場を提供。
  ❖ 仕事のクオリティとスピードを両立させ、周囲を巻き込んでプロジェクトを成功に導くリーダーを育成します。

■ 若手社員向けベーシックコース 第2期 (2016年5月開講)
  ❖ 若手社員が最新のコンテンツ業界動向・展望と事例を学ぶ場を提供。
  ❖ 業界に関連する9ジャンルのビジネスの理解を深め、業界の成功パターン等を学び、レベルアップを図ります。

≪受講生の声≫

「他ジャンルとの人脈が広がり、知見も深まる。また業界トップの講演や、経営に関するセッションを通し知識も広がる。」
— コーポレートリーダー育成コース

「志の高い人と共に学ぶことで、自分の仕事に対するモチベーションが変わり、考える習慣が身についた。」
— プロジェクトリーダー育成コース

「業界的に"何となく仕事が進む"傾向がある中、研修が少ない業界なのでこの機会に知っておくと差がつくと思う。」
— プロジェクトリーダー育成コース

プロジェクトリーダー育成コース 受講風景

≪本件に関するお問い合わせ先≫
報道機関向け:特定非営利活動法人映像産業振興機構 広報担当 / 一般の方向け:VIPOアカデミー事務局
TEL: 03-3543-7531、e-mail: ●●@vipo.or.jp

≪「VIPO アカデミー」各コース概要≫

Ⅰ．コーポレートリーダー育成コース　第 4 期

- 【対象者】　コンテンツ業界のミドルリーダー（課長クラス以上、35 歳～45 歳前後）
- 【日程】　2016 年 4 月 21 日（木）～7 月 21 日（木）＜全 11 日、52.5 時間（3.5 時間×15 コマ）＞
- 【プログラム】　4 つのプログラムを統合し、VIPO が開発したオリジナルプログラム
  ① マネジメント・プログラム（協力:産業能率大学　総合研究所）
  ② リーダーシップ・プログラム（協力:デール・カーネギー・トレーニング・ジャパン）
  ③ コンテンツ業界経営者の講演とグループディスカッション
  ④ ビジネスプランニングとプレゼンテーション
- 【会場】　特定非営利活動法人映像産業振興機構（VIPO）
- 【申込方法】　VIPO ウェブサイト（http://www.vipo.or.jp）より
- 【申込期限】　2016 年 4 月 15 日（金）

Ⅱ．プロジェクトリーダー育成コース　第 2 期

- 【対象者】　コンテンツ業界のヤングリーダー（25 歳～35 歳前後）
- 【日程】　2016 年 4 月 26 日（火）～7 月 19 日（火）＜全 8 日、42 時間（3.5 時間×12 コマ）＞
- 【プログラム】　コンテンツ業界のヤングリーダーに必要なスキル習得を目的とした VIPO オリジナルプログラム
  ① 企画力強化：ロジカルシンキング、発想力
  ② 推進力強化：プロジェクトマネジメント、リーダーシップ、プレゼンテーション
  ③ 現在活躍中のプロジェクトリーダー（プロデューサー）による講演会
  ④ 目標設定と成果プレゼンテーション
- 【会場】　特定非営利活動法人映像産業振興機構（VIPO）
- 【申込方法】　VIPO ウェブサイト（http://www.vipo.or.jp）より
- 【申込期限】　2016 年 4 月 15 日（金）

Ⅲ．若手社員向けベーシックコース　第 2 期

- 【対象者】　入社 5 年目くらいまでのコンテンツ業界の若手社員
- 【日程】　2016 年 5 月 18 日（水）～7 月 13 日（水）＜毎週水曜 17:00～20:30、全 9 回＞
- 【プログラム】　1 ジャンルを 1 日ずつ学ぶ、若手社員を対象としたオリジナルプログラム
  （映画／テレビ／アニメ／音楽／ゲーム／出版／キャラクター／インターネット／海外）
  ① マーケット分析：業界各ジャンルの市場や展望および課題、ビジネスモデルなど解説
  ② 事例紹介：社名や作品名を挙げて、具体的な事例や取り組みの背景を解説
  ③ グループワーク
- 【会場】　特定非営利活動法人映像産業振興機構（VIPO）
- 【申込方法】　VIPO ウェブサイト（http://www.vipo.or.jp）より
- 【申込期限】　2016 年 5 月 13 日（金）

■ 特定非営利活動法人映像産業振興機構（略称：VIPO）とは

VIPO は、日本のコンテンツ産業を国際競争力あるものとし、さらには日本経済の活性化に寄与することを目的に、2004 年に設立された組織です。＜人材育成＞と＜市場開拓＞を柱に、業界のジャンルを越えたネットワーキングや人材育成、国内外の市場開拓・整備等を行っています。

CASE 1

山見博康の推奨 3(スリー)ポイント

特定非営利活動法人映像産業振興機構

 01 コンテンツ業界全体を支援する機構らしく、2枚のスペースを最大限活用し全貌を伝えたい意図と意志に迫力がある。小見出し＆箇条書きに下線で強調、端正で歯切れの良い音楽のごとし。

02 受講風景の写真は臨場感があり、生の雰囲気が伝えられるのでもっと入れても面白い。「受講生の声」も様々な異なった観点からの刺激的な感想なので、望ましい情報として尊重できる。

 03 過去の応募者や受講者の人数推移がグラフでビジュアルにわかると興味を惹く。受講者の性別、年齢層、出身ジャンル別人数などの円グラフも一案。主要講師の写真＆略歴、一言で親しみを込めるのもよい。

CASE 2

山見博康の推奨 3(スリー)ポイント

エフコープ生活協同組合

Yes 01 赤と緑のリンゴロゴと二本線から大枠の中に独特の太字。それもそのはず「名は体を表す」と、ど真ん中にお目当てロールの写真があり、実に美味しそう。そう思わせたので成功！

02 見開けば優々たる絵画作品のごとし。赤緑＝情熱とエコを表わす色に、やや控えめの色や写真の大小、見せたい角度等々、多彩な枠や字体を駆使した美的感覚の鋭さがあり、楽しそうな姿が印象的。

But 03 大山乳業とのコラボを図示し、これに応募組合員の役割を入れると興味の多様性が高まる。なぜ実現したかのサイドストーリーや関係者のコメントも魅力的なので、ほしいところ。

報道関係 各位

2016年9月27日(火)
エフコープ生活協同組合

~エフコープ組合員と大山乳業農業協同組合が一緒につくった、さわやかスイーツ~

「白バラ よーぐるとロール」
10月より新発売!

エフコープでは現在、組合員とお取引先がともにすすめる商品づくりに取り組んでいます。
今回、スイーツ大好きっ!の組合員と鳥取県にある「**大山乳業農業協同組合**」(以下大山乳業)が**タッグ**を組んで、**新しいおいしさが誕生しました!**その名も『**白バラ よーぐるとロール**』10月中旬より販売します。

ぜひ、貴社にてご取材いただき、商品紹介などいただければ幸いです。

■商品概要

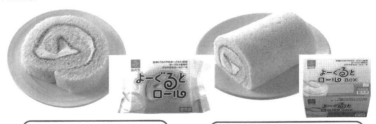

★大山乳業(冷蔵)
白バラ よーぐるとロール
1個　　税込140円

★大山乳業(冷凍)
白バラ よーぐるとロールBOX
152g(1個)　　税込496円

生地に大山乳業のヨーグルトを加えて、風味よく焼き上げた真っ白なスポンジ。生クリームを使ったホイップクリームにも、ヨーグルトを入れてさわやかに仕上げました。
ふんわりもっちりスポンジに、なめらかなクリームがとろ~り!甘さ控えめなのでさっぱりと、大人でも子どもでもおいしく食べられます。

⇒ 2枚目にとりくみの経過をご紹介。

≪この件に関するお問い合わせ≫　エフコープ広報部(TEL)092-947-9010
担当　●●／(携帯)080-●●●●-●●●●
エフコープ生活協同組合(概要)　　ホームページ：http://www.fcoop.or.jp/
【本部】〒811-2495　福岡県糟屋郡篠栗町大字篠栗 4826-1　【電話(代表)】092-947-9000
【理事長】菊谷 宗徳　【組合員数(2015年度末)】473,915名　【出資金(2015年度末)】197.75億円
【設立】1983年(昭和58年) 4月1日　【事業】共同購入・店舗・福祉・葬祭・共済/保険・住宅・夕食宅配

報道関係 各位

くらしを笑顔に
FCO·OP

2016年9月27日(火)
エフコープ生活協同組合

⇨ **白バラ よーぐるとロール** の続きです。

■みんなに愛されるケーキに！商品ができるまでのとりくみをご紹介。

4月から商品づくりをスタートし、意見交換や試食を繰り返しながら、「もっちり感」が楽しめるおいしいロールケーキを完成させました。

4月〜始まりは今年の4月。
大山乳業と、応募で集まった組合員が顔を合わせ種類を決めるところからスタートしました！

5月〜意見を出し合い決定したロールケーキ。
チョコレート味やあずき入りの和風味、
りんご風味など試作しました。
その中でも「さっぱりしておい
しい」と一番人気だった
ヨーグルト風味に決定！！

6月7月〜名前もパッケージも自分たちで。
「ヨーグルト風味のロールケーキ」。その特徴がわかりやすいように細かな部分まで話し合いを重ねました。

■購入について

・エフコープ共同購入：10月③週カタログ内チラシより毎月1回企画予定。
・エフコープ店舗：『よーぐるとロール（冷蔵）』を10月17日より全店で販売。

≪この件に関するお問い合わせ≫　エフコープ広報部(TEL)092-947-9010
担当　●●／(携帯)080-●●●●-●●●●
エフコープ生活協同組合（概要）　　ホームページ：http://www.fcoop.or.jp/

【本部】〒811-2495　福岡県糟屋郡篠栗町大字篠栗4826-1　【電話(代表)】092-947-9000
【理事長】菊谷 宗徳　【組合員数(2015年度末)】473,915名　【出資金(2015年度末)】197.75億円
【設立】1983年(昭和58年)4月1日　【事業】共同購入・店舗・福祉・葬祭・共済/保険・住宅・夕食宅配

報道関係者各位

Press Release

2016年3月吉日
一般社団法人企業価値協会

『「価値」で選ばれる経営』
10社の事例に学ぶ!!「企業価値」の見つけ方・創り方

一般社団法人企業価値協会代表理事　武井則夫　編著

当協会はこの程、代表理事武井則夫編著の表記書籍を上梓致しました。
■出版社：PHP研究所　■形式：並製、B5判256頁、単価1500円（税別）

　当協会は2012年中堅中小企業が持つ「お客様や社会に強く必要とされる素晴らしい特徴的価値」の①発見、②広報、③進化により永続的繁栄を支援し、日本経済の活性化を目的として第三者として特徴的価値を認定する機関で年2回認定式を開催。67社認定。次回は来る7月7日（金）開催予定。
　本書はその中から10社を選び、経営者の創業の志や歴史、そして特徴的価値の本質を詳らかにして、日本の中小企業経営の指針になればとの想いです。書評等にて広くご紹介頂ければ有難く存じます。

目　次

序　章　人の心を惹きつける魅力
第1章　地域の暮らしを変える！　開店前に行列のできるスーパー　（株）エブリイホーミイホールディングス（広島）
第2章　「人づくり」「暮らし造り」、そして『幸せづくり』の先にあるもの　進和建設工業（株）（大阪）
第3章　「中量生産主義」で独自路線を貫く、強い会社になる　（株）ベティスミス（岡山）
第4章　無謀なことを生真面目に、2020年・創業50年に世界企業になる　（株）永島製作所（石川）
第5章　「交通安全教室」が事業の柱になっている自動車学校　（株）安城自動車学校（愛知）
第6章　「組織開発」で生き抜く中小企業に！　100年企業を目指す！！　（株）西尾硝子鏡工業所（東京）
第7章　基礎会社として日本制覇を　（株）三浦基礎（神奈川）
第8章　「お客様利益主導」主義の（ウエストン流ビジネスモデル）　日本ウエストン（株）（岐阜）
第9章　世界展開で（ビッグなニッチ）を実現する！！　ブリット（株）（愛知）
第10章　「絶体絶命」でも社員の心を変え、組織を開発する　石坂産業（株）（埼玉）

【お読みいただきたい方々】

●経営者　●起業家　●一般ビジネス人　●就活中の学生

≪著者略歴≫　(一社) 企業価値協会代表理事。（株）リアルM代表取締役
70年東京生れ。早大大学院商学研究科修了後、三菱レイヨン入社。その後オーナー企業の経営指導機関日本経営合理化協会にて多くの一流コンサルタントをプロデュース。自身もコンサルティングを通じて数千人のオーナー経営者と交流。2009年「社長の実務」と仕掛けるマーケティング」を指導する（株）リアルM設立。2012年 (一社) 企業価値協会設立。著書：『選ばれる理由』、共著：『社長学全集　事業発展計画の作り方』

お問合せ先　　(一社) 企業価値協会　広報担当　篠崎匠
〒107-0062 東京都港区南青山6-2-10-5F　TEL:03-6427-2740　FAX:03-6427-2741
メール：info@valueprize.jp　　http://www.valueprize.jp

CASE 3

山見博康の推奨 3(スリー) ポイント ― 一般社団法人企業価値協会

Yes 01 真っ黒の背景に白や黄の文字は目立つ。本書の場合、法人名にもなっている「価値」という言葉に特別な意味と意義を持たせているので、黄色で強調したのは極めて目を引いて良好、心に響く。

02 まず「紹介したい我が子」である著書をタイトルの右横に高く掲げたのは、一目で印象付けるインパクトがある。目次そのものが特長で、「赤字」で企業名を紹介したのは効果的。

But 03 本書を効果的に読む際の推奨ポイントを、2～3箇条書きで上げるとよりわかりやすい。著者自身のこの著書に懸ける気持ちや狙いを、メッセージとして表現するとさらに本書の価値が伝わる。

CASE 4

一般社団法人グローバル・リーダーシップ・コーチング協会 ― **山見博康の推奨 3(スリー) ポイント**

Yes 01 世界トップ600との数字が効いている。最初にアピールしてタイトルを大枠で囲み、セミナーへ招待。薄いカラーの枠内にセミナー概要を含めた必要事項をビジュアルで網羅し、書籍紹介しているのも良い。

02 博士の写真と論点をきちんと開陳しているのはわかりやすい。申込書は出席のみ連絡要にして、「欠席通知不要」というのは手本とすべし。連絡方法も何でも良いばかりか「予約なくてもどうぞ！」と徹底して相手都合優先は好感が持てる。

But 03 【今後の方針】でこれからのグローバルリーダー育成への使命感と情熱を抱き、それを遂行する決意を表明しているが、できれば具体的な目標数字があれば、なお決意の強さが際立つ。

News Release

1/2

2015年8月31日

報道関係各位
経済産業記者会　御中

一般社団法人グローバルリーダーシップコーチング協会
代表理事　藤井義彦

世界トップ600 ベストスピーカー：ジム・バグノーラ博士
「来日記念講演＆リーダー交流会」へのご招待
日時：2015年9月19日（土）14:00～17:00
場所：ホテルモントレ半蔵門

　「グローバルな地球社会で活躍できるリーダーを育成することで、日本をイノベートし、個人がもっと輝く社会を実現する」を理念と掲げる当協会は、下記の通り、世界で活躍するジム・バグノーラ博士をお招きして、パネルディスカッション・記念講演及びリーダー交流会を開催致します。
　つきましては、ご多忙のところとは存じますが、是非お越し頂きたくご招待申しあげます。

■ 日時：2015年9月19日（土）13:30受付開始
　14時～17時　ネクストリーダーズフォーラム
　17時30分より同会場でリーダー交流会を実施
■ 場所：ホテルモントレ半蔵門「瑠璃」　電話：03-3556-7111
　　　（地下鉄半蔵門駅5番出口より徒歩1分）
■ セミナーの概要
　パネルディスカッション／ジム・バグノーラ博士来日記念講演
　講演テーマ「地球を舞台に自らを活かして活躍する、これからのリーダーの生き方のスタンダード。」
　（添付：GLCネクストリーダーズフォーラム2015　パンフレット参照）
■ ジム・バグノーラ氏の論点
変化は常に"今"この瞬間に起こる。ストレスに満ちた職場では最高のパフォーマンスは生まれない。思考の逆転で心と体の健康を取り戻し、自分の能力に目覚めよう。「心、体、仕事をいかに輝かせるか。」の7つのレッスンと共に「リーダーはPhB（Professional human Being）を目指そう」と説く。

【今後の方針】
　　GLCは、イノベーションリーダー養成講座や研修を通じて、自分を活かし、社会をイノベートするリーダー育成に努めていきます。

【FAX：03-5413-3027】【電話：03-5413-3026】

【 mail: info@gl-coaching.com】

≪GLC ネクストリーダーズフォーラム 2015 参加申込書≫
日時：2015 年 9 月 19 日（土）14:00～19:30

場所：ホテルモントレ半蔵門「瑠璃」

ご希望の □ にチェック	□ 14:00 から GLC ネクストリーダーズフォーラム □ 17:30 から リーダー交流会		
貴社名 貴媒体名			
部署・役職名			
御芳名		（ ほか　　名 ）	
電話 （携帯電話）		FAX	
E－mail （宜しければ）			
個別取材 ご要望等	□事前インタビュー希望 □その他ご要望		

お申し込みありがとうございました。
お申込みなくても、当日ご都合宜しければ、短時間でもお越し下さい。

【一般社団法人グローバルリーダーシップコーチング協会（GLC）概要】
設立：2011 年　　　　　http://www.gl-coaching.com
業務内容：リーダー人材育成事業　経営者及びそれに準ずる方のエグゼクティブコーチング事業

【お問合せ、お申込み先】
GLC：広報担当：藤井義彦　古澤慎之介
〒106-0032 東京都港区六本木 4-5-3　六本木 453 ビル 2F
TEL：03-5413-3026 FAX：03-5413-3027　E-Mail：info@gl-coaching.com

報道資料・関係者様各位
２０１６年３月２２日(火)

相模相撲相模原場所・新弟子募集のお知らせ
～ 相模の中心で "相撲" を叫ぶ ～

主催：（公社）相模原青年会議所

　人口72万人のビッグシティとなった相模原市は、ここ数年におけるシティセールスの推進にも関わらず、知名度上昇という点において政令市ランキングは下から数えて2番目（つまりブービー）という悲惨たる実情です。　さらには車の「相模ナンバー」は「すもうナンバー」と言われるだけでなく、"相撲"原市だと呼び間違われてしまう悩ましい現状。　それならば、いっそのこと「相撲のまち」としてアピールしようという発想から、「相模相撲相模原場所」という名の事業を企画し、相模相撲という新しい競技を創りだし、【相撲業界初＝世界初】となる紙相撲大会を開催する運びとなりました。

相模相撲→旧来からある紙相撲に団体戦（3人一組）の要素を取り入れた子供でも楽しめるゲーム

　大会つまり「相模相撲相模場所」開催に先立ち、出場メンバーの募集（※新弟子審査）を開始します。「我こそは！」と思われる方は、3月24日以降、相模原青年会議所のホームページに掲載する出場申込書に記入して3月中に事前エントリーを頂き、4月2日 PM1～3時の間に、さくら祭りJCブースまで直接来場し新弟子審査を受けて頂きます。　エントリー条件は相模原と紙相撲に愛を持つグループ（3人一組）であること。<新弟子審査内容は当日告知>　たくさん皆様の応募をお待ちしております。

　本事業は相模原市における最大規模のお祭りである"相模原市民さくら祭り"（一昨年の同まつりでは2日間来場者数は延べ46万人以上）内にて行われます。　＜相模原市中央区にて開催＞
　　　マスコミ関係者の皆様には、ぜひ当日取材して頂けますようお願い致します。

※公益社団法人相模原青年会議所とは「明るい豊かな社会」の実現を目指して、20歳から40歳までの青年経済人によって組織される"まちづくり"と"ひとづくり"の団体です。2011年に公益社団法人格を取得し現在の会員は約200名。　今年のスローガンは相愛～「まちはもっと楽しくなる」をデザインしよう～を掲げて、相模原の未来を考える多くの仲間と一緒に学び、楽しみ、そして自己成長していく様々な活動に取り組んでおり、今年は設立51周年を迎えます。　詳しくはHPをご参照ください。　→ http://www.sagamihara-jc.com/

大会開催日時：2016年4月3日（日）13:00-14:00 (※予定)
同時開催：超巨大紙相撲の土俵入り

会場：相模原市役所通り（中央通り）神奈川県相模原市中央区中央2丁目付近

サガミスモウプロジェクトTEAM・事業についてのお問合せ先 《担当者連絡先》
〒252-0239 神奈川県相模原市中央区 3-12-3（商工会館内）

CASE 5

山見博康の推奨 3 ポイント

公益社団法人相模原青年会議所

Yes 01 まず相模の中心で「相撲」を叫ぶというキャッチに、このリリースのセンスが凝縮されている。知名度アップへの熱い願いと使命感が、リード部のみならず各文章にみなぎっている。

02 上の紙相撲に加え、下にも大文字で「超巨大紙相撲の土俵入り」と2大イベントを掲げている。左下のイラスト図と相まって、シンプルな中にも味のある雰囲気が、祭を盛り上げる源になっている。

But 03 タイトルで遠慮なく「世界初」を謳おう。「相模相撲」の仕組みを土俵で対戦している力士のイラストで説明してほしい。また段落に「小見出し」をつけると一挙に見やすくなる。

CASE 6

山見博康の推奨 3 ポイント

JAあいち知多（あいち知多農業協同組合）

Yes 01 爽やかなブルーを基調にしたロゴにハートが目を引き、葉っぱ色で囲んだタイトルに想いを載せた印象。いかに他より甘いかとの秘訣を、3つ理論的にまとめていて、ますます美味しく感じられる。

02 「みはまっこ概要」をオレンジ色で囲み箇条書きで簡潔に説明し、収穫時と出荷準備の写真でビジュアルに表現しているのは良い見本。写真の2人の表情に、誇りと使命感を感じる。

But 03 「出荷スタート」を毎年式典化するのも一案。主要顧客などをゲストに、組合幹部や「ミスみはまっこ」達が出迎え、初荷を鼓笛隊が送り出すといったイベントも組み合わせた企画などにすると広がりが出る。

NEWS RELEASE 　　　ＪＡあいち知多
　　　　　　　　　　　　　　　　　　　　平成２８年６月　９日

知多半島が誇るブランドみかん
超濃厚な甘み「みはまっこ」の出荷がスタート！

　ＪＡあいち知多（常滑市／組合長：前田隆）のハウスみかん部会が栽培するブランドみかん「みはまっこ」の出荷が６月１３日（月）から美浜町内でスタートします。「みはまっこ」は平均糖度１３度以上と、全国トップクラスの高糖度で、実が鮮やかなオレンジ色のハウスみかんです。ぜひ取材にお越しください。

とにかく甘い！「みはまっこ」栽培　３つの秘訣

　「みはまっこ」は①与える水分を樹が枯れるほどに減らすことと②実を樹上で完熟させること（樹上完熟）によって、みかんの甘さを最大限に引き出します。どちらの方法も樹に多大なストレスとなるため、ハウスみかん栽培でこの方法をとる産地は限られています。

　また、美浜地域は温暖で、水もちのよい肥沃な土地です。「みはまっこ」を栽培するにはこの地質がベスト！水もちが良いおかげで、水分調整を的確に行うことができ、土地が肥えているため、休眠期間に樹が十分に栄養を蓄えられます。（一般的にミカンは水はけのよい地質が良いとされていますが、水はけのよい土地で「みはまっこ」の品質を維持することはほぼ不可能です。）

　こだわりの２つの栽培手法と、栽培に適した美浜町の気候・地質が、消費者の皆様に美味しい「みはまっこ」をお届けできる３つの秘訣です。

≪みはまっこの概要≫
栽培地：知多半島南部の美浜町を中心に３．４ヘクタール（今年度）
栽培規模：ＪＡあいち知多ハウスみかん部会（２２人）のうち１５人
　　　　　年間１６０トン（今年度予想）
収穫時期：６月中旬～９月下旬（ピークは７月上・中旬と８月上旬）
≪全国で認められる味≫
　品質の高さが評価され、2001年度の日本農業賞優秀賞を受賞するなど、全国的に認められた甘いハウスみかんです。

＜選別・出荷＞
　日　　時　　６月１３日（月）午前９時から
　取材場所　　ＪＡあいち知多美浜みかん共選場
　　　　　　　（美浜町大字北方字阿嶽 100-1）
（収穫風景などの取材の場合は、生産者と調整しますのでご連絡ください）

＜お問い合わせ先＞　（※取材にお越しいただく際には事前にご一報ください。）
ＪＡあいち知多　管理部　広報情報課（江端剛）
TEL：0569-34-9952　FAX：0569-34-9963　E-mail：koho@agris.or.jp
紹介HP：http://www.mihamakko.net/mihamakko_about.php（「みはまっこ」で検索出来ます）

Press Release

いつもありがとうございます。

JAグリーン近江キャラクター

JA滋賀中央会
大津市京町四丁目3番38号
TEL 077-521-1618
FAX 077-528-2140

発信元JA　JAグリーン近江

報道関係者　各位

平成28年6月15日

行事名	JAグリーン近江　平成28年度 **グリンピース基金　目録贈呈式** 〜豊かな地域づくりを支援 今年で10年目、1,615万円を助成〜　　今年度は24団体に　2,412,100円を助成
日時	平成28年8月9日（火）　10：00〜12：00
場所	JAグリーン近江　本店5階大ホール　（●●市■■町▲ー△△）
主催者	JAグリーン近江グリンピース基金運営委員会

◆グリンピース基金とは・・・

- 平成19年度に協同組合運動の相互扶助の精神にのっとり設立しました。
- 役職員の善意の積立金と同JAの拠出金で成り立っています。
- 管内地域や社会へ貢献することが目的。豊かな地域づくりに取り組む団体を支援しています。

◆助成対象は・・・

同JA管内に所在地を置き、次のいずれかの活動を展開する団体および小・中学校等。
① 地域および自然環境の保全に関する活動（自然環境保護・再生活動・清掃活動など）
② 社会福祉増進のための活動（高齢者、障がい者など）
③ 趣旨に合致する①②以外の活動（青少年育成、動物愛護など）

平成27年度　中学生が東日本大震災被災地を訪問支援

平成27年度
地域の清掃活動を支援

平成27年度
食育活動を支援

> 10年間で128の団体に
> **16,156,857円を助成**

「よりどりちゃん」「みどりちゃん」

◆助成金額・・・
　1団体に対して、上限30万円まで。
◆募集締切・・・
　平成28年7月15日（金）でした。
　　　同委員会で厳正な審査のうえ採用
　　　団体に通知しました。

平成27年度　贈呈式

平成27年度
贈呈された
団体の皆さん

■特徴!! です。
1. 県内JAのなかで、基金として拠出し地域づくりの支援助成しているのは
　JAグリーン近江だけです。
2. 基金の拠出に、役職員が毎月「善意の拠出」をしています。
3. 地域や学校関係など、幅広い活動を支援しています。

問い合せ先 担当者	グリンピース基金事務局（JAグリーン近江〇〇部△△課） 　　　担当：〇〇、□□ 　　　E-mail　abc@defgh.ijklmn.co.jp 〒〇〇〇-△△△△　●●市■■町▲-△△ TEL：▲▲-〇〇〇〇　FAX：▲▲-〇〇〇〇

CASE 7

山見博康の推奨 3（スリー）ポイント

JA滋賀中央会（滋賀県農業協同組合中央会）

Yes
01 両開きの美しい屏風のごとし。可愛い女の子とキャラクターの挨拶に心が和む。全体をきちっと枠で囲み、「小見出し＋箇条書き」での簡潔な文と適切な配置の写真が理解を促進する。

02 限られたスペースに盛り沢山の情報提供を試みようとの親切心が、箇条書きを多用し、情報豊かな写真に柔らかな感性で語らせる。ときに菜色の吹き出しで軽く肩を叩き気付かせるのも楽しい。

But
03 独創的な活動を続けているので、認知度向上のための特別行事などを行い、毎回ネタを創り出していくのも良いだろう。

・JAグリーン近江（グリーン近江農業協同組合）

CASE 8

山見博康の推奨 3（スリー）ポイント

公益社団法人ジャパン・プロフェッショナル・バスケットボールリーグ

Yes
01 企業リーグとプロリーグとの統合により2016年9月から開幕したBリーグ！　その開幕記念ビッグイベントに照準を合わせ「世界初」と銘打った全面LEDコートでの開幕戦！　その高い志と燃える情熱が伝わってくる。

02 世界に類を見ない革新的演出を目指すカラフルな全面LED写真が度肝を抜く。盛り上げる豪華アーティストの写真と略歴での紹介も良い。段落と小見出しで的確に伝えるパスは秀逸。

But
03 この世界初の試みと、Bリーグ発足初年度の成功に向けた力強いメッセージも聞いてみたい。さらにより魅力的な将来イメージを高めることによって、Bリーグの成功と発展に期待したい。

PRESS RELEASE

2016年9月7日

報道関係各位

公益社団法人ジャパン・プロフェッショナル・バスケットボールリーグ

世界初！公式戦での全面LEDコートに国内最大級の大型ジョンを採用！
B.LEAGUEの開幕戦演出内容について

　公益社団法人ジャパン・プロフェッショナル・バスケットボールリーグ（本社：東京都文京区、理事長：大河正明　以下「B.LEAGUE」）は、2016年9月22日（木・祝）・23日（金）に国立代々木競技場　第一体育館にて行われます、B.LEAGUE開幕戦「アルバルク東京 vs 琉球ゴールデンキングス」の演出内容を一部公開いたしましたのでお知らせいたします。

開幕試合・演出テーマは「革新的」「エキサイティング」「サプライズ」。今回はそのうち、2つをご紹介します。ひとつめは、世界初！公式戦で採用する「革新的」な全面LEDコート、国内最大級の大型ビジョンを活用、ふたつめは開幕戦のオープニングを飾る「エキサイティング」なアーティストを公開いたします。

「革新的」：世界初、公式戦で採用する「革新的」な全面LEDコート
　LEDビジョンで表現されるCGバスケットコートの上で、選手の動きに合わせた演出が可能になります。

PRESS RELEASE

「エキサイティング」:豪華なアーティストが歴史的な開幕戦のオープニングを彩ります。

E-girls/Flower メンバーの藤井萩花と E-girls/Happiness メンバーの藤井夏恋による姉妹ユニットによる「ShuuKaRen」が B.LEAGUE 2016-17 SEASON 開幕戦のテーマソング(※1)に決定した新曲を初披露。さらには光のパフォーマー集団「SAMURIZE from EXILE TRIBE」が登場し最新鋭の光の演出に加えて、PKCZ®による DJ パフォーマンスで歴史的な新しいスポーツリーグの開幕戦を華々しく彩り、観客を熱狂空間へと導いていく予定です。

PKCZ®　　　　　　　　　　　ShuuKaRen

なお、22 日(木・祝)初日のチケットは完売、23 日(金)チケットの追加販売は、9 月 10 日(土)10 時より発売開始となります。

●23 日(金)開幕戦チケットは B.LEAGUE 公式特設サイトよりお申込みいただけます。
　【URL】http://www.bleague.jp/startinggame/

(※1)B.LEAGUE 2016-17 SEASON 開幕戦テーマソング:ShuuKaRen『Take-A-Shot! feat. PKCZ®』
　　　E-girls/Flower メンバーの藤井萩花と E-girls/Happiness メンバーの藤井夏恋(姉妹ユニット)による新曲。
　　　●楽曲が使用されているティーザー映像は B.LEAGUE 公式サイトよりご覧頂けます。
　　　　【B.LEAGUE 公式サイト】http://www.bleague.jp/

PRESS RELEASE

【アーティスト情報】

＜PKCZ®(Primal Knowledge ChamberZ)プロフィール＞
EXILE HIRO、DJ MAKIDAI、VERBAL (m-flo)、DJ DARUMA が中心となり音楽、デザイン等、様々なジャンルでのプロデュースを通して、新たなムーブメントを起こすべく結成されたクリエイティブチーム。その活動は多岐に渡り、国内アーティストはもちろん、AFROJACK、JANET JACKSON 等、海外アーティストとのコラボレーションも重ねる。2015 年には横浜アリーナで日本最大級のハロウィンイベント「PKCZ ELECTRIC HALLOWEEN2015」開催や、「PKCZ GALLERY STORE」のオープン等で大きな話題を呼んでいる。

＜ShuuKaRen プロフィール＞
大阪府出身、実の姉妹2人によるユニット。それぞれが E-girls において高い人気を誇る中心メンバーであり、姉・藤井萩花は Flower、妹・藤井夏恋は Happiness のメンバーとして類まれなる才能を発揮している。すでに姉妹で女性ファッション誌「JJ」の専属モデルとしても活躍中。また、初のスタイルブック「ANTITHESE」は 10 万部を超える大ヒットを記録。アーティストとしてだけでなく、モデルとしても高い人気を実証した。今春、Apple 社のヘッドフォン「Beats by Dr.Dre」の CM にも出演し話題沸騰。益々注目を集める存在となっている。
その姉妹がタッグを組んだ、奇跡のスーパーユニットといえる ShuuKaRen のデビュー曲「UNIVERSE」は、パフォーマーである藤井萩花が初のヴォーカルを披露し、藤井夏恋は定評のあるラップにさらに磨きをかけ、それぞれの魅力が絡み合ったネクストレヴェルな作品に仕上がっている。
Official Instagram：https://www.instagram.com/shuukaren/
Official Twitter：https://twitter.com/shuukaren_LDH

本件に関するお問い合わせ
公益社団法人ジャパン・プロフェッショナル・バスケットボールリーグ事務局　広報部

CASE 9

報道関係各位
文部科学省記者クラブ

2016年11月16日
公益財団法人日本手工芸作家連合会

「第49回創作手工芸展」開催のご報告

当連合会は、恒例の公募「第49回創作手工芸展」を、東京都美術館にて、11月9日（水）より15日（火）まで7日間にわたり開催致しました。昨年度は応募要項の見直し、応募料金の早期割引、技術賞の新設により、来館者数も5千人を超えましたが、今年度も引き続き盛況の内に終了しましたので、ご報告致します。来年も今年以上に、皆様方から多数の作品を出品いただきますよう奮っての応募を期待しております。

第49回創作手工芸展の状況

受賞作品前でのテープカット　　　　鑑賞者で賑わう会場内風景

文部科学大臣賞　　東京都議会議長賞　　大妻コタカ賞　　花村邦昭会長による表彰式

平成28年度「第49回創作手工芸展」概要

【趣 旨】 手工芸に関する調査研究ならびに知識・技術の普及および教育の事業を行い、生活文化の向上に資することを目的とした活動を展開しております。
【主 催】 日本手工芸作家連合会　【後 援】 文部科学省、東京都、読売新聞社
【協 賛】 (株)越前屋、(株)川島織物セルコン、クロバー(株)、(株)さくらほりきり、ディー・エム・シー(株)、横田(株)、ART FIBER ENDO

お問合せ先　公益財団法人日本手工芸作家連合会　事務局：海老澤
〒101-0052 東京都千代田区神田小川町3-6-10 MOビル407号室
TEL:03-5282-5141, FAX:03-5282-5140,
e-mail: info@syukogei-sakka.or.jp

花村邦昭会長挨拶

今年も全国から百点を超える素晴らしい作品が寄せられ充実した工芸展を開催でき誇らしく存じます。我国が世界に誇る"ものづくり"の源流は、豊かな感性と高い創造力で培われてきた手工芸文化の伝統にあります。「手仕事」を軽んずる文化はやがて衰退します。出展作品の一つ一つに籠められた作者の思いもそこに通じています。ご来場者がその思いを共有して頂ければ幸いです。

CASE 9 山見博康の推奨3ポイント

公益財団法人日本手工芸作家連合会

Yes 01 一見して佳麗なるリリースである。真っ赤なタイトルが目を引き、黄色の小見出しがそれに続く写真を引き立てる。やはり、日本伝統の手工芸はアートであることを再認識できる。

02 表彰式の写真で会長が直接授与する晴れやかな場面がよく表現されているし、各々表彰された作品が並んで見栄えがある。会長の挨拶が最後を締めくくり、全体の格調を高めている。

But 03 個々の受賞者の略歴や笑顔の写真、加えて喜びの談話などがあればもっと臨場感溢れる内容になって、さらに興味を惹くであろう。過去10年位の応募者数の推移もあると面白い。

CASE 10 山見博康の推奨3ポイント

パルシステム生活協同組合連合会

Yes 01 一目見て、鍋から実際に湯気がもうもうと上がっているように感じる程リアルな出来栄え。タイトルにある「福幸鍋で〜ぽっかぽか」に、復興に向けて応援したいとの想いが募る。

02 タイトルとリード部を細枠で囲み、本文は段落を付けて小見出し、また文章も短くまとめていて良い。コンマでアクセントを加えて読みやすい。鍋セットの内容を小さな枠で囲んだのも「一目瞭然」を常に意識する技として有効。

But 03 写真にある具材と説明文中の各産地を日本地図に明記するとよりわかりやすい。東北地方以外に住む人々にも、東北復興を祈願する思いや協力の気持ちが伝わりやすくなる。

Press Release

pal★system
http://www.pal.or.jp
2013年12月25日
パルシステム生活協同組合連合会

組合員による開発商品「みちのく福幸鍋セット」発売
お鍋を囲んで東北復興、心も身体もぽっかぽか

パルシステム連合会は2014年1月6日（月）から、東北3県よりおいしい具材を集めた鍋セット「みちのく福幸鍋セット」を発売します。震災からの復興に向け、地場産業を支える東北の水産メーカーを応援したい、と組合員が開発に協力。仙台味噌ベースのスープでほっこりいただく鍋には、東北復興への希望が詰まっています。

■地域も食卓も幸せになる鍋に

パルシステムが1月6日（月）から注文受付を開始する「みちのく福幸鍋セット」は、震災復興に向け、まずは東北の地場産業である水産メーカーを応援するべく、各県のおいしい具材を集めた商品です。パルシステム福島の組合員による商品開発チーム「みちのく福幸丸」が開発に協力しました。

試食を重ね、数ある具材から選び出された「かき」「とりごぼう団子」は宮城県、「いか軟骨」は岩手県、「まぐろ腹身」は福島県の水産メーカーが加工しています。

鍋スープには、東北ならではの辛口みそ「仙台味噌」を使うことに。コクのある味わいが、具材のうまみをさらに引き立てます。「野菜をたっぷり入れて楽しめそう」と、開発メンバーも納得の味に仕上がりました。

新たに商品を開発し、組合員へ販売・お届けすることができれば、そこに関わる生産者、加工メーカー、物流会社などで、新たな雇用を生み出すことができます。東北に思いを馳せながら、家族や仲間と温かい鍋を囲んで欲しい──地域も食卓も、みんなの幸せを願う、冬限定の鍋セットの登場です。

●みちのく福幸鍋セット

規　格	520ｇ（たれ付）　※約4人前
お届け温度	冷凍
賞味期間	60日
通常価格	880円（本体839円）

※商品取り扱いは、パルシステムグループ9生協（1都9県）。
生協は加入してご利用いただけます。

関連リンク
商品づくりコミュニティ：みちのく福幸鍋セット
http://sanka.pal-system.co.jp/shouhin/kakou/fukkonabe/index.html

以上

●お問い合わせ　パルシステム生活協同組合連合会　運営室　広報担当　植田、松下
TEL：03-6233-7241／FAX：03-3232-6536／mailto:pal-kouhou@pal.or.jp
●組織概要　パルシステム生活協同組合連合会
（11会員・会員総事業高 1,930億10百万円/会員生協の組合員総数137.8万人）
所 在 地：〒169-8527　東京都新宿区大久保2-2-6　理事長：山本　伸司
会員生協：パルシステム東京、パルシステム神奈川ゆめコープ、パルシステム千葉、
パルシステム埼玉、パルシステム茨城、パルシステム山梨、パルシステム群馬、
パルシステム福島、パルシステム静岡、埼玉県勤労者生協、パルシステム共済連合会

ニュースリリース　一般社団法人マハリシ総合教育研究所
Knowledge is structured in consciousness.

報道関係者各位　　　　　　　　　　　　　　　　　　　　　　2016年12月20日

一般社団法人マハリシ総合教育研究所

イヴァンカ・トランプ氏やビートルズの秘話も！
アメリカで話題の「超越瞑想（TM）」

特別講演会「セレブ達の瞑想法」

日本唯一の古代インド建築の宿泊施設で 1月14日（土）16時～開催

　一般社団法人マハリシ総合教育研究所（本部：栃木県那須塩原市、代表理事：鈴木 志津夫）は、栃木県那須塩原市にあるホテル・ヴェーダの森 那須にて超越瞑想についての特別講演会「セレブ達の瞑想法」を2017年1月14日（土）16時～19時半迄、那須塩原市にて先着80名様限定で開催いたします。

【背景】セレブを中心にアメリカでは、ヨガや瞑想ブームとなっています。アメリカでの年間受講者数は3万人を超え、近年さらにその認知度が上昇しています。

　日本においても、ヨガの愛好者は300万人を超えるとも言われ、アメリカからヨガ・瞑想ブームが押し寄せています。その中で注目を集めている瞑想法がTMで、トランプ次期大統領の長女で今話題のイヴァンカ・トランプ氏をはじめ、ポール・マッカートニー氏やクリント・イーストウッド氏など、世界のセレブ達が実践中。

　今回の講演会では、600件を超える超越瞑想についての科学的研究、生理機能と脳波への影響、他の瞑想法との違いについての講演に加え、「瞑想法」を実践する世界のセレブ達の秘話も語られます。

講演会概要

- ●演題　　：『セレブ達の瞑想法』
- ●講師　　：鈴木志津夫　マハリシ総合教育研究所代表理事、超越瞑想TM教師
- ●日時　　：2017年1月14日(土)　受付15:30
  - 16:00～18:00　講演・館内見学　（具体的内容：次ページの通り）
  - 18:15－19:30　食事・交流会　　※宿泊可：お問合せ下さい
- ●場所　　：「ヴェーダの森　那須」栃木県那須塩原市木綿畑2263-3（JR那須塩原駅から送迎付き）
- ●募集人数：先着80名限定　　●参加費用：5,000円（税・食事込）　　（駐車場有）
- ●主催　　：一般社団法人マハリシ総合教育研究所

1

<講演&実習&見学>
　1．超越瞑想の効果について（瞑想と潜在能力の開発　健康への効果）
　2．他の瞑想法との違い
　3．古代インド建築・ヴェーダの森那須の見学
<ハリウッドのセレブたちの秘話>
　(1) ハリウッドを中心としてセレブたちが瞑想している理由
　(2) 瞑想を実践するハリウッドのスター達と瞑想関連逸話
　(3) ビートルズの名曲作りの秘訣
　(4) 瞑想と曲作りの秘密に関しての話

藤井義彦著

【講師略歴】　鈴木志津夫　マハリシ総合教育研究所代表理事、超越瞑想 TM 教師

1954年6月生れ。1983年米アイオワ州マハリシ国際大学（現マハリシ経営大学）教育学部卒業。在学中、全米大学生 Who's Who 賞、全米大学生リーダーシップ賞、教育学部優秀卒業生賞、学生自治会選考優秀学生賞複数回など10以上の賞を受賞。

1983年3月ドイツにて超越瞑想（TM）国際教師養成コースを修了。　現在迄、首相2名を含む大臣、国会議員、財界リーダー、著名スポーツ選手など2千人以上に TM 瞑想を指導。企業研修は京セラ、住友重機械、ソニーなど30社以上。日英語での指導・講演をこなし同時通訳も行う。2001年マハリシヨーロッパ研究大学より名誉博士号取得。共著書に13万部のベストセラー「超瞑想法 TM の奇跡」（PHP 研究所）などがある。

一般社団法人マハリシ総合教育研究所　概要

創立：1974年　　設立：2011年　　代表理事：鈴木 志津夫

所在地：〒325-0116 栃木県那須塩原市木綿畑 2263-3

業務内容：1．個人の意識及び能力を開発するための瞑想等に関する研究と指導及び研修
　　　　　2．企業及び教育機関を対象としたストレス・マネジメントと能力開発プログラムの研究と指導及び研修
　　　　　3．地域社会及び社会全体の生活の質を改善するための瞑想等に関する研究及び啓蒙　等

お申込み先／お問合せ先　マハリシ総合教育研究所　東京事業本部
担当：小林　拓 070-5519-4964、森本　敏子 090-6025-2830
TEL：03-6272-9398（平日 10:00〜16:00）、　FAX：03-6272-9466
E-mail：tokyo-hq@maharishi.or.jp

CASE 11 山見博康の推奨3(スリー)ポイント

一般社団法人マハリシ総合教育研究所

Yes
01 一見して瞑想の色ブルーを背景にしたタイトルに、世界最注目の「時の人」イヴァンカ・トランプ氏の名前に惹かれる。いくつもの写真と流麗な文章のわかりやすさは対応の親切心のあらわれ。

02 講習会や施設の写真を1～2ページに分けてバランス良く配置し、旬の話題に加え講演会の概要や講師プロフィール等はカラーの枠に囲むといったビジュアルを駆使。関連本の紹介も的を得て良い。

But
03 米国年間受講者3人とあるが日本ではどうなのか？ 2011年設立以来TM受講者の推移を知りたい。今後の見通しがあればさらに興味を惹く。写真にキャプションを付ける方が親切。

CASE 12 山見博康の推奨3(スリー)ポイント

公益財団法人三菱商事復興支援財団

Yes
01 復興支援という大義にのっとり、長期的に果実美味なる貢献ができるような地元農家支援を基盤にした、壮大かつ細やかな配慮が行き届く。プロジェクトを進める関係者の喜びと誇りに心が動く。

02 特に1ページ目の下に、事業スキームを図示して一目瞭然で関係者と個々の役割がわかるのもありがたい。醸造所概要に加え、商品写真や作業中の人を含めた写真や多岐にわたる仕入れ表が印象的。

But
03 1ページ目にせっかくの詳細な説明に、段落ごとに「小見出し」を付ければもっと明快になろう。「6次産業化プロジェクト」の第一歩なので、プロジェクト概要と今後の時系列的方向もありがたい。

2016年3月4日

報道関係各位

公益財団法人 三菱商事復興支援財団

「ふくしま逢瀬ワイナリー」 ワイン・リキュールの初出荷について

公益財団法人 三菱商事復興支援財団（以下、復興支援財団）は、福島県郡山市逢瀬町で運営する「ふくしま逢瀬ワイナリー」（以下、ふくしまワイナリー）で製造したワイン・リキュールの初出荷を、本日行う運びとなりましたのでお知らせ致します。また、初出荷を記念し、本日郡山市公会堂で商品発表会・試飲会を開催致します。

ふくしまワイナリーは昨年10月27日に竣工し、福島県産のぶどう・りんご・桃・梨を使用して醸造を開始致しました。その中で、ぶどう・りんごの醸造が完了し、本日、ロゼのスパークリングワイン（ぶどう）・シードル（りんご）として出荷致します。出荷本数はスパークリングワインが約500本、シードルが約5,000本となります。

販売先は、福島県のホテル・旅館・レストラン・観光施設・土産店等を予定しており、本日から順次出荷を行います。今年度は県内を中心に販売する予定としておりますが、徐々に生産量を増やして行き、将来的には東北地区や首都圏のレストラン・小売店等でも取り扱って頂くことを目指しております。

復興支援財団は、昨年2月に郡山市と連携協定を締結、「果樹農業6次産業化プロジェクト」を推進し、福島県産果実の生産・加工・販売を一貫して行う新たな事業モデルの構築を目指しています。今回の商品初出荷をその第一歩とし、今後も福島県産果実の活用を図ると共に、新たにワイン用ぶどうの生産に挑戦する農家を支援、ワイン・リキュールの製造・販売を拡大して行くことを計画しています。

ふくしまワイナリーは、福島の産業や人を繋ぐ拠点となることを目指し、2016年度中に一般公開する予定です。また、施設内のセミナールームをワイン・リキュール作りに関する勉強会や地域の方々の交流の場として提供致します。

東日本大震災からまもなく5年が経過しますが、地震・津波により甚大な被害を受けた地域は未だ再建途上にあります。復興支援財団は、郡山市や農家の方々と共に果樹農業6次産業化プロジェクトを推進することで、地域経済を活性化し、福島県をはじめとした被災地の復興を後押ししていきます。

※ふくしまワイナリーのワイン・リキュールの製造は、一般社団法人ふくしま醸造所に委託しています。

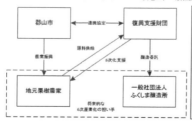

「ふくしまワイナリー」概要
① 福島県郡山市逢瀬町多田野字郷士郷士2番地
② 敷地面積：約9,000㎡
③ 建物面積：約1,400㎡
④ 生産量：今年度調達した果実では約10,000リットルを生産。5年後に30,000リットル程度、10年後に50,000リットル程度の生産を目指す

【商品】

○ スパークリングワイン（ロゼ）
　商品名「MUSCAT BAILEY A ROSE 2015」（左）
　大きな寒暖差により、旨味の詰まった農作物を生み出す会津盆地で収穫したぶどうを100％使用した商品です。心地良い泡にいちごのようなフレッシュで甘い香りが口いっぱいに広がります。

○ シードル 商品名「CIDLE 2015」（右）
　開花から収穫までの期間が長く、じっくり完熟した福島県産の「ふじ」を100％使用し、芳醇な甘味と酸味のバランスに優れ、フレッシュな香りと果実味を感じる商品です。

シードルの原料として使用したりんごの搾汁

スパークリングワイン（ぶどう）の瓶詰

【2015年度の仕入れ及び製造に関するデータ】

① 仕入れ

	産地	銘柄
ぶどう	会津若松市	マスカット・ベーリーA
りんご	福島市、郡山市	ふじ
桃	伊達市を中心に福島県内から調達	あかつき
梨	郡山市を中心に福島県内から調達	幸水、豊水

② 製造

	商品	販売本数	希望小売価格（税別）
ぶどう	スパークリングワイン（ロゼ）	約500本	2,000円
りんご	シードル	約5,000本	2,000円
桃	リキュール	2016年夏頃に発売予定	未定
梨	リキュール	2016年夏頃に発売予定	未定

【公益財団法人三菱商事復興支援財団の概要】

① 本社所在地：東京都千代田区丸の内2-3-1 ②設立：2012年3月 ③財団規模：100億円
④事業内容：修学が困難となった学生に対する奨学金の給付、復興支援活動に従事する非営利団体等への助成金の給付、その他被災地の産業復興・雇用創出等に資する事業。

【本件に関する問い合わせ先】
復興支援財団 広報担当 村上 TEL：03-3210-2171

以上

第3部

ニュースリリースを受け取るメディアからの要望&アドバイス

Ⅰ.「メディアからの要望＆アドバイス」のポイントまとめ
Ⅱ. メディアからの要望＆アドバイス集
①新聞（一般紙）
②新聞（ブロック紙）
③新聞（地方紙）
④新聞（産業経済紙）
⑤新聞（業界紙・専門紙）
⑥通信社
⑦テレビ局（キー局）
⑧テレビ局（地方局）
⑨雑誌（ビジネス誌）
⑩オンラインメディア（他媒体兼業）
⑪オンラインメディア（専業）
Ⅲ.「ニュースリリース作成心得＆戒め帳」作成のすすめ

（各項目内順不同・敬称略）

第2部に掲載したニュースリリースには、「山見博康の推奨3ポイント」として私から見た推奨コメントを付けてきました。ただ、こうした一連のコメントについては、本当にそれが正しいのかと疑問に思う人もいるでしょう。

　そこで第3部では、実際に企業・団体、自治体など様々なニュースリリースに直接接してきた各メディア幹部の皆様に、望ましいニュースリリースとはどのようなものか、率直な要望とアドバイスをお聞きし、ご回答結果をまとめて掲載いたします。

　メディアの皆さんからの要望とアドバイスを参考に、これからニュースリリースを作成する際のヒントやコツを掴んでください。

　なお掲載にあたっては、新聞・通信社・テレビ局・雑誌・オンラインメディア幹部の皆さんにいただいた"生の声"を、メディアごとに順不同、敬称略でまとめております。

I 「メディアからの要望＆アドバイス」のポイントまとめ

1．取り上げたくなる望ましいニュースリリースとは
- どこにニュース性があるか端的にわかるように、その理由を時代的・社会的背景を踏まえて説明しているもの
- 見た瞬間にビビッとくるもの
- ファクトが過不足なく書かれているもの
- レイアウトから色・フォントまで、すべてに気を配ったもの
- 刺さるワードが散りばめられているもの
- 目を引くタイトル、グラフやチャートによって一目でわかる工夫がされているもの
- 1枚で概要がザクッと把握できるもの
- 冒頭で大枠がわかるもの
- 伝えたい熱意が感じられるもの

- 論旨明快で具体的事実が平易に書かれているもの
- 簡潔でポイントを押えた内容のもの
- 「初」「新」といったニュース価値を前面に出したもの
- 一読して意味が理解できるもの
- 難しいスキーム等には図解でわかるように工夫したもの
- 「した」より「する」の未来形で書かれたもの
- 地方紙の場合にはその地方との関わりが記載されたもの
- 誰が、いつ、何を等５Ｗ１Ｈのポイントが箇条書きでわかるもの
- 簡潔な概要＋詳しい補足資料＋用語解説の組み合わせになっているもの
- テレビの場合は映像や音を意識したもの
- 背景データや実績があるもの（精神論的・形容詞的・感覚的・情緒的な表現は不要）
- 問合せの手間が減る親切設計のもの
- 業界動向や競争環境の中での位置付けがわかるもの
- 理由、背景がわかるもの
- 時代の心を敏感に捉えたもの
- 各メディアの特性に合わせ、媒体の特性を把握して記載されたもの
- 最初の数行で伝えたい内容の価値がわかるもの
- 第一段階でエッセンスがすべて簡潔に網羅され、補強するデータや専門家コメント、権利と事実確認がされているもの

2．読ませるタイトル、サブタイトルの付け方のコツ

- キャッチーな言葉や数字は、正確なら是非
- 「日本初」「新」等ニュース価値が伝わるインパクト
- 業界用語や社内名を使った長文タイトルはパッと見てわからな

い
　・記者が書くような文章形式はあまり好ましくない
　・体言止めはわかりやすい反面、重要箇所が伝わり難い面がある
　・適切なキーワードはほしいが、独りよがりのキーワードにこだわると逆に伝わらないので注意が必要

3．読んでいて気持ち良い本文の書き方のコツ
　・必要な項目が入っていれば簡潔な書き方がいい
　・事業主体が子会社等の場合には関係がよくわかるように書く
　・ポイントは箇条書きにして、背景や経緯は詳しく書く
　・段落、小見出しは必要に応じてあった方がよい。箇条書きが読みやすい。ただし、箇条書きを多用しすぎると重要性がややわかり難くなるので注意が必要
　・特長や差別点は当然書かれるべきもの
　・顕著な数字データは見出しに使う
　・数字やデータを盛り込んだ方がより的確に情報が伝わる
　・簡潔かつ具体的な文章がいい
　・会社概要等の基本データや、記者が必ず質問することがわかっているような数字・データ類はあらかじめ記載し、間違いや問合せの手間を省くことも大事

Ⅱ　メディアからの要望＆アドバイス集

　ニュースリリースのレベルアップ促進にあたっては、以下3点の改善を図ることが求められます。

1）記者がニュースリリースを理解するための時間を短縮する
2）記者＆広報担当者ともに問合せ＆質問時間、および労力を削減

する
3）記者＆広報担当者ともに間違い＆誤報防止と修正の手間を削減する

　ニュースリリースの作成力が向上するのに比例して、この3点の飛躍的効果に、確かな手応えを覚えるでしょう。
　最終的には、「ニュースリリースは企業・組織の鏡」となるプロセスを通じて、以下のような崇高な広報の使命を達成することが目的です。

『ビジョン実現に向けて企業・組織の内外への適切・円滑な情報交通を促進し、感性豊かな体制を構築し、鋭敏かつ柔軟で臨機応変に対応できる真（まこと）の社員・職員および企業・組織を創る』

　ここからは、メディア幹部の皆さんに直接いただいたご回答を"生の声"として掲載いたします。
　ぜひとも社会の公器としてのメディアの立場から広報の皆さんに求める要望とアドバイスを真摯に受け止め、自らを省み、改善への意欲を増進させ、実際の改善改革行動の弾みと励みにしていただくことを期待しています。

※掲載にあたっては各メディア・媒体ごとに順不同、敬称略としております。
※肩書きは2017年2月当時のものです。

①新聞（一般紙）

朝日新聞社　　　　経済部長　小陳　勇一氏

	質問	要望 & アドバイス
1	**総論** ・取り上げたくなる・望ましいニュースリリースとは ・ニュースリリース作成の留意点 ・メディアからの要望　等	リリースで扱っている商品、サービスのどこにニュース性があると考えられるのか、端的に分かることが不可欠。いまニュースになりうる理由を、時代的、社会的文脈を踏まえて説明してあると、メディアで取り上げやすい。
	タイトル・サブタイトル ①キーワードの有無について： 　新、初、数字　等 ②文章か、体言止めか	キャッチーな言葉、数字がある方が望ましい。
	リード部 ①主語の書き方はいずれがいいか？ 　A.当社（私）は 　B.○○株式会社（住所・社長名）等 ②長いか、簡潔か	主語の書き方などは、それぞれの企業の個性によるのではないか。自分たちをどう表現するのが適切と考えるのかは、各企業が判断するしかなく、一つの正解があるわけではないだろう。
	本文 ①段落・小見出しの有無 ②長文か、短文・箇条書きか ③特長・差別点の有無 ④数字データの有無　等	読みやすく分かりやすいことが大切。「それだけ拾い読みすれば概略をつかめる」ような小見出しがついていればベスト。ポイントは箇条書きにし、背景や経緯は詳しく説明してほしい。形容詞や副詞に頼るのではなく、具体的なデータ、数字があると、説得力が増す。
	Visual ①写真・イラスト・グラフ・関係図・表等の有無、必要性 ③色、枠、字体、太字　等	分かりやすくなるという意味で、写真などはあった方がよい。字体の工夫などは押しつけがましくならない範囲で。
	社長メッセージ・外部識者談話　等 の有無、必要性	案件によるが、必ずしも必要ない。
	今後の方針or見通し 意志・方針を表す文言は必要か？	必要。
	連絡先or問合せ先 の必要項目は？ 住所、TEL、FAX、e-mail　等	電話とメールアドレス。
2	メディアへのニュースリリースの効果的な届け方・送り方の留意点	テーマによって配布先の範囲を工夫した方がよいのでは。広範囲に配布すれば、誰かが気にとめてくれる可能性があるが、「誰かが記事にするだろう」と誰もが見送る危険性もある。迷う場合には、信頼できるメディア関係者にアドバイスを求めるのも一案。
	具体的送付方法　コンタクト先	コンタクト先（部署等）	朝日新聞　神田取材センター
		電話	03-5281-3061
		FAX	03-5281-3066
	送付タイミングへのアドバイス（何時頃？　何曜日頃？　等）	テーマによるが、一般的に、週の前半、時間としては午前や午後の早めの方が記者は対応しやすい。

3		ネット時代のニュースリリース作成の留意点	過去に出している関連するニュースリリースなど関係のある情報を、自社サイトのどこを探せば見ることができるか示してあれば、リリースそのものはシンプルにし、興味を持った記者にはより広く深い情報を、簡単に提供できるようになるのでは。

		産経新聞社	経済本部次長　藤原　章裕氏
		質問	要望 & アドバイス
1	**総論** ・取り上げたくなる・望ましいニュースリリースとは ・ニュースリリース作成の留意点 ・メディアからの要望　等		新商品・新サービスの要点が分かりやすく簡潔に記されていること。新聞の場合は写真を使わずに紹介するケースも多く、その場合はすべてを言葉で説明しなければなりません。リリースでは例え写真がなくてもどのような商品なのかを想像できるようお書きいただけますと、記者側の興味も沸くと思います。
	タイトル・サブタイトル ①キーワードの有無について： 　新、初、数字　等 ②文章か、体言止めか		①キーワードについては「新」「初」などのお言葉がありますと、ニュースを追うマスコミの性格上、興味がそそられます。しかし、最近は「この○○分野では国内初」「この○○の定義では業界初」などやや苦しい「初」「新」の事例もみられます。無理やり感があまりない方が望ましいと思います。 ②体言止めは分かりやすい半面、一つのリリースの中で最重要箇所が伝わりにくい面もあります。ケース・バイ・ケースでご検討いただくのがよろしいかと存じます。
	リード部 ①主語の書き方はいずれがいいか？ 　A.当社（私）は 　B.○○株式会社（住所・社長名）等 ②長いか、簡潔か		①個人的にはどちらでも構わないと思いますが、大多数の上場企業のリリースは、主語を○○株式会社は…と始めているように思われます。従って、その形式に合わせていただく方が記者側の違和感は少なくなると思います。 ②リードが長すぎると本文になってしまいます。A4判横書きで5～10行ほどで。
	本文 ①段落・小見出しの有無 ②長文か、短文・箇条書きか ③特長・差別点の有無 ④数字データの有無　等		①読みやすければどちらでもOKだと思います。 ②箇条書きは重要性の優劣がやや分かりにくくなるため、文章の方が望ましいと思います。長さは内容によりけりかと思います。 ③特長・差別点は当然書かれるべきだと思います。 ④顕著な数字データがあると見出しになりやすいです。但し、あまりたくさんのデータを示されると記者は混乱します。
	Visual ①写真・イラスト・グラフ・関係図・表等の有無、必要性 ②色、枠、字体、太字　等		①写真やイラスト、グラフなどは記者の理解向上のためにありがたいツールです。写真は新聞に掲載されるケースもありますので、デジタルデータで御提供いただけるものが望ましいと思います。 ②文字の色は黒が一般的だと思います。枠とか字体は好みだと思います。
	社長メッセージ・外部識者談話　等 の有無、必要性		抽象的な社長メッセージ、御社の立場を補完する識者談話は不要です。それよりも、たとえば、製品であれば開発の苦労話などを掲載された方が読者の興味を引きます。
	今後の方針or見通し 意志・方針を表す文言は必要か？		企業買収や合併、経営計画、決算など社の将来に直接かかわるリリースであれば必要ですが、商品のリリースであれば不要です。
	連絡先or 問合せ先 の必要項目は？ 住所、TEL、FAX、e-mail　等		最近、ニュースリリースをHPに掲載される企業様が増えたためか、会社の代表番号すら掲載していない例が目立ちます。しかし、これでは日頃付き合いのない記者は問い合わせしにくくなります。ニュースは鮮度が一番です。リリースを配信される以上、最低限、会社の代表電話ではなく、広報部門の直通電話番号と広報部共有のメールアドレスを掲載されるべきです。

	質問	
2	メディアへのニュースリリースの効果的な届け方・送り方の留意点	記者クラブでリリースを配布されている企業様を除くと、通常はホームページにリリース配信のメーリングリスト登録コーナーを設けるパターンが多いのではないでしょうか。マスコミ各社へFAXを送られている企業様も多いと存じますが、よほど重要なケースを除くと、あまり注目されていない感じがします。
3	ネット時代のニュースリリース作成の留意点	誤記などに気づいて後で訂正しても、ネットの場合はいったんコピーされてしまうと半永久的に残ります。従って、商品の場合は価格、数量など致命的なミスはアップ前に防ぐことが肝要かと思います。

大手新聞社　経済部長

	質問	貴要望 & アドバイス
1	**総論** ・取り上げたくなる・望ましいニュースリリースとは ・ニュースリリース作成の留意点 ・メディアからの要望　等	具体的な経緯や事実が、平易な言葉で分かりやすく書かれたリリースは、記者の理解を助け、より発信した企業の意図を報道を通じて世の中に伝わりやすくします。記者の誤解や思い込みで、企業にとって意図せぬ報道になってしまう事態も防ぎます。グラフやチャート、イラストなども掲載し、一目で分かる工夫を凝らせば、記者だけでなく、ネットなどを通じてリリースを読む一般の消費者や株主らの理解も進むと思います。
	タイトル・サブタイトル ①キーワードの有無について： 　新、初、数字　等 ②文章か、体言止めか	適切にニュースを伝えるキーワードがあれば、掲載をお願いしたい。ただ、独りよがりのキーワードにこだわると、かえってニュースが伝わりにくくなる場合もあるので注意が必要です。「新、初、数字」は誤りさえなければ、リリースに入れてほしい。文体は特にこだわりはありません。
	リード部 ①主語の書き方はいずれがいいか？ 　A.当社（私）は 　B.○○株式会社（住所・社長名）等 ②長いか、簡潔か	主語の書き方にもこだわりはありませんが、必要な要素が入っていれば、簡潔なリードの方が有り難いです。
	本文 ①段落・小見出しの有無 ②長文か、短文か、箇条書きか ③特長・差別点の有無 ④数字データの有無　等	読みやすさを何よりも重視し、そのための工夫を凝らしてほしいと思います。段落や小見出しは必要に応じてあった方がよいですし、長文より、短文の方が一般には読みやすいと思います。 商品説明などであれば、特長や他社との違いは必須でしょうし、数字データもできるだけ盛り込んだ方が、より的確に情報を伝えられると思います。
	Visual ①写真・イラスト・グラフ・関係図・表等の有無、必要性 ②色、枠、字体、太字　等	写真、イラスト、グラフ、色などなど、ビジュアルに見せる工夫は大切です。各新聞社も、最近は、経済ニュースを目で見せるアイデアを競っています。新聞に掲載されたグラフやイラストなども参考に、ビジュアルで見せる取り組みに力をいれていただきたいと思います。
	社長メッセージ・外部識者談話　等 の有無、必要性	リリース内容にもよりますが、トップのメッセージがあれば、より強く伝えたいことがしっかりと伝わったり、トップの思いが記事化されたりする可能性が高まると思います。
	今後の方針or見通し 意志・方針を表す文言は必要か？	リリースが大きな経営方針にかかわる内容であれば、当然、会社としての意志、方針を明確に示す文言を入れておくべきだと思います。
	連絡先or問合せ先 の必要項目は？ 住所、TEL、FAX、e-mail　等	住所、TEL、FAX、e-mailは必須と考えます。リリースとは別で構いませんが、大きなニュースの時は、夜間などの緊急の問い合わせの可能性にも配慮し、差し支えのない、社有の携帯電話等の番号を教えていただければなお有り難いです。

2	メディアへのニュースリリースの効果的な届け方・送り方の留意点	メールの送りっぱなしはNG。記者には毎日、大量のメールが送られてきますので、気づかないケースが多いです。メールで送り、電話でも連絡し、リリースを出したことを記者にしっかりと認識させてください。
3	ネット時代のニュースリリース作成の留意点	ネットを通じて、記者に限らず、一般の方でもリリースを読む可能性があることに注意が必要です。誤字・脱字や数字、言葉遣いの間違い、不適切な表現などがあれば、記者だけが読む時代と違って、大きな混乱につながりかねません。広報部門だけでなく、法務部門や経理部門とのダブル・チェックやトリプル・チェックの徹底を求められるケースも増えると思います。
4	その他 何なりとアドバイス下さい	企業にとってネガティブな情報が瞬時に拡散してしまうネット時代が本格化し、企業はより強い緊張感を持って、日々の広報業務やリリース作成にあたる必要があります。「良い広報」、「悪い広報」の具体的な他社事例を十分に研究し、参考にする取り組みの重要性が増してきていると思います。

大手新聞社　　経済部副部長

	質問	要望 & アドバイス
1	**総論** ・取り上げたくなる・望ましいニュースリリースとは ・ニュースリリース作成の留意点 ・メディアからの要望　等	・目を引くタイトル ・簡潔でポイントを押さえた内容に ・業界初、日本初などニュース価値を前面に出す ・難しいスキームなどは図解を ・問い合わせができる連絡先を明記
	タイトル・サブタイトル ①キーワードの有無について： 　新、初、数字　等 ②文章か、体言止めか	「日本初」などニュース価値がわかりやすく伝わるコンパクトなものに。業界用語や社内の正式名称を使った長文のタイトルをよく見かけますが、ぱっと見て何がニュースなのか伝わりません。全国紙の経済部には連日、100社以上からリリースが寄せられるため、最悪の場合、本文を読まないままになってしまう可能性があります。
	リード部 ①主語の書き方はいずれがいいか？ 　A.当社（私）は 　B.○○株式会社（住所・社長名）等 ②長いか、簡潔か	リードはコンパクトな方が読みやすいです。主語は「当社」でも「○○株式会社」でもよいと思いますが、事業主体が子会社だったり他社との共同事業だったりする場合は、それがきちんと分かるようにしてほしいです。
	本文 ①段落・小見出しの有無 ②長文か、短文・箇条書きか ③特長・差別点の有無 ④数字データの有無　等	・できるだけ簡潔に、なおかつ具体的な文章が望ましいです。 ・「日本初」「業界初」などの特長ははっきり打ち出したほうが良いと思います。 ・売上目標などPRポイントになる数字はあったほうが記事にしやすいです。また、提携発表時などの両社の会社概要といった基本的データは、あらかじめリリースに明記してほしいです。報道各社が必ず問い合わせることが分かっている数字、データはリリースにあらかじめ書いておくことで、間違いや問い合わせの手間を省くことができます。

1	**Visual** ①写真・イラスト・グラフ・関係図・表等の有無、必要性 ②色、枠、字体、太字　等		・買収、提携などで複数の社が絡む複雑なスキームの場合は、図解していただきたいです。 ・必要に応じて、その商品の市場規模の推移のグラフなどが入っていると助かります。
	社長メッセージ・外部識者談話　等 の有無、必要性		社長のコメントが一言ついていると記事に取り上げやすいです。が、あまりにも宣伝に傾いていると、逆に使いづらくなってしまう可能性もあります。外部識者談話は、リリースを出す企業とは直接関係のない第三者的な人のコメントでなければ取り上げにくいので、リリースに入れる必要はないと思います。
	今後の方針or見通し 意志・方針を表す文言は必要か？		リリースで発表した新商品、新サービス、新戦略を全社的な経営にどう生かそうとしているのかは必須のポイントです。社の命運をかける新商品などの場合は、単なる商品説明に終わらせず、市場にどんなインパクトを与えようとしているのかなど、今後の方針、戦略を書いていただくと、ニュース価値が上がると思います。
	連絡先or 問合せ先 の必要項目は？ 住所、TEL、FAX、e-mail　等		締め切り前に急な問い合わせが発生することもあり、広報担当者とすぐ連絡が取れる電話番号（できれば携帯電話番号）があると助かります。PR会社の番号になっていることがありますが、問い合わせても答えられないことがたびたびあり、やはり広報担当者の番号がありがたいです。
2	メディアへのニュースリリースの効果的な届け方・送り方の留意点		担当記者と一度挨拶をしていただき、その後はメールかFAXで担当記者あてに送るのが一番確実だと思います。PR会社を通じてFAXを送っていただくこともよくありますが、同様のリリースが大量にあるため、埋もれてしまう恐れがあります。メールで送った場合も、重要な案件（経営統合や買収、トップ人事など）の時は電話で一報をいただけると助かります。
	具体的送付方法	コンタクト先 （部署等）	担当分野によって異なります。
	送付タイミングへのアドバイス （何時頃？　何曜日頃？　等）		夕刊の作業が終わる午後2時ごろから、朝刊の作業が佳境に入る午後5時ごろまでの間が比較的、リリースに目を通しやすいと思います。
3	ネット時代のニュースリリース作成の留意点		ホームページだけで情報を公開し、それをもってして「発表」とする企業もありますが、取り上げてほしいニュースの場合はやはりニュースリリースを活用するか、ホームページへ掲載した旨を担当記者へ連絡したほうが良いと思います。取り上げてほしくない情報をこっそりホームページだけに出す企業もありますが、それは逆に信用を損ねますので、そういう情報こそしっかり広報したほうが良いと思います。
4	その他 何なりとアドバイス下さい		魅力的なリリースを出すことは重要ですが、出すだけでなく、広報担当者が記者と雑談をすることも重要だと思います。商品紹介だけなら小さなベタ記事になりますが、そのリリースで発表した商品に関連する市場全体の状況、発売の背景、競合他社の動きなどを話していただくことで、それがヒントとなり、経済面トップの記事に発展することもよくあります。

②新聞（ブロック紙）

| 中日新聞社 | 経済部長　林　浩樹氏 |

	質問	要望 & アドバイス
1	**総論** ・取り上げたくなる・望ましいニュースリリースとは ・ニュースリリース作成の留意点 ・メディアからの要望　等	キャッチな見出しと簡潔な文章が望ましい。 ニュースの背景や意味合い、狙いなどが若干でも盛り込まれると良い。 ニュース性や価値を誇張されると、次回から取り上げにくくなる。 専門用語はできるだけ避けて欲しい。
	タイトル・サブタイトル ①キーワードの有無について： 　新、初、数字　等 ②文章か、体言止めか	分かりやすい方がいいが、たまには「？」と思わせて本文に誘うのも手。
	リード部 ①主語の書き方はいずれがいいか？ 　A.当社（私）は 　B.○○株式会社（住所・社長名）等 ②長いか、簡潔か	ニュースの中身がおおよそ把握できるリードが望ましい。
	本文 ①段落・小見出しの有無 ②長文か、短文・箇条書きか ③特長・差別点の有無 ④数字データの有無　等	書式にはこだわらないが、重要な要素から順に書いてあると良い。
	Visual ①写真・イラスト・グラフ・関係図・表等の有無、必要性 ②色、枠、字体、太字　等	写真やイラスト、参考データは理解を助けるので、できるだけ掲載してほしい。その際、データに関しては出典先、自社の場合は方法など客観性を担保する説明を付けてほしい。
	社長メッセージ・外部識者談話　等 の有無、必要性	ケースバイケース
	今後の方針or見通し 意志・方針を表す文言は必要か？	ケースバイケース
2	メディアへのニュースリリースの効果的な届け方・送り方の留意点	特になし
	送付タイミングへのアドバイス （何時頃？　何曜日頃？　等）	特になし

③新聞（地方紙）

| 河北新報社 | 報道部長　木村　正祥氏 |

	質問	要望 & アドバイス
1	**総論** ・取り上げたくなる・望ましいニュースリリースとは ・ニュースリリース作成の留意点 ・メディアからの要望　等	「見出し」部分が、本文内容を一言で表現したリリースは飛びつきたくなります。新聞もそうですが、とりあえず見出しだけを見て、読み進めるかどうかを決める読者は多いからです。 見出しの後、本文をだらだらと書いたリリースは後回しにされる可能性があります。本文を簡略化したリードを付けてもらえれば、読みやすいし、取り上げやすいと思います。

	項目	内容
1	**タイトル・サブタイトル** ①キーワードの有無について： 　新、初、数字　等 ②文章か、体言止めか	①新規なのか。新規なら全国初なのか、東北初か、あるいは業界初めての試みなのかによりニュースバリューが変わってきます。取材記者は必ず、そうした点を問い合わせます。事前に調べた上で、問い合わせに即答できれば助かります。 ②最近、文章形式のリリースが増えています。記事にそのまま転用してもらえるよう配慮した結果だと思いますが、記者はかえってそうしたリリーススタイルを好みません。参考にしても、いずれ一から記事を興すためです。文章形式にあえて工夫する必要はありません。的確に表現することが一番です。
	リード部 ①主語の書き方はいずれがいいか？ 　A.当社（私）は 　B.○○株式会社（住所・社長名）等 ②長いか、簡潔か	①所在地、社長名を明記した上で、Bの方がいいと思います。 ②一文はなるべく簡潔にした方が好まれます。
	本文 ①段落・小見出しの有無 ②長文か、短文・箇条書きか ③特長・差別点の有無 ④数字データの有無　等	①適宜改行してください。段落の少ない文章は読みにくいからです。小見出しはあえて必要ありません。 ②研究開発ものは、長文になりかねませんが、その場合でも趣旨と狙いなどを別途、箇条書きにして掲載すれば親切です。取材記者にとっては、短文の方が取り組みやすいのはいうまでもありません。記載内容を確認せずに記事化することはありませんので、必ず一つ一つのファクトについて問い合わせをします。その際、箇条書きや短文の方が取り組みやすいと言えます。 ③特長・差別点は必ず明記してください。問い合わせて初めて分かる場合があります。取材記者の力量により聞き漏らしがあることが多々あります。その結果、記事の扱いに差が出ることになります。そうならないためにもリリースに明記することを求めます。 ④数字は命です。時期と併せて必ず明記してください。
	Visual ①写真・イラスト・グラフ・関係図・表等の有無、必要性 ②色、枠、字体、針太字　等	①ビジュアル化は紙媒体の課題です。文字ばかりの記事より写真やイラスト、グラフなどを多用した方が読者の目に留まりやすいのは言うまでもありません。新聞でもビジュアル化を一層進める方向にあります。カラーの紙面を以前より多くしているのもその一環です。 ②可能なかぎりカラーのリリースを心掛けるべきです。ただ、あえてカラーにする必然性のないものはモノクロでも結構です。字体や枠、色など企業ごとにリリースに統一感を持たせるのも必要でしょう。
	社長メッセージ・外部識者談話　等 の有無、必要性	代表者のコメントがあれば、取材の手間が省けますが、型どおりの無味乾燥な内容になるケースもあります。そうしたコメントは記事に採用されませんので、ご注意ください。中身のあるコメント、メッセージをあらためて取材で伺うことになります。なお、外部識者の談話はメディア各社とも自社取材でないと使わないはずです。参考にはしますが、信頼性が担保されません。よって識者談話はリリースに必要ありません。
	今後の方針or見通し 意志・方を表す文言は必要か？	今後の方針も取材者は必ず尋ねます。何をいつまでに、どうするのかなど具体的な方向性は記事に欠かせません。リリースには具体的に盛り込むよう努めてほしいと思います。
	連絡先or 問合せ先 の必要項目は？ 住所、TEL、FAX、e-mail　等	問い合わせ先には、住所、TEL、FAX、アドレスのほか、担当者名（複数）も必ず明記してください。
2	メディアへのニュースリリースの効果的な届け方・送り方の留意点	各社に一方的にメールやファクスを送っても無視される可能性があります。記者クラブに加盟社分を持参し、各社のボックスに配布する旧態依然の手法が現状では有効と言えます。取捨選択は当然ながら各社判断になりますが。

	具体的コンタクト先、送付方法	コンタクト先（部署等）	リリースの内容により、県政、市政、経済の各記者クラブ。
2		送付タイミングへのアドバイス（何時頃？ 何曜日頃？ 等）	紙面制作上の締め切りがありますので、急ぐ場合は午前中。時間的な余裕がある場合は午後でも結構です。週末、祝日は避けてください。
3	ネット時代のニュースリリース作成の留意点		最初のコンタクトはリリースが端緒になりますが、その後のやりとりはSNSを多用している記者もおり、ツールとしてSNSの使用は拡大すると思われます。ただ、セキュリティー対策に懸念が残っているのも実情です。

千葉日報社　　政経部長　山田　亮氏

	質問	要望 & アドバイス
1	**総論** ・取り上げたくなる・望ましいニュースリリースとは ・ニュースリリース作成の留意点 ・メディアからの要望　等	「初」モノ（全国初、県内初など）。 時宜を得た、タイムリーなニュース。 新聞記事同様、ニュースを簡略化した要約が必要。 記者も膨大な量のリリースを処理しているので、短時間で咀嚼でき、目を引くリリースが大事。
	タイトル・サブタイトル ①キーワードの有無について： 　新、初、数字　等 ②文章か、体言止めか	見出しの本数は長すぎない。
	リード部 ①主語の書き方はいずれがいいか？ 　A.当社（私）は 　B.○○株式会社（住所・社長名）等 ②長いか、簡潔か	「当社は、」で良い。
	本文 ①段落・小見出しの有無 ②長文か、短文・箇条書きか ③特長・差別点の有無 ④数字データの有無　等	小見出しはあった方がよい。 短文がよい。データは、他社製品との比較、長所を載せるべき。
	Visual ①写真・イラスト・グラフ・関係図・表等の有無、必要性 ②色、枠、字体、太字　等	文章で多くを述べるより、グラフや表で一目瞭然となるケースは多い。
	社長メッセージ・外部識者談話　等 の有無、必要性	「客観的事実」と、「推測されること」「社として期待すること」、は分けて書くべき。
	連絡先or 問合せ先 の必要項目は？ 住所、TEL、FAX、e-mail　等	担当者の役職名、場合によっては年齢も必要となる。

2	メディアへのニュースリリースの効果的な届け方・送り方の留意点	記者と同様、足を運んで渡す方が顔見知りとなり、浸透しやすい。ただ、記者クラブなどに投げ込んだリリースと同じものを届けても現場が混乱するだけ。
	送付タイミングへのアドバイス（何時頃？　何曜日頃？　等）	早すぎると、記者が出社していない。遅すぎると、紙面が埋まってしまう。お昼前後がベストだが、遅れる場合は事前に一報（内容含め）を入れるべし。
4	その他　何なりとアドバイス下さい	「1枚の写真は100行の記事に勝る」という。リリースも同じ、ビジュアルを活用すべき。「どこがニュースなのか」、絶えず客観的な視点が必要。

山陽新聞社　　　　　　　　　経済部長　小松原　竜司氏

	質問	要望 & アドバイス
1	**総論** ・取り上げたくなる・望ましいニュースリリースとは ・ニュースリリース作成の留意点 ・メディアからの要望　等	◇ニュースの内容、意義が簡潔にまとまって、読みやすいことが不可欠。メディア側の担当者が手にして、ざっと一読するリリース資料は、A4サイズで1枚にまとまっていることが望ましいです。関連資料を付けるにしても、全部で3枚程度までにとどめることが必要と思います。 ◇ニュースのどの点が新しく独自性があるのか、他社とは違う特徴は何か、業界初なのかなどが明確に分かるように記載することが必要と思います。 ◇地方紙の場合、提供されたニュースが購読エリアに密接に関わる事案か否かは、掲載するかどうかを判断する際の重要な基準になります。そのため、そのメディアのエリアに関わるニュースの場合は、ファクスやメールなどでニュースリリースをメディアに送るだけでなく、担当部署に電話をかけて、エリアに関わる旨を直接伝えることが重要と考えます。
	タイトル・サブタイトル ①キーワードの有無について： 　新、初、数字　等 ②文章か、体言止めか	①上記にも記した通り、「新」とか「初」はニュースの価値を判断する上で重要な要素です。タイトル、サブタイトル、文章中にかかわらず、その位置づけを明確にしておくことが必要です。 ②体言止めか否かは、さほど問題ではないかと思います。
	リード部 ①主語の書き方はいずれがいいか？ 　A.当社（私）は 　B.○○株式会社（住所・社長名）等 ②長いか、簡潔か	①一般的なのは「B.○○株式会社」だと思います。 ②リードは簡潔なのが望ましいです。
	本文 ①段落・小見出しの有無 ②長文か、短文・箇条書きか ③特長・差別点の有無 ④数字データの有無　等	①段落は必要ですが、小見出しは特には必要ないと思います。 ②文章は長すぎず、簡潔なのが望ましいです。場合によっては箇条書きも有効と思います。 ③特長や他社との違いは、明確にしておくことが大事と思います。 ④数字やデータは、記事内容をより明確にする上では必要な場合が多いと思います。
	Visual ①写真・イラスト・グラフ・関係図・表等の有無、必要性 ②色、枠、字体、太字　等	①写真や図表などは、数字やデータと同様、記事内容を補足する場合に有効だと思います。 ②色、字体などは、必要に応じて変化を付けることは重要でしょう。ただ、あまりそのことに拘りすぎるのも、いかがなものかと思います。
	社長メッセージ・外部識者談話　等 の有無、必要性	社長メッセージや外部識者談話の必要性は、ケースバイケースだと思います。

	質問			要望 & アドバイス
1	**今後の方針or見通し** 意志・方針を表す文言は必要か？			今後の方針は、必要に応じてあればいいと思います。
	連絡先or 問合せ先 の必要項目は？ 住所、TEL、FAX、e-mail 等			住所、電話番号、ファクス、メールアドレス、担当者の氏名があれば十分だと思います。
2	メディアへのニュースリリースの効果的な届け方・送り方の留意点			上記にも記した通り、ニュースがメディアのエリアに関わることか否かは記事を掲載する上での重要な判断基準となります。エリアに関わる場合には、単にメディアにリリースを送るだけでなく、電話で直接、リリースの内容を伝えることも必要だと思います。
	送付方法	具体的コンタクト先、	コンタクト先（部署等）	山陽新聞社　編集局経済部
			電話	086-803-8039
			FAX	086-803-8138
			メール	keizai@sanyonews.jp
	送付タイミングへのアドバイス （何時頃？　何曜日頃？　等）			特になし

④新聞（産業経済紙）

	日刊工業新聞社	第一産業部長　豊田　国寿氏
	質問	要望 & アドバイス
1	**総論** ・取り上げたくなる・望ましいニュースリリースとは ・ニュースリリース作成の留意点 ・メディアからの要望　等	まずは数字や固有名詞の間違いがないというのが大前提です。その上で望ましいニュースリリースは、簡潔な概要、詳しい補足資料・用語解説の組み合わせだと思います。記者がニュースのポイントを誤解せずに、すぐに理解できると有り難いです。
	タイトル・サブタイトル ①キーワードの有無について： 　新、初、数字　等 ②文章か、体言止めか	キーワードがあれば、ニュースのポイントを理解する助けになると思います。特に「新」「初」「数字」などは目を引きますが、信頼できる客観的なデータの裏付けなどが補足資料などに記載してあることが前提になります。
	リード部 ①主語の書き方はいずれがいいか？ 　A.当社（私）は 　B.○○株式会社（住所・社長名）等 ②長いか、簡潔か	日刊工業新聞では非上場企業の記事について、所在地や社長名などを基本的に記載しています。似たような名称の企業と誤解しないように、読者の理解の助けとしています。ニュースリリースにこれらの情報があると助かります。
	本文 ①段落・小見出しの有無 ②長文か、短文・箇条書きか ③特長・差別点の有無 ④数字データの有無　等	特長や差別点のほか、数字データが必要です。これまでと何が異なっているのか、また何が新しいのか、あるいは何年ぶりのことなのかといったことを簡潔に分かりやすくニュースリリースで説明してあると記事を書きやすくなります。
	Visual ①写真・イラスト・グラフ・関係図・表等の有無、必要性 ②色、枠、字体、太字　等	写真やグラフなどは、いまや必須です。インターネットによる電子版にも使用する可能性が高いので、カラーでの提供をお願いします。

	質問	要望 & アドバイス
1	**社長メッセージ・外部識者談話 等** の有無、必要性	あまり必要とは思いません。
	今後の方針or見通し 意志・方針を表す文言は必要か？	今後の見通しのほか、新製品などでは売り上げ目標や生産計画などがあると助かります。
	連絡先or 問合せ先 の必要項目は？ 住所、TEL、FAX、e-mail 等	ニュースリリースを出しておいて、問い合わせの担当者が出張中ということがありますので、リリース当日でもすぐに連絡がつく連絡先を記載してほしいと思います。
2	メディアへのニュースリリースの効果的な届け方・送り方の留意点	特にありません
3	ネット時代のニュースリリース作成の留意点	ネット時代でもリリースそのものは、いままでと大きく変わらないと思います。それに付随する写真やグラフ、動画などビジュアルがより重視されるのではないかと思います。

⑤新聞（業界紙・専門紙）

鉄鋼新聞社（日刊鉄鋼新聞）	常務取締役編集局長　一柳　朋紀氏

	質問	要望 & アドバイス
1	**総論** ・取り上げたくなる・望ましいニュースリリースとは ・ニュースリリース作成の留意点 ・メディアからの要望 等	新会社を設立するとか、組織を変えるなどという形式上の変化、つまり「手段」に力点を置くのではなく、「それで何をやろうとしているのか」「狙いは何なのか」という「目的」に力点を置いてニュースリリースを作成して頂きたい。
	タイトル・サブタイトル ①キーワードの有無について： 　新、初、数字 等 ②文章か、体言止めか	①数字がニュースの場合、●年ぶりとか、過去●番目の水準とか、誰でもがその数字を評価できるような情報をいっしょに盛り込んで頂きたい。 ②体言止めが望ましい。
	リード部 ①主語の書き方はいずれがいいか？ 　A.当社（私）は 　B.○○株式会社（住所・社長名）等 ②長いか、簡潔か	①Bでよい ②簡潔に。専門用語は最低限に。使う場合は（　　）で意味を補足して。
	本文 ①段落・小見出しの有無 ②長文か、短文・箇条書きか ③特長・差別点の有無 ③数字データの有無 等	ケースバイケースだが、箇条書きが分かりやすい事が多い。
	Visual ①写真・イラスト・グラフ・関係図・表等の有無、必要性 ②色、枠、字体、太字 等	①写真、ポンチ絵、グラフなどは、そのまま新聞に使うことを考えて、あまり細かくなり過ぎないデザインが望ましい。
	社長メッセージ・外部識者談話 等 の有無、必要性	必ずしも必要なし。

	質問		要望 & アドバイス
1	**今後の方針or見通し** 意志・方針を表す文言は必要か？		あれば望ましい。
	連絡先or 問合せ先 の必要項目は？ 住所、TEL、FAX、e-mail　等		必要。
2	具体的送付方法　コンタクト先、	コンタクト先 （部署等）	編集局鉄鋼部
		電話	03－5259－5203
		FAX	03－5259－5209
		メール	tekkou01@mti.biglobe.ne.jp（Kのあとのoはアルファベットのo、Uのあとの01は数字のゼロイチ）
	送付タイミングへのアドバイス （何時頃？　何曜日頃？　等）		なるべく午後２時までに。
4	その他 何なりとアドバイス下さい		弊紙は専門紙のため、その業界に精通したプロの方に、より深い専門的な情報を弊紙記者の分析とともに読者の皆様にお伝えすることを心掛けています。とは言え、ニュースリリースの「つかみ」（最初）の部分などにあまり専門的な言葉が頻出すると、一般の読者の方に、その内容のすごさが伝わらないケースがあります。弊紙の記者が、その都度わかりやすいレベルに翻訳して記事にしておりますが、どの層をターゲットにするのかを考えて、リリース文章を作成して頂けることを望みます。

化学工業日報社　　取締役編集局長　佐藤　豊氏

	質問	要望 & アドバイス
1	**総論** ・取り上げたくなる・望ましい 　ニュースリリースとは ・ニュースリリース作成の留意点 ・メディアからの要望　等	取り上げたく情報は、 ①素材・部材関連のイノベーションをともなう開発情報およびM&Aを含めた投資関連情報 ②自動車、半導体、情報通信、医療・医薬、食料・農業、エネルギー、インフラ、物流、環境問題にかかわる、イノベーションをともなう情報 ③IoT、AI、ビッグデータなどと「ものづくり産業」とを融合した新たなビジネスモデルの情報
	タイトル・サブタイトル ①キーワードの有無について： 　新、初、数字　等 ②文章か、体言止めか	世界初は取り上げたくなるキーワード
	リード部 ①主語の書き方はいずれがいいか？ 　A.当社（私）は 　B.○○株式会社（住所・社長名）等 ②長いか、簡潔か	特になし
	本文 ①段落・小見出しの有無 ②長文か、短文・箇条書きか ③特長・差別点の有無 ④数字データの有無　等	数字、データはできるだけ詳細かつ、十分に盛り込んでいただきたい。 その他は個別の案件による

605

1	**Visual** ①写真・イラスト・グラフ・関係 　図・表等の有無、必要性 ②色、枠、字体、太字　等		紙だけでなくデジタル媒体でも取り上げる場合、アイキャッチ画像（写真）が最も高いニーズ。 図表は、英文表記のものがあれば海外（英語）版に掲載できる。
	社長メッセージ・外部識者談話　等 の有無、必要性		個別の案件による
	今後の方針or見通し 意志・方針を表す文言は必要か？		個別案件によるが、全社の戦略のなかでの位置付けを知るための情報が必要なケースが多い。
	連絡先or問合せ先 の必要項目は？ 住所、TEL、FAX、e-mail　等		TELでなければ間に合わない。
2	メディアへのニュースリリースの 効果的な届け方・送り方の留意点		総合デスク宛（下記）へのメールが確実
	送付方法 具体的コンタクト先	コンタクト先 （部署等）	編集局　総合デスク宛
		電話	03-3663-7934
		FAX	03-3663-2550
		メール	cd_desk@chemicaldaily.co.jp
	送付タイミングへのアドバイス （何時頃？　何曜日頃？　等）		ASAP
3	ネット時代のニュースリリース作成 の留意点		アイキャッチ画像は、コンテンツ作成上、横長の写真がベター。
4	その他 何なりとアドバイス下さい		世界的にシェアの高い製品・商品についてのニュースリリースでは、競合他社を含めた業界のポジションが分かるデータを添えていただけると大変助かります。

日刊自動車新聞社　　編集局長　高橋　賢治氏

	質問	要望＆アドバイス
1	**総論** ・取り上げたくなる・望ましい 　ニュースリリースとは ・ニュースリリース作成の留意点 ・メディアからの要望　等	新しい要素・事実が入っていること。「面白い」と思えるものならば、必ず取り上げ、扱いも大きくする。 リリース作成では、そのまま記事にできるようなものが望ましい。コピーできるという意味ではなく、知りたいこと、書きたいことが簡潔に入っていること。とくに新聞は重要なことから順番に書くため、これに沿っていると処理しやすい。 また、背景となるデータや過去の実績等は参考としてリリースに盛り込むと、問い合わせの手間が減る。逆に不要なものは精神論的なもの、形容詞的な表現。「環境に貢献する」とか「長い歴史を刻んで」など、記事にするうえでは不要で、処理するうえでうっとおしいと感じることもある。
	タイトル・サブタイトル ①キーワードの有無について： 　新、初、数字　等 ②文章か、体言止めか	キーワードは必要。見出しになることを意識して、何が初めてなのか、数字がどう変わるのか、キャッチコピーのようなもので、それがあるとこちらも関心を持つ。体言止めは新聞ではできるだけ使わないが、リリースであれば文体はこだわらない。事実関係がわかりやすいことが最優先となる。

	質問	要望 & アドバイス
1	**リード部** ①主語の書き方はいずれがいいか？ 　A.当社（私）は 　B.○○株式会社（住所・社長名）等 ②長いか、簡潔か	主語の表現は媒体ごとに決まりがあり、わかればいい。リードは長さよりも必要なこと、知りたいことがコンパクトに入っていればいい。
	本文 ①段落・小見出しの有無 ②長文か、短文・箇条書きか ③特長・差別点の有無 ④数字データの有無　等	本文も長さよりも、重要な順番に背景、データ等を含めて表現されていることが大切。特徴、差別点も必須。段落や小見出しにはこだわらない。 箇条書きは、その方が特徴を伝えやすいのであれば問題ない。むしろ文章でだらだら書くよりも、わかりやすいこともある。
	Visual ①写真・イラスト・グラフ・関係図・表等の有無、必要性 ②色、枠、字体、太字　等	写真や図表は、記事に必要性があれば付加すべき。採用するかどうかは別にして、付けなければ紙面に使われない。字体や色は媒体によるので、製作サイドが変更しやすいようにしておくとなお可。
	社長メッセージ・外部識者談話　等 の有無、必要性	外部識者は、発信側のものは使いにくい。社長メッセージは場合によってはあった方がいいこともあり、はずす必要はない。
	今後の方針or見通し 意志・方針を表す文言は必要か？	インパクトのある内容であれば、あった方がいい。ちょっとした新製品などでは使うことは少ないが、不要ということはない。
	連絡先or問合せ先 の必要項目は？ 住所、TEL、FAX、e-mail　等	問い合わせを急ぐこともあり、電話は必須。プラスメール。
2	メディアへのニュースリリースの効果的な届け方・送り方の留意点	担当者とデスク、編集長など両方に送ると目に留まりやすい。担当者は不要と思っても、デスクが面白いと判断することもある。
	送付タイミングへのアドバイス （何時頃？　何曜日頃？　等）	媒体によるのでタイミングはとくにない。ただ、担当者等がメールや郵送物をチェックしやすい朝いち、午後いちの方が見逃されにくい。

繊研新聞社（繊研新聞、繊研プラス(ネット媒体)）　　編集局次長兼本社編集部長　　矢野　剛氏

	質問	要望 & アドバイス
1	**総論** ・取り上げたくなる・望ましいニュースリリースとは ・ニュースリリース作成の留意点 ・メディアからの要望　等	①主体や事実関係、時制、商標名・社名・人物名・肩書き、価格など最低限の必要事項が明記されている。（要は５Ｗ１Ｈ） ②論旨が明快＝何がニュースなのかがタイトルなどにきちんと記載されている。例えば、「日本で初めての○○」「○○が▽▽の事業をスタートする」「××の売上高が過去最高」など。 ③ブランドや施設などが主語となっているリリースが多い。あくまで人、企業などが主語。
	タイトル・サブタイトル ①キーワードの有無について： 　新、初、数字　等 ②文章か、体言止めか	①上記の通り、必ず必要。 ②文体は問わないが、ポイントは本文とは別に列記した方が分かりやすい。
	リード部 ①主語の書き方はいずれがいいか？ 　A.当社（私）は 　B.○○株式会社（住所・社長名）等 ②長いか、簡潔か	①PR会社などが代行するケースもあり、Bで結構。 ②上記と同様、ポイントを本文と別に簡潔に列記して欲しい。

1	**本文** ①段落・小見出しの有無 ②長文か、短文・箇条書きか ③特長・差別点の有無 ④数字データの有無 等		①必要に応じて。 ②本文はできるだけ簡潔に、ポイントを押さえて。 ③何がニュースかを明記。 ④できる限り必要。なければ、結局は問い合わせしなければならなくなる。
	Visual ①写真・イラスト・グラフ・関係図・表等の有無、必要性 ②色、枠、字体、太字 等		①数は少なく、分かりやすいものが必要。出典などを明記。 ②ポイントは太字、罫線などで本文と分ける。字体などは特に拘らない。
	社長メッセージ・外部識者談話 等 の有無、必要性		①内容の繰り返しであれば、本文に入れて結構。 ②外部識者はケースバイケース。科学的説明などの際には必要かもしれない。
	今後の方針or見通し 意志・方針を表す文言は必要か？		意志・方針というより、具体的な計画が欲しい。抽象的な文言はできるだけ排除し、具体的に何をするのかが肝心。
	連絡先or 問合せ先 の必要項目は？ 住所、TEL、FAX、e-mail 等		全て必須。発行者が当事者なのか、PR会社なのか、問い合わせ先も必須。
2	メディアへのニュースリリースの効果的な届け方・送り方の留意点		事前に連絡し、届け先を明確にする。その際、リリースの時間、解禁日なども必要ならば指定する。また、直接当事者から連絡をもらうのがベストで、記者との信頼関係の構築に繋がる。配信会社・PR会社のなかには突然リリースを送りつけるところが多い。担当が不明の場合でも、突然送りつけるのではなく、事前に電話や問い合わせメールで連絡が欲しい。リリースだから自動的に掲載されると思うのは勘違い。
	送付方法 具体的コンタクト先	コンタクト先（部署等）	サイト：https://www.senken.co.jp/corporate/inquiry/
		電話	03-3664-2341（編集部）
		FAX	03-3665-0950（同）
	送付タイミングへのアドバイス（何時頃？ 何曜日頃？ 等）		弊紙は土日祝日と新聞休刊日は休刊。送付は休刊日前の平日であれば金曜日（休日であれば木曜日）。できれば事前連絡が欲しい。翌日付掲載の場合は印刷の関係で午後3時30分まで。ネット配信の場合も同様、ネットのみであれば17時ぐらいまで。
3	ネット時代のニュースリリース作成の留意点		ネットのみと、紙などリアルのメディアを持つ報道機関とでは対応の仕方が異なる。ネットメディアは時間も内容も問わずに掲載する場合が多い。報道機関は内容を精査し、ネットで急いで配信すべきか、追加情報を加えて紙のみか、あるいはその両方の対応が必要かを判断している。しかし、実際に配信されるリリースには情報の価値を判断しにくいものが多い。また、添付される写真の容量が小さすぎて掲載に値しなかったり、データの出典が不正確だったり、信頼性に足りないものも多い。あくまでリアルの紙媒体を持つ報道機関向けをベースにリリースすべき。ネットでもリアルでも情報の価値は変わらないはずだ。さらに加えれば、PR会社の中には媒体の性格（どの分野をカバーしているか）も考えず、自動的に配信していると思われるところもある。PR代行は否定しないが、情報発信の意思決定はあくまで当事者が行うべきものであり、そうでなければ情報の価値自体が劣化してしまうことを考えるべきであろう。

	質問	要望 & アドバイス
4	その他 何なりとアドバイス下さい	ネットを気軽に使う時代になり、誰でも情報を発信できる。そうした情報を扱うサイトも無数に存在している。最終的にはそれを利用するユーザーが価値があると判断した情報を提供しているメディア、あるいは報道機関しか残れないだろう。紙でもデジタルでも情報の価値は変わらないが、それを扱うメディアの側も扱う情報量や質、幅の広さに対応する必要がある。発信側もそうしたメディア事情をきちんと見て、どこに情報を発信すれば効果的かを判断する時代だ。

日刊建設通信新聞社　　常務取締役企画営業総局長兼電子メディア局長　服部　清二氏

	質問	要望 & アドバイス
1	**総論** ・取り上げたくなる・望ましいニュースリリースとは ・ニュースリリース作成の留意点 ・メディアからの要望　等	当該企業の経営の方向性を示すような「方針」「技術」「製品」。それが、今後の企業戦略とどのように結びついているか、あるいは今後の市場動向をどのように見ているかの目印となる。 リリース作成に際しては、簡潔な表現にすること。1つの文章は短く、かつあいまいの「が」でつながらない。1つの文章には1つの内容を記す。 なんといっても、一読して意味するところが理解できることが重要である。
	タイトル・サブタイトル ①キーワードの有無について： 　新、初、数字　等 ②文章か、体言止めか	キーワードは重要である。世界、日本、業界で「初」なのかどうかで、記事の扱いは変わる。 タイトル・サブタイトルは体言止めが望ましい。というか、個人的に好きですね。
	リード部 ②主語の書き方はいずれがいいか？ 　A.当社（私）は 　B.○○株式会社（住所・社長名）等 ②長いか、簡潔か	基本はB リード部は簡潔であることが望ましい。そのために、発表したい点、強調したい点を明確にすること。余分な情報は省くという「決断」が必要。 開発背景などをリードに入れてくるのは不可。結論のみを記す。
	本文 ①段落・小見出しの有無 ②長文か、短文・箇条書きか ③特長・差別点の有無 ④数字データの有無　等	段落は必要。小見出しをつけなければならないほどの長文は不可。 製品開発の背景は簡潔に。長文で自社の類似製品を並べて書くのは記者の執筆意欲をなくさせる。 製品特徴などでの箇条書きはあり。 特徴、差別点は明確に。その際、数字データの裏付けがあれば明記する。
	Visual ①写真・イラスト・グラフ・関係図・表等の有無、必要性 ②色、枠、字体、太字　等	製品発表では写真は不可欠。その他のものでも、発表資料の理解を深めるためのものなら添付する。 色、枠、字体、太字等の使いすぎは、かえって見にくくする。
	社長メッセージ・外部識者談話　等 の有無、必要性	経営方針などでは社長メッセージは必要。外部識者は、その時々による。
	今後の方針or見通し 意志・方針を表す文言は必要か？	将来目標、販売目標、技術展開など、その企業にとっての将来にかかわるものであれば意思・方針を示す言葉は必要だと考える。
	連絡先or問合せ先 の必要項目は？ 住所、TEL、FAX、e-mail　等	記者からの問い合わせ先は住所、電話は必須。対応できる人間を必ず複数指名し、いつでも記者の質問に対応できる体制をとっておくのが望ましい。 新製品ニュースなら「読者からの問い合わせ先」として窓口とその住所、電話は必要。

2	メディアへのニュースリリースの効果的な届け方・送り方の留意点		まずは、発表の2～3日前に、発表があることを担当記者に知らせておくべき。支障のない範囲でおおまかな内容を伝える。基本はレク付き。理解不足による間違いの防止につながる。
	送付方法 具体的コンタクト先	コンタクト先（部署等）	編集局
		電話	03－3259－8721
		FAX	03－3259－8729
		メール	henshu@kensetsunews.com
	送付タイミングへのアドバイス（何時頃？　何曜日頃？　等）		曜日は特にないが、午後3時までには。
3	ネット時代のニュースリリース作成の留意点		ネットの場合、発表資料をそのままの形で掲載することがあるので、より分かりやすい表現にすることが求められる。逆に、写真、図版、表などは多く使ってくれるので、できるだけ、読者の理解に直接結びつくようなものになるよう配慮すること。世界中に拡散される可能性もあるので、問い合わせ先の電話番号には＋81を忘れずに。できれば英文のものも用意しておくとよい。
4	その他　何なりとアドバイス下さい		記者は1日に何本もニュースリリースを見る。そのため、一読して意味が分からないもの、長々と背景説明がしてあるものは、往々にして飛ばす傾向がある。簡潔に、一読して意味と発表内容の重要性が分かるようなリリースにすることが、マスコミに取り上げられるコツだと思う。そういうリリースが書ける人材の育成が重要になる。加えて、広報責任者は「企業の顔」であることを考えれば、日常的にマスコミとの接点を持っている広報室長は、たとえ役員でなくとも、役員会に出席させ（意見を言うわけではない）、経営がどういうことを考えているかを、日常的に知らしめておく必要がある。

日本食糧新聞社　　執行役員日本食糧新聞編集長　川崎　博之氏

	質問	要望＆アドバイス
1	**総論** ・取り上げたくなる・望ましいニュースリリースとは ・ニュースリリース作成の留意点 ・メディアからの要望　等	・事実の要所を簡素にまとめ、案件の狙いをしっかりと説明してあるリリース。価値判断に資するため。 ・何を伝えたいのかを絞って、伝えたい点を明確にしてほしい。その上で、伝えたい点の狙いのほか、その狙いの背景説明があればなお良い。 ・ニュースリリース文中で英語など外国語を使用しなければならない場合、日本語で表現できるものは（日本語の表現があるものは）、可能な限り、日本語で表現してほしい。また、海外の固有名詞の場合、読み方を、例えば共同通信社の記者ハンドブックの用例に沿って、カタカナで記載していただければ大変有り難い。
	タイトル・サブタイトル ①キーワードの有無について： 　新、初、数字　等 ②文章か、体言止めか	①あればあるに超したことはないが、なくても不便とは思わない。 ②どちらでも構わない。気にはならない。
	リード部 ①主語の書き方はいずれがいいか？ 　A.当社（私）は 　B.○○株式会社（住所・社長名）等 ②長いか、簡潔か	①「B」。主語は正確である方が良い。企業の場合、慣用的に用いられる社名が登記社名と異なる場合は、注釈などでその旨を示していただき、なぜ、異なるのかの理由が説明してあればなお良い。 ②長くても必要な要素を盛り込んだ結果であれば構わない。

1	**本文** ①段落・小見出しの有無 ②長文か、短文・箇条書きか ③特長・差別点の有無 ④数字データの有無　等		①あった方が読みやすい。 ②短文、箇条書きの場合、伝えたい内容が正確に伝わるよう注意してほしい。特に誤読されないかに注意を払ってほしい。 ③もちろん、あった方がよい。 ④数字データの有無は記事としてどう取り上げるか、扱い方も含めて極めて重要な判断要素になる。
	Visual ①写真・イラスト・グラフ・関係図・表等の有無、必要性 ②色、枠、字体、太字　等		①理解の助けになるのであれば有り難い。ないからといって、価値判断に影響を与える訳ではない。 ②読みやすさを助ける程度でよい。過度な装飾は不要。
	社長メッセージ・外部識者談話　等 の有無、必要性		案件によって必要、不必要は異なる。社長メッセージが含まれているニュースリリースはそれだけの案件であると判断する要素にはなる。外部識者の談話等をニュースリリースに盛り込むのであれば、公正・公平、妥当性の判断の拠り所として、その外部識者をなぜ選んだのかの理由が知りたくなる。
	今後の方針or見通し 意志・方針を表す文言は必要か？		意志、方針はニュース価値判断の重要な要素であることは間違いない。
	連絡先or 問合せ先 の必要項目は？ 住所、TEL、FAX、e-mail　等		住所、電話番号、FAX番号、電子メールアドレス、会社のURLは、ニュースリリースの信憑性を担保するという意味ですべて必要。実務の観点からは担当者名も必要。担当者を列記する場合、案件に精通している順に列記していると判断する場合があるので、案件に精通している順でなく、単に職制の上の順から列記するのであれば、その点は留意しておいた方がよい。
2	メディアへのニュースリリースの 効果的な届け方・送り方の留意点		ニュースリリースの受け取り方、扱い方、整理の仕方は媒体によってさまざまなので一概に効果的な方法をアドバイスするのは困難。 ただ、メールは履歴を取れるので担当記者のメールアドレスが分かる場合は、メールで送るのも一案。ただし、多数のニュースリリースに埋もれて重要案件を見落とすことを嫌い、メールでのニュースリリースの受け取りに難色を示す担当記者もいるため、メールで送る場合は、意思確認が必要。
	送付方法　具体的コンタクト先、	その他	日本食糧新聞へのニュースリリースは、問い合わせがあった場合に送付先のメールアドレスをお答えしております。一般には公開しておりません。
	送付タイミングへのアドバイス （何時頃？　何曜日頃？　等）		重要案件はメールやFAXの場合、電話をいただいた方が良い。メールは時間を問わないが確認の電話は常識的な業務時間の範囲が望ましい。
3	ネット時代のニュースリリース作成の留意点		ネット時代もネットがなかった時代も特に大きな違いはない。ただ、関連する文書などがWebに公開されている場合、バックグラウンドを説明する資料として、それらを有効に活用できると思う。この点がネット時代の良さ。
4	その他 何なりとアドバイス下さい		紙面掲載日の問い合わせを受けることがよくあるが、紙面掲載日は担当記者が決めるものではなく、全体の記事量、ニュースバリューによって決まるものなので、その点は承知しておいていただきたい。

日本農業新聞社　　ニュースセンター部長　山本　史郎氏

質問	貴要望 ＆ アドバイス
総論 ・取り上げたくなる・望ましいニュースリリースとは ・ニュースリリース作成の留意点 ・メディアからの要望　等	・ニュースで取り上げるべきポイントが簡潔に分かるリリース。 ・作成の際に、詳しく説明しようと置きばかりが長くなると、ポイントが見えにくくなる。取材するかどうかの判断は、リリースで興味を持てるかどうかということであり、誤解を招くことがない範囲でポイントを絞って、コンパクトにまとめてほしい。 ・リリースはA4サイズで1枚または2枚がベスト。それ以上詳しく書こうとすると、必要のない情報も多く、結果的にインパクトがなくなる。 ・イベント告知でも、新商品・新技術の紹介でも、リリースだけで記事を書くことはない。担当部署・担当者の名前、連絡先（電話番号とEメールアドレス）を必ず明記してほしい。
タイトル・サブタイトル ①キーワードの有無について： 　新、初、数字　等 ②文章か、体言止めか	①キーワードはあった方が確実にいい。タイトル、サブタイトルを見て、取材しようかどうか決めることが多い。新しさや珍しさ、驚異的な数値などは、その大きな判断材料になる。 ②体言止めの方が印象に残る。伝えたい情報について、キャッチコピーをつけるぐらいの感覚でいい。そのタイトルをリード、本文で分かりやすく補うという構成ならば、読みやすい。
リード部 ①主語の書き方はいずれがいいか？ 　A.当社（私）は 　B.○○株式会社（住所・社長名）等 ②長いか、簡潔か	①主語については、第1文目に社名（住所・社長名）が入っている方が分かりやすい。 ②取材してほしい、記事にしてほしいポイントだけに絞って、できるだけ簡潔にまとめてあるのが望ましい。
本文 ①段落・小見出しの有無 ②長文か、短文・箇条書きか ③特長・差別点の有無 ④数字データの有無　等	①段落・小見出しについては原則、簡潔にまとめてほしいので不要。ただし、どうしても長文になるようなケースであれば、必要になる。 ②本文は、前文の補足情報を入れることを心がけてほしい。取り上げてほしい情報の核となる点を3つぐらい盛り込み、できるだけ簡潔にまとめてあると、記事を組み立てる時のイメージをつくりやすい。長文にする必要はない。箇条書きしてあるぐらいで構わない。 ③④特徴や数字データは、必要に応じて入れてほしい。
Visual ①写真・イラスト・グラフ・関係図・表等の有無、必要性 ②色、枠、字体、太字　等	①写真やイラスト、グラフ等を入れた方がいいかは、紹介したいニュースの中身による。文章で説明するよりも、写真やフローチャート図にした方がひと目で分かるというものには必要。商品紹介などは写真があるといい。新しい技術を開発したという場合には、図解してあると理解度が増す。グラフ化については、一般的な数値と比較したり、経年変化を見たりする際に助かる。ただし、こうした写真やグラフが多すぎると、何が重要なのかが逆に分かりにくくなる場合もあるので、必要最小限にとどめるよう工夫が必要。 ②字体は読みやすい文字ならば、問わない。重要な部分は太字にするか、下線を引いてあると分かりやすい。ただし、太字を乱用すると、読みにくくなるため、こちらも必要最小限。
社長メッセージ・外部識者談話　等 の有無、必要性	不要。社長メッセージや外部識者談話があっても、記事に転載することはない。こうした部分は、電話も含めて実際に取材し、本人から聞き出さないとマスコミ側とすれば、情報として出せない。
今後の方針or見通し 意志・方針を表す文言は必要か？	新しい事業を立ち上げた場合など、今後の目指すべき方針、見通しなども含めて書いてあると参考になる。

1	**連絡先or 問合せ先**の必要項目は？ 住所、TEL、FAX、e-mail　等		連絡先・問い合わせ先は、載っていないと困る。 担当部署、担当者名、電話番号、Eメールは必須事項。
2	メディアへのニュースリリースの効果的な届け方・送り方の留意点		それぞれの分野、エリアに応じて記者クラブがあり、そこに情報提供があると、担当するキャップ・記者が判断しやすい。各社にリリースを直接送る場合は、ファクスが素早く対応できる。この他、郵送・メールがある。現在ファクス主体で届くが、それが全てメールになったと仮定すると、大量のメールをいちいち開き、チェックしないといけなくなるため、不便になるような気がする。ファクスが届いているのかの確認を兼ね、電話で取材依頼してくるケースもあるが、正直即答できず、検討するとしか回答できない。リリース内容をチェックするため、電話は不要。郵送で届くリリースは枚数、書き込みも多い。そもそも郵送については、送り先を定期的に更新したほうがよい。取材で名刺交換したりすると、その全員にリリースを郵送してくる会社も多い。担当記者が変わっていることもあるため、弊社のような規模の新聞社であれば、郵送は１通に絞り、「流通面担当」「社会面担当」「文化面担当」というように、どの分野の担当　デスク・記者に届けたいリリースなのか、宛名に示してあれば確実に届く。余計なお世話かもしれないが、無駄な複数郵送も減らせ、コストカットになるのではないか。
	具体的送付方法 コンタクト先、	コンタクト先（部署等）	ニュースセンター部または読者相談室（下記の電話番号等は読者相談室）弊社は、読者相談室を情報提供の窓口としているが、リリースについては、基本的にニュースセンター部で担当デスク・記者に振り分けている。
		電話	03－5295－7403
		FAX	03－5295－7488
		メール	dokusha-s@agrinews.co.jp
	送付タイミングへのアドバイス（何時頃？　何曜日頃？　等）		時間はいつでもかまわない。午前中に届くと、情報をしっかり確認できる時間的な余裕がある。
3	ネット時代のニュースリリース作成の留意点		・URL（HPアドレス）の記載。 ・写真や動画等のデジタルデータでの提供。 ・どのマスコミも複数媒体持っており、紙なのかネットなのか取り上げてほしい媒体に絞ることが想定される。ネット媒体の場合は、文字制限がないため、紙媒体と違い詳しい情報があってもかまわない。いらない情報については切ってしまうだけ。即時性をかなり重視するため、ネットニュースの場合、リリースから記事をまとめ、コメントを取るだけの場合も想定される。こうした際に、リリースの在り方は変わってくるかもしれない。

物流ニッポン新聞社　　業務部　山上 隼人氏

	質問	要望 & アドバイス
1	**総論** ・取り上げたくなる・望ましいニュースリリースとは ・ニュースリリース作成の留意点 ・メディアからの要望　等	出来るだけ具体的なニュースの方が取り上げやすいです。「いつ」「どこで」「誰が」「何をした」かが分かるよう、「５Ｗ１Ｈ」を明確にしていただけますと助かります。専門紙の場合、何が重要な要素となるかは媒体によって異なりますので、開示できる情報は可能な限り公表してください。また、「〜した」という過去形より、「〜する」という未来形の方が、ニュース価値は高くなると思います。

	項目	内容
1	**タイトル・サブタイトル** ①キーワードの有無について： 　新、初、数字　等 ②文章か、体言止めか	①キーワードは必要であり、特に「新」「初」は極めて重要です。どのメディアであっても「新しい」「初めて」のニュースを求めているはずです。また、金額など「数字」は非公表となるケースもありますが、「500億円投資」のように情報を出していただけますと、読者に「規模感」が伝わり、イメージしやすくなります。情報を伝える上で、数字は「雄弁」です。 ②タイトルは「見出し」ですので、体言止めが望ましいと思います。
	リード部 ①主語の書き方はいずれがいいか？ 　A.当社（私）は 　B.○○株式会社（住所・社長名）等 ②長いか、簡潔か	①リード部の主語は、間違いが起こらないよう「○○株式会社（住所、社長名）」としてください。「当社（私）」のような形では不明確です。また、住所や社長名も示すことで、同名の会社との混同を防ぐことが出来ます。 ②簡潔な方が、要点をとらえやすくなります。
	本文 ①段落・小見出しの有無 ②長文か、短文・箇条書きか ③特長・差別点の有無 ④数字データの有無　等	①段落は、適度な文章量で分けてください。あまり長くなると、読みにくくなります。また、記者は時間が無い時、ニュースリリースを「斜め読み」しますので、小見出しがあるとニュース内容を早く把握できて助かります。 ②文章は短く、簡潔に。修飾語の多い長文では、記者に誤解が生じ、ミスリードする恐れがあります。また、細かなニュアンスが伝わりにくいため、箇条書きは避けてください。 ③特長や差別点はニュースの「肝」となりますので、明確に打ち出してください。これが無いと、良いニュース記事は書けません。 ④前述した通り、数字（データ）は雄弁です。「文字」しか読んでいない読者にも、イメージが伝わりやすくなります。可能な限り公表してください。
	Visual ①写真・イラスト・グラフ・関係図・表等の有無、必要性 ②色、枠、字体、太字　等	①どんなにベテランの記者でも、文字だけではニュースの内容を掴みにくいものです。また、トップ記事には、写真やグラフ、図表といった「グッズ」が必要になることが多く、これが無いと、良いニュースであってもトップ記事にならないことがあります。必要に応じて用意してください。 ②重要な箇所を太字にしたりして強調してもらえると、要点が分かりやすくなります。ただ、ニュースリリースは、ファクスで届いたり、モノクロで印刷したりしますので、色にはあまりこだわる必要が無いと思います。
	社長メッセージ・外部識者談話　等 の有無、必要性	経営トップや有識者の談話は引用できますので、できれば用意してください。コメントを加えることで、記事に「膨らみ」を出せます。
	今後の方針or見通し 意志・方針を表す文言は必要か？	極めて重要です。「現在」の情報だけでなく、今後の方針や見通しといった「未来」の情報を明確にすることで、中長期的な狙いが分かりやすくなります。また、この「狙い」を詳しく聞くため、記者からの取材依頼が増えると思います。記者の大半は、「既に起こってしまったこと」にはあまり興味が無く、「これから起こり得ること」の情報を求めています。
	連絡先or 問合せ先 の必要項目は？ 住所、TEL、FAX、e-mail　等	問い合わせは、専ら電話、E-mailになるかと思いますが、住所やファクス番号も書いていただいた方が親切です。会社から近所の場合、「行ってみようか」と思います。また、記者会見の案内などは、出欠の返事をファクスですることが多いので、目立つところに番号を書いていただけると助かります。
2	メディアへのニュースリリースの効果的な届け方・送り方の留意点	どのような端末でも一様に見られる「PDF」ファイルを、メールで送っていただくのが望ましいです。プリントアウトも奇麗にできます。また、記者の中には、原稿を書く時にニュースリリースの「コピー&ペースト」をする人もいますので、それが可能な形式の方が重宝されると思います。更に、高画質の画像データなどがあれば、併せてメールに添付してください。

2	具体的送付方法 コンタクト先、送付	コンタクト先（部署等）	特定の「営業部」「販売事業部」などではなく、広報担当の部署が質問などを一括して受けてくれると、やり取りがスムーズです。担当者名は必須。
		電話	代表番号ではなく、広報担当部署の番号を明示してください。
		FAX	同上
		メール	担当者のアドレスで結構ですが、その人が休みだった場合、回答が遅れますので、広報部署全体のアドレスも用意していただけると助かります。
		その他	担当者が複数人いるとありがたいです。
	送付タイミングへのアドバイス（何時頃？ 何曜日頃？ 等）		上場企業の場合、証券取引所が閉まる「午後3時」以降に発表されるケースが多いのですが、専門紙は一般紙よりも締め切りが早い（おおむね夕方ぐらい）ため、これでは遅いです。恐らく「午後1時」ぐらいまでに送付していただければ、その日の締め切りに間に合うのではないでしょうか。
3	ネット時代のニュースリリース作成の留意点		ニュースリリースに使用されている画像は解像度が低いため、画像の「一括ダウンロードサイト」をつくってください。特に、行政官庁の記者クラブなどには、ニュースリリースを「ペーパー」で配布し、場合によっては「紙焼き」の写真を添付されることがあるかと思いますが、それよりは、画像をダウンロードできるサイトをつくっていただいた方が助かります。
4	その他 何なりとアドバイス下さい		インターネットの普及が進み、「出せる情報は出しておいた方が良い」時代になりました。特に「不祥事」などは、情報を出していないと「隠していた」ととられかねません。情報の発信は、企業のアピールという「攻め」だけでなく、「守り」にも使えます。積極的な情報開示をお願いいたします。

電波新聞社　　編集本部　次長　古川　隆彦氏

	質問	要望 & アドバイス
1	**総論** ・取り上げたくなる・望ましいニュースリリースとは ・ニュースリリース作成の留意点 ・メディアからの要望　等	外国企業のリリースは翻訳されて送られてくるが、まずアルファベット表記（地名、社名、人名など）になっている。リリース発行側はカタカナ表記の労を惜しまないで欲しい。 PR会社の責任は大きい。特にタテ書きの新聞にとってアルファベットを使うと読みにくい。
	タイトル・サブタイトル ①キーワードの有無について： 　新、初、数字　等 ②文章か、体言止めか	①キーワードがあればなおさら良い。 ②文章でも、体言止めでもどちらでもいい。
	本文 ①段落・小見出しの有無 ②長文か、短文・箇条書きか ③特長・差別点の有無 ④数字データの有無　等	①②小見出しや箇条書にはあまりこだわらない。 ③特長・差別点は従来の製品との違いを強調して欲しい。 ④数字データは必要。
	Visual ①写真・イラスト・グラフ・関係図・表等の有無、必要性 ②色、枠、字体、太字　等	人事ニュース（特に企業トップ）なら顔写真は必要。 図があればなお良し。

1	**社長メッセージ・外部識者談話 等** の有無、必要性	不要
	今後の方針or見通し 意志・方針を表す文言は必要か？	必要
	連絡先or 問合せ先 の必要項目は？ 住所、TEL、FAX、e-mail 等	連絡先としてPR会社の担当者が記載されているがあまり機能しない。当該企業の広報担当の連絡先は必須。
2	メディアへのニュースリリースの効果的な届け方・送り方の留意点	1日に100件近く届くリリースだが、宛名がなければ反古にされてしまう。担当記者の名前を確認して送れば必ずその記者のデスクに届く。
	具体的送付方法、コンタクト先、 / コンタクト先（部署等）	分野によって担当記者が異なるため、それぞれの記者宛に送ることが望ましい。
	送付タイミングへのアドバイス （何時頃？ 何曜日頃？ 等）	いつでも可だが、午前中希望。
4	その他 何なりとアドバイス下さい	①リリース内での専門語に注釈をいれるべき。 ②外資系企業のリリースは本国発表文を直訳しているケースが多い。 　日本語にすると不明瞭（特にIT関係）。 　PR会社任せでなく、企業側がリリース内容をチェックすべき。

⑥通信社

共同通信社	経済部長　東　隆行氏
質問	要望 & アドバイス

1	**総論** ・取り上げたくなる・望ましいニュースリリースとは ・ニュースリリース作成の留意点 ・メディアからの要望 等	タイトルを含めてリリースの冒頭部分を読めば、ニュースの大枠が分かることが望ましいです。感覚的、情緒的な表現はできるだけ少なくし、客観的な事実と区別が付くように表記して欲しいです。業界用語や専門用語は思った以上に理解されないので、平易な表現にするか、注釈をつけるか工夫してもらいたいです。
	タイトル・サブタイトル ①キーワードの有無について： 　新、初、数字 等 ②文章か、体言止めか	できるだけ簡潔に。
	リード部 ①主語の書き方はいずれがいいか？ 　A.当社（私）は 　B.○○株式会社（住所・社長名）等 ②長いか、簡潔か	主体がどこなのか明確にしてほしいです。本体なのか、グループ会社なのかリード部分で分かるように。リード部分が簡潔になるように、会社の住所などのデータは別途まとめて表記してもらった方が読みやすいです。
	本文 ①段落・小見出しの有無 ②長文か、短文・箇条書きか ③特長・差別点の有無 ④数字データの有無　等	長い文章は誤読する可能性もあり、改行や小見出しを活用しつつ、短文や箇条書きの方が望ましいと思います。特長や差別点を書く際は、客観的な裏付けを示して欲しいと考えています。データは、出典を明示していただけるとニュース価値の判断や確認に役にたちます。

	質問	要望 & アドバイス
1	**Visual** ①写真・イラスト・グラフ・関係図・表等の有無、必要性 ②色、枠、字体、太字　等	読んだだけでは理解が難しい内容や、変更前と変更後の違いが一目で分かる図解を付けていただけると助かります。記事に使用できる提供写真やイラストも歓迎します。写真は商品に絞ったものだけでなく、イベント風景など人物が入った動きのあるものもあれば使いやすいです。
	社長メッセージ・外部識者談話　等 の有無、必要性	リリースのコメントをそのまま記事に引用することは基本的にありませんので、必要ありません。記者会見や、広報担当者との生のやりとりなど直接取材を重視しています。
	今後の方針or見通し 意志・方針を表す文言は必要か？	抽象的なものではなく、できれば数字や年限など具体的なものが入った方針や見通しを示していただけると助かります。また将来の可能性、商品やサービスの展開や広がりを考えているかが分かれば、ニュース判断が変わることもあります。
	連絡先or 問合せ先 の必要項目は？ 住所、TEL、FAX、e-mail　等	電話番号は必須ですが、メールアドレスもあれば便利だと考えます。
2	メディアへのニュースリリースの効果的な届け方・送り方の留意点	できるだけ業界や該当分野の担当記者に直接、届くことを希望します。会社に届くリリースは郵送、FAX、メールなど膨大な量になりますので、目が届きにくくなります。
	送付タイミングへのアドバイス （何時頃？　何曜日頃？　等）	夕刊、朝刊の締め切りを考えて9時〜11時、14時〜16時がベストだと考えます。ニュースリリースは木曜、金曜日に集中する傾向があるので、分散していただけると助かります。
3	ネット時代のニュースリリース作成の留意点	写真をダウンロードできるようにしていただけると助かります。グラフなどのバックデータもとれるようになれば便利です。
4	その他 何なりとアドバイス下さい	共同通信社が記事を配信している地方紙は当然のことながら自社のエリアに関するニュースに対する関心が高く、関連する地域（店舗や工場、イベントの開かれる場所など）を詳しく明記していただけると取り上げやすくなります。

時事通信社　　　経済部長　佐藤　亮氏

	質問	要望 & アドバイス
1	**総論** ・取り上げたくなる・望ましいニュースリリースとは ・ニュースリリース作成の留意点 ・メディアからの要望　等	難解で一読してもすっと頭に入ってこないニュースリリースは、記者にとって敬遠されることは間違いないと思います。例えば、ある新商品を紹介したリリースで、ポイントが多岐にわたって説明されている場合、「何がこの商品の売りなのだろう」と思われるでしょう。商品あるいはサービスの正確な紹介・説明は必要ですが、やみくもに専門的になったり、詳細過ぎるのは避けるべきです。 ニュースリリースは企業からメディアに伝える最もシンプルな手段です。結局のところ、「伝えたい」という熱意が感じられるリリースは取り上げられる可能性が高いと思います。その熱意が伝われば、リリース体裁の多少の巧拙はカバーされるのではないか、と思います。
	タイトル・サブタイトル ①キーワードの有無について： 　新、初、数字　等 ②文章か、体言止めか	リリースで取り上げる対象にもよりますが、タイトルは記事で言えば「見出し」。弊社発行の「用字用語ブック」では見出しについて「見出しは10字以内」とした上で「見出しはニュースの内容を簡潔に表したものであり、読者を記事に引き込む役目を果たす。表現は読者が一読してのみ込めるものでなくてはならず、本文を読まなければ見当がつかないような見出しや、専門家だけが分かるような用語を使った見出しは失格だ」と明記してあります。基本的な考え方はニュースリリースでも同様です。

1	**リード部** ①主語の書き方はいずれがいいか？ 　A.当社（私）は 　B.○○株式会社（住所・社長名）等 ②長いか、簡潔か		一つのリリースにあまりにも多くの要素を詰め込むとかえって分かりにくくなります。その場合、「何を盛り込むのか」の取捨選択が極めて重要です。逆に、あまりにも説明を省くとミスリーディングになります。
	本文 ①段落・小見出しの有無 ②長文か、短文・箇条書きか ③特長・差別点の有無 ④数字データの有無　等		同上
	Visual ①写真・イラスト・グラフ・関係図・表等の有無、必要性 ②色、枠、字体、太字　等		読む人間の理解を助ける写真・イラスト・グラフ・関係図表などは、できるだけあった方が望ましいでしょう。ただ、この場合でも難解過ぎたり、あまりにも多すぎるのは避けるべきです。
	社長メッセージ・外部識者談話　等 の有無、必要性		ニュースリリースの内容・性格にもよるでしょう。一概には言えないと思います。
	連絡先or問合せ先 の必要項目は？ 住所、TEL、FAX、e-mail　等		問い合わせ先は必須です。メディアにとって企業との接点の「玄関」は広報部門であり、ニュースリリースに広報担当者の連絡先が明記されていないことは通常、あり得ないことだと思います。これは最も困る事例ですが、リリースにある問い合わせ先が不在の場合があります。最悪の例として「外出して戻ってこない」「問い合わせ担当者がいない」ということもありました。いかなる場合でも、記者からの問い合わせには担当者に連絡がつく体制だけはつくっておくべきでしょう。
2	メディアへのニュースリリースの効果的な届け方・送り方の留意点		ネット社会の進展を受け、最近ではメールによるリリース配付が主流です。ただ、メールの場合は注意しないと多くの中に埋もれてしまう可能性もあります。リリースの内容や性格にもよりますが、紙に印刷したものが持つ訴求力の強さは捨てきれないと思います。
	具体的送付方法コンタクト先、	コンタクト先（部署等）	企業の経済関係のニュースリリース（訃報なども含む）の場合 編集局経済部
		電話	03-3524-6286
		FAX	03-3543-2138
		メール	メールの場合は各担当記者クラブが受けることにしています。
	送付タイミングへのアドバイス （何時頃？　何曜日頃？　等）		メールの場合であれば、午後4時、ないしは午後5時ごろまでに送付されるのが望ましいと思います。早朝や深夜などは緊急性が高い案件を除き、極力避けるべきです。
3	ネット時代のニュースリリース作成の留意点		「大事なことは、だいたいA4版1枚で済む」と言われています。印刷物であれば、リリースは多くて3ページほどでしょうが、ネットにおける問題点は「長くしようと思えば、いくらでも長くなる」ということです。これはメディアの世界の記事も同じで、ネットの場合、長さに際限はありません。従って、気を付けないと冗長に流れるきらいがあります。正確・簡潔の原則をしっかりと守らないと、何のためにリリースを配付しているのか分からなくなる可能性があります。注意が必要でしょう。

4	その他 何なりとアドバイス下さい	弊社発行の「最新 用字用語ブック 第7版」(2016年4月1日発行)には、文章を書く基本が載ってあります。また、使っていい用語、使ってはいけない用語、日時や数字などの書き方などなど、非常に参考になると思います。現場の記者、デスクも用字用語ブックを必ず傍らに置き、常に参照するようにしています。是非、ご活用をお薦めします。

⑦テレビ局(キー局)

日本テレビ 　　　　　　　　　　**報道局次長(兼)経済部長　早坂　浩仁氏**

	質問	要望 & アドバイス
1	**総論** ・取り上げたくなる・望ましいニュースリリースとは ・ニュースリリース作成の留意点 ・メディアからの要望　等	・見た瞬間にビビッとくるもの(レイアウト、色、デザイン、フォント、見出し、構成・・・全てに気を配ったもの)。それらもセンスのうち ・ファクトが過不足なく書かれているもの 　(逆に、ただの羅列、脚色や間違いがあるものはNo　Good) ・刺さるワードがちりばめられているもの ・テレビ、新聞、ラジオ、雑誌、インターネット・・・、媒体は多数あり、それを認識して作られたもの 　(専ら活字メディア向けに作成されたものはNO Good) ・1枚の紙で概要がサクッと把握できるもの ・新製品発表など、ポジティブな広報事案の際は、抽象的ではあるが、すぐに問い合わせの電話を掛けたくなるようなもの ・ネガティブな広報事案に関しては、現時点で判明していることを嘘偽りなく伝えているもの
	タイトル・サブタイトル ①キーワードの有無について： 　新、初、数字　等 ②文章か、体言止めか	①Keywordは重要 面白さ、斬新さ、優位性、衝撃度などを端的に言い表せる広報担当者、そして、その人が作るニュースリリースは優れていると思います。リリースをすぐに手にとって、ついつい読み込んでしまうようなKeywordを意識されると、こちらもニンマリしてしまいます。「それはセンスの問題だよ」こう言う人もいるかもしれません。それも否定しませんが、物事の本質が分かっている人にかかれば、素晴らしいKeywordが湯水のように湧き出てきます。実は、ニュース原稿を書く記者も同じです。ですので、いかに自社内外を取材して、自社の商品、技術、サービスの本質を見極めるか、これが鍵です。 ②文章、体言止め、箇条書き、全く差異はない 正直、些末な問題です。もっと重要なことがたくさんあります。箇条書きや常体を用いたとしても全く無礼には思いません。それよりも内容が重要です。
	リード部 ①主語の書き方はいずれがいいか？ 　A.当社(私)は 　B.○○株式会社(住所・社長名)等 ②長いか、簡潔か	①これもそんなに気にしなくてOK ただ、「読み進めるのは気が重そうだな」などと思われないような、書き出しにふさわしいリードを心がけるといいと思います。 主語もそれを念頭に選択すべきではないでしょうか。 ②簡潔明瞭が理想 ニュース原稿もそうですが、リードはセンスです。事象を端的に、そして、魅力的に伝えわるよう意識することに注力すべきです。 前述しましたが、物事の本質を捉えることさえできれば、素敵なリードを思い浮かべるのは、さほど難しいことではありません。

1	**本文** ①段落・小見出しの有無 ②長文か、短文・箇条書きか ③特長・差別点の有無 ④数字データの有無　等	①意識すべきは見やすさ 段落、小見出し・・・ たくさん伝えたいことがあって、それを見やすく伝えたい、こういうことであれば、小見出しを多用すべきでしょう。 よく会議資料の作成を求められた際に、上司などから「Ａ４用紙１枚で言いたいことをまとめよ」とか指示されることが多いかと思いますが、例え、うまくＡ４用紙１枚にまとまっていたとしても、隙間がないほどに、びっしり文字が埋まっているものより、改行や段落のインデントを上手に調整したり、写真、図表やグラフなどをうまく活用して見やすさに気を遣ったりすることの方が肝要です。 ②意識すべきは"伝えたいことを100％伝え、理解してもらうこと" たぶん、結果的に短文の方が読みやすい、見やすいことが多いかもしれませんが、ここに注意が集中してしまうと、それこそ"木を見て森を見ず"になってしまうと思います。 リズムを作るために短文を用いたはずが、逆に文章と文章のつながりを悪くしたりして、記者など読み手の興味をそいでしまう結果になりかねません。 一方、箇条書きは文書にアクセントを付ける意味においても、大変有効な技法だと思います。大事なポイント、強調したいことを列挙する際にはうまく活用した方がいいでしょう。 ③これが最も重要！ 私たちがリリースで着目するのは、ニュースバリューがあるかどうか、これ以外にはありません。それを踏まえた上で、私たちは、特に以下のポイントに着目しています。 ☐日本初、世界初 ☐社会や生活を大きく変えるモノ（変えうるモノ） ☐ライバル他社を大きく引き離すモノ ☐これまでの既成概念を破ったモノ ☐絵として優れているモノ さらに言うと、その商品、サービス、技術などの価値を計る尺度は ・面白さ ・斬新さ ・優位性（他社、他国、自社の過去製品などと比べて） ・希少性 ・衝撃度（世の中、消費者に与える影響の度合い） ④数字やデータは、あればうれしい程度 ただし、原稿に入る確率が高いものなので、絶対に間違いのない数字やデータを記載していただけると助かります。
	Visual ①写真・イラスト・グラフ・関係図・表等の有無、必要性 ②色、枠、字体、太字　等	①前述しましたが、使った方がいい ニュースバリュー、内容がメディア側に伝わるなら、とことん活用すべきだと考えます。写真やイラストなどにも凝り、リリースに張り付けていくべきです。 ②読む人を惹きつけるために工夫すべき メディアの反応、取り上げられ方、他社のリリースなど、研究を重ね、様々な観点から最善策を模索すべきです。それは、デザイン面も同様で、工夫を続けていかねばなりません。
	社長メッセージ・外部識者談話　等 の有無、必要性	外部識者のコメントは、あれば一定の参考にしますが、コンプライアンス的な観点からも、また、客観報道を徹底するためにも、自社が探した専門家に客観的なコメントをもらうべきなので、識者の談話などは不要と考えます。
	今後の方針or見通し 意志・方針を表す文言は必要か？	TPOに応じて、というところでしょうか。

1	**連絡先or 問合せ先** の必要項目は？ 住所、TEL、FAX、e-mail 等		担当者の業務用携帯電話の番号も必須だと思います。
2	送付方法 具体的 コンタクト先	コンタクト先 （部署等）	報道局経済部
		電話	03－6215－0041
3	ネット時代のニュースリリース作成の留意点		紙を記者クラブのボックスに投函したり、郵送、FAXで送信する手法はもはや時代のニーズに合っていないと思います。 皆さん方のリリースは、民間テレビ局の場合、経済部や社会部など報道局のみならず、情報系の番組担当者も有効利用している時代です。 できればPDFでいただき、フォルダで一元管理し、多くの番組担当者らも情報共有できるといいなと考えています。

TBSテレビ　　　　　　　経済部長　鈴木　利正氏

	質問	要望 & アドバイス
1	**総論** ・取り上げたくなる・望ましい 　ニュースリリースとは ・ニュースリリース作成の留意点 ・メディアからの要望　等	一企業にとってだけではなく、業界全体・できれば業種を超えて新しい影響を与える、というような広がり・意義を強調していただきたい。売り方・買い方・ビジネスモデル・ライフスタイルがこう変わる‥と具体的かつ視覚的にイメージできる。詳しくは発表当日‥という発想ではなく、事前に"縛り"付きで渡すリリースには、ある程度具体的に新しい点を示してほしい。
	タイトル・サブタイトル ①キーワードの有無について： 　新、初、数字　等 ②文章か、体言止めか	①タイトルもサブタイトルもあった方がいい。宣伝のようなキャッチフレーズではなく、記事に書きやすい新しさ・意義が伝わるようなキーワードを。 ②文章ではなく短いキーワードが欲しい。
	リード部 ①主語の書き方はいずれがいいか？ 　A.当社（私）は 　B.○○株式会社（住所・社長名）等 ③長いか、簡潔か	①あまり気にしないが、簡潔・短い方がいい。ただし、グループ企業も含めた複数社による共同事業なら、正確に。 ②簡潔な方がいいが、趣旨・新しさ・狙いを端的に示していただきたい。
	本文 ①段落・小見出しの有無 ②長文か、短文・箇条書きか ③特長・差別点の有無 ④数字データの有無　等	①あった方がいい。 ②箇条書きで、そのまま記事にできる程度の詳しさを。 ③特長が端的に・具体的にわかることは生命線。 ④是非必要だが、効果などがはっきりしておらず広く世間に報道づらいような数字は載せないで、会見等で説明してほしい。
	Visual ①写真・イラスト・グラフ・関係図・表等の有無、必要性 ②色、枠、字体、太字	①あった方がいい。 ②視覚的に見やすい方がいいが、極端に多い色はかえって見にくい。
	社長メッセージ・外部識者談話　等 の有無、必要性	短く特長や新しさを示すものならあってもいいが、会見等で肉声で聞くことが基本だと思う。識者談話は、客観性の判断が難しいので、報道では取り上げにくいのではないか。
	今後の方針or見通し 意志・方針を表す文言は必要か？	まだ実現・達成できていない点など、是非あった方がいい。今後は‥という原稿の"締め"に困っている記者の姿を散見するので。

	質問			要望 & アドバイス
1	**連絡先or 問合せ先** の必要項目は？ 住所、TEL、FAX、e-mail 等			直通の連絡先が是非必要。
2	メディアへのニュースリリースの 効果的な届け方・送り方の留意点			重要性・緊急性がタイトルで伝わる。
	具体的送付方法、コンタクト先	コンタクト先 (部署等)		民放テレビ局の場合、担当記者＋本社経済部＋記者クラブ。記者クラブに属さない企業の場合、代表番号から「経済部を」とつなぎ、経済部の直通番号を聞き出せれば次回以降は直通に。民放の場合、担当記者が明確ではない分野も多く、本社経済部の内勤記者に伝える。
	送付タイミングへのアドバイス (何時頃？　何曜日頃？　等)			緊急性が無ければ、午前の早めの時間もしくは夕方。民放テレビの場合は、10：30～12：00および15：00～18：30は避けた方がいい、ニュース番組の編集作業で追い込んでいて、デスクも内勤も対応できない。
3	ネット時代のニュースリリース作成 の留意点			重要な数字・新しい点・キーワードなどを太字にするとか、スマホの画面でも概要を見やすいような工夫。スマホ、メールでリリースを見てから半日以内に記者とデスクが打ち合わせを始めるようなものが望ましい。
4	その他 何なりとアドバイス下さい			技術的な説明など、技術者・専門家にしかわからないような用語を避けていただきたい。

	テレビ朝日	経済部長　松原　文枝氏
	質問	要望 & アドバイス
1	**総論** ・取り上げたくなる・望ましい 　ニュースリリースとは ・ニュースリリース作成の留意点 ・メディアからの要望　等	・商品、研究、実証実験のポイントが分かり易く書かれている。 　⇒写真や画で具体的なイメージが分かる。 　専門的知識が必要な分野は分かり易い説明があれば準備が出来る。 ・業界や世界のトレンドの中で、どこに優位性があるのかの説明を。 　⇒独自の商品、技術と言っても、業界動向や競争環境の中での 　　位置づけが分かれば、取上げる判断材料として大きい。 　社内的にもプレゼンが出来る。
	タイトル・サブタイトル ①キーワードの有無について： 　新、初、数字　等 ②文章か、体言止めか	・キャッチーなタイトルはそれだけで、目を引くし、 　取り上げる動機に直結する。
	本文 ①段落・小見出しの有無 ②長文か、短文・箇条書きか ③特長・差別点の有無 ④数字データの有無　等	①小見出しは整理されるのであった方がいい。 ②短文、箇条書きは分かり易い。 ③特徴、差別点は詳しく。 ④数字データは必須。他との優位性や、業界全体での位置づけなど説 　得力を持つ。
	Visual ①写真・イラスト・グラフ・関係 　図・表等の有無、必要性 ②色、枠、字体、太字　等	①写真・イラスト・グラフ・関係図などは当然必要。 　写真・イラストは取上げる判断に。またグラフ・関係図は 　実際の放送にも使える。

	質問	要望 ＆ アドバイス
1	**社長メッセージ・外部識者談話 等** の有無、必要性	・社長のメッセージは、内容に力があればトップの意気込みとして、取り上げる判断にもなるが、必ずしも必須ではない。それよりも客観データや数字、特徴などが詳しい方がいい。 ・外部識者は、識者を使って都合よく紹介しているのではないか、或いは、宣伝のためにやってるのではと疑念を抱かせるため、信憑性を逆に下げることにもつながりかねない。
	今後の方針or見通し 意志・方針を表す文言は必要か？	今後の方針は、はっきり打ち出せるのならいいが、情報として曖昧な場合は、特に必要はない。
	連絡先or 問合せ先 の必要項目は？ 住所、TEL、FAX、e-mail 等	住所、TEL、FAX、e-mail、担当者名は必須。 担当者携帯もあれば、尚ベター。
2	メディアへのニュースリリースの効果的な届け方・送り方の留意点	e-mailは少なくとも必要。e-mail、FAX両方で。
	送付タイミングへのアドバイス (何時頃？ 何曜日頃？ 等)	発表、会見前の1か月前、少なくとも、1週間、或いは2日前には送って欲しい。
3	ネット時代のニュースリリース作成の留意点	ネットの場合は、カラーで写真や図解が出来るのと、画面で見れるのでFAXよりも情報量を多く出来る。

フジテレビジョン	生活情報部長　立石　修氏
質問	要望 ＆ アドバイス
総論 ・取り上げたくなる・望ましいニュースリリースとは ・ニュースリリース作成の留意点 ・メディアからの要望　等	直近で大きなニュースや話題となっている事象と関連づけられる事実があれば、それを前面に出してリリースを作成したほうが、取り上げようというインセンティブは働きやすくなる。 取材を設定する場合は、時間、場所、何が撮影できるか、インタビューの有無を具体的に記述する。 研究成果など専門的な内容が含まれる場合は、できるだけ平易な言葉に置き換えて説明し、われわれの日常生活にどうかかわるのかを具体的に説明することが重要である。 リリースはA4 1枚に簡潔にまとまっていることが望ましく、一瞥しただけでおおよその内容を把握でき、記者が問い合わせを行う際は、内容確認にとどまるというのが取材に向けての労力短縮の観点からも肝要。
タイトル・サブタイトル ①キーワードの有無について： 　新、初、数字 等 ②文章か、体言止めか	①キーワードの有無 「今年初」「世界初」「史上初」「新発表」「国内1位」など、「初」「新」といったキーワードをまじえたほうが記者の目には圧倒的に留まりやすく、印象は強くなり、問い合わせを行う動機となりやすい。 あくまで確認された事実の範囲内というのが原則だが、上記のような文言で強調できる事象があれば、それを前面に出すのが有効である。 特長を示す具体的「数字」があればあわせて盛り込むのが望ましい。 ②文章か、体言止めか 強調したい部分は、体言止め、もしくは太字、カギかっこなどを使用しほかの部分とは異なる形で示す。 記者に印象付けるには、簡潔で、目に留まりやすく、効果的なものにすることが重要である。

1	**リード部** ①主語の書き方はいずれがいいか？ 　A.当社（私）は 　B.○○株式会社（住所・社長名）等 ②長いか、簡潔か		①主語の書き方はいずれがいいか 　リリース冒頭に発出社名がある前提で「A」 ②長いか簡潔か 　「簡潔」が望ましい
	本文 ①段落・小見出しの有無 ②長文か、短文・箇条書きか ③特長・差別点の有無 ④数字データの有無　等		①　段落・小見出しの有無「有」 ②　長文か短文・箇条書きか「短文・箇条書き」 ③　特長・差別点の有無「有」 ④数字データの有無「有」 　リリース本文は、タイトルで掲げたものを詳しく説明するものだが、内容ごとに段落わけしたり、箇条書きにするなどし、具体的データも提示すべきである。
	Visual ①写真・イラスト・グラフ・関係図・表等の有無、必要性 ②色、枠、字体、太字　等		①　写真・イラストなどの必要性 　説明のわかりやすさに役立つ場合は必要だが、かえってわかりにくくなることもあり注意が必要。 ②　色・枠・字体・太字 　強調すべき「数字」などは太字で示すのが効果的だが、色の多用はかえって理解を妨げる場合がある。
	社長メッセージ・外部識者談話　等 の有無、必要性		社長メッセージは、特筆すべき内容が含まれていなければ不要。 外部識者談話は、リリース内容に専門的事象が含まれ、補足説明に資する場合には、掲載を考慮する。 記者が当該人物を直接取材できる場合は、連絡先の掲載が望ましい。
	今後の方針or見通し 意志・方針を表す文言は必要か？		当該事象が今後の事業方針・商品戦略などに影響を与える場合はリリース内容に加えるべき。
	連絡先or 問合せ先 の必要項目は？ 住所、TEL、FAX、e-mail　等		携帯電話および固定電話
2	メディアへのニュースリリースの効果的な届け方・送り方の留意点		メールにて担当記者に送付するとともに、記者クラブのある業種の場合は同時にクラブに配布・FAX。あわせて本社デスクにFAX。緊急を要する場合は、担当記者の携帯にも連絡。
	送付方法　具体的コンタクト先、	コンタクト先（部署等）	それぞれの担当記者の電話・メール。各記者クラブ記者席のFAX。本社デスクのFAX。
	送付タイミングへのアドバイス （何時頃？　何曜日頃？　等）		民放テレビ局の場合、日4回、大きなニュース番組のOA時間の枠がある。緊急を要する場合は、時間にかかわらず発出するのが望ましい。
3	ネット時代のニュースリリース作成の留意点		テレビの場合、映像でニュースを伝える要素が大きい。 リリース内容を、映像で示す効果的手法として考えられる選択肢や、取材を設定できる内容を、具体的に記述していただくことが望ましく、迅速な取材を促す決め手となる

テレビ東京	報道局　WBSプロデューサー　野口　雄史氏
質問	要望 & アドバイス
1　**総論** ・取り上げたくなる・望ましいニュースリリースとは ・ニュースリリース作成の留意点 ・メディアからの要望　等	自社の商品やサービスが、業界の中でどれくらい画期的なものか、他社と違う点はどこか、などの新しい点が分かりやすく書かれていると素晴らしいと思います。

	質問	要望 & アドバイス
1	**タイトル・サブタイトル** ①キーワードの有無について： 　新、初、数字　等 ②文章か、体言止めか	「業界初」「日本初」「世界初」などの「初」がある場合は、「初」を入れてくれた方がニュースとして取り上げやすい。また従来のものと比べて、具体的に数字で示してくれた方が分かりやすいです。（例：これまでの3倍、従来に比べ30％増加、など）体言止めかどうかはあまり関係ない。
	リード部 ①主語の書き方はいずれがいいか？ 　A.当社（私）は 　B.○○株式会社（住所・社長名）等 ②長いか、簡潔か	主語は会社名で良いと思います。 リード部分はできるだけ簡潔に、タイトル補足する感じで良いと思います。
	本文 ①段落・小見出しの有無 ②長文か、短文・箇条書きか ③特長・差別点の有無 ④数字データの有無　等	①ポイントごとに小見出しがあった方が分かりやすい。 ②短文で箇条書きの方が分かりやすい。 ③特長、差別点の明記ははっきり目立つように書いてほしい。 ④数字データはより具体的な表現にするためできるだけ入れてほしい。
	Visual ①写真・イラスト・グラフ・関係図・表等の有無、必要性 ②色、枠、字体、太字　等	①できるだけビジュアル的な方が良いので、写真やイラストが豊富な方がイメージしやすい。
	社長メッセージ・外部識者談話　等 の有無、必要性	社長メッセージ、外部識者談話はあっても良いと思いますが、かならず必要というわけでもない。
	今後の方針or見通し 意志・方針を表す文言は必要か？	できればあった方が良い。
	連絡先or 問合せ先 の必要項目は？ 住所、TEL、FAX、e-mail　等	住所、電話、FAX、などは必要。
2	メディアへのニュースリリースの効果的な届け方・送り方の留意点	ニュース番組は、いつ発表なのか日付が大切なので、日付をわかりやすく明示して欲しい。FAXなどで会社に送っていただければ大丈夫です。
4	その他 何なりとアドバイス下さい	テレビ、新聞などメディアによって希望する取材内容は違うと思いますが、どこまで取材をさせてOKなのか、リリースを出す際には社内で決めておいて頂けると、話がスムーズに進むと思います。社長インタビュー、工場の中の撮影、お店の撮影、などなど。取材する側は、特にテレビはどこまで撮影させてもらえるかで、取材をするかどうかを判断することがあるため。

キー局　　プロデューサー

	質問	要望 & アドバイス
1	**総論** ・取り上げたくなる・望ましい 　ニュースリリースとは ・ニュースリリース作成の留意点 ・メディアからの要望　等	表現が大げさすぎないもの。 シンプルに事実を記しているもの。

1	**タイトル・サブタイトル** ①キーワードの有無について： 　新、初、数字　等 ②文章か、体言止めか	①キーワードはあるとありがたいです。 ②体言止めがわかりやすくてありがたいです。
	リード部 ①主語の書き方はいずれがいいか？ 　A.当社（私）は 　B.○○株式会社（住所・社長名）等 ②長いか、簡潔か	①　A ②　簡潔
	本文 ①段落・小見出しの有無 ②長文か、短文・箇条書きか ③特長・差別点の有無 ④数字データの有無　等	①あった方が読みやすく、ありがたいです。 ②内容がわかるものであれば、どちらでも。 ③ぜひ強調をお願いしたいです。 ④比較データなど、ぜひ強調をお願いしたいです。
	Visual ①写真・イラスト・グラフ・関係図・表等の有無、必要性 ②色、枠、字体、太字　等	①ある方がありがたいです。 ②枠以外はない方が読みやすいです。
	社長メッセージ・外部識者談話　等 の有無、必要性	社長よりも、外部識者のような第3者の方の談話の方がありがたいです。
	今後の方針or見通し 意志・方針を表す文言は必要か？	企業のスタンスを理解する上で、ある方がありがたいです。
	連絡先or 問合せ先 の必要項目は？ 住所、TEL、FAX、e-mail　等	ご担当者の方に直接つながるe-mailがあればありがたいです。
2	メディアへのニュースリリースの効果的な届け方・送り方の留意点	その媒体にあったリリースのみを送付。
3	ネット時代のニュースリリース作成の留意点	仕事柄、我々も意識しておりますが、インパクトのある文言（キャッチ）があると非常に取り上げやすいです。

⑧テレビ局（地方局）

青森テレビ	報道制作部担当部長　石村　知文氏
質問	要望 & アドバイス
1　**総論** ・取り上げたくなる・望ましいニュースリリースとは ・ニュースリリース作成の留意点 ・メディアからの要望　等	第三者の意見・評価が盛り込まれたニュースリリースが望ましいです。自社のPRや弁解に終始した独りよがりのリリースは事実関係の裏付けが乏しい傾向に陥りやすく、リリース内容をそのまま伝えることが、時として「メディアとしての信頼を損なうのでは」という懸念を持ってしまうことがあります。事実関係を明確にし、そして客観的な裏付けがしっかりしていることは、視聴者の信頼を得る重要な要因に成り得ると思います。

1	**タイトル・サブタイトル** ①キーワードの有無について： 　新、初、数字　等 ②文章か、体言止めか		①キーワードは、あってよろしいかと思います。ただ、「新・初・何とかー」という表現については、どのような範疇での「新・初・一」なのかを明確にする必要があると思います。 ②文章であることが望まししいです。体言止めは時に説明不足、受け止める側に判断を丸投げするという状況に陥りかねない危険性があります。キャッチを重視する余り、説明不足になってしまっては、ニュースリリースの本来の目的を失してしまうと考えます。
	リード部 ①主語の書き方はいずれがいいか？ 　A.当社（私）は 　B.○○株式会社（住所・社長名）等 ②長いか、簡潔か		①AでもBでも、どちらでもよろしいかと思います。リリースの出所がしっかり明記されていることが必須です。 ②簡潔である方がベターです。まず、何を伝えるためのリリースなのかが大切です。経緯等の説明は、本文でお願いします。
	本文 ①段落・小見出しの有無 ②長文か、短文・箇条書きか ③特長・差別点の有無 ④数字データの有無　等		①有った方が良いです。 ②短文・箇条書きが良いです。 ③特長・差別点は明確にしてほしいです。 ④数字データは有った方が良いです。出来るだけ簡潔にし、いたずらに羅列することは控えていただきたいです。
	Visual ①写真・イラスト・グラフ・関係図・表等の有無、必要性 ②色、枠、字体、太字　等		①必要に応じて用意いただければと思います。テレビで素材として使用する可能性があり得ることを想定して準備いただければさらに助かります。 ②ポイントだけに絞って使用いただければと思います。
	社長メッセージ・外部識者談話　等 の有無、必要性		リリースの中で、その企業の方針や今後の取り組みがしっかりと見て取れるのであれば、内容が重複する社長メッセージであれば敢えて盛り込む必要はないと思います。外部識者談話は、客観的裏付けの表現方法の一つとして有効だと思います。
	今後の方針or見通し 意志・方針を表す文言は必要か？		必要です。
	連絡先or 問合せ先 の必要項目は？ 住所、TEL、FAX、e-mail　等		問合せ先として、複数の担当者を設定していただければ助かります。住所、TEL、FAX、e-mailに加えて、イベント等のご案内の場合、当日連絡先（担当者の携帯電話番号等）を入れていただければ、さらに助かります。
2	メディアへのニュースリリースの効果的な届け方・送り方の留意点		ニュースリリースに関しては、ニュース報道については報道デスクに加えて報道担当・情報番組担当の部長職に送付いただければよいと思います。
	送付方法 具体的コンタクト先、	コンタクト先（部署等）	〒030-8686　青森市松森1-4-8 株式会社青森テレビ　報道制作部報道デスク
		電話	017－741－2234
		FAX	017－742－3636
		メール	desk@atv.jp
	送付タイミングへのアドバイス （何時頃？　何曜日頃？　等）		イベント等の案内は、実施日の7～3日前まで、解禁有りをはじめ事前に内容を通知できる発表文については前日までがよろしいかと思います。また、土・日と平日についてはデスク要員が変わりますので、出来れば平日に送付していただいた方がよろしいかと思います。
3	ネット時代のニュースリリース作成の留意点		特にありません。
4	その他 何なりとアドバイス下さい		特にありません。

	東日本放送（スーパーJチャンネルみやぎ）		報道部長　鈴木　泰之氏
		質問	要望 & アドバイス
1		**総論** ・取り上げたくなる・望ましい 　ニュースリリースとは ・ニュースリリース作成の留意点 ・メディアからの要望　等	テレビ局には**報道部**（ニュース）と**制作部**（情報）がありほしいネタも違います。 報道部宛てなのか制作部宛てなのか、取り上げてほしい番組の具体的な名前を出すこともリリースの基本と考えます。
		タイトル・サブタイトル ①キーワードの有無について： 　新、初、数字　等 ②文章か、体言止めか	簡潔であること。 その上で重要なのは、視聴者にとって「得な情報」「楽しめる情報」かです。⇒ ex「仙台初登場！」など 情報の発信側が「これを取り上げてほしい」だけではなく、**視聴者にどんなメリットがあるのか**を判りやすく打ち出してほしい。
		リード部 ①主語の書き方はいずれがいいか？ 　A.当社（私）は 　B.○○株式会社（住所・社長名）等 ②長いか、簡潔か	こだわらない、簡潔に。
		本文 ①段落・小見出しの有無 ②長文か、短文・箇条書きか ③特長・差別点の有無 ④数字データの有無　等	まず原稿を書くために必要なのは・・・。 　①取り上げてほしい物・部分は何？ 　　※当然、日付・時間・場所は明確に 　②内容がわかるものを具体的に詳しく。 　③データなどの裏づけ。（出所は明確に！）　など 次に「テレビは映像ありき」です。 　（ア）そもそも映像を撮れるのか？ 　（イ）撮影に制限があるのか？ 　（ウ）撮れる映像はどんなもの？面白い映像が撮れるのか？ 　（エ）記者リポートを撮れるのか？ 　（オ）担当者などのインタビューは撮れるのか？　など 上記ポイントを明確に！　そして簡潔にリリース。
		Visual ①写真・イラスト・グラフ・関係図・表等の有無、必要性 ②色、枠、字体、太字　等	こだわらない
		社長メッセージ・外部識者談話　等 の有無、必要性	こだわらない
		今後の方針or見通し 意志・方針を表す文言は必要か？	こだわらない
		連絡先or問合せ先 の必要項目は？ 住所、TEL、FAX、e-mail　等	取材対応窓口を明確に。 担当者の携帯電話・メアドは必要です。 追加取材にも必要です。
2	メディアへのニュースリリースの効果的な届け方・送り方の留意点		弊社報道部では最低2ヶ月前から予定を組んでいます。 早めにリリースを出して、取材日が近づいたら代表電話から担当部署につないでもらいPRを。

	質問	要望 & アドバイス
2	送付タイミングへのアドバイス （何時頃？ 何曜日頃？ 等）	特に無し
4	その他 何なりとアドバイス下さい	ローカル局の土日ニュースは、平日と比較して短い局がほとんどです。 ネタを取り上げ易いのは平日です。

千葉テレビ放送（NEWSチバ）　　報道部長　福島　浩之氏

	質問	要望 & アドバイス
1	**総論** ・取り上げたくなる・望ましい 　ニュースリリースとは ・ニュースリリース作成の留意点 ・メディアからの要望　等	誰が、いつ、どこで、何を、何のためにやるのかが短時間で分かると有難いです。 箇条書きで上記ポイントをまとめ、強調したい部分は別項にまとめて欲しいです。
	タイトル・サブタイトル ①キーワードの有無について： 　新、初、数字　等 ②文章か、体言止めか	①いわゆる見出しに取りやすい文言が入っていると助かります。 　　新、初、突破、周年等々は取り上げ易いです。 ②状況次第でいずれも可。
	リード部 ①主語の書き方はいずれがいいか？ 　A.当社（私）は 　B.○○株式会社（住所・社長名）等 ②長いか、簡潔か	①書き出しはBで良いと思います。 ②簡潔で！
	本文 ①段落・小見出しの有無 ②長文か、短文・箇条書きか ③特長・差別点の有無 ④数字データの有無　等	①一つの文章、段落で何を伝えたいのかを知りたいので必須かと。 ②短文・箇条書きが良いです。長文を読む時間がないこともあるため。 ③取材可否の判断ポイントの一つ。ありきたりな内容ならば優先度が下がります。 ④記事内容によって必要になる場合があります。
	Visual ①写真・イラスト・グラフ・関係 　図・表等の有無、必要性 ②色、枠、字体、太字　等	①イメージづくりの助けになるのであった方が良いかと。 ②個人的にはあまり気にしません。素っ気無くても全然問題なし。
	社長メッセージ・外部識者談話　等 の有無、必要性	ニュースの締めで使う可能性あります。ただ、当社はテレビなので現場で直接コメントを頂けるよう配慮してもらえるとなお良いかと。
	今後の方針or見通し 意志・方針を表す文言は必要か？	原稿の締めで使える文言に成り得るので欲しいです。
	連絡先or 問合せ先 の必要項目は？ 住所、TEL、FAX、e-mail　等	左記プラス担当者名で。携帯電話番号があると尚良し。
2	メディアへのニュースリリースの 効果的な届け方・送り方の留意点	何度もFAXを送られると紙の無駄になるためやめて欲しいです。 頻繁な取材可否の確認電話も同様です。

2	具体的送付方法	コンタクト先 (部署等)	千葉テレビ放送㈱　報道情報局報道部　デスク宛て
	コンタクト先、送付方法	電話	043-233-6681
		FAX	043-231-4999
		メール	press@chiba-tv.com
	送付タイミングへのアドバイス (何時頃？　何曜日頃？　等)		催事前日でなければ何時でも可
3	ネット時代のニュースリリース作成の留意点		要点を分かりやすくという点ではあまり変わらない気がします。 ただ、自分は旧人類なので紙資料の方が分かりやすいです。
4	その他 何なりとアドバイス下さい		ニュース番組ですので取材予定が急に変わったりすることがあることへのご理解をいただけると幸いです。たまに怒られることがありますもので… あと、取材当日に電話取材可能な担当者を配置してもらえると大変助かります。取材後に記事内容の確認等をしたい場合があるためです。

	中京テレビ	報道部長　高木　一郎氏
	質問	要望 & アドバイス
1	**総論** ・取り上げたくなる・望ましいニュースリリースとは ・ニュースリリース作成の留意点 ・メディアからの要望　等	ニュースは宣伝ではありません。その商品をなぜ開発したのか？きっかけは何か？その背景は？どう展開して、どんな消費者に何をもたらそうとしているのか？わかりやすく知らせて欲しいと思います。また、業界全体の現状（ライバル社の動向、も含め）、新商品を出す背景など、客観的データとともに記載されていると、ニュースにし易いと言えます。「世界初」「業界初」などのキャッチが記載されている場合、我々はそれが事実かどうかを裏取りしなければなりません。業界団体からの適正な「お墨付き」が記載されていると効率良く作業が進みます。
	タイトル・サブタイトル ①キーワードの有無について： 　新、初、数字　等 ②文章か、体言止めか	その商品の一番のウリ、消費者へのメリットが簡潔に書かれていると記者も理解しやすいと考えます。
	リード部 ①主語の書き方はいずれがいいか？ 　A.当社（私）は 　B.○○株式会社（住所・社長名）等 ②長いか、簡潔か	①＝B ②簡潔に
	本文 ①段落・小見出しの有無 ②長文か、短文・箇条書きか ③特長・差別点の有無 ④数字データの有無　等	すべてあった方がいいです。
	Visual ①写真・イラスト・グラフ・関係図・表等の有無、必要性 ②色、枠、字体、太字　等	わかりやすい方がニュースにしやすいと思います。可能な限りビジュアルで示して頂きたい。
	社長メッセージ・外部識者談話　等 の有無、必要性	なぜその新商品や新サービスを消費者に届けるのか？企業理念に基づいた社長の「熱い思い」はやはり重要と考えます。

1	**今後の方針or見通し** 意志・方針を表す文言は必要か？			すべて必要です。
	連絡先or 問合せ先 の必要項目は？ 住所、TEL、FAX、e-mail 等			すべて必要です。
2	送付方法、具体的コンタクト先	コ ン タ ク ト 先	コンタクト先 （部署等）	報道部
			FAX	０５２-５８２-４４４５
3	ネット時代のニュースリリース作成の留意点			テレビですので、映像素材をいただけると「わかりやすいニュース」につながると考えます。
4	その他 何なりとアドバイス下さい			「発表する日時」の発表が１週間ほど前ですと、リサーチや事前取材の時間ができるので企画ニュースにしやすいと思います。当日の発表の時間は、早ければ早いほど夕方ニュースで長く放送できる可能性が出てきます。

テレビ大阪　　　　　報道スポーツ局長　　片山　俊之氏

	質問	要望 & アドバイス
1	**総論** ・取り上げたくなる・望ましい 　ニュースリリースとは ・ニュースリリース作成の留意点 ・メディアからの要望　等	いちばん大事なのは何がニュースなのか、ポイントがはっきりしていることです。リリースはできるだけ簡潔に。リリースの見出しを見ただけで興味を引くこと。リリースの１枚目を読めばポイントが分かることが大切です。テレビの場合はリリースを見てどんな映像が撮れるか分かることも大切です。リリースはせいぜい２～３枚。そこで興味をもてばメディア側から連絡を入れることになるでしょう。 さらに詳しい内容が必要になるのはこのあとです。
	タイトル・サブタイトル ①キーワードの有無について： 　新、初、数字　等 ②文章か、体言止めか	取材するか否かはネタしだいです。10文字程度で何がニュースなのか分かるタイトルをつけていただければ結構です。 ①新、初などキーワードは重要です。ただし事実確認をしっかりと（もちろん取り上げる際はメディア側で調べますが…） ②文体はこだわりません。
	リード部 ①主語の書き方はいずれがいいか？ 　A.当社（私）は 　B.○○株式会社（住所・社長名）等 ②長いか、簡潔か	以下、書き方はこだわりません。
	本文 ①段落・小見出しの有無 ②長文か、短文・箇条書きか ③特長・差別点の有無 ④数字データの有無　等	同上
	Visual ①写真・イラスト・グラフ・関係 　図・表等の有無、必要性 ②色、枠、字体、太字　等	撮影の参考になる写真やイラストは必要です。
	社長メッセージ・外部識者談話　等 の有無、必要性	時と場合によります。

	質問			要望 & アドバイス
1	**今後の方針or見通し** 意志・方針を表す文言は必要か？			同上
	連絡先or問合せ先 の必要項目は？ 住所、TEL、FAX、e-mail 等			（1）問い合わせ電話番号　②住所　③e-mail
2	具体的コンタクト先、送付方法	コンタクト先 （部署等）		テレビ大阪　報道部
		電話		06-6947-7777

RNC西日本放送　　　　　報道制作部長　吉田　剛氏

	質問	要望 & アドバイス
1	**総論** ・取り上げたくなる・望ましい 　ニュースリリースとは ・ニュースリリース作成の留意点 ・メディアからの要望　等	・目的がはっきりとしていて、分かりやすいもの ・専門用語のオンパレードは避けたほうがいい ・色味やデザインも工夫して、視覚的にも見やすいものがベター ・テレビの場合は、映像や音を意識したものでないといけない
	タイトル・サブタイトル ①キーワードの有無について： 　新、初、数字　等 ②文章か、体言止めか	・○○初、○○で新、過去○で最多などのキャッチがあれば、取り上げやすい ・文章は内容にもよるが、体言止めではないほうがベター
	リード部 ①主語の書き方はいずれがいいか？ 　A.当社（私）は 　B.○○株式会社（住所・社長名）等 ②長いか、簡潔か	・リードは「当社は…」など、できるかぎり長くならず、簡潔で明確なものがいい
	本文 ①段落・小見出しの有無 ②長文か、短文・箇条書きか ③特長・差別点の有無 ④数字データの有無　等	・できる限り段落ごとなどで内容を整理し、箇条書などで特徴や差異などポイントを簡潔に記すことが大事 ・数字やデータなどはあるほうが説得力を増す
	Visual ①写真・イラスト・グラフ・関係 　図・表等の有無、必要性 ②色、枠、字体、太字　等	・数多くのリリースの中で、目にとまるものは概して写真やイラスト、関係図などを上手に活用している例が多い ・リリースの文字も、太さ、色味、フォントなどを工夫したほうがいい
	社長メッセージ・外部識者談話　等 の有無、必要性	・必ずしも必要ではないが、内容によっては客観性を持たせる第三者の意見などはあるといい
	連絡先or問合せ先 の必要項目は？ 住所、TEL、FAX、e-mail 等	・担当者のTEL、FAX、メールアドレスは必須。携帯もできるかぎりあるほうが取材しやすいと思う
2	メディアへのニュースリリースの効果的な届け方・送り方の留意点	・記者クラブへの資料提供の際、ミニレクチャーで要点などを直接伝える工夫があれば記事化の可能性が高まると思う

2	具体的コンタクト先、送付方法	コンタクト先（部署等）	報道制作部
		電話	087－826－7001
		FAX	087－821－2490
3	ネット時代のニュースリリース作成の留意点		・ニュースリリースもHPなどでどんどんアップされる時代。関連記事などを検索できるようあわせてアドレスなどの情報提供をお願いしたい。

福岡放送　　報道部長　手嶋　一雄氏

	質問	要望 & アドバイス
1	**総論** ・取り上げたくなる・望ましいニュースリリースとは ・ニュースリリース作成の留意点 ・メディアからの要望　等	「今、取材するネタか？」ということは選択する上で重要です。ただ、「高齢者の事故多発」している時に「高齢者の運転マナーアップ検証」などの取材は、当初行く予定が無い場合でも、突然ニーズが高まりますので、必ず時流に乗っていなければダメだと言うことはありません。あと、リリースにそのイベントを行う理由、背景がきちんと書かれていて、その内容が社会的に共感を呼ぶと判断する場合は取り上げる傾向が強いように感じます。色使いを奇抜にするなどして目立つことも重要と思われるかも知れませんが、それよりも内容がコンパクトに、実施の理由・背景も伴って記され、その内容が社会的に関心を呼ぶものかどうか？（このあたりは日々のニーズによって異なってくるので一概には言えませんが…）がわかる記述になっていることを望みます。
	タイトル・サブタイトル ①キーワードの有無について： 　新、初、数字　等 ②文章か、体言止めか	目を引くキーワードはネタを選択する上で重要な判断材料になります。「新、初」などはキーワードになりますが、その根拠を明示していただくとより説得力があり、こちらも確認作業が省力化できて有り難いです。 ・「文章」か「体言止め」かは特に意識していません。
	リード部 ①主語の書き方はいずれがいいか？ 　A.当社（私）は 　B.○○株式会社（住所・社長名）等 ②長いか、簡潔か	①どちらでもかまいません。 ②簡潔なほうが読みやすいです。
	本文 ①段落・小見出しの有無 ②長文か、短文・箇条書きか ③特長・差別点の有無 ④数字データの有無　等	わかりやすく説明していただくことが、こちらにとって一番です。 ①②についても丁寧にかつ簡潔に書いていただくことが嬉しいですが②④における詳しい記述があると、その後の取材が進めやすくなります。
	Visual ①写真・イラスト・グラフ・関係図・表等の有無、必要性 ②色、枠、字体、太字　等	写真・イラスト・グラフなどはあったほうが私たちの理解の助けになるので有り難いです。色使いなども「わかりやすさ」の助けになるなら非常に助かります。ただ、通常はFAXを通じていただいたリリースを目にすることが多いので、折れ線グラフなどは「色」で違いが分かるより、「形やマーク」で線の違いを示してくれるほうがより有り難いかも知れません。
	社長メッセージ・外部識者談話　等 の有無、必要性	外部識者のコメントは参考にはなりますが、それ自体が取材決定の可否に直接つながることは、まれだと思います。社長メッセージも同様です。
	今後の方針or見通し 意志・方針を表す文言は必要か？	必ずしも必要ではありませんが、リリースの段階で記されていると、より分かりやすくなると思います。

	質問			要望 & アドバイス
1	連絡先or 問合せ先 の必要項目は？ 住所、TEL、FAX、e-mail　等			住所・電話番号・FAX・メールに加えて担当者のお名前、携帯電話の番号があると、より有り難いです。
2	メディアへのニュースリリースの効果的な届け方・送り方の留意点			取材するか否かが決まるのは①取材デスクの判断②記者の興味・関心③他社、他メディアでの先行　が大きな理由です。弊社では、ニュースリリースは全員の目に確実に触れるようにしてはいますが、まずは決定権者のデスクが目に触れることができるようFAXを希望します。メールでもかまいませんが、まだ弊社にはリリースの届け先専門のアドレスがありません。個人のアドレスに送付いただいた場合、個人だけの判断で見逃されたりする恐れもあり、周知不徹底になる可能性があります。（弊社の問題ではありますが）FAXについては、担当が収集し実施日付ごとに管理しているので弊社ではFAXの方が目に留まりやすくなっています。
	具体的送付方法、コンタクト先、	コンタクト先 （部署等）		福岡放送　報道部　または　福岡放送報道部　北九州支局
		電話		092－532－3001　（北九州支局）093－551－4282
		FAX		092－532－3091　（北九州支局）093－521－1915
	送付タイミングへのアドバイス （何時頃？　何曜日頃？　等）			リリースを見て直接やりとりをさせて頂く時間がつくることができるという点から平日の午前～午後が嬉しいです。またなるべく早いタイミングで頂くことも嬉しいです。さらに直近にリマインドでリリース送付してもらえると、漏れがなくなり嬉しいです。
3	ネット時代のニュースリリース作成の留意点			申し訳ありません。よくわかりません。
4	その他 何なりとアドバイス下さい			普段リリースの内容について、考えたことがなかったのでいいアドバイスになっているかどうか怪しく申し訳ありません。ただ、通常私どもが目にするのはA4サイズの紙1枚～2枚程度が分量としては多いように感じます。コンパクトに、分かりやすく、5W1Hが明示され、内容の価値が示されていることが大切だと思います。

⑨雑誌（ビジネス誌）

日経BP社　　日経ビジネス編集長　　飯田　展久氏

	質問	要望 & アドバイス
1	**総論** ・取り上げたくなる・望ましい 　ニュースリリースとは ・ニュースリリース作成の留意点 ・メディアからの要望　等	・メールやファクスを一方的に送っただけで取り上げてもらおう、あるいは記者会見に来てもらおうという極めて安易なリリースが多過ぎます。 ・新聞記事やネットニュースと同じように、リリースを読んでもらうには見出し（タイトル）がとにかく重要です。それができていない、もったいないリリースが本当に多いと感じます。少し工夫するだけで効果は格段に上がるはずです。 ・編集部には毎日、実に多くのリリースや会見の案内がメールやファクス、郵便で送られてきます。送る側にとっては重要な1通でも、受ける側にとっては「ワンオブゼム」、埋もれてしまうこともあるのです。送ったメールやファクスが読まれていると思ったら大間違いです。 ・「網にかかったら儲けもの」、つまり、100社に送って5～6社反応してくれたらOKというのではなく、きちんとターゲットを狙ったリリースの出し方があるのではないでしょうか。

	項目			内容
1	**タイトル・サブタイトル** ①キーワードの有無について： 　新、初、数字　等 ②文章か、体言止めか			①見出しになるようなタイトルが何より欠かせません。「初の〜」は一見食いつきそうですが、中身を読んで落胆するケースも少なくありません。事実を冷静に伝えることが大切です。数字はそれが説得力のあるものであれば入れたほうがいいですが、あまり意味のない数字を入れても「独りよがり」に陥るだけです。 ②スタイルはどちらでもいいですが、冗長にならないことが肝心です。
	リード部 ①主語の書き方はいずれがいいか？ 　A.当社（私）は 　B.○○株式会社（住所・社長名）等 ②長いか、簡潔か			①B.のほうがいいでしょう。メディアが原稿を書くときのミス防止にもつながります。 ②もちろん、簡潔でわかりやすいことが大事です。これが長いと、本文まで読んでもらえません。新聞記事と同じです。
	本文 ①段落・小見出しの有無 ②長文か、短文・箇条書きか ③特長・差別点の有無 ④数字データの有無　等			①段落は小気味よく分けたほうが絶対に良いです。小見出しは不要です。小見出しを付けるほど長いリリースはかえって読まれません。 ②長文はいけません。もちろんM&Aなど投資家への十分な開示情報が欠かせないリリースは別ですが、短く、かつ、知りたいことを十分に記載しているリリースが歓迎されます。どうしても長文になる場合はエッセンスをまとめた箇条書きがあると読みやすくなるでしょう。 ③必要です。何がニュースなのかを伝えるためです。 ④これも必要です。記事には具体性が必要だからです。
	Visual ①写真・イラスト・グラフ・関係図・表等の有無、必要性 ②色、枠、字体、太字　等			①あれば付けたほうが良いでしょう。意味のないものは不要です。 ②ベターっとしたリリースは埋もれてしまいがちです。多少のアクセントはあってもいいかもしれませんが、あまり派手なものは好まれません。あくまでも勝負するのは中味です。
	社長メッセージ・外部識者談話　等 の有無、必要性			・内容次第です。外資系企業には社長コメントが付いている例がありますが、何でもかんでも付ければいいというものでもありません。外部識者談話は不要でしょう。それはメディア側が取材する筋合いのものではないでしょうか。
	今後の方針or見通し 意志・方針を表す文言は必要か？			・必要です。それがないと伝わらないと思います。
	連絡先or 問合せ先 の必要項目は？ 住所、TEL、FAX、e-mail　等			・住所、ファクスは不要。電話番号とメールアドレスは必要。担当者名も必須。
2	メディアへのニュースリリースの効果的な届け方・送り方の留意点			・ファクスはもう時代遅れのような気がします。恐らく、一斉同報しているのでしょう。総論にも書きましたが、「網にかかったら儲けもの」、「数打ちゃ当たる」式では非効率極まりないだけでなく、コミュニケーション（広報とメディア）として成立していません。 ・メールの一斉同報もいただけません。どのメディアに取り上げてほしいのかを見極めて、個別メールで届けるのが一番効果的だと思います。一斉同報ののちに、個別でプッシュメールを送るのも一案です。手間はかかりますが、取り上げてほしいなら、その労力を惜しんではなりません。
	送付方法	具体的コンタクト先	コンタクト先（部署等）	日経ビジネス　編集部
			電話	03-6811-8101
			FAX	03-5421-9117

3	ネット時代のニュースリリース作成の留意点	・タイトルは短めに、要点をズバッと。 ・メールにベタ貼りではなく、添付ファイル（pdf等）のほうが読みやすい。 ・メールの本文欄にはリード部だけを。問い合わせ先も必須。 ・本当に取り上げてほしいメディアや担当記者にはリリースを送った後に個別のメールや電話をかけて、誠意を見せる必要もあるでしょう。
4	その他 何なりとアドバイス下さい	・きちんとしたメディアはリリースだけで記事を書きません。必ず問い合わせなり、キーパーソンへの取材なりを求めます。その際の対応がむしろ重要です。 ・ニュースリリースがコミュニケーションの出発点です。ここをしくじると良いコミュニケーションは生まれません。

東洋経済新報社　週刊東洋経済編集長　西村 豪太氏

質問	要望 & アドバイス
総論 ・取り上げたくなる・望ましいニュースリリースとは ・ニュースリリース作成上の留意点 ・メディアからの要望　等	・何がニュースかが、明確なリリースが望ましいです。「初めて」「最大」「最速」「最高」「大ヒット」……。企業として何を知らせたいのか、明確であることが必要です。 ・誰にでもわかるような表現であること。業界用語だけのリリースでは読まれません。もし業界紙・誌向けに、専門用語を多用する必要があるならば、リリースを2種類作成することを考えてよいのでは。
タイトル・サブタイトル ①キーワードの有無について： 　新、初、数字　等 ②文章か、体言止めか	・企業として、何を伝えたいかがはっきりしていれば、それをタイトルやサブタイトルに持ってくればよいと思います。例えば、「業界で最高の効率」であるとか、「〜〜方式としては初めて」といったことです。
本文 ①段落・小見出しの有無 ②長文か、短文・箇条書きか ③特長・差別点の有無 ④数字データの有無　等	・事実関係が明確であること。 ・新商品などの場合は特長、差別化のポイントが明確であること。
Visual ①写真・イラスト・グラフ・関係図・表等の有無、必要性 ②色、枠、字体、太字　等	・記者の理解を深めるためにイラストやグラフ、表などは意識してつけたほうが効果的だと思います。 ・パワーポイントやpdfのデータだけでなく、生データ（たとえばグラフの数字データ）を用意してもらえると、紙・誌面で加工するときに有用です。
社長メッセージ・外部識者談話　等 の有無、必要性	・外資系企業ではよく入っていますが、通り一遍の内容が多く、記事には使えません。不要だと思います。
連絡先or 問合せ先 の必要項目は？ 住所、TEL、FAX、e-mail　等	・担当者がわかっていれば、その担当者宛てにお送り下さい。 ・企業側で担当者がわかっていないとき、とくに広報の代理店から「ご担当者はどなたですか？」と頻繁に電話が来ますが、その対応に時間が取られ迷惑です。「●●業界ご担当者宛て」でファックスしていただければ、それで十分です。

	毎日新聞出版	週刊エコノミスト編集委員　小林　剛氏
	質問	要望 & アドバイス
1	**総論** ・取り上げたくなる・望ましいニュースリリースとは ・ニュースリリース作成の留意点 ・メディアからの要望　等	・大ヒットした映画「君の名は」の新海誠監督は「東日本大震災がなければこれほどヒットしなかっただろう」とインタビューで答えています。同じコンテンツでもタイミングによって記事になる場合もあるし、ならない場合もある――それぐらいの思いで時代の心に敏感になっていると、メディアが取り上げたくなるニュースも自ずと見えてくるのではないでしょうか。 ・最初の数行を読めば、発表の内容の価値を判断できるよう、必要なファクトを簡潔に書き込んでください。何が言いたいのか、何をアピールしたいのかを相手にわかってもらうことで初めて、記者との間にコミュニケーションが成立します。
	タイトル・サブタイトル ①キーワードの有無について： 　新、初、数字　等 ②文章か、体言止めか	・「ニュース」ですので、何が新しいのかを明示できる場合は、タイトルに盛り込んでください。 理想としては、「読む」ような長めのタイトルではなく、ひと目で視線に入ってくる短いタイトルの方がいいです。
	リード部 ①主語の書き方はいずれがいいか？ 　A.当社（私）は 　B.○○株式会社（住所・社長名）等 ②長いか、簡潔か	・個人的には、Bのように社名を明記したほうがニュースリリースへの責任意識を感じられていいと思います。
	本文 ①段落・小見出しの有無 ②長文か、短文・箇条書きか ③特長・差別点の有無 ④数字データの有無　等	・数字、データはあった方がいいです。本文は、製品のエッセンスを簡潔に伝えるのが目的で、どんなに長くてもA42枚が限度ではないでしょうか。できれば1枚に収めたほうが好ましい。それ以上に言いたいことがありましたら、本文とは別に、「補論」とでもして本文に添えれば、コンテンツの主従のメリハリがついて理解しやすいと思います。
	Visual ①写真・イラスト・グラフ・関係図・表等の有無、必要性 ②色、枠、字体、太字　等	・本文を理解するためにもヴィジュアルは大事ですので、写真やグラフは必要ならばもちろん付けてもらいたいです。
	社長メッセージ・外部識者談話　等 の有無、必要性	・社長メッセージは、社内で重視されるほど世間ではありがたがられないでしょう。リリースに載せた社長の談話を使うようなメディアは、少ないと思いますが。 外部識者談話も、「お手盛り談話」と思われるのがオチで、それを記事にするとは考えられません。
	連絡先or 問合せ先 の必要項目は？ 住所、TEL、FAX、e-mail　等	・電話番号とメールアドレスは必須
3	ネット時代のニュースリリース作成の留意点	・メディアだけではなく、ネットを通じて誰もが読む可能性があることを意識しておいた方がいいかもしれないですね。

		プレジデント社	プレジデント編集長　鈴木　勝彦氏
		質問	要望 & アドバイス
1		**総論** ・取り上げたくなる・望ましいニュースリリースとは ・ニュースリリース作成の留意点 ・メディアからの要望　等	各メディアの特性に合わせたニュースリリースが望ましく、雑誌であれば、たとえばビジネス誌とモノマガジン、女性誌では、各誌、ニュースの取り上げ方が違うので、読者にどんな価値をもたらすのか、ポイントを簡潔にまとめていただけると有り難いです。
		タイトル・サブタイトル ①キーワードの有無について： 　新、初、数字　等 ②文章か、体言止めか	新、初、数字のようなキーワードは、ひと目で内容を把握しすいので、タイトルに必要かと思います。 文章か体言止めかは、どちらでも構いませんが、短い言葉でまとめていただいたほうがよろしいかと思います。
		リード部 ①主語の書き方はいずれがいいか？ 　A.当社（私）は 　B.○○株式会社（住所・社長名）等 ②長いか、簡潔か	リード部の主語の書き方については、当社（私）でも正式な社名（個人名）でもどちらでも構いません。 端的に伝えたい場合は当社で、丁寧に伝えたい場合は正式社名（または個人名）でよろしいのではないでしょうか。 リード部の長さは、ひとまず100字前後を目安にしてはいかがでしょうか。
		本文 ①段落・小見出しの有無 ②長文か、短文・箇条書きか ③特長・差別点の有無 ④数字データの有無　等	本文については、長文の場合は小見出しを入れていただき、どんな内容なのかひと目でわかるほうがよろしいかと思います。 長文と言いましても、A4のペーパー1枚が最大量で、その中で特長や差別点を数字や比較の視点を交えながら、ご説明いただければと思います。
		Visual ①写真・イラスト・グラフ・関係図・表等の有無、必要性 ②色、枠、字体、太字　等	ニュースを伝えるときに数字や比較の視点があるとわかりやすく、それがグラフや図解になれば、いっそう伝わりやすいものになります。 色や字体、太字は文章にメリハリをつけるには大事ですが、過度にやりすぎると読みにくくなりますので注意が必要です。
		社長メッセージ・外部識者談話　等 の有無、必要性	社長メッセージや外部識者の談話は、ニュースの性質によって、必要なときもあれば不要なときもあります。
		今後の方針or見通し 意志・方針を表す文言は必要か？	今後の方針についても、ニュースの性質によって、必要なときと不要なときがあります。
		連絡先or問合せ先 の必要項目は？ 住所、TEL、FAX、e-mail　等	問い合わせ先の記述は、住所、電話番号、メールアドレスと主たる担当者のお名前をお願いします。
2		メディアへのニュースリリースの効果的な届け方・送り方の留意点	ニュースリリースをいただくときに、相手にひと言記したお手紙が同封されていることがあります。そうしますと、他よりもじっくり内容を読むようになります。
	具体的送付方法 コンタクト先、	コンタクト先（部署等）	プレジデント社　プレジデント編集部
		電話	03-3237-3737
		FAX	03-3237-3747
		メール	https://secure.president.co.jp/cgi-bin/info/contact/ad/
		送付タイミングへのアドバイス （何時頃？　何曜日頃？　等）	休日は対応が遅くなる場合があります。

	質問	要望 & アドバイス
3	ネット時代のニュースリリース作成の留意点	メールの量は日に日に増え、SNSが一般的になり、かつてに比べて玉石混交の情報が氾濫しています。そのなかで人に興味を持ってもらい、信頼に足るニュースであることを伝えるには、キーワードをどのように盛り込むか、書き方が重要になります。 またネットの時代だからこそ、郵便のようなアナログ手法をうまく活用したほうが効果的な場合もあるでしょう。
4	その他 何なりとアドバイス下さい	みなさまニュースリリースの作成にはご苦労が多いかと思います。 伝わるリリースの第一は、読む相手の気持ちに立って書かれていることだと思います。 素晴らしいニュースリリースをお待ちしています。

PHP研究所　　月刊THE21編集長　吉村　健太郎氏

	質問	要望 & アドバイス
1	**総論** ・取り上げたくなる・望ましいニュースリリースとは ・ニュースリリース作成の留意点 ・メディアからの要望　等	媒体の特性を把握したうえで送っていただけるリリース。弊誌なら「働き方」「仕事論」「ユニークな商品」など。
	タイトル・サブタイトル ①キーワードの有無について： 　新、初、数字　等 ②文章か、体言止めか	単なる「新商品発売」などではなく、「どの点がすごいのか、ユニークなのか」がひと目でわかるタイトルや見出しがあると助かります。 文章が体言止めかどうか、などは気にしていません。
	リード部 ①主語の書き方はいずれがいいか？ 　A.当社（私）は 　B.○○株式会社（住所・社長名）等 ②長いか、簡潔か	簡潔なほうがありがたいです。そういう意味では、初出以外は「当社」のほうがすっきりするかと思います。
	本文 ①段落・小見出しの有無 ②長文か、短文・箇条書きか ③特長・差別点の有無 ④数字データの有無　等	正直、一つのリリースにつき目を通す時間は数秒くらいですので、ざっと見ただけで要点がわかる作り（小見出しを入れるなど）ですと、助かります。
	Visual ①写真・イラスト・グラフ・関係図・表等の有無、必要性 ②色、枠、字体、太字　等	FAXによる送信の場合、つぶれてしまうことが多いので、そこまでビジュアルにこだわっていただく必要はないかと思います。 逆に送付やメールの場合は、それなりにあるほうが見やすいです。
	社長メッセージ・外部識者談話　等 の有無、必要性	テーマによると思います。
	今後の方針or見通し 意志・方針を表す文言は必要か？	あったほうが記事化はしやすいです。
	連絡先or問合せ先 の必要項目は？ 住所、TEL、FAX、e-mail　等	住所、電話番号、ファックス、メール。場合によっては担当者も。
2	メディアへのニュースリリースの効果的な届け方・送り方の留意点	弊誌ではすべて出力して回覧しますので、どの方式でもあまり変わりません。

2	送付タイミングへのアドバイス （何時頃？　何曜日頃？　等）	特にありません。
4	その他 何なりとアドバイス下さい	いただいた情報は常にチェックさせていただいています。ぜひ、今後ともいい情報をお願いします。

⑩オンラインメディア（他媒体兼業）

朝日新聞デジタル　　　　デジタル編集部　永島　学氏

	質問	要望 & アドバイス
1	**総論** ・取り上げたくなる・望ましい 　ニュースリリースとは ・ニュースリリース作成の留意点 ・メディアからの要望　等	（※各項目とも朝日新聞社としての見解ではなく、個人的な考えになります。） ・新商品、新サービス、経営広報などのリリースでは、新聞紙面で見出しに取れるような数字があると大変、助かります。 ・目標や計画としている経営数値や金額、個数、台数、シェアなどです。
	タイトル・サブタイトル ①キーワードの有無について： 　新、初、数字　等 ②文章か、体言止めか	・表題（タイトル）は、できるだけ単純明快にお願いします。 ・リリースで訴求、強調したいポイントを三つ程度、見出しの形で並べ、枠線で囲むなどして、目に止まりやすく表記していただけると助かります。 ・世界初、業界初をはじめ、「○○で初めて」というとらえ方ができる場合は、どのようなケースであっても強めに訴求していただけるとありがたいです。
	リード部 ①主語の書き方はいずれがいいか？ 　A.当社（私）は 　B.○○株式会社（住所・社長名）等 ②長いか、簡潔か	・リード文（前文）は3～5行にとどめ、あまり長くならない程度にし、リリースの中核的な内容をお願いします。 ・初出では、必ず御社名（○○株式会社など正式な名称）の表記をお願いします。提携、協業、経営統合などで御社とともに、ほかの企業・団体名が入る場合は、初出では、それぞれの正式な企業・団体名とともに、続けて丸カッコで本社所在地と社長名を表記していただけるとありがたいです。
	本文 ①段落・小見出しの有無 ②長文か、短文・箇条書きか ③特長・差別点の有無 ④数字データの有無　等	・段落については、3～5行ほどの分量で並べ、段落間には空白の行を入れていただけると読みやすく、見やすいかと思います。文字をいっぱいに詰めすぎると、読みにくさが出てしまいかねないためです。 ・参考の情報として、新商品・新サービスに関連する近年の市場・業界の動向、簡単な歴史的な経緯などの表記があると助かる場合が多いです（ケースにより国内だけでなく海外の動向も。市場のデータなどについては出典元もお願いします）。 ・新商品や新サービスの場合は、仕様や概要を別途、箇条書きで表記されていると理解しやすいかと思います。 ・リリースの作成では、社内用の企画書や宣伝用のチラシなどを部分的に活用するケースもあるかと思いますが、社内でしか通じないような用語、語句を、そのまま使わないようご留意ください。
	Visual ①写真・イラスト・グラフ・関係 　図・表等の有無、必要性 ②色、枠、字体、太字　等	・本文に続いて訴求、強調したいポイント（三つ程度）を詳しく説明する場合は、それぞれに太字で小見出しをつけ、写真やイラストを、グラフなどをつけていただけると理解しやすいと思います。ただ、図表については、多用してしまうと、やや漫然としてしまい、かえって分かりづらくなるケースもあります。

1	**社長メッセージ・外部識者談話　等** の有無、必要性		・社長など経営幹部のメッセージについては、注目の新商品や新サービスの発表のほか、資本提携や合弁会社設立といった複数企業での協業など、経営広報での大きな節目には、盛り込んでいただけると助かるケースがあります。 ・外部識者の談話は、やや一般的ではない分野での新サービス・新商品で、メディア側が「どうとらえたらいいのか？」と位置づけに戸惑いがちな場合は、参考情報として助かります。ただ、記事に盛り込む場合は基本的に自社で取材し、改めてコメントを聞く形になるかと思います。
	今後の方針or見通し 意志・方針を表す文言は必要か？		・リリースの体裁として、末尾近くに今後の方針や方向性があれば、おさまりがいい雰囲気があるかと思います。読み手としては、目標や計画している経営数字が具体的に表記されている場合は、一定程度、注目をしていくかと思います。
	連絡先or 問合せ先 の必要項目は？ 住所、TEL、FAX、e-mail　等		・住所、TEL,FAX、e-mail、担当者名まで表記し、直通の電話番号とともに、可能であれば携帯電話の番号をお願いします。
2	メディアへのニュースリリースの効果的な届け方・送り方の留意点		・記者の手元にリリースが届く形としては、記者クラブ、各社が個別に設置している取材センターでの配布のほか、メールでの送付が一般的かと思います。 ・担当記者と面識がある場合は、届けた後に必ず電話でコンタクトを取り、ポイントの簡単な説明をするなどのやりとりをされるのが大切かと思います。
	送付方法 具体的コンタクト先、	コンタクト先（部署等）	朝日新聞　東京本社　デジタル編集部 〒104-8011　東京都中央区築地５－３－２
		電話	03－5541－8902
		FAX	03－5540－7646
	送付タイミングへのアドバイス （何時頃？　何曜日頃？　等）		・一般的に経済ニュースの場合は、１週間のマーケットが閉じる金曜夕方のリリース発表が多めで、さらに言えば月末、年末、年度末も多い傾向かと思います。 ・新聞の紙面は、面積が限られますので、こうした競争率が高まる曜日や時期を避けるのも一案かと思います。 ・また、１日の時間帯でみると、翌日朝刊の掲載記事のメニューは、いわゆる帰宅ラッシュの時間帯には、ほぼ固まっています。 ・「これは！」というリリースの場合は、記者へのプッシュを正午ごろから始めてもよいかと考えています。
3	ネット時代のニュースリリース作成の留意点		・ニュースリリースの作成については、ネット時代でも、そう変わらないかと考えます。 ・ただ、最近はネット時代を反映して、動画を提供していただくケースもポツポツと増えつつあります。こうした動画の提供では、BGMに著作権フリーの音楽の使用をお願いします。長さは２～３分、テンポよく必要なポイントを紹介していただけるとありがたいです。 ・また、動画内にテロップを多用されると、やや宣伝PRの動画のようになり、「配信しづらい」という声も聞きます。 ・国内の企業でも、海外の展示会などで英語版の動画を提供されるケースがあります。その場合は、テキスト文書による英語での内容説明や、日本語に翻訳したテキスト文書があると非常に助かります。 ・一方、画像の提供では、新聞紙面では掲載が１枚に限られても、デジタルでは複数枚の画像を配信できます。撮影の角度、遠近が異なる画像なら多くて７～８枚、編集部で動画・画像を専門的に扱う担当者からは「閲覧者が見て楽しめる質の高い画像なら、写真特集的に15～20枚を紹介する見せ方も可能」という声もあります。

	質問	要望 & アドバイス
4	その他 何なりとアドバイス下さい	・広報担当者、メディア記者ともに日々、超多忙な状況かと思います。そうした中でも、自社を担当するメディアの記者とは、発表会や説明会、リリースの発表の機会に限らず、お茶や食事などで情報交換の機会をつくり、どんなことに興味があるのか、どんなネタを追いかけているのか、どんな記事の書き方が得意なのか、などを把握しておくことが大切かと思います。 ・例えば、記事には、新商品や新サービスを単独でニュースにするものだけでなく、複数の企業の商品やサービスを取り上げるまとめ記事もあります。単独での掲載が難しそうな場合でも、業界の動向などを情報提供、意見交換することにより、まとめ記事への掲載につなげられるケースもあるかと思います。

産経デジタル（SankeiBiz）　メディア本部ニュースメディア部次長　柿内　公輔氏

	質問	要望 & アドバイス
1	**総論** ・取り上げたくなる・望ましいニュースリリースとは ・ニュースリリース作成の留意点 ・メディアからの要望　等	・第一段落にそのニュースのエッセンスがすべて簡潔に盛り込まれているリリースは記事にしやすい。 ・ニュースを補強するデータや専門家のコメントがあると望ましい。 ・メディアはリリースのすべてを掲載する可能性があるので、権利関係（著作権など）や事実確認にはとくに気を使っていただきたい。
	タイトル・サブタイトル ①キーワードの有無について： 　新、初、数字　等 ②文章か、体言止めか	・「業界初」「国内初」といったキーワードは見出しにもなりやすい。 ・文章か体言止めかはこだわりません。内容によりけり。
	リード部 ①主語の書き方はいずれがいいか？ 　A.当社（私）は 　B.○○株式会社（住所・社長名）等 ②長いか、簡潔か	・主語はB（会社名）が望ましい。住所と社長名もできれば添えて。 ・リードは簡潔がベター。内容によるが、おおむね180字以内。
	本文 ①段落・小見出しの有無 ②長文か、短文・箇条書きか ③特長・差別点の有無 ④数字データの有無　等	・段落は適宜あるほうがいい。小見出しはあってもなくても可。 ・小見出しはなくても適宜区切ってあるほうが読みやすい。 ・特長や他社との差別点が整理されていると記事にしやすい。 ・数字データがあるといいのは前述したとおり。
	Visual ①写真・イラスト・グラフ・関係図・表等の有無、必要性 ②色、枠、字体、太字　等	・写真やイラストなどグラフィックはないよりはあったほうがいい。 ・写真はJpegで。グラフは数値も添付されていたほうがベター。その数値をエクセルなどでこちらで打ち込んで再現して記事につけるので。 ・カラーが見やすいがこだわらず。強調したい語句はできれば太字で。
	社長メッセージ・外部識者談話　等 の有無、必要性	・社長でなくてもよいので、開発部署の担当者などのコメントがあると、記事でも引用しやすく説得力が増します。
	今後の方針or見通し 意志・方針を表す文言は必要か？	・今後の方針や見通しが必要かどうかはニュースの内容によります。新商品などは売り上げ目標などがあるほうが望ましい。
	連絡先or 問合せ先 の必要項目は？ 住所、TEL、FAX、e-mail　等	・メディアが問い合わせる連絡先はマストだが、記事用（読者向け）はニュースの内容によります。消費者向けの新商品などはあればベター。 ・住所はとくに必要はなし。

2	メディアへのニュースリリースの効果的な届け方・送り方の留意点			・近年はメールが主流。さもなければFAXよりは郵送の方が確実に目に留まるのでおすすめです。 ・確認のための電話は遠慮していただきたい。その場合はメールで。
	送付方法　具体的コンタクト先、	コンタクト先 (部署等)		産経デジタル　メディア本部　ニュースメディア部
		電話		03-3243-9578
		FAX		03-5205-2398
		メール		biz-live-henshu@sankei.co.jp
	送付タイミングへのアドバイス (何時頃？　何曜日頃？　等)			・メールなどであれば随時
3	ネット時代のニュースリリース作成の留意点			・我々はWEB媒体ということもあり、連絡はFAXよりもメールの方が助かります。 ・参考となるHPなどは適宜アドレスをつけてあると即確認できる。

大手新聞社系ニュースサイト　　　　　　**編集者**

	質問	要望 & アドバイス
1	**総論** ・取り上げたくなる・望ましいニュースリリースとは ・ニュースリリース作成の留意点 ・メディアからの要望　等	マスコミは、ある事象のニュースバリューを判断する際、その事象に「社会的意義があるか否か」で判断します。従って、ニュースリリースを作成する際には、「いかにその事象に社会的意義があるか（社会にとって重要なことであるか）」をわかりやすく強調する必要があると思います。
	タイトル・サブタイトル ①キーワードの有無について： 　新、初、数字　等 ②文章か、体言止めか	①例えば「世界初」とか「日本で最初に～」といった言葉は、大変インパクトがあり、マスコミが飛び付きやすいので、もしそのような事実があるのであれば、リリース中で強調すべき（タイトルに入れるなど）と思います。 ②基本は文章ですが、冗長にならないように留意すべきと考えます。
	リード部 ①主語の書き方はいずれがいいか？ 　A.当社（私）は 　B.○○株式会社（住所・社長名）等 ②長いか、簡潔か	①B.が基本だと思います。 ②できるだけ簡潔に、分かりやすく書くことが求められると思います。
	本文 ①段落・小見出しの有無 ②長文か、短文・箇条書きか ③特長・差別点の有無 ④数字データの有無　等	ただ文章を長々と書き連ねるだけでは、読む側（マスコミ）も内容がスッと頭に入ってこず、大事なポイントを見逃してしまう恐れもあります。 ①～④をうまく組み合わせ、ビジュアルにも留意しながら、読みやすい、見やすいリリースを作成してほしいと思います。
	Visual ①写真・イラスト・グラフ・関係図・表等の有無、必要性 ②色、枠、字体、太字　等	上記の通り、ビジュアルは読み手が正しく情報を理解するうえで、大変重要な要素です。読み手の理解を手助けために、写真や図表などをうまく組み合わせて掲載すべきと考えます。
	社長メッセージ・外部識者談話　等 の有無、必要性	社長メッセージはあった方が良いと思います。外部識者の談話は、報道側が必要に応じて取材し、掲載するものであり、ニュースを発表する側がそれを掲載する必要はありません。
	今後の方針or見通し 意志・方針を表す文言は必要か？	方針・見通しがある程度決まっているのであれば、できるだけ具体的に掲載した方が良いと思います。

	質問	要望 & アドバイス
1	連絡先or 問合せ先 の必要項目は？ 住所、TEL、FAX、e-mail 等	TEL、e-mailは必須。深夜や休日などでも担当者と連絡が取れる携帯電話番号を掲載すべきです。
2	メディアへのニュースリリースの効果的な届け方・送り方の留意点	電話などで担当者のメールアドレスを聞き、メールで送るのが良いと思います。送付先の部署名だけを書いて（例えば、○○局△△部様、のように）ファクスで送ると、結局担当者に届かないまま、散逸してしまう恐れがあるので、ファクスで送るのであれば、担当者名まできちんと入れるべきだと考えます。
	送付タイミングへのアドバイス （何時頃？　何曜日頃？　等）	土・日・祝日は避けた方が良いと思います。
3	ネット時代のニュースリリース作成の留意点	もし自分が新聞記者やニュース番組のディレクターだったら、どんなヘッドライン（見出し）を付けるか。あるいは、そういった人たちにどんなヘッドラインを付けて欲しいかを考えながら、作成してみてはどうでしょうか（必ずしもネット時代だから、というわけではありませんが）。

東洋経済オンライン　　編集長　山田俊浩氏

	質問	要望 & アドバイス
1	**総論** ・取り上げたくなる・望ましいニュースリリースとは ・ニュースリリース作成の留意点 ・メディアからの要望　等	・脚色なく、「事実」をきちんと記してあるリリースに好感を持ちます
	タイトル・サブタイトル ①キーワードの有無について： 　新、初、数字　等 ②文章か、体言止めか	・ファクトベースでわかりやすく
	リード部 ①主語の書き方はいずれがいいか？ 　A.当社（私）は 　B.○○株式会社（住所・社長名）等 ②長いか、簡潔か	Bで簡潔
	本文 ①段落・小見出しの有無 ②長文か、短文・箇条書きか ③特長・差別点の有無 ④数字データの有無　等	テーマによってケースバイケース
	Visual ①写真・イラスト・グラフ・関係図・表等の有無、必要性 ②色、枠、字体、太字　等	必須
	社長メッセージ・外部識者談話　等 の有無、必要性	特になくてもOKだが、特徴的なコメントがある場合には添付するとよい
	今後の方針or見通し 意志・方針を表す文言は必要か？	販売数量目標などの計画数字は欲しい

1	連絡先or 問合せ先 の必要項目は？ 住所、TEL、FAX、e-mail 等			e-mailは必須
2	メディアへのニュースリリースの効果的な届け方・送り方の留意点			e-mailでお送りください
	送付方法、具体的コンタクト先	コンタクト先（部署等）		東洋経済オンライン　編集部
		FAX		03－3242－4072
		メール		support@toyokeizai.net
	送付タイミングへのアドバイス（何時頃？　何曜日頃？　等）			特になし
4	その他　何なりとアドバイス下さい			多くの企業の例を参考にしてください。他社のリリースを読むことはできます。そこから自社に合ったものを構築して下さい

プレジデントオンライン　　プレジデントオンライン編集部部長　中田英明氏

	質問	要望 ＆ アドバイス
1	**総論** ・取り上げたくなる・望ましいニュースリリースとは ・ニュースリリース作成の留意点 ・メディアからの要望　等	①タイムリーか、面白いか、社会の役に立つか。 ②５Ｗ１Ｈなど、必要な情報が簡潔にまとまっているか。分かりにくいことが分かりやすく伝えられているか。 ③記者会見の有無、広報対応の有無、リリースのみかによって取材採用の可否を左右する場合がある。メディア、担当記者によって差があるだろうが個別に広報対応してくれるかも重要な要素。
	タイトル・サブタイトル ①キーワードの有無について： 　新、初、数字　等 ②文章か、体言止めか	①キャッチなキーワード、一目で理解できる単語、またはサブタイトルで説明されているか。 ②分かりやすさ、驚き、興味を引くものであれば、体言止め、文章はどちらもOK。
	リード部 ①主語の書き方はいずれがいいか？ 　A.当社（私）は 　B.○○株式会社（住所・社長名）等 ②長いか、簡潔か	①社名がいい。多くの情報のなかで社名とリリース内容を間違えないですむためにも主語が明確なほうがいい。 ②より簡潔で、分かりやすいリードが望ましい。
	本文 ①段落・小見出しの有無 ②長文か、短文・箇条書きか ③特長・差別点の有無 ④数字データの有無　等	①読みやすさを考えると段落、小見出しはあったほうが望ましい。 ②ある程度、リリース内容を伝えるためには情報量はあったほうがいい。 ③本文を簡潔に伝えて、参考資料などを添付して、背景、社会的意味合いなど原稿をまとめやすく情報を伝えられているか。 ④数字的な裏付けは必要。その原稿の信用性を数字は増すことができる。
	Visual ①写真・イラスト・グラフ・関係図・表等の有無、必要性 ②色、枠、字体、太字　等	①写真、イラスト、グラフ、関係図など記事を分かりやすく伝えることになるので、あったほうがいい。読者に一目で、短時間で、分かりやすく伝えるための補強材はあったほうがいい。 ②モノクロよりカラー（特に写真など）がいい。
	社長メッセージ・外部識者談話　等 の有無、必要性	社長メッセージ、外部識者談話は取材時間を削減するためにあったほうがいい。使わずとも取材先、コメントの必要性の参考になる。

1	今後の方針or見通し 意志・方針を表す文言は必要か？		マイナス情報、プラス情報でも会社としての考え、方針、見通しは絶対に必要。
	連絡先or 問合せ先 の必要項目は？ 住所、TEL、FAX、e-mail 等		住所、電話、ファクス、メールなどの基本情報、さらに担当者名があると、そのリリースに対しての問い合わせ先が明確化される。たらい回しにならないという安心感がある。
2	メディアへのニュースリリースの効果的な届け方・送り方の留意点		編集部メール、または個人メール。ファクスだけだと部署全体で共有しにくい場合が多い。
	送付方法 具体的コンタクト先、	コンタクト先（部署等）	プレジデントオンライン編集部
		電話	03-3237-3726
		FAX	03-3237-6696
		メール	news-pol@ president.co.jp
	送付タイミングへのアドバイス （何時頃？ 何曜日頃？ 等）		特になし
3	ネット時代のニュースリリース作成の留意点		早い情報提供。媒体の特徴とリリース内容のマッチング。媒体ごとに記者との深いコミュニケーションが重要。
4	その他 何なりとアドバイス下さい		ニュースリリースを使って記事やコラムを書きやすい多くの情報の提供。 業界規模、競合企業、コメントできる識者、アナリスト情報などなど。

日経ビジネスオンライン　　編集長　池田信太朗氏

	質問	要望 & アドバイス
1	**総論** ・取り上げたくなる・望ましい 　ニュースリリースとは ・ニュースリリース作成の留意点 ・メディアからの要望　等	5W1Hが明確で、しかも5W1Hのうちどの要素がニュース（新しい情報）なのかが明確なリリースが望ましいです。
	タイトル・サブタイトル ①キーワードの有無について： 　新、初、数字　等 ②文章か、体言止めか	上記の要請に適うように、適切に、どの部分が「初」なのかが明確であってほしいと思います。「当社が初めてAした」なのか「Aをすること」自体は他社もやっているけれど「Bのやり方で（How）」の部分が新しいのか。「日本初」がどこに掛かるか分からないようなリリースは、価値を見出すのに時間がかかります。
	リード部 ①主語の書き方はいずれがいいか？ 　A.当社（私）は 　B.○○株式会社（住所・社長名）等 ②長いか、簡潔か	主語はどちらでもよいです。簡潔が望ましいと思います。
	本文 ①段落・小見出しの有無 ②長文か、短文・箇条書きか ③特長・差別点の有無 ④数字データの有無　等	上記「どこがニュースなのか」が明確に分かるかたちであれば、スタイルはどちらでもよいです。「どこがニュースなのか」を最も訴求できる手段が数字なのであれば数字を、特長の言及であればそれを掲載するのがよいと思います。

	質問	要望 & アドバイス
1	**Visual** ①写真・イラスト・グラフ・関係図・表等の有無、必要性 ②色、枠、字体、太字　等	モノや場に関する情報であれば、写真はイメージしやすいので、掲載していただくとありがたいです。抽象的な説明を要するサービスに関する情報の場合は、図示していただくとありがたいです。ただし、過度な装飾は、訴えたいニュースのバリューに自信がないから派手にしているのかなと思ってしまいます。
	社長メッセージ・外部識者談話　等 の有無、必要性	経営者のメッセージは必ず読みます。そこに自分の言葉が書かれていないとがっかりします。
	今後の方針or見通し 意志・方針を表す文言は必要か？	新聞などの純粋なニュース媒体よりも、オンライン含む雑誌メディアはストーリーや背景に強い関心を持っています。「なぜやるのか」に対する答えには関心があります。
	連絡先or 問合せ先 の必要項目は？ 住所、TEL、FAX、e-mail　等	すべてあるのが望ましいです。
3	ネット時代のニュースリリース作成の留意点	ネット媒体には必ず「絵」が必要になります。写真や図など、どんな短い記事にも1点以上の写真を掲載しています。絵になる情報にはいつも飢えています。

⑪オンラインメディア（専業）

a2media　　取締役 ソリューション事業部長　　並木 将洋氏

	質問	要望 & アドバイス
1	**総論** ・取り上げたくなる・望ましいニュースリリースとは ・ニュースリリース作成の留意点 ・メディアからの要望　等	弊社の事業領域であるIR支援の観点から、投資家の判断材料やきっかけとして、ニュースリリースは極めて重要なコンテンツです。 市場操作や誇張になっては問題ですが、新製品、提携、M&A、上方修正などの成長可能性を示すリリースが、より適正な株価を形成し、投資家からの資金調達を実現していると言えます。一定の期間、連続して、成長可能性を内包するリリースが出ることが有効で、IPO（新規上場）では、リリースと株価の関係で、特に顕著です。リリース1本での内容の深さ、分かりやすさもさることながら、複数本での連続性や継続性がとても重要な要素です。
	タイトル・サブタイトル ①キーワードの有無について： 　新、初、数字　等 ②文章か、体言止めか	成長可能性を一目で伝えられる言葉選びが重要であるのと同時に、その言葉やキーワードが、市場の中で注度の高い、あるいは話題性のあるものであることが重要です。例えば2016年は、IoT、AI（人工知能）、FinTechなどでした。
	リード部 ①主語の書き方はいずれがいいか？ 　A.当社（私）は 　B.○○株式会社（住所・社長名）等 ②長いか、簡潔か	目を引く、あるいはクリックを誘引するものとして、簡潔であることが望ましいと考えます。

1	**本文** ①段落・小見出しの有無 ②長文か、短文・箇条書きか ③特長・差別点の有無 ④数字データの有無　等		箇条書きの良さもありますが、その企業のビジョンや考え方が伝わるストーリーとしての構成が、本文では有効かと考えます。 成長可能性の根拠となる数字やデータ、統計や市場予測などは、参考資料としても大切です。
	Visual ①写真・イラスト・グラフ・関係図・表等の有無、必要性 ②色、枠、字体、太字　等		情報を入手する環境が、スマートフォンやタブレット、ノートPCなどのモバイル端末に広く移行していることから、ひとつの画面で表示できる情報量が減っている点への対策として、文字でなく絵で表すことの重要性は増していると思います。
	社長メッセージ・外部識者談話　等 の有無、必要性		良くも悪くも、その企業・事業のリーダーの言葉からステークホルダーは多くの印象を持ちます。その意味でとても重要です。
	今後の方針or見通し 意志・方針を表す文言は必要か？		推進していくエネルギーがあるという点でも、目指しているビジョンを分かりやすく伝えるという意味でも、重要な要素と思います。
	連絡先or 問合せ先 の必要項目は？ 住所、TEL、FAX、e-mail　等		必須と思います。
2	メディアへのニュースリリースの効果的な届け方・送り方の留意点		IRの観点では、メディアに当たるものは、証券取引所であり、自社のホームページ（IRサイト）ですので、公平開示の観点から、開示のガイドラインに即した配信が重要となります。
	具体的送付方法コンタクト先、	コンタクト先（部署等）	ソリューション事業部
		送付タイミングへのアドバイス（何時頃？　何曜日頃？　等）	直接の関連性が低い（薄い）内容のリリースであっても、いずれも成長可能性を示すリリースとして捉え、連続させるのが効果的と思います。配信スケジュールを一定の期間で捉え、計画的に配信していくことが重要です。
3	ネット時代のニュースリリース作成の留意点		分かりやすさ、インパクト、情報量と演出の自由度から、WEB動画の活用が増えています。
4	その他 何なりとアドバイス下さい		IPO（新規上場）から1年前後をメドとして、とてもよい株価を形成している企業に共通しているのは、計画的かつ連続的に、投資家が注目しているキーワードが内包された成長可能性を伝えるリリースが出て行くことです。このような取り組みがない場合、適正な株価がつかず、目的の資金調達やブランディングの強化につながらないことも多いように思います。

ジェイ・キャスト（J-CASTニュース）　　取締役　編集長　　杉浦　信之氏

	質問	要望 & アドバイス
1	**総論** ・取り上げたくなる・望ましいニュースリリースとは ・ニュースリリース作成の留意点 ・メディアからの要望　等	・メディアの特性にマッチした新製品・新サービスは取り上げたくなる。 ・5Wが分かりやすいことが前提。なおかつ具体的であることが望ましい。 ・自社視点ではなく、リリースの読み手目線に立って書いてほしい。 ・商品の場合は価格が書かれていると記事化の際にスムーズ。

1		**タイトル・サブタイトル** ①キーワードの有無について： 　新、初、数字　等 ②文章か、体言止めか		①「初」「新」は目を引くが、国内外業界における「初」「新」でない限り、あまり意味をなさない。 ②どちらでもよい。
		リード部 ①主語の書き方はいずれがいいか？ 　A.当社（私）は 　B.○○株式会社（住所・社長名）等 ②長いか、簡潔か		① B ②簡潔
		本文 ①段落・小見出しの有無 ②長文か、短文・箇条書きか ③特長・差別点の有無 ④数字データの有無　等		①あったほうが良い。 ②短文・箇条書きが望ましい。 ③あったほうが良い。 ④書いてあると記事にしやすいが、自社に都合のよい部分だけを抽出した数字は取り上げにくい。
		Visual ①写真・イラスト・グラフ・関係図・表等の有無、必要性 ②色、枠、字体、太字　等		①ビジュアルは多ければ多いほど良い。グラフ類は説明用と転載用を別途用意してあると良い（スマホ用記事には不適なグラフが目立つため）。 ②字体、色は特に重要ではない。
		社長メッセージ・外部識者談話　等 の有無、必要性		開発者やそれに準ずる担当者のコメントがあれば便利（開発経緯やこだわりポイントなど）。
		今後の方針or見通し 意志・方針を表す文言は必要か？		必須ではないが、あれば参考にする。
		連絡先or 問合せ先 の必要項目は？ 住所、TEL、FAX、e-mail　等		電話、メール、担当者名は必要。 ファクスは発表会参加申し込み以外、使う機会はほぼない。 PR事務局の場合は代理店名も明記されていると良い。
2		メディアへのニュースリリースの 効果的な届け方・送り方の留意点		メール。件名である程度内容が分かると望ましい。 もしくはPR TIMESや@Pressなどリリース配信サイトを通じて。
	送付方法 具体的コンタクト先、	コンタクト先 （部署等）		ニュース事業本部受付
		電話		03-3264-2591
		FAX		03-5215-7091
		メール		pr_release@j-cast.com
		送付タイミングへのアドバイス （何時頃？　何曜日頃？　等）		時間帯や曜日は特にないが、発売日や開始日の数日前には届けてほしい。 当日は気付くのが遅れた場合、流してしまうことがある。
3		ネット時代のニュースリリース作成の留意点		ニュースリリースも大切だが、執筆時には企業サイトもチェックすることが多い。そのためリリースに全て盛り込もうとせず、詳細はサイトを読むよう誘導する方法もあるように思う。
4		その他 何なりとアドバイス下さい		メールでニュースリリースを送信する際、件名の「株式会社」は不要（目に入るのは限られた文字数なので）。

	ハフィントンポスト・ジャパン		編集長　竹下隆一郎氏
	質問		要望 & アドバイス
1	**総論** ・取り上げたくなる・望ましいニュースリリースとは ・ニュースリリース作成の留意点 ・メディアからの要望　等		・新しい働き方を実践している社員、LGBTのメンバーをサポートする制度など、単に企業ではなく個人にスポットライトをあてたリリース。
	タイトル・サブタイトル ①キーワードの有無について： 　新、初、数字　等 ②文章か、体言止めか		簡潔で、宣伝臭がないものをお願いします。
	リード部 ①主語の書き方はいずれがいいか？ 　A.当社（私）は 　B.○○株式会社（住所・社長名）等 ②長いか、簡潔か		①主語の書き方にはこだわりません。 ②スマートフォン上で読むことも多いので、簡潔な文章だと助かります。
	本文 ①段落・小見出しの有無 ②長文か、短文・箇条書きか ③特長・差別点の有無 ④数字データの有無　等		①と②：上記②の理由から、段落や小見出しはあった方が良いと思います。ご自身で書いたニュースリリースを送信前に一度スマートフォン上で読んでみる、というチェック方法がおすすめです。 ③特徴点を無理に出すより、働く人や経営者のキャラクターなど人にフォーカスしていただきたいです。 ④数字データやグラフもあれば説得力が増します。
	Visual ①写真・イラスト・グラフ・関係図・表等の有無、必要性 ②色、枠、字体、太字　等		①写真やイラストなどは画像ファイルをつけて送信し、さらにクレジット表記やメディア掲載時のルールをご記入いただくと、こちらも使わせていただくときスムーズです。ネットメディアは紙幅の都合がないので、多く掲載できるという利点もあります。
	社長メッセージ・外部識者談話　等 の有無、必要性		そのまま掲載することはまれですが、社長メッセージがあれば思いは伝わります。文章のすりあわせなどが大変かと思いますので、無理しないでもいい要素です。
	今後の方針or見通し 意志・方針を表す文言は必要か？		会社というより、広報担当や幹部のユニークな「個人の思い」が書いた文章があれば、取材する関心が高まります。
	連絡先or 問合せ先 の必要項目は？ 住所、TEL、FAX、e-mail　等		電子メールと連絡がつきやすい直通番号や携帯番号はあると助かります。
2	メディアへのニュースリリースの効果的な届け方・送り方の留意点		電子メールです。本文に概要を書き、さらにスマートフォン上でも開きやすいファイルを添付して詳細を記入すると読みやすいです。
	具体的コンタクト先、送付方法	コンタクト先（部署等）	ハフィントンポスト日本版編集部
		メール	news@huffingtonpost.jp
2	送付タイミングへのアドバイス （何時頃？　何曜日頃？　等）		平日の午前中の早い時間など、その日のニュースや取材準備に間に合う時間帯。

3	ネット時代のニュースリリース作成の留意点		デジタル時代とは、「日経新聞・神話」の終わり ・メディアに載ること自体が価値ではなく、そのメディアを起点としてソーシャルメディア上で拡散して、読者や市民がニュースについて「話題」にすることが大切になる。「日経新聞」に載ったり、「ワールドビジネスサテライト」に取り上げられたりすることで喜ぶ時代は終わったことを意識する。 ・ハフィントンポストのファン層である30-40代は、日経新聞以外から情報収集をするビジネスパーソンが多い。ニュースをソーシャルメディア上で読むため、課金型を取り入れ、外部への記事配信に消極的な「読者を囲い込む閉じたビジネスモデル」の日経新聞の記事に触れる機会は減っている。今後会社の中核を担う、感度が高い30-40代にリーチすることを広報戦略の一つに位置づけ、メディアの勢力図が大きく変化していることを考えないといけない。 また、大企業の話題や株価に影響する情報より、「働き手個人の生き方」「新興企業」にフォーカスした経済ニュースに注目が集まっている。こうした話題を日経新聞はまだ十分拾えていない。あるいは、あくまで他のニュースの「添え物」として扱っているため、読者の共感を得られていない。 NewsPicksやBusiness Insiderなど新しい経済メディアも登場しており、広報部門トップや担当役員の意識改革が必要。 ・メディア掲載後、SmartNewsやLINEなどほかのプラットフォームに転載されるルートを把握する。Aというメディアに載ったあとに、BやCなど他プラットフォームにどう展開されたかを見ることで、広報部門が記事の広がり方がつかんでいることが望ましい。 ・ニュースリリースがスマートフォン上で読まれることを意識する。 ・画像やイラストなどは権利関係に留意しながらクレジット表記のルールをクリアにし、メディア側がすぐ使えるようにする。また、紙メディアのように制限がないこともメリットになる。動画があればリンクも記入する。
4	その他 何なりとアドバイス下さい		上記3ご参照

BuzzFeed Japan　　　創刊編集長　古田　大輔氏

	質問			要望 & アドバイス
1	**総論** ・取り上げたくなる・望ましいニュースリリースとは ・ニュースリリース作成の留意点 ・メディアからの要望　等			メディアによってリリースへの対応は異なります。リリースを取材なしでほぼそのまま書くメディアであれば、細かく具体的に書いた方が良いでしょう。書き方に関しては、能動的に取材をするメディアであればあるほど、文体は気にしません。自分たちで取材し、自分たちのスタイルで書くからです。
	連絡先or 問合せ先 の必要項目は？ 住所、TEL、FAX、e-mail　等			電話番号とe-mailアドレスはないと問い合わせが難しいです。
2	送付方法	具体的コンタクト先	コンタクト先（部署等）	編集部
			メール	japan-info@buzzfeed.com
3	ネット時代のニュースリリース作成の留意点			Faxは不便なので、Emailで送っていただけるとありがたいです。

Ⅲ 「ニュースリリース作成心得＆戒め帳」作成のすすめ

　私自身も「メディアからの要望＆アドバイス」1つひとつすべてに目を通して、それを味わいつつ、各項目で読者に役立つフックになる言葉を抜き書きしました。
　しかしながら、以下掲載するのはあくまでも著者の感性での選択です。
　読者にお願いしたいのは、各メディア幹部の要望＆アドバイスそのものをじっくり読み込み、自らの魂に響く言葉や表現を、自らの感性で喜々として選び出し、ご自身の「〇〇式ニュースリリース作成心得＆戒め帳」を作る過程を楽しみながら、味わっていただきたいのです。
　そして、日々のニュースリリース作成を修行とし、達人への道を着実に踏み上り、いつの日か成就することを期待しています。

山見博康式ＮＲ作成心得＆戒め帳

	質問	要望 & アドバイス　要約	
1	**総論** ・取り上げたくなる・望ましいNR ・NR作成の留意点 ・メディアからの要望　等	1. どこにニュース性があるか端的にわかる、その理由を時代的・社会的背景を踏まえて説明 2. 見た瞬間にピピッとくるもの 3. 冒頭で大枠がわかる 4. 伝えたい熱意が感じられる 5. 目を引くタイトル、グラフやチャートを用いて一目でわかる工夫＆ファクトが過不足なく書かれている 6. レイアウトから色、フォントまですべてに気を配る 7. 1枚で概要がザクッと把握 8. 刺さるワードが散りばめられている 9. 媒体は多数あり、それを認識して作られたもの 10. 論旨明快、具体的事実が平易に 11. 難解で一読してもすっと頭に入らないのは敬遠される 12. 一方的に送っただけで取り上げてもらおうという極めて安易なリリースが多すぎる 13. 簡潔でポイントを抑えた内容 14. 「どこがニュースなのか」絶えず客観的視点が必要　技術者や専門家しかわからない用語は避けて 15. 簡潔に一読して意味と内容の重要性がわかるリリースが取り上げられる、書ける人材育成が必要 16. ブランドや施設名が主語になっているリリースが多い、あくまで人・企業が主語 17. 短時間で咀嚼でき目を引くリリースが大事	18. 最初の数行で価値がわかる 19. テレビは映像や音を意識 20. 初、新等ニュース価値を前面に 21. 一読して意味が理解できる 22. 難しいスキーム等は図解を 23. 「した」より「する」の未来形を 24. 今取材するネタか？ 25. 地方紙はそのエリアとの関わりが重要なポイント、電話でその旨直接伝えるべき 26. 誰がいつ何を等のポイントが箇条書き 27. 簡潔な概要、詳しい補足資料、用語解説の組み合わせ 28. 必要：背景データや実績、不要：精神論的形容詞的感覚的情緒的表現 29. 問合せの手間が減るように 30. 業界動向や競争環境の中での位置づけ、理由、背景がわかる 31. 「網にかかったら儲けもの」「数打ちゃ当る」式はダメ 32. 時代の心に敏感に 33. 各メディアの特性に合わせて、媒体の特性を把握して 34. エッセンスが全て簡潔に網羅、補強するデータや専門家コメント、権利と事実確認 35. 株価関係では1本での内容の深さより複数本での連続性や継続性が重要 36. 時機を得たタイムリーなニュース
	タイトル・サブタイトル ・キーワードの有無 ・文章か、体言止めか	1. キャッチーな言葉や数字は正確なら是非 2. 「日本初」「新」等ニュース価値が伝わるコンパクトさ 3. 業界用語や社内名を使った長文タイトルはパッと見てわからない 4. 体言止めが望ましい 5. 記者が書くような文章形式が増えているのは好ましくない 6. 体言止めはわかり易い反面、重要箇所が伝わり難い面もある 7. 適切なキーワードは是非だが、独りよがりのキーワードにこだわると逆に伝わらないので注意	8. 長すぎない 9. 新規か？　業界初？　等にてニュース価値が変わり、必ず問い合わせるので、事前に調べて即答 10. キーワードは目を引くが信頼できる客観データ記載が前提 11. 見出しと同じ「内容を簡潔に表し、読者を記事に引き込む役目。一読して呑み込めるもの 12. 面白さ、斬新さ、優位性、衝撃度等を端的に言い表せる人、そのリリースは優れている 13. 物事の本質がわかっていればキーワードは湧水の様に湧き出る。本質の見極めが鍵
	リード部 主語の書き方は	1. 社名、所在地、社長名を明記。同名の会社との混同を防ぐ 2. 事業主体が子会社等の場合関係がよくわかるように	3. 必要な項目が入っていれば簡潔がいい

	長いか簡潔か	1. 簡潔明瞭が理想、リードはセンス、事象を端的に魅力的に伝わるように意識 2. 記事のような文章は好まない、的確な表現が一番 3. 文章は簡潔に。簡潔が要点をとらえやすい	4. 余分な情報は省くという「決断」が必要、背景等を入れるのは不可、結論のみ記す 5. どんな書き方でもいい、内容が重要、簡潔がいい趣旨・新しさ・狙いを端的に 6. 本質を掴めば素敵なリードを思い浮かべるのは難しくない
	本文 ①段落・小見出しの有無	1. ポイントは箇条書きに、背景や経緯は詳しく 2. 段落、小見出しはあった方がよい、箇条書が読みやすい	3. 沢山伝えたいことを見やすく伝えたいとき、小見出しを多用すべき
	②長文か、短文・箇条書きか	1. 箇条書きは文書にアクセントをつける意味でも大変有効 2. 簡潔かつ具体的な文章 3. 箇条書きは重要性がややわかり難いので文章がいい	4. 箇条書きは親切、短文の方が取り組みやすい 5. 記事内容を確認せずに記事化しない、1つ1つのファクトに問合せるときにも箇条書きで短文がいい
	③特徴・差別点の有無	1. 特徴・差別点が最も重要。必ず明記 2. 特徴や差別点、数データが必要 3. 特徴・差別点は当然書かれるべき 4. 特徴が端的に具体的にわかることが生命線	5. 特徴や差別点はニュースの肝、「明確に」が無いと良い記事は書けない 6. 特徴や他社との違いは明確にすべき
1	④数字データの有無	1. 顕著な数字データは見出しに使える 2. 数字データは雄弁、必須 3. データは他社製品との比較、長所を載せるべき 4. 数字は是非必要だがはっきりせず報道しづらい数字は載せないで会見で説明 5. 数字やデータを盛り込むことは記事内容を明確にする上で必要	6. 会社概要等基本データ、記者が必ず問合せすることがわかっている数字やデータは記載し、間違いや問合せの手間を省く 7. 数字データはできる限り必要、なければ結局は問合せが必要になる 8. 書式にはこだわらないが重要な要素から順に 9. 数字は命、時期と併せ必ず明記
	Visual ①写真・イラスト・グラフ・関係図・表等の有無、必要性 ②色、枠、字体、太字　等	1. 「1枚の写真は100行の記事に勝る」ビジュアルを活用 2. 写真、グラフ等は理解を助けるのでできるだけ掲載 3. データは出典先を 4. 写真はデータで 5. PDFだけでなく生データ（グラフの数字等）があれば加工に有用 6. Visualに見せる工夫が大切、新聞もVisualに見せるアイデアを競っている 7. あくまで勝負は中身 8. 文章で多くを述べるよりグラフや表で一目瞭然となるケースが多い、Visualを活用すべき 9. 読む人の理解を助けるVisualはできるだけあった方が望ましい 10. 写真やイラストも助かる、商品に絞らずイベント風景等人物が入った動きも歓迎	11. 字や字体等必要に応じて変化をつけることに重要だが、凝り過ぎはいかがか？ 12. Visual化は紙媒体の課題。読者の目に留まりやすいので一層進める方向にある。可能な限りカラーがベター 13. 写真やグラフは今や必須、ネット電子版にも使用するのでカラーで 14. 写真やデータは付与しなければ使われない 15. 変更前と変更後の違いが一目でわかる図解を 16. 重要な個所を太字にして強調すると要点がわかりやすい 17. 読まれる工夫をデザイン面でも 18. FAXの場合、折れ線グラフを「色」で違いを示すより「形やマーク」で線の違いを示す

	項目		
1	**社長メッセージ** の有無、必要性	1. トップメッセージがあればより強く伝わり、想いが記事化する 2. 社長コメントがあれば取材手間は省けるが型どおりの無味乾燥なものは採用不可 3. 経営方針などでは社長メッセージ必要 4. 内容次第 5. 通り一遍の内容だと使えない 6. 案件によるが必ずしも必要ない 7. 抽象的な社長メッセージや立場の補完に識者談話不要 8. 開発の苦労話等が読者の興味を引く 9. リリースのコメントを使うことはないので不要。直接取材を重視	10. 社長メッセージは外す必要なし 11. 短く特徴や新しさを示すものならいいが、肉声が基本 12. 内容に違いがあれば引用可能。加えることで「膨らみ」が出せる 13. 社長メッセージは内容に力があればトップの意気込みとして取りあげる判断になるが、必ずしも必要ではない。それより数字や特徴等が詳しい方がいい
	外部識者談話 コメント	1. ケースバイケースで学術的説明などの際には必要かもしれない 2. 外部識者は発信側のものは使いにくい 3. 外部識者コメントは自社取材でないと使わない、信用性が担保されないゆえに必要なし	4. 外部識者は不要、都合の良い紹介や宣伝の為との疑念を抱かせ信憑性を下げることに繋がりかねない 5. 外部識者の連絡先の掲載が望ましい
	今後の方針or 見通し 意志・方針を表す文言は必要か？	1. 必要、それがないと伝わらない 2. まだ実現・達成できてない点など是非あったがいい 3. 極めて重要。「現在」のみならず「未来」情報を明確にすると中長期的「狙い」がわかる。「すでに起こったこと」は興味なく「起こり得ること」の情報を求めている 4. 会社の意志、方針を明確に示す文言を入れておくべき	5. 必ず尋ねる、何をいつまでにどうするか等方向性は記事に必要ゆえ必ず具体的に盛り込んでほしい 6. 抽象的でなく数字や年限等具体的な方針や見通しが助かる。将来の可能性や商品サービスの展開や広がりがあればニュース判断が変わることあり 7. インパクトがある内容ならあった方がいい 8. 抽象的文言はできるだけ排除し具体的計画がほしい
	連絡先or 問合せ先 の必要項目は？住所、TEL、FAX、e-mail等	1. 住所、tel、FAX、メールの他担当者（複数）を必ず明記 2. 当日すぐに連絡がつく連絡先を 3. 何時に電話してもいいように携帯を	4. 直通連絡先が必要 5. いかなる場合も連絡できる体制を 6. 最近代表電話すら掲載のない例が目立つが、それでは問合せできない
2	メディアへのニュースリリースの効果的な届け方・送り方の留意点	1. テーマによって配布先の工夫が必要。「誰かが記事にするだろう」と誰もが見送る危険性あり 2. メールの送りっぱなしはNG。メールし、電話でも連絡、しっかり認識させる 3. ネットを通じて記者のみならず一般の人も読む可能性あり。絶対間違いない様に注意 4. 記者と同様、足を運んで渡す方が顔見知りとなり浸透しやすい 5. 一方的にメールやFAXで送っても無視される可能性あり。記者クラブでの配布の方が有効 6. 担当者とデスク、編集長等両方に送ると目に留まりやすい。担当者が不要でもデスクが面白いと判断することもある	7. 担当者に直接届くように 8. 基本はレク付き、理解不足による間違いの防止に繋がる 9. PDFをメールで、コピペ可能な形式が重宝される 10. 問合せ時の対応が重要。リリースはコミュニケーションの出発点 11. メールは埋もれる恐れあり。紙に印刷したものの持つ訴求力の強さは捨てきれない 12. 地方紙の場合、エリアに関わるか否かが判断基準となるので、リリース送付に加えて直接電話して伝える

2	送付タイミングへのアドバイス（何時頃？ 何曜日頃？ 等）	1. 新聞は一般に午前中か午後の早め 2. 新聞はお昼前後がベスト（新聞）、遅れる場合は事前に一報を 3. 新聞は急ぐ場合は午前中、時間的余裕がある場合は16～17時頃まで 4. 担当者がメールや郵送物をチェックしやすい朝イチ、午後イチの方が見逃されにくい	5. 事前に連絡し届け先を明確に。直接当事者からの事前連絡がベストで記者との信頼関係構築にも繋がる（リリースが自動的に掲載されるのは勘違い） 6. 夕刊・朝刊の〆切から9～10時、14～16時がベスト。木・金に集中する傾向があるので分散してほしい 7. 民放テレビの場合、緊急性がなければ午前早めか夕方。10時30分～12時、15～18時30分は避けた方がよい
3	ネット時代のニュースリリース作成の留意点	1. 過去の関連NRなど、関係情報の自社サイトでの場所明示を 2. 画像の「一括ダウンロードサイト」がほしい 3. 間違いは永久に残るので正確な数字等事前チェックを 4. 連絡ツールとしてSNS活用はあり。ただしセキュリティ対策に懸念残る 5. ネットでもリリースは変わらないが、付随する写真等ビジュアルがより重視される 6. リアルの紙媒体向けをベースにリリースすべき 7. リリースをそのまま掲載する場合あり。よりわかりやすくすることが求められる。逆に写真等を多く使ってくれる 8. リリースから記事をまとめコメントを取るだけの場合も想定。リリースの在り方も変わってくるかも 9. 誰でも発信できる時代ゆえに発信者がメディアの事情をきちんと見て効果的媒体を判断すべき	10. 配信代行会社が媒体の性格を考えないで配信することもあり。判断は当事者で 11. 世界中に配信される可能性あり、電話に＋81を忘れず、出来れば英文も 12. 写真や動画のデジタルデータでの提供（写真やグラフ等をダウンロードできるように） 13. 紙媒体と違い、詳しい情報があっても困らない 14. ネットでは長さ制限がなく、冗長に流れる恐れあり 15. 誰もが読むことを意識する 16. ネット普及で「出せる情報は出しておいた方が良い」、情報発信は積極的情報開示で「守り」にも使える 17. 重要部分は太字にするなどスマホでも概要が見やすくなる工夫を 18. 民間テレビの場合、リリースは報道局のみならず情報系番組担当も有効利用の時代ゆえにPDFでもらい、一括管理して情報共有したい

本書のまとめ
あとがきにかえて

　さあ、いかがでしたか？　冒頭に示した「ニュースリリースは企業の鏡である」は正しい仮説でした。

　210のニュースリリースとの会話を通じて色んなことを感じ、話し、学びました。その結果、ニュースリリースを見ていれば、次のような本質が垣間見えてきます。それは憶測かもしれません。しかし、そう感じるのですから、本質の一端であることは間違いないでしょう。

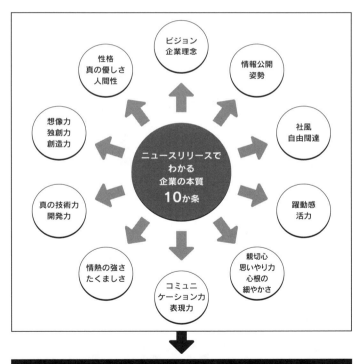

ニュースリリースを見たある記者が「わかり難い」とくずかごに投げる動作は、ある店に入ったお客様が「なんと不親切な応対だ」と怒って立ち去り、二度と戻って来ないのと同じです。お客様は黙って去っていくことに気付かない応対を、日々行っている恐怖を感じない社員や、それを指導しない会社はいずれ滅びる恐れを抱かなければなりません。

　広報の原点はメディア対応ではありません。電話1本、面談1つの応対でいかに相手が好感を持つか。これを忘れるから顧客の代弁者であり社会の代表者であるメディア（記者）との接し方を間違えるのです。

　私が大切にしている『真人間十一か条』は、「広報は、真人間＝真(まこと)の組織になること」を表現していますので、皆様にご紹介しましょう。

```
真人間十一か条
一、善を求める
二、大志を目指す
三、大義を為す
四、言行が一致一貫する
五、情熱と向上の心を抱く
六、業績を遺す
七、徳を高める
八、自己の尊厳を崩さない
九、社会へ貢献する
十、周りの人々に誇り、喜び
　　自信、自律心を与える
十一、尊敬が集まり
　　末永く敬愛される
```

　ニュースリリース作成時は「これを手にした記者が気分良く読み始め、機嫌良く終って自分に電話してくれるか？」と自問しつつ作ると良いでしょう。では改めてどんなニュースリリースが望ましいのか、振り返ってみましょう。

１．一目見てアートだ！ と感銘を受けるか？

　興味がある、面白そう、凄い、もっと読みたいと思ってもらえるかどうかが勝負。日に数十本から百本以上手元に届くニュースリリースを見

てもらえる時間は、あってもせいぜい3秒！ その間に興味を示してもらわないとライバルに負ける。

２．VV＆I（Value＋Visual＆Impact）があるか？

　タイトルを一見してValueがあり、Visualでわかり、しかもImpactを感じるか？　Valueには数字的Impactが欠かせません。それを裏付ける写真やイラスト、グラフ等が配置行き届くVisual Artになっているか？

３．斜め読みでわかるか？

「段落＋小見出し＋箇条書き」になっていることが重要。斜め読みでわかるには段落が必要、また段落ごとに小見出しがなければ何が書いてあるか瞬時にはわかりません。小見出しはCDの頭出し。文章を推敲し短く切り箇条書きが不可欠です。

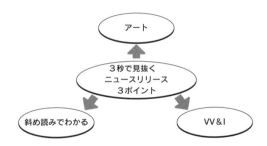

　さて、記者が嫌いなものとは何でしょうか。その１つが何とニュースリリース。これに納得すればニュースリリースの本質がわかってきます。つまり、ニュースリリースは横並び情報なので、特ダネやスクープを狙っている記者の魂を揺さぶることはできません。次に嫌いなものは、抜かれること。つまり他のメディアにスクープされること。

　では最も嫌いなものとは？　それは数字や名前等の間違いとその結果による誤報。記者にはこれが最も致命的になるのです。

これを逆に捉えれば、最も好かれる広報は、間違いのない情報を提供し、文字で確認し、さらに電話でも確認してくれる人。つまり、記者を間違わせない人が、最も記者に喜ばれます。「確認！　確認！　確認！」の配慮ある広報を目指せば、必ず信頼されます。間違いを起こさせない広報担当が優れた広報の理想なのです。

　激動する世界の潮流に乗って、企業間競争においても危機への備えのために広報体制充実の動きがさらに加速することでしょう。また「地方創生」で地方の中小企業も自ら積極的な情報発信が求められる時代になっています。格調高く、そして戦略的に地道な広報活動を着実に実施していかなければなりません。

　ここで、私があらゆる活動の信条として大切にし、ニュースリリース作成にも生かしているドイツの哲学者ショーペンハウエルの箴言「**多量の思想を少量の言葉に収めよ**」をご紹介します。

　この訓(おし)えは文章作成の要諦です。これをいつも念頭に置いて文章を推敲し、簡潔適切な言葉や表現を生み出すことを心掛けているのです。

　また読売新聞東京本社坂本裕寿論説副委員長（前経済部長）による"少量の言葉"は、広報の心得として"多量の思想"を包含している好例です。以下は、坂本さんの話を元にまとめたものです。

　広報担当の心掛けの第一は①Foot Workの軽いこと。自ら気軽に各部門や工場に御用聞きや社内記者のように情報授受に努める、動く広報を目指しましょう。その果実は質の高い情報と線の太い人脈です。続けていると主要部署の責任者から意義ある話が聞け、内外の有力なキーパーソンとの②Net Workが広がり楽しくなるのです。

　経験を積み地位も上がるとより重要な仕事が待っています。大仕事になればなるほど、緊密で一丸となった③Team Workが不可欠なことは言うまでもありません。会社経営はまさにTeam Workの賜物です。

　これを遂行するには3つの広報力が求められます。広報担当は多彩な仕事を適宜・適切・適時（タイムリー）に遂行する仕事。まずは仕事の大局を把握する「構想力」が必要です。その遂行には社内の有力者の協力を得ると同時に、外部の関連諸官庁や関係企業との「交渉力」がいります。その時に役立つのが、地道に培ってきた豊富な質の高い「人脈力」です。広報の方針が決まれば、職制を通じて社内への報せを徹底し、各部署から直接、広報からはメディアを通じて、顧客を始めとするステークホルダーや社会に報せる必要があります。それを遂行する「発信力」が不可欠です。

　本書の企画は、2010年日本能率協会マネジメントセンターより上梓した『新聞・テレビ・雑誌・ウェブに取り上げられるPRネタの作り方』の姉妹編として温めてきた構想です。こうして実現したのは、当時ご担当の現出版事業本部長　根本浩美さんに2016年4月、即座に同意いただい

たからで、ちょうど1年後に生まれ出たことを重ねて御礼申し上げます。実際の編集は出版部部長の黒川 剛さんと同部の新関 拓さんにご担当いただき、筆の進まぬ私を励まし粘り強く御指導いただきました。お二人の的確な示唆と力強い編集力が実現の賜物、心より感謝いたします。

そして、「メディアからの要望およびアドバイス」を頂いた50人超の皆様には、年末年始の超多忙な中でお手数を煩わせ、有り難く深く感謝の意を表します。個々のアドバイスは、意欲的な広報担当への大いなる光明となり、向上の志高きベテラン広報担当への力強い示唆となり、ニュースリリース作成力のレベルアップに大いに貢献することでしょう。それによって広報──記者双方にとって、①理解時間の短縮、②問い合わせ回答時間と労力の軽減、③間違い誤報の減少に、多大な効果をもたらすものと確信しています。その結果、メディアに喜ばれる内容になっていくことは、以下3つを具現化することでしょう。

1. 社内の情報コミュニケーションが円滑になり活発になる
2. 商品・サービスをメディアではなく、常に顧客や社会の視点で見て表現する気風が生まれ、社員1人ひとりが親切になり、思いやりを持つ社風になる
3. 企業体質が次第に真の顧客・社会志向となり、良好な方向へ変革していく

本書誕生に直接間接に関わった人は何と1,000人にも上ります。その電話での一声、面談での一時、作品に込められた一念。その1つひとつが滋養豊潤なる細胞となって本書の熟成を促し、多くの優秀な知能と貴重な経験が混錬され、柔軟な頭脳と弾力たくましい血肉と化してこの世にかけがえのない生命を与えてくれたのです。改めて厚く、そして深く感謝の念を捧げます。

今年は"酉年"、奇しくも我は6度目の年男。実年を鑑みれば、庭先で

啄む長閑なる"庭鶏"でも十分幸せなるも、願わくば、顧客繁栄の先兵たらん"軍鶏"になって奮闘し飛翔し続けたい。図らずも、未だバスケ狂の１選手。１秒でも速く走り、１cmでも高く飛び、１度でも巧みなアシストパスを通し、１回でも多くシュートを狙い、１点でも得点を重ねたいと思っております。

「かくすれば　かくなるものと知りながら
　已むに已まれぬ大和魂」（吉田松陰）

広報・危機対応コンサルタント
Value Integrator
山見博康
2017年３月

さくいん（五十音別）

株式会社IZENE	64
株式会社IHI	158
愛知県	493
愛知製鋼株式会社	67
株式会社iPSポータル	92
株式会社AOKI	161
アキレス株式会社	402
株式会社Aqua sports & spa	163
アサヒグループホールディングス株式会社	296
旭化成株式会社	167
朝日生命保険相互会社	169
兵庫県芦屋市	523
静岡県熱海市	514
アップル・ジャパン	68
アマゾンジャパン合同会社	439
株式会社安城自動車学校	443
アンリツ株式会社	172
出光興産株式会社	72
株式会社伊藤園	299
岩谷産業株式会社	175
岩手県	486
株式会社インテリジェンス	274
浦和レッドダイヤモンズ株式会社	481
特定非営利活動法人映像産業振興機構	562
株式会社エイチ・アイ・エス	300
SGホールディングス株式会社	302
NTN株式会社	178
愛媛県	504
FSX株式会社（旧：株式会社藤波タオルサービス）	385
エフコープ生活協同組合	565
追手門学院	540
株式会社O.G.I.（株式会社リフォーム・ステーション）	306
大妻女子大学	544
株式会社オーレック	309
沖電気工業株式会社（OKI）	388
沖縄電力株式会社	74
オリンパス株式会社	126
株式会社カインドウェア	181
花王株式会社	183
株式会社カカクコム	391
学習院大学	546
鹿児島県鹿児島市	538
加藤電機株式会社	402
カブドットコム証券株式会社	120
カルビー株式会社	311
関西国際学園	549
一般社団法人企業価値協会	567
キッコーマン株式会社	185
岐阜県	497
九州カード株式会社	219
京都大学	550
京都府京都市	516
キリン株式会社	394
近畿大学	552
株式会社近畿大阪銀行	485
近畿日本鉄道株式会社	188
株式会社クボタ	190
熊本県熊本市	535
クリーン・ブラザーズ株式会社	193
一般社団法人グローバル・リーダーシップ・コーチング協会	569
グンゼ株式会社	395
群馬県	490
京成電鉄株式会社	194
兵庫県神戸市	525
株式会社神戸製鋼所	78
福岡県古賀市	531
小林製薬株式会社	197
コマツ	200
株式会社埼玉種畜牧場	313
株式会社埼玉りそな銀行	485
株式会社サイバーエージェント	129
大阪府堺市	520
株式会社サカタのタネ	364
（有）佐賀段ボール商会	225
公益社団法人相模原青年会議所	571
株式会社サタケ	203
北海道札幌市	508
佐藤商事株式会社	315
サンスター株式会社	205
株式会社サンリオ	317
株式会社シーボン	131
JAあいち知多（あいち知多農業協同組合）	573
JAグリーン近江（グリーン近江農業協同組合）	574
JA滋賀中央会（滋賀県農業協同組合中央会）	574
JSC株式会社（日本建築構造センター株式会社）	319
JFEスチール株式会社	135
株式会社滋賀銀行	137

敷島製パン株式会社	209
静岡県	492
株式会社島津製作所	211
公益社団法人ジャパン・プロフェッショナル・バスケットボールリーグ	577
ジャパンパイル株式会社	230
情報印刷株式会社	80
株式会社神宮館	214
株式会社鈴木ハーブ研究所	216
株式会社スターフライヤー	219
株式会社スヴェンソン	323
住友化学株式会社	83
株式会社正興電機製作所	399
株式会社成城石井	221
西武鉄道株式会社	139
セーラー万年筆株式会社	225
セコム株式会社	227
株式会社セブン&アイ・ホールディングス	400
センクシア株式会社	230
宮城県仙台市	511
全日本空輸株式会社	444
株式会社総合資格	140
株式会社ソキュアス	232
損害保険ジャパン日本興亜株式会社	234
ダイキョーニシカワ株式会社	326
ダイキン工業株式会社	237
大正製薬ホールディングス株式会社	447
大正大学	554
大日本住友製薬株式会社	449
太陽石油株式会社	452
大和ハウス工業株式会社	242
株式会社髙島屋	86
株式会社タカラトミー	454
広島県竹原市	529
株式会社タニタ	457
タリーズコーヒージャパン株式会社	328
株式会社ツクイ	402
株式会社ディー・エヌ・エー（株式会社横浜DeNAベイスターズ）	459
帝人株式会社	89
株式会社デンソー	461
テンプスタッフ株式会社	92
東海旅客鉄道株式会社	330
東京海上ホールディングス株式会社	142
東京地下鉄株式会社	333
株式会社東芝	405
東ソー株式会社	244
東燃ゼネラル石油株式会社	463
東邦チタニウム株式会社	144
株式会社童夢	111
東洋紡株式会社	95
東レ株式会社	97
株式会社東和コーポレーション	247
株式会社トコロ	465
戸田建設株式会社	408
鳥取県	502
北海道苫小牧市	510
トヨタ自動車株式会社	410
トランスコスモス株式会社	86
トリンプ・インターナショナル・ジャパン株式会社	249
株式会社ドンキホーテホールディングス	253
大分県中津市	533
株式会社西日本シティ銀行	335
西日本鉄道株式会社	100
日産自動車株式会社	416
公益財団法人日本手工芸作家連合会	580
日本ウエストン株式会社	465
株式会社日本エレクトライク	338
日本航空株式会社	103
日本コカ･コーラ株式会社	340
公益財団法人日本サッカー協会	89
にほんしゅほたる（SAKE REVOLUTION合同会社）	344
日本通運株式会社	255
日本マイクロソフト株式会社	466
日本郵船株式会社	470
ニューインデックス株式会社	258
株式会社ニューオータニ	259
株式会社野村総合研究所	106
野村ホールディングス株式会社	471
白鴎大学	557
白鶴酒造株式会社	345
株式会社パソナグループ	348
パナソニック株式会社	418
ハミューレ株式会社	350
パルシステム生活協同組合連合会	582
株式会社晴レの日	352
阪神電気鉄道株式会社	108
株式会社坂東太郎	146
BASFジャパン株式会社	474
ビザ・ワールドワイド・ジャパン株式会社	219

665

株式会社日立製作所	421	三菱地所株式会社	364
兵庫県姫路市	527	三菱商事株式会社	116
株式会社ファイブアローズ	423	株式会社三菱総合研究所	280
福岡県	506	三菱電機株式会社	433
株式会社ふくや	262	株式会社三菱東京UFJ銀行	283
藤田観光株式会社	354	三菱UFJモルガン・スタンレー証券株式会社	120
富士通株式会社（株式会社富士通研究所）	425	宮崎県宮崎市	537
富士フイルム株式会社	263	株式会社明治	436
株式会社ふらここ	266	明治大学	561
株式会社ブリヂストン	428	明治安田生命保険相互会社	150
ブリッド株式会社	111	メディカル・ケア・サービス株式会社	481
フロンティアマーケット株式会社	269	メルセデス・ベンツ日本株式会社	368
株式会社ベティスミス	272	株式会社MOGU	285
株式会社ベネッセホールディングス	274	森ビル株式会社	122
株式会社ベネッセi-キャリア	274	株式会社ヤナセ	483
株式会社ホイッスル三好	357	ヤフー株式会社	372
法政大学	558	山形県	489
朋和産業株式会社	400	ヤマト運輸株式会社	288
株式会社ポーラ・オルビスホールディングス	431	夢の街創造委員会株式会社	377
株式会社堀場製作所	278	LINE株式会社	377
株式会社マクロミル	147	株式会社ランクアップ	291
株式会社マツモトキヨシホールディングス	358	ランサーズ株式会社	153
一般社団法人マハリシ総合教育研究所	583	株式会社リクルートキャリア	123
マルハニチロ株式会社	362	株式会社リコー	380
三重県	499	株式会社りそなホールディングス	485
株式会社みずほ銀行	113	株式会社りそな銀行	485
三井住友海上火災保険株式会社	461	株式会社ローソン	295
株式会社三越伊勢丹ホールディングス	476	YSメンタルヘルス株式会社	383
公益財団法人三菱商事復興支援財団	586	ワタベウェディング株式会社	156

さくいん（業種別）

音楽　株式会社IZENE	64	ITサービス　LINE株式会社	377
ITサービス　株式会社サイバーエージェント	129	医薬　小林製薬株式会社	197
ITサービス　株式会社マクロミル	147	医薬　大正製薬ホールディングス株式会社	447
ITサービス　ランサーズ株式会社	153	医薬　大日本住友製薬株式会社	449
ITサービス　ニューインデックス株式会社	258	飲食サービス　株式会社坂東太郎	146
ITサービス　ヤフー株式会社	372	飲食サービス　クリーン・ブラザーズ株式会社	193
ITサービス　夢の街創造委員会株式会社	377	飲食サービス　タリーズコーヒージャパン株式会社	328
ITサービス　株式会社カカクコム	391	飲食サービス　にほんしゅほたる（SAKE REVOLUTION合同会社）	344
ITサービス　アマゾンジャパン合同会社	439	飲食サービス　株式会社ホイッスル三好	357
ITサービス　株式会社ディー・エヌ・エー（株式会社横浜DeNAベイスターズ）	459	飲料　株式会社伊藤園	299
ITサービス　日本マイクロソフト株式会社	466	飲料　日本コカ・コーラ株式会社	340

分類	名称	ページ
飲料	白鶴酒造株式会社	345
飲料	キリン株式会社	394
卸売業	三菱商事株式会社	116
卸売業	岩谷産業株式会社	175
卸売業	佐藤商事株式会社	315
会員制クラブ	株式会社Aqua sports & spa	163
海運	日本郵船株式会社	470
介護・健康	YSメンタルヘルス株式会社	383
介護・健康	株式会社ツクイ	402
介護・健康	メディカル・ケア・サービス株式会社	481
化学	住友化学株式会社	83
化学	富士フイルム株式会社	263
化学	BASFジャパン株式会社	474
化学	アキレス株式会社	402
学校	追手門学院	540
学校	大妻女子大学	544
学校	学習院大学	546
学校	関西国際学園	549
学校	京都大学	550
学校	近畿大学	552
学校	大正大学	554
学校	白鴎大学	557
学校	法政大学	558
学校	明治大学	561
玩具等製造販売	株式会社タカラトミー	454
観光・ホテル	株式会社ニューオータニ	259
観光・ホテル	藤田観光株式会社	354
機械	株式会社クボタ	190
教育・人材	テンプスタッフ株式会社	92
教育・人材	株式会社リクルートキャリア	123
教育・人材	株式会社総合資格	140
教育・人材	フロンティアマーケット株式会社	269
教育・人材	株式会社ベネッセホールディングス	274
教育・人材	株式会社パソナグループ	348
教育・人材	株式会社安城自動車学校	443
教育・人材	株式会社インテリジェンス	274
教育・人材	株式会社ベネッセi-キャリア	274
銀行	株式会社みずほ銀行	113
銀行	株式会社滋賀銀行	137
銀行	株式会社三菱東京UFJ銀行	283
銀行	株式会社西日本シティ銀行	335
銀行	株式会社りそなホールディングス	485
銀行	株式会社近畿大阪銀行	485
銀行	株式会社埼玉りそな銀行	485
銀行	株式会社りそな銀行	485
空運	日本航空株式会社	103
空運	株式会社スターフライヤー	219
空運	全日本空輸株式会社	444
軽工業製品	株式会社東和コーポレーション	247
軽工業製品	株式会社MOGU	285
軽工業製品	日本ウエストン株式会社	465
軽工業製品	(有)佐賀段ボール商会	225
軽工業製品	株式会社トコロ	465
軽工業製品	朋和産業株式会社	400
化粧品	株式会社シーボン	131
化粧品	株式会社鈴木ハーブ研究所	216
化粧品	株式会社ランクアップ	291
化粧品	株式会社スヴェンソン	323
化粧品	株式会社ポーラ・オルビスホールディングス	431
県	岩手県	486
県	山形県	489
県	群馬県	490
県	静岡県	492
県	愛知県	493
県	岐阜県	497
県	三重県	499
県	鳥取県	502
県	愛媛県	504
県	福岡県	506
建設	大和ハウス工業株式会社	242
建設	JSC株式会社（日本建築構造センター株式会社）	319
建設	戸田建設株式会社	408
建設	ジャパンパイル株式会社	230
小売業	株式会社AOKI	161
小売業	株式会社成城石井	221
小売業	株式会社ドンキホーテホールディングス	253
小売業	株式会社ふらここ	266
小売業	株式会社ローソン	295
小売業	ハミューレ株式会社	350
小売業	株式会社マツモトキヨシホールディングス	358
小売業	株式会社セブン&アイ・ホールディングス	400
鉄鋼・非鉄金属	愛知製鋼株式会社	67
鉄鋼・非鉄金属	株式会社神戸製鋼所	78
鉄鋼・非鉄金属	JFEスチール株式会社	135
鉄鋼・非鉄金属	東邦チタニウム株式会社	144

工業製品	センクシア株式会社	230
小売業	株式会社サカタのタネ	364
コンサルティング/ITソリューション	株式会社野村総合研究所	106
婚礼サービス	ワタベウェディング株式会社	156
婚礼サービス	株式会社晴れの日	352
産業機械	株式会社オーレック	309
市	北海道札幌市	508
市	北海道苫小牧市	510
市	宮城県仙台市	511
市	静岡県熱海市	514
市	京都府京都市	516
市	大阪府堺市	520
市	兵庫県芦屋市	523
市	兵庫県神戸市	525
市	兵庫県姫路市	527
市	広島県竹原市	529
市	福岡県古賀市	531
市	大分県中津市	533
市	熊本県熊本市	535
市	宮崎県宮崎市	537
市	鹿児島県鹿児島市	538
自動車	株式会社日本エレクトライク	338
自動車	メルセデス・ベンツ日本株式会社	368
自動車	トヨタ自動車株式会社	410
自動車	日産自動車株式会社	416
自動車	株式会社ヤナセ	483
自動車	株式会社童夢	111
重機械	株式会社IHI	158
重機械	コマツ	200
証券	三菱UFJモルガン・スタンレー証券株式会社	120
証券	野村ホールディングス株式会社	471
証券	カブドットコム証券株式会社	120
食品	キッコーマン株式会社	185
食品	敷島製パン株式会社	209
食品	株式会社ふくや	262
食品	アサヒグループホールディングス株式会社	296
食品	カルビー株式会社	311
食品	株式会社埼玉種畜牧場	313
食品	株式会社明治	436
食品機械	株式会社サタケ	203
諸サービス	情報印刷株式会社	80
諸サービス	株式会社神宮館	214
諸サービス	セコム株式会社	227
諸サービス	FSX株式会社（旧：株式会社藤波タオルサービス）	385
諸サービス	株式会社iPSポータル	92
諸サービス	九州カード株式会社	219
諸サービス	ビザ・ワールドワイド・ジャパン株式会社	219
諸サービス	トランスコスモス株式会社	86
シンクタンク	株式会社三菱総合研究所	280
水産・食品	マルハニチロ株式会社	362
スポーツ・娯楽	株式会社ファイブアローズ	423
スポーツ・娯楽	浦和レッドダイヤモンズ株式会社	481
精密機械	オリンパス株式会社	126
精密機械	NTN株式会社	178
精密機械	株式会社島津製作所	211
精密機械	セーラー万年筆株式会社	225
精密機械	株式会社堀場製作所	278
精密機械	株式会社タニタ	457
石油	出光興産株式会社	72
石油	太陽石油株式会社	452
石油	東燃ゼネラル石油株式会社	463
繊維アパレル	帝人株式会社	89
繊維アパレル	東洋紡株式会社	95
繊維アパレル	東レ株式会社	97
繊維アパレル	株式会社カインドウェア	181
繊維アパレル	株式会社ソキュアス	232
繊維アパレル	トリンプ・インターナショナル・ジャパン株式会社	249
繊維アパレル	株式会社ベティスミス	272
繊維アパレル	グンゼ株式会社	395
その他	株式会社サンリオ	317
団体	JAグリーン近江（グリーン近江農業協同組合）	574
団体	公益財団法人日本サッカー協会	89
団体	特定非営利活動法人映像産業振興機構	562
団体	エフコープ生活協同組合	565
団体	一般社団法人企業価値協会	567
団体	一般社団法人グローバル・リーダーシップ・コーチング協会	569
団体	公益社団法人相模原青年会議所	571
団体	JAあいち知多（あいち知多農業協同組合）	573
団体	JA滋賀中央会（滋賀県農業協同組合中央会）	574
団体	公益社団法人ジャパン・プロフェッショナル・バスケットボールリーグ	577

団体	公益財団法人日本手工芸作家連合会	580
団体	パルシステム生活協同組合連合会	582
団体	一般社団法人マハリシ総合教育研究所	583
団体	公益財団法人三菱商事復興支援財団	586
鉄道	西日本鉄道株式会社	100
鉄道	阪神電気鉄道株式会社	108
鉄道	西武鉄道株式会社	139
鉄道	近畿日本鉄道株式会社	188
鉄道	京成電鉄株式会社	194
鉄道	東海旅客鉄道株式会社	330
鉄道	東京地下鉄株式会社	333
電機	アンリツ株式会社	172
電機	ダイキン工業株式会社	237
電機	株式会社リコー	380
電機	沖電気工業株式会社（OKI）	388
電機	株式会社正興電機製作所	399
電機	株式会社東芝	405
電機	パナソニック株式会社	418
電機	株式会社日立製作所	421
電機	富士通株式会社（株式会社富士通研究所）	425
電機	三菱電機株式会社	433
電機	加藤電機株式会社	402
電機&IT	アップル・ジャパン	68
電力	沖縄電力株式会社	74
百貨店	株式会社髙島屋	86
百貨店	株式会社三越伊勢丹ホールディングス	476
不動産	森ビル株式会社	122
不動産	株式会社O.G.I.（株式会社リフォーム・ステーション）	306
不動産	三菱地所株式会社	364
保険	東京海上ホールディングス株式会社	142
保険	明治安田生命保険相互会社	150
保険	朝日生命保険相互会社	169
保険	損害保険ジャパン日本興亜株式会社	234
保険	三井住友海上火災保険株式会社	461
輸送用機器	ブリッド株式会社	111
輸送用機器	ダイキョーニシカワ株式会社	326
輸送用機器	株式会社ブリヂストン	428
輸送用機器	株式会社デンソー	461
陸運	日本通運株式会社	255
陸運	ヤマト運輸株式会社	288
陸運	SGホールディングス株式会社	302
旅行	株式会社エイチ・アイ・エス	300
化学	旭化成株式会社	167
化学	花王株式会社	183
化学	サンスター株式会社	205
化学	東ソー株式会社	244

●著者紹介

山見博康（やまみ　ひろやす）

広報・危機対応コンサルタント、価値統合家（Value Integrator）
九州大学特別講師、大妻女子大学マネジメントアカデミー講師
1945年福岡県生まれ。1963年福岡県立嘉穂高等学校卒業。1968年九州大学経済学部卒業後、（株）神戸製鋼所入社。人事部、鉄鋼販売・輸出部を経て1977年「カタール製鉄プロジェクト」に従事しドーハ駐在。1979年秘書室広報係長となり、その後一貫して広報に携わる。1981年広報課長。1985年日豪政府協力「褐炭液化プロジェクト」に従事しメルボルン駐在。（日豪メディア対応も担当）。1991年広報部長。1994年デュッセルドルフ事務所長（日欧メディア対応も担当）を経て、1997年スーパーカー商業化ベンチャー企業および経営コンサル会社に出向。中小企業経営を学んだ後、2002年独立。現在、山見インテグレーター（株）代表取締役。米国ダートマス大学エイモスタック経営大学院マネジメントプログラム修了。10年に及ぶ海外生活や大小企業における豊富な実践経験に基づき、広報・危機対応・マーケティングに関するコンサルティングを中心に、セミナー講師、メディアトレーニングや執筆活動などを行う。
おもな著書に『広報・ＰＲ実務ハンドブック』『新聞・テレビ・雑誌・ウェブに取り上げられるＰＲネタの作り方』（ともに日本能率協会マネジメントセンター）、『勝ち組企業の広報・PR戦略』（PHP研究所）、『企業不祥事・危機対応広報完全マニュアル』（自由国民社）、『会社をマスコミに売り込む法』『広報の達人になる法』（ともにダイヤモンド社）、『広報・ＰＲの基本』『小さな会社の広報・ＰＲの仕事ができる本』（ともに日本実業出版社）など多数。

ニュースリリース大全集

2017年3月30日　　初版第1刷発行

著　　者——山見博康
　　　　　　©2017 Hiroyasu Yamami
発 行 者——長谷川 隆
発 行 所——日本能率協会マネジメントセンター
〒103-6009　東京都中央区日本橋 2-7-1 東京日本橋タワー
TEL　03（6362）4339（編集）／03（6362）4558（販売）
FAX　03（3272）8128（編集）／03（3272）8127（販売）
http://www.jmam.co.jp/

装　　丁——冨澤崇（EBranch）
本文DTP——株式会社明昌堂
印 刷 所——広研印刷株式会社
製 本 所——星野製本株式会社

本書の内容の一部または全部を無断で複写複製（コピー）することは、法律で認められた場合を除き、著作者および出版者の権利の侵害となりますので、あらかじめ小社あて許諾を求めてください。

ISBN 978-4-8207-5973-7　C2034
落丁・乱丁はおとりかえします。
PRINTED IN JAPAN

ＪＭＡＭの既刊書

新聞・テレビ・雑誌・ウェブに取り上げられる
ＰＲネタの作り方

山見博康　著
Ａ５判　280頁

　プレスリリースを使って会社や商品をマスコミに取り上げてもらう方法を基礎から紹介。
　ニュースのネタの見つけ方から、それをプレスリリースにまとめる方法、マスコミに売り込んで取材、掲載に結び付けるコツまでを解説します。実際に新聞、テレビで取り上げられ、掲載、放送に結び付いたプレスリリース事例22枚や、記者クラブの連絡先一覧など、すぐに使える資料も豊富に掲載しています。